버튜버 캐릭터 제작 가이드
게임 회사에서 알려주는 실전기술과 팁

MUTAN 지음

김모세 옮김

AK IT

개발 환경

이 책에서는 다음 소프트웨어 버전을 사용했습니다. 사용하는 소프트웨어 버전이 다른 경우 책의 설명과 기능 또는 동작이 다를 수 있습니다.

- Maya 2023
- ZBrush 2024.0.4
- Marvelous Designer 2024.2
- Photoshop CC 2025
- Unity 2023.3.45f1

샘플 데이터 다운로드

부록 데이터 다운로드 사이트

AK커뮤니케이션즈 IT전용 홈페이지 및 AK커뮤니케이션즈 홈페이지 자료실에서 완성 예제 코드 파일을 다운로드할 수 있습니다. 부록 데이터는 허가 없이 배포하거나 웹 사이트에 게재할 수 없습니다.

▶ https://ak-it.tistory.com/
▶ http://www.amusementkorea.co.kr/

원서의 부록 데이터 다운로드 사이트

다음 URL의 지원 페이지에서 샘플/특정 데이터를 다운로드 할 수 있습니다.

▶ https://www.borndigital.co.jp/book

출판사 홈페이지 문의

(주)AK커뮤니케이션즈 홈페이지의 [고객센터]에서 1:1 문의를 이용해 주세요. 질문 내용에 따라서는 답변을 드리기까지 며칠 이상 기간이 요구되는 경우가 있습니다.

▶ http://www.amusementkorea.co.kr/

- 이 책에 기재된 URL 등은 예고 없이 변경될 수 있습니다.
- 독자가 사용하는 하드웨어 및 소프트웨어 환경에 따라 다운로드 샘플을 사용하지 못할 수 있습니다. 또한 책의 설명과 기능 또는 동작이 다를 수 있으므로 양해 바랍니다.
- 이 책의 내용에 대해서는 정확하게 기술하고자 노력했으나, 저자 및 (주)AK커뮤니케이션즈는 내용에 대한 어떠한 보증을 하지 않으며, 내용이나 예제에 의거한 어떠한 운용 결과에 관해서도 일체의 책임을 지지 않습니다.
- 이 책에 기재된 회사명, 제품명은 모두 각 회사의 상표 및 등록 상표이며, 본문 중에는 ™, ®, © 마크 등을 생략했습니다.

들어가며

Maya와 같은 개별 DCC$^{digital\ content\ creation}$ 도구에 관해 설명하는 책은 이전에도 많았습니다. 하지만 실제로 도구 하나만 사용해 무언가를 완결할 수 있는 경우는 많지 않습니다. 대부분의 캐릭터 모델을 만들 때는 적어도 두 가지 도구(예, 모델링과 페인팅 등)를 함께 사용해야 할 것입니다. 특히, 오늘날의 3DCG 제작 현장에서는 모델링이라 불리는 작업의 각 단계(모델링, 스컬프처, 리토폴로지, UV 전개 등)에서 전용 도구를 사용할 때가 많습니다. 이 작업 단계들을 따라 순서대로 설명하는 책은 많지 않았습니다.

일반적으로 모델링에 관해 다루는 책은 모델링 도구에 관해 주로 설명하고, 모델링에서 반드시 필요한 텍스처에 관한 설명은 자세히 다루지 못하는 경우가 많습니다. 해가 지날수록 업무에서 요구되는 스킬의 범위는 늘어나지만, 여러 단계를 함께 다루는 사례를 학습할 기회나 방법은 의외로 제한되어 있다는 것을 느꼈을 것입니다.

이 책은 앞에서 설명한 DCC 도구 활용은 물론 구두로만 전해지던 현장의 기술이나 지식을 '제작'이라는 형태를 빌려 여과 없이 제공하기 위한 목적으로 썼습니다. 즉, '기술과 지식의 공유'입니다. 이 책이 스킬 업을 위해 노력하고 있는 크리에이터 여러분들의 학습에 도움이 되기를 바랍니다.

감사의 글

앨리스 스티어 캐릭터 디자인을 담당해 주신 일러스트레이터 NOCO 씨에게 감사를 전합니다. 아뜰리에 시리즈※의 캐릭터 모델링 업무를 통해 NOCO 씨와의 연이 시작되었습니다. 공적, 사적으로 많은 기회와 경험을 안겨준 아뜰리에 시리즈의 프로듀서 호소이 준조(細井順三) 씨에게도 감사를 전합니다. 두 분의 도움이 있었기에 이 책과 앨리스 스티어라는 매력적인 캐릭터를 만들 수 있게 되었습니다. 또한, 이 책의 기획을 이해하고 첫 책을 쓸 수 있도록 아낌없이 지원해 주신 모든 관계자 분들께 감사드립니다.

※코에이 테크모 게임즈(KOEI Tecmo Games), 개스트 브랜드에서 발매한 신감각 PRG 게임 시리즈.

주의 사항

이 책을 읽기에 앞서 다음 사항에 유의해 주십시오.
- 이 책은 캐릭터 모델링 제작 경험을 어느 정도 갖고 있는 중/상급자를 대상으로 합니다.
- 한정된 페이지 안에 내용을 담기 위해 개별 도구 조작에 관한 자세한 설명은 생략했습니다.
- 이 책의 집필 기간은 매우 길었기 때문에 사용한 제작에 사용한 소프트웨어 도구의 버전이 최신 버전과 다를 수 있습니다. 버전 차이에 따라 기능에 호환성이 없거나, 사용하지 못할 수 있습니다.

이 책은 여러 필자가 함께 썼기 때문에 장 또는 절에 따라 문체나 스타일 등에 차이가 있을 수 있습니다.

2023년 8월
주식회사 MUTAN

Chapter 1 캐릭터 디자인

1.1 캐릭터 설정 ·· 2
    1.1.1 컨셉에 맞는 디자인의 조건 ··· 2
    1.1.2 설정 회의 ··· 2

1.2 캐릭터 디자인 단계 ··· 4
    1.2.1 디자인 1안 ··· 5
    1.2.2 디자인 1안 피드백 ·· 5
    1.2.3 디자인 2안 ··· 7
    1.2.4 디자인 2안 피드백 ·· 8
    1.2.5 디자인 3안 ··· 9
    1.2.6 디자인 3안 피드백 ·· 11
    1.2.7 디자인 4안 ··· 11
    1.2.8 디자인 FIX ··· 12

Chapter 2 모델링과 텍스처링　　　13

2.1　모델 사양 ·· 14
2.1.1　폴리곤 ·· 15
2.1.2　텍스처 ·· 15
2.1.3　스켈레톤 ·· 15

2.2　소체 모델링 ··· 16
2.2.1　러프 모델링 ·· 17
2.2.2　머리 스컬프팅 ··· 17
2.2.3　몸체 스컬프팅 ··· 26
2.2.4　머리 리토폴로지와 얼굴 만들기 ························ 47
2.2.5　몸체 리토폴로지 ··· 59

2.3　머리 만들기 ··· 73
2.3.1　머리카락 모델링 ··· 73
2.3.2　머리카락 UV 전개와 머리 뒤쪽 만들기 ············ 82
2.3.3　눈동자 텍스처 만들기 ··· 85
2.3.4　얼굴 UV 전개 ·· 90
2.3.5　얼굴 텍스처 만들기 ··· 91
2.3.6　머리카락 텍스처 만들기 ····································· 98

2.4　옷 모델링 ·· 115
2.4.1　옷 전체 러프 모델링 ··· 115
2.4.2　스커트 ·· 116
2.4.3　셔츠와 코르셋 ··· 117
2.4.4　넥타이 ·· 125
2.4.5　팬티 ·· 127
2.4.6　부츠 ·· 128
2.4.7　넥타이 핀 ··· 134
2.4.8　아우터 ·· 135
2.4.9　셔츠 소매 ··· 141
2.4.10　망토 ·· 142

	2.4.11	어깨 케이프	147
	2.4.12	벨트와 소품	151
	2.4.13	모자	157
	2.4.14	셔츠 앞 주머니	164

2.5 옷 UV 매핑 — 165

	2.5.1	UV 전개와 옷 안쪽 만들기	165
	2.5.2	UV 레이아웃	181

2.6 옷 텍스처 — 185

	2.6.1	준비	187
	2.6.2	부츠	188
	2.6.3	피부	193
	2.6.4	반창고/팬티	197
	2.6.5	스커트	199
	2.6.6	코르셋	201
	2.6.7	셔츠	205
	2.6.8	넥타이	209
	2.6.9	엠블럼	211
	2.6.10	아우터	213
	2.6.11	어깨 케이프와 체크 무늬	218
	2.6.12	망토	222
	2.6.13	벨트와 소품	227
	2.6.14	머리를 묶은 리본	232
	2.6.15	모자	233
	2.6.16	전체적인 세부 사항 조정	238
	2.6.17	1차 모델링 완성	241
	2.6.18	감수 의뢰와 Q&A	242

2.7 피드백 대응 — 243

	2.7.1	첫 번째 피드백	243
	2.7.2	첫 번째 피드백 대응	245
	2.7.3	두 번째 피드백	254
	2.7.4	두 번째 피드백 대응	254
	2.7.5	모델 완성	256

Chapter 3 리깅과 스키닝　　257

3.1 프라이머리 설정　258
- 3.1.1 모델 정리　258
- 3.1.2 베이스 스켈레톤　260
- 3.1.3 조인트 조정과 만들기　261
- 3.1.4 팔꿈치 메시 위치 조정　267
- 3.1.5 조인트 미러링　267
- 3.1.6 가슴, 눈동자, 코, 턱 조인트 만들기　268
- 3.1.7 입 메시 조정　269
- 3.1.8 입 안, 입술, 볼, 눈썹 조인트 만들기　270
- 3.1.9 얼굴의 조인트 미러링　271
- 3.1.10 눈동자의 조인트와 텍스처 따라가기　272
- 3.1.11 눈썹 바인드 테스트　273
- 3.1.12 세트 등록　273
- 3.1.13 조인트 라벨 붙이기　273
- 3.1.14 얼굴 웨이트　274
- 3.1.15 표정에 따른 페이셜 확인　278
- 3.1.16 페이셜 실루엣 조정　279
- 3.1.17 머리카락의 조인트와 웨이트　280
- 3.1.18 스커트의 조인트와 웨이트　287
- 3.1.19 세그먼트 스케일 보정 활성화/비활성화 스크립트　290
- 3.1.20 몸체 케이지 모델 만들기와 하반신의 웨이트　290
- 3.1.21 상반신의 웨이트와 조인트 조정　295
- 3.1.22 임시 포즈를 통한 변형 확인　303
- 3.1.23 기타 웨이트 조정　304
- 3.1.24 최종 포즈에서의 변형 확인　309

3.2 세컨더리/보조 뼈 셋업　311
- 3.2.1 넥타이의 세컨더리 조인트　311
- 3.2.2 벨트, 파우치, 단검의 세컨더리 조인트　314

3.2.3	모자의 세컨더리 조인트	315
3.2.4	망토의 세컨더리 조인트	318
3.2.5	다리의 세컨더리 조인트	321
3.2.6	무릎의 세컨더리 조인트	322
3.2.7	발목의 세컨더리 조인트	325
3.2.8	허벅지의 보조 뼈	327
3.2.9	허벅지의 보조 뼈 추가	329
3.2.10	엉덩이의 보조 뼈	330
3.2.11	다리 밑동 및 옆쪽 보조 뼈	333
3.2.12	다리 밑동 및 앞쪽 보조 뼈	335
3.2.13	위팔의 보조 뼈	336
3.2.14	어깨 폭 조정과 팔 주변의 조인트 변경	338
3.2.15	아래팔과 팔꿈치의 보조 뼈	340
3.2.16	어깨 케이프의 세컨더리 조인트	344
3.2.17	아래팔 소매의 세컨더리 조인트	347
3.2.18	최종 포즈 확인	349

3.3 컨트롤러 셋업 ... 350

3.3.1	mGear 준비	350
3.3.2	mGear 테스트 Biped Template	352
3.3.3	mGear 테스트 Synoptic	353
3.3.4	mGear 활용	354
3.3.5	글로벌 가이드 만들기	355
3.3.6	로컬 가이드 만들기	358
3.3.7	허리의 가이드 만들기	358
3.3.8	등뼈의 가이드 만들기	359
3.3.9	어깨의 가이드 만들기	360
3.3.10	팔의 가이드 만들기	361
3.3.11	팔의 Channels Host 가이드 만들기	363
3.3.12	엄지손가락의 가이드 만들기	364
3.3.13	나머지 손가락의 가이드 만들기	365
3.3.14	목의 가이드 만들기	365
3.3.15	머리의 가이드 만들기	366
3.3.16	다리의 가이드 만들기	367

3.3.17	다리의 Channels Host 가이드 만들기	368
3.3.18	발의 가이드 만들기	369
3.3.19	가이드의 시메트리 복사하기	369
3.3.20	빌드 확인하기	370
3.3.21	컨트롤러 형태 변경과 형태 저장하기	371
3.3.22	다른 형태로 전환하기	372
3.3.23	스켈레톤 연결하기	373
3.3.24	허리 연결하기	373
3.3.25	스크립트를 사용해 연결하기	374
3.3.26	재생성을 위한 설정하기	376
3.3.27	Synoptic 설정과 편집하기	377
3.3.28	Synoptic Tab 만들기	377
3.3.29	Synoptic GUI 편집하기	378
3.3.30	Mirror 설정하기	381
3.3.31	Mirror 스크립트 설정하기	382
3.3.32	흔들리는 부분의 컨트롤러 만들기	383
3.3.33	세컨더리 리그의 가이드 만들기	384
3.3.34	리그와 모델 연결하기	387
3.3.35	리그 셋업 완료	389

Chapter 4 셰이더

391

4.1 셰이더 사용에 앞서 ···392
    4.1.1 출력 환경과 셰이더 ···392
    4.1.2 Unity 준비 ···393
    4.1.3 UTS2 준비 ···394
    4.1.4 얼굴 메시의 노멀에 관해 ···395
    4.1.5 Unity용 데이터 준비 ···400

4.2 UTS2 사용 방법 ···402
    4.2.1 각 셰이더를 사용한 표현 의도 ···402
    4.2.2 셰이더 머티리얼의 기본 매개변수 ···404

4.3 UTS2를 사용한 머티리얼 만들기 ···406
    4.3.1 얼굴의 머티리얼 만들기 ···406
    4.3.2 눈썹의 머티리얼 만들기 ···409
    4.3.3 눈 흰자위의 머티리얼 만들기 ···410
    4.3.4 눈동자의 머티리얼 만들기 ···412
    4.3.5 머리카락의 머티리얼 만들기 ···413
    4.3.6 몸체의 머티리얼 만들기 ···418
    4.3.7 셰이더 완성 ···425

    찾아보기 ···426

Chapter 1

캐릭터 디자인

캐릭터를 만들 때 가장 먼저 필요한 것은 캐릭터 디자인입니다. 그 이유는 무엇일까요? 여러 가지 이유를 생각할 수 있지만, 머리 속 이미지를 미리 형태로 만들어 둠으로써 불필요한 고민과 작업을 줄이는 것이 큰 이유 중 하나라고 생각합니다.

그리고 작업을 진행할 때는 일반적으로 상품 가치를 높이기 위해 유명 일러스트레이터에게 디자인을 의뢰하거나, 회사에 소속된 조직 안의 전임 스태프가 디자인을 만든 뒤 그것을 기반으로 모델링을 합니다. MUTAN에서도 대부분, 2D 디자인 이미지(설정 이미지)를 만든 뒤 3D 작업을 진행합니다. 그렇기 때문에 이 책의 제작 과정에서도 업무 흐름을 따라 캐릭터 모델링에 앞서 디자인을 만듭니다.

Chapter 1.1 캐릭터 설정

먼저 캐릭터 디자인에서의 '설정'에 관해 살펴봅니다.

1.1.1 컨셉에 맞는 디자인의 조건

게임 또는 영화 같은 콘텐츠에는 '스토리'와 '캐릭터'가 존재합니다. 일반적인 경우에는 그 설정에 따라 디자인을 만들지만, 그 디자인의 지침이 없다면 디자인 대상이 명확하지 않고 그 좋고 나쁨도 판단할 수 없습니다. 이 책에서는 작례 캐릭터에서 다음 4가지 디자인 요소를 채용하기로 했습니다.

❶ 흔한 디자인으로 한다.
흔한 디자인이라는 말의 뉘앙스는 다소 좋지 않게 들릴 수 있습니다. 하지만 캐릭터 디자인에 사용되는 요소로서는 그만큼 디자인 제작 기회가 많다는 것을 의미합니다. 이런 점을 포함해 작례로 참고할 수 있게 했습니다.

❷ 얼굴과 머리카락은 노출한다.
'흔한 디자인'이라는 조건만 존재한다면 얼굴과 머리카락이 가려진 디자인일 될 가능성이 있습니다. 얼굴과 머리카락은 작례 캐릭터로서 수요가 높기 때문에 빼놓을 수 없는 요소로 채용했습니다.

❸ 옷감(천)을 많이 사용한다.
옷감을 많이 사용한 이유는 모델링 과정에서 다양한 도구를 활용한 사례를 소개하기 위해서 입니다. 구체적으로는 Marvelous Designer, ZBrush를 사용하는 것을 염두에 두었습니다.

❹ 금속 부품을 사용한다.
얼굴, 머리카락과 마찬가지로 금속 부품은 작례로서 수요가 많고 텍스처 그리기를 반영한다는 점에서 빼놓을 수 없는 요소로 채용했습니다.

1.1.2 설정 회의

세 차례의 회의를 통해 디자인할 때 필요한 캐릭터 설정을 위한 아이디어를 도출하고 디자인 방침을 결정했습니다.

첫 번째 회의에서는 여러 수요와 저자들의 동기 부여를 위해 캐릭터의 성별을 여성으로 결정했습니다. 그 밖에 '함께 하는 마스코트가 있는 것이 좋지 않을까?', '금색 머리카락, 파란 눈의 엘프 캐릭터가 좋다' 같은 다양한 의견들도 나왔습니다.

두 번째 회의에서는 '각자 원하는 설정'이나 '흔한 것이라면~' 같은 아이디어들이 나왔고, 첫 번째 회의에 이어 캐릭터 설정에 관한 의견을 나누었습니다. 그 결과 '판타지 + 학원 + α'를 주제로 결정했습니다. 다양한 장르 중 '판타지'와 '학원(제복)'이라는 두 가지 테마보다 '흔한' 것이 생각보다 많지 않다는 점이 결정적인 이유였습니다. 그저 평범하기만 할 뿐인, 재미없는 디자인이 되는 것은 아닐까 하는 우려도 있었지만 '+ α'를 통해 차별화를 충분하게 할 수 있을 것이라 판단했습니다.

세 번째 회의에서는 두 번째 회의에서 결정했던 '+ α'(예를 들면 신분, 직업, 성격 등)에 관한 의견을 도출했습니다. 그리고 '공주님', '밝고 긍정적인 노력가', '풍부한 표정', '조금의 백치미'를 키워드로 잡았습니다. 최종적인 캐릭터 설정은 다음과 같습니다.

▶ 개요

- 모험가 또는 기사를 육성하는 국립 아카데미에 다니는 소녀
- 아카데미가 있는 나라에서 멀리 떨어진 작은 나라의 공주
- 밝고 긍정적이며, 때로는 천진난만함
- 마법사 희망
- 근접 전투도 어느 정도 가능
- 무기로 지팡이를 사용

▶ 나이

- 16-18세

▶ 신장

- 160cm 전후

▶ 체형

- 가슴이 큰 체형(가슴둘레 90cm 미만)

▶ 머리카락

- 긴 머리(스타일은 자유)

▶ 옷

- 마법사 같은 + 제복 같은

▶ 고향

- 에도 시대를 예로 들면 막부 같이 자치권을 가진 영지
- 공주이지만 귀족에 가까움. 영주와 영주민 정도의 관계
- 자연이 우거진 토지가 있지만 경제적으로는 풍부하다고 할 수는 없음
- 산으로 둘러싸인 지역
- 고원이 많은 유럽 같은 나라의 이미지

▶ 인물

- 주민에게 사랑받고, 선한 정치를 펼치는 아버지와 어머니가 있음
- 어렸을 때부터 주민들과 놀고, 배우면서 자랐음
- 다소 말괄량이 같은 부분이 있음
- 주민과 나라를 사랑하고, 또 사랑받는 존재임
- 밝고 긍정적이며 미소가 아름다움
- 건강하고 모든 일에 열심이지만, 가끔 멍을 때리기도 함. 세간에 알려지지 않은 것들도 많음
- 어떤 일이든 흥미를 가지며, 앞만 보고 달리다가 실패하는 일도 있지만, 후회하지 않는 강인한 성격임

▶ 미래

- 미래에는 나라를 이어받을 것이라 생각하고 있음
- 부유하다고는 할 수 없는 고향을 발전시키는 것이 꿈
- 넓은 세계를 보고 지식을 넓히기 위해 모험자가 되어, 고향을 떠나 먼 나라의 아카데미에 다니고 있음

Chapter 1.2 캐릭터 디자인 단계

최종적으로 완성한 디자인이 다음 일러스트입니다. 여기에서는 이 디자인에 이를 때까지 MUTAN이 어떤 과정을 거쳤는지 순서대로 살펴봅니다.

캐릭터 디자이너 소개

일러스트트레이터/캐릭터 디자이너
NOCO

함께 업무 할 기회가 많았던 NOCO 씨에게 이번 책에서 사용할 캐릭터 디자인을 의뢰했습니다.

▶ 주요 참여 작품

- 게임
  「아뜰리에」시리즈(「소피의 아뜰리에 ~이상한 책의 연금술사~」, 「필리스의 아뜰리에 ~이상한 여행의 연금술사~」, 「리디와 슬의 아뜰리에 ~이상한 그림의 연금술사~」「넬케와 전설의 연금술사 ~새로운 대지의 아뜰리에~」, 「소피의 아뜰리에 2 ~이상한 꿈의 연금술사~」, 「Fate/Grand Order」)
- 소설 일러스트
  「데이트 어 라이브 프래그먼트 데이트 어 발렛」

1.2.1 ▶ 디자인 1안

다음 2장의 이미지가 처음 완성한 디자인 이미지입니다. 설정 공유와 부족한 정보가 없는지 확인하기 위해 사전에 회의를 했습니다. 첫 번째 회의에서 나온 '금색 머리카락과 파란색 눈'의 아이디어를 공유하고, '지팡이' 설정 등을 확인했습니다. 당시 NOCO 씨에게 받은 코멘트는 그대로 기재했습니다.

- 위: 자국의 엠블럼
- 중간: 안쪽의 셔츠 소매
- 아래: 오버 사이즈의 로브
  너무 길어서 밟히기 때문에 묶고 다닌다는 느낌?

▶ 디자인

본격적인 '마법사다운 느낌'으로 '제복 요소(셔츠+리본+플리츠 스커트)'를 추가했습니다. 허리 벨트에는 '단검'과 '파우치'를 달았습니다. 다소 미숙하면서도 덤벙대는 성격을 짤막한 로브와 무릎의 반창고로 표현했습니다. 지팡이는 대대로 이어져 내려온 것이므로 다소 어울리지 않는 형태로 만들었습니다. 머리카락은 바깥으로 뻗친 긴 머리와 함께 양쪽을 느슨하게 묶었습니다.

▶ 컬러링

요청하신 금색 머리카락과 파란색 눈입니다. 학원의 차분한 느낌과 함께 공주의 느낌이 나도록 분홍색을 많이 사용했습니다. 두 번째 이미지는 색상을 반전한 버전입니다.

1.2.2 ▶ 디자인 1안 피드백

역시 NOCO 씨였습니다. 디자인 1안에서 이미 원하던 귀여운 이미지에 가까운 결과물을 얻었습니다. 디자인 방향성에는 아무런 문제가 없었으므로 방침을 제시하고 세세한 수정 요청과 제안을 전달했습니다. 논의한 내용을 종합한 내용을 소개합니다. NOCO 씨에게 피드백으로 보낸 내용입니다.

▶ 전체

- 제복과 개인 물품을 차별화하고 싶습니다.
  제복: 왕국의 의장
  개인 물품: 자국의 의장
- 색상과 디자인 역시 제목과 개인 물품의 방침에 어긋나지 않게 하고 싶습니다.

제복: 가능한 포멀하게

개인 물품: 캐주얼, 귀여움 OK

※ 단, 제복에 개인 물품을 붙이는 것은 괜찮습니다(학생이 가방에 스트랩, 배치 등을 붙이듯). 어디까지 제복으로 볼 것인가에 관해서는 논의 필요.

▶ 스커트에 관해

- 장식이 다소 부족한 느낌이어서 아쉽습니다.
- 장식의 느낌을 더 내기 위해 아래와 같은 아이디어가 있습니다(전부 반영하지 않아도 OK).
    - 끝 부분에 파이핑을 넣는다.
    - 스커트 보다 길이가 조금 더 긴 페치 코트를 걸친다.
    - 프릴은 보일듯 말듯, 움직일 때 살짝 보이는 정도의 길이.
    - 체크 모양의 패턴 등을 넣어 장식의 느낌을 준다.
- 세로 무늬의 간격이 같아서 너무 캐주얼한 느낌입니다.
- 제복은 조금 더 포멀한 느낌의 디자인이면 좋겠습니다.
- 주름 크기는 현재와 같거나 조금 더 좁게, 박스 플리츠 요철 중 들어간 부분(현재 디자인에서 자주색 부분)을 조금 더 좁게 변경해 주세요.
- 엑센트 색상은 살짝 보이는 정도로(리어네처럼).

▶ 부츠에 관해

- 장식이 다소 부족한 느낌이어서 아쉽습니다.
- 장식의 느낌을 더 내기 위해 아래와 같은 아이디어가 있습니다(전부 반영하지 않아도 OK).
    - 위쪽에 슬릿을 넣는다.
    - 발목을 감싸는 벨트를 추가한다.
    - 금 장식을 넣는다.
    - 부츠의 입구 부분에 백합 꽃과 같은 디자인을 넣는다.
    - 부츠 바닥의 색상을 바꾼다.

▶ 셔츠에 관해

- 조금 더 디테일 하면 좋겠습니다(단, 제복의 느낌은 손상되지 않도록 해주세요).
- 가슴 주머니에 학교의 엠블럼(또는 국왕의 엠블럼)을 넣고 싶습니다.
- 넥타이로 하면 포멀한 느낌을 줄 수 있을지 모르겠습니다(조끼가 없으면 촌스러울지도).
- 가슴은 조금 더 크게 해주세요(옷에 끼게 해주세요).

▶ 로브에 관해

- 어떤 구조로 되어 있는지 알고 싶습니다(특히, 어깨에 가려져 있는 소매).
- 옷자락에도 파이핑을 넣으면 좋겠습니다.
- 뒤쪽에서 봤을 때와 옷자락에 분홍색이 살짝 보이는 것은 악센트로 매우 좋습니다. 하지만 앞쪽에서 봤을 때 넓이가 넓으므로 악센트 색상의 느낌이 덜합니다.
- 제복 느낌으로 한다면 감색에 가까운 현재 톤의 색상과 다른 색상이 좋겠습니다.
- 개인 물품은 상하 그러데이션 또는 조금 어두운 장식이나 엠블럼 정도만 넣는 방향으로 줄이면 좋겠습니다. 단, 음영을 그려 넣는 것만으로도 위화감이 사라질 수도 있습니다.

▶ 머리카락에 관해

- 뒤쪽에서 본 디자인도 필요합니다.
- 말아 올린 머리카락의 형태는 몽우리가 아니어도 좋습니다(메이킹에서는 땋은 머리를 하고 싶습니다. 세 갈래로 땋은 머리도 괜찮습니다).
- 3D로 만들어 다양한 각도에서 봤을 때 문제가 되기 쉽습니다(특정 각도에서는 돋보이지 않는 등).
- 최소한의 디자인 단계에서 계속 상담하면서 진행하고 싶습니다.

▶ 모자에 관해

- 소품의 경우에는 끝 선이 조금 더 둥그스름한 편이 귀여울 것 같습니다.
- 제복은 반대로 각 잡힌 편이 포멀한 느낌을 주기 때문에 좋습니다.
- 모자 챙이 조금 더 큰 버전도 보고 싶습니다.

기타 의견

- 허리의 장식, 주머니 등이 필요합니다.
- 소매와 로브 안쪽은 무슨 색인가요?
- 지팡이 자루의 색상도 검토가 필요할까요?

1.2.3 ▶ 디자인 2안

디자인 1안의 피드백을 기반으로 디자인 2안을 받았습니다. NOCO 씨의 코멘트를 그대로 개제합니다.

▶ A안

- 블라우스~스커트는 제복
- 모자나 로브(망토)는 사복

어딘지 모르게 캐주얼하고 귀여운 느낌

▶ B안

- 모두 제복
- 지팡이와 모자, 로브(망토)의 어레인지는 사복

색감이나 질감은 통일시켜 일체감이 있는 느낌

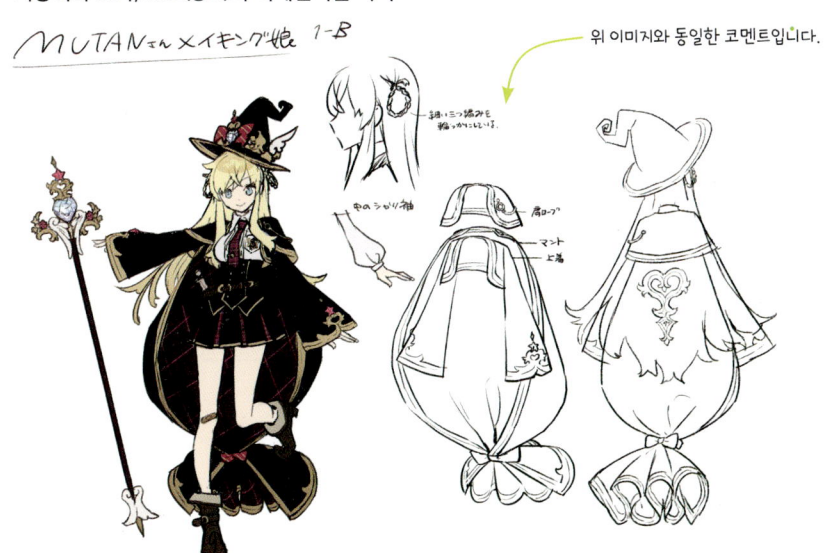

위 이미지와 동일한 코멘트입니다.

1.2.4 ▶ 디자인 2안 피드백

완성 디자인에 상당히 가까워졌습니다. 넥타이와 플리츠의 제안이 완벽하게 마음에 들었습니다. 요구한 용을 그대로 디자인에 반영한 NOCO 씨는 역시 대단합니다. 디자인 2안의 시점에서 어느 쪽을 디자인 완성본으로 봐도 문제없을 정도였습니다.

디자인 2안을 받고 논의를 진행했습니다. 주로 색상과 관련된 의견이 많았습니다. 종합한 내용을 그대로 게재합니다. 디자인 1안과 마찬가지로 NOCO 씨에게 피드백으로 보낸 내용입니다.

▶ 제복과 사복의 구분에 관해

- 하트 기호 장식은 귀여움을 주는 요소이므로 반영하고 싶지만, 모주 제복일 때는 반영할 위치가 적습니다. 제복에 붙이기에는 캐주얼 하므로 로브(망토)와 모자는 사복인 것으로 하면 좋겠습니다.

▶ A안의 색상에 관해

- 개별 색상의 조합은 나쁘지 않습니다. 다만, 배색의 균형이 좋지 않은 느낌입니다.
- 갈색과 분홍색 중 베이스 색상과 악센트 색상을 구분하기 어렵습니다. 제복의 감색도 악센트라고 하기에는 한 군데만 사용되고 있으며, 악센트 색상이라고 하기에는 부족합니다.
- 배색이 어중간한 느낌이 듭니다(망토는 감색, 제복은 갈색으로 하면 조금 더 좋지 않을까, 갈색은 유서 깊은 학교의 제복으로서는 조금 미묘한 느낌입니다).

▶ B안의 배색에 관해

- 베이스(감색), 혼합색(보라색), 악센트(빨간색, 노란색)의 각 색상이 균형 있게 배분되어 있고, 잘 사용되어 개인적으로 선호합니다.
- 망토의 안쪽 색상은 조금 더 밝은 것이 좋을지도 모르겠습니다.
- 사복의 배색과 제복의 배색이 비슷해도 문제는 없으므로, 이것도 배색 후부로 남겨 놓겠습니다.

▶ 머리카락에 관해

- 세 갈래로 땋은 머리 밑동을 그림과 같이 작은 몽우리 형태로 하는 것이 낫지 않을까요?

- 좌: 가늘고 길게 세 갈래로 땋고
- 중간: 둥글게 한 두 바퀴 감아서 동그랗게 묶은 몽우리 모양으로 임시 고정.
- 우: 남은 땋은 머리의 끝을 몽우리 안쪽에 숨겨서 완성!

▶ 기타 의견

- A안의 초컬릿 색상은 귀여운 느낌이 들어 좋습니다.
- 넥타이가 귀엽습니다.
- 스커트의 디자인이 매우 좋아졌습니다.
- 부츠의 느낌도 좋습니다.
- 망토와 제복을 감색 계통의 색상으로 모아서 베이스색상으로 하는 게 균형이 좋아 보입니다.
- 어깨 로브(케이프), 소매, 모자만 색상을 변경하는 것은 어떨까요?

- 뒤에서 봤을 때 파란색 계열의 색상 쪽이 금발과 대비되어 좋을 것 같습니다.
- 제복의 색상을 바꿀 수는 있지만 색상환의 파란색~보라색 계통에서는 벗어나지 않는 편이 좋겠습니다.
- 보라색은 고급스러운 느낌이 있으므로 사용하면 좋겠습니다.
- 벨트의 색상은 조금 더 밝은 편이 좋지 않을까요?
- 스트라이프 형태의 리본은 모양이 다소 많이 부산한 느낌입니다.

1.2.5 ▶ 디자인 3안

디자인 2안의 피드백을 바탕으로 배색 패턴, 얼굴이나 부속 아이템의 상세한 디자인을 받았습니다. NOCO 씨의 코멘트를 그대로 개제합니다.

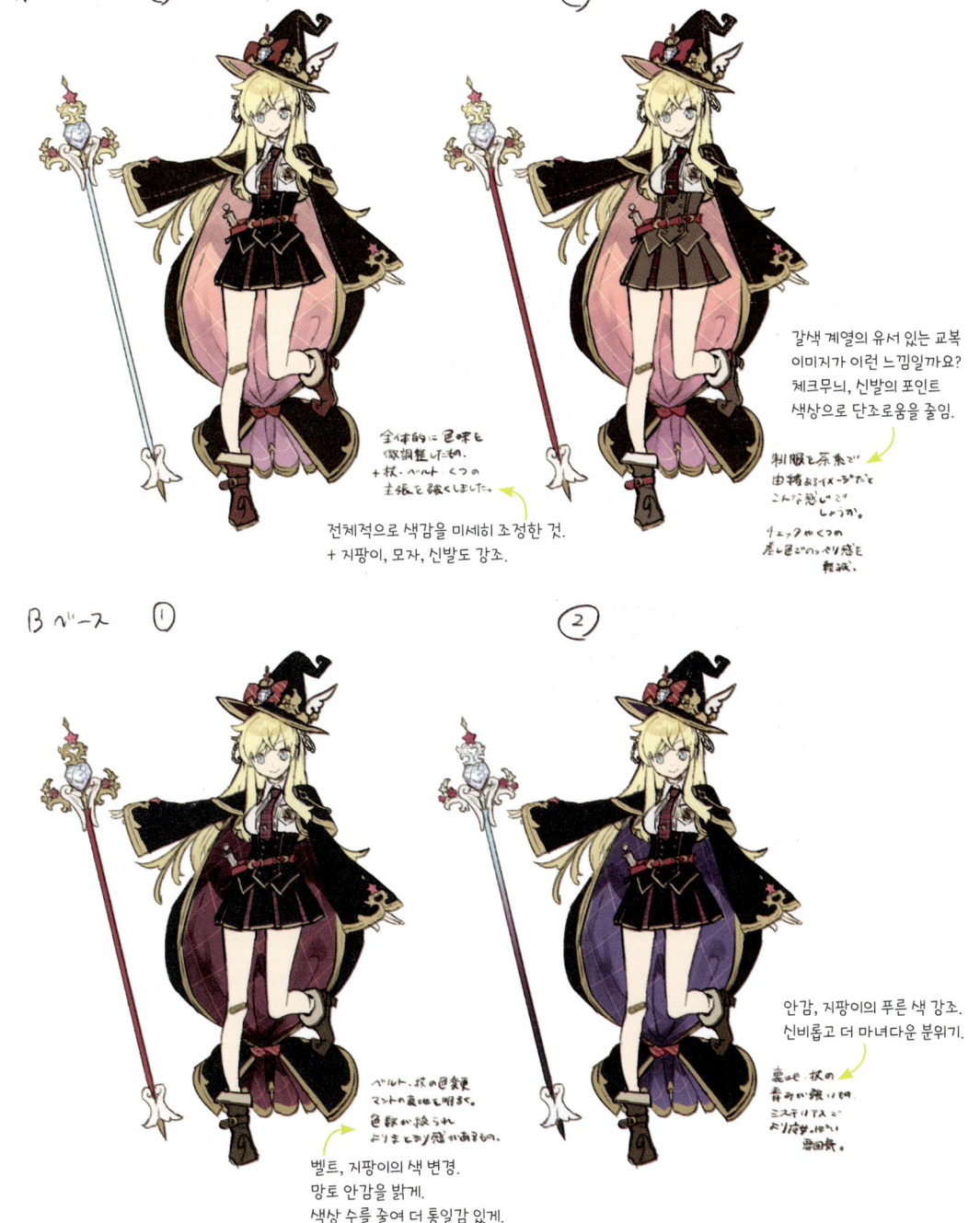

전체적으로 색감을 미세히 조정한 것.
+ 지팡이, 모자, 신발도 강조.

갈색 계열의 유서 있는 교복 이미지가 이런 느낌일까요? 체크무늬, 신발의 포인트 색상으로 단조로움을 줄임.

벨트, 지팡이의 색 변경.
망토 안감을 밝게.
색상 수를 줄여 더 통일감 있게.

안감, 지팡이의 푸른 색 강조.
신비롭고 더 마녀다운 분위기.

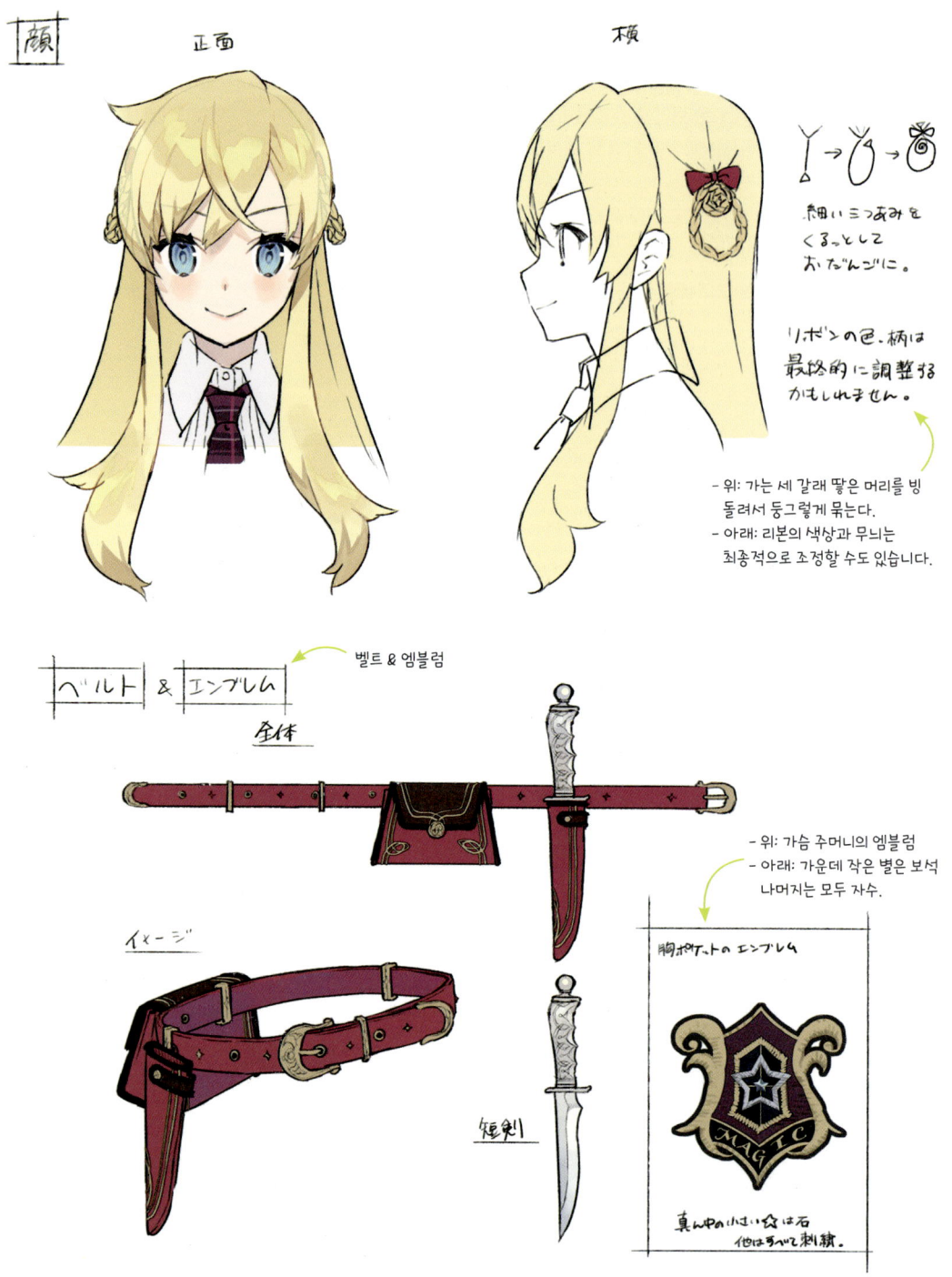

컬러링 조정안, 얼굴, 벨트/엠블럼의 상세 정보를 모았습니다. 벨트에 파우치를 붙여 봤는데 어떻습니까? 개인 물품이라 생각해 조금 장식이 있는 느낌으로 만들었습니다(컬러링은 임시).

1.2.6 ▶ 디자인 3안 피드백

얼굴과 악세사리에는 특별한 문제가 없어 이 상태로 FIX 했습니다. 배색은 어느 것으로 선택해도 좋았지만 최종적으로 B 안을 선택했습니다. 색상은 그 고유의 이미지, 보는 것 자체에 미치는 느낌이 있습니다. 보라색은 고급 느낌의 색상이라는 이미지를 갖고 있어 왕립 아카데미나 귀족이라는 설정에 어울립니다.

단, B안의 경우 어두운 색상이 많아 무거워 보인다는 의견도 있었습니다. 그래서 MUTAN쪽에서 망토 색상을 조금 밝게 조정하고, 배색은 MUTAN에서 제안한 것을 NOCO 씨에게 확인 받아 디자인으로 확정했습니다. 너무 밝은 느낌이 든다는 느낌도 있었지만, 음영을 그려 넣어 적절하게 조정할 것으로 판단했습니다. 디자인은 어디까지나 2D의 밑칠이라는 느낌이므로 3D 모델 제작 과정에서 생각했던 이미지와 맞지 않을 때는 색상을 조정할 예정입니다.

일반적인 업무에서는 여러 이유로 인해 캐릭터 디자인이 먼저 확정되어, 후반부에 재작업 할 수 없는 경우도 있습니다. 하지만 이번 작업에서는 3D 모델로서 완성도를 높이는 것이 목표이므로 유연하게 대응하기로 했습니다. 디자인 이미지(절정 이미지)의 완성도를 높이는 작업에도 의미가 있지만, 그것보다는 3D로 만들어 본 뒤 검토하는 편이 더 나을 것입니다.

1.2.7 ▶ 디자인 4안

디자인 4안에서는 보류했던 모자 패턴을 받았습니다. ②와 ③에서 의견이 나뉘었지만, 캐릭터 설정과 그 동안의 디자인 일관성을 확보하는 것을 우선해 ②의 디자인을 채용하기로 결정했습니다.

망토나 모자는 주제를 유지하는 의장이므로 통일감을 가져야 할 것입니다. 형태를 채용한다면, 소매의 단추 등 다른 위치에도 같은 꽃 장식을 채용해야 합니다. 하지만, 기타 요소를 다시 디자인하는 것은 큰 변경이며 재작업도 상당합니다. 변경한다면 꼭 변경해야만 하는 이유가 필요합니다. 예를 들면 꽃을 떠올리게 해야 하는 캐릭터 설정이 있다면 변경할 수도 있을 것입니다.

1.2.8 디자인 FIX

다음 일러스트가 최종적으로 완성된 디자인 이미지입니다. '앨리스 스티어(애칭: 앨리스)'라는 이름을 붙였습니다. '① 흔한 디자인으로 한다'는 디자인 요소는 바꿔 말하면 왕도라 할 수 있는 디자인입니다. 마법사와 제복이라는 두 가지 요소가 잘 조합된 멋진 디자인이 되었습니다. 그 밖에 '② 얼굴과 머리카락은 노출한다', '③ 옷감을 많이 사용한다', '④ 금속 부품을 사용한다'는 요소들도 잘 녹여낸 디자인을 완성했습니다.

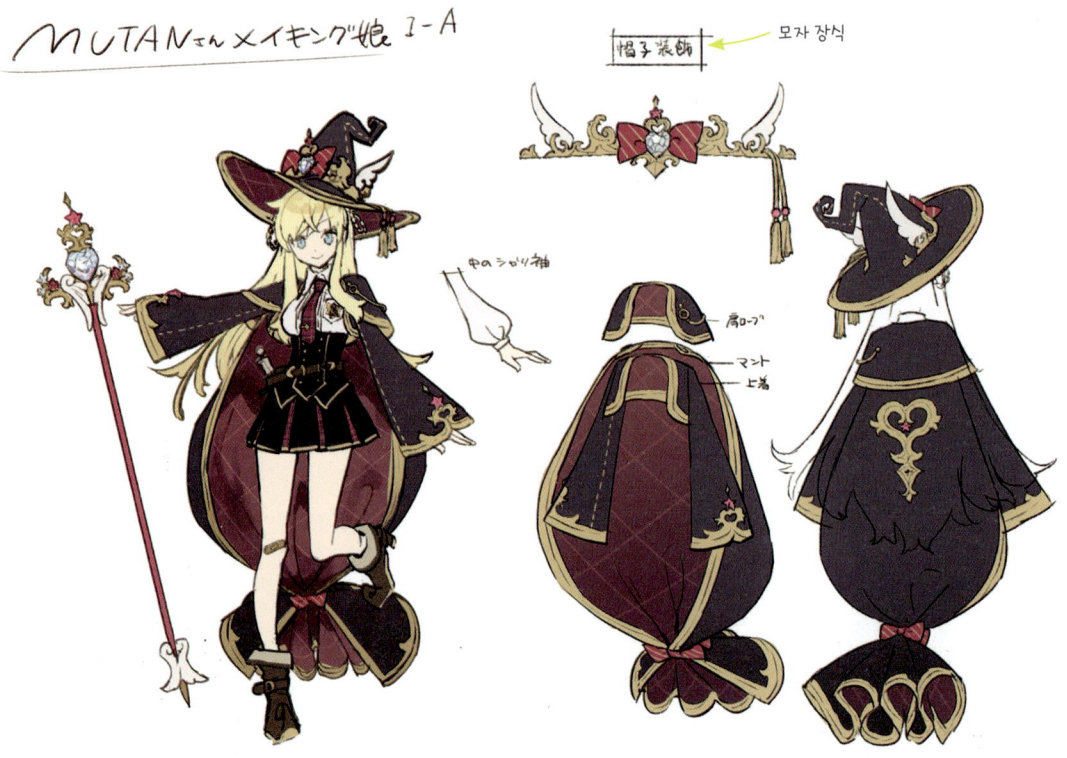

다음 장부터는 이 캐릭터 디자인을 기반으로 모델링을 시작합니다.

Chapter 2

모델링과 텍스처링

업무상 모델링을 할 때 아무것도 없이 처음부터 시작하는 경우는 드뭅니다. 한정된 기간에 보다 좋은 모델을 만들기 위해 미리 소체를 준비하거나, 같은 프로젝트에서 만들어 둔 비슷한 모델을 기반으로 만드는 경우가 많을 것입니다.

이 책에서는 앨리스를 만드는 것에 관해서만 설명하지만, 이후 다른 옷/장식 또는 캐릭터 모델을 만드는 것을 가정해 먼저 소체를 만듭니다. 효율화라는 목적 이외에도 소체 상태에서 몸체의 균형을 확인해 두는 것이 이후 노력을 줄이는 데도 도움이 됩니다. 그러므로 소체를 활용해 균형감을 확실히 몸에 익혀 둡시다.

Chapter 2.1 모델 사양

최종 결과물이 인쇄를 목적으로 하는 모델이라면 텍스처 크기나 폴리곤 수를 세세하게 제한할 필요는 없습니다. 하지만 MUTAN 에서 제작하는 모델은 대부분 실시간 렌더링을 목적으로 합니다. 이 책에서도 실시간 렌더링을 가정하고 있으며, 그렇기 때문에 사용할 수 있는 리소스에도 제한이 있습니다. 따라서 소체를 모델링하기 전에 모델 사양을 결정했습니다. 일반적인 업무에서도 대상 플랫폼이나 표현 등의 다양한 요소에서 거꾸로 계산해 폴리곤 수나 텍스처 수 및 그 크기를 결정합니다. 이 책에서는 다음을 가정해 모델을 제작하기로 했습니다.

- 플랫폼은 하이엔드 기기
- 게임 장르는 RPG
- 앨리스는 주인공
- 동시에 그려지는 캐릭터는 4-6명(NPC 및 몬스터 등은 제외)
- 부위별 교체는 가정하지 않음
- VRChat에서도 사용할 수 있도록 함

이런 가정에 따라 저자들의 지식과 경험을 바탕으로 다음과 같은 사양을 정의했습니다.

▶ 폴리곤 수

- 300,000 전후

▶ 텍스처

- 몸체: 2,048 x 2,048 px
- 얼굴: 1,024 x 1,024 px
- 머리카락: 1,024 x 1,024 px
- 눈동자: 512 x 512 px

▶ 스켈레톤

- 기본 구조는 Unity의 Humanoid에 준거
- 페이셜과 흔들리는 것은 스켈레톤 애니메이션으로 표현
- 최대 인플루언스 수는 4
- A 포즈

▶ 사용 도구

- Maya 2023(이하 Maya)
- Zbrush 2024.0.4(이하 ZBrush)
- Marvelous Designer 7.5(이하 Marvelous Designer)
- Photoshop CC 2025(이하 Photoshop CC)
- Unity 2023.3.45f1(이하 Unity)

2.1.1 ▶ 폴리곤

격투 게임처럼 동시에 그리는 캐릭터 수가 적을 때는 폴리곤 수를 10만 전후로 많이 사용할 수도 있습니다. 하지만 이 책에서 만드는 캐릭터는 RPG 주인공이므로 동시에 여러 캐릭터를 그리는 상황을 가정해 폴리곤 수는 3만 전후(아웃라인 그리기에서 실제 6만)으로 억제했습니다.

2.1.2 ▶ 텍스처

베이스가 되는 텍스처(노멀 맵 등 셰이더 매개변수용 텍스처는 제외) 수가 늘어나면 그에 따라 머티리얼 수도 늘어나기 때문에 그리기 작업의 부하가 높아집니다. '1,024 x 1,0242 px' 이미지 4장은 머티리얼이 4개이지만, '2,048 x 2,048 px' 이미지 1장이면 머티리얼 1개로 끝낼 수 있습니다. 합계 크기가 같아도 텍스처가 많아지면 머티리얼 단위의 그리기에 대한 부하는 단순 계산만으로도 4배가 됩니다. 그렇기 때문에 가능한 텍스처를 모으기로 했습니다.

텍스처는 머티리얼이 달라지는 몸체, 얼굴, 머리카락, 눈동자의 4개로 구분했습니다. 몸체 부위별로 의장을 조합하는 사양에서는 반대로 텍스처를 부품 별 크기로 잘라 두어야 하므로, 사양에 맞춰 대응합니다.

텍스처 크기는 캐릭터가 카메라에 최대한으로 가까워졌을 때 차지하는 픽셀 수에 기반해 해상도의 과부족을 고려했습니다. 예를 들면 Full HD 화면 절반을 차지할 때는 960 x 1,080 px이므로, 업이 되는 위치의 해상도는 960 px 이상이 필요할 것입니다. 얼굴의 크기를 예로 들어 봅시다. 1,024 px 중에서 얼굴 정면에 대략 절반 정도가 사용되므로. 화면의 1/4을 차지하는 정도의 업은 버틸 수 있습니다. 단, 이것은 어디까지나 원리적인 수준의 이야기일 뿐 이렇게까지 엄밀하게 계산하면서 구현한다는 이야기를 들은 적은 없습니다.

해상도는 너무 높거나 너무 낮아도 문제가 됩니다. 적정한 크기를 도출하기 위해 디자이너 측에서 검토를 하는 것이 좋습니다. 대부분은 그 검토 결과로 결정하면 문제가 없을 것입니다.

2.1.3 ▶ 스켈레톤

스켈레톤^{skeleton}은 여러 조인트^{joint}로 구성된 뼈대를 가리킵니다. 여기에서는 VRChat에서도 쉽게 사용할 수 있도록 Unity의 Humanoid에 준거해 HumanIK로 생성한 것을 베이스로 하고 페이셜(표정)과 흔들리는 것(망토, 머리카락 등)을 위한 조인트를 추가합니다. 스마트폰 애플리케이션 등에서는 조인트 수가 엄격하게 제한되기도 하지만, 콘솔용 및 사람 형태의 캐릭터라면 조인트 수가 문제가 되지는 않을 것입니다. 단. 애니메이션 재사용 등 제작 효율의 관점에서 제한을 두는 경우가 많습니다.

한정된 조인트 수로 캐릭터를 움직이려고 하면 형태가 망가지게 됩니다. 특히, 위팔은 앞뒤, 위아래로 크게 움직이기 때문에 형태가 망가지면 쉽게 눈에 띕니다. 사람은 팔을 내리고 있는 형태가 자연스러우며, 팔을 어깨 위로 움직이는 경우는 많지 않습니다. 그리고, 팔을 어깨보다 위로 움직일 때는 팔이 아닌 쇄골을 움직이는 것이 좋습니다. 모델링 난이도, 다른 도구와의 연동을 고려할 때는 T자형을 선택하기도 합니다. 어느 쪽이 정답이라고 할 수는 없지만, 특별한 작업을 하지 않고 형태의 파괴를 막기 위해 최종 포즈로 A자형을 선택했습니다.

Chapter 2.2 소체 모델링

사양을 결정했으므로 소체를 만들어봅니다. 먼저 Maya를 사용해 스케일이나 머리/몸 부분이 되는 모델을 만들고, 이후 ZBrush를 사용해 형태를 만들어 갑니다. 마지막으로 다시 Maya를 사용해 토폴로지를 정리하고, 소체를 완성합니다 캐릭터 모델은 얼굴이 생명이므로 다른 위치보다 얼굴에 폴리곤 수를 많이 할당하고, 풍부한 표정을 애니메이션을 만드는 것을 의식하며 작업해야 합니다.

최종적으로 Maya에서 게임 엔진 등에서 사용할 수 있도록 데이터를 익스포트 합니다. 모델 크기나 씬의 축은 Maya를 기준으로 만들기 시작합니다. 이것은 도구를 다룰 때 발생하기 쉬운 크기나 축의 차이 등이 발생을 막기 위해서 입니다.

먼저 디자인 이미지와 키에서 머리 부분을 확인합니다. 디자인 이미지에는 그려지지 않은 옷 아래쪽도 직접 상상해서 체형을 파악해 둡니다. 신장은 설정에서 160cm, 머리는 6.5등신 정도에 해당합니다.

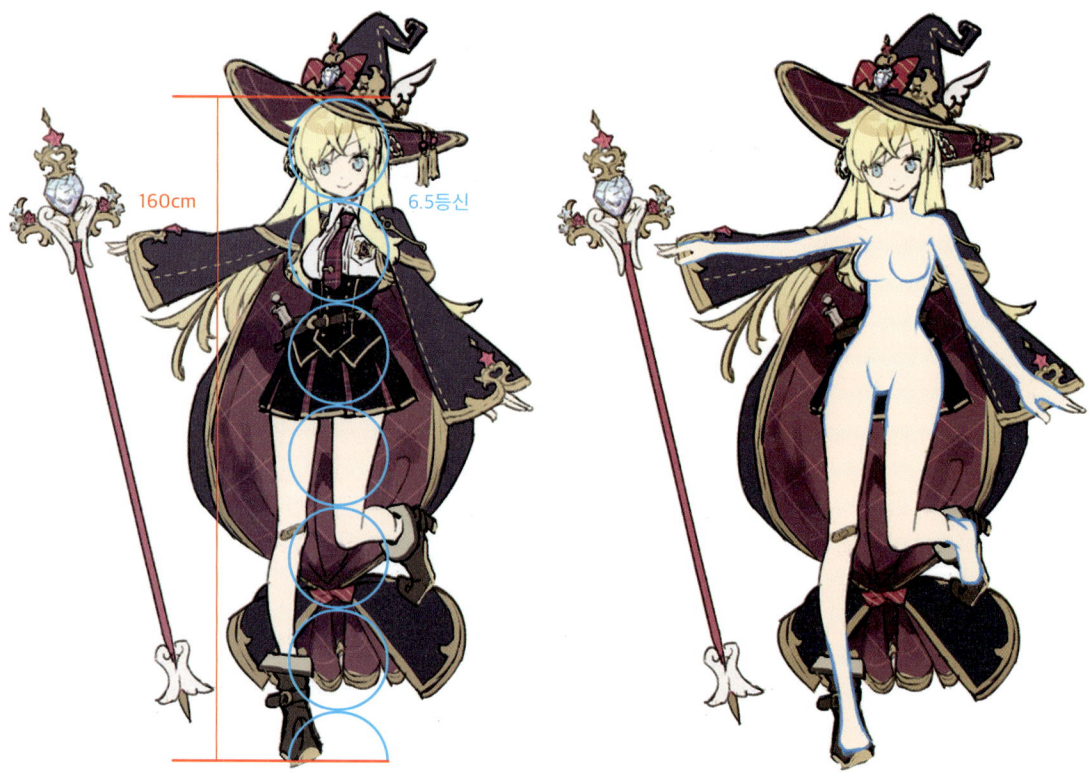

2.2.1 러프 모델링

1 ▶ 머리 크기를 결정했다면 키에서 머리 크기를 계산하고 Sphere를 배치합니다. 머리 크기에 맞춰 팔/다리가 될 Cube(육면체)를 만듭니다.

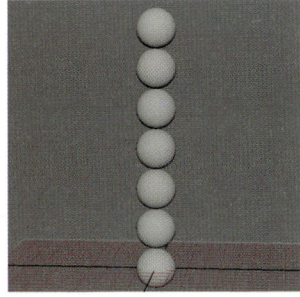
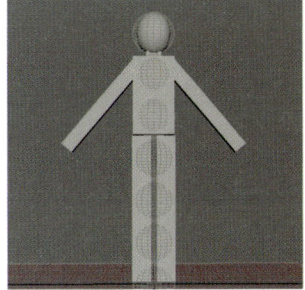

2 ▶ 이 Cube에서 스컬프팅의 베이스가 될 모델을 만듭니다. 디테일한 부분은 ZBrush를 사용해 만들 것이므로 Maya에서는 대략적인 실루엣만 만듭니다. Smooth Mesh Preview를 활용해 토폴로지^{topology}는 신경 쓰지 말고 진행합니다. 아래 그림은 ZBrush에 임포트 하기 전의 모델입니다. 팔꿈치와 무릎 관절의 위치만 결정되면 큰 문제는 없습니다.

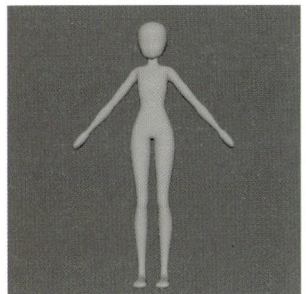
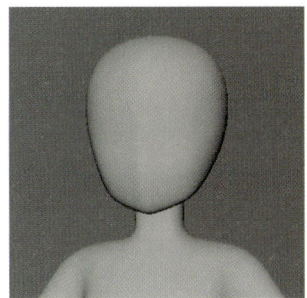

2.2.2 머리 스컬프팅

1 ▶ ZBrush에 임포트 하기 위한 준비를 합니다. Maya의 Smooth Mesh Preview에서 표시했던 모델을 Low Polygon 표시로 되돌린 뒤, 값에 Smooth를 적용합니다. 분할 수는 「2」로 설정합니다.

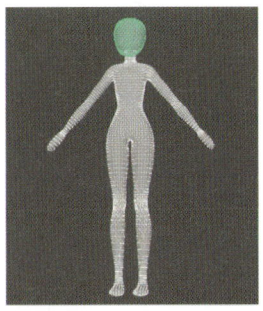

2 ▶ 머리와 몸체 모델을 각각 선택한 뒤 「Alice_003_ex_head.obj」, 「Alice_003_ex_body.obj」라는 이름의 OBJ 형식 파일(이하, OBJ)로 익스포트 합니다.

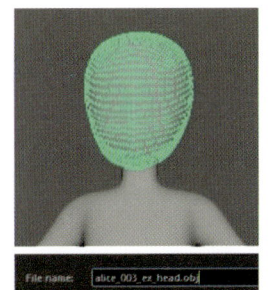
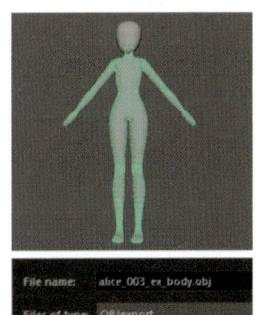

3 ▶ ZBrush를 실행한 뒤 [Tools → Import] 메뉴를 선택합니다. 앞서 Maya에서 익스포트 한 머리의 OBJ를 씬에 임포트 합니다.

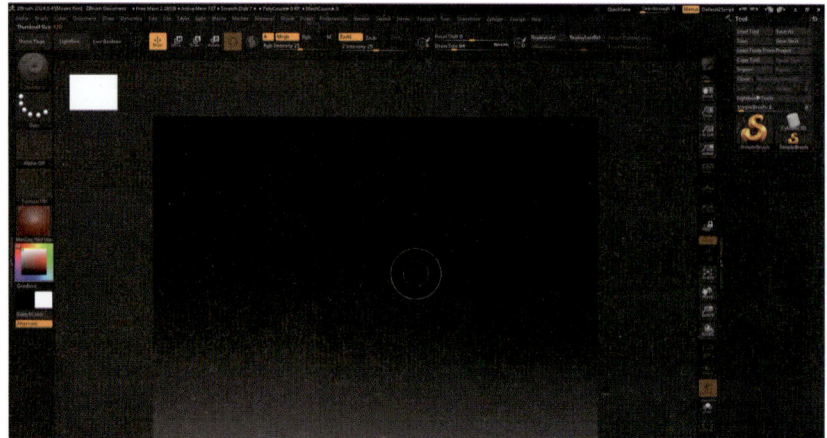

4 ▶ OBJ를 임포트하면 뷰에 아무것도 표시되지 않습니다. 뷰에서 드래그 앤 드롭 해서 머리 모델을 드립니다. 그 상태에서 [Edit]를 ON으로 설정하고, 몸체의 OBJ를 임포트하기 전에 머리의 모델을 복제합니다.

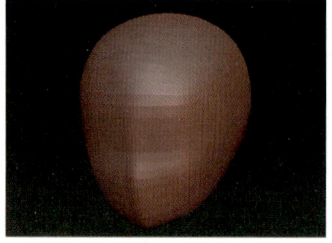
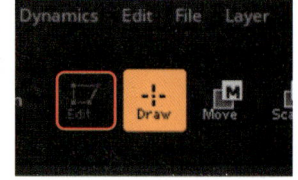

5 ▶ 복제한 머리 모델을 선택한 뒤 임포트를 실행해 몸체의 OBJ를 임포트 합니다. 그러면 몸체 모델이 복제한 머리의 모델을 대체해서 표시됩니다. ZBrush에서는 이와 같이 복제한 OBJ를 같은 씬에 임포트 할 때 조금의 팁이 필요합니다.

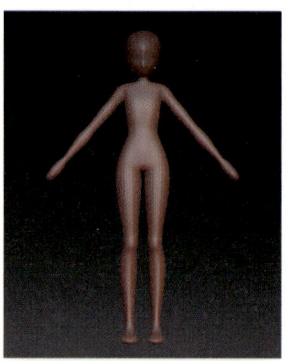

6 ▶ [Subtool] 안에서 오른쪽 이미지와 같은 상태로 임포트 했다면 준비 완료입니다.

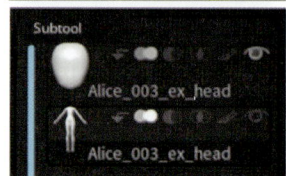

7 ▶ 먼저 머리를 만듭니다. 머리의 형태를 만들 때 정해진 방법은 없습니다. 이 책에서는 쉽게 이해할 수 있도록 부위별로 설명합니다. 하지만 실제로는 다양한 부위를 동시에 조금씩 조정하면서 캐릭터의 인상을 디자인 이미지에 가깝게 만들어갑니다. 그래서 각 개인마다 작업 진행 방법이 조금씩 다를 것이라 생각하는 것이 좋습니다.

※ 오른쪽 이미지는 완성된 이미지입니다.

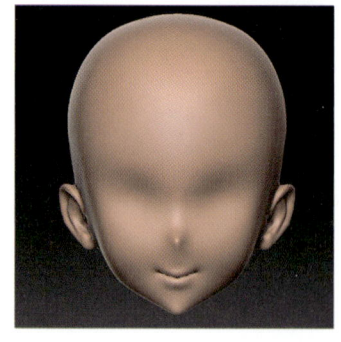

8 ▶ 먼저 머리의 분위기와 이미지를 만듭니다. [Subtool]에서 임포트한 머리를 선택한 뒤 복제합니다. 이 복제는 백업으로 사용합니다. 무언가 실수를 했을 때 되돌릴 수 있으므로, 임의의 적절한 시점에 자주 복제한 뒤 이름을 붙여두면 좋습니다.

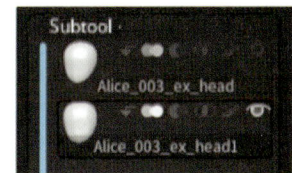

9 ▶ 복제한 머리를 활성화합니다. [Geometry]의 [Divide]를 2~3번 클릭해 섭디비전(SDiv)을 높여 표면을 부드럽게 만듭니다.

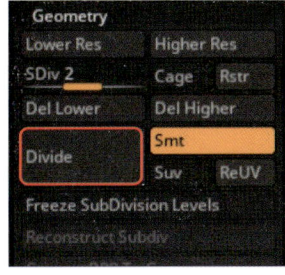 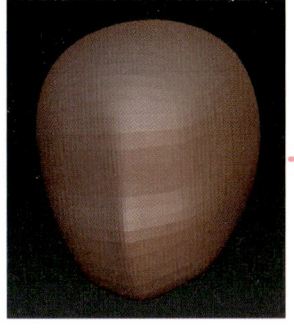 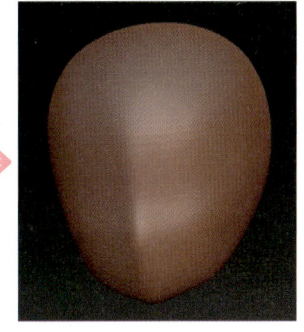

이제부터 브러시를 사용해 얼굴의 디테일을 잡습니다. 반드시 Geometry를 ON으로 설정한 뒤 시작합니다.

10 ▶ 코의 위치를 기준으로 각 부위의 균형을 잡으면서 조금씩 작업을 진행합니다. 대략적인 형태를 만들 때는 Standard 브러시 또는 Clay 브러시를 사용합니다.

 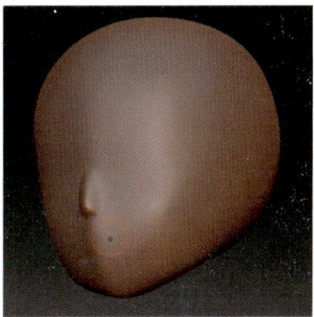

11 ▶ 턱선을 다듬습니다. Standard 브러시만 사용하면 표면이 우글거리므로 Smooth 브러시로 적절하게 전환하면서 작업합니다.

 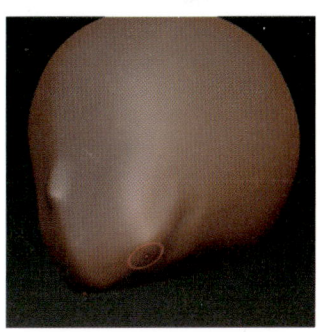

12 ▶ 눈의 움푹 패인 부분도 가볍게 만듭니다.

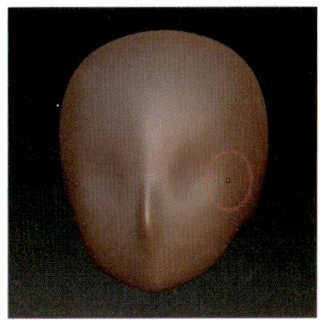

19

| MEMO | 위치에 따라 토폴로지의 간격이나 밀도가 각각 다를 때 |

Dynamesh를 적용해 토폴로지의 간격을 균등하게 만듭니다. 특히, 귀나 입처럼 급격한 곡선이 있는 위치는 토폴로지 밀도가 낮아지기 쉽습니다. 이럴 때는 Dynamesh를 사용해 밀도를 높여서 작업합니다.

13 ▶ 머리의 윤곽도 조금 조정합니다. 대략적인 형태의 위치를 변경할 때는 Move 브러시를 사용하면 됩니다.

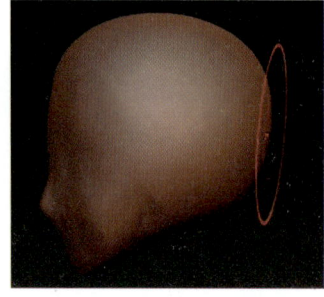

14 ▶ 귀를 만듭니다. 특히, 눈이나 코와의 위치 관계에 주의하면서 만듭니다. 입도 대략적으로 만듭니다.

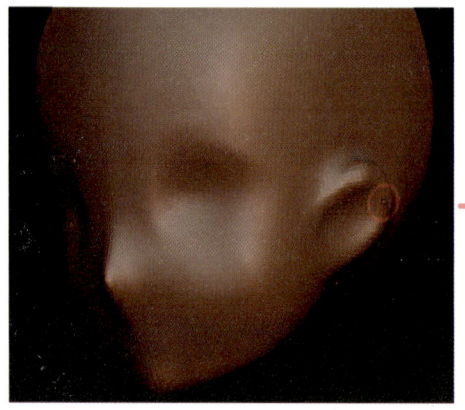
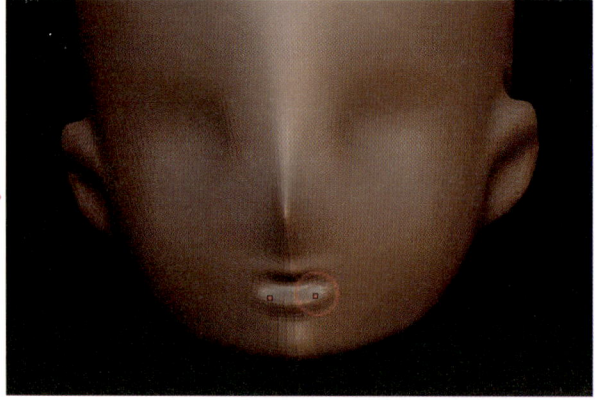

15 ▶ 대략적으로 필요한 부분을 만들었습니다. 이 상태에서 더욱 상세하게 형태를 마무리합니다.

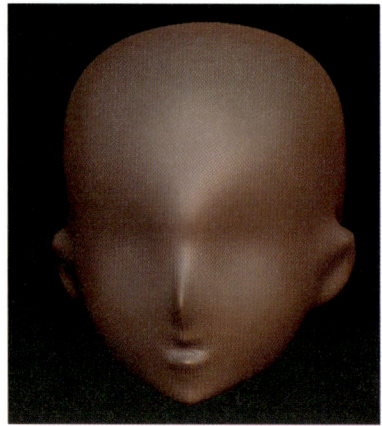

| MEMO | 안구와 눈썹은 만들지 않은 이유 |

이후 단계에서 최종적으로 게임 모델로 만들기 위해 안구는 Maya에서 Plane 폴리곤을 만들고, 눈동자를 그린 텍스처를 붙여 표현합니다. 눈썹도 텍스처로 그릴 것이므로 이 단계에서는 안구나 눈썹은 만들지 않습니다.

16 ▶ 세세한 작업에 들어가므로 모델을 조금 더 쉽게 볼 수 있도록 머티리얼을 표준 [MatCap Red Wax]에서 [MatCap Gray]로 변경했습니다.

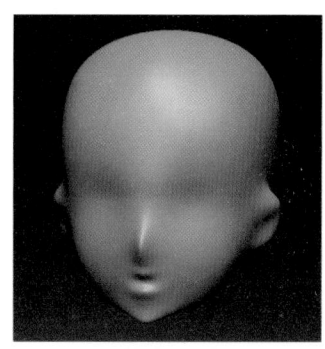

17 ▶ 머리의 각 부위의 형태를 조금씩 채워 줍니다. 전체적으로 균형을 맞추면서 진행합니다. 코 끝을 뾰족하게 해서 기준이 되는 정점을 만들고, 코를 「산」 형태로 만든 뒤 스무스를 적용해 형태를 정리합니다.

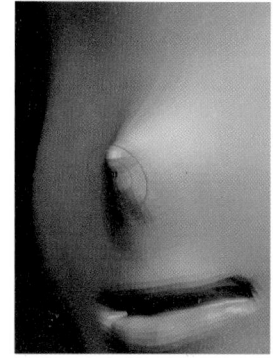
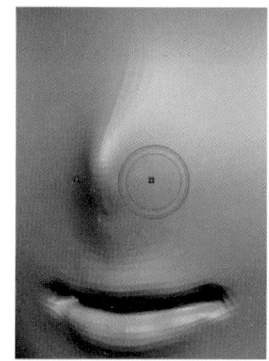

18 ▶ 아래쪽에서 봤을 때 그림의 형태가 되면 좋습니다.

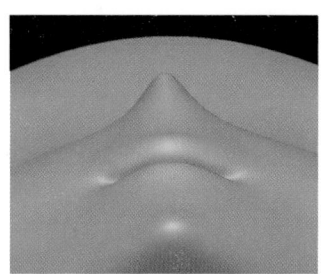

19 ▶ 콧등은 조금 날카롭게 만든 뒤 스무스를 살짝 적용해서 정리합니다.

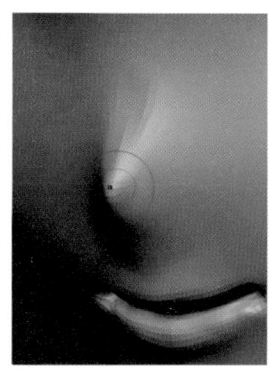
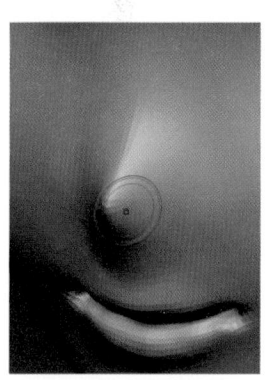

20 ▶ 디자인 이미지의 앞쪽, 옆쪽과 비교하면서 실루엣을 확인합니다. 비스듬한 얼굴과 균형을 잡습니다. 필요하다면 위치를 조정합니다.

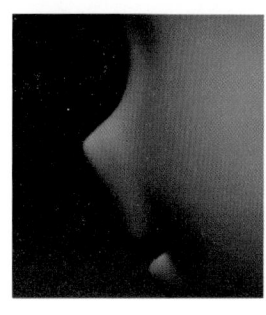

21 ▼ 윗입술을 만듭니다. 아랫입술은 윗입술보다 앞으로 나오지 않도록 주의합니다. 입술 형태는 Maya에서 리토폴로지를 했을 때 모양이 잘 나타나도록 요철을 확실하게 넣습니다. Dynamesh로 토폴로지 밀도를 올리고, Smooth 브러시와 Move 브러시를 바꾸어 사용하면서 형태를 정리합니다. 입가를 위쪽으로 조금 올려 미소를 띠게 합니다.

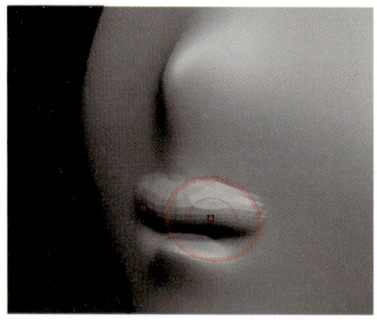 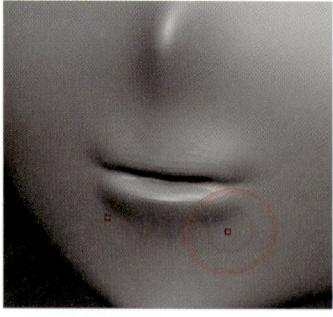 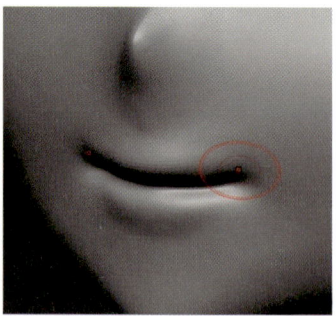

22 ▼ 입술 끝과 입가의 위치를 생각하면서 위쪽, 아래쪽, 비스듬한 쪽에서 봤을 때 귀여운 느낌의 곡선이 되도록 형태를 채웁니다. 특히, 입가 부근을 안쪽으로 넣어주면 더 귀여운 느낌을 줄 수 있습니다.

 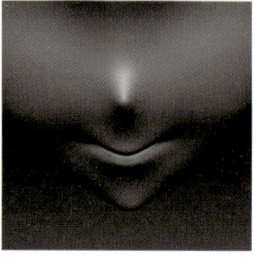 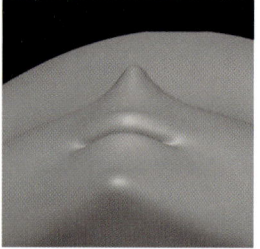 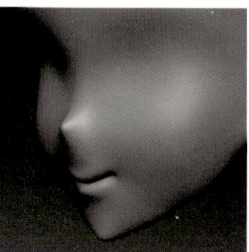

23 ▼ 얼굴을 앞쪽에서 봤을 때 턱 아래쪽이 옆으로 나와있으므로 Move 브러시를 사용해 안쪽으로 밀어 넣고 가운데 쪽으로 밀어 넣었습니다.

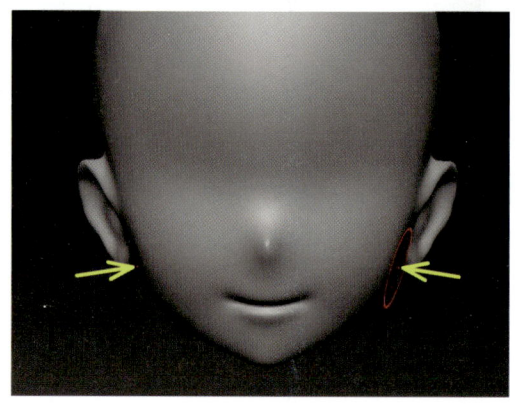

24 ▼ 턱끝 양 쪽은 캐릭터 일러스트 특유의 곡선을 고려해 안쪽으로 조금씩 밉니다. 얼굴을 위쪽에서 앞쪽을 향해 움직였을 때 외곽의 곡선이 깔끔하게 유지되도록 합니다. 이것도 귀여운 느낌을 주는 포인트입니다.

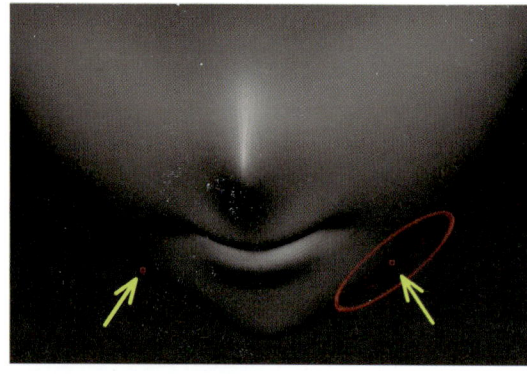 

25 ▶ 다시 턱끝을 뾰족하게 만듭니다. 살상 능력을 가진 느낌이나 예리한 느낌을 주는 턱이 되지 않도록 적절히 둥글게 만듭니다. 입과의 간격이 다소 좁기에 위치를 아래로 내렸습니다.

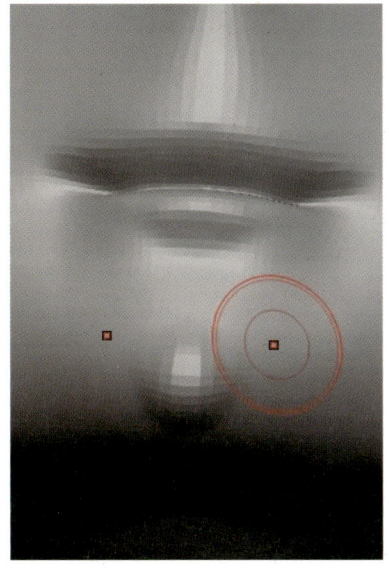 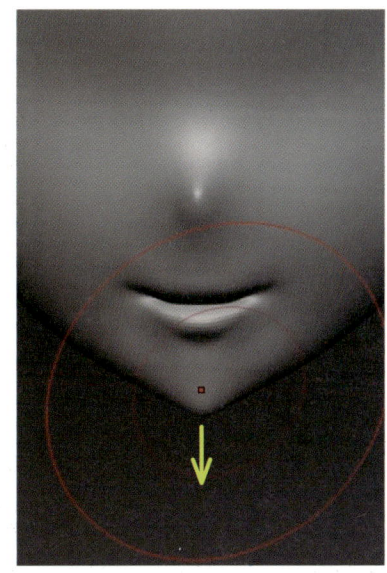

26 ▼ 앞쪽과 비스듬한 쪽에서 봤을 때의 턱 윤곽을 날카롭게 하기 위해 턱 아래를 조금 들어가게 만듭니다 턱선의 윤곽 또한 확실하게 만들 것이므로 움푹 패인 것을 의식해 안쪽으로 들어가게 만듭니다. 이 부분은 사람의 골격에 맞춰 정리합니다 머리와 목이 연결되는 곳이 위로 부풀어 있으므로 안으로 눌러주고, 턱끝까지 이어지는 부분을 깔끔하게 다듬었습니다.

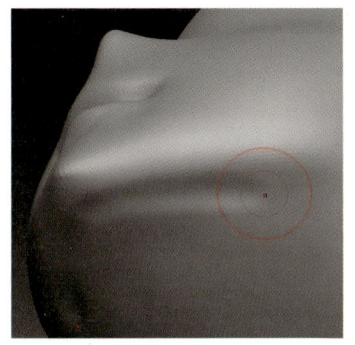 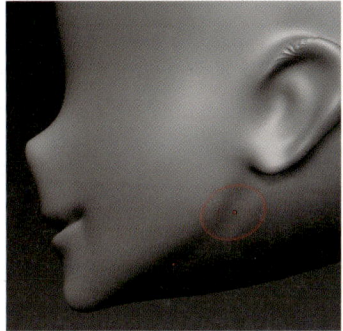 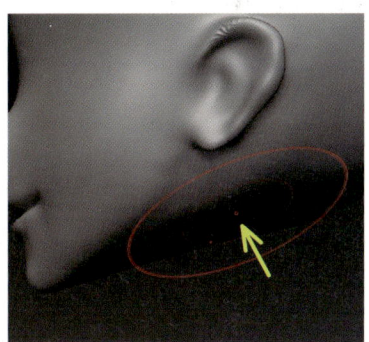

MEMO   우선해야 할 얼굴 각도와 옆얼굴

기본적으로 디자인 이미지를 재현할 때는 앞쪽과 비스듬한 쪽을 우선합니다. RPG 게임 안에서 얼굴이 가장 잘 보이는 각도이기 때문입니다. 옆얼굴이 보이는 경우는 많지 않으므로 우선도를 비교적 낮춥니다. 비스듬한 쪽을 우선하면 특히, 코, 입, 턱끝을 디자인 이미지와 맞추기 어려워집니다. 옆얼굴은 윤곽의 흐름을 의식하는 정도에서 멈추고, 3차원에서 봤을 때의 형태를 중시해 신중하게 맞춥니다.

※ 오른쪽 이미지에서는 코부터 턱끝까지의 기울어진 정도가 디자인 이미지와 다소 다릅니다.

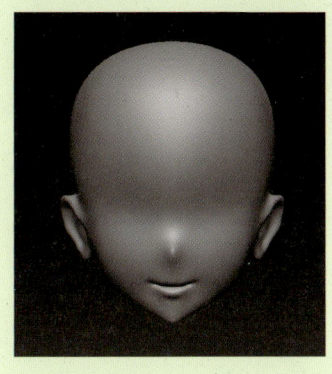  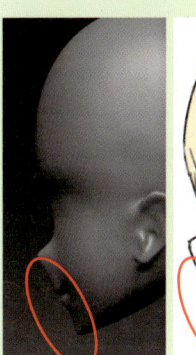 

🔢 27 ▶ 머리의 실루엣을 정리합니다. 형태를 크게 움직일 때는 조정할 위치에만 마스크를 씌우고, Move 브러시의 드로우 크기를 크게 설정해서 한 번에 움직입니다. 머리 앞쪽 부분, 특히, 이마에서 콧등으로 이어지는 선은 깔끔한 S자 형태의 곡선이 되게 만듭니다.

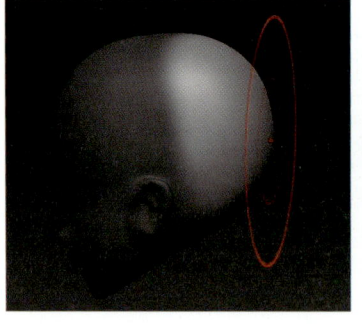 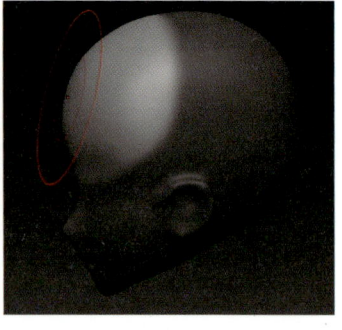

🔢 28 ▶ 옆쪽에서 본 실루엣을 조정했다면 위쪽과 비스듬한 쪽에서 본 형태도 확인합니다. 의도하지 않게 튀어나오거나 평평한 부분이 생기기 쉬우므로 Move 브러시를 사용해 움직이거나 Smooth 브러시를 사용해 부드럽게 조정합니다.

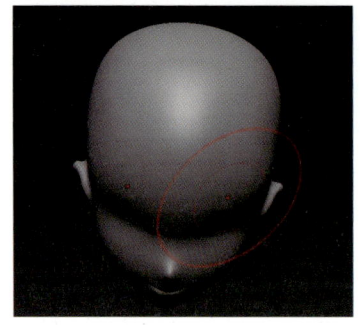 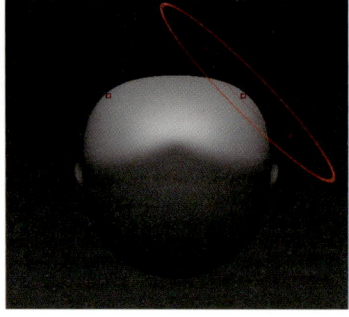 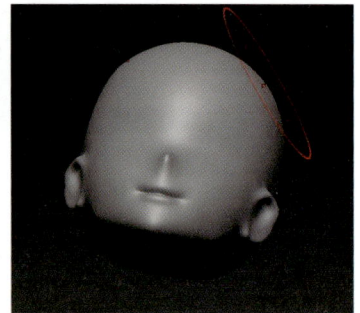

🔢 29 ▶ 눈의 위치에 주의하면서 눈의 패인 부분을 만듭니다. 옆쪽에서 봤을 때 눈썹 위치보다 약간 뒤에 눈이 오도록 파냅니다. 너무 깊이 파내지 않도록 주의합니다.

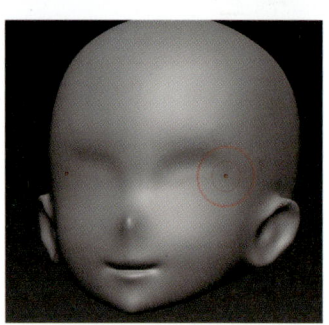

🔢 30 ▶ 볼과 그 주변에 윤곽을 만듭니다. 볼은 얼굴을 비스듬한 쪽에서 봤을 때 캐릭터의 특징을 좌우하는 부분입니다. 디자인 이미지에서는 파악하기 어려운 형태도 있으므로 상상력을 더해 만듭니다.

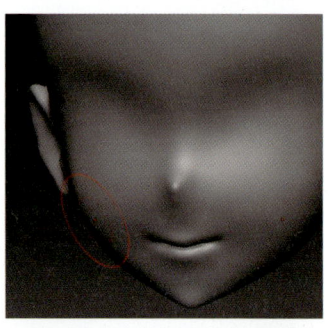

🔢 31 ▶ 볼은 각도에 따라 튀어나오는 위치가 미묘하게 달라집니다. 앞쪽보다는 약간 비스듬한 쪽에서 봤을 때 입의 옆쪽이 살짝 부풀어 오른 듯 표현하면 좋습니다.

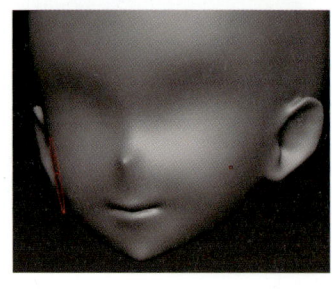

32 ▶ 앞쪽에서 옆쪽으로 각도를 바꾸었을 때 눈 바로 아래의 광대뼈가 튀어나온 상태였으므로 이전보다 높은 위치로 부드럽게 올려 줍니다.

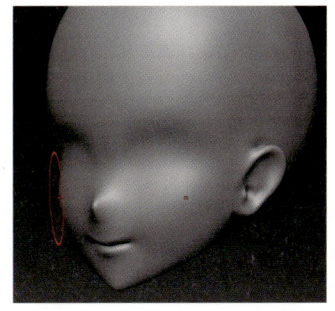

33 ▶ 형태만 갖추고 있던 귀를 다듬어 줍니다. 귀 안의 디테일을 만들기 전에 귀 전체 형태를 먼저 결정합니다. 귀 밑동처럼 깊은 디테일은 Slash3 브러시를 사용해 만들었습니다.

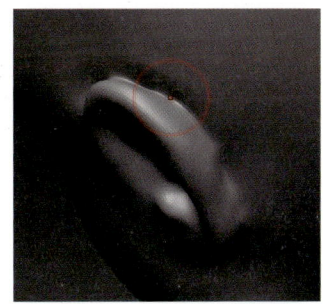

34 ▶ 깎아낸다 → 붙인다 → Dynamesh … 과정을 반복해 귀 바깥쪽 형태를 정리합니다.

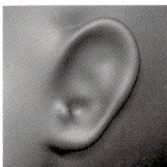
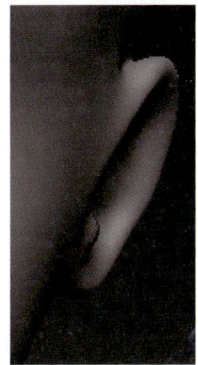

35 ▶ 귀 바깥쪽 형태를 정리했다면 브러시의 드로우 크기를 바꾸면서 귀 안쪽의 디테일을 만듭니다. 귀 이미지 자료들을 찾아보며 확실한 형태를 만듭니다. 완성에 가까운 시점에서 머티리얼을 PolySkin으로 바꿔봤습니다.

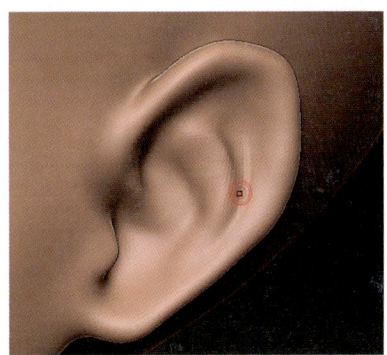

₩
36 ▶ 여러 각도에서 귀의 형태를 확인하고, 특징적인 윤곽을 확실하게 정리합니다.

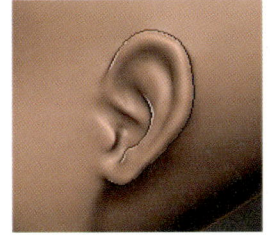
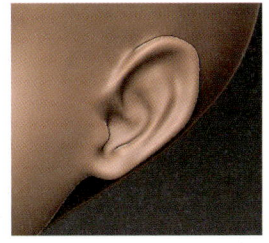
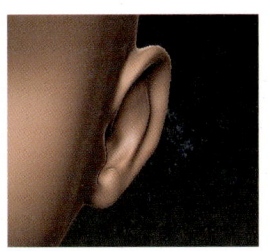
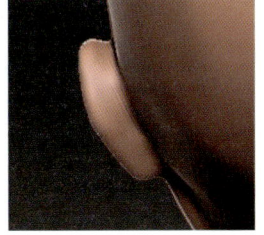

36 ▶ 처음 형태에 비해 상당히 귀여운 느낌이 나게 되었습니다. 머리 부분의 형태는 이 정도에서 완성한 것으로 합니다. 이후 조정은 Maya에서 리토폴로지 작업을 할 때 수행합니다.

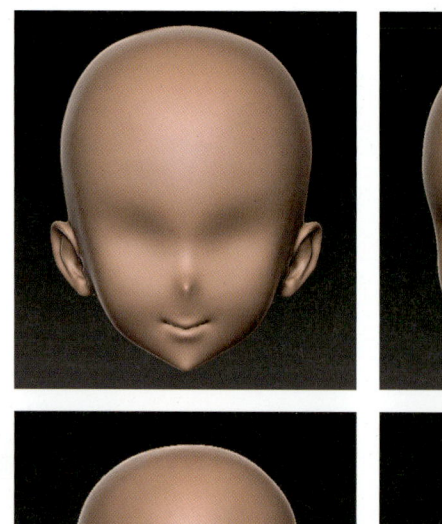

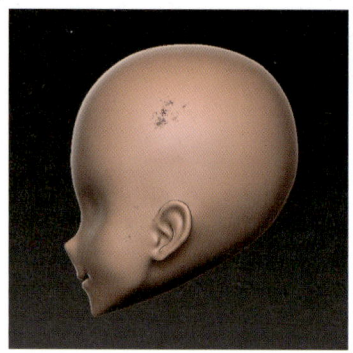
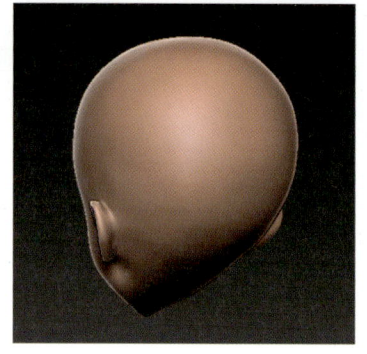
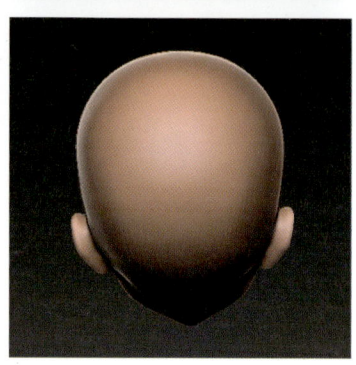

2.2.3 ▶ 몸체 스컬프팅

1 ▶ 몸체를 스컬프팅 합니다. 책에서는 부위별로 단계를 소개합니다. 실제로는 다양한 위치의 작업을 동시에 진행하면서 조금씩 형태를 만듭니다.
※ 오른쪽 그림은 완성 이미지입니다.

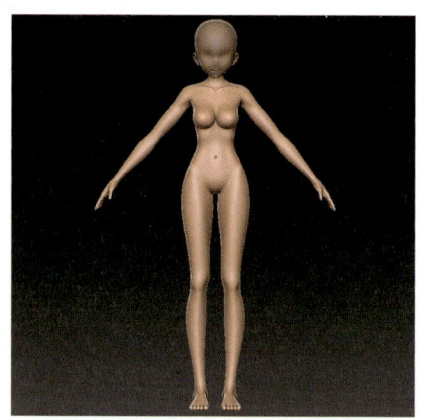

2 ▶ [Subtool]에서 임포트한 몸체를 복제해 활성화한 뒤 머리를 숨깁니다. 머리와 마찬가지로 섭디비전을 높여서 디테일을 만들 수 있도록 설정한 뒤 작업을 시작합니다.

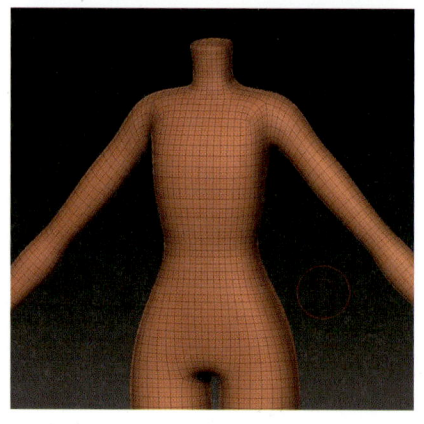

3 ▶ 머리 부분과 마찬가지로 완성된 형태의 이미지를 쉽게 그릴 수 있도록 전체적인 분위기를 만듭니다. 먼저 가볍게 쇄골을 만듭니다. 몸체의 특징적인 디테일을 미리 만들어 두면 동기 부여도 한층 더해질 것입니다.

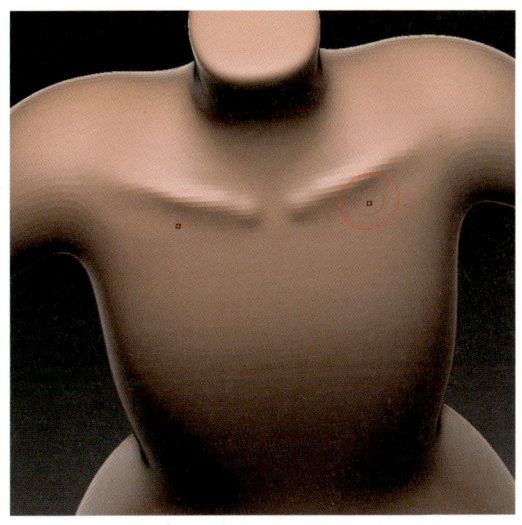

4 ▶ 겨드랑이를 만듭니다. 겨드랑이는 파내기 보다는 진흙을 붙여서 대흉근을 만드는 느낌으로 작업합니다. 갈비뼈에서 어깨로 이어지는 삼각근도 조금 조정합니다. 이 단계까지만 작업해도 제법 괜찮은 느낌을 줍니다.

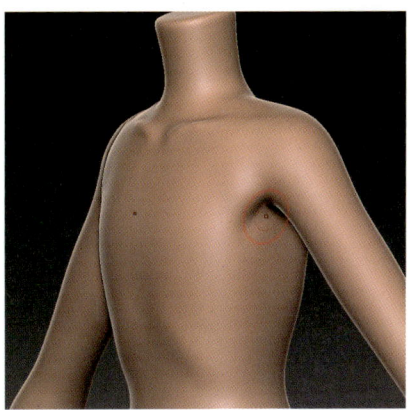 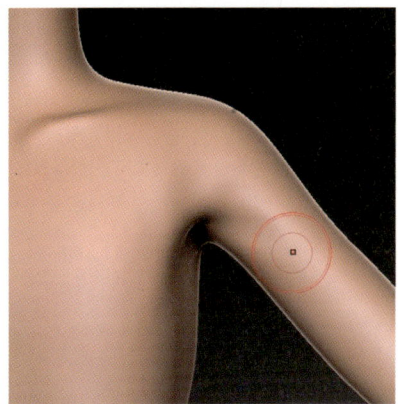

5 ▶ 등 쪽 대원근에도 힘줄을 붙입니다. 겨드랑이 앞뒤에 힘줄을 붙임으로써 겨드랑이의 독특한 패임을 만들었습니다.

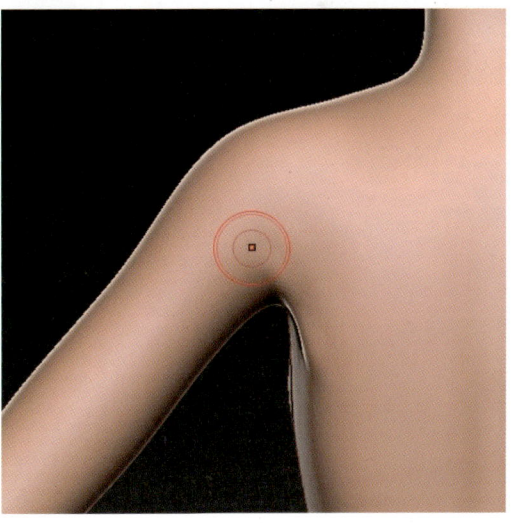

> **MEMO** 줌 아웃해서 모델을 관찰한다
>
> 작업 도중 틈틈이 뷰에서 모델을 먼 곳에 두고 보는 것을 권장합니다. 한 부분의 작업에 너무 집중하다 보면 생각지 못하게 균형이 무너지기 쉽습니다. 어떤 부분을 어느 정도 작업했다면, 우선 다른 부분의 작업을 진행하면서 시간을 두고, 이후 몸 전체의 균형에 맞는지 돌아봄으로써 작업하던 때는 눈치채지 못했던 위화감을 찾아내고 조정할 수 있습니다.

6 ▶ 가슴을 만듭니다. 형태는 브래지어를 착용한 것으로 가정합니다. 가슴이 봉긋하게 부풀어 오르게 할 것이므로 가슴을 붙일 위치에 원형 마스크를 씌웁니다.

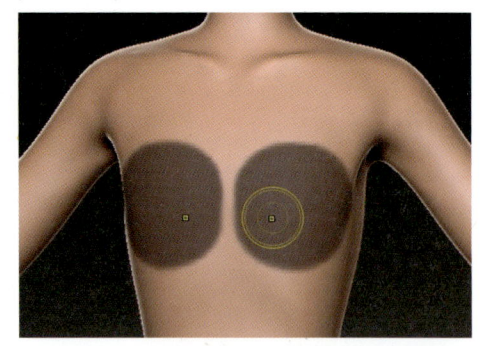

7 ▶ 마스크를 반전시키고 Move 브러시나 Inflat 브러시를 사용해 둥글게 붙여 줍니다. 이 방법을 사용하면 울퉁불퉁하지 않게 가슴을 손쉽게 붙일 수 있습니다. 단, 가슴은 완전한 원형은 아니므로 대흉근 위에서 유방이 살짝 아래로 내려가 있는 인체 구조를 이해하면서 형태를 만듭니다.

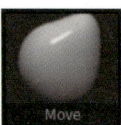 

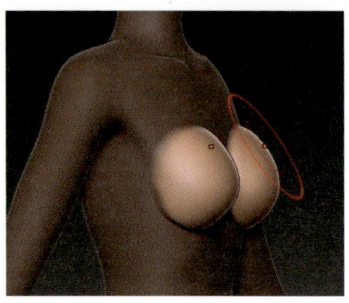

8 ▶ 좋은 형태의 가슴을 만들었다면 마스크를 해제하고 형태를 정리합니다. 가슴 위쪽은 자연스럽게 이어지도록 Smooth 브러시를 사용하고, 가슴 아래쪽은 몸체와의 경계는 Slash3 브러시를 사용해 확실히 구분해 가슴의 느낌을 만듭니다.

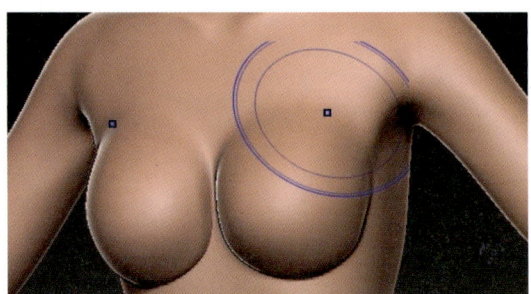 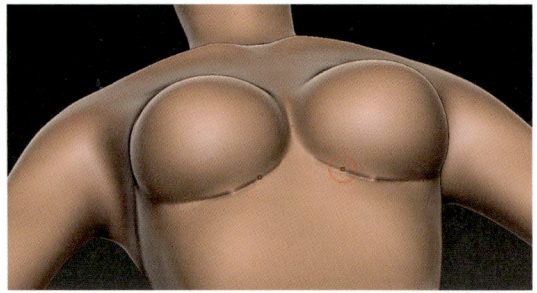

9 ▶ 겨드랑이와의 연결 부분을 확실하게 만듭니다. 근육과 가슴의 관계를 명확하게 표현합니다.

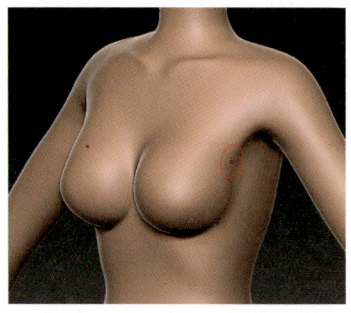

10 ▶ 가슴의 밑동이 위쪽으로 올라왔으므로 쇄골 아래부터 대흉근으로 이어지는 부분을 조금 안쪽으로 밀어 넣습니다.

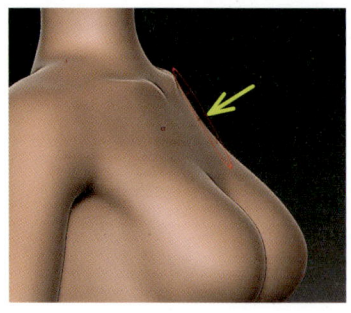

11 ▼ 아름다운 가슴의 실루엣을 만들려면 위쪽은 평평하게, 아래쪽은 둥글게 부풀게 만들게 해야 합니다. 이를 염두에 두고 여러 각도에서 가슴의 형태를 정리합니다. 가슴 사이의 공간도 확실하게 표현합니다.

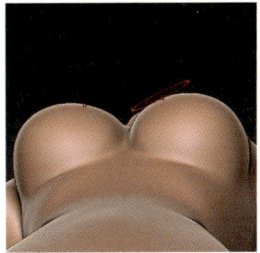 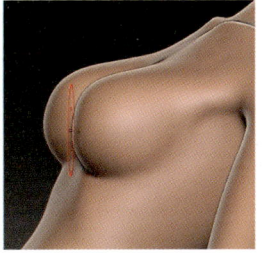 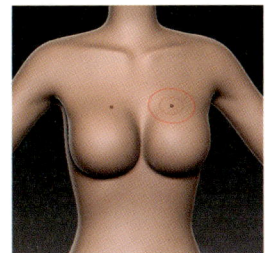 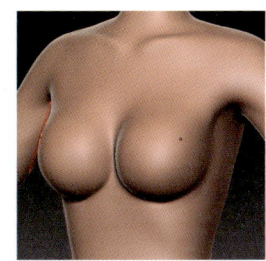

12 ▶ 늑골을 만듭니다. 가슴 바로 아래 부근이 가장 튀어나오고, 배 가운데를 향해 움푹 패이도록 정리합니다. 가슴 비스듬한 쪽 아래쪽의 늑골을 의식해 조금 튀어나오게 만들었습니다.

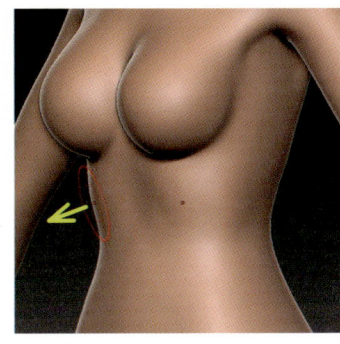 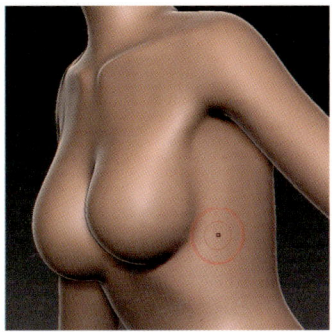

13 ▶ 앞에서 안쪽 광배근 부근을 봤을 때 많이 튀어나온 부분이 있어 평평하게 만들었습니다.

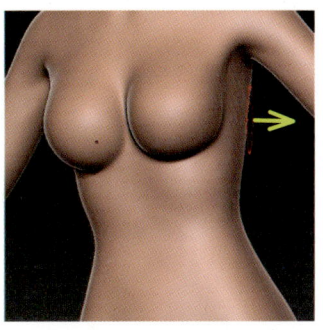

14 ▶ 가슴을 만들었으므로 균형을 확인하면서 쇄골을 조정합니다. 목 밑동 쪽이 가장 위로 나오도록 늘리고, 브러시를 사용해 어깨를 향해 쓸어내는 느낌으로 형태를 정리합니다.

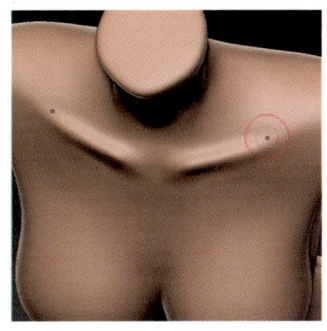

15 ▶ 목은 원기둥 상태 그대로는 느낌이 살지 않으므로 가슴과 마찬가지로 형태를 조금 조정합니다. 목의 단면은 완전한 원형이 아니라 둥근 모서리를 가진 「오각형」 형태입니다. 먼저 목젖을 만듭니다. Maya에서 리토폴로지를 할 때 대부분 사라지겠지만 쇄골 쪽 목 근육은 조금 강하게, 머리에 가까워질수록 약하게 했습니다.

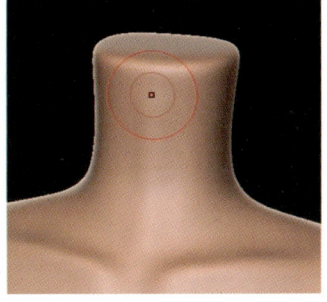 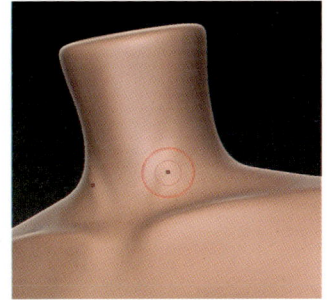

16 ▶ 목의 각도가 수직 방향을 향하고 있으므로 머리 밑동을 Move 브러시를 사용해 약간 앞쪽으로 기울였습니다. 기울인 만큼 목의 형태가 망가졌으므로 목의 굵기와 함께 형태를 정리합니다. 목 밑동에서 머리 방향으로 끝이 조금 넓어지도록 조정합니다.

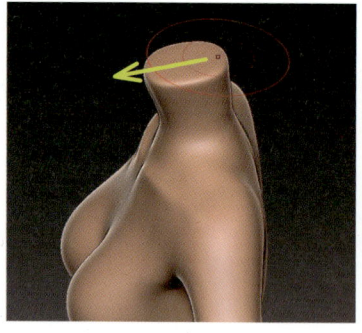 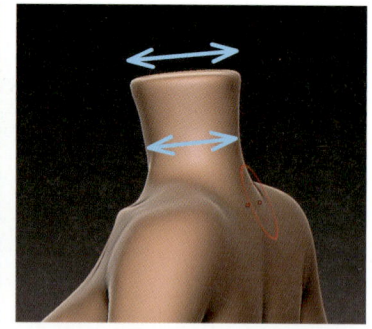

17 ▶ 승모근을 만들었습니다. 목 주변의 형태는 오늘형태는 오른쪽 그림과 같이 되었습니다.

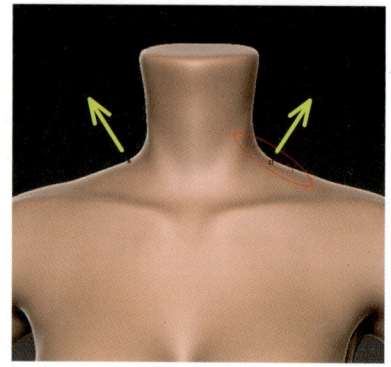

18 ▶ 승모근에서 시작해 어깨로 이어지는 부분을 조금 강조합니다. 어깨가 너무 마르거나 반대로 너무 두껍게 되지 않도록 주의합니다. 비스듬한 쪽에서 봤을 때의 실루엣도 정리합니다.

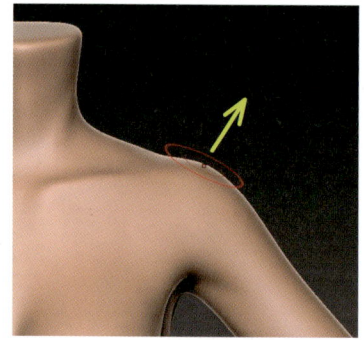 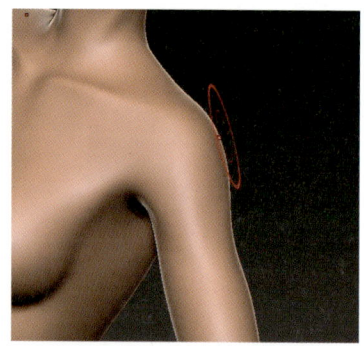

19 ▶ 상반신을 조금 더 예쁜 형태로 만듭니다. 가슴 주변 전체에 마스크를 씌우고 Move 브러시를 사용해 앞쪽으로 늘립니다.

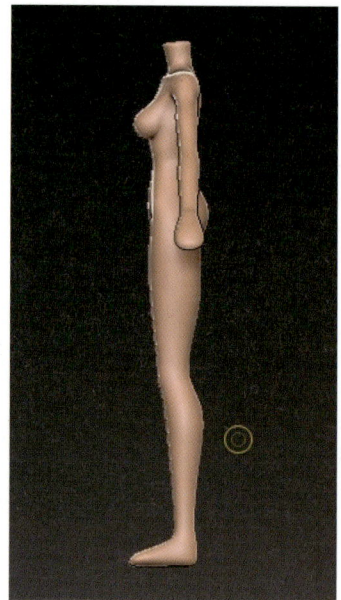 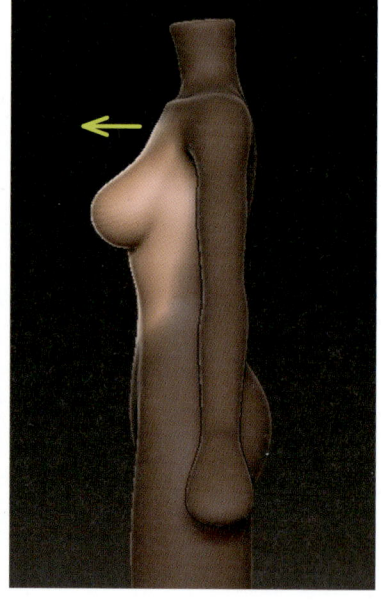

20 ▶ 척추를 따라 Standard 브러시를 사용해 등을 조금 파냅니다. 견갑골 사이 근처에서 시작해 허리와 엉덩이 사이 근처에서 패인 부분이 끝나도록 합니다.

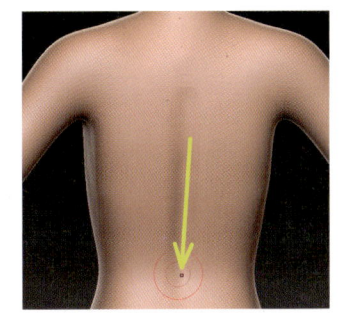

21 ▶ Standard 브러시를 사용해 견갑골을 파냅니다. 단순히 근육 하나를 붙인 것처럼 보이지만 피부 표면 위로 나온 돌기의 형태, 간격, 위치를 생각하면서 파내야만 견갑골의 형태가 이상해지지 않으므로 주의합니다.

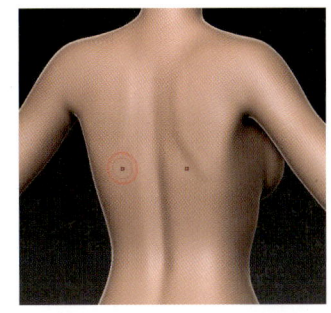

22 ▶ 계속해서 몸체 아래쪽을 스컬프팅 합니다. Slash3 브러시를 사용해 가랑이와 다리 밑동의 경계를 깊이 파내고, Smooth 브러시를 사용해 골반의 돌기(상전장골극) 방향으로 평평하게 만듭니다.

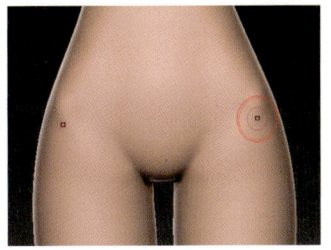

23 ▶ 배를 만듭니다. 다리 밑동보다 앞쪽으로 나오기는 하지만 살찐 느낌을 주지 않도록 적절하게 부풀립니다. 복근도 조금 만듭니다. 복근의 옆을 조금 패이는 느낌으로 만들어 주는 것이 좋을 수 있습니다. 배꼽은 허리의 잘록한 부분과 골반의 돌기를 대각선으로 연결했을 때, 두 대각선이 교차하는 점에 위치하게 합니다. Standard 브러시를 사용해 배꼽을 파냅니다.

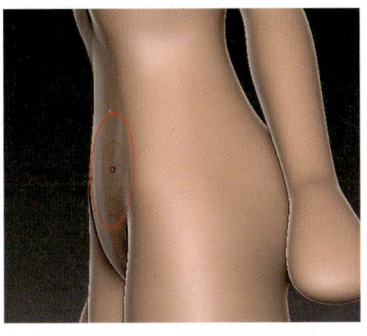
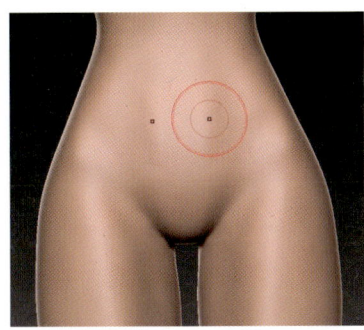
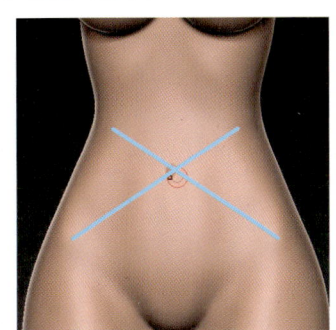

24 ▶ 골반의 돌기도 조금 더 강조합니다. 비스듬한 각도에서 봤을 때 조금 각진 느낌을 내도록 만듭니다. 다시 Slash3 브러시를 사용해 가랑이와 다리 밑동의 경계를 깊이 파내고, Smooth 브러시를 사용해 골반의 돌기 방향을 부드럽게 만듭니다.

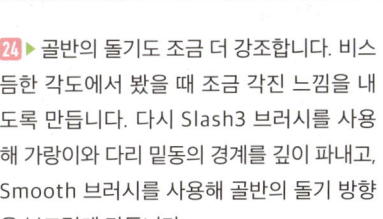
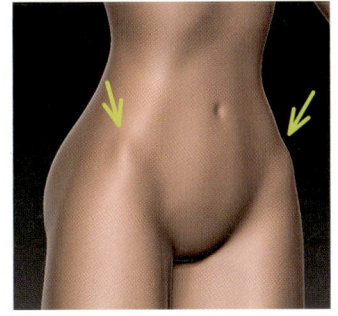
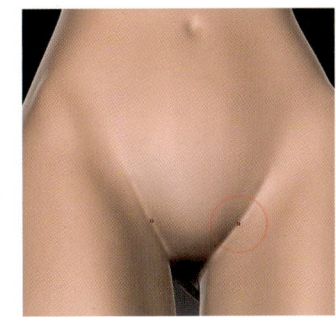

25 ▶ 비스듬한 각도의 위쪽에서 봤을 때 오른쪽 그림과 같이 가랑이와 다리 밑동 경계의 각도가 90도에 가까우면 강약이 잘 표현됩니다.

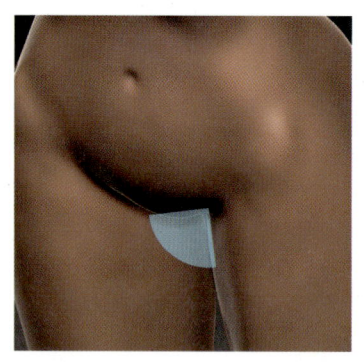

26 ▶ 엉덩이의 갈라진 부분을 파냅니다. Slash3 브러시를 사용해 깊게 골을 만들고, 엉덩이뼈 부근과 끝부분에 있는 허벅지 아래는 Smooth 브러시를 사용해 부드럽게 만듭니다. 엉덩이와 허벅지 밑동에 생기는 주름도 파냅니다. Slash3 브러시를 사용해 깊이 파낸 뒤, 마찬가지로 Smooth 브러시를 사용해 적절하게 부드럽게 만듭니다.

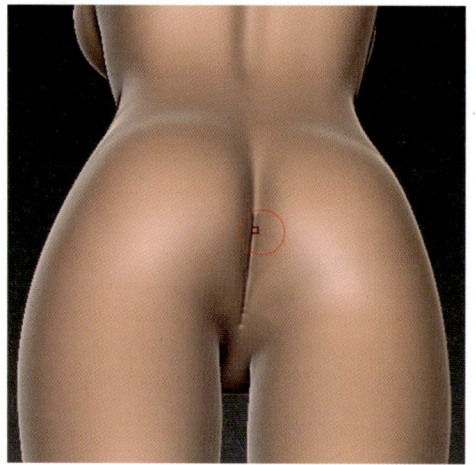 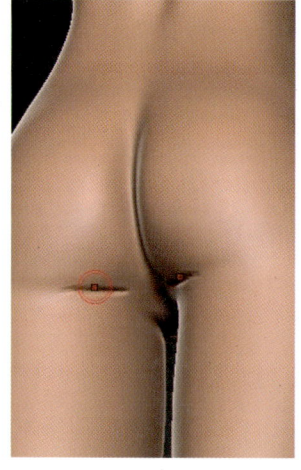 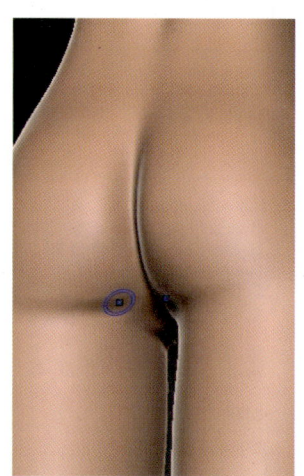

27 ▶ 엉덩이 형태를 정리합니다. 각도를 바꿔 가면서 불필요한 요철이 있는 위치나 볼륨이 부족한 위치를 찾아 Move 브러시나 Clay 브러시를 사용해 깔끔한 곡선이 되도록 조정합니다.

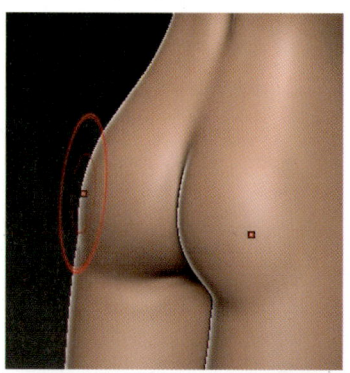

28 ▶ 엉덩이에서 빨간색 원으로 표시한 부분은 움푹 패여 있습니다. 지방을 포함하고 있는 부분이므로 약간 평평하게 만듭니다.

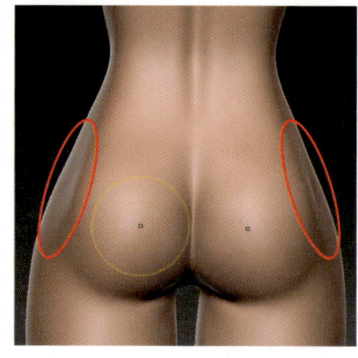

🔢29 ▶ 소녀 나이에 맞는 적절한 몸체 형태가 되었는지 여러 각도에서 확인합니다.

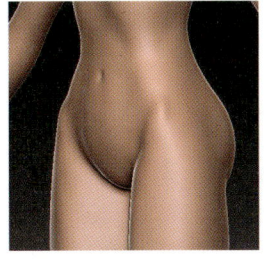 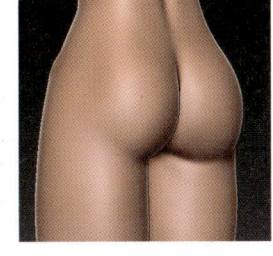 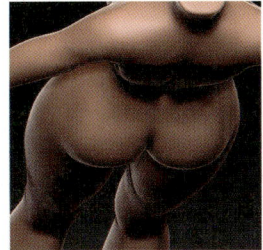 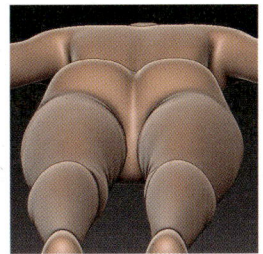

🔢30 ▶ 허리를 아주 조금 안쪽으로 넣어 곡선을 강조했습니다. 몸체 아래쪽은 오른쪽 이미지와 같이 만들었습니다.

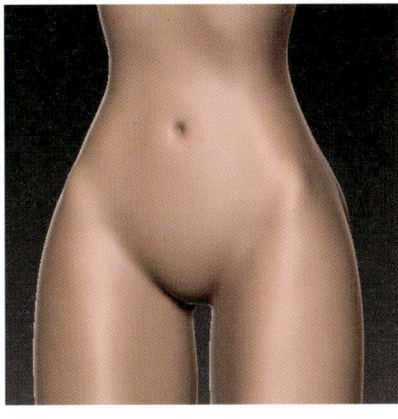 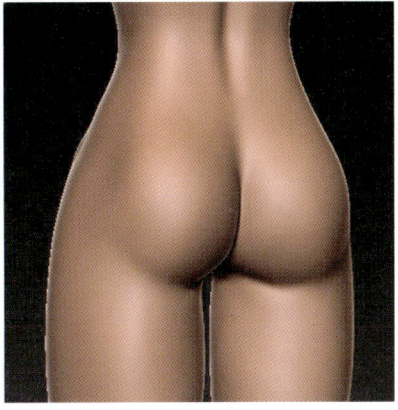

🔢31 ▶ 허벅지의 살을 붙입니다. 앞쪽에서 봤을 때 바깥쪽의 가장 높은 부분의 위치를 확실하게 표현합니다(허리에서 허벅지 사이 어딘가). 가랑이 바로 아래의 높이와 바깥쪽 허벅지의 맨 위가 일치하도록 조정합니다. 허벅지 뒤쪽에도 살을 붙입니다. 엉덩이 보다 많이 튀어나오지 않으면서, 무릎 뒤쪽으로 이어지게 합니다. 허벅지 안쪽 살을 붙일 때는 주의해야 합니다. 가로 방향의 살을 붙였을 때 실제 허벅지의 형태가 아니라 원 기둥 형태에 가깝게 되었으므로, 허벅지 뒤쪽에 살을 붙여서 앞쪽에서 봤을 때 볼륨감이 있는 실루엣을 만들었습니다.

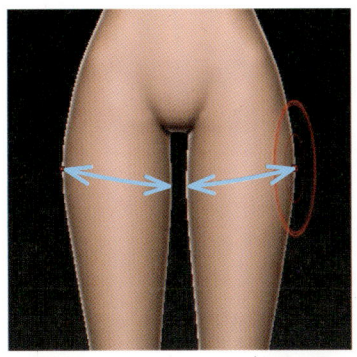 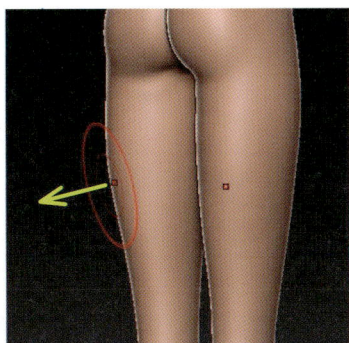 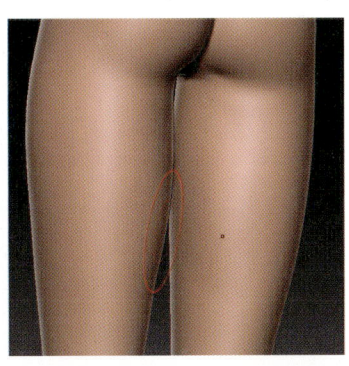

🔢32 ▶ 앞쪽에서 봤을 때의 실루엣은 오른쪽 그림과 같게 되었습니다. 허벅지 안쪽에 그림과 같은 음영이 들어가면 좋을 것입니다. 다리 밑동에서 허벅지 안쪽을 향해 화살표 방향으로 살이 흐르게 합니다. 오른쪽 그림과 같이 아래쪽에서도 확인해 허벅지 안쪽의 앞뒤 관계를 확인합니다.

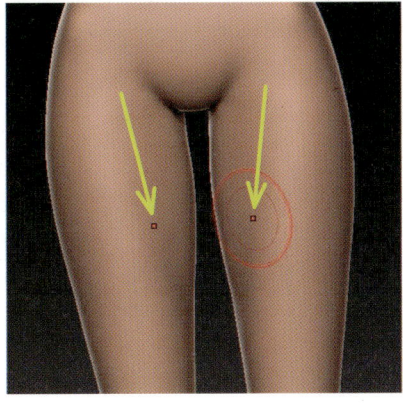 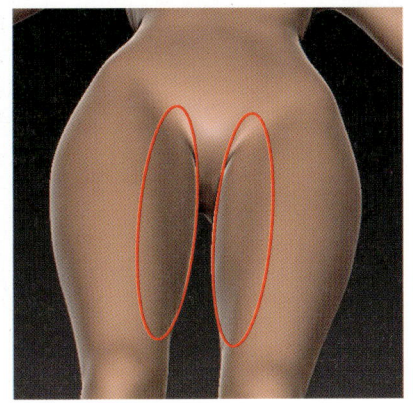

33 ▶ 허벅지 앞쪽은 앞으로 살짝 튀어나오게 만듭니다. 스포츠 선수처럼 과도하게 튀어나오지 않도록 주의합니다.

34 ▶ 무릎을 만듭니다. Clay 브러시를 사용해 무릎이 접히는 부분을 튀어나오게 하고, 양 쪽 끝을 제거하듯 파냅니다. 무릎이 한 쪽으로 기울어진 느낌으로 파낸 뒤 부드럽게 정리합니다.

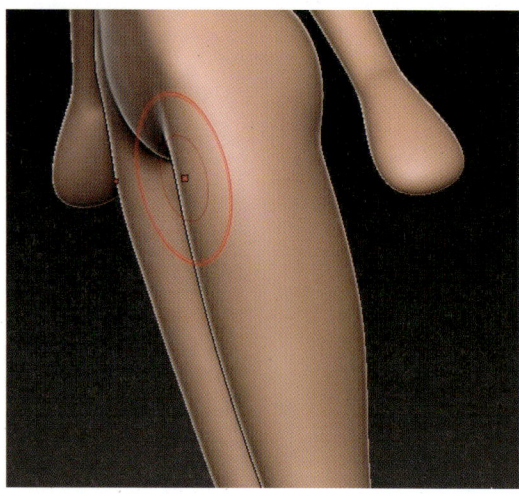
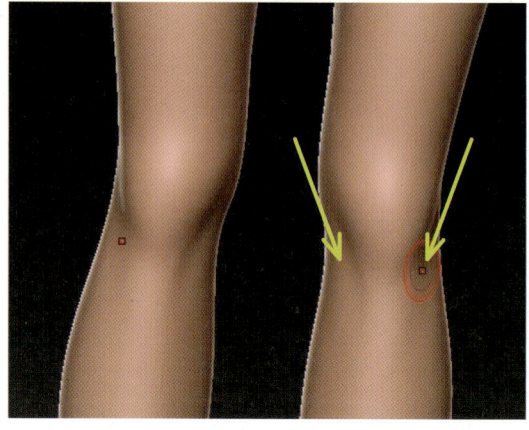

35 ▶ 무릎 뒤쪽의 힘줄과 힘줄 사이에 있는 지방의 요철을 만듭니다.

36 ▶ 오금이라 불리는 움푹 패인 부분을 만들고 지방의 느낌을 더해주면 표현이 더욱 풍부해집니다.

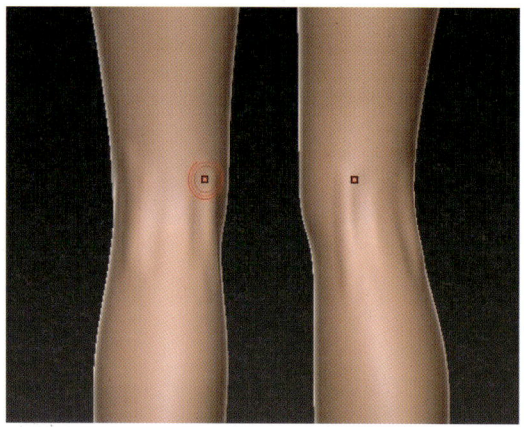
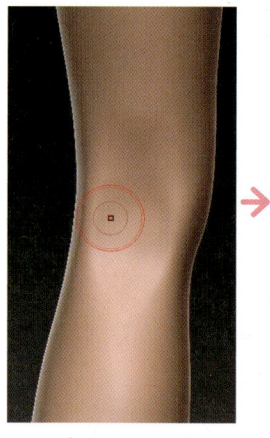
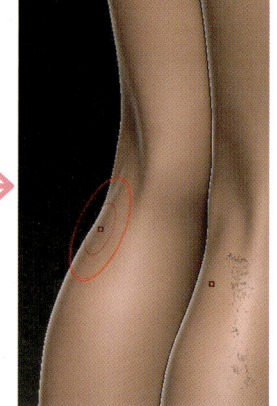

37 ▶ 종아리를 만듭니다. 안쪽과 바깥쪽의 가장 높은 위치가 다르므로 주의합니다. 옆쪽에서 봤을 때 종아리는 무릎 뒤쪽에서 갑자기 시작되지 않고, 발목 방향으로 부드럽게 이어지도록 만듭니다. 여기에서 만드는 캐릭터는 다리를 조금 가녀린 느낌으로 만들 것이므로 정강이를 약간 굽은 형태로 만들었습니다.

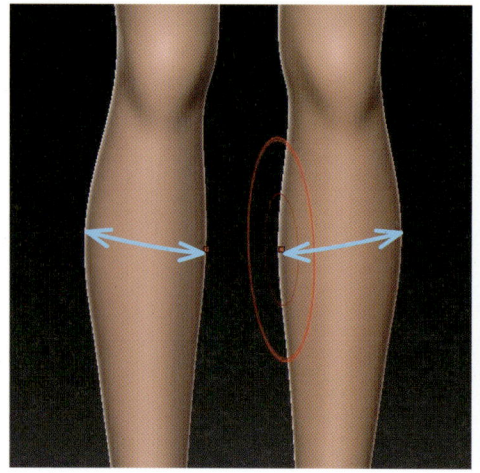
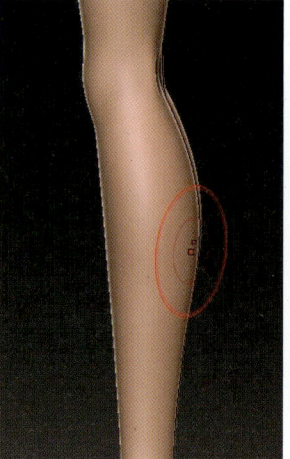
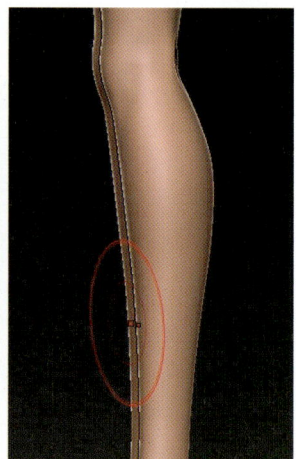

38 ▶ 발목은 양 쪽 모두 가는 실루엣으로 만듭니다. 단, 부러질 것 같은 느낌은 들지 않도록 굵기에 주의합니다.

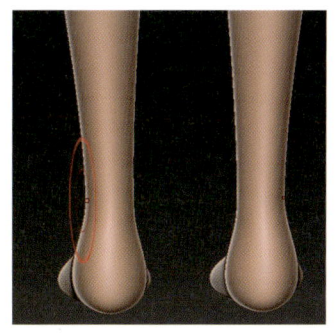

39 ▶ 발목 뒤쪽을 파내서 아킬레스 건을 만듭니다. 위쪽에서 아래쪽을 향해 점점 좁아지게 만듭니다. 현재 뒤꿈치의 형태가 너무 둥글게 되어 있으므로 땅에 닿는 부분은 조금 평평하게 만듭니다. 복숭아뼈 위치는 바깥쪽은 조금 뒤쪽, 안쪽은 조금 높고 앞쪽에 위치하도록 주의하면서 살을 붙입니다.

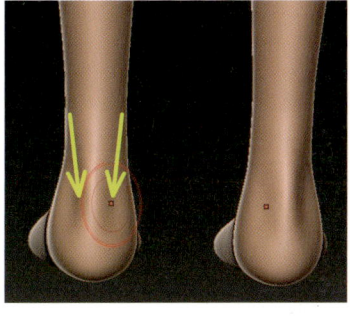 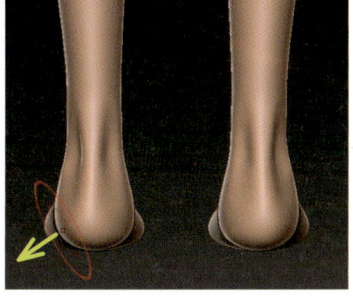 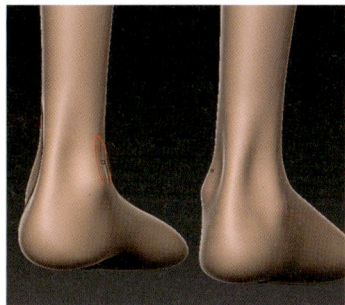

40 ▶ 발이 너무 마르게 보이지 않도록 발등에 살을 붙입니다. 발가락 방향으로 발의 폭을 넓힙니다.

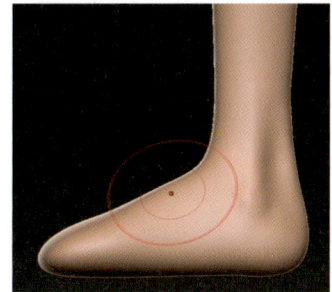 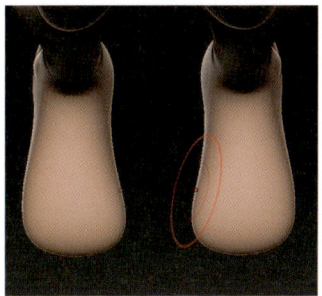

41 ▶ 발가락을 만듭니다. 먼저 엄지 발가락 밑동에 마스크를 씌운 뒤, 마스크를 반전시키고 Move 브러시를 사용해 적절한 길이로 늘립니다. 다른 발가락들도 같은 방식으로 만듭니다.

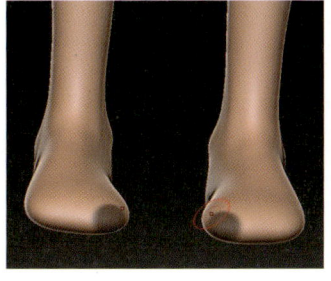 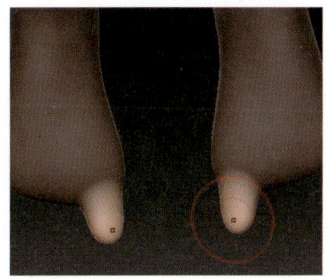

42 ▶ 발가락 4개를 만든 시점에 새끼발가락을 만들 공간이 사라졌습니다. 발 폭을 조정해 새끼발가락도 만들었습니다.

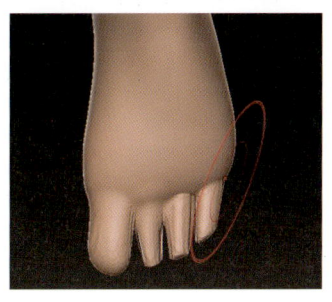

43 ▶ 5개의 발가락을 정리한 뒤 메시가 충분하게 분할되지 않았기 때문에, Dynamesh를 적용해 메시를 균등하게 만들었습니다. 해상도는 256을 적용했습니다.

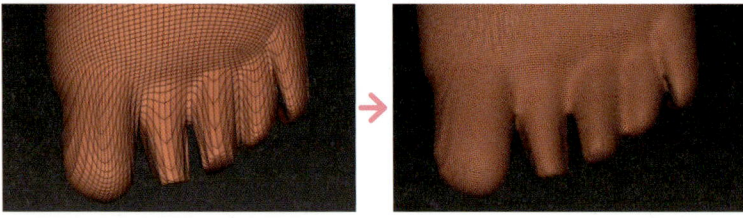

44 ▶ 발가락의 길이나 형태를 어느 정도 정리해 그럴듯한 발을 만들었습니다. 이 상태에서 세세한 조정을 합니다.

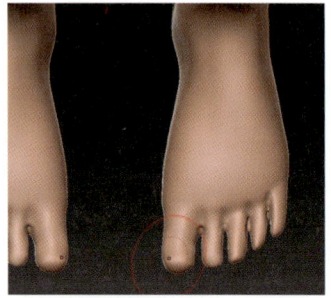

45 ▶ 엄지 발가락 이외의 발가락은 간격이 좁고, 리토폴로지 후 붙일 예정이므로 이 단계에서는 Dynamesh를 적용해 붙였습니다.

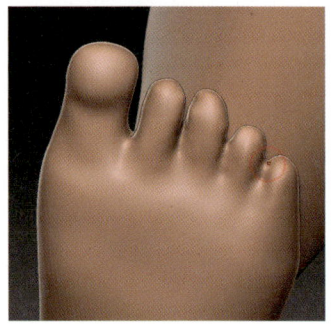

46 ▶ Clay 브러시를 사용해 발가락 끝에 둥글게 살을 붙이고, Slash3 브러시를 사용해 발가락 사이의 골을 파냅니다. Move 브러시를 사용해 발가락의 굵기와 간격을 정리하고, Smooth 브러시를 사용해 평평하게 만듭니다. 이 작업을 반복하면서 발가락 형태를 정리합니다.

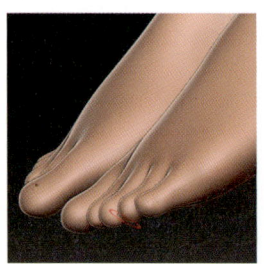 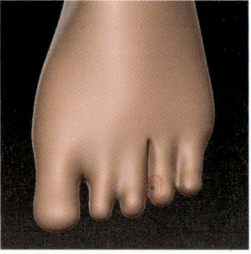 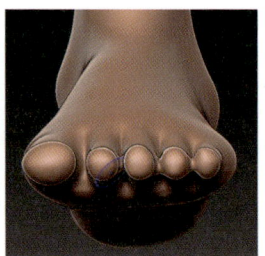 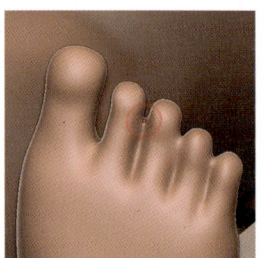

47 ▶ 발 앞꿈치 부근이 둥근 상태이므로 Flatten 브러시를 사용해 평평하게 만든 뒤 뒤꿈치와 높이를 맞춥니다.

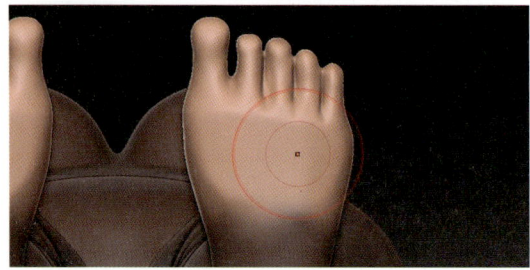 

48 ▶ 발가락 조정을 잠시 멈추고 발바닥을 조정합니다. 발바닥 곡면을 만들지 않았으므로 Move 브러시를 사용해 조금 움푹 들어가게 만듭니다. 발이 휘어진 것처럼 보이지 않도록 주의합니다. 발바닥 곡면의 반대쪽은 크게 패여 있지는 않지만 완만한 곡선을 가졌으므로 Move 브러시를 사용해 위쪽으로 조금 올립니다.

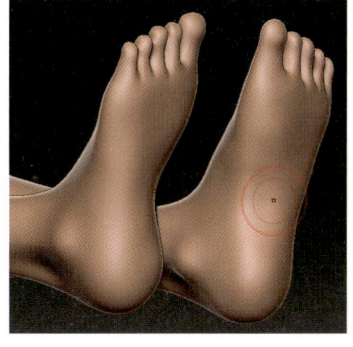
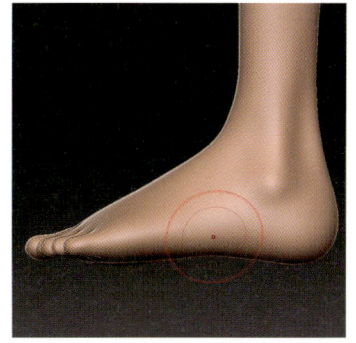

49 ▶ 비스듬한 쪽에서 발을 봤을 때 아킬레스건, 복숭아뼈, 뒤꿈치, 발의 바깥쪽과 안쪽이 오른쪽 그림과 같은 형태가 되면 좋습니다.

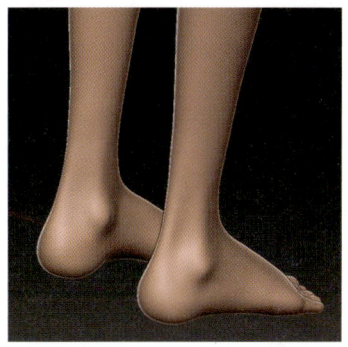

50 ▶ 앞쪽에서 봤을 때 복숭아뼈와 발끝의 전후 관계가 오른쪽 그림과 같은 형태의 윤곽이면 깔끔하게 보입니다.

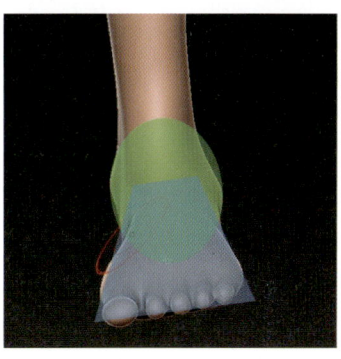

51 ▶ 발톱, 관절 같은 특징적인 요철을 생각하며 형태를 정리합니다. 여기에서는 부츠를 신어 보이지 않는 부분이므로 발톱은 자세히 만들지 않습니다.

52 ▶ 발바닥의 발가락 밑동에는 조금 살을 붙입니다. 특히, 엄지 발가락 밑동은 안정적인 체중 이동을 돕는 쿠션 역할을 하므로 두껍게 만듭니다.

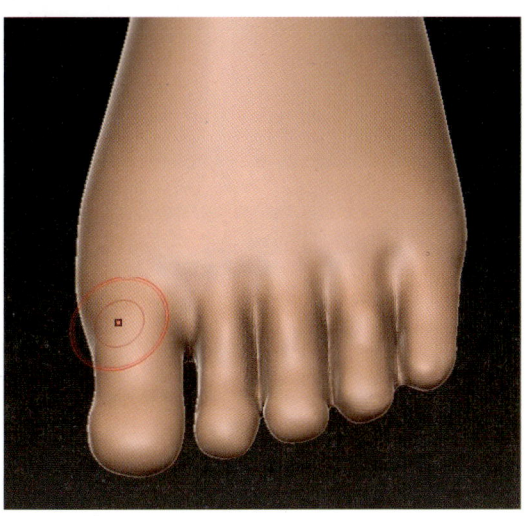
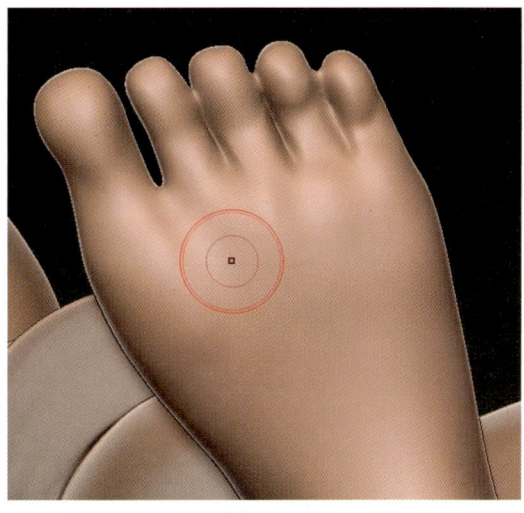

🔢 **53** ▶ 발등 쪽은 뼈, 발바닥 쪽은 근육 느낌의 실루엣을 만들어 주면 더욱 표현이 풍부해집니다. 이 정도에서 발의 스컬프팅을 마무리합니다.

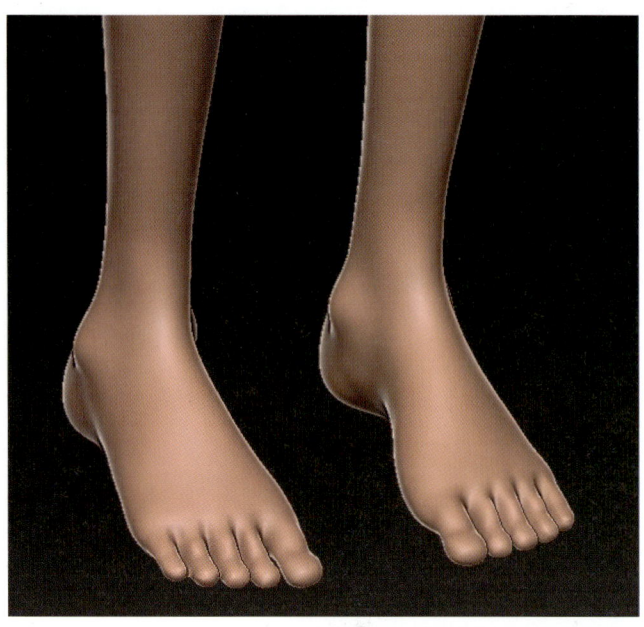

🔢 **54** ▶ 계속해서 팔을 만듭니다. 팔은 다른 부위에 비해 요철이 복잡하지 않으므로 단순하게 생각하면 작업이 수월하게 됩니다. 위팔부터 조정합니다. 앞에서 봤을 때의 실루엣이 너무 직선이면 좋지 않은 인상을 줍니다. 근육이나 지방을 너무 많이 붙이면 오히려 살이 찐 것처럼 보이므로 조금의 곡선이 느껴질 정도로만 조정합니다.

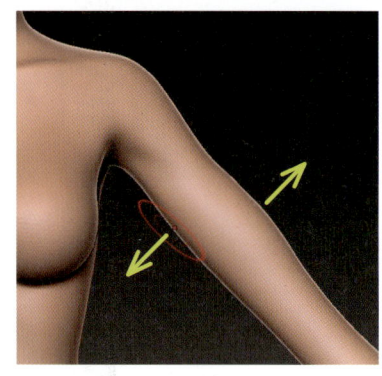

🔢 **55** ▶ 위팔의 앞(이두근)과 뒤(삼두근)에 살을 붙입니다. 오른쪽 그림의 녹색 부분에 타원형으로 살을 붙이는 느낌입니다.

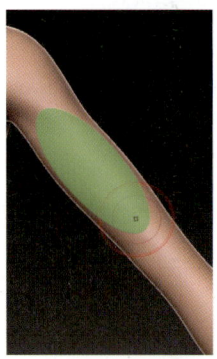 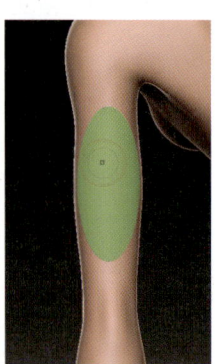

🔢 **56** ▶ 삼각근을 만듭니다. 앞뒤 양 쪽 팔 밑동에서 바깥쪽 가운데를 향해 대각선으로 살짝 패인 느낌으로 형태를 만듭니다.

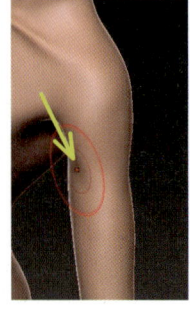 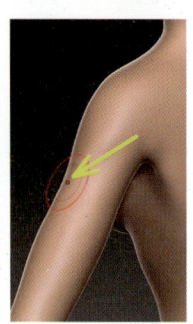

57 ▶ 삼각근과 위팔의 구조가 오른쪽 그림과 같은 실루엣이 되도록 만듭니다. 앞쪽에서 봤을 때는 팔꿈치를 향하는 방향으로 오므라드는 느낌으로 만들면 좋습니다.

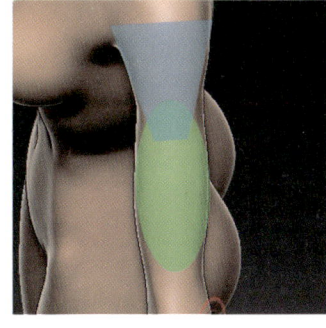 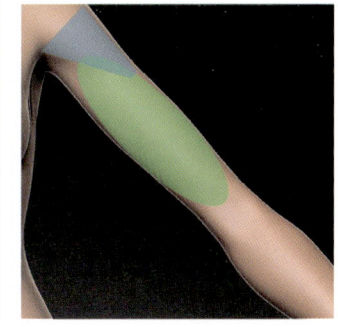

58 ▶ 팔꿈치 주변의 형태를 정리합니다. 팔을 구부렸을 때 안쪽으로 눌려 들어가는 관절 부분은 조금 패인 느낌이 들도록 조정합니다.

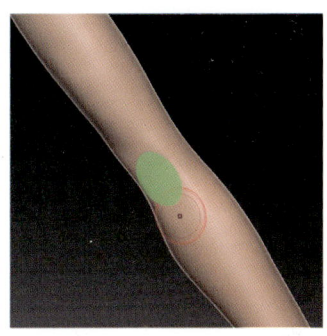

59 ▶ 팔꿈치 바깥쪽은 Clay 브러시를 사용해 살을 붙인 뒤, Smooth 브러시를 사용해 평평하게 만들면 팔꿈치 느낌을 낼 수 있습니다. 음영의 형태가 U자가 되도록 주의하면서 작업합니다.

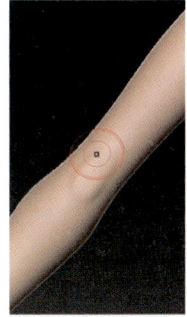 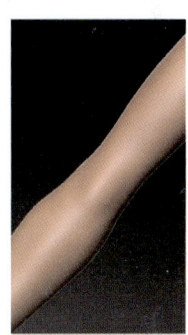

60 ▶ 계속해서 아래팔을 조정합니다. 앞쪽에서 봤을 때는 「화살촉」 형태를 생각하면서 작업합니다. 근육이 붙어 있는 위쪽부터 손목을 향해 오므라드는 실루엣이 되도록 합니다. 옆쪽에서 봤을 때는 위팔의 실루엣에 가깝게 만듭니다. 앞쪽에서 봤을 때처럼 기복이 있는 것은 아니지만, 늘렸을 때의 위치는 거의 같습니다.

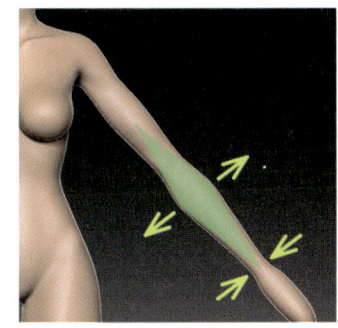 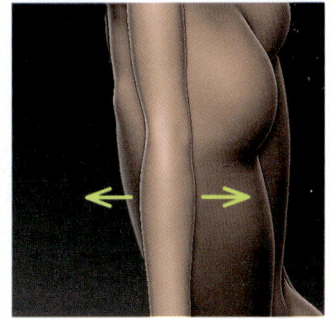

61 ▶ 아래쪽에서 조금 비스듬한 쪽에서 팔을 올려 봤을 때 팔꿈치, 아래팔이 오른쪽 그림과 같은 곡선을 그리면 좋습니다.

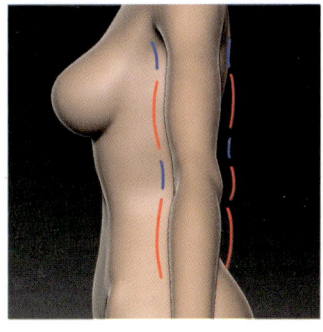

62 ▶ 손목의 특징적인 실루엣을 만드는 손목뼈(척골, 尺骨)는 손목의 옆쪽이 아니라 등 쪽에 있는 점에 주의합니다.

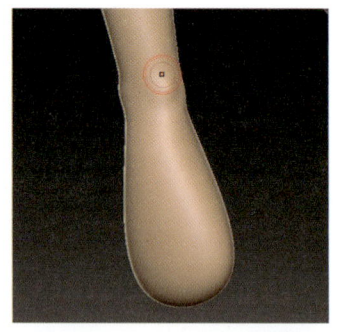

63 ▶ 손목의 안쪽을 조금 패이도록 만들면 팔의 분위기가 살아납니다. 어깨와 위팔이 다소 가는 느낌이었으므로, Move 브러시를 사용해 뒤쪽에 살을 조금 붙여 주었습니다.

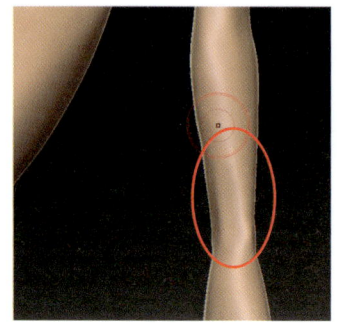 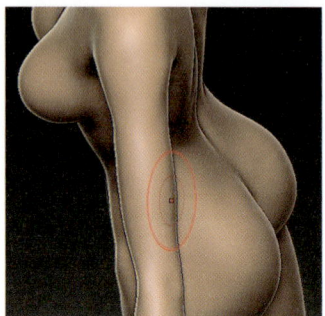

64 ▶ 작업을 마친 팔의 형태는 오른쪽 그림과 같습니다.

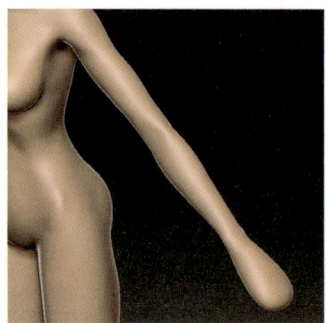

65 ▶ 손을 스컬프팅합니다. 손의 러프 모델의 길이는 손까락까지 포함하므로, Move 브러시를 사용해 손가락 밑동까지 늘려 줍니다.

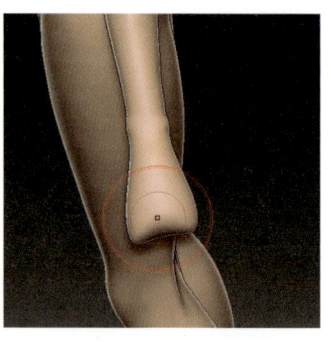

66 ▶ 엄지손가락부터 만듭니다. 엄지손가락 밑동의 범위에 마스크를 씌웁니다. 다음으로 마스크를 반전시키고 Move 브러시를 사용해 늘립니다. 먼저 길이, 관절 위치 등의 형태를 잡습니다.

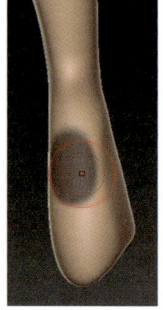 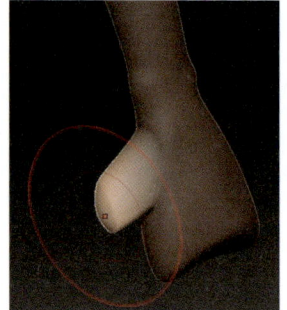 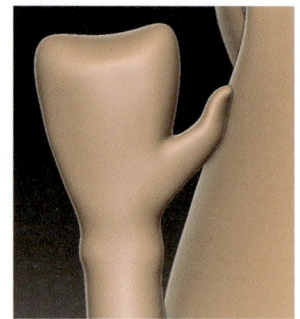

67 ▶ 나머지 손가락을 만듭니다. 그 전에 손의 두께를 먼저 정리합니다. 손등과 손바닥의 분위기가 나오도록 합니다.

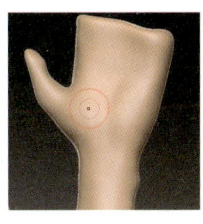
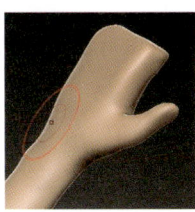

68 ▶ 나머지 4개 손가락의 밑동에 함께 마스크를 씌우고, Draw 크기를 크게 설정한 Move 브러시를 사용해 한 번에 늘려 줍니다. 손가락 길이에 주의하며 작업합니다. 옆에서 봤을 때 손가락의 각도가 대략 아래 그림과 같이 되도록 만듭니다.

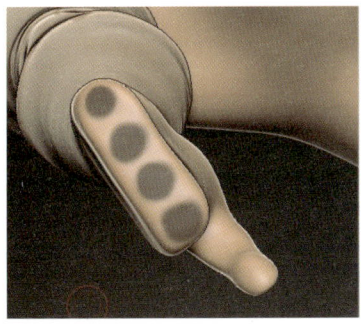
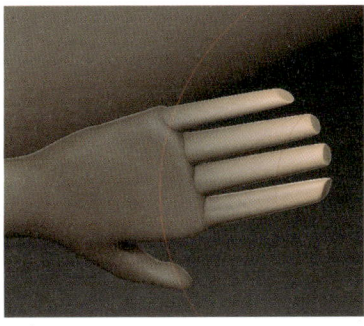
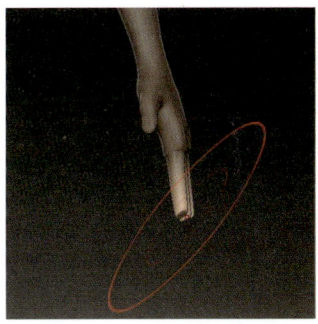

69 ▶ 손가락의 메시 분할이 부족하므로 Dynamesh를 적용해 분할 수를 균등하게 높여 줍니다.

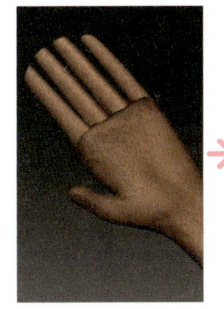
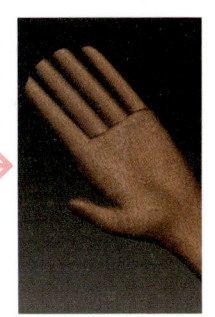

70 ▶ 늘린 손가락의 밑동을 평평하게 만들고, 뼈와 피부의 디테일을 살려서 손의 분위기를 만듭니다.

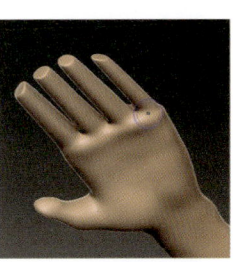
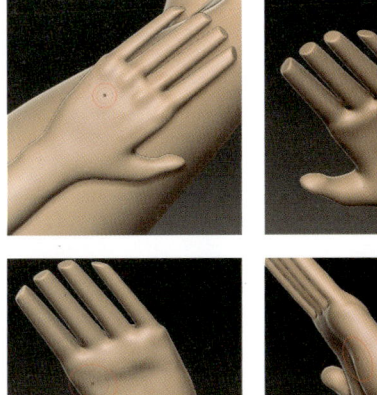
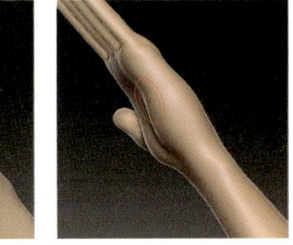

71 ▶ 이제부터 세세한 부분을 작업합니다. SelectRect를 사용해 범위를 지정해 손만 표시합니다.

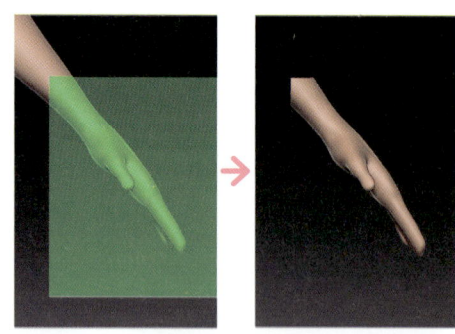

72 ▶ 손가락과 손의 비율에 위화감이 있어 Move 브러시를 사용해 손가락 밑동을 조정했습니다. 손가락은 똑바르지 않고 조금 구부러진 형태를 기본 형태로 하고, 구부러진 범위를 마스크한 뒤 Move 브러시를 사용해 이동했습니다.

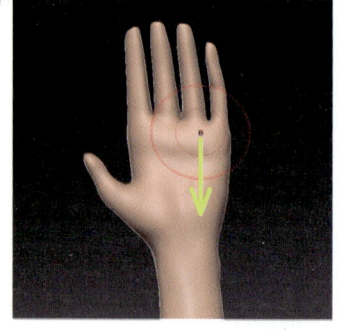 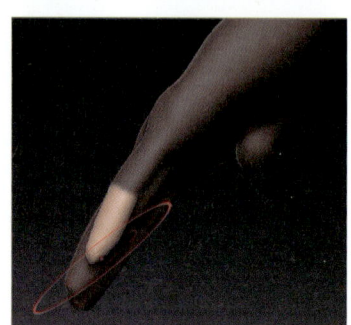

73 ▶ 발과 마찬가지로 손등 쪽은 「뼈」, 손바닥 쪽은 「살」을 생각하며 작업합니다. 극단적이기는 하지만 손등 쪽은 Flatten 브러시를 사용해 평평하게 만들고, 손바닥 쪽은 Clay 브러시를 사용해 살을 붙입니다. 이 때, 관절의 위치나 비율에 주의합니다. 다른 손가락도 마찬가지로 정리합니다. 「뼈」에 과도하게 집중하면 울퉁불퉁한 남성의 손이 되기 쉬우므로 Smooth 브러시를 사용해 부드럽게 만듭니다.

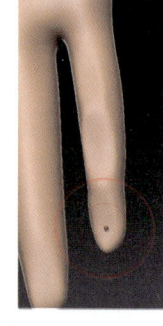 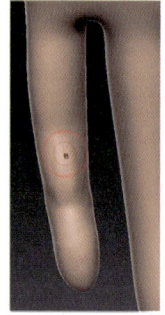 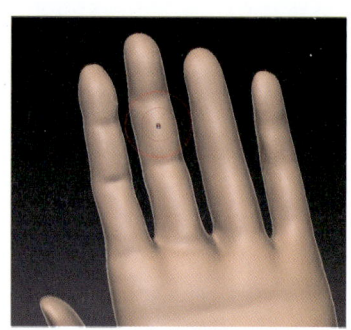

74 ▶ 엄지손가락은 다른 손가락에 비해 길이, 비율, 두께가 독특하므로 주의해서 형태를 잡아 줍니다.

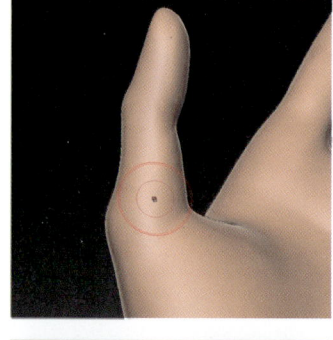 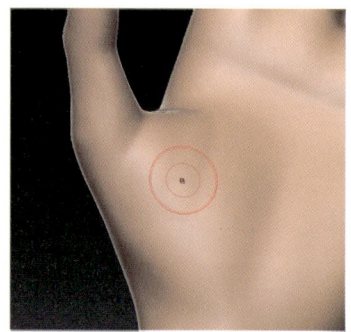

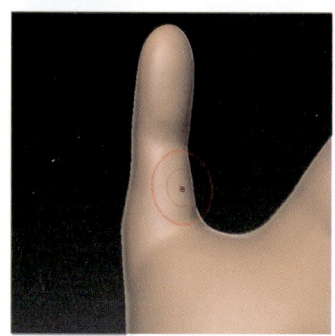 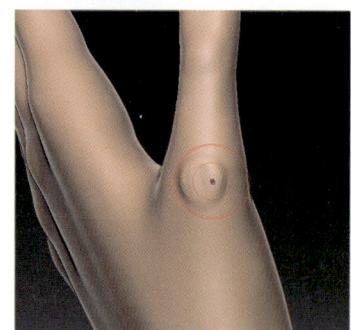

75 ▶ 손가락의 형태를 어느 정도 정리했다면 손바닥으로 돌아갑니다. 손바닥은 오른쪽 그림처럼 그룹으로 나눠서 생각하면서 살을 붙여 줍니다. 파란색 부분은 튀어나오게, 초록색 부분은 움푹 패이게 만듭니다.

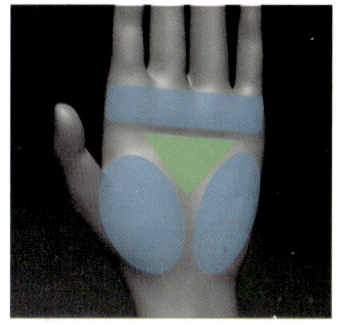

76 ▶ 손등은 평평하게 만들면서 손가락 밑동에서 손목으로 향하는 힘줄을 만듭니다.

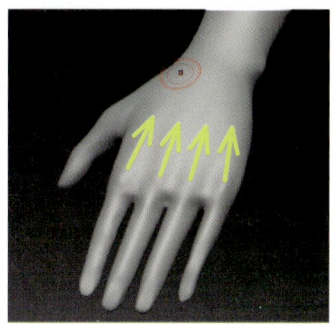

77 ▶ 엄지손가락과 집게손가락 사이의 골 부분을 만듭니다. 미끈하게 패여 있으므로 조금 각을 주면서 살을 붙입니다. 다른 손가락의 밑동 사이도 잊지 말고 골을 만듭니다.

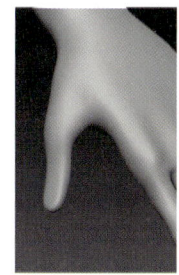 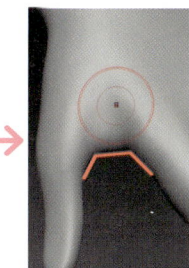 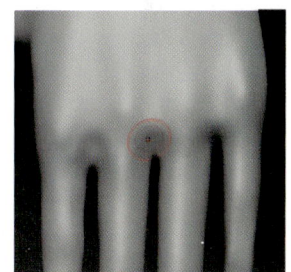

78 ▶ 새끼손가락이 너무 가늘어 굵기를 조정했습니다.

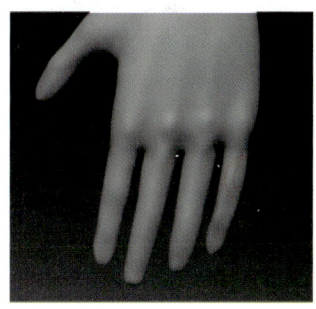

79 ▼ 세세한 조정 작업은 끝이 없으므로 어느 정도 형태가 정리되어 위화감이 없다면 작업을 완료합니다. 다소 어색하게 보이는 상태이지만 리토폴로지를 할 때 적절하게 디테일을 줄 수 있는 정도로 보이면 충분합니다.

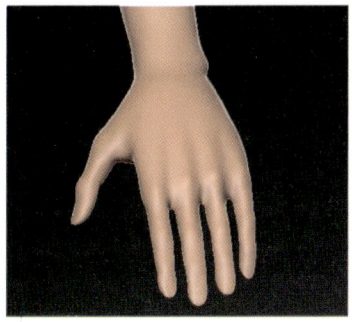 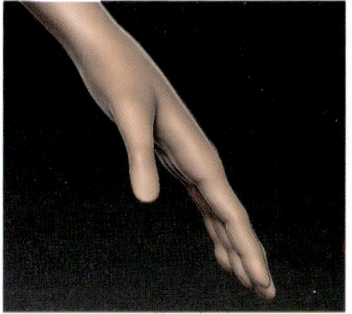 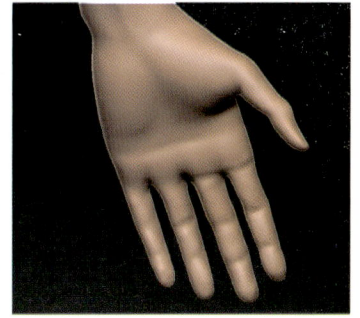

80 ▶ 전체적인 형태를 완성했습니다. 이제부터는 모델 전체를 보면서 세세한 부분을 조정합니다. 스컬프팅 하는 동안 눈치채지 못한 부분들도 있으므로 천천히 관찰해 봅니다. 숨겼던 머리의 메시를 표시해서 전체적인 균형이나 형태를 확인합니다. 이 시점에서 머리에 가장 신경이 쓰였습니다.

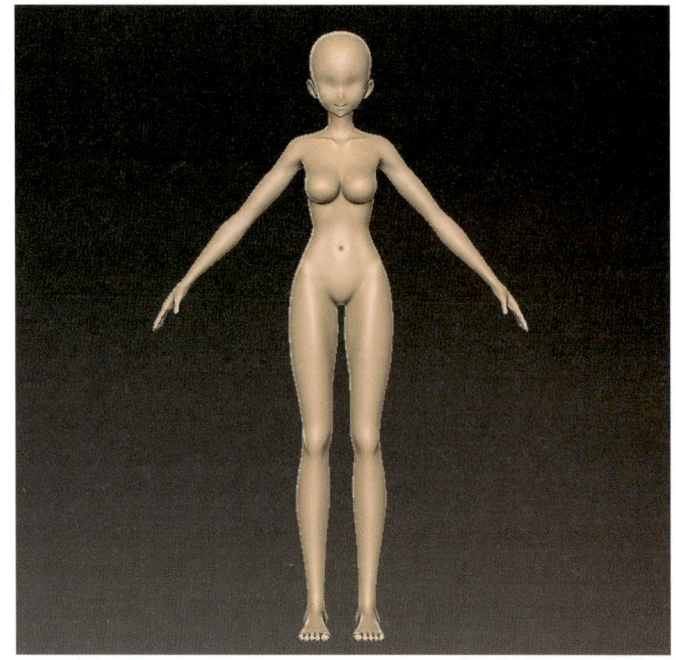

81 ▶ 러프 모델일 때에 비해 머리와 몸의 균형이 바뀌었습니다. 머리 메시의 위치와 스케일을 조정합니다.

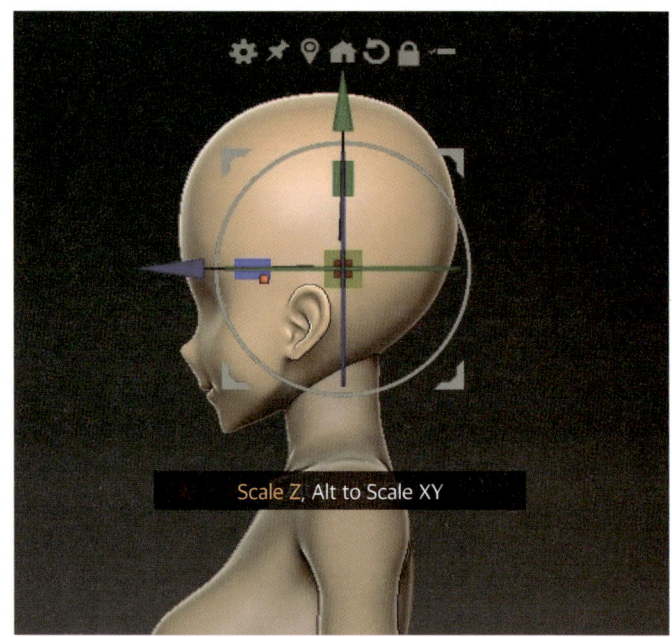

82 ▶ 비스듬한 쪽이나 아래쪽에서 가슴을 봤을 때 형태가 울퉁불퉁한 부분은 Move 브러시를 사용해 정리합니다.

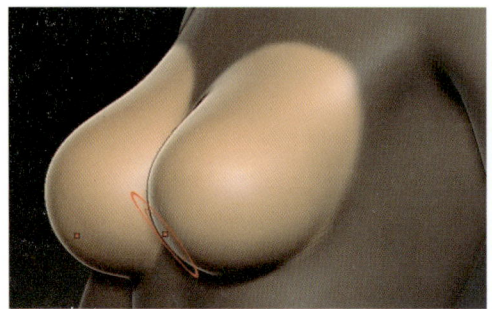
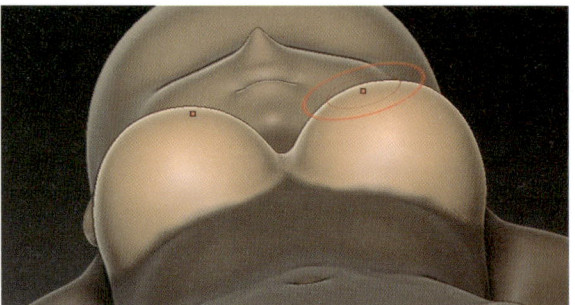

83 ▶ 앞쪽에서 봤을 때 다리의 실루엣이 수직인 것처럼 보이고, 왼쪽 발과 오른쪽 발의 간격이 마음에 들지 않아 조금 안쪽으로 기울여 형태를 정리합니다.

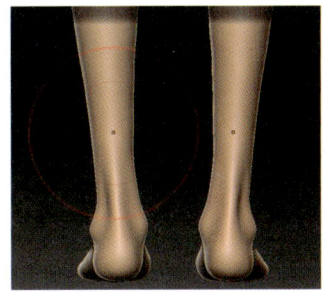

84 ▶ 그 밖에 종아리나 뒤꿈치 등, 각도를 바꾸었을 때 울퉁불퉁한 형태인 위치들도 함께 정리합니다.

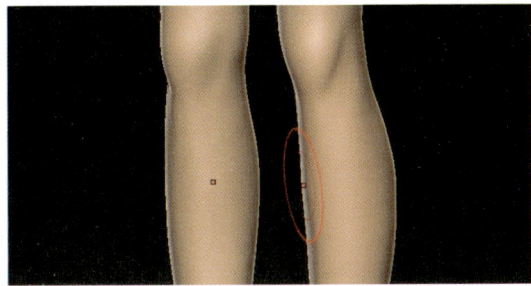 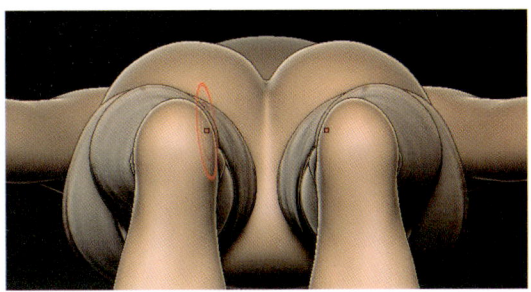

85 ▶ 허벅지 안쪽 근육의 느낌이 부족한 위치에는 살을 붙여 줍니다.

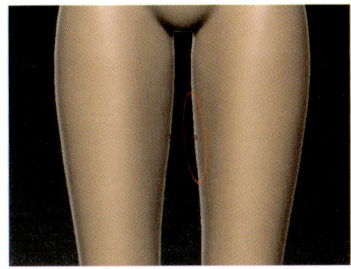

86 ▶ 갈비뼈가 나온 정도가 부족한 위치는 Move 브러시를 사용해 늘려 줍니다.

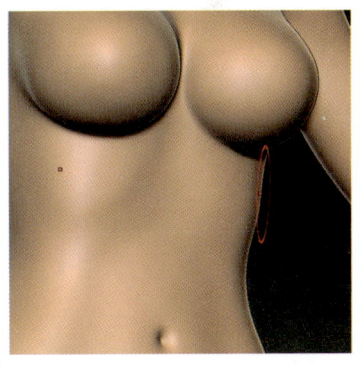

87 ▶ 엉덩이에서 너무 평평한 느낌이 드는 부분은 동근 느낌을 주도록 조정합니다. 엉덩이와 허리의 연결 부분도 자연스러운 곡선을 그리도록 조정합니다.

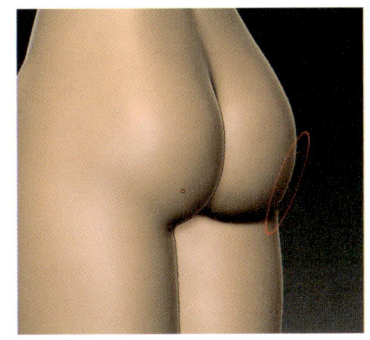 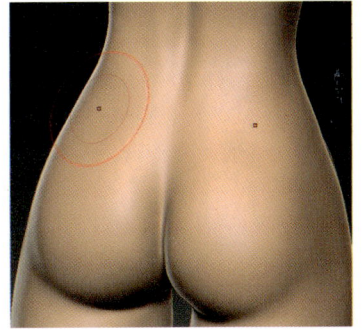

88 ▶ 신경 쓰이는 부분은 모두 조정했습니다. 세세한 부분을 포함해 균형 잡힌 형태가 되었습니다. 이것으로 소체의 스컬프팅 작업은 완료입니다.

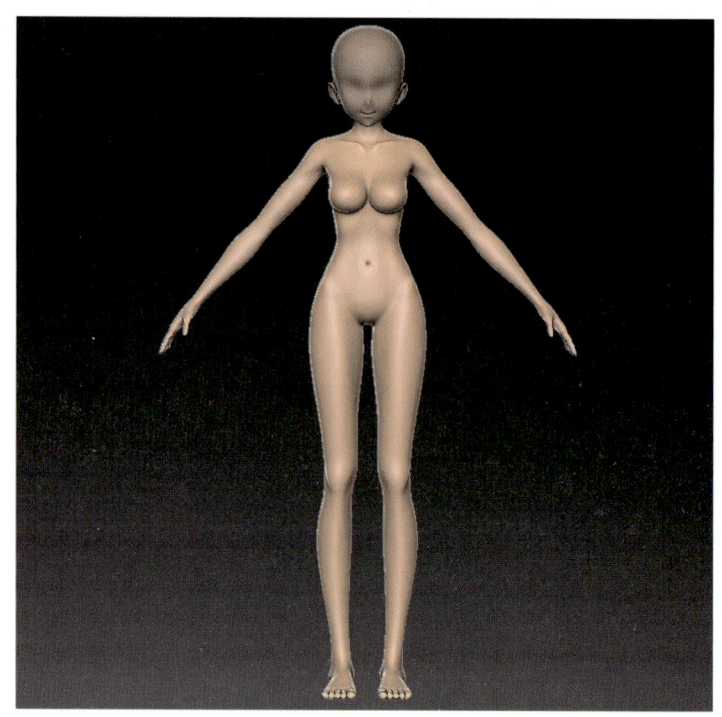

89 ▶ 계속해서 ZBrush의 스컬프팅 데이터를 Maya에서 임포트 할 수 있도록 준비합니다. Z Remesher를 사용해 폴리곤 수를 적절하게 줄여 줍니다. 명확한 기준은 없지만 Maya에 임포트 했을 때 무거워지지 않을 정도면 충분합니다. 머리도 Z Remesher를 사용해 폴리곤 수를 줄여 줍니다.

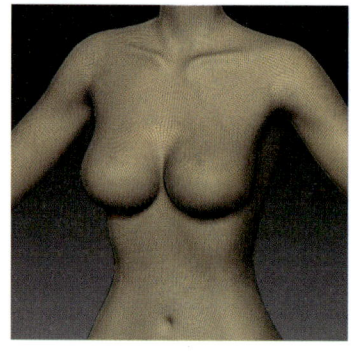 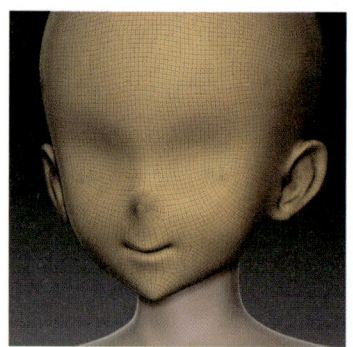

90 ▶ 머리와 몸체를 각각 OBJ로 익스포트 합니다. 이것으로 ZBrush에서의 작업은 완료입니다.

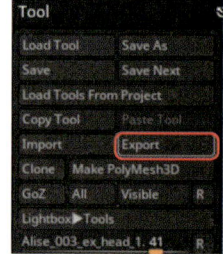

91 ▶ Maya로 이동해 베이스 모델을 만든 씬에 ZBrush에서 익스포트 한 OBJ 소체 모델을 임포트 합니다. 이전의 베이스 모델과 임포트한 베이스 모델을 비교하면서 크기, 비율 등에 큰 차이가 없는지 확인합니다. 특별한 문제가 없다면 임포트한 소체 모델을 사용해 리토폴로지 작업을 시작합니다.

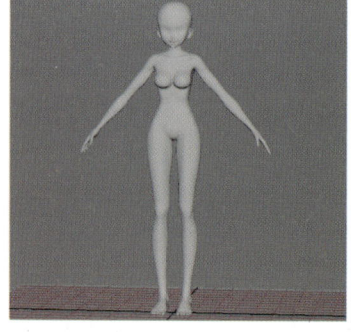 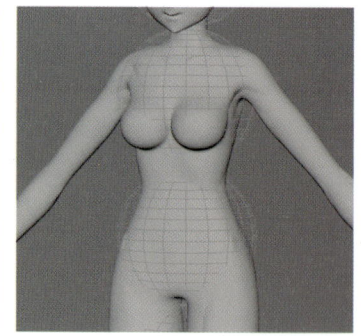

2.2.4 ▶ 머리 리토폴로지와 얼굴 만들기

1 ▶ 여기에서는 스컬프팅 데이터를 따라 메시를 구현하는 리토폴로지 작업을 합니다. 리토폴로지에서의 머리 각 부위의 관계성을 색상으로 구분했습니다. 대략적이나마 그룹을 나누어 두면 최종적인 토폴로지를 머리에 그리면서 계획적인 리토폴로지를 할 수 있습니다. 역에서는 오른쪽 그림과 같은 흐름의 리토폴로지로 구성합니다.

2 ▶ Highmesh인 머리 모델을 선택한 뒤 레이어에 넣어 두면 리토폴로지 중간에 일시적으로 모델을 숨기고 싶을 때 도움이 됩니다.

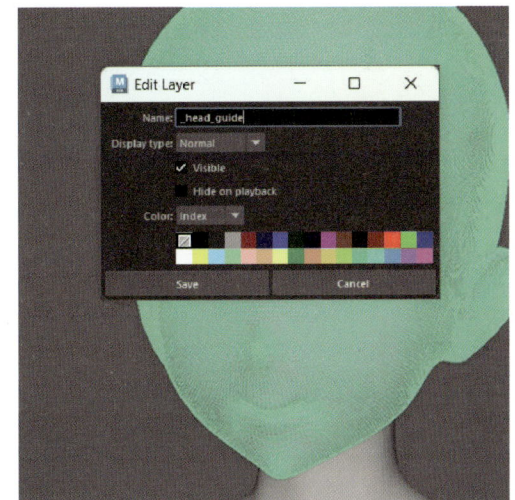

3 ▶ 머리 모델을 선택하고 상태줄에서 [Make the selected object(s) live]를 활성화합니다. 그러면 뷰에서는 선택할 수 없는 「라이브 상태」가 되고, 그 이외의 모델이 자동으로 스냅 됩니다.

※ 오른쪽 그림은 형태를 쉽게 확인할 수 있도록 와이어프레임을 사용했습니다.

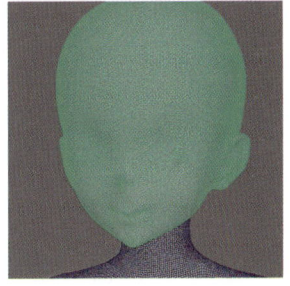

4 ▶ 라이브 상태에서 Poly Modeling 안에 있는 [Quad Draw Tool]를 활성화합니다. 이것으로 리토폴로지 작업 준비를 마쳤습니다.

| MEMO | **Quad Draw Tool을 사용해 삼각형 페이스를 만들고 싶을 때** |

기본적으로 Quad Draw Tool은 사각형 페이스만 그릴 수 있습니다. 먼저 사각형 페이스를 만들고 불필요한 버텍스 위에 커서를 올린 뒤 Delete 키를 누르거나, 해당 버텍스를 드래그해서 인접한 버텍스와 병합하면 삼각형 페이스를 만들 수 있습니다.

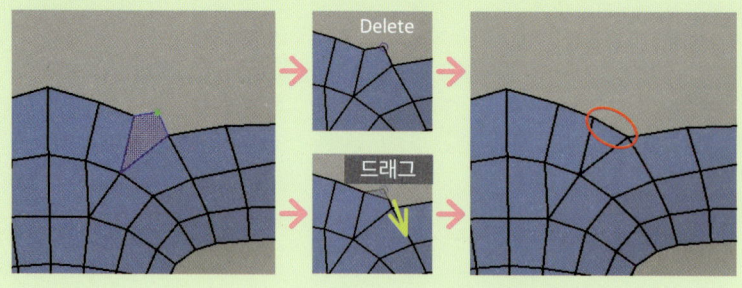

5 ▶ Quad Draw Tool을 사용해 코에서 버텍스를 늘려가며 페이스를 만들면서 폴리곤을 형성합니다. 얼마든지 나중에 수정할 수 있으므로 당황하지 말고 폴리곤을 만듭니다. 폴리곤을 적당하게 만든 뒤 Shift키 + 마우스 좌클릭 드래그 하면 깔끔하게 균등한 폴리곤을 만들 수 있습니다.

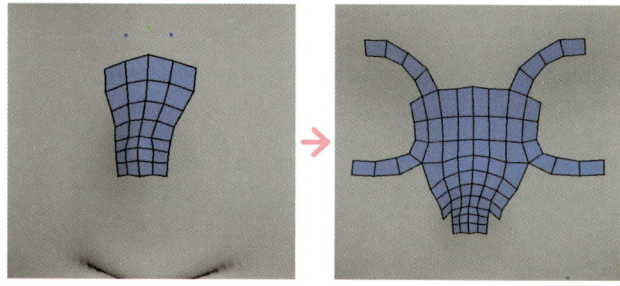

6 ▼ 페이스를 연결하는 방법에 관해 고민이 되는 시점입니다. 페이스의 흐름이 좁은 쪽에서 넓은 쪽으로 연결하려면 어떻게 해야 할까요? 먼저 「확실하게 붙일 페이스의 버텍스」를 넣습니다. 이 버텍스를 참고로 아래쪽 오각형의 위치를 삼각형과 사각형 페이스에 붙입니다. 이렇게 하면 「분기점」이 생기고, 자연스럽게 위쪽에 있는 2장의 페이스에 연결할 수 있습니다. 불필요한 분할도 하지 않고 연결을 마쳤습니다.

※ 사각형 페이스는 나중에 삼각형 페이스로 바꿉니다.

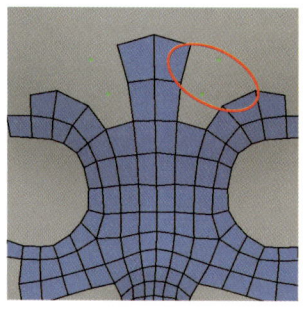 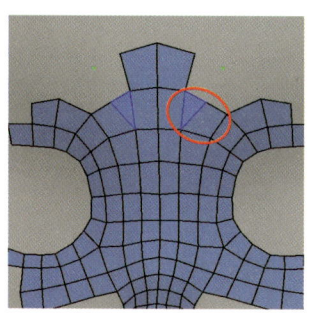 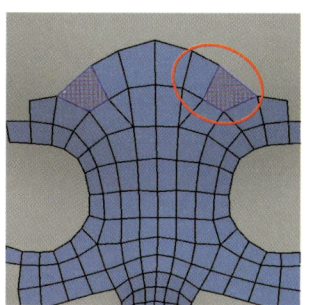

7 ▶ 눈의 메시는 나중에 만들지만 위 속눈썹과 아래 속눈썹의 분할 수는 어느 정도 맞추는 것이 좋으므로 임시로 폴리곤을 붙여 줍니다.

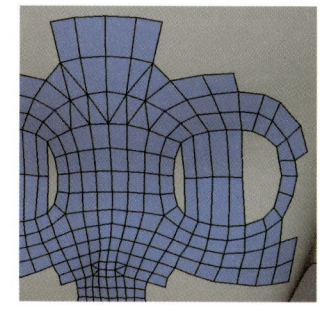

8 ▶ 턱 아래는 비교적 평평하며 움직임에 따른 영향을 크게 받지 않으므로 페이스 수를 줄입니다. 삼각형 페이스로 만들어서 사각형 페이스를 줄여 줍니다.

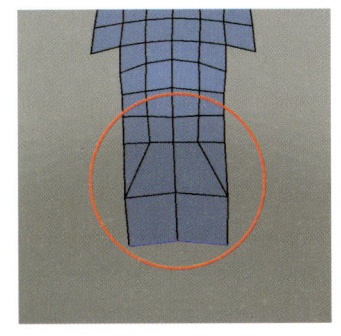

9 ▶ 입은 표정을 지을 때 잘 움직이는 위치이므로 분할을 늘려 줍니다. 입과 턱의 페이스를 연결하는 부분에서 가운데 메시가 밀집되어 있습니다. 소프트 선택 상태에서 버텍스를 드래그해서 늘려 줍니다.

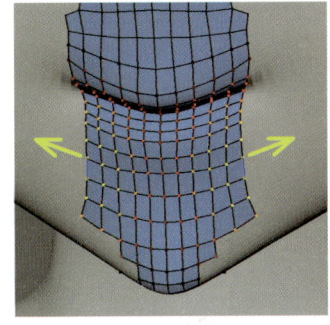

10 ▶ 눈과 코 사이에 있는 토폴로지의 흐름이 깔끔하지 않습니다. 더 좋은 해결 방법이 생각나지 않는다면 우선 대략적인 흐름만 만들어 두고 나중에 수정합니다.

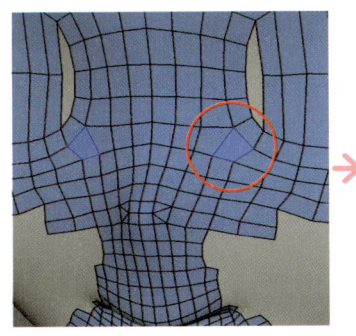 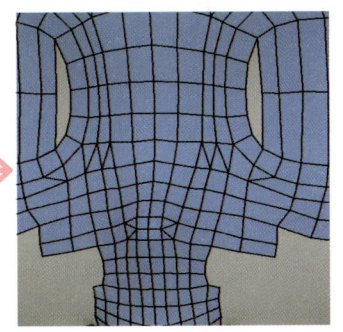

11 ▶ Quad Draw Tool로는 처리하기 어려운 경우가 있습니다. Quad Draw Tool을 해제하고, 라이브 서피스 상태는 유지한 채 분할을 추가하거나 버텍스 위치를 조금씩 정리합니다.

12 ▶ 머리의 아웃라인이 되는 턱의 페이스 흐름은 깔끔하게 정리되도록 매치합니다.

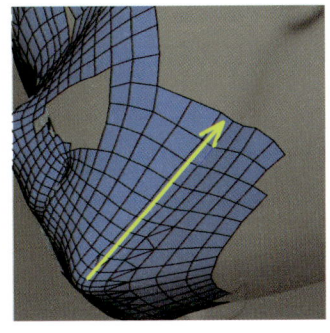

13 ▶ 볼과 턱의 페이스를 연결했을 때 토폴로지가 다시 맞지 않는 부분이 있었습니다. 빨간색 부분의 분할 수를 늘려 흐름을 연결합니다. 오른쪽 그림과 같이 위아래에서의 흐름과 옆에서의 흐름을 연결했습니다. 늘어난 분할 수는 나중에 줄일 것이므로 토폴로지 흐름을 깔끔하게 만드는 것에 집중합니다.

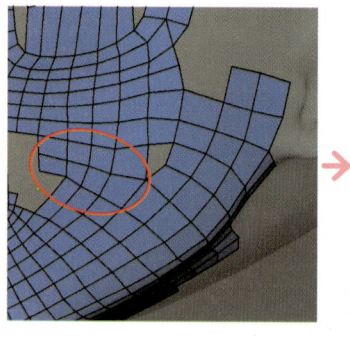 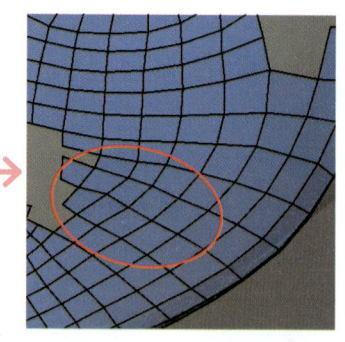

14 ▶ 눈의 비스듬한 쪽 아래 부분에서도 토폴로지 흐름이 끊어졌습니다. 여기에서는 적절한 흐름을 찾아내지 못해 우선 분할 수의 밀도만 맞춰 줍니다.

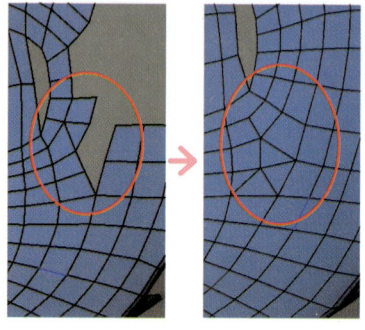

15 ▶ 이마는 눈에서 멀어질수록 분할 수를 줄여 큰 페이스로 만듭니다.

16 ▶ 정수리는 최종적으로 머리카락으로 가려지므로 분할 수를 적게 설정합니다. 머리 옆부분의 토폴로지는 사각형 폴리곤을 사용해 스무스를 적용한 듯한 단순한 구조로 만듭니다.

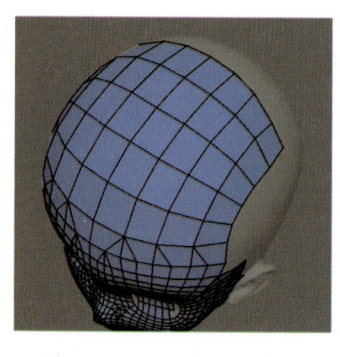 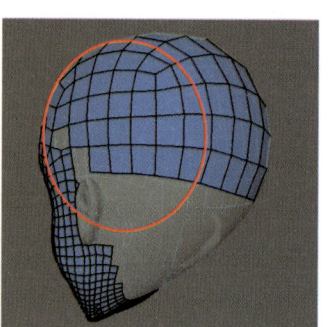

17 ▶ 관자놀이 부근 토폴로지의 흐름도 맞지 않는 부분이 있어 우선 단순하게 분할했습니다. 이 부분도 나중에 수정합니다.

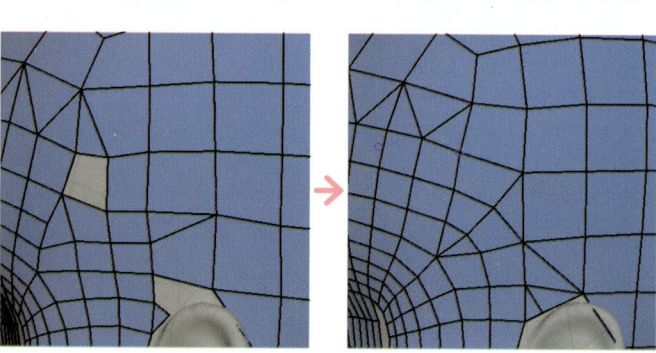

18 ▶ 턱 아래쪽 분할이 많으므로 삼각형 폴리곤을 만들어서 페이스 수를 줄였습니다.

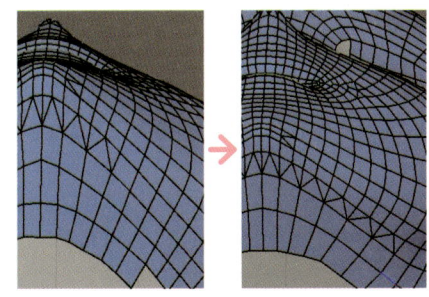

19 ▶ 코 주변의 토폴로지 흐름도 정리했습니다. 이 과정에서 분할 수가 늘어났으므로 뒤에서 줄여 줍니다.

20 ▶ 입 끝 부분의 분할이 어중간하므로 깔끔하게 연결해 줍니다. 그리고 이 시점에서는 입에 구멍을 만들지 않습니다. 조정을 쉽게 할 수 있는 것을 우선해 연결된 상태로 두었습니다.

※ 나중에 깔끔하게 구멍을 만듭니다.

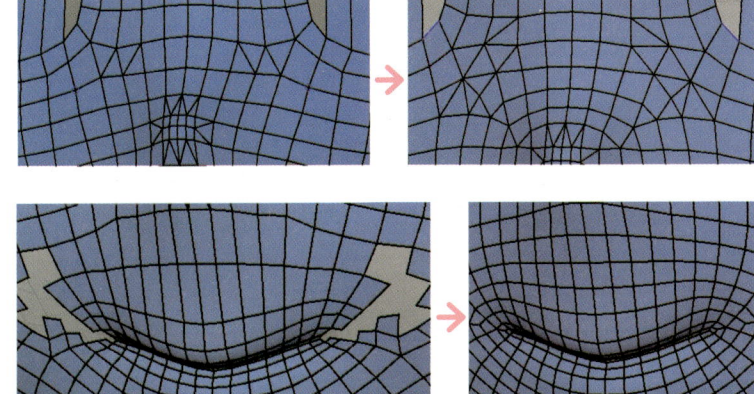

21 ▶ 귀를 만듭니다. 귀의 형태는 그 흐름이 조금 복잡하므로 평평한 면과 높이 차이가 있는 면을 생각하면서 토폴로지를 만듭니다.

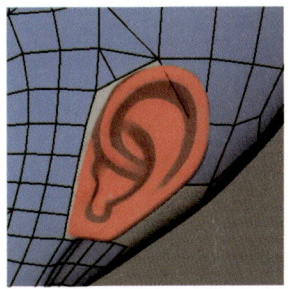

22 ▶ 대략적으로 오른쪽 그림과 같은 토폴로지를 만듭니다. 이 단계에서 형태와 흐름을 확실하게 잡아 줍니다.

23 ▶ 하이 모델을 기반으로 한 폴리곤을 붙이는 작업은 여기에서 완료합니다. 이후 단계에서 세세하게 조정합니다.

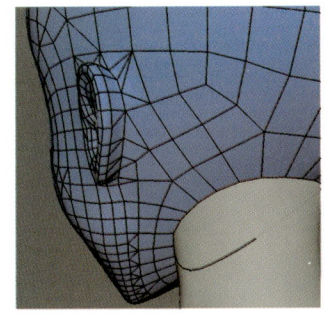
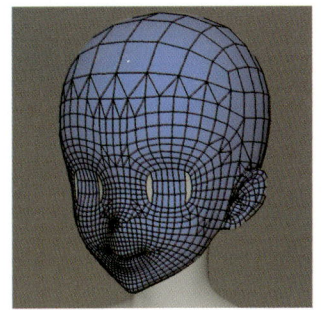

24 ▶ 앞에서 리토폴로지 한 메시를 확인하면서 불필요한 분할을 확인합니다. 표정을 지을 때나 형태적인 문제가 없다면 분할을 줄이고 동시에 형태도 세세하게 정리합니다. 필요하다면 라이브 서피스 상태와 일반적인 상태를 전환하면서 토폴로지를 정리해도 좋습니다. 변형이 많은 입술과 턱은 실루엣을 만드는 분할을 유지하고, 변형에 큰 영향을 받지 않는 세로 방향 에지를 줄입니다.

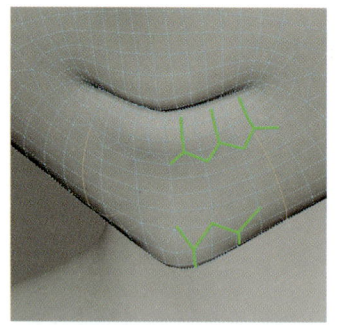

25 ▶ 세로 방향의 분할도 조금 많은 느낌이므로 적절하게 삭제하고, 간격이 넓은 부분은 Quad Draw Tool의 스무스를 사용해 부드럽게 정리합니다.

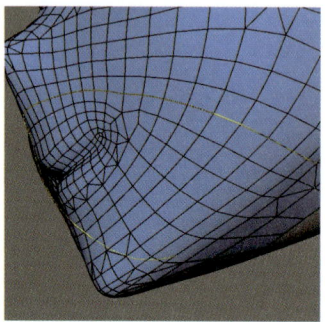

26 ▶ 다음은 [Edit Mesh] → [Collapse Edge]와 [Edit Mesh] → [Merge]를 상황에 맞춰 사용합니다.

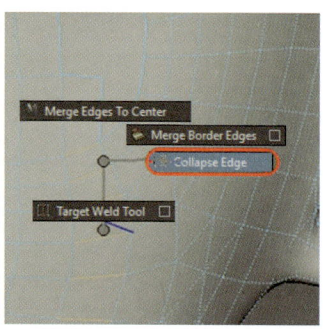

27 ▶ 후두부도 머리카락으로 가려지므로 분할을 줄이면서 토폴로지를 정리합니다.

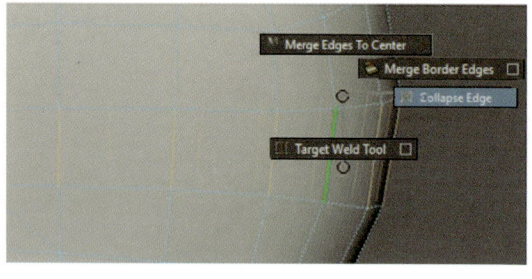 

28 ▶ 분할을 줄이면서 형태적으로 신경 쓰이는 부분도 그 때 그 때 정리합니다. 눈의 간격이 조금 가까우므로 소프트 선택으로 조금 떨어뜨렸습니다.

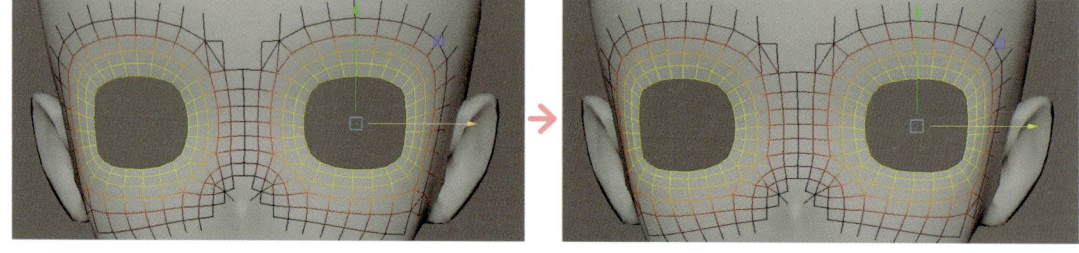

29 ▶ 눈의 윤곽이 사각형이므로 디자인 이미지에 맞춰 형태를 조정합니다.

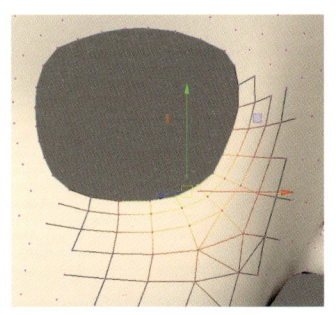

30 ▶ 눈의 균형을 조금 더 쉽게 알 수 있도록 눈의 구멍을 에지 늘리기(Extrude)와 병합(Merge)을 사용해 가운데 부분을 채워 임시로 눈 흰자위를 만듭니다.

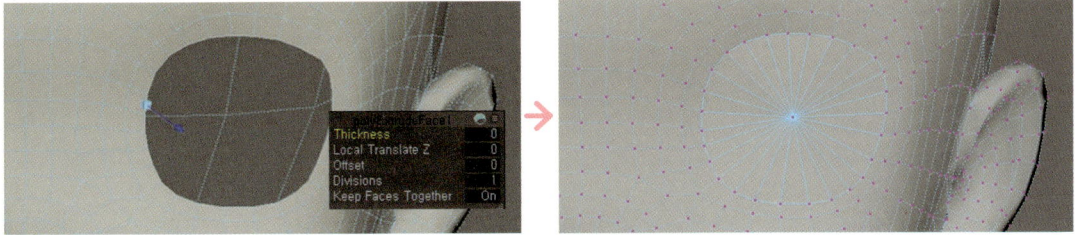

31 ▶ 입이 안쪽으로 들어간 느낌이 부족하므로 입 끝 부분의 버텍스를 선택하고 Lattice Deformer를 적용해 앞쪽으로 밉니다. 거친 버텍스도 정리합니다.

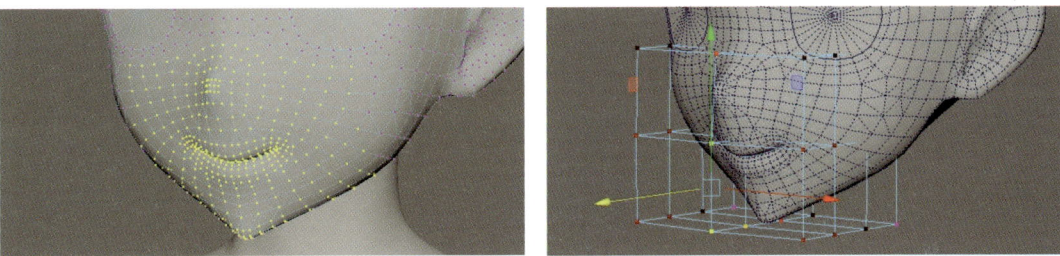

32 ▶ 조정을 진행하는 과정에서 턱의 윤곽이 이상하게 느껴질 때가 많을 것입니다. 그때는 자연스러운 곡선을 그리듯 조정합니다.

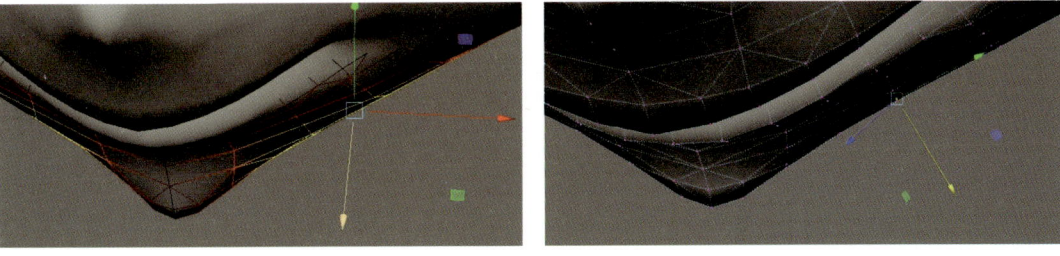

33 ▶ ZBrush를 사용한 스컬프팅 작업에서 하지 못했던 얼굴의 윤곽을 조정합니다. 오른쪽 그림 정도의 각도에서 봤을 때 빨간색 선으로 표시한 부분이 튀어나온 부분, 파란색 선으로 표시한 부분이 완만하게 패인 부분이 되도록 세세하게 조정합니다.

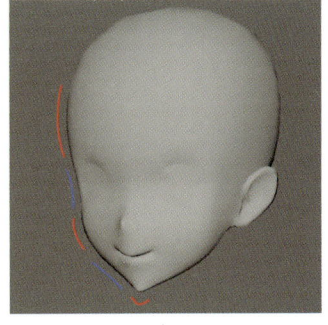

34 ▶ 옆쪽에서 봤을 때의 윤곽도 오른쪽 그림과 같이 되도록 튀어나온 부분과 패인 부분의 뉘앙스를 생각하면서 세세하게 조정합니다.

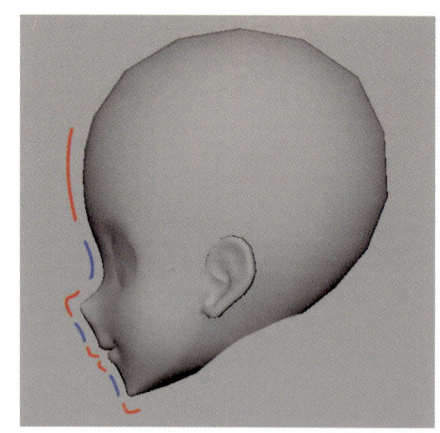

35 ▶ 위쪽에서 봤을 때 턱 부근의 윤곽은 수평 방향에서 봤을 때보다 안쪽의 기복에 주의합니다. 코, 입, 볼 등은 튀어나오게 하고, 그 사이를 연결하는 부분은 패이게 만들어 입체감을 냅니다. 아래쪽에서도 얼굴의 기복을 확인합니다. 위쪽에서 봤을 때와 마찬가지로 튀어나온 부분과 패인 부분의 느낌이 잘 나타나게 조정합니다.

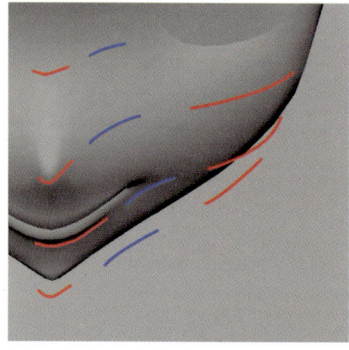 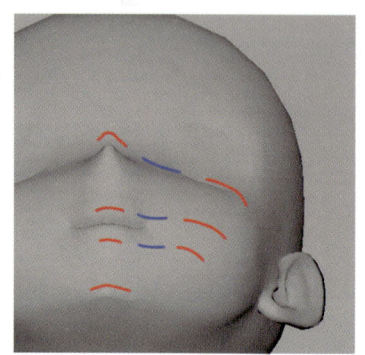

36 ▼ 귀 밑동의 리토폴로지 상태에서 위치가 다소 이상하게 느껴져 정리했습니다. 귀 안쪽 형태의 기복이 다소 확실하지 않아 조정했습니다. 귀의 윤곽은 깔끔한 타원형이 되기 쉽습니다. 요소요소에 다음 그림과 같이 각이 원만하게 만들어지는 이미지를 생각하며 형태를 정리합니다.

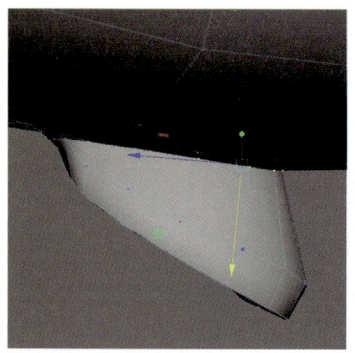 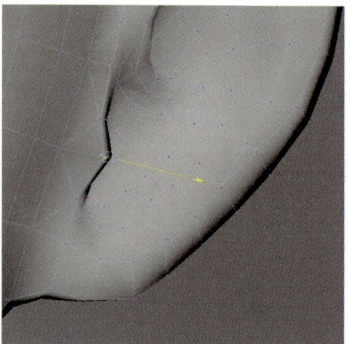 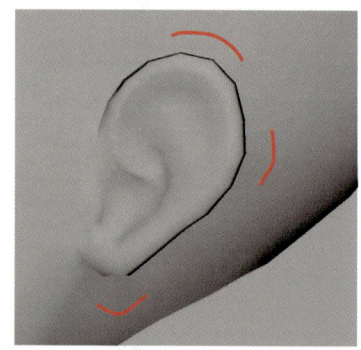

37 ▶ 디자인 이미지에 비해 입이 조금 작은 느낌이었기 때문에 입 끝 부분을 바깥쪽으로 당기고 주변 형태를 정리했습니다.

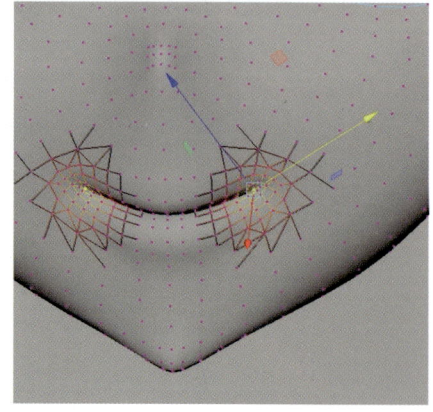

38 ▶ 눈 주변의 토폴로지에 각이 만들어졌습니다. 눈 형태에 맞춰 깔끔하게 정리합니다.

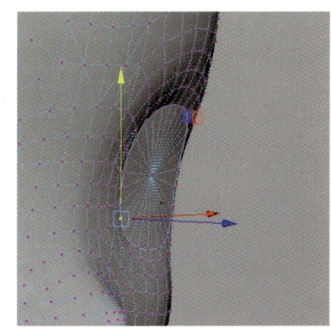

39 ▶ 지금까지의 세세한 조정을 통해 토폴로지와 형태를 모두 정리했습니다. 다음으로 다른 메시로 필요한 부품을 만듭니다.

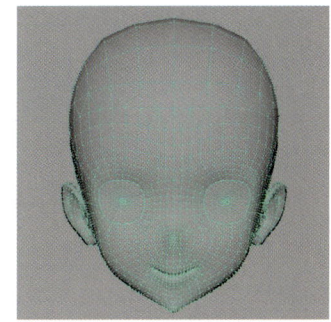

40 ▶ 여기부터는 얼굴 부품을 만듭니다. 먼저 눈동자 부품을 쉽게 알 수 있도록 눈 흰자위에 머티리얼을 사용해 색을 나눕니다. 위 속눈썹도 색을 나눠 디자인 이미지에 맞춰 형태를 조정합니다. 이후 텍스처를 사용해 그려 넣는 영역이 되는 부분입니다.

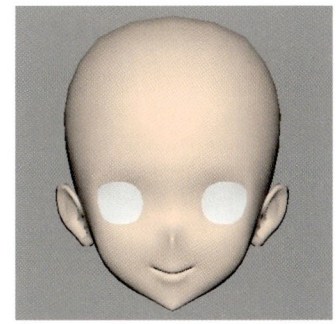 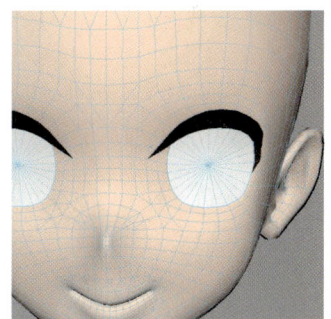

41 ▶ 특징적으로 앞으로 나와있는 위 속눈썹을 입체적으로 만듭니다. Cylinder 프리미티브를 만들고 형태를 다듬어 줍니다. 오른쪽 그림을 참조해 분할을 설정합니다.

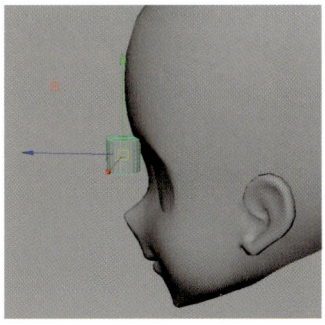 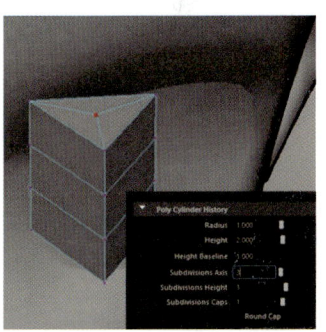

42 ▶ 속눈썹 형태로 만듭니다. 불필요한 바닥 쪽 페이스는 삭제했습니다.

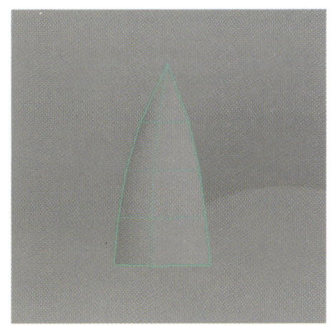 

43 ▶ 디자인 이미지를 확인하면서 속눈썹의 베이스 메시 밑으로 들어가도록 이동, 확대/축소, 회전, 형태 조정, 복제 과정을 반복하면서 속눈썹 3개짜리 3개를 만듭니다.

44 ▶ 속눈썹 3개짜리 세트를 결합하고 반대쪽으로 미러링 합니다. 양쪽 눈의 균형을 보면서 다시 속눈썹을 조정합니다. 중간중간 Flat Light를 표시하고 여러 각도에서 속눈썹의 실루엣을 확인하면서 형태를 정리합니다. 어느 정도 형태가 정리되었다면 속눈썹 만들기를 마칩니다.

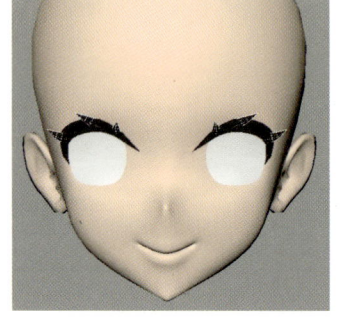 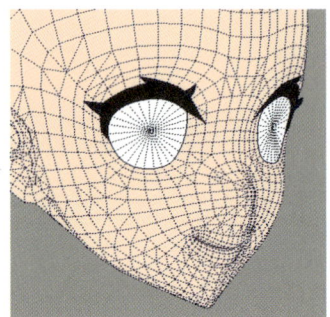

45 ▶ 다음으로 눈썹을 만듭니다. Plane 프리미티브를 만들고 분할 수와 스케일을 변경해 눈 위쪽에 배치합니다. 얼굴 윤곽을 따라 눈썹 형태를 정리합니다.

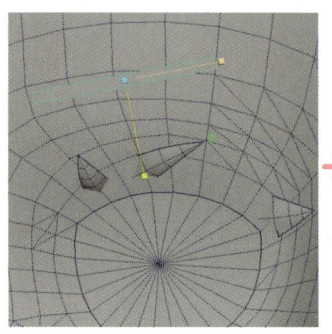 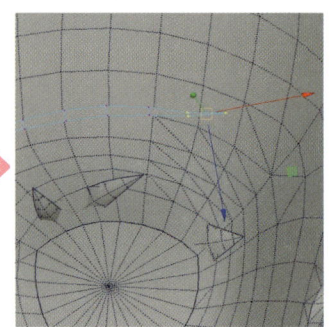

46 ▶ 속눈썹과 마찬가지로 눈썹도 반대쪽으로 미러링 하고 균형을 잡아 줍니다.

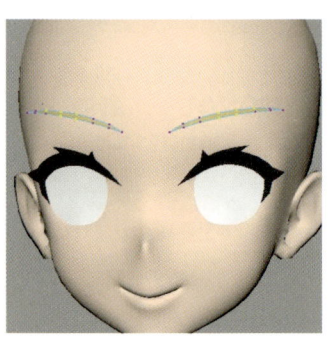

47 ▶ 눈썹을 움직이면 아래쪽에 있는 눈꺼풀과 함께 움직이는 것을 고려해 눈썹의 형태에 맞춰 적절하게 토폴로지를 조정합니다. 필요에 따라 눈썹을 위한 분할도 추가합니다. 이 과정에서 주변의 토폴로지가 조금 손상되므로 함께 조정합니다.

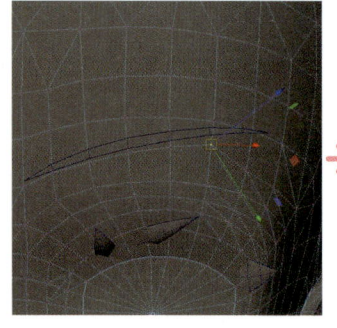 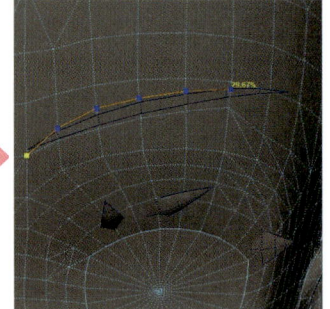

48 ▶ 중간중간 「Perspective Camera」를 사용해 얼굴 앞쪽에서 스크린샷을 찍어 디자인 이미지와 대조하면서 균형을 확인합니다. 머리 뒤쪽에 얼굴 이미지를 표시하고 확인하면서 조정하는 것도 좋습니다.

49 ▶ 눈썹, 속눈썹, 입의 느낌이 디자인 이미지와 맞지 많아 정리해 줍니다.

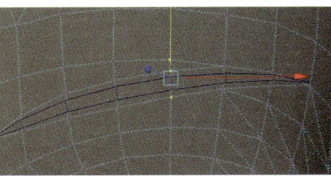  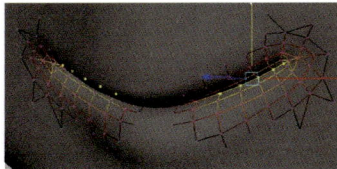

50 ▶ 다음으로 Cylinder 프리미티브를 사용해서 눈동자의 메시를 만듭니다. 여기에서는 눈 흰자위와 눈동자를 하나의 텍스처로 그린 뒤, 판형 폴리곤을 붙이는 방법을 사용했습니다.

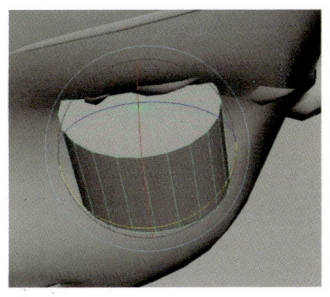

51 ▶ 얼굴 메시에서 눈 흰자위 부분의 페이스를 선택한 뒤 삭제합니다. 다음으로 눈동자 메시를 확대/축소, 회전해 빈 공간을 채우도록 배치합니다. 앞서 삭제했던 눈의 경계 에지를 루프 선택한 뒤 안으로 밀어 넣어 눈 두덩이를 만듭니다. 이렇게 해서 얼굴의 메시와 눈동자의 메시 사이에 간격이 생기는 것을 막을 수 있습니다.

 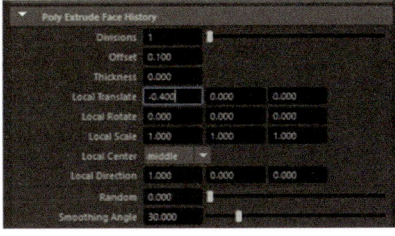 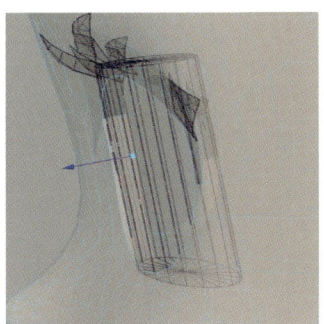

52 ▶ 오른쪽 그림과 같이 눈동자의 메시가 안쪽으로 깔끔하게 들어가도록 배치합니다. 화살표와 같이 눈동자의 메시가 얼굴에서 빠져나오지 않도록 주의합니다(나중에 버텍스 단위로도 조정합니다).

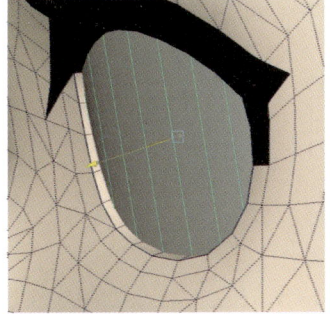 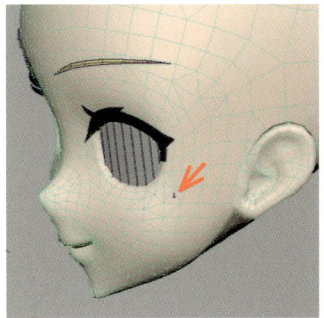

53 ▶ 윗면, 아랫면 등 불필요한 페이스는 삭제합니다. 눈꼬리 쪽 페이스를 얼굴의 곡선에 맞춰 깔끔하게 조정합니다. 눈꼬리 쪽은 에지의 간격이 좁으므로 간격이 같아지도록 직접 손으로 조정합니다.

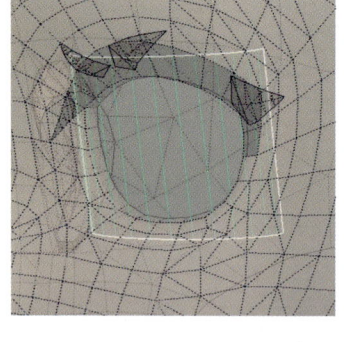
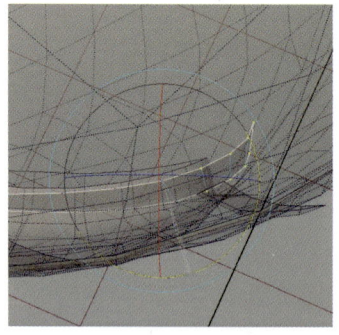

54 ▶ 대략적인 형태를 정리했다면 UV 에디터를 열고 기본으로 열리는 UV를 조정합니다. UV 셸을 중심(U: 0.5, V: 0.5)에 배치하고 눈동자 메시와 같은 정도의 비율이 되도록 스케일을 조정합니다.

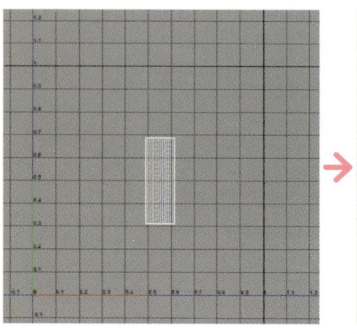
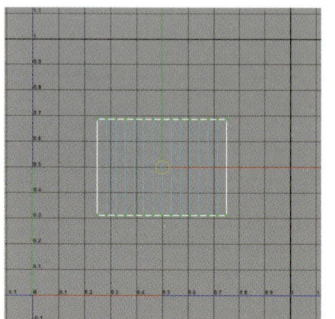

55 ▶ 눈동자의 메시를 선택하고 [Edit Mesh → Add Divisions]에서 가로 분할을 3개 추가하고, 추가한 에지를 노멀 방향으로 트랜스폼해서 완만한 곡선을 그리도록 만듭니다.

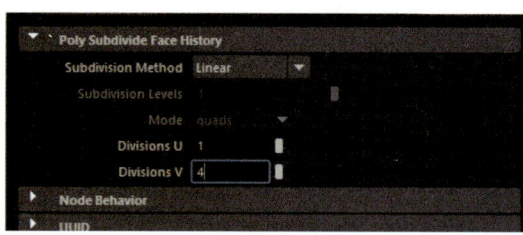
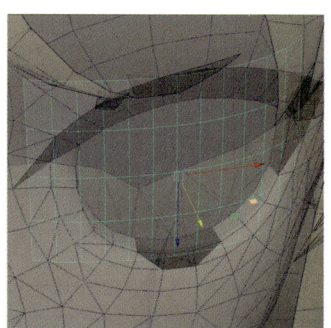

56 ▶ 이것으로 대략적인 부품을 정리했습니다. 이것으로 얼굴 모델링은 우선 종료합니다. 입 안의 모델링은 얼굴의 텍스처 만들기와 함께 진행합니다.

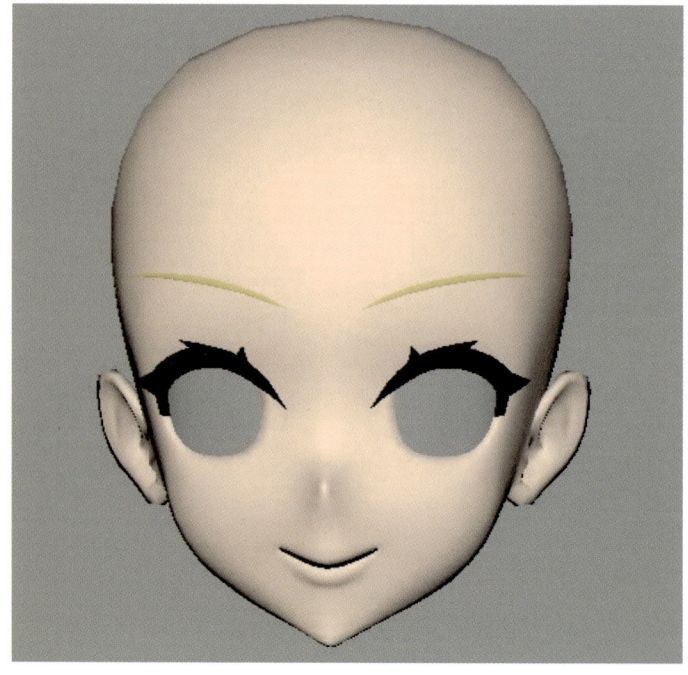

2.2.5 ▶ 몸체 리토폴로지

1 ▶ 머리의 리토폴로지를 마쳤습니다. 몸체의 리토폴로지를 진행합니다. 형태적으로 쉽게 알 수 있는 목부터 페이스를 붙여 나갑니다.

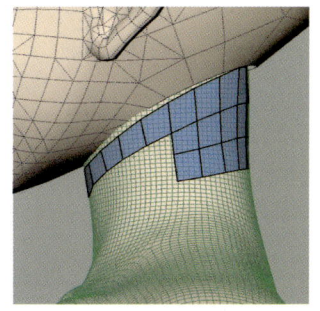

2 ▶ 먼저 쇄골과 같이 특징적인 형태를 가진 부분을 확정해서 페이스를 붙이면, 주변을 분할하는 방법을 쉽게 생각할 수 있습니다.

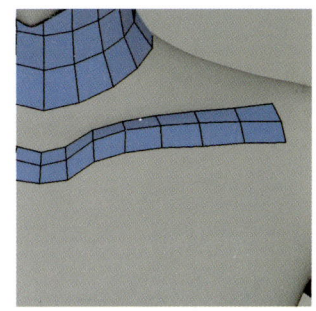

3 ▶ 머리와 쇄골 사이의 가슴이 시작하는 부분을 향해 페이스를 넓혀 줍니다. 쇄골 부근, 가슴 근육, 어깨 주변의 토폴로지를 그룹으로 보면 오른쪽 그림에서 빨간색 원으로 표시한 합류 포인트로 깔끔하게 연결할 수 있습니다.

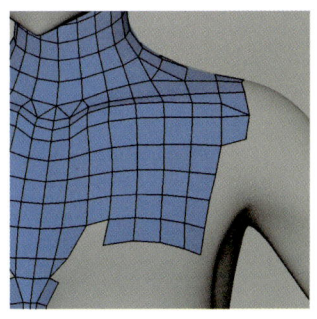 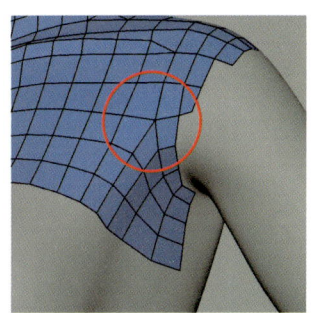

4 ▶ 겨드랑이 아래를 돌아가면서 어깨의 페이스와 연결합니다. 18개 전후의 페이스로 한 바퀴를 구성하는 정도가 좋습니다.

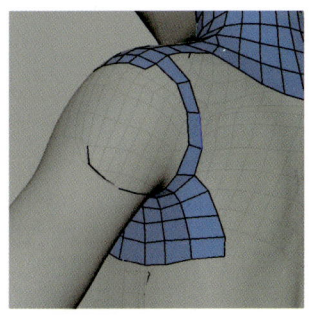

5 ▶ 가슴의 페이스를 붙여 줍니다. 토폴로지의 흐름을 대략적인 색으로 구분한 오른쪽 그림과 같은 그룹을 생각하며 페이스를 붙입니다.

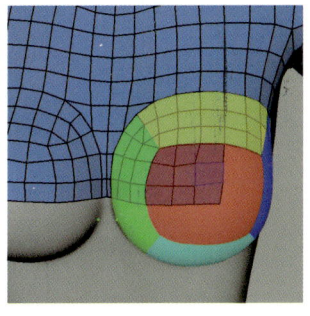

6 ▶ 오른쪽 그림과 같이 가슴 아래쪽에도 페이스를 붙여 줍니다. 가슴의 윤곽은 큰 곡선을 그리므로 분할 수를 늘려서 작업합니다.

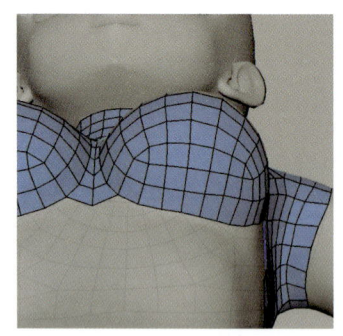

7 ▶ 가슴의 범위는 세로 방향으로 홀수, 가로 방향으로 짝수만큼 분할되어 있어 느낌이 좋지 않습니다. 가로 방향의 짝수 분할에 맞춰 세로 방향으로 한 번 더 분할합니다. 하지만 가슴의 분할 밀도를 유지한 상태에서 다른 부위와 연결하면 페이스 수가 많아지므로, 우선 삼각형 폴리곤으로 만들어서 페이스 수를 줄입니다.

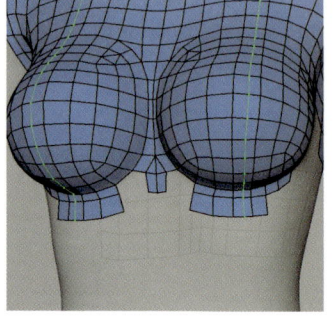 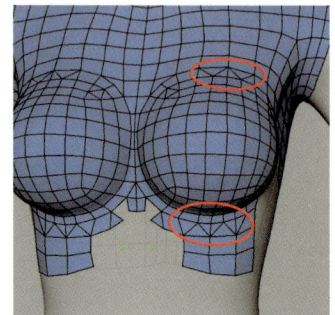

8 ▶ 계속해서 갈비뼈의 흐름에 맞춰 페이스를 붙입니다.

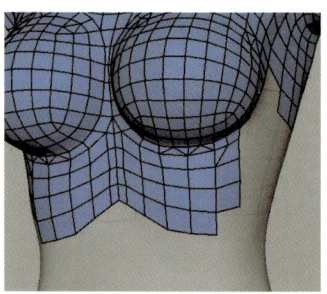

9 ▶ 목의 밑동, 어깨와 맞추면서 등의 페이스를 붙입니다. 견갑골을 생각하면서 토폴로지를 만듭니다.

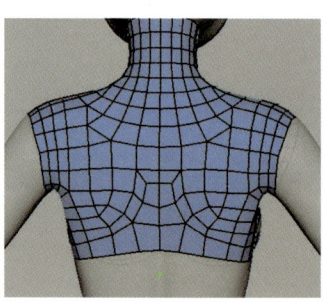

10 ▼ 가슴의 페이스를 옆구리 쪽으로 붙여 연결해 줍니다. 등에서 옆구리 쪽으로 붙여 연결해 줍니다. 가슴 옆은 아래 그림과 같이 연결해서 마무리합니다.

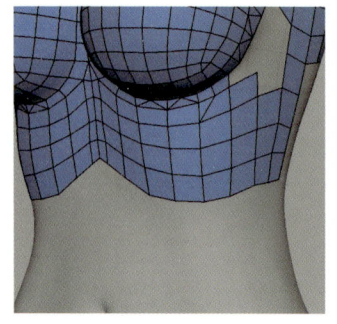 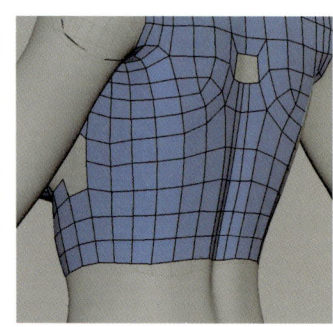 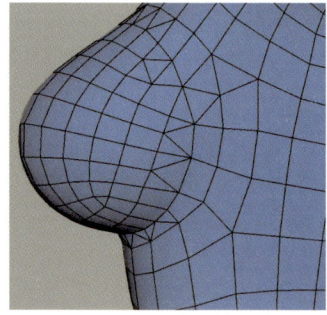

11 ▶ 등뼈를 따라 생기는 골을 만들기 위해 등의 토폴로지를 변형했습니다.

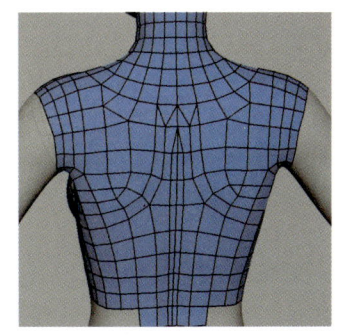

12 ▶ 반대쪽으로 돌아와 배꼽을 중심으로 배의 페이스를 붙여 줍니다. 뒤에서 분할을 변경할 것이지만, 우선 형태에 맞춰 붙여 줍니다. 배꼽 주변의 토폴로지가 적지만 다리와의 연결도 있으므로 여기에서는 미리 배를 채우는 정도로만 작업하고, 나중에 정리해 줍니다.

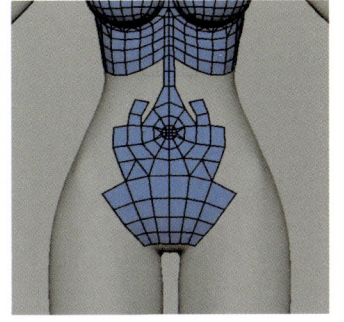 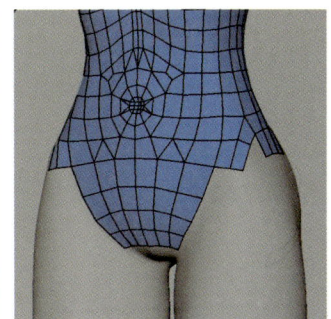

13 ▶ 엉덩이의 페이스를 붙입니다. 먼저 엉덩이 형태에 따라 메시를 조금 배치해 두면, 해당 메시로 자연스럽게 연결하기 위해 거꾸로 계산하는 느낌으로 페이스를 붙일 수 있습니다. 엉덩이가 시작하는 위치에서 분할 수를 늘리고, 곡선을 따라 토폴로지가 흐르듯이 붙여 줍니다.

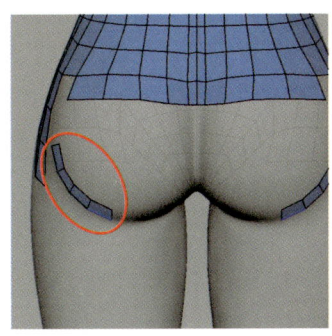 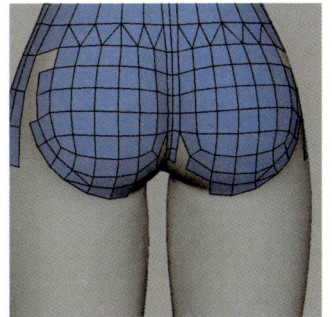

14 ▶ 배와 엉덩이 쪽에서 각각 가랑이의 페이스를 붙여서 연결합니다. 폭이 다소 좁지만, 다리를 올렸을 때의 형태가 망가지는 것을 방지하기 위해 분할 수를 늘립니다.

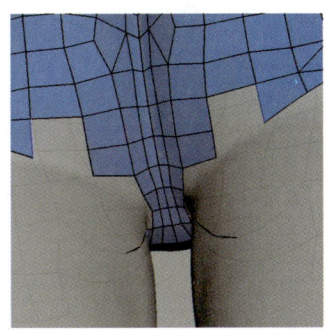

15 ▶ 다리 밑동에 페이스를 조금 붙입니다. 이 시점에서는 이후 만들 허벅지로 연결하기 위한 정도만 붙입니다. 모션으로 다리를 움직였을 때 형태가 잘 망가지지 않도록 토폴로지를 만듭니다.

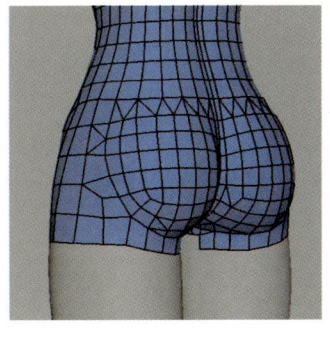

16 ▶ 앞쪽에서 봤을 때의 가랑이 부근과 다리 밑동은 오른쪽 그림과 같습니다.

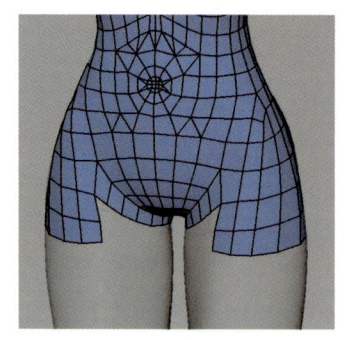

17 ▶ 라이브 서비스 기능을 활용해 그림과 같이 깔끔하게 페이스를 붙였습니다. 조금 신경이 쓰이는 부분도 있지만, 먼저 전체 토폴로지를 결정합니다.

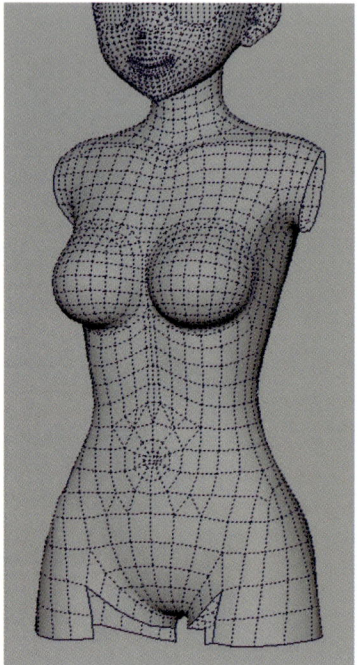
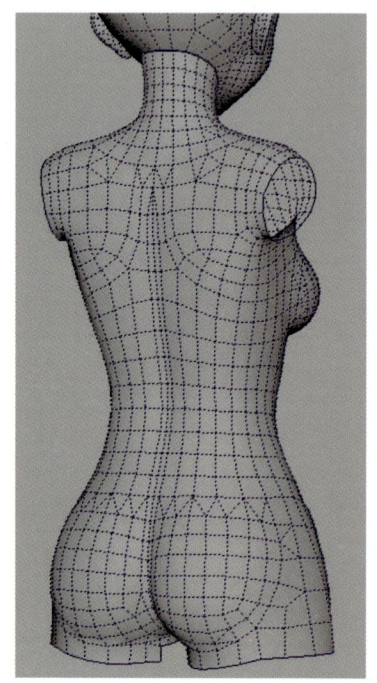

18 ▶ 허벅지 앞쪽은 실제 근육의 흐름에 맞춰 안쪽을 향하도록 페이스를 붙입니다. 하지만 과도하게 안쪽으로 향하면 실루엣을 조정하기 어려워지므로 조금 완만하게 합니다. 그리고 허벅지 단면은 16각형을 생각하며 작업합니다. 가랑이에서 다리 안쪽으로 연결되어 있는 분할이 조금 많았기 때문에, UV 경계(빨간색 선)가 되는 에지는 유지하면서 단면의 분할(초록색 선)을 삼각형 폴리곤으로 만들어서 18각형 → 16각형이 되도록 정리했습니다.

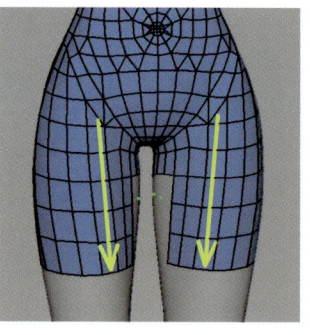
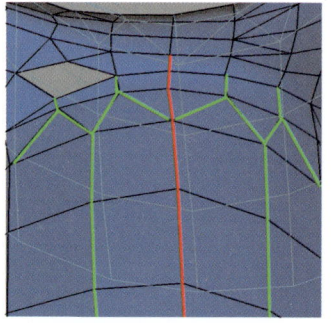

19 ▶ 다리 밑동의 토폴로지를 경계에 맞춰 흐르게 합니다.

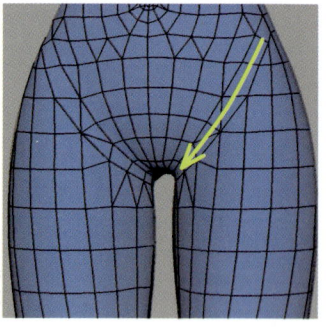

20 ▶ 페이스를 계속 붙여 오른쪽 그림처럼 만듭니다. 동체와 비교하면 다리의 윤곽 곡선은 부드러우므로, 세로 방향의 길이가 간 페이스를 사용해 공간을 채우는 것으로 충분합니다.

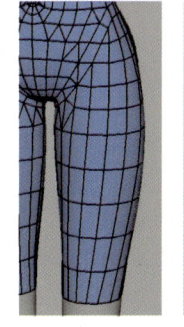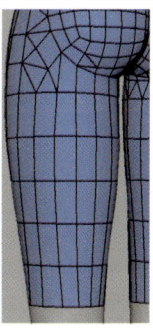

21 ▶ 다리와 같이 가로 방향 에지를 수평으로 정렬하고 싶을 때는 버텍스를 하나씩 조정하는 것이 편합니다.

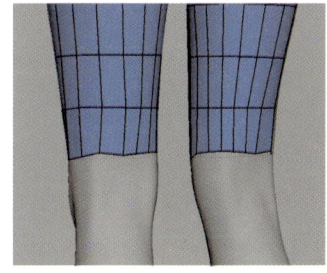

22 ▼ Quad Draw Tool을 우선 해제하고 라이브 서피스 상태에서 대상 버텍스를 선택합니다. 다음으로 스케일 도구로 변경해 Y축 방향으로 늘리듯 스케일을 적용합니다. 이렇게 하면 밑에 깔려 있는 부근을 따라 버텍스를 수평으로 정렬할 수 있습니다.

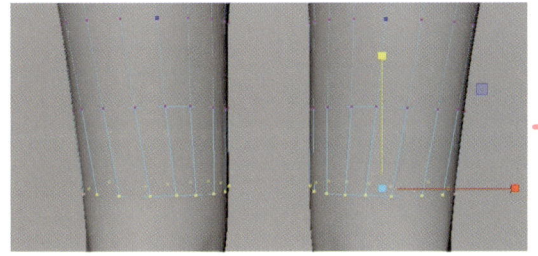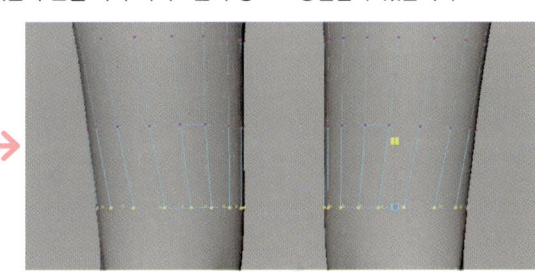

23 ▶ 계속해서 무릎의 페이스를 붙입니다. 무릎을 구부렸을 때 무릎 앞쪽이 부드럽게 변형되도록 분할 수를 늘렸습니다. 무릎 뒤쪽은 안쪽으로 눌러 들어가는 형태로 변형되도록 분할을 억제하고, 옆쪽 페이스를 삼각형 폴리곤으로 만들어서 분할 수를 줄였습니다.

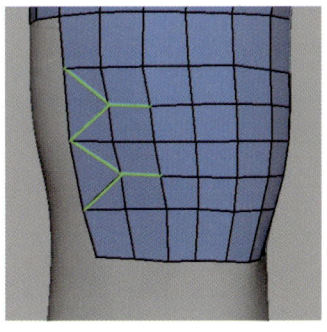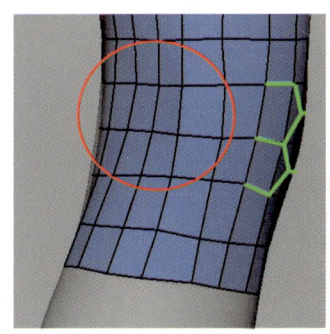

24 ▼ 그 상태에서 무릎 뒤쪽의 페이스를 붙여 줍니다. 무릎 아래 부근의 튀어나온 부분과 패인 부분을 생각하면서 배치합니다.

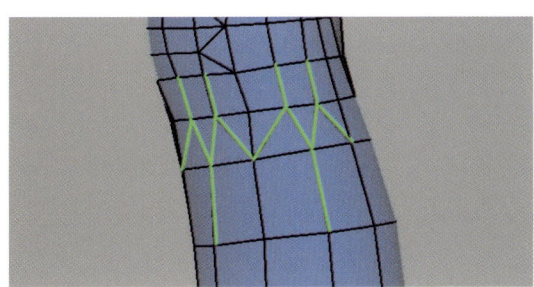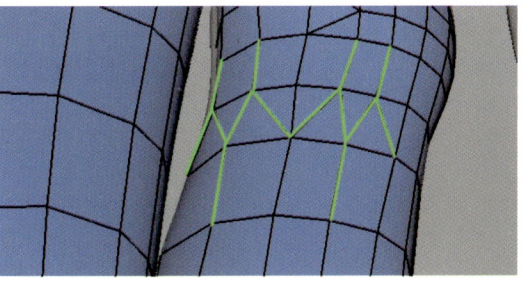

25 ▶ 허벅지와 마찬가지로 세로 방향으로 긴 페이스를 붙여 오른쪽 그림과 같이 토폴로지를 만듭니다.

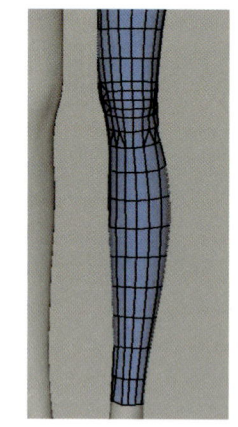 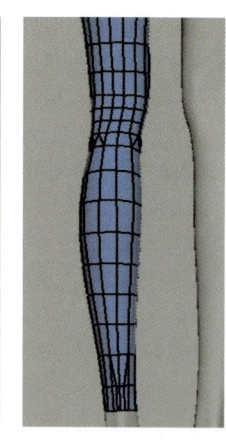

26 ▶ 발의 토폴로지를 만듭니다. 가장 특징적인 복사뼈의 토폴로지부터 작업합니다.

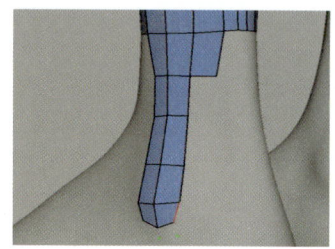

27 ▶ 아킬레스 건의 분할은 조금 늘리고 형태에 따라 페이스를 붙여 발뒤꿈치 방향으로 연결합니다. 토폴로지의 흐름에 주의하면서 발목에서 발등을 향해 페이스를 넓혀 줍니다.

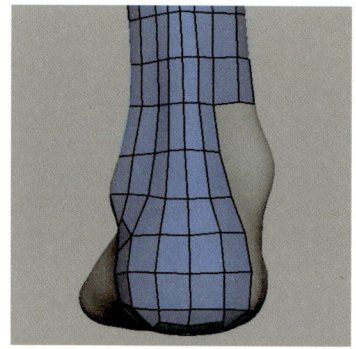 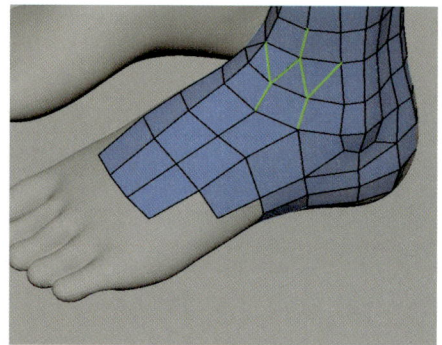

28 ▶ 발바닥과 발 안쪽도 아래 그림과 같이 페이스를 붙입니다.

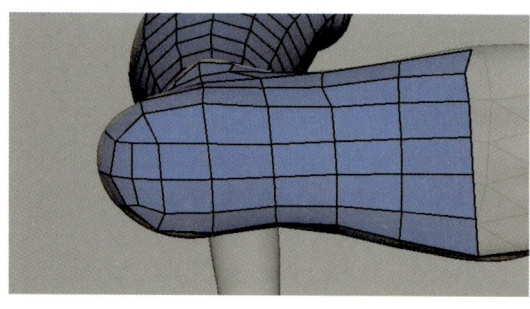 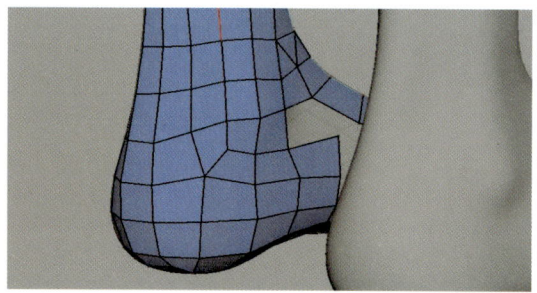

29 ▶ 발가락은 단면을 팔각형으로 보고 페이스를 붙입니다. 인접한 발가락은 측면의 페이스를 공유하므로 결과적으로 육각형 형태가 됩니다.

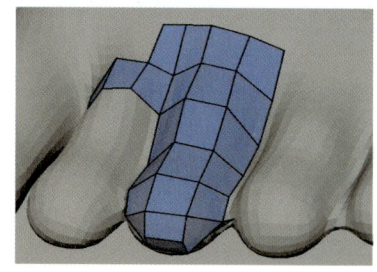

30 ▶ 발가락 밑동과 발등의 페이스는 분할 수가 다르므로 중간 역할을 하는 토폴로지를 넣어 자연스럽게 연결되도록 합니다.

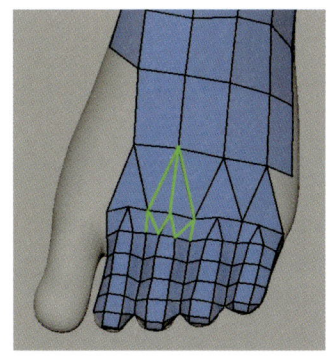

31 ▶ 발바닥 쪽도 마찬가지로 발가락을 연결합니다. 발바닥 쪽 발가락 밑동은 분할할 필요가 없으므로 병합해 두었습니다.

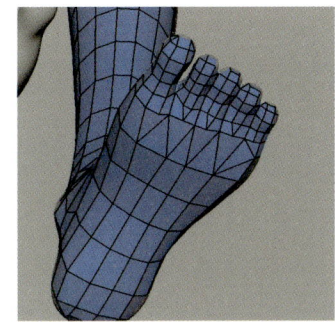
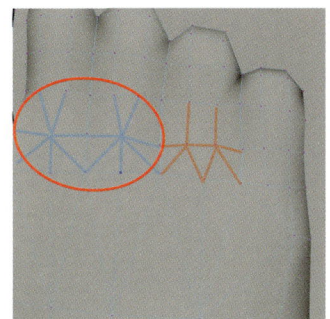

32 ▶ 발은 이 정도에서 완성합니다. 다음으로 지금까지 만든 부분을 전체적으로 수정합니다.

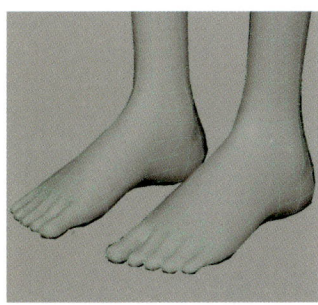

33 ▶ 무릎 뒤쪽 토폴로지가 안쪽으로 기울어져 있으므로 소프트 선택한 뒤 바깥쪽으로 이동해서 조정했습니다.

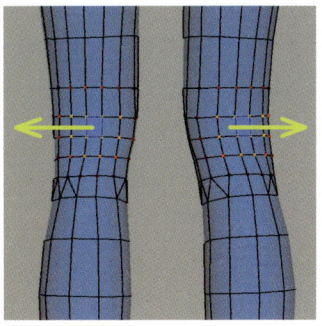

34 ▶ 상전장골극 페이스 안에 있는 대각선 에지의 방향이 이상했습니다. 실루엣이 움푹 들어간 듯 보이므로 에지를 뒤집어서 수정합니다.

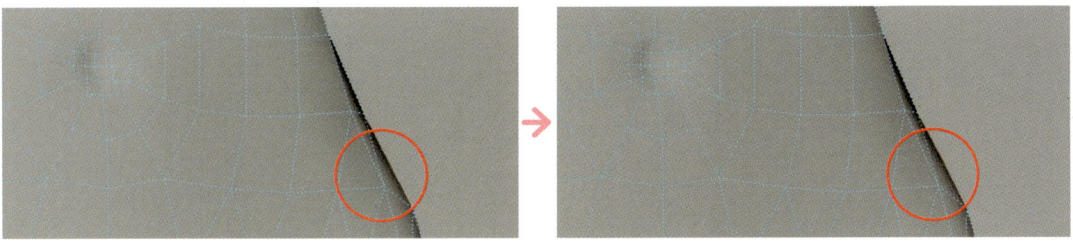

35 ▶ 배꼽 주변의 불필요한 분할을 줄이고 토폴로지를 조금 정리했습니다.

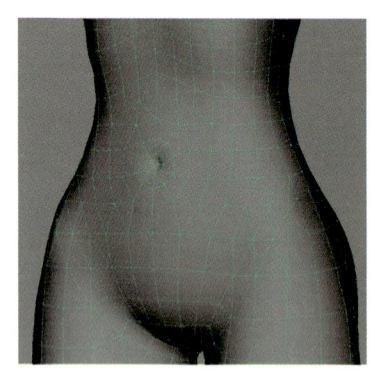

36 ▶ 가슴에도 불필요한 에지가 있으므로 함께 선택한 뒤 병합했습니다.

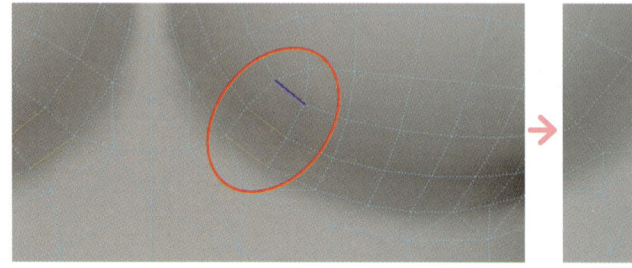 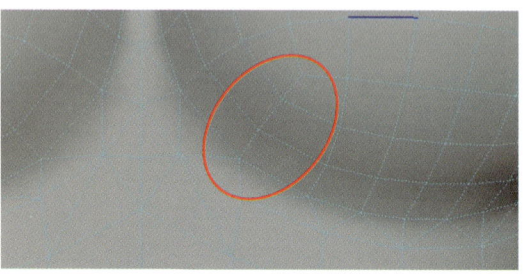

37 ▶ 가슴 옆쪽의 삼각형 폴리곤 위치가 정렬되지 않고 균형이 잡혀 있지 않았습니다. 분할 위치를 정렬했습니다.

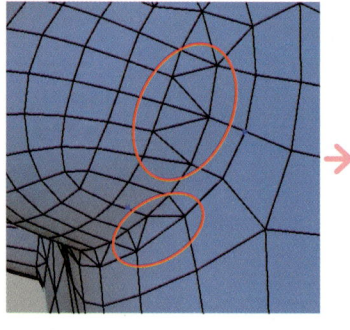 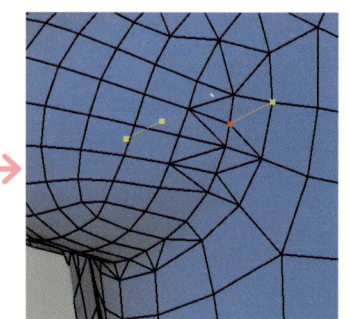

38 ▶ 추가적인 세세한 정리를 한 뒤 오른쪽 그림의 형태로 만들었습니다. 하이 메시일 때와 그 형태가 크게 다르지 않게 만들어졌습니다.

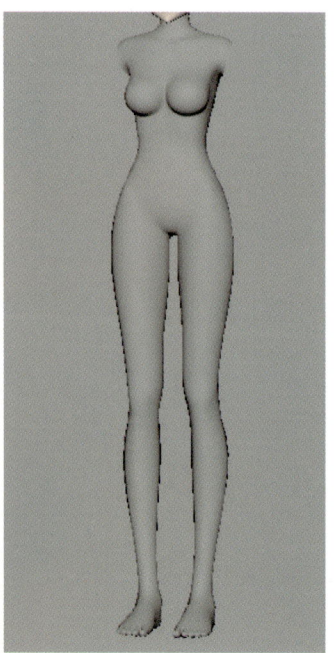 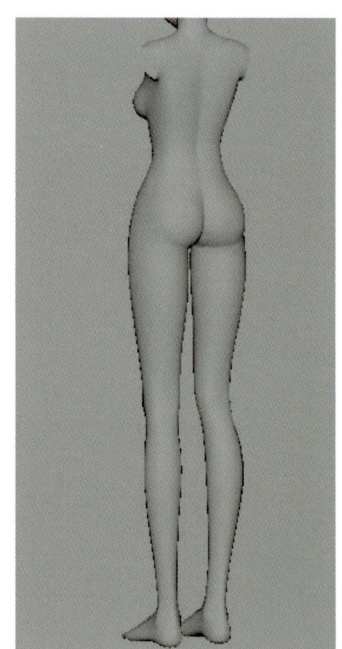

39 ▶ 어깨의 리토폴로지를 합니다. 무릎과 같은 방식으로 생각하면서 바깥쪽의 분할 수를 많게, 겨드랑이 쪽 분할 수를 적게 만듭니다. 등 쪽도 마찬가지로 처리합니다.

40 ▶ 팔은 어깨에서 위팔로 이어지는 부분이 세세하게 되어 있으므로 경계 부근의 단면을 18각형 → 12각형으로 줄여 줍니다. 위팔은 특히, 변경되는 부분이 없이 깔끔하게 정리합니다.

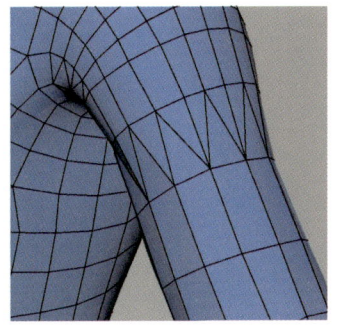 

41 ▶ 팔꿈치의 페이스는 무릎과 마찬가지로 구부렸을 때 깔끔하게 변형되도록 바깥쪽의 분할 수를 많게 하고, 안쪽 분할 수를 적게 만듭니다.

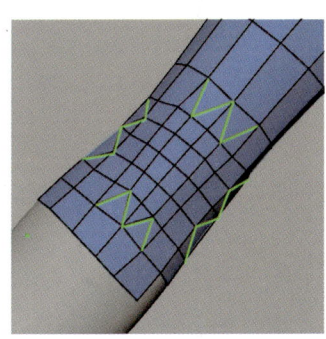

42 ▶ 이어서 아래팔을 조정합니다. 근육 흐름에 맞춰 회전을 생각하면서 토폴로지를 만듭니다. 아래팔 안쪽은 그림과 같이 되어 있습니다. 손목은 팔꿈치, 무릎과 달리 여러 각도로 구부려지므로 전체를 둘러 페이스가 균등하게 분할되게 만듭니다.

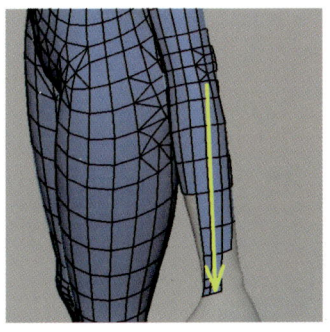 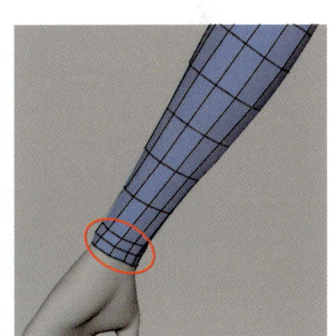

43 ▶ 다음으로 손으로 이동합니다. 손가락의 관절 위치를 생각하면서 팔꿈치나 무릎과 비슷한 토폴로지로 붙여 갑니다. 손가락의 단면은 팔각형으로 만들었습니다. 빨간색 선으로 표시한 부분을 손톱으로 붙이고, 손가락 끝의 둥근 모양을 생각하면서 페이스를 분할합니다.

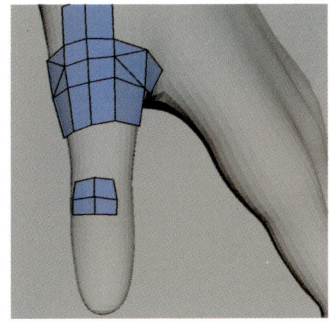 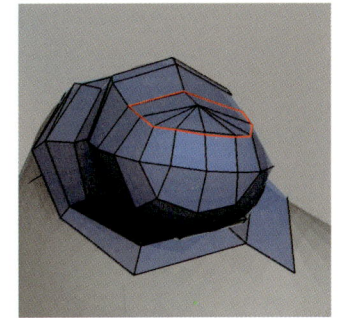

44 ▶ 엄지손가락은 오른쪽 그림과 같이 만듭니다.

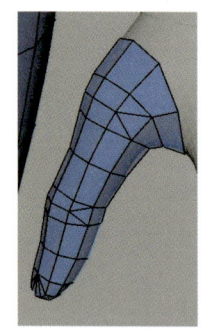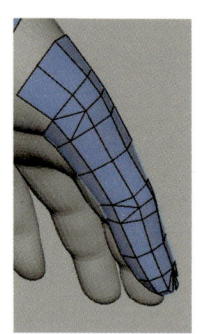

45 ▶ 엄지손가락 밑동을 손 전체에 연결합니다. 손목에서 엄지손가락으로의 흐름, 손등에서 엄지손가락으로의 흐름이 만나는 위치를 정하고, 가능한 정합성을 유지하도록 토폴로지를 만듭니다.

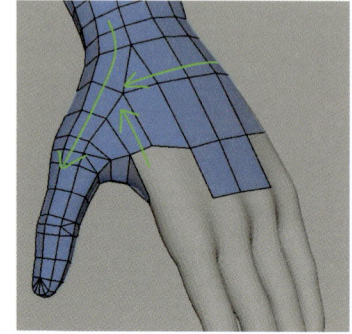

46 ▶ 손등에서 엄지손가락을 제외한 손가락 밑동으로 페이스를 연결합니다. 랜드마크가 되는 손가락 밑동 주변의 토폴로지는 상당히 고민이 되는 부분입니다. 우선 대략적으로 분할하고 이후 토폴로지를 정리합니다.

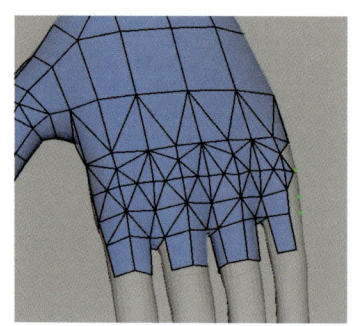

47 ▶ 엄지손가락과 마찬가지로 가운뎃손가락을 만듭니다. 가운뎃손가락도 관절의 위치 관계에 주의하며 페이스를 붙입니다. 손가락 사이에도 확실하게 페이스를 붙여 골을 만듭니다.

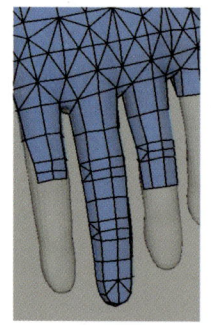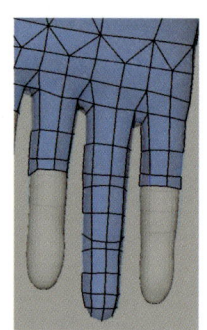

48 ▶ 가운뎃손가락을 만들었다면 Quad Draw Tool과 라이브 서피스 모드를 해제합니다. 가운뎃손가락의 메시를 복제해서 다른 손가락의 각도나 길이를 조정하면서 다른 손가락의 밑동으로 배치합니다.

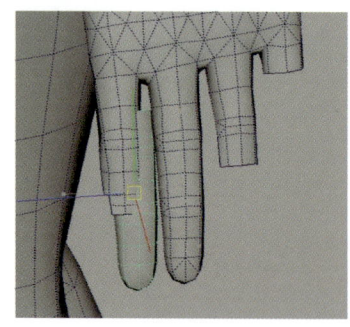

49 ▶ 배치한 손가락과 본체의 메시를 결합하고 경계를 병합합니다. 달라 붙어있는 메시와 베이스 메시의 손가락 사이의 거리를 거의 겹쳐질 정도로 가깝게 만듭니다.

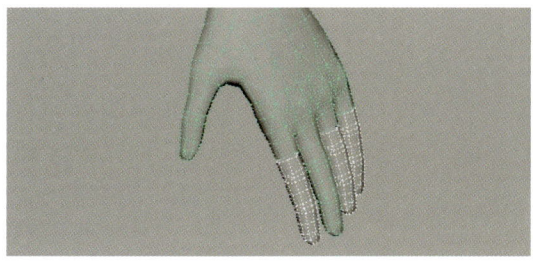
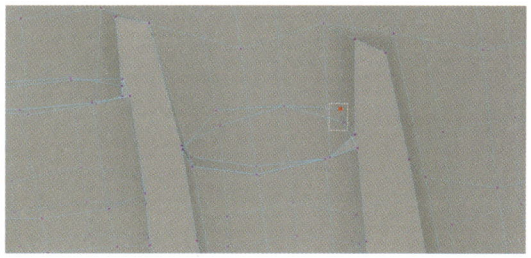

50 ▶ 다시 베이스 메시의 라이브 서피스 모드를 활성화합니다. 앞에서 붙어있던 손가락 메시를 선택하고 이동 도구로 조금 움직이면 베이스 메시에 정확하게 달라붙어 손가락 형태에 깔끔하게 맞출 수 있습니다.

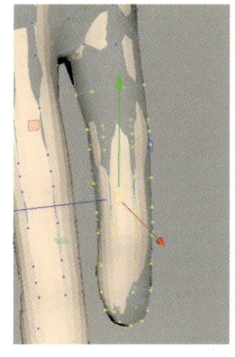
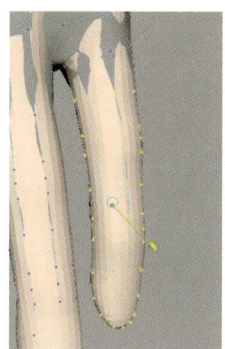

51 ▶ 다시 Quad Draw Tool을 사용해 Relax를 적용하면 토폴로지를 깔끔하게 만들 수 있습니다.

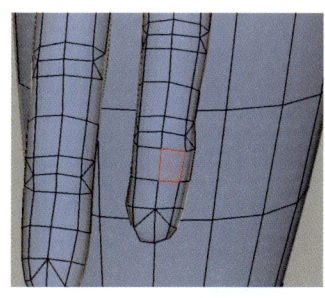

52 ▶ 손바닥 토폴로지는 피부의 튀어나온 부분과 패인 부분에 맞춰 붙여 줍니다. 손의 리토폴로지는 이것으로 우선 완료입니다.

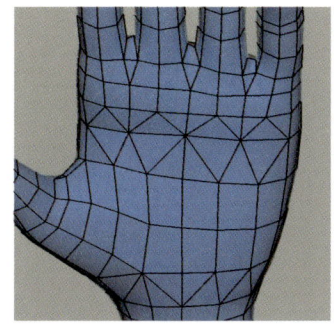
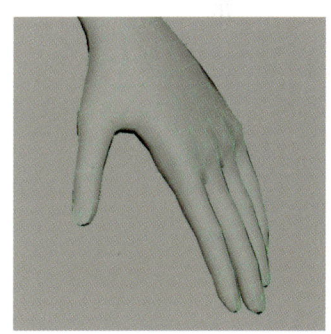

53 ▶ 몸체의 토폴로지는 오른쪽 그림과 같이 되었습니다.

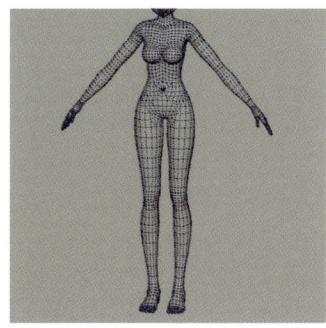
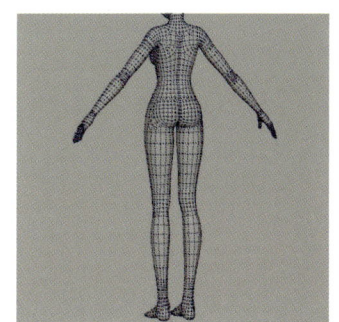

54 ▶ 머리와 마찬가지로 몸체에서도 스컬프팅 도중에는 눈치채지 못했던 위치들을 조금 조정합니다. 목이 전체적으로 굵은 느낌을 주므로 가늘게 만들면서 곡선의 느낌이 살도록 형태를 정리합니다. 다른 각도에서 보면서 목에서 머리 밑동을 향하는 실루엣이 자연스러운지 확인합니다. 머리와의 균형도 주의합니다.

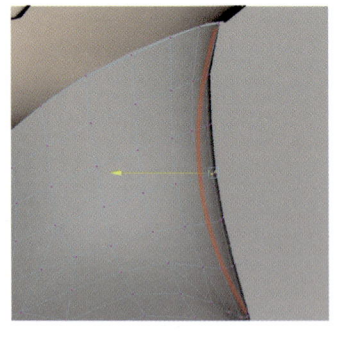 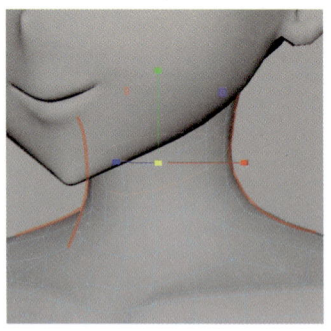

55 ▶ 목에서 어깨로 이어지는 부분의 연결은 승모근과 어깨의 관계를 생각하면서 버텍스 위치를 조정합니다. 앞쪽 이외의 각도에서 쇄골을 봤을 때 곡선의 형태가 너무 이상적이어서 직선적인 느낌이 조금 나도록 조정했습니다.

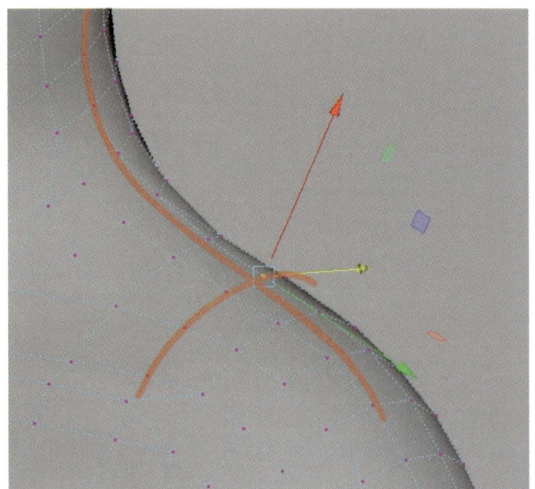 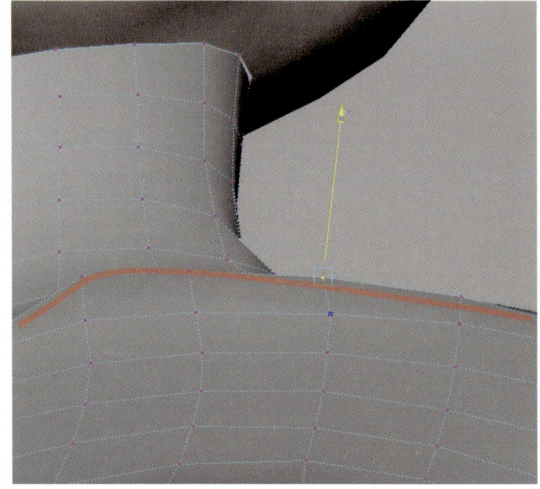

56 ▶ 자칫 지나치기 쉽지만 옆쪽에서 봤을 때 흉골이 위치한 라인은 가슴 사이의 골을 따라 높아지기 쉬우므로, 인체 구조를 망가뜨리지 않도록 자연스럽게 만듭니다.

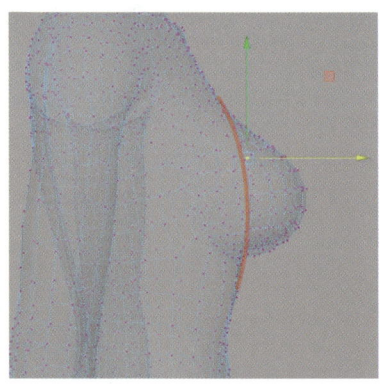

57 ▶ 가슴은 조금 크게 설정했으므로 과장된 느낌이 들도록 가슴을 볼록하게 만들고, 몸체와 가슴의 경계에도 강약을 줍니다.

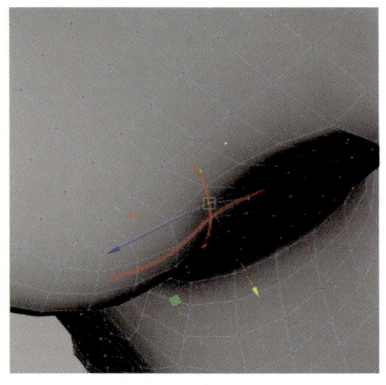

58 ▶ 흉근에서 겨드랑이 방향의 흐름은 평평하게 만들어지기 쉽습니다. 겨드랑이의 패인 부분을 생각하면서 형태를 만듭니다.

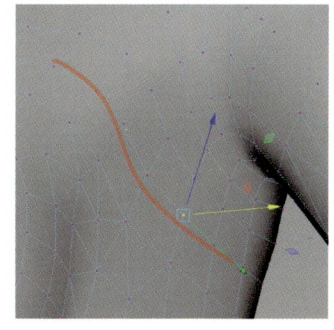

59 ▶ 갈빗대가 튀어나오는 위치는 살짝 각이 진 이미지로 버텍스 위치를 조정합니다.

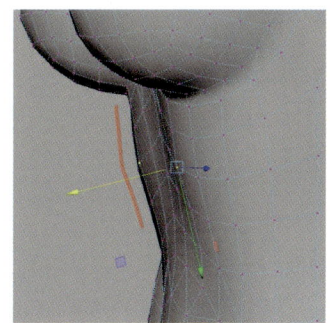

60 ▶ 손가락 및 손등 길이의 균형이 좋지 않아 손가락 밑동의 위치를 조금 당겼습니다.

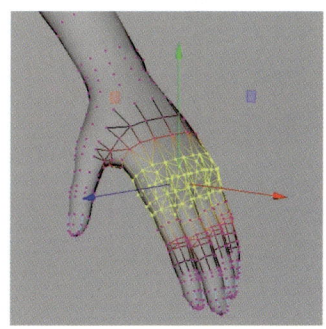

61 ▼ 손가락 밑동 부근의 토폴로지 흐름도 좋지 않으므로 여기에서 정리합니다. 형태는 물론 구조적으로도 쉽게 이해할 수 있고 스켈레톤을 넣어 움직였을 때 망가지지 않는 상태로 만듭니다.

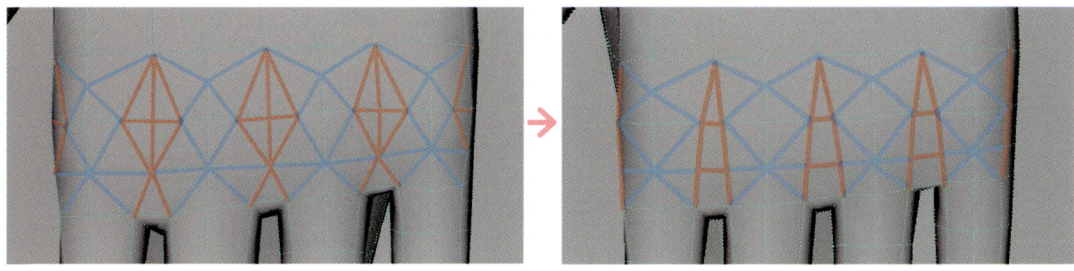

62 ▶ 모호한 발가락의 형태와 간격은 버텍스를 조금씩 이동해서 겹치도록 조정합니다.

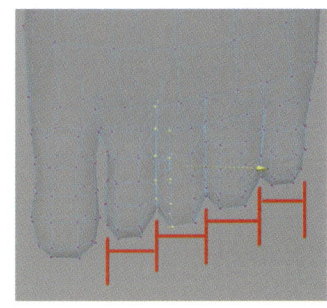

63 ▶ 발의 불필요한 분할은 삭제하고 토폴로지를 정리합니다.

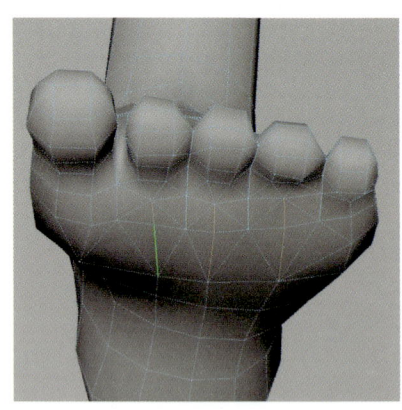

64 ▶ 머리와 몸체를 어느 정도 조정했다면 경계의 버텍스 위치를 맞춥니다.

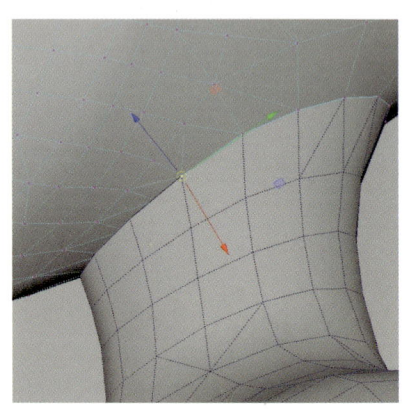

65 ▶ 이 정도에서 몸체의 토폴로지 세부 조정을 마칩니다. 이것으로 베이스가 되는 소체를 완성했습니다.

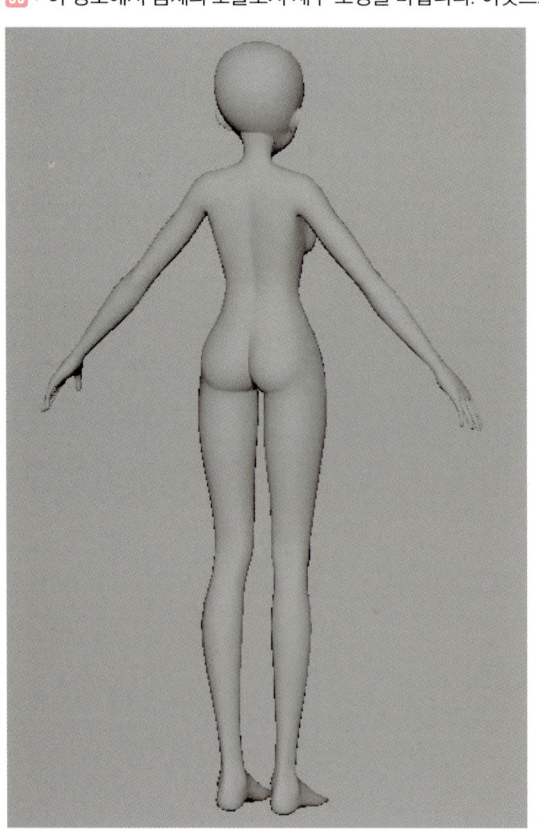
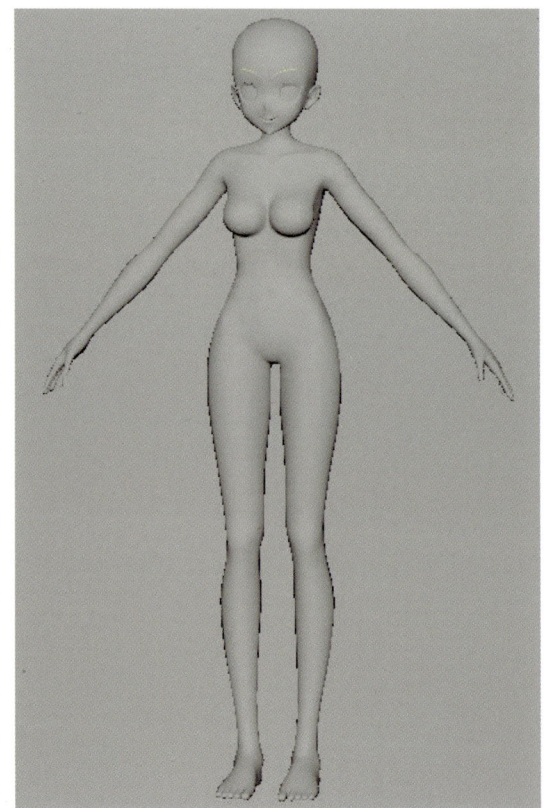

Chapter 2.3 머리 만들기

머리카락을 만들면서 머리 부위에 있는 부품 전체의 UV 전개, 텍스처까지 한 번에 만듭니다. 캐릭터 룩 완성에 한 걸음 더 가까워졌습니다!

2.3.1 ▶ 머리카락 모델링

1 ▶ 바탕이 될 머리카락을 만듭니다.

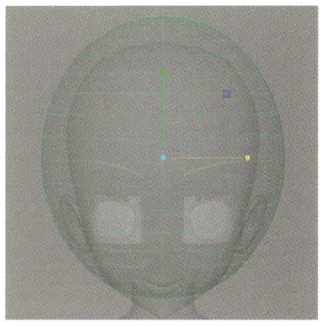

2 ▶ 앞머리카락 끝보다 아래에 있는 페이스를 삭제하고 눈 위쪽 경계의 에지만 아래쪽 방향으로 늘립니다. 귀 위쪽에 걸려있는 페이스는 삭제했습니다.

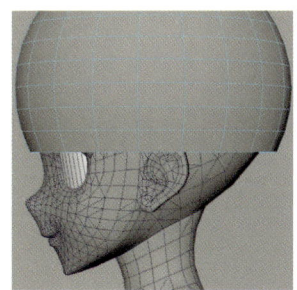 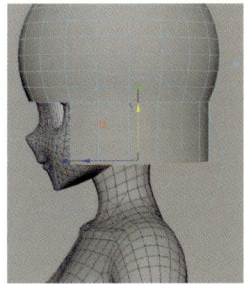 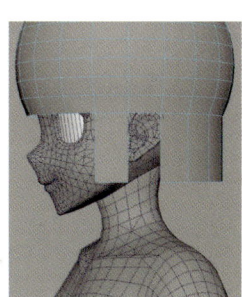

3 ▶ 머리카락 길이에 맞춰 에지를 하나씩 늘려 갑니다. 뒷머리는 볼륨이 있으므로 페이스 폭을 넓게 만들었습니다. 스무스 메시 미리보기를 표시해 확인하면서 형태를 정리하면 좋습니다.

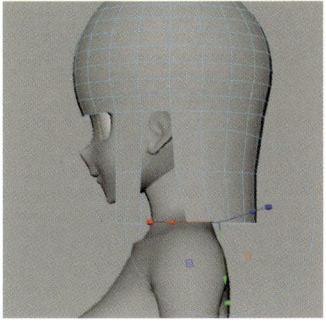 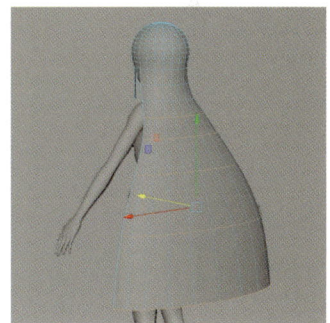

4 ▶ 옆머리카락도 가슴에 부딪히지 않도록 하면서 에지를 늘려 오른쪽 그림과 같이 만듭니다. 어느 정도 머리카락의 실루엣이 만들어졌다면 메시에 스무스(분할 수: 2)를 적용해 부드럽게 만듭니다.

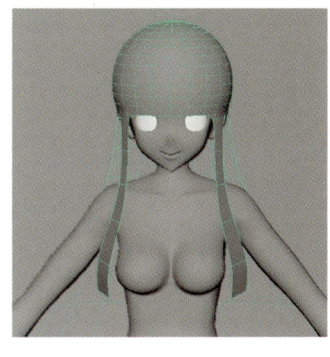

5 ▶ 이 메시를 바탕으로 Quad Draw Tool을 사용해 페이스를 붙여 머리카락을 만듭니다.

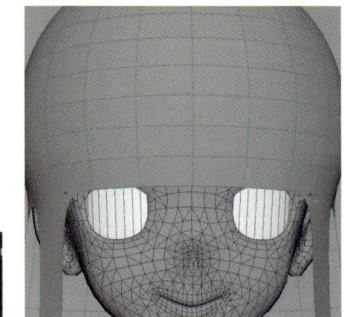

6 ▶ 앞머리카락부터 만듭니다. 디자인 이미지를 확인하면서 앞머리카락 형태에 맞춰 페이스를 붙여 줍니다. 바탕이 되는 메시가 거슬릴 때는 레이어에 넣어 숨기면 작업을 쉽게 할 수 있습니다.

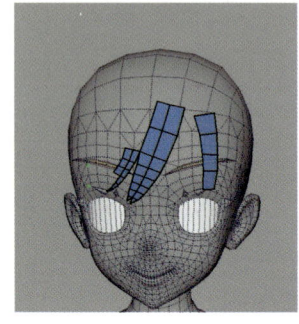

7 ▶ 머리카락의 굵기는 나중에 추가할 것이므로 우선 머리카락의 흐름(토폴로지)를 생각하면서 페이스를 붙여 줍니다. 머리카락 끝은 깔끔한 곡선의 실루엣으로 만들 것이므로 분할 수를 늘렸습니다.

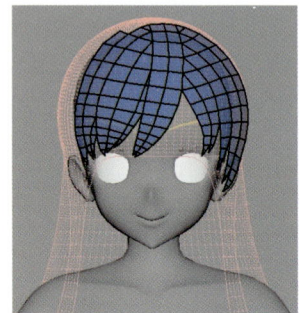

8 ▶ 앞머리카락의 왼쪽을 복제한 뒤 반전해 앞머리카락 오른쪽을 만듭니다. 이렇게 하면 좌우 균형을 망가뜨리지 않고 조정할 수 있습니다. 다시 오른쪽의 불필요한 페이스를 삭제하고, 머리카락 사이를 보완하도록 페이스를 추가하면서 토폴로지를 조정합니다.

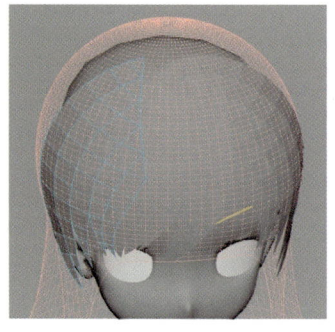

9 ▶ 앞머리카락의 왼쪽과 오른쪽의 메시를 결합하고 경계의 버텍스를 병합합니다.

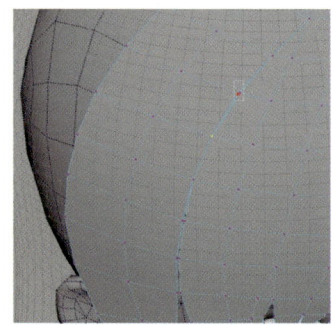

10 ▶ 대략적인 앞머리카락은 오른쪽 그림과 같이 됩니다. 아직 팔랑거리는 상태여서 두께감을 주고 싶겠지만, 옆머리카락과의 균형을 먼저 보기 위해 여기에서 작업 내용을 저장합니다.

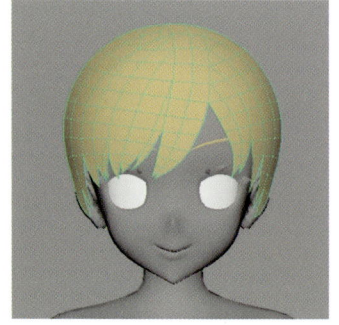
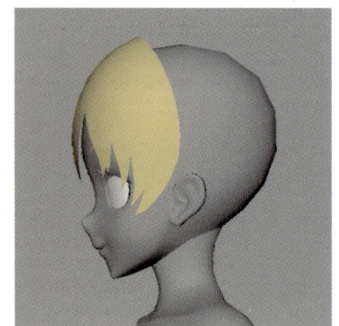

11 ▶ 다른 메시로 옆머리카락의 페이스를 붙입니다(좌우 대칭). 위치상으로 앞머리카락 위에 올려져 있지만 나중에 조정할 것이므로 신경 쓰지 말고 메시를 붙입니다.

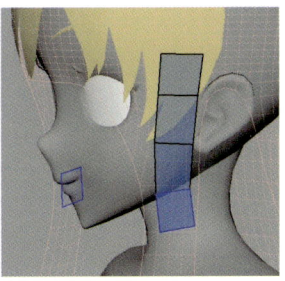

12 ▶ 머리끝의 갈라짐에 맞춰 분할 수를 늘립니다. 특징적인 실루엣이 되도록 볼륨이 변하는 부분이나, 삐친 머리카락 끝을 생각하면서 메시를 붙입니다.

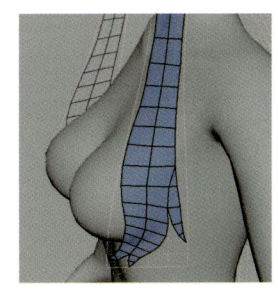

13 ▶ Quad Draw Tool과 라이브 서피스를 해제하고 옆머리카락 밑동의 위치를 조정합니다. 소프트 선택과 이동을 사용해 얼굴에 가깝게 만듭니다.

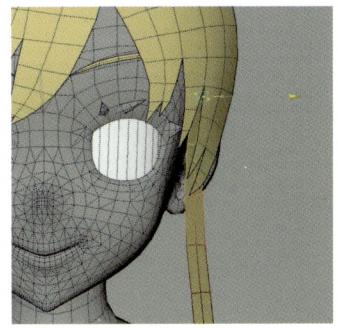

14 ▶ 위에 맞춰 머리카락 끝의 실루엣을 조정합니다. 앞쪽과 옆쪽에서 확인하면서 머리카락의 곡선을 정리합니다. 머리카락 끝의 뻗침도 디자인 이미지에 따라 조정하고, 대략적인 실루엣을 완성했다면 앞머리카락과 옆머리카락에 볼륨을 만듭니다.

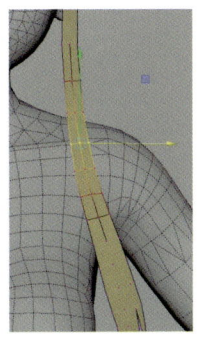 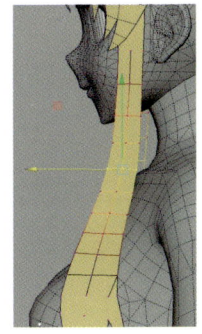 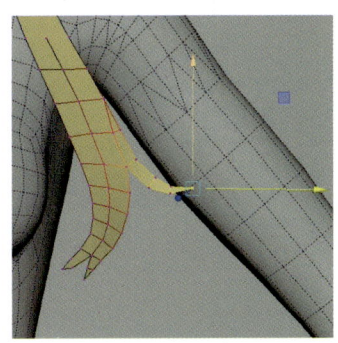

15 ▶ 2D 디자인 이미지에서는 표현하기 어려운, 3D에서만 표현할 수 있는 「머리카락의 입체감」을 만듭니다. 큰 머리카락 덩이에서 나누어지는 이미지로 머리카락 묶음별로 분할을 추가합니다. 이후 이것을 「볼륨 에지」라 부릅니다.

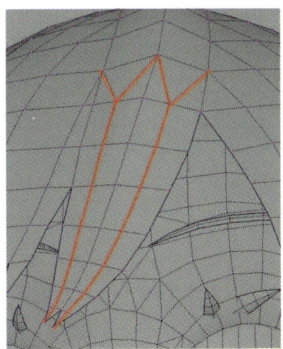

16 ▶ 비스듬한 쪽이나 옆쪽에서 보면서 머리카락 묶음의 밑동에서 머리카락 끝 방향으로 점점 가늘게 되도록 볼륨 에지를 노멀 방향으로 완만하게 만듭니다.

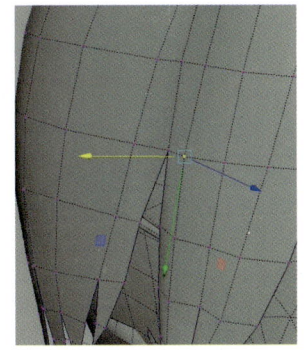

17 ▶ 여러 버텍스를 선택하고 「Modeling 메뉴 → Edit Mesh → Transform」을 사용해 모아서 노멀 방향으로 늘리는 방법을 사용하면 효율적인 작업을 할 수 있습니다.

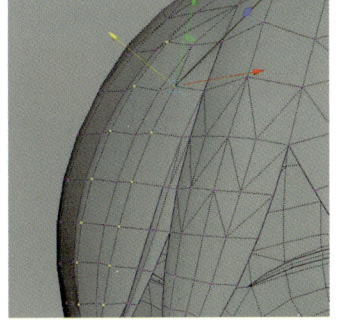

18 ▶ 이 단계를 반복해 아래와 그림과 같은 머리카락 묶음을 만들면 평평한 머리카락에서 입체감을 살릴 수 있습니다.

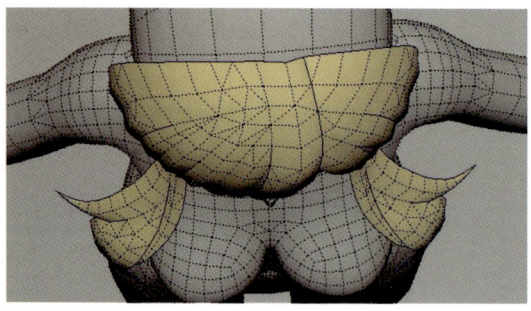

19 ▶ 옆머리카락은 머리카락 묶음이 조금 갈라지거나 겹쳐 있는 구조를 생각하면서 분할을 추가하면서 조정합니다. 그룹을 나누어 생각하면 쉽게 알 수 있을 것입니다.

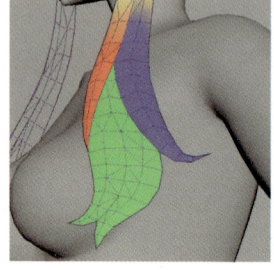

20 ▶ 앞머리카락보다 조금 덜 정돈된 실루엣을 생각하면서, 다른 각도에서도 확인하면서 볼륨이나 형태를 조정합니다.

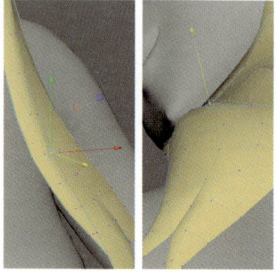

21 ▶ 옆머리카락의 형태를 오른쪽 그림과 같이 어느 정도 정리했습니다. 이제 뒷머리카락을 만듭니다.

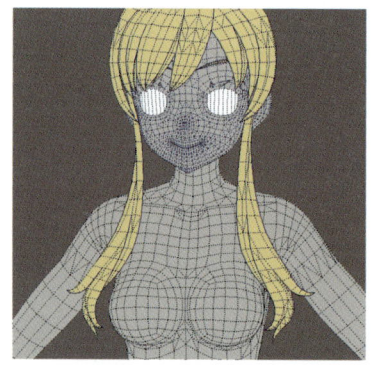

22 ▶ 앞머리카락과 뒷머리카락을 자연스럽게 연결하기 위해 경계 기준의 토폴로지를 맞추면서 페이스를 붙입니다. 정수리 부분은 실제로 머리카락이 생겨나는 점을 생각하면서 토폴로지를 만듭니다. 머리카락이 생겨날 때 조금 올라가는 부분은 나중에 조정합니다.

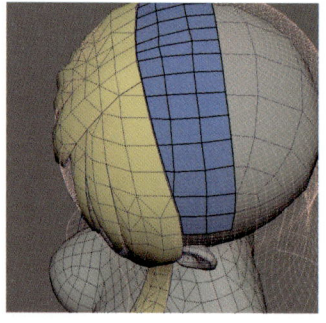

23 ▶ 도중에 바탕이 되는 메시의 후두부의 실루엣에 다소 신경이 쓰였습니다. 사각형 폴리곤 도구를 해제하고 Lattice Deformer로 볼륨을 정리했습니다.

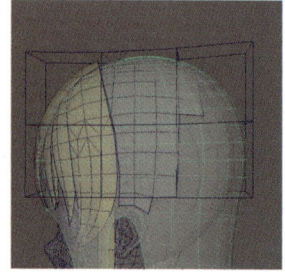

24 ▶ 이 시점에서 머리카락이 귀에 걸리는 위치를 조정하기는 어렵습니다. 우선 분할만 그런 느낌을 주는 정도의 이미지로 만듭니다.

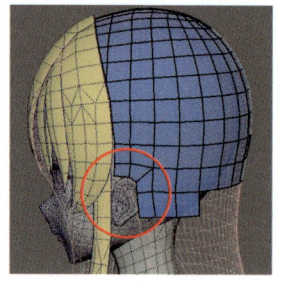

25 ▶ 머리카락 끝을 향해 순서대로 페이스를 붙이는 방법도 좋지만, 먼저 머리카락 끝의 위치나 높이를 결정합니다. 또한, 머리카락 끝의 굵기나 길이는 무작위인 느낌이 나게 합니다.

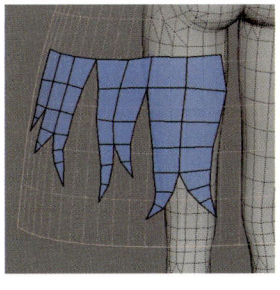

26 ▶ 머리 쪽과 앞서 만든 머리카락 끝 사이를 채우는 느낌으로 페이스를 붙입니다. 이렇게 하면 분할 수나 토폴로지의 흐름에 관한 고민을 덜 수 있습니다.

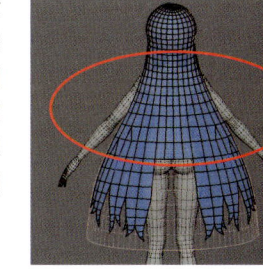

27 ▶ 뒷머리카락의 좌우는 형태, UV 모두 동일하게 하고 가운데 부분만 비대칭으로 만듭니다. 우선 Quad Draw Tool을 해제한 뒤 가운데 머리카락 묶음을 새로 그렸습니다.

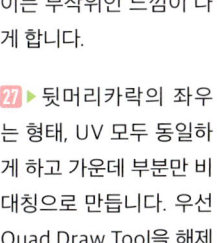

28 ▶ 가운데 머리카락 끝에 맞춰 좌우 머리카락 끝의 길이를 줄이고, Quad Draw Tool을 사용해 실루엣의 균형을 조정했습니다.

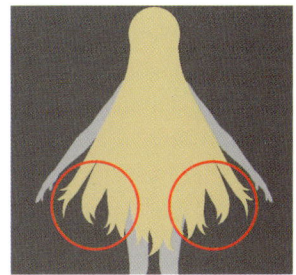

29 ▶ 귀에 걸린 머리카락의 위치를 조정합니다. 먼저 머리에서 떨어져 있는 귀 위쪽 부근의 버텍스를 안쪽으로 붙입니다.

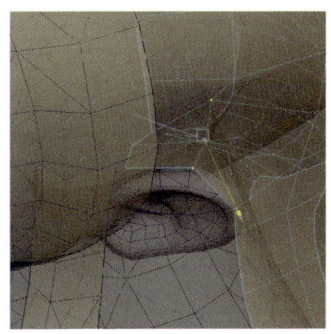

30 ▶ 머리카락의 높이 차이를 만들기 위해 귀 위쪽 부근에 분할을 추가합니다. 삼각형 단면을 만드는 느낌으로 형태를 정리합니다.

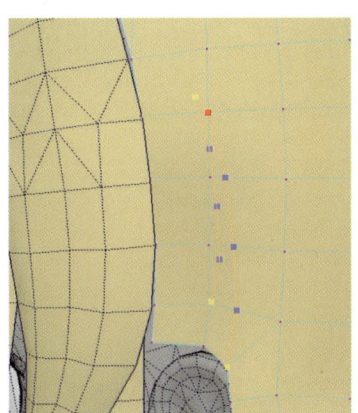
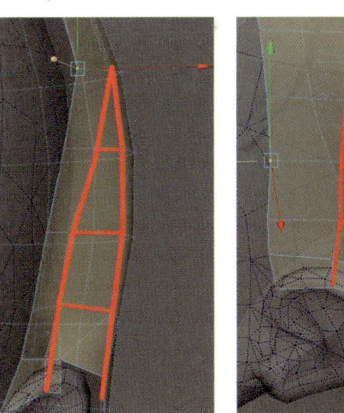

31 ▶ 뒷머리카락의 경계 에지를 늘려 앞서 만든 삼각형 단면과 연결합니다.

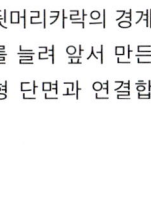
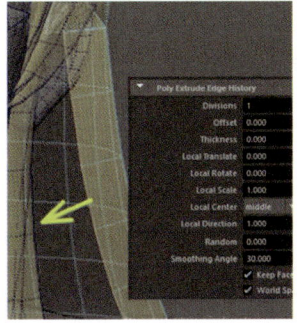

32 ▶ 이 높이 차이의 한 가운데 분할을 추가해 안쪽으로 들어가게 만듭니다.

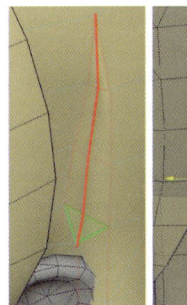
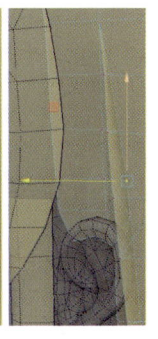

🔢 **33** ▶ 마지막으로 왼쪽의 디자인 이미지와 같이 귀에 머리카락이 걸려 있는 분위기를 내는 것을 목표로 했습니다.

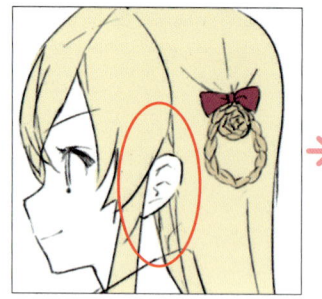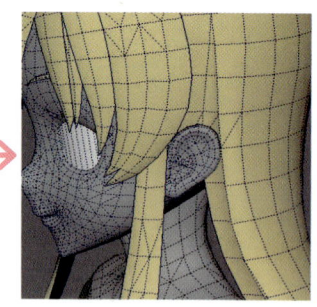

🔢 **34** ▶ 앞머리카락에 가려진 부분의 처리가 매끄럽지 않으므로 앞머리카락이 보일 때나 옆머리카락과의 연결을 생각하면서 에지를 늘려서 페이스를 만듭니다. 쉽게 눈에 띄는 부분은 아니므로 분할은 적절한 수준에서 억제했습니다.

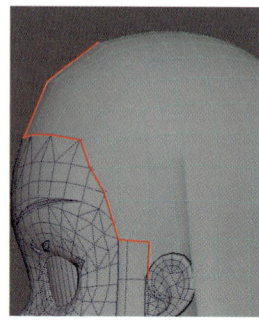

🔢 **35** ▶ 앞머리카락(옆쪽)과 간격이 있으므로, 앞머리카락의 경계 에지를 늘려서 두께를 만들면서 동시에 간격을 줄였습니다.

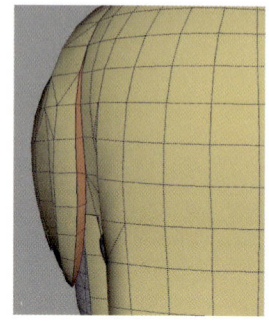

🔢 **36** ▶ 앞머리카락 위쪽에 있는 뻗친 머리카락을 표현하기 위해 앞머리카락에서 필요한 페이스만 추출합니다. 페이스 늘리기, 멀티컷, 버텍스 이동을 사용해 뻗친 머리카락의 형태를 정리합니다. 앞머리카락과 자연스럽게 연결하기 위해 분할을 추가하고, 다른 물체가 들어있는 듯한 형태가 되지 않도록 소프트 에지도 적용합니다.

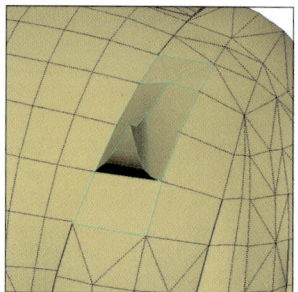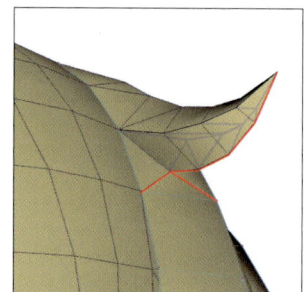

🔢 **37** ▶ 멀리서 봤을 때 오른쪽 그림과 같은 형태가 됩니다.

🔢 **38** ▶ 가까이에 있는 머리카락 뭉치에서 필요한 페이스를 선택해 추출해 교차한 앞머리카락도 만듭니다. X축 방향으로 반전시켜 형태를 정리하다 보니 오른쪽 그림과 같은 형태가 되었습니다. 밑동이 앞머리카락과 자연스럽게 이어지도록 분할을 맞춰 줍니다.

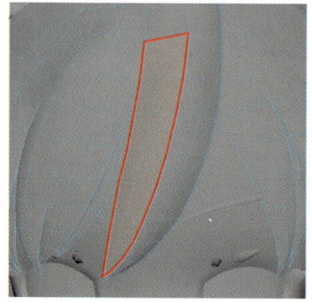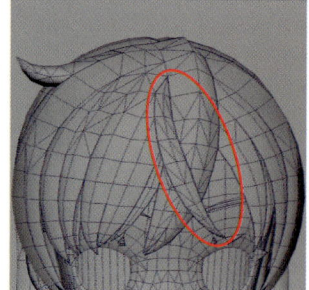

39 ▶ 다시 뒷머리카락을 조정합니다. 머리카락 묶음 별로 볼륨 에지를 넣습니다. 긴 머리카락에는 에지 루프를 사용해 분할을 넣으면 빠르게 작업할 수 있습니다.

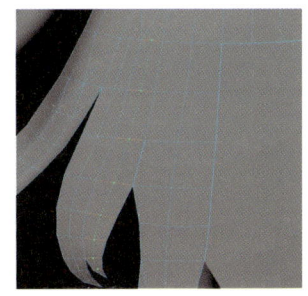

40 ▶ 앞머리카락과 마찬가지로 머리카락 끝을 향해 끝이 가늘어지도록 볼륨 에지를 노멀 방향으로 이동시킵니다. 볼륨을 주는 것과 동시에 머리카락 끝을 바깥쪽과 안쪽으로 구부려 머리카락에 규칙이 없는 느낌을 줍니다.

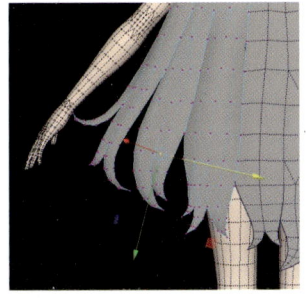 

41 ▶ 다시 머리카락 덩어리마다 앞뒤로 크게 이동시켜 공간을 만들고, 뒷머리카락 전체에 볼륨을 만듭니다.

42 ▶ 위에서 보면 오른쪽 그림과 같이 됩니다. 볼륨 에지를 사용함으로써 입체감과 동시에 화려한 느낌을 줍니다.

43 ▶ 뒷머리카락 안쪽을 만듭니다. 중간에 모낭 부분은 귀 아래의 경계 에지를 늘려서 페이스를 만듭니다. 목덜미에서 머리카락이 나는 것처럼 보이게 할 것이므로 머리 쪽에 있는 분할과 버텍스 위치를 맞춰 줍니다. 어깨와 등에 해당하는 위치의 버텍스를 조정해 늘어진 느낌을 만듭니다.

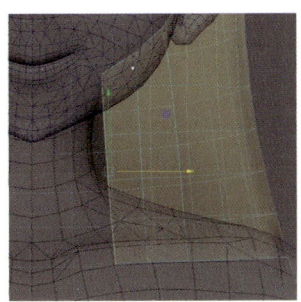 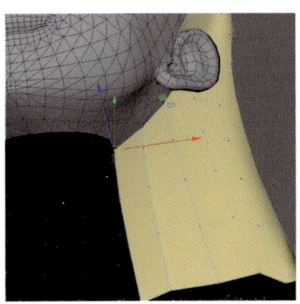 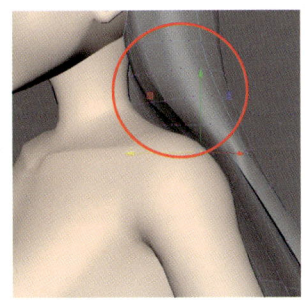

44 ▶ 머리를 숨기면 뒷머리카락 안쪽은 오른쪽 그림과 같이 표시됩니다. 앞뒤로 조금 펄럭이는 형태로 만들어 머리카락의 느낌을 줍니다.

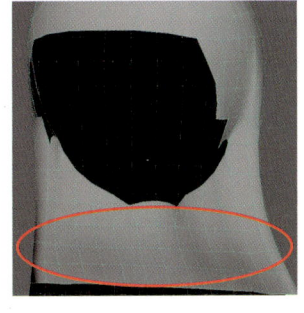

45 ▶ 다시 경계 에지를 많이 늘려 뒷머리카락 안쪽 넓이를 넓혀 줍니다. 옆쪽의 분할을 늘리면서 머리카락 묶음의 갈라짐도 만듭니다.

 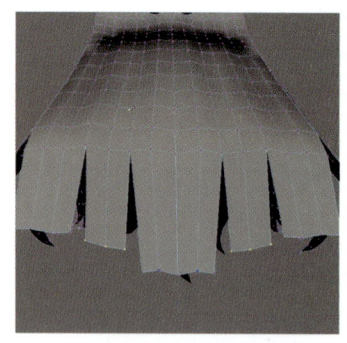

46 ▶ 바깥쪽 머리카락 묶음과 실루엣을 다르게 만들고, 머리카락 끝의 형태를 정리합니다. 규칙이 없는 느낌을 확실하게 만듭니다.

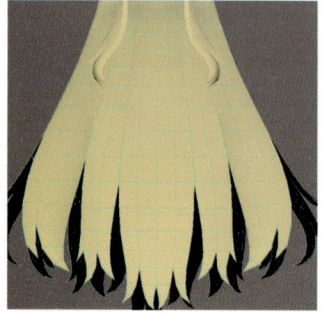

47 ▶ 바깥쪽과 마찬가지로 머리카락 끝에 앞뒤 관계를 만들고, 대략적인 뒷머리카락의 실루엣을 완성합니다.

48 ▶ 다음으로 세 갈래로 땋은 머리의 몽우리를 만듭니다. 세 갈래로 땋은 머리는 Torus 프리미티브의 분할과 스케일을 바꾸어 베이스를 만들었습니다. 몽우리 부분은 분위기만 확인할 수 있으면 되므로 Sphere 프리미티브만 사용했습니다.

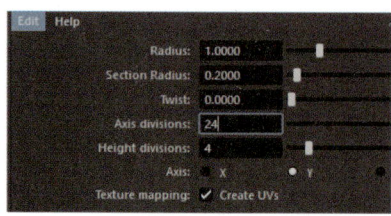 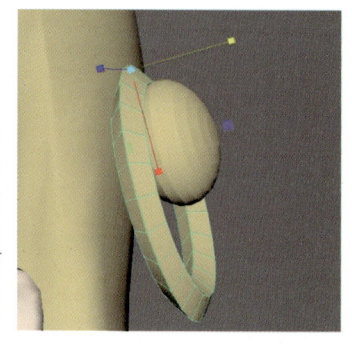

49 ▶ 세 갈래로 땋은 머리는 한 바퀴를 24개 버텍스로 구성하고, 1개씩 건너 뛰면서 12개의 버텍스를 선택해 노멀 방향으로 트랜스폼해서 그럴듯한 실루엣을 만들었습니다.

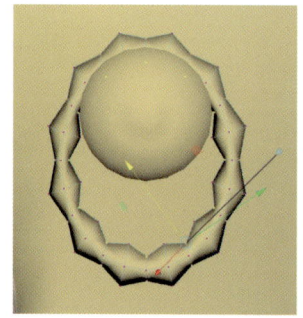

50 ▶ 세갈래로땋은머리를 둥글게 만 분할에 Bevel을 걸어 조금 부드러운 형태로 만듭니다.

 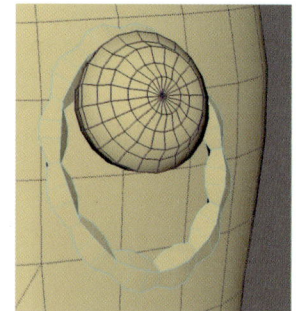

51 ▶ 세 갈래끼리 만나는 부분에 대각선 방향의 하드 에지를 넣어, 세 갈래로 땋은 구조에 보다 가까운 형태로 만듭니다.

52 ▶ 옆에서 봤을 때도 세 갈래가 이어진 구조를 확실하게 그리면서 튀어나온 부분과 패인 부분을 만듭니다. 또한 오른쪽 그림의 빨간색 부분과 같은 실루엣에 영향을 주지 않는 버텍스는 병합합니다.

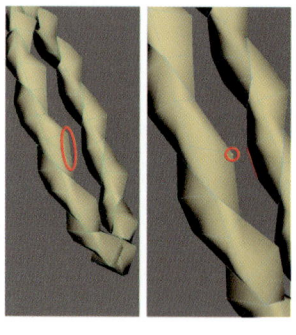

53 ▶ 몽우리는 세 갈래로 땋은 머리를 둘둘 감은 구조이므로, 지금 만든 세 갈래로 땋은 머리를 복제해서 놓아봤습니다. 하지만 형태가 이상합니다. 앞과 마찬가지로 일일이 비율을 바꿔가면서 만들었습니다.

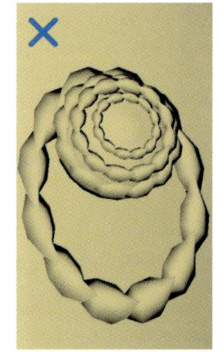
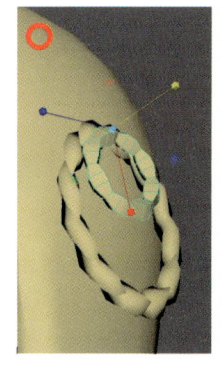

54 ▶ 세 갈래로 땋은 머리가 몽우리 형태가 되도록 바퀴의 크기와 배치를 조정합니다. 세 갈래로 땋은 머리의 수는 가장 아래층은 8개, 가운데층은 6개, 가장 위층은 4개로 했습니다. 각 층에 세 갈래로 땋은 머리카락의 위치가 깔끔하게 겹치지 않도록 회전시켜서 어긋나게 만듭니다.

55 ▶ 이 상태에서는 세 갈래로 땋은 머리가 해초처럼 보입니다. 로우 폴리곤 구체를 배치해 간격을 줄입니다. 구조적으로는 치밀하지 않은 방법이지만, 텍스처를 그려 넣는데 도움이 됩니다.

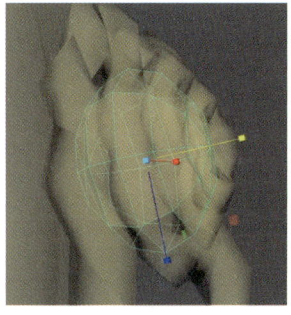

56 ▶ 머리카락 몽우리의 리본을 만들어 배치합니다. 리본의 형태는 그리 복잡하지 않으므로 별도로 설명하지 않습니다.

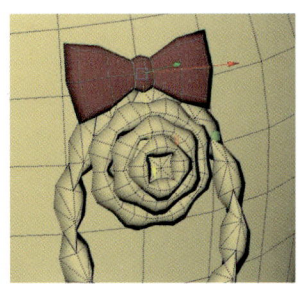

57 ▶ 리본으로 집은 머리카락은 뒷머리카락의 메시에 분할을 추가해 오른쪽 그림과 같이 만듭니다.

58 ▶ 반대쪽으로 복제하고 미러링 하면 세 갈래로 땋은 머리 몽우리는 거의 완성입니다. 앞뒤에서 보면서 실루엣에 변화가 느껴지지 않도록 조금 비듬하게 회전해서 배치하는 것이 포인트입니다.

59 ▶ 구조적으로 설득력이 높아지도록 앞과 마찬가지로 몽우리의 세 갈래로 땋은 머리의 형태와 토폴로지를 정리합니다.

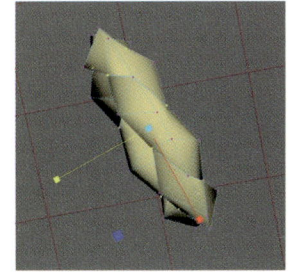

60 ▶ 도넛 형태의 프리미티브에서 머리카락을 땋은 것 같은 형태가 되었습니다. 이것으로 세 갈래로 땋은 머리 몽우리는 완성입니다.

2.3.2 ▶ 머리카락 UV 전개와 머리 뒤쪽 만들기

여기에서는 기본적으로 다음과 같은 내용을 따라 UV 전개를 진행합니다.

- 바깥쪽 머리카락의 메시를 복제하고 노멀을 반전하고, 볼륨의 분할을 조정해 안쪽 머리카락을 만든다.
- 동시에 UV를 전개해서 중복된 작업이 발생하지 않게 한다.

위 내용을 순서대로 나열하면 '먼저 바깥쪽 메시의 UV를 전개한다' → '메시를 복제한다' → '노멀에 대해 반전한다' → '불필요한 에지 & 페이스를 삭제한다' → '버텍스를 이동해 볼륨을 조정한다' → '겹쳐진 UV를 이동해 U 방향으로 반전한다' → 'UV 셀 안쪽의 UV를 깔끔하게 전개한다' → '이것을 부품별로 수행한다'의 흐름이 됩니다.

1 ▶ 손이 많이 가는 옆머리카락부터 시작합니다. 먼저 페이스를 모두 선택하고 원하는 각도에서 [모델링 메뉴 → UV → 카메라 기반]으로 UV를 만듭니다.

2 ▼ 카메라에서 본 상태와 같은 형태로 UV가 만들어집니다. 특히, 옵션을 설정하거나 이것저것 생각하지 않아도 이해하기 쉬운 UV를 만들 수 있으므로 추천합니다.

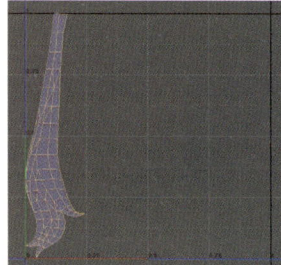

3 ▼ 해상도와 뒤틀림을 확인하기 위해 직접 만든 1,024 x 1,024 px의 체커 텍스처를 할당했습니다. 전개하기 쉽도록 X축 쪽 머리카락의 메시는 지워 두었습니다.

4 ▶ 각각의 UV 포인트를 수동으로 조정하는 경우는 거의 없습니다. 기본적으로 [Unfold UVs Options]에서 여러 차례 설정을 바꾸면서 깔끔하게 열어 줍니다.

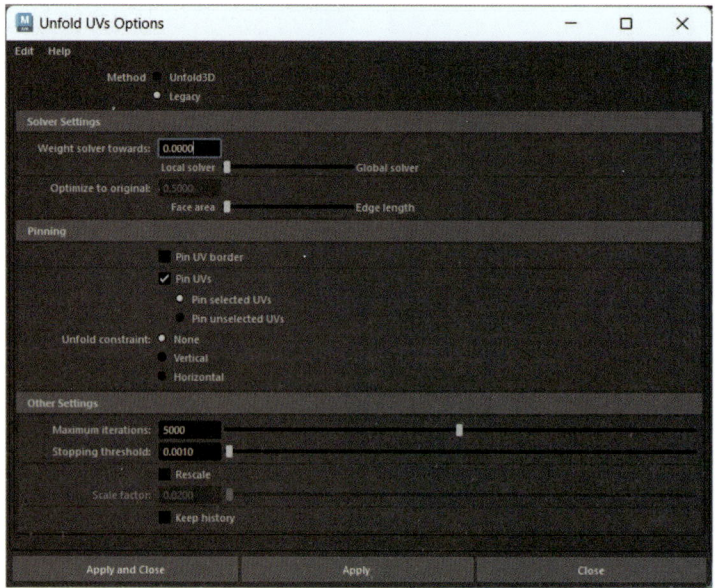

5 ▶ 빨간색 선으로 표시한 옆머리카락 밑동 근처의 UV를 선택하고「Pin selected UVs」을 적용하면, 복잡한 메시 구조가 아니기 때문에 즉시 깔끔한 UV를 만들 수 있습니다. 이 시점에서는 깔끔하게 전개되는 UV를 만드는 것으로 충분하므로 해상도는 신경 쓰지 않아도 좋습니다.

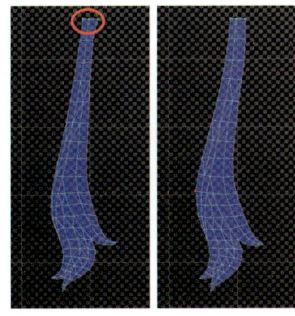

6 ▶ UV가 열렸다면 메시를 복제하고, 노멀을 반전시켜 머리카락의 안쪽 메시를 만듭니다. 후면 컬링 Back-face Culling이 비활성화 되어 있다면 활성화합니다.

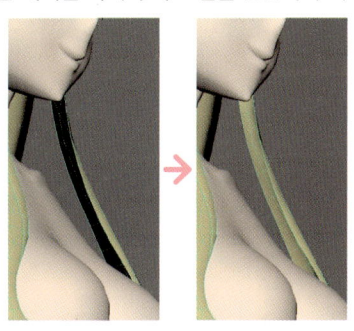

7 ▼ 기본적으로 안쪽 메시는 눈에 잘 보이지 않으므로 볼륨을 만들 것 메시를 제외하고 삭제합니다. 머리카락 끝의 단면은 삼각형이 되도록 합니다.

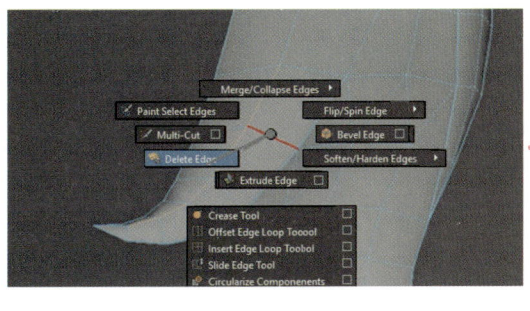
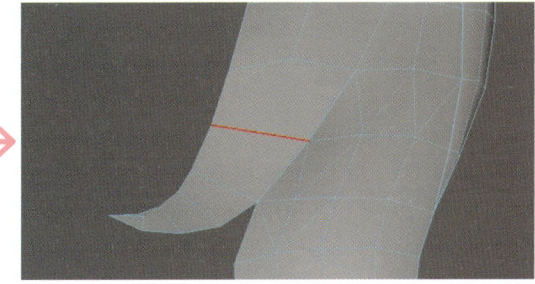

8 ▶ 머리카락의 흐름, UV 경계에 관련된 분할은 무리해서 줄이지 않고, 텍스처 작업을 하기 쉬운 상태가 좋습니다. 옆쪽에서 봤을 때 적절하게 노멀 방향으로 볼륨을 주어 펄럭이는 인상을 주지 않을 정도면 충분합니다.

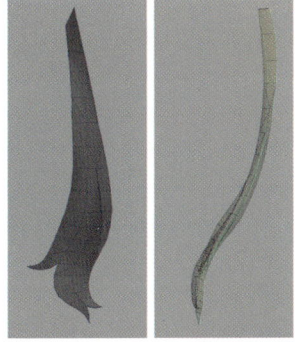

9 ▶ 사전에 바깥쪽 UV를 열어 두었으므로 안쪽 UV는 셸을 UV 방향으로 반전시키고, UV 셸 안쪽의 UV만 비뚤어지지 않도록 전개하면 그 상태 그대로 사용할 수 있습니다.

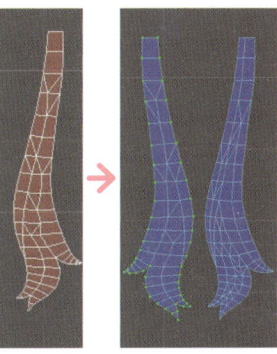

10 ▶ 다른 머리카락의 메시도 거의 같은 방법으로 작업하므로 포인트만 집어서 설명합니다. 앞머리카락이 교차하는 머리카락은 한 가운데 에지를 지우고 평평하게 만들기만 하면 됩니다.

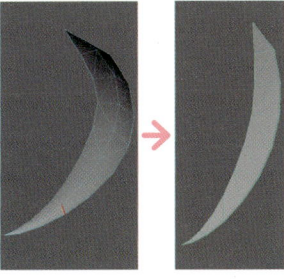

11 ▶ 이마 앞쪽 머리카락의 페이스는 불필요하므로 삭제하고, 그 경계 에지는 이마 앞쪽의 분할과 합칩니다. 다음은 볼륨을 조금 주는 정도로 좋습니다.

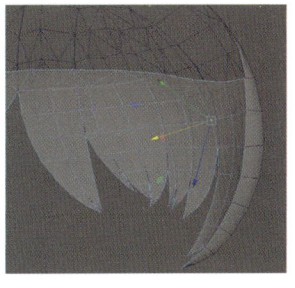

12 ▶ 뒷머리카락은 먼저 정수리에서 머리카락 끝까지 왼쪽, 가운데 쪽, 오른쪽의 세 그룹으로 생각합니다. 왼쪽과 오른쪽은 대칭, 가운데 쪽은 비대칭의 구성으로 만듭니다. 또한, 안쪽 머리카락은 눈에 보이지 않으므로 좌우대칭으로 합니다.

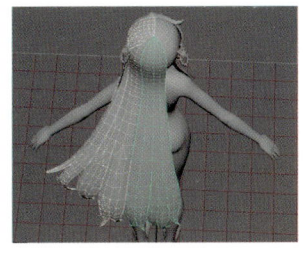

13 ▶ 그 상태에서 UV를 안쪽, 왼쪽, 가운데 쪽 각각 전개하면 오른쪽 그림과 같이 됩니다.

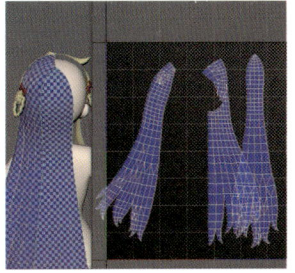

14 ▶ 텍스처를 쉽게 그릴 수 있도록 UV를 조정합니다. 좌우 UV가 겹쳐져 공유되는 부분은 보라색으로 표시됩니다.

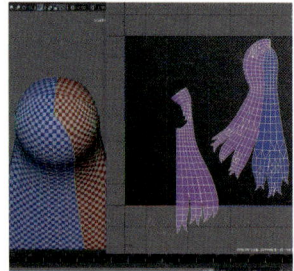

15 ▶ 다음은 다른 머리카락과 마찬가지로 안쪽 메시를 만들거나, 불필요한 페이스나 에지를 정리하고 볼륨을 만듭니다.

16 ▶ 세 갈래로 땋은 머리를 말은 부분의 바깥쪽을 4개 패턴으로 나누고 UV 공유 형태를 조정합니다. 안쪽은 눈에 띄지 않으므로 2개 패턴으로 나누어 전개합니다.

17 ▶ 세 갈래로 땋은 머리의 몽우리도 거의 동일하게 UV 공유를 조정합니다. 모든 세 갈래로 땋은 머리를 별도의 UV 전개해 각각 텍스처를 그리는 것은 매우 번거롭지만, 그 차이가 확연하게 드러날 만큼 형태가 변하는 부분이 아니므로, 적절하게 UV를 공유합니다.

18 ▶ 머리 몽우리의 간격을 채운 매시의 바깥쪽과 안쪽 UV를 공유하기 위한 작업을 합니다. 바깥쪽과 안쪽의 UV를 한방향에서 한 번에 전개하면 오른쪽 그림과 같이 방향과 +/- 방향이 겹쳐지는 상태가 됩니다.

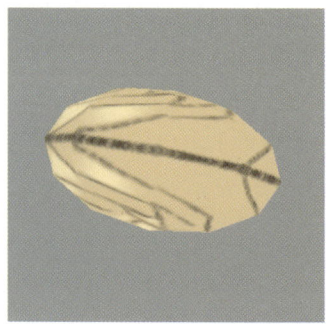

19 ▶ 안쪽 UV를 U자 방향으로 반전시켜 + 방향에서 겹쳐지게 만듭니다. 경계에서 봤을 때 대칭의 느낌이 사라지고, 결과 텍스처 머리카락이 뒤틀려 있는 듯한 표현을 할 수 있습니다 (단, 여기에서는 눈에 띄지 않는 위치이므로 큰 의미는 없을지도 모릅니다).

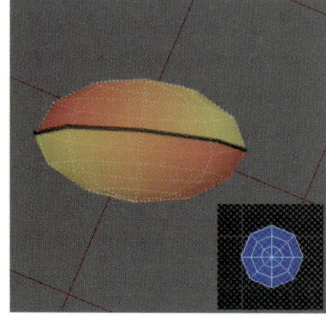
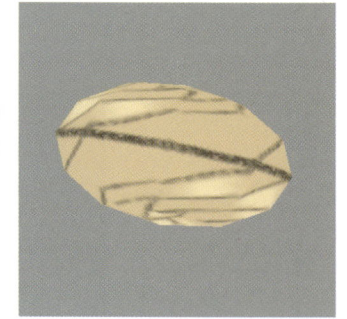

20 ▶ 해상도의 우선도나 공간 공유 활용, 텍스처를 그리기 쉬운 정도 등을 고려해 최종적으로 머리카락의 UV를 조정한 결과는 다음 그림과 같습니다. 뒷머리카락을 가능한 화면 가득 배치하고, 그것을 기준으로 앞머리카락과 옆머리카락의 해상도를 맞추고, 안쪽 UV는 해상도를 조금 줄였습니다. 앞머리카락에 포함되는 눈썹, 세 갈래로 땋은 머리의 UV는 다른 큰 UV들 사이에 배치했습니다.

2.3.3 ▶ 눈동자 텍스처 만들기

Photoshop CC를 사용해 눈동자의 텍스처를 만듭니다. 필자가 평소에 사용하는 브러시 설정과 레이어 사용 방법을 소개합니다.

브러시 설정

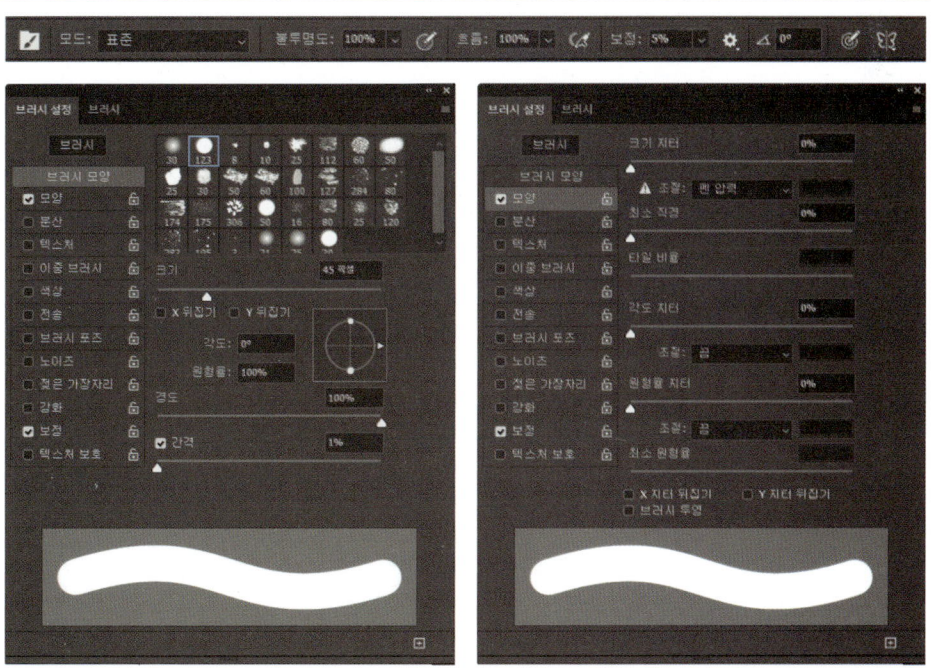

특수한 브러시 설정은 아닙니다. Photoshop CC에서 기본 제공하는 원 브러시의 브러시 설정의 [브러시 모양]에서 [경도]는 100%, [간격]은 [1%]로 설정합니다. [모양]의 [크기 지터]는 0%, [조절]은 [펜 압력]으로 설정합니다. [보정]은 5%로 설정한 정도입니다.

기본적으로 이 설정을 브러시와 지우개에 모두 설정하고 스트로크의 압력을 [넣고], [빼는] 것에 주의해서 그립니다. 이 '넣고 빼기'만 잘 구분해도 텍스처 표현력과 그 품질이 급격하게 향상됩니다.

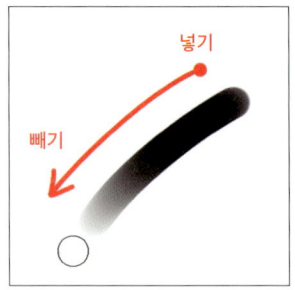

머리 부분의 텍스처에서 사용하는 레이어명과 그 역할

- UV ...... 전개해서 스냅샷을 뜬 UV를 저장해 둔 레이어이다.
- area ...... 각 부품의 UV에 맞춰 칠할 영역을 설정한 레이어이다. 칠할 영역에서 선택 범위를 얻을 때 사용한다.
- base ...... 베이스 컬러. 기본적으로 단색을 가득 칠한 영역의 레이어이다.
- color ...... 베이스 컬러와 차별화할 색상을 다루는 레이어이다.
  개별적으로 색의 이름을 붙이는 특수한 방법으로 사용하기도 한다.
- paint ...... 다양한 색상과 표현을 함께 그려 넣기 위한 레이어이다.
- pattern ...... 모양을 그려 넣기 위한 레이어이다.
- detail ...... 골이나 단차 표현을 그려 넣기 위한 레이어이다.
- light ...... 밝은 부분을 그려 넣기 위한 레이어이다.
- highlight ...... light보다 한층 밝은 부분을 그려 넣기 위한 레이어다.
  주로 빛에 반사되는 느낌을 내고 싶을 때 사용한다.
- shade ...... 어두운 부분을 그려 넣기 위한 레이어이다.
- shade_surface ...... 어두운 부분을 면으로 칠해 넣기 위한 레이어이다.
- shade_gradation ...... 어두운 부분을 그러데이션으로 칠해 넣기 위한 레이어이다.
- shadow ...... 그림자를 그려 넣기 위한 레이어이다.
- deep ...... shadow나 shadow보다 어두운 부분의 깊이를 그려 넣기 위한 레이어이다.
- dark ...... 거의 완전히 검은색으로 칠해 넣기 위한 레이어이다.
  옷의 소매 안쪽 등, 안의 검은 공간이 계속되는 부분을 표현할 때 등에 사용한다.
- reflection ...... 반사광에 닿은 표현이나 외부 요인으로 다른 색이 반영되는 표현을 하고 싶을 때 사용하는 레이어이다.
- line(outline) ...... 일러스트 풍의 선, 윤곽선 등을 그려 넣기 위한 레이어이다.

1 ▶ 눈동자의 텍스처 크기는 512 x 512 px로 만들고, 메시와 UV는 오른쪽 그림과 같은 형태에서 시작합니다.

2 ▶ 빠르게 텍스처를 그립니다. 먼저 눈 흰자위를 base, 눈동자를 color로 하고 베이스 컬러 영역을 준비합니다. 눈동자는 완전한 원형으로 하고 지름 크기는 캔버스 크기의 1/2 정도로 합니다. 레이어를 나눠 눈동자에 line(테두리, 동공, 홍채), highlight를 대략적으로 그립니다.

3 ▶ 눈동자의 메시에 텍스처를 할당해서 확인합니다. 텍스처를 붙인 상태에선 눈동자가 너무 크므로, UV 스케일을 변경해 디자인 이미지와 비율을 맞춥니다. 이 때 UV 셀의 위치는 변경하지 않도록 주의합니다.

4 ▶ UV의 비율을 바꿔도 눈동자가 조금 바깥쪽으로 향하는 느낌이 들었습니다.

5 ▶ 메시별로 안쪽으로 이동시킵니다. 눈꼬리 쪽과 얼굴 사이에 간격이 생긴다면 다시 조정해서 간격을 채웁니다. 속눈썹의 균형 등을 주의하면서 조정합니다.

6 ▶ 조정 후 반대쪽 눈동자의 메시의 UV를 반전시키면 오른쪽 그림과 같이 됩니다. 이렇게 하면 한 번에 캐릭터의 얼굴에 가까워집니다. 눈동자의 느낌을 결정했다면 계속해서 다음 작업을 진행합니다.

7 ▶ 먼저 일러스트 느낌으로 테두리 쪽부터 칠해 줍니다. 포인트는 「너무 깔끔하게 그리지 않는 것」입니다. 테두리의 폭은 위쪽에서 아래쪽을 향해 점점 좁아지게 하고, 스트로크를 의도적으로 조금 떨린 느낌을 주고, 칠에 농담을 주는 등 일러스트 느낌을 냈습니다.

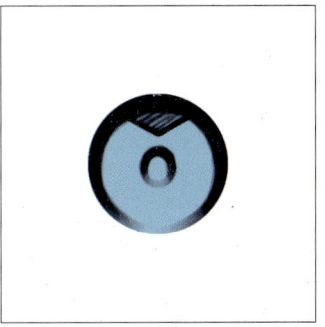

8 ▶ 선은 NOCO 씨가 그린 선을 참고했습니다. 새로운 레이어를 준비하고 전체를 선택한 뒤 검은 색으로 칠했습니다. 여기에서 [필터 → 노이즈 → 노이즈 추가]를 아래 그림과 같이 설정했습니다.

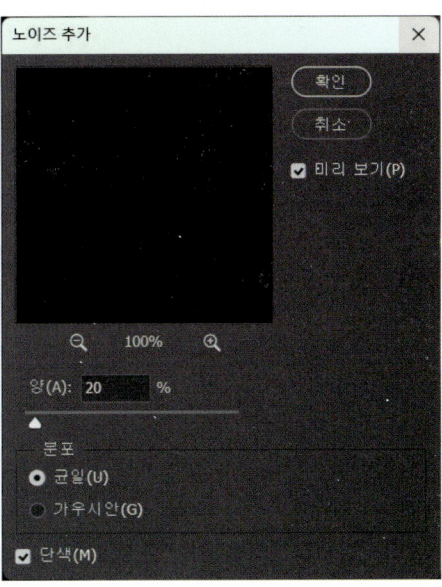

9▼ 그 상태에서 [필터 → 흐림 효과 → 가우시안 흐림 효과]에서 1 px을 설정합니다. 다시 [필터 → 필터 갤러리 → 예술 효과→ 팔레트 나이프]를 선택하고 [획 크기]는 2, [획 세부]는 2, [부드러움]은 0을 적용합니다.

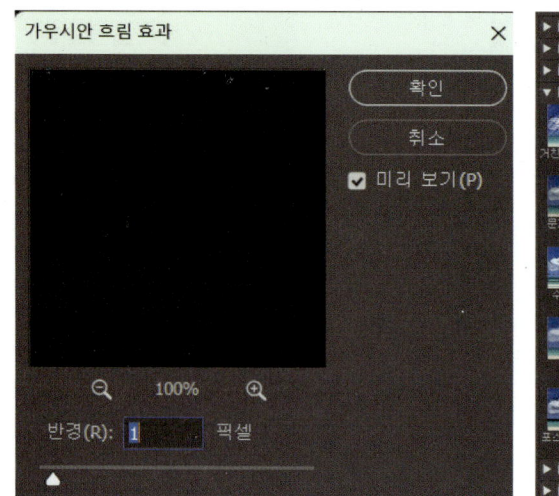 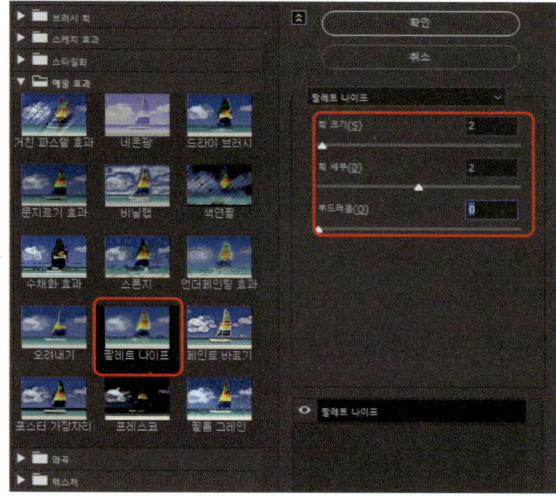

10▼ [이미지 → 조정 → 반전]을 선택해 전체 컬러를 반전시키고, 「편집 → 자유 변형」에서 [W]는 150%, [H]는 150% 크기로 확대합니다. 이렇게 설정하면 연필처럼 조금 사각거리는 질감을 만들 수 있습니다.

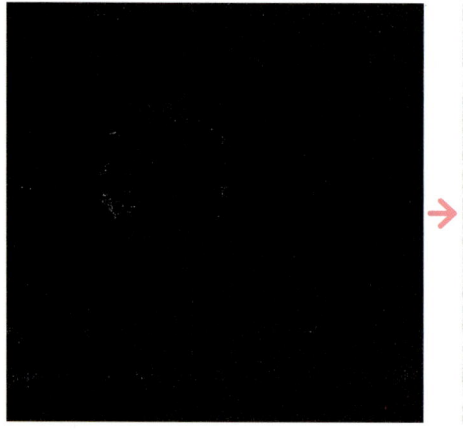 

11▼ 이 레이어를 전체 선택해 복사하고 line 레이어를 활성화한 뒤 레이어 마스크를 추가합니다. 다시 레이어 마스크의 썸네일을 Alt키 + 마우스 좌클릭 후 마스크 채널을 표시하고 복사한 것을 붙여 넣습니다.

12▼ 아래 그림과 같이 line에 그려져 있는 칠에 대해 연필과 같은 사각거리는 마스크가 적용됩니다. 브러시에 직접 텍스처를 적용해 그리는 방법도 있지만, 나중에 세세한 상태를 조정하는 것을 생각하면 마스크로서 개별적으로 제어할 수 있는 방법을 사용하는 것이 좋습니다.

13▼ 눈동자 안에 있는 깊은 색감이나 하이라이트를 추가합니다. 디자인 이미지를 보면서 비슷한 이미지가 되도록 그리고 지우기, 그리고 지우기를 반복하면서 느낌을 다듬습니다. 눈 흰자위에는 눈꺼풀에서 떨어지는 그림자를 그렸습니다. 칙칙한 느낌이 들지 않도록 색감을 놀려 줍니다.

14 ▶ 눈동자에 분홍색과 노란색 반영을 추가합니다. 단색으로 칠하는 것이 아니라 농담을 생각하면서 그려 줍니다.

15 ▶ 눈동자 컬러에 깊이감을 주기 위해 위쪽을 어둡게, 아래쪽을 밝게 설정한 그러데이션을 추가합니다. 또한, 그러데이션은 파랑색 → 초록색을 띤 밝은 파랑색의 느낌으로 색상을 조금씩 변경하면서 컬러가 단조롭게 되지 않도록 합니다.

16 ▶ line 위아래에 코발트 블루, 레드의 농담을 올리고 다른 부분들의 세세한 조정을 추가해 눈동자를 완성합니다.

17 ▶ 플랫 라이트 flat light 표시 상태의 모델을 보면 왼쪽 그림과 같습니다. 눈동자를 넣어서 한층 캐릭터의 느낌이 살아났습니다. 눈동자는 캐릭터의 개성이나 인상을 가장 잘 표현하는 부분이므로, 텍스처 중에서 가장 먼저 만들고 캐릭터를 완성할 때까지 거의 건드리지 않습니다(나중에 다시 조정하지만…). 그리고 눈동자가 결정되면 이후의 얼굴이나 머리카락 텍스처의 인상도 쉽게 맞출 수 있습니다.

alb 레이어의 구조

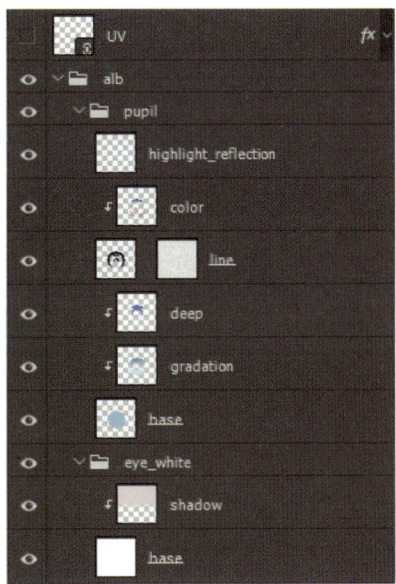

2.3.4 ▶ 얼굴 UV 전개

1 ▶ 얼굴은 UV 전개 중에서 가장 복잡하고 번거로운 부분이므로 차분하게 전개합니다. 먼저 UV 전개를 쉽게 할 수 있도록 얼굴의 메시의 절반을 삭제하고, 얼굴에 1,024 x 1,024 px의 체커 텍스처를 할당합니다.

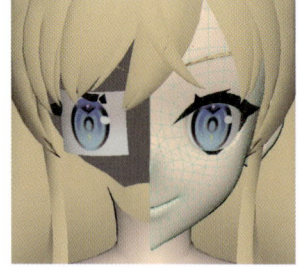

2 ▶ 얼굴 앞쪽, 눈 부근, 턱 아래, 귀 부근, 후두부 등의 느낌으로 각각을 분리해서 UV를 만듭니다. 얼굴 앞쪽은 Z축 방향, 귀 부근과 후두부는 X축 방향에서 매핑하면 이후 조정을 쉽게 진행할 수 있습니다.

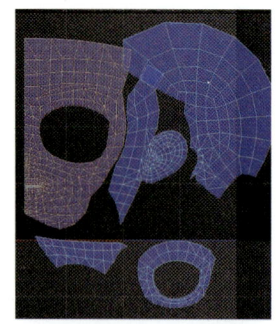

3 ▶ 입, 코, 귀 등 그리기가 미세한 위치는 UV 고정 → 전개 → UV 고정 → 전개 과정을 반복해 신중하게 전개합니다. 각 UV 셀을 균형을 맞춰 전개한 뒤, 경계 에지를 선택하고 결합합니다.

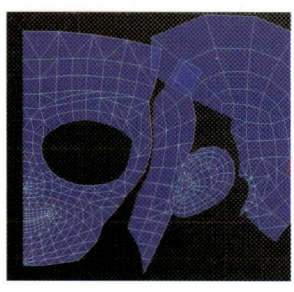

4 ▶ 눈 부근은 앞쪽에서 봤을 때 인상에서 크게 달라지지 않도록 전개하고, 얼굴에서 잘라낸 곳에 결합합니다.

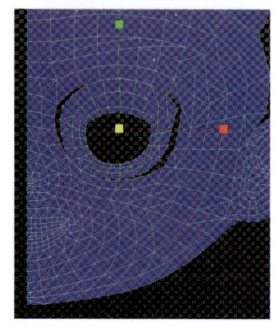

5 ▶ UV가 튀어나온 부분을 없애면서 쉽게 텍스처를 그릴 수 있도록 하는데 초점을 두고, 귀의 바깥쪽과 안쪽을 구분했습니다. 턱아래의 UV는 눈에 띄지 않으므로 좌우를 무리해서 연결하지 않고 자연스럽게 전개합니다. 또한, 후두부의 UV도 눈에 띄지 않으므로 머리카락으로 숨겨지는 부분에서 하나의 셀로 잘라 작게 배치합니다.

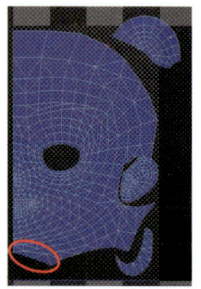

6 ▶ 반대쪽으로 미러링 해서 얼굴의 UV를 깔끔하게 전개했습니다. 위쪽의 세로방향 64 px 공간에는 다른 자잘한 부품을 배치합니다.

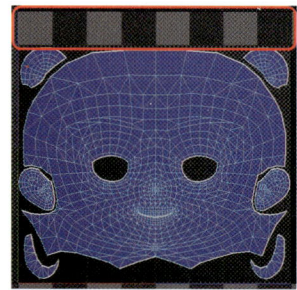

7 ▶ 눈썹은 카메라 베이스로 전개하는 것이 좋습니다. 속눈썹의 메시의 UV도 카메라 베이스로 전개해서 바깥쪽과 안쪽을 공유하고, 가로 세로 UV를 정렬해 배치합니다.

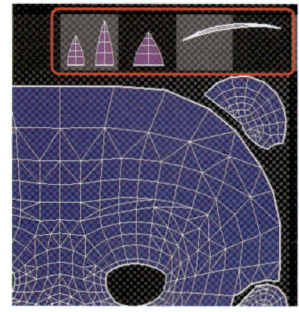

8 ▶ 얼굴의 UV는 텍스처를 그리면서 조정을 하지만 전개는 대부분 완료합니다. 다시 설명하지만 얼굴의 UV는 각 부위를 그려 넣으면서 깔끔하게 전개하는 것, 조금의 튀어나오는 것은 허용하면서 조금씩 전개하는 것이 포인트입니다.

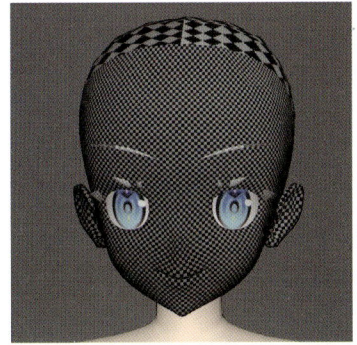
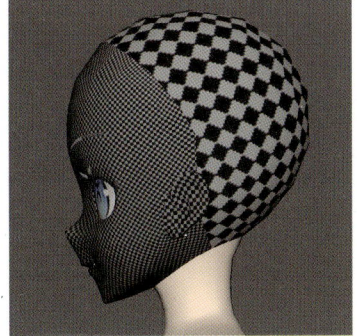

2.3.5 ▶ 얼굴 텍스처 만들기

1 ▶ 눈동자와 달리 UV가 부품별로 세세하게 나눠져 있습니다. 그래서 이후의 작업을 쉽게 진행하기 위해서라도 칠하는 영역을 먼저 만들어 둡니다.

2 ▶ UV 레이어를 선택하고 UV 셀에 해당하는 위치의 바깥쪽을 자동 선택 도구를 사용해 선택합니다.

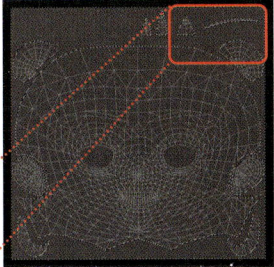

3 ▶ 선택 범위를 반전시키면 일반적인 선택에서는 실현할 수 없는 「UV 셀 안쪽」을 선택할 수 없습니다.

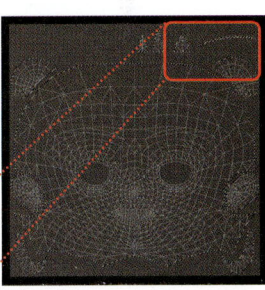

4 ▶ 그 상태에서 선택 영역을 6 px 정도 확장합니다. UV 경계에 거의 다다른 위치에 텍스처를 그려 넣는 경우, 그 경계 안쪽과 바깥쪽에서 컬러가 다를 때 UV의 바느질선이 눈에 띄게 됩니다. 모델에 텍스처를 붙였을 때 그렇게 되지 않도록 하기 위해 여분의 영역을 확보했습니다.

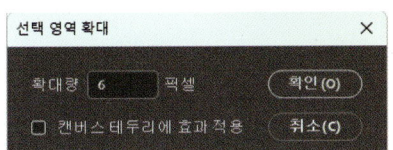
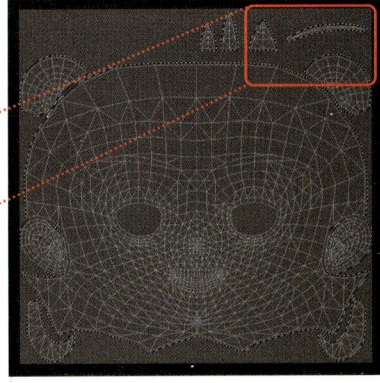

5 ▶ 새롭게 area 레이어를 만들고 흰색으로 전체를 칠합니다. 부품별로 칠할 영역이 만들어졌습니다. 이 레이어를 통해 부품별 선택 범위를 얻을 수 있어, 이후 작업을 쉽게 진행할 수 있습니다.

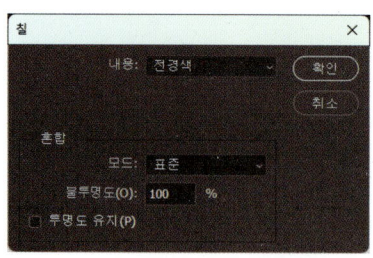

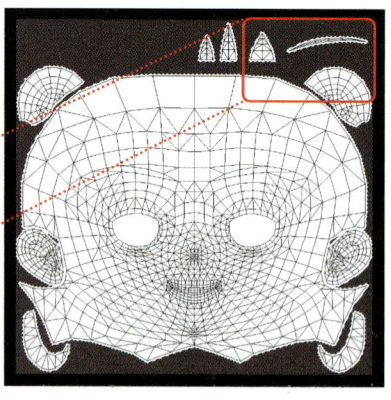

6 ▶ 얼굴의 텍스처도 피부 부분과 그 이외의 부분으로 base 페인팅 영역을 만듭니다.

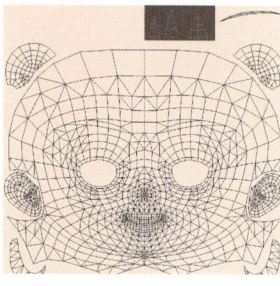

7 ▶ 속눈썹과 형태를 지정하기 위해 눈 흰자 위를 칠합니다. 속눈썹의 색은 검은색이 아닌 갈색으로 부드럽게 칠합니다.

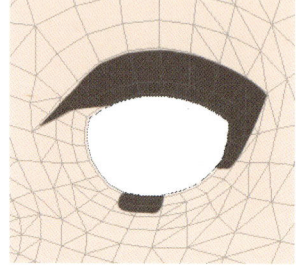

8 ▶ 입의 색도 갈색의 느낌으로 하고 UV를 가이드로 하면서 선을 그려 줍니다. 레이어 스타일에서 분홍색 빛의 외부 광선을 넣거나, 마스크를 사용해 입 한가운데를 옅게 칠함으로써 부드러운 인상을 만듭니다.

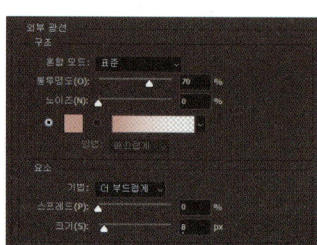

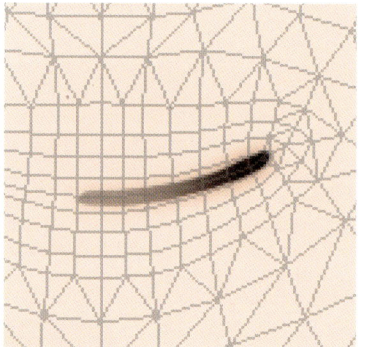

9 ▼ 코는 세로로 선을 긋는 것만으로는 눈에 너무 띄므로 끝부분을 지우개로 살짝 지우면 투명한 느낌을 줄 수 있습니다. 또한, 눈동자와 마찬가지로 코의 선에도 마스크를 사용해 질감을 더해 줍니다.

10 ▶ 볼의 칙을 그립니다. 분홍색 브러시를 사용해 원형으로 그린 뒤, 적절하게 흐리게 처리합니다.

11 ▶ 어느 정도 그리기를 진행한 뒤 얼굴 반대쪽으로 미러링 합니다. 이 텍스처를 Maya에서 확인해 봅니다.

12 ▶ 아래 그림과 같이 되었습니다. 눈동자 이외의 부품의 정보가 더해짐으로써 얼굴의 느낌이 살아났습니다. 단, 음영을 그려 넣지 않았기 때문에 평평한 인상입니다. 계속해서 음영과 기타 농담을 그려 넣습니다.

13 ▶ 넓은 범위에 얼굴의 어두운 부분을 그립니다. 광원의 위치는 전통적인 앞쪽 약간 위 정도로 하고 턱 아래, 측면, 이마 주변을 어두운 색으로 칠합니다. 애니메이션 같은 분명한 어두움이 아니라, 일러스트의 부드러운 분위기를 생각하면서 흐림 효과 강도를 높였습니다.

14 ▶ 속눈썹에 농담을 조정합니다. 눈 안쪽과 눈 가장자리 쪽을 각각 지우개로 살짝 지우고 투명도를 높여 줍니다. 다시 레이어 스타일에서 입과 마찬가지로 광채를 적용하고 피부에 덮이도록 만듭니다.

15 ▶ 코와 입에 각각 어두운 색을 칠했습니다. 코는 희미하게, 입은 윗입술이 약간 달라 붙어있게 칠했습니다.

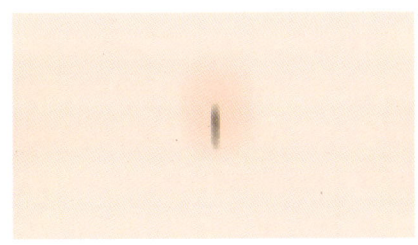
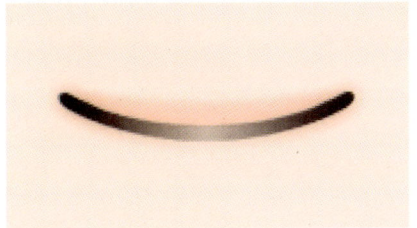

16 ▶ 눈썹과 쌍꺼풀도 그려 줍니다. 눈썹은 단순합니다. UV 경계에 아웃라인이 올라가도록 그리고, 안은 머리카락과 같은 색상으로 가득 칠합니다. 쌍꺼풀은 코와 마찬가지로 라인을 그리고, 양 쪽 끝에 위부터 붉은 기운을 더해 피부에 덮이도록 합니다.

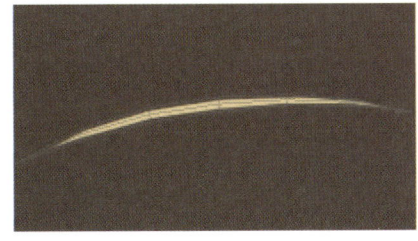
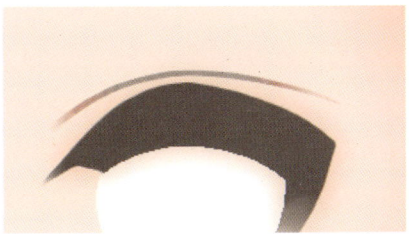

17 ▶ 지금까지 작업한 결과로 오른쪽 그림과 같이 되었습니다. 이전보다 얼굴에 입체감이 생기고, 일러스트와 비슷한 느낌의 표정이 되었습니다. 여기에서 완성 단계까지는 세세한 부분을 그려 주면서 진행합니다.

18 ▶ 속눈썹 안을 그려 넣습니다. 단순히 색을 칠하면서 속눈썹의 느낌이 나지 않으므로, 디자인 일러스트의 느낌을 생각하면서 밀도, 길이, 농담 등의 균형을 잡으면서 속눈썹처럼 그려 줍니다(이 때는 옅은 베이스 컬러를 사용해 밝은 선을 그렸습니다).

 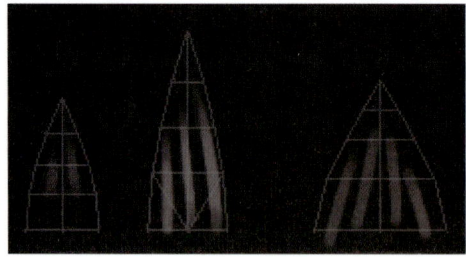

19 ▶ 눈동자의 메시와 속눈썹의 메시의 경계에서 칠이 조금 어긋났습니다. 눈에 띄지 않도록 메시의 위치나 텍스처의 칠의 위치를 조정합니다.

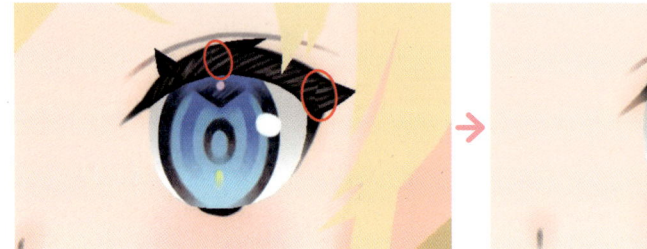 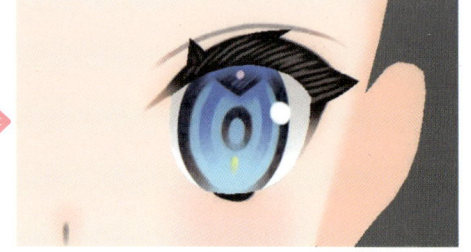

20 ▶ 속눈썹의 끝에도 붉은 색을 조금 칠해 피부에 묻히도록 하면 자연스럽고 귀여운 느낌이 됩니다.

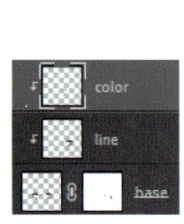 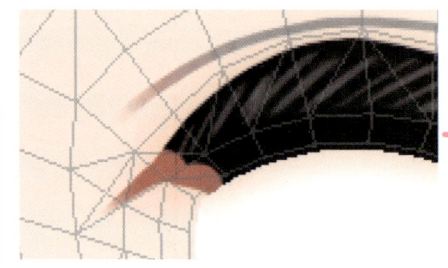 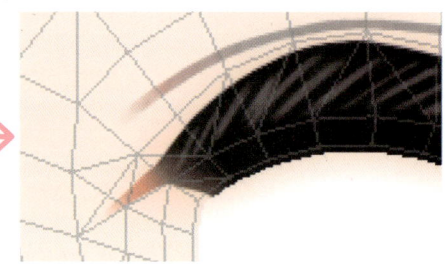

21 ▶ 아래쪽 속눈썹에도 명함을 그려 넣습니다. 이 붉은 하이라이트를 넣으면 NOCO 씨가 그린 일러스트의 느낌에 가까워집니다.

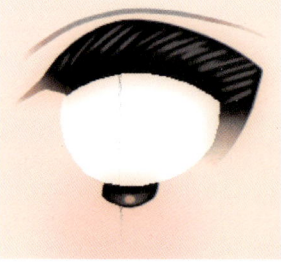

22 ▶ 아랫입술에 색감을 추가합니다. 색을 칠하는 폭을 잘못 설정하면 아랫입술만 튀어나온 것처럼 보이므로 적절한 폭을 확인하면서 칠해 줍니다.

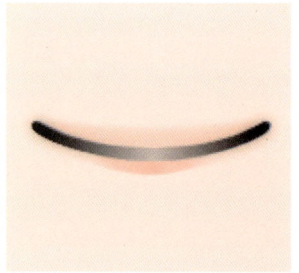

23 ▶ 귀를 그려 줍니다. 모델의 형태(귀의 구조)에 맞춰 빛이 닿기 쉬운 위치, 어둡게 되는 위치를 구분해서 칠하고 선도 추가합니다. 3D적인 구조와 2D적인 형태를 모두 갖추게 합니다.

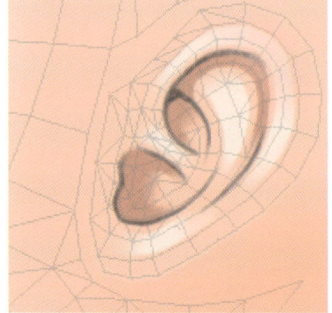 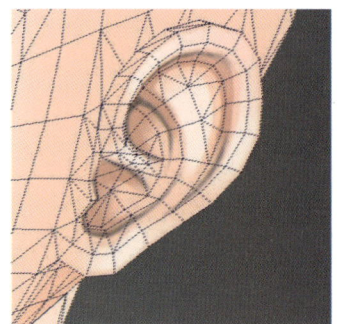

24 ▶ 턱 아래 어두운 부분에 한 단계 더 짙은 색을 더해 목과의 경계에 깊이감을 더해 줍니다. 앞의 색이 어두운 색이라면 턱 아래에서 목까지의 연결이 단조로워지기 때문입니다.

25 ▶ 턱 아래 어두운 부분에 연결되도록 귀의 안쪽, 목의 밑동에서 후두부에 이르는 영역도 같은 어두운 색으로 그려 줍니다.

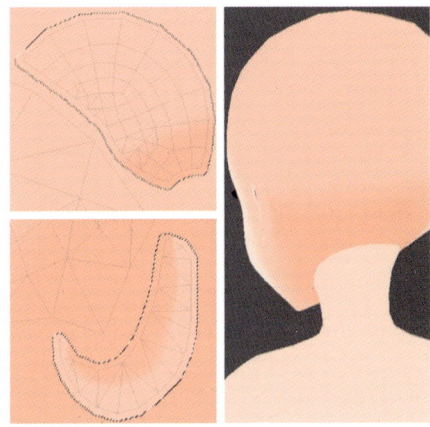

26 ▶ 이제 입 안을 만듭니다. 입 모서리를 제외하고 연결되어 있는 입의 에지를 분리하고 윗입술의 에지를 아래로, 아랫입술의 에지를 위로 조금 이동합니다. 옆에서 봤을 때 오른쪽 그림과 같이 교차하는 상태로 만듭니다.

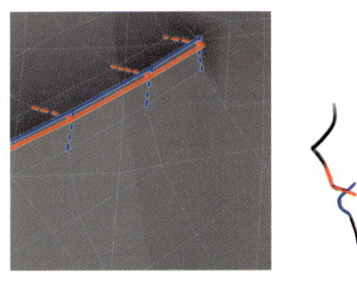

27 ▼ 이 에지를 늘려서 윗입술 쪽은 아래에서 위로 향하고, 아랫입술 쪽은 위에서 아래로 향하도록 이동합니다.

28 ▼ 그 상태에서 이번에는 안쪽(+Z축 방향)으로 적절한 위치까지 늘립니다.

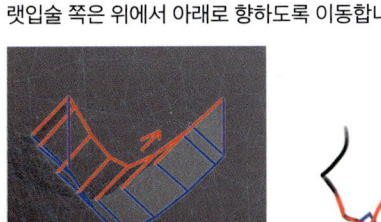
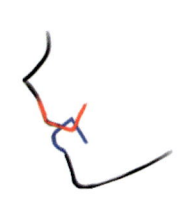
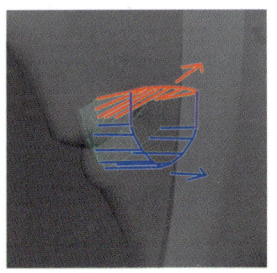
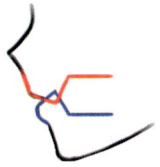

29 ▶ 다음은 에지 사이에 만들어진 구멍을 Append polygon 도구를 사용해 면을 붙여서 늘려서 붙이면 입 안은 완성입니다.

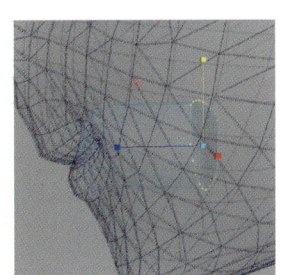
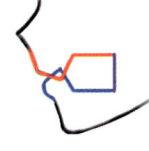

30 ▶ 윗니, 아랫니, 혀의 메시는 오른쪽 그림과 같이 Cylinder와 Cube 프리미티브를 사용해 만든 뒤, 입 크기에 맞춥니다.

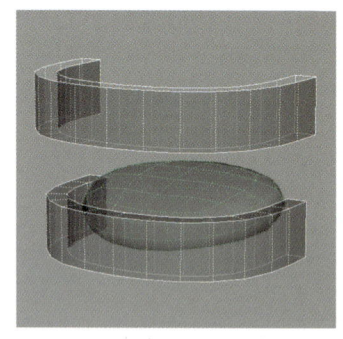

31 ▶ 계속해서 UV를 전개합니다. 입 안의 각 부품은 그렇게 높은 해상도가 필요하지 않으므로, 텍스처도 복잡하게 그리지 않습니다. 알기 쉽게 전개하고 UV 공유나 약간 삐쳐 나오는 것도 허용 범위로 합니다.

   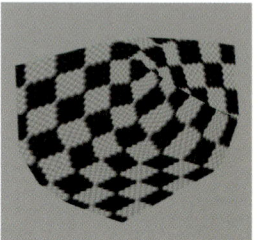

32 ▶ 입 안, 이, 혀의 UV는 모아서 지금까지 비어 있던 얼굴 왼쪽 위에 배치했습니다 (128 x 512 px 범위).

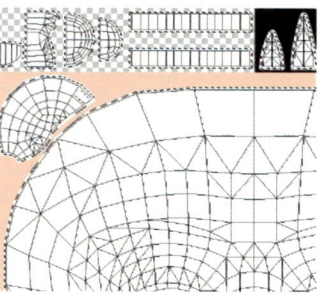

33 ▶ 텍스처는 간단하게 그립니다. 입 안은 기호적인 표현으로 하는 편이 일러스트의 느낌이 나므로, 베이스가 되는 밑 칠 영역을 만들고 이를 그린 뒤 혀에 명암을 조금 넣는 정도로 했습니다.

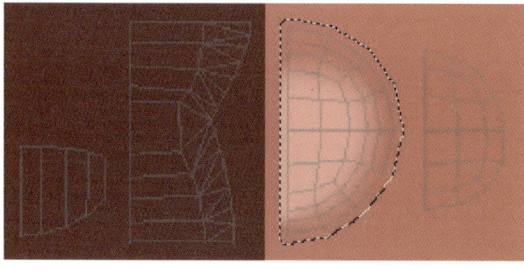 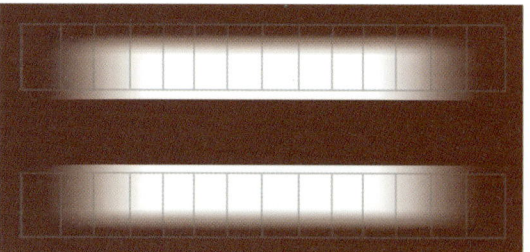

34 ▶ 실제로 모델에 할당하면 오른쪽 그림과 같이 됩니다. 단, 이 상태에서는 입을 열었을 때 어떻게 보일지 알 수 없습니다.

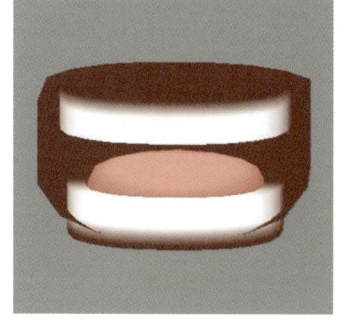

35 ▶ 대략적으로 입을 움직여 형태를 확인합니다. 얼굴 모델을 그대로 복제하고 입 주변의 버텍스를 움직여 표정을 만들었습니다. 이 때 문제가 없다면 입 안은 이것으로 완성합니다.

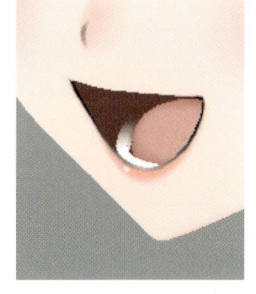

36 ▼ 여러 각도에서 모델을 살펴보고, 얼굴의 실루엣이나 텍스처 그리기를 세세하게 조정했습니다. 이것으로 우선 손이 가는 얼굴의 텍스처는 완성입니다. 상당히 귀여운 느낌으로 그려졌습니다. 눈동자에 맞춰 얼굴의 텍스처를 붙임으로써 캐릭터 모델 완성에 한층 가까워진 느낌이 들며, 동기 부여도 한층 커집니다. 다른 작업을 진행하면서 신경 쓰이는 점이 발견되면 그 때마다 추가로 조정합니다.

alb 레이어 구성

2.3.6 ▶ 머리카락 텍스처 만들기

1 ▶ 머리카락 모델링을 마친 시점의 UV 상태에서 텍스처를 만듭니다. 가장 큰 뒷머리카락의 UV 셸을 기준으로 하고 균형을 잡으면서 배치한 UV입니다. 머리카락의 UV 스냅샷을 저장해 둡니다.

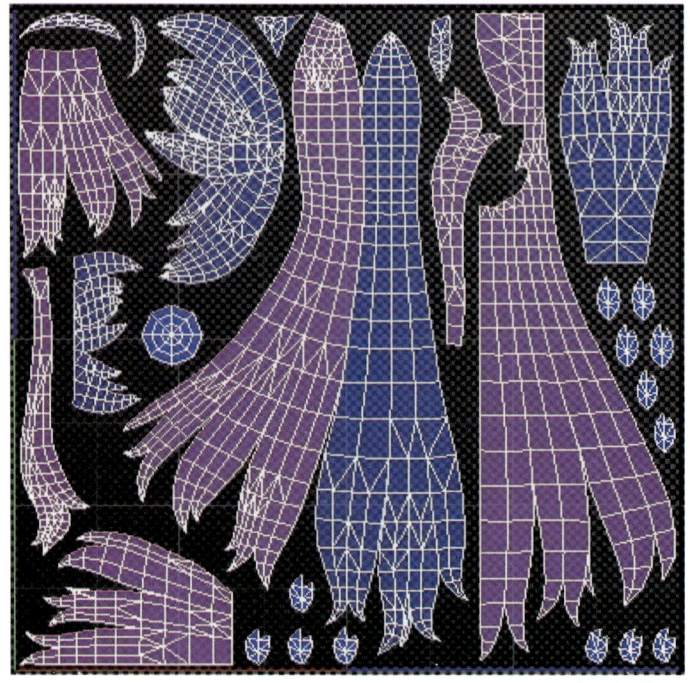

2 ▶ 머리카락의 텍스처 크기는 1,024 x 1,024 px입니다. 체커를 붙이면 오른쪽 그림과 같습니다. 눈에 띄는 표면의 해상도는 높게, 안쪽은 해상도를 조금 낮게 만들었습니다. 세 갈래로 땋은 머리는 세세한 그리기가 있으므로, 다른 부분 보다 해상도가 높습니다.

▶ 머리카락의 텍스처 베이스 만들기

1 ▶ Albedo 맵을 준비합니다. 머리와 마찬가지로 머리카락의 UV의 스냅샷을 임포트하고, 칠할 영역(「area」 레이어)를 만든 뒤, 베이스 컬러와 그림자를 간단하게 칠했습니다. 이제부터 모델에 점진적으로 칠하는 것을 가정해 각 단계의 작업을 진행합니다.

  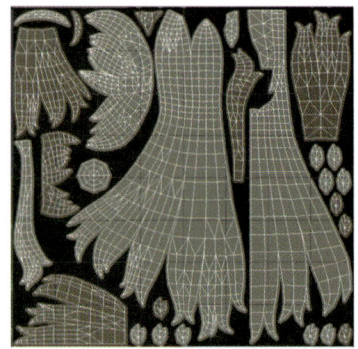

2 ▶ 일러스트의 느낌을 내기 위해 아웃라인을 그립니다. 단, 아무것도 생각하지 않고 막무가내로 선을 그리다 보면 상당히 많은 시간이 들어 갑니다. 그래서 간단하게 대략적 인 아웃라인을 그리는 방법을 설명합니다. 가장 먼저 「area」 레이어에서 선택 범위를 얻습니다.

3 ▶ 선택 범위를 8 px 축소시킵니다.

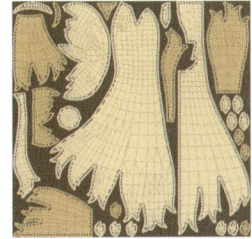 

4 ▶ 선택 범위를 반전시키고 짙은 색으로 칠합니다.

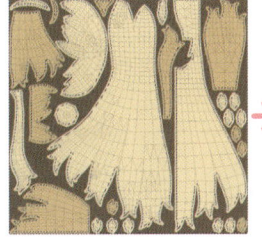 

5 ▶ 다시 「area」 레이어에서 선택 범위를 얻은 뒤 범위를 반전합니다. 그리고 Delete키로 삭제하면 UV 경계를 따라 순식간에 아웃라인이 만들어 집니다.

6 ▶ 하지만 이 상태에서는 선이 울퉁불퉁해 사용할 수 없습니다. 이 부분에 안티 앨리어스 anti-aliasing를 적용해 깔끔한 상태로 만듭니다.

7 ▶ 임시로 앞쪽면에 가득 칠한 레이어를 새로 만들고, 아웃라인 레이어에서 선택 범위를 얻어 마스크를 만듭니다. 이 마스크를 잘 활용하는 것이 포인트입니다.

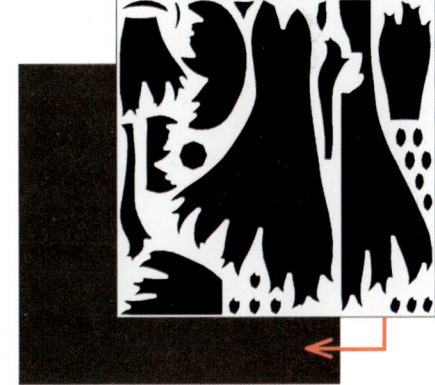

8 ▶ 마스크의 썸네일을 Alt키 + 마우스 좌클릭 해 마스크를 표시합니다. 모두 선택한 뒤 [가우시안 흐림 효과]를 2 px로 적용하고, 같은 설정으로 흐림 효과를 한 번 더 적용합니다.

 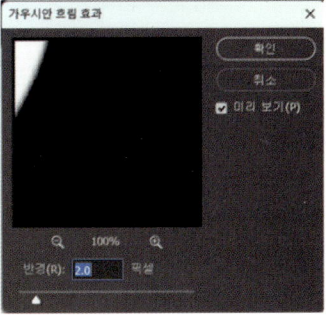

9 ▶ 평소의 표시로 돌아오면 오른쪽 그림과 같이 됩니다. 흐림 효과가 상당히 많이 적용되었지만 이 상태로 괜찮습니다.

10 ▶ 마스크 레이어를 선택한 상태에서 「Tone Curve」를 엽니다. 검은색 쪽, 흰색 쪽 커브 포인트를 모두 안쪽 방향으로 이동시키면, 마스크 쪽에서 흰색과 검은색의 대비가 올라가고 흐림 효과를 적용한 폭이 점점 좁아집니다.

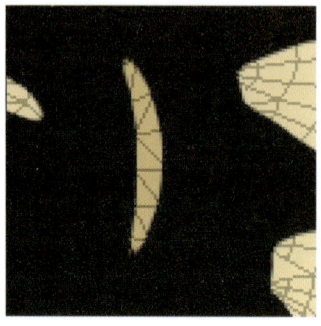 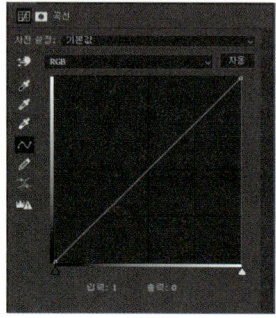 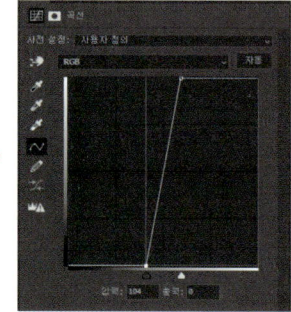

11 ▶ 이 톤 커브를 적절하게 조정하면 오른쪽 그림과 같이 흐림 효과의 폭이 조정되고, 안티 앨리어스가 적용되어 깔끔한 아웃라인을 만들 수 있습니다.

12 ▶ 사소한 방법이지만 앞에서 자글거리는 상태의 아웃라인에 안티 앨리어싱을 건 상태로 바꾸었습니다.

13 ▶ 갓 만든 아웃라인을 넣은 텍스처를 모델에 할당하면 오른쪽 그림과 같이 형태가 됩니다. 여기에서 필요한 아웃라인을 더하거나, 불필요한 아웃라인을 빼 줍니다.

14 ▶ UV 경계의 각도가 날카로웠던 부분은 오른쪽 그림과 같이 둥글게 되므로, 손으로 직접 라인을 그려 줍니다.

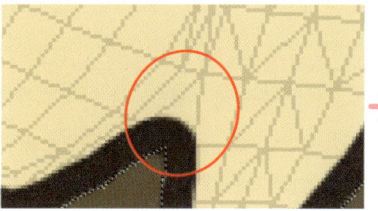 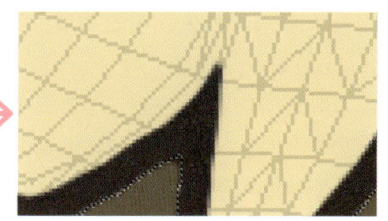

15 ▶ 각 머리카락 끝의 형태를 따라 라인을 그려 주면 일러스트 느낌이 살아납니다. 또한, 눈동자의 텍스처와 마찬가지로 라인에 마스크를 적용해 질감을 더해 줍니다.

16 ▶ 아웃라인을 정리했다면 다음으로 안쪽 라인을 그려 줍니다. 디자인 이미지를 확인하면서 머리카락 묶음의 경계를 알 수 있도록 라인을 그려 주면 머리카락 느낌을 주는 일러스트가 됩니다.

   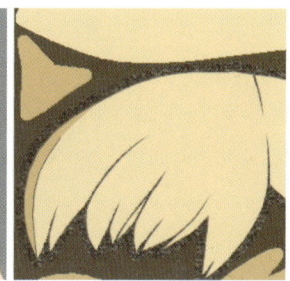

17 ▶ UV 경계에 불필요한 아웃라인이 생겼다면 적절하게 삭제합니다.

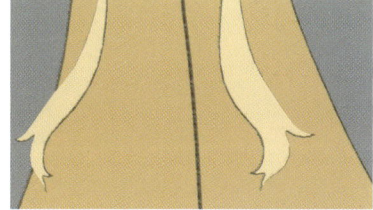 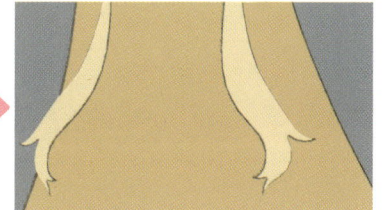

18 ▶ 이 단계를 계속 반복해 오른쪽/아래 그림과 같이 머리카락 전체에 라인을 그려 줍니다. 머리카락 끝의 디테일이 살아나 일러스트 느낌을 주는 머리카락에 가까워졌습니다. 또한, 세세한 라인은 그리지 않았지만 머리카락 칠을 함께하면서 추가로 그려 줍니다.

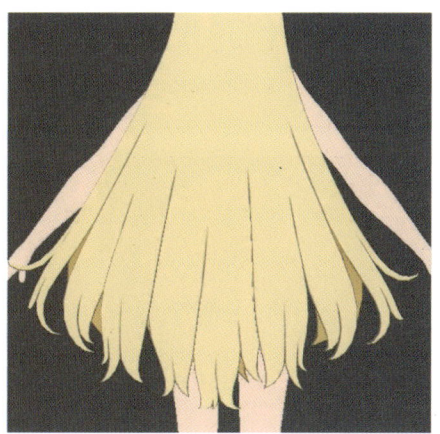 

● NOCO 씨에게 중간 확인 의뢰

아직 작업 중간 단계이지만 '소체' 입장에서는 어느 정도 진행이 된 상태였으므로 캐릭터 디자이너인 NOCO 씨에게 중간 확인을 의뢰했습니다. NOCO 씨는 실제로 스크린샷 이미지를 확인해 주었습니다. 아래 그림은 의뢰한 이미지 중 일부를 발췌한 것입니다.

실제 현장에도 자주 있는 일이지만, 만약 마지막까지 완성한 뒤 클라이언트에게 제공하고 확인을 의뢰했을 때 몸의 비율, 얼굴의 분위기, 머리카락 볼륨감 등 '근본적인 균형'에 관한 피드백을 받을 수 있습니다. 그렇게 되면 어려운 상황이 될 수 있습니다. 작업 결과물을 납기 안에 전달할 수 없는 문제가 생깁니다. 그런 사태가 발생하지 않도록 미리 클라이언트와 단계적으로 모델 진행 상태를 확인함으로써, 가능한 재작업이 발생하지 않도록 프로젝트를 진행해야 합니다. NOCO 씨가 모델을 체크하는 기간 동안 계속해서 머리카락의 텍스처를 그렸습니다.

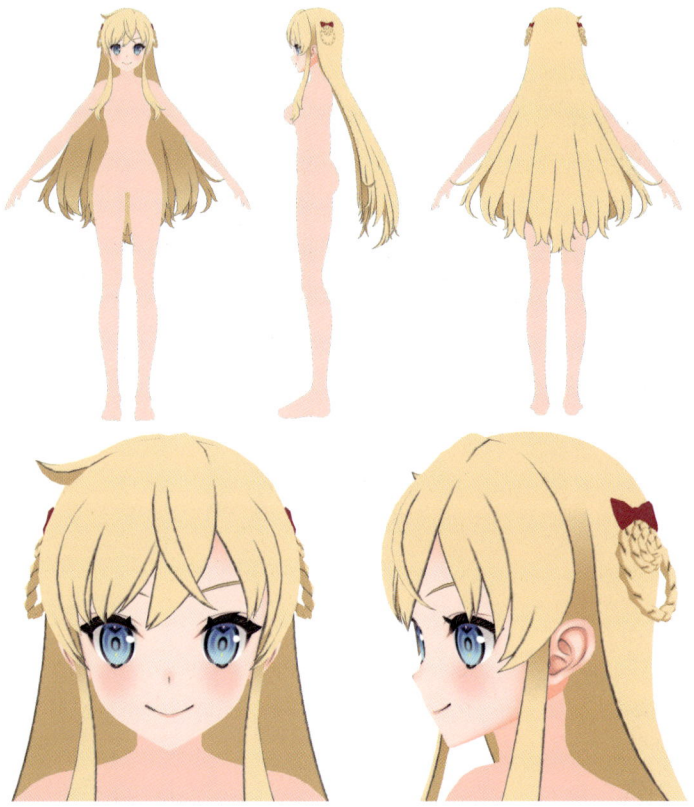

● 머리카락 텍스처 그리기 시작

1 ▼ 드디어 머리카락의 명암과 하이라이트 등을 그리기 시작합니다. 마찬가지로 앞머리카락부터 시작합니다. 대략적인 이미지를 그려야만 이후의 작업을 진행할 수 있으므로 대략적인 명암을 상상해 그려 줍니다. 「정수리에 넓게 퍼진 진한 색감」, 「하이라이트」, 「머리카락 끝의 그림자」를 그리면 아래 그림과 같은 형태가 됩니다. 여기에서 하이라이트 위치나 그림자의 느낌, 강한 느낌과 부드러운 느낌의 조정 등을 잘 관찰하면서 이후의 방향성을 결정합니다.

2 ▶ 방향성을 결정한 뒤 작업하기 쉬운 머리카락 끝부터 그림자를 그려 줍니다. 디자인 이미지에 가까운 형태로 그립니다. NOCO 씨가 그린 머리카락 끝 부분의 포인트는 밝은 부분과 어두운 부분의 경계에 한 단계 더 어두운 색상을 넣은 것입니다. 이것은 다른 일러스트레이터들도 사용하는 기법으로, 물체에 태양과 같은 강한 빛이 닿았을 때 진한 그림자가 생기는 것과 동시에, 지면에서 반사광이 그림자에 비쳐 그림자 아래쪽이 밝아지는 현상을 기호적으로 그려 넣은 것입니다.

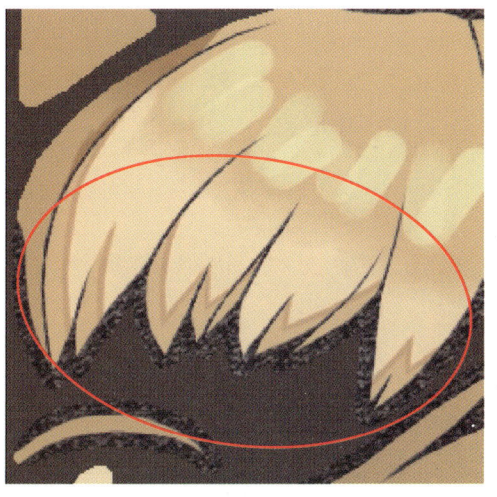

3 ▶ 하이라이트도 그려 줍니다. 위쪽에서 그리기 시작해(강한 필압) 아래쪽을 향해 살짝 힘을 빼는(약한 필압) 느낌으로 그립니다. 실루엣은 지우개를 사용해 평행사변형 같은 형태로 만들었습니다.

4 ▶ 같은 방법으로 바로 옆에 작은 하이라이트를 하나 더 그립니다. 하이라이트의 불규칙적인 느낌을 내기 위해 길이와 두께를 바꾸는 등 강약을 조절하는 것이 포인트입니다.

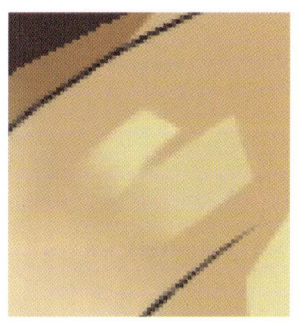

5 ▶ 작게 그린 하이라이트의 위쪽을 지우개를 사용해 살짝 지워서 크기가 큰 사각형과 크기가 작은 사각형을 지그재그로 그린 듯 표현합니다.

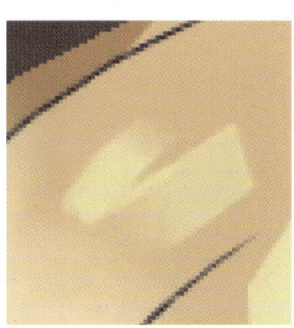

6 ▶ 각이 진 지그재그 형태가 되도록 실루엣을 지우면 간단하게 하이라이트를 만들 수 있습니다.

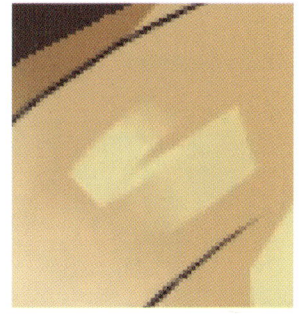

7 ▶ 모델에서 보면 오른쪽 그림 같은 느낌입니다. 실제로는 이 실루엣이 될 때까지는 아마도 여러차례 시행착오를 반복해야 할 것입니다.

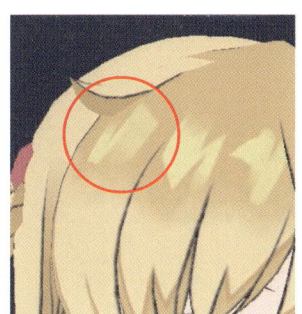

8 ▶ 하이라이트를 그려 주면 머리카락의 완성도가 높아집니다. 이제 디자인 이미지의 느낌에 상당히 가까워졌습니다.

9 ▶ 디자인 이미지에는 없지만 노란색 하이라이트 위쪽에 연한 분홍색 하이라이트도 그려 줍니다. 디자인 상에서는 없어도 괜찮지만 3D 모델에서 보면 어딘가 빈 듯한 느낌이 되기 쉽습니다. 머리 위쪽을 봤을 때 위화감을 없애고, 윤기가 나는 느낌을 주기 위한 표현입니다. NOCO 씨의 다른 일러스트에서 다른 색을 사용해 하이라이트를 그린 비슷한 이미지를 보았기 때문에, 추가해도 문제없다고 판단했습니다.

10 ▼ 하이라이트에 레이어 스타일에서 광채를 적용하고, 하이라이트 아래쪽 색감보다 조금 진한 색을 사용해 테두리를 만드는 느낌으로 설정합니다. 그러면 경계가 확실하게 되면서 하이라이트의 존재감이 살아납니다.

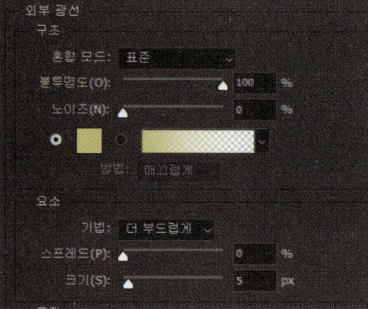

11 ▶ 다시 가필, 색상 조정, 위치 조정 등의 작업을 통해 앞머리카락을 거의 완성했습니다. 앞머리카락만 그렸지만 이를 기준으로 다른 위치도 그려 줍니다.

12 ▶ 옆머리카락도 같은 방법으로 머리카락 끝의 그림자를 그립니다. 디자인 이미지의 느낌을 확인하면서 머리카락 묶음이 가진 구조적인 입체감을 만듭니다.

13 ▶ 머리카락에서 윤기가 나는 부분의 암부와 하이라이트를 그립니다. 윤기가 나는 부분의 암부는 조금 흐리게 그리고, 그 위에 진하게 하이라이트를 그립니다. 브러시의 필압을 적절하게 조정하면서 베이스 컬러에 스며들도록 그리는 것이 포인트입니다.

14 ▶ 모델에서 봤을 때는 오른쪽 그림과 같이 됩니다. 머리카락 흐름에 따라 명암의 변화가 교차하고 있어 머리카락의 윤기가 잘 표현되었습니다.

15 ▶ 다음으로 뒷머리카락의 안쪽입니다. 디자인 이미지에서는 색이 칠해져 있지 않지만 앞머리카락과 옆머리카락의 느낌에 맞추는 방향에서 그려 줍니다. 먼저 하이라이트의 위치, 간격, 크기감을 결정하기 위해 간략하게 그립니다.

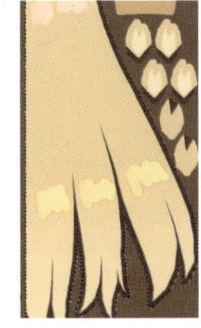

16 ▶ 하이라이트를 결정했으므로 모난 부분을 확인합니다. 머리카락 라인을 그리고, 머리카락 흐름을 결정하고, 그러데이션 도구를 사용해 다시 짙은 그림자를 그려 머리부분과 가까이에 있는 느낌을 만듭니다.

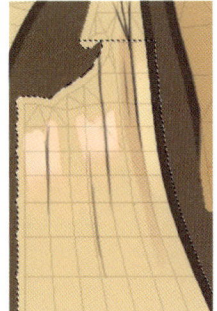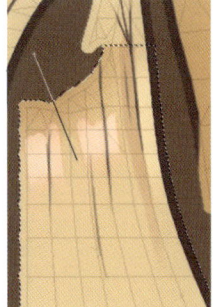

17 ▶ 하이라이트의 형태를 브러시와 지우개를 사용해 정리합니다. 짙은 그림자의 간격을 머리카락 흐름에 맞춰 필압을 사용하면서 지우개로 지우면 머리카락 이 앞뒤에 위치한 구조적인 느낌을 줄 수 있습니다.

18 ▶ 모델에서 보면 오른쪽 그림과 같이 됩니다. 상당히 괜찮은 느낌을 줍니다.
※ 하지만, 여기에서 열심히 그린 머리카락 안쪽 하이라이트는 나중에 지우게 됩니다…

19 ▶ 후두부를 확인합니다. 앞머리카락과 마찬가지로 정수리 부분에 암부를 그리고 UV를 가이드로 해서 라인과 연한 분홍색 하이라이트를 그립니다. 앞머리카락과 같은 느낌을 주도록 균형을 잡아 줍니다.

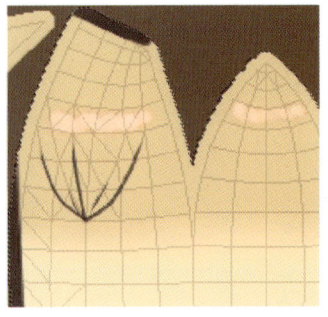

20 ▶ 앞머리카락을 포함해 정수리의 암부에 조금 밝은 노란색으로 그려줍니다. 암부의 범위가 넓으므로 다른 색감을 더해서 농담의 변화를 표현해 암부가 밋밋하게 보이지 않게 합니다.

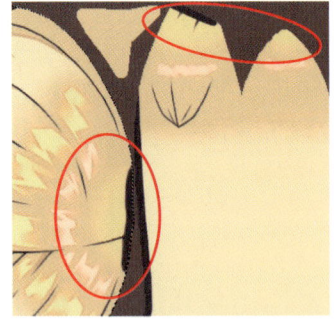 

21 ▶ 다시 하이라이트와 세 갈래로 땋은 머리의 그림자를 그립니다. 세 갈래로 땋은 머리는 조인트를 넣어 흔들리게 할 것이므로, 그림자를 너무 확실하게 그리지 않도록 아래에 그러데이션을 사용해 사라지는 느낌을 주었습니다.

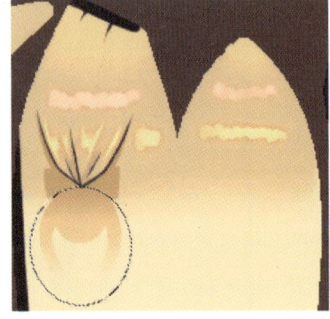 

22 ▶ 우선 후두부에서 떨어져 다시 뒷머리카락 안쪽 머리카락 끝 부근을 조금 그려 줍니다. 윤기를 그려 넣어 방향성을 잡아 줍니다.

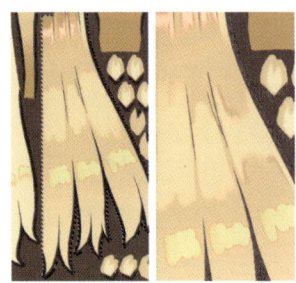

23 ▶ 머리카락 끝의 그림자는 앞머리카락, 옆머리카락과 비슷한 방향성에 따라 확실하게 그려 줍니다.

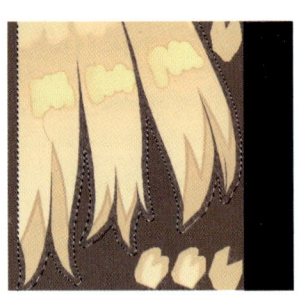

24 ▶ 하이라이트를 그리거나 지우면서 대략적인 느낌을 잡아 줍니다. 가까운 하이라이트들이 계속해서 같은 느낌을 주지 않도록 주의하면서 자연스러움을 살립니다.

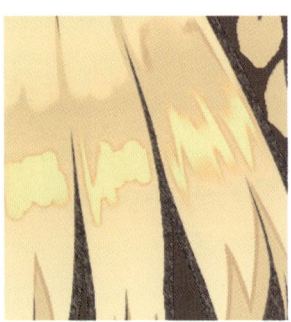

25 ▶ 머리카락 시작과 머리카락 끝 사이의 윤기도 그립니다. 단, 이 또한 디자인 이미지에는 그려져 있지 않은 부분이므로 어느 정도로 그려야 할지 고민이 되는 부분입니다…

26 ▶ 지금까지의 작업을 모델에서 확인하면 오른쪽 그림과 같습니다. 우선 다른 부분을 먼저 그리고 뒤에서 다시 수정합니다.

27 ▶ 귀에 걸려있는 머리카락 부근을 그려 줍니다. 옆머리카락이 귀에 걸려 있으면 머리카락이 귀 뒤로 한번 들어간 뒤 아래로 떨어지는 흐름이므로, 머리카락들을 겹쳐서 「안으로 들어가 있는」 모양을 생각하면서 라인과 음영을 그립니다.

28 ▶ 뒷머리카락의 바깥쪽을 확인해 봅니다. 먼저 하이라이트를 임의로 그려서 위치를 임시로 결정합니다.

29 ▶ 머리카락 끝의 음영은 안쪽에서 그렸던 분위기와 동일하게 그리고, 하이라이트 주변의 명암도 넣어 줍니다. 뒷머리카락은 길이가 길기 때문에 포함시킬 정보량이 고민됩니다. 스트로크 길이를 무작위로 하면서 밋밋하지 않도록 균형을 잡아 주는 것이 포인트입니다.

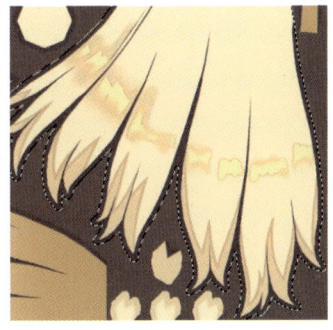 

30 ▶ 모델에서 보면 오른쪽 그림과 같이 됩니다. 이 시점에서 대략적인 명암의 위치를 결정해 줍니다.

31 ▶ 이제부터는 그리기를 정돈합니다. 브러시의 필압을 조정하면서 윤기의 명암이나 하이라이트의 형태를 그립니다. 위쪽도 그러데이션을 사용해 명암의 농담을 표현합니다.

 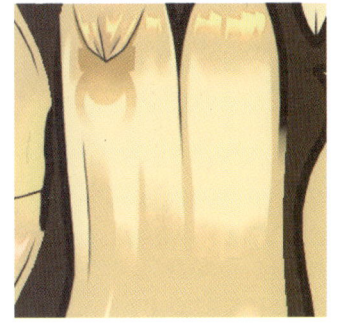

107

32 ▶ 연한 분홍색의 하이라이트도 넣어 줍니다. 같은 형태가 계속해서 반복되지 않도록 주의합니다.

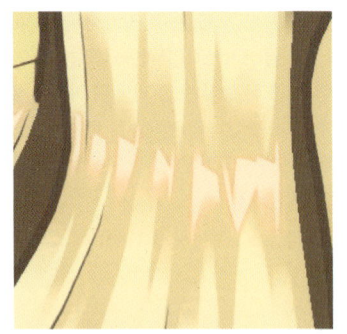

33 ▶ 작업 도중 칠이 잘못된 곳은 없는지 확인합니다. 칠에 집중하다 보면 어느새 의도하지 않게 브러시 흔적이 남거나 칠이 누락된 곳이 발생하므로 이런 부분을 깔끔하게 정리합니다. [레이어 스타일] → [컬러 오버레이]에 검은색, [경계선]에 빨간색을 적용하면 잘못된 곳을 쉽게 확인할 수 있습니다.

34 ▶ 때때로 하이라이트 레이어를 숨겨서 명암 상태를 확인합니다. 적절하게 무작위의 느낌으로 그려지면 됩니다.

35 ▶ 명암 그리기를 마쳤으므로, 명암 경계선을 그려 NOCO 씨의 느낌을 넣어 줍니다. 모든 부분을 똑같이 칠하는 것이 아니라, 요소요소에 넣어 강약을 표현합니다. 하이라이트의 형태도 정리합니다. 뒷머리카락 바깥쪽의 느낌이 좋아졌습니다.

36 ▶ 뒷 머 리 카 락 안쪽 그리기로 돌아와 NOCO 씨의 취향을 찾아 봅니다. 여기에서 안쪽은 일러스트에서는 정확하게 그려지지 않은 부분이었기 때문에 적절한 참고 자료를 찾는데 조금 힘들었습니다.

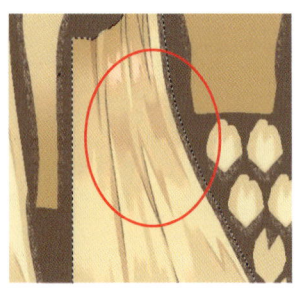

37 ▶ 임의로 하이라이트를 넣고 뺀 뒤, 명암을 정리해 명부를 늘리는 형태로 정리하기로 했습니다. 눈에 잘 띄는 위치가 아니므로 이 정도로 단순하게 마무리하는 것이 좋다고 판단했습니다.

◎ 중간 확인용 소체 모델에 대한 NOCO 씨의 피드백

여기까지 진행했을 즈음, 앞서 NOCO 씨가 중간 확인용 소체 모델에 관한 피드백을 보내왔습니다. 작업자의 관점에서는 알아챌 수 없었던 NOCO 씨만의 독자적인 시점에서의 코멘트입니다. 이 확인 단계를 거침으로써 아직 조정의 여지가 남은 상태에서 모델을 보다 좋은 것으로 만들어 갈 수 있습니다. 피드백을 반영해 원래 모델을 조정합니다.

◎ 피드백 대응

1 ▼ 아랫입술을 조정하고 색감을 바꾸고 흐림 효과를 조금 적용했습니다. 또한, 하이라이트도 너무 눈에 띄지 을정도로 그려 줍니다. 투명도가 높아지고 보다 여성다운 입술이 되었습니다.

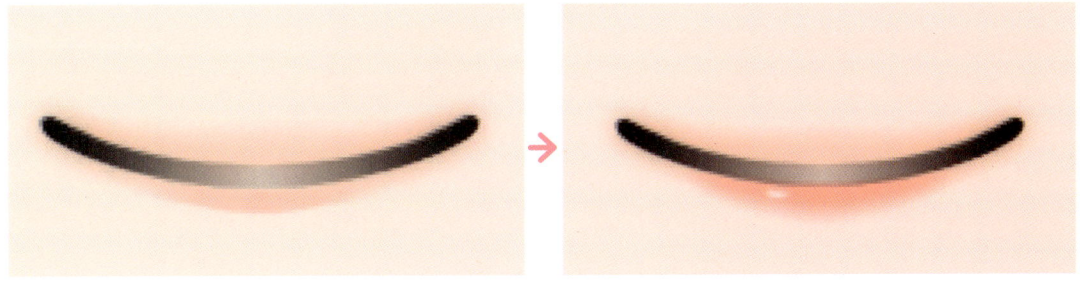

2 ▶ 앞머리카락 끝은 눈에 살짝 걸리는 정도로 버텍스를 이동해 길이를 조정합니다. 머리카락은 분할하지 않고 마무리했습니다.

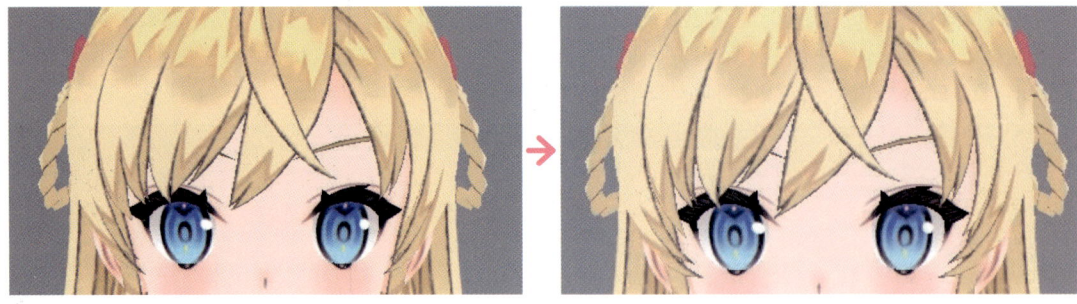

3 ▶ 귀는 그리기가 바뀌므로 그에 맞춰 형태도 조정합니다. UV도 마찬가지로 조금만 전개해서 수정합니다.

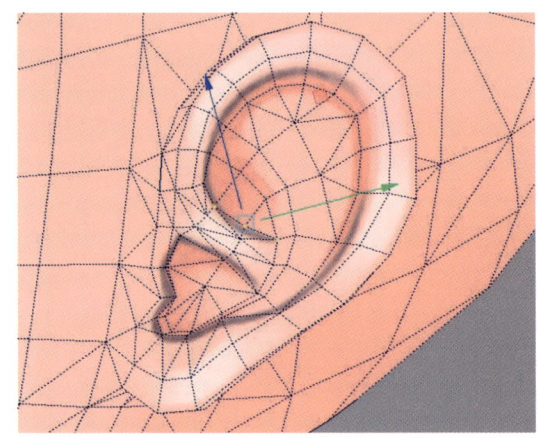

4 ▶ 디테일의 정보량을 줄이고 명암도 단순하게 해줍니다. 위쪽에 붉은 색을 더해 보다 소녀다운 귀로 만듭니다.

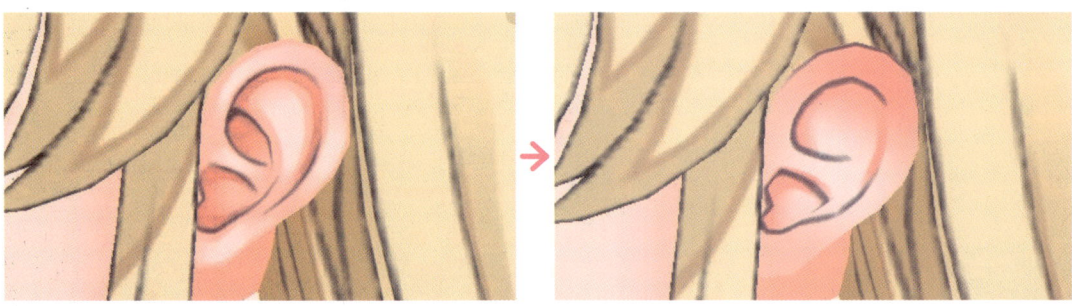

5 ▶ 귀 뒤로 넘긴 머리카락은 앞서 진행한 부분과 같으므로 설명을 생략합니다.

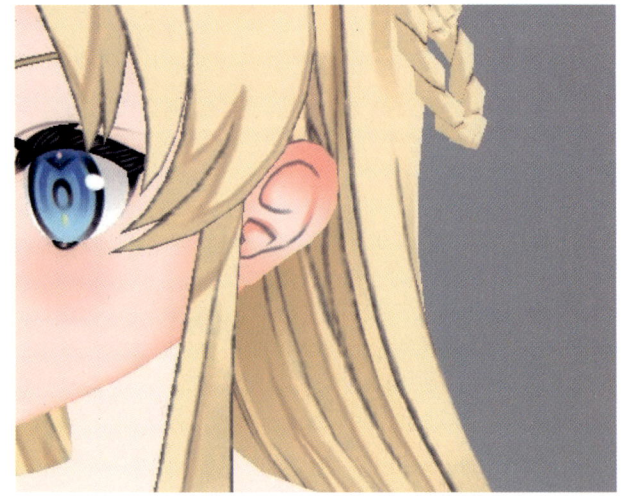

6 ▶ 피드백 내용과 관계는 없지만 사내에서「세 갈래로 땋은 머리의 크기를 키우는 편이 귀엽지 않을까?」라는 의견이 있어 NOCO 씨에게도 상담했습니다.「그게 더 귀여울 것 같아요!」라는 답변을 받았습니다. 그래서 세 갈래로 땋은 머리의 스케일을 조금 키우고, 전체 실루엣도 Lattice Deformer를 적용해 조정했습니다.

  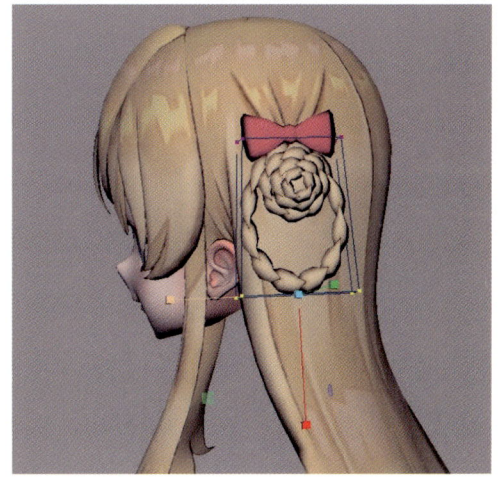

7 ▶ 피드백에 대응한 위치를 포함해 지금까지의 작업으로 완성에 가까운 퀄리티가 되었습니다. 드디어 라스트 스퍼트입니다!

▶ 머리카락의 텍스처 ~페인팅 재개~

1 ▶ 옆머리카락과 뒷머리카락의 색상이 통일되어 있으므로 한 눈에 전후 관계를 파악하기 어려운 상태였습니다. 뒷머리카락 안쪽에 조금 푸른 보라색을 더해 공간을 느낄 수 있게 했습니다. 이렇게 함으로써 전후 관계가 분명해지고, 회화적인 설득력도 늘어났습니다.

 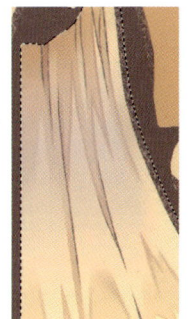 

2 ▶ 세 갈래로 땋은 머리는 하나하나가 작으므로 정보량에 주의해야 합니다. 먼저 라인과 음영을 입힙니다.

3 ▶ 모델에서 보면 오른쪽 그림과 같이 되었습니다. 이 상태는 그다지 세 갈래로 땋은 머리처럼 보이지 않습니다. 감겨 있는 느낌을 조금 더 만듭니다.

4 ▼ 음영을 진하게 하고 라인도 추가했습니다. 이렇게 비슷한 형태가 이어지는 것은 특히, 반복적인 느낌이 들지 않도록 주의해야 합니다. 얼굴을 앞쪽에서 봤을 때도 확실하게 세 갈래로 땋은 머리로 보이고 싶었기 때문에 세세하게 확인하면 그려 줍니다.

5 ▼ 다소 라인이 많아 지저분한 느낌이 들었습니다. 전체적으로 세 갈래로 땋은 머리의 디테일을 조금 낮춰 봤습니다. 둥근 부분에서 작업을 시작했으므로 몽우리 쪽을 작업합니다.

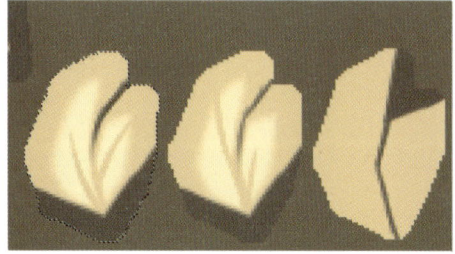

6 ▶ 몽우리 부분은 눈에 띄지 않은 위치라 하더라도 아무것도 그리지 않으면 자연스럽지 않습니다. 그래서 UV 포인트에 따라 장미꽃처럼 라인을 그려 줍니다.

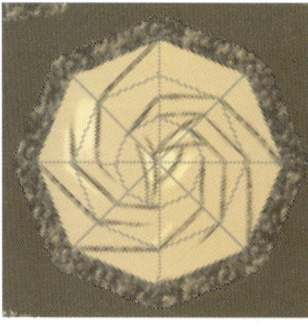

7 ▶ 다시 몽우리 메시의 페이스를 모두 삼각형으로 만들고, 그 과정에서 만들어진 에지의 흐름을 텍스처의 라인에 맞춰 뒤집어 줍니다. 이제 튀어나오지 않는 깔끔한 몽우리가 되었습니다.

8 ▶ 지금까지 그린 것들을 종합해 보면 꽤 세 갈래로 땋은 머리의 형태가 되었습니다. 말려 있는 몽우리의 느낌도 상당히 좋아 보입니다.

9 ▼ 이것으로 albedo 텍스처를 모두 그렸습니다. 눈동자, 얼굴, 머리카락의 텍스처를 완성했으므로 머리 부분도 캐릭터 모델로서 거의 완성 상태가 되었습니다.

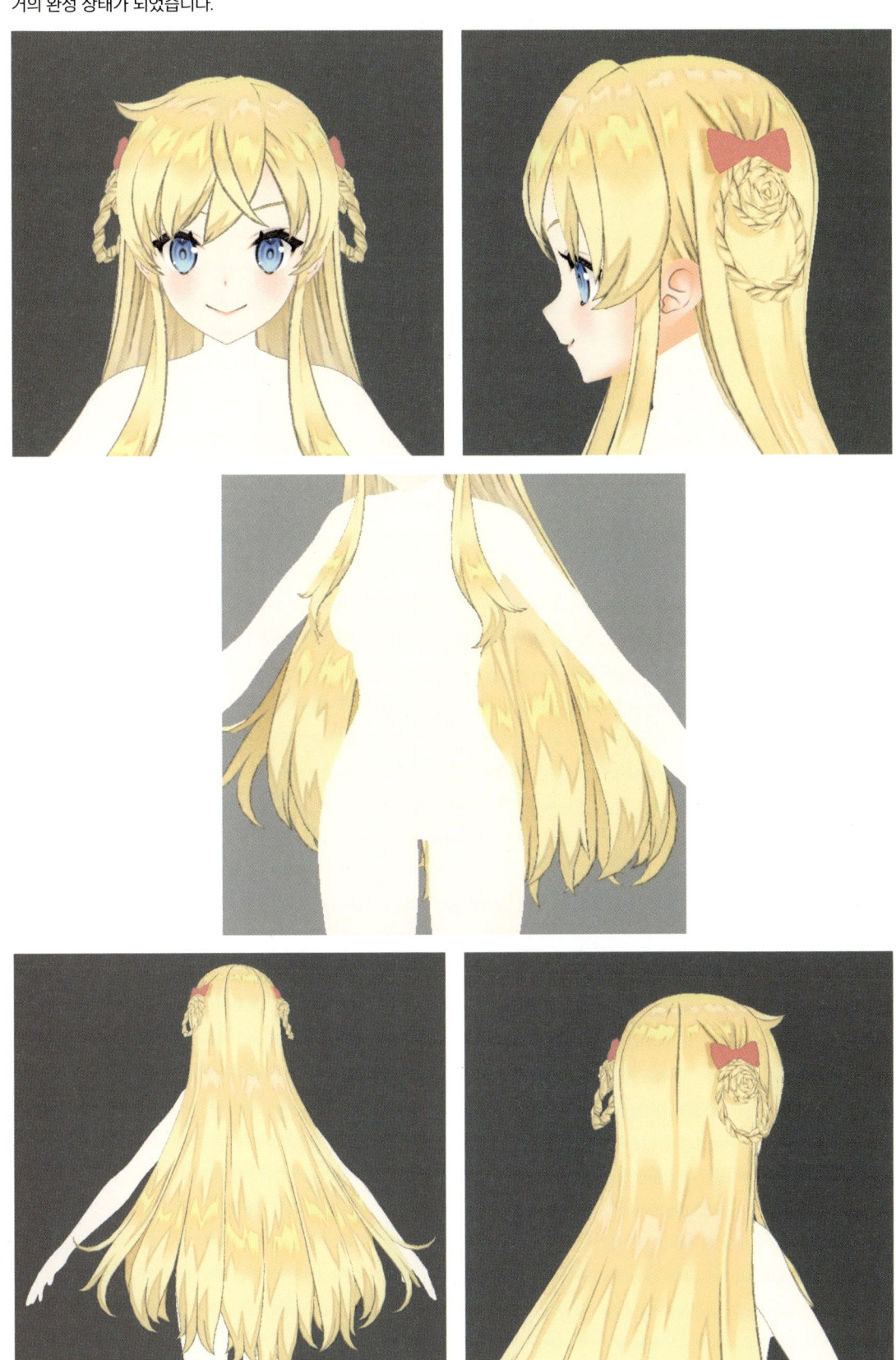

alb 레이어의 구성

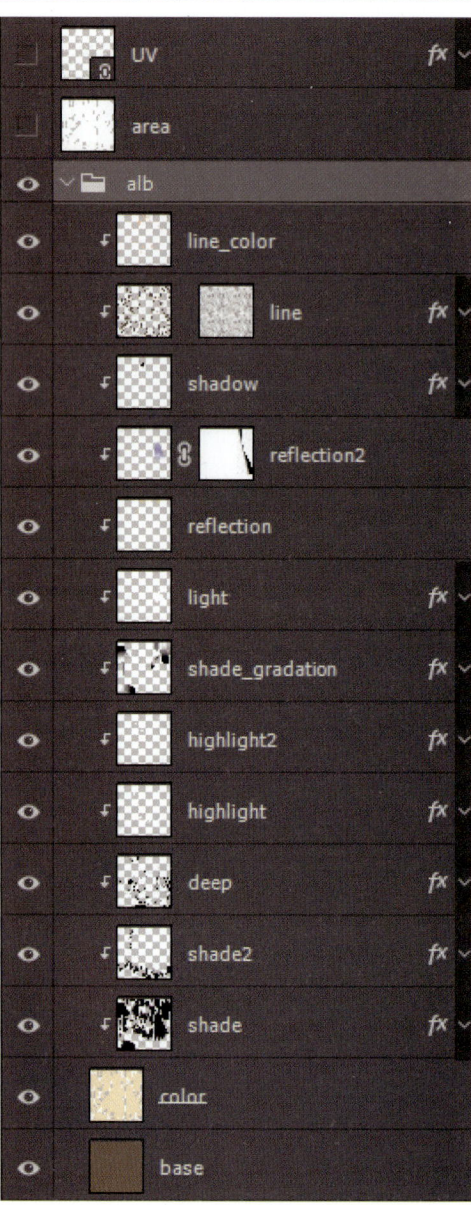

Chapter 2.4 옷 모델링

소체를 완성했으므로 몸에 입히는 옷과 장식품을 만듭니다.

2.4.1 ▶ 옷 전체 러프 모델링

1 ▶ Cylinder 등 프리미티브 모델에서 소체의 몸체에 맞춰 Smooth Mesh Preview를 사용하면서 옷의 각 부품을 빠르게 만들어 봅니다. 셔츠는 소체의 메시를 복제한 뒤 컴포넌트의 트랜스폼을 사용해 늘려서 간단하게 만들었습니다.

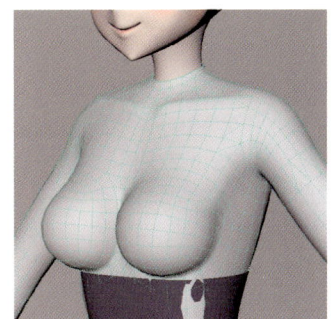

2 ▶ 부츠도 디테일에 신경 쓰지 말고 먼저 실루엣을 그럴듯하게 보이도록 만듭니다. 아우터, 어깨 로브(케이프), 망토 등 겹치는 옷이 많으므로 구조적인 관계를 생각하면서 만듭니다.

3 ▶ 러프 모델을 만들었습니다. 전체의 균형을 유지하면서 옷의 각 부품을 만듭니다.

4 ▶ 오른쪽 그림의 시점에서는 망토와 머리카락 사이에 간섭이 있습니다. 머리카락의 실루엣을 고집하지 말고, 머리카락의 버텍스를 선택한 뒤 망토에서 떨어지도록 이동시킵니다.

2.4.2 ▶ 스커트

1 ▶ 러프 모델을 기반으로 먼저 스커트부터 만듭니다. 박스 플리츠 형태의 스커트를 생각하며 단계를 진행합니다.

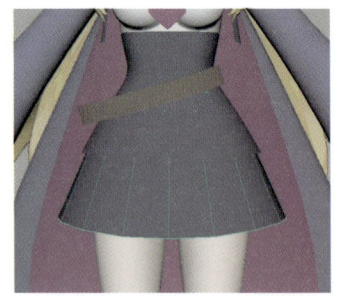

2 ▶ 스커트 색상과 옷감이 나뉘어진 곳과 페이스 수를 맞추면서 분할을 늘립니다. 분홍색 체크 무늬의 수는 확실하게 결정해 둡니다. 또한 다리가 움직이는 것도 고려해 가로 방향의 분할 수를 많게 했습니다.

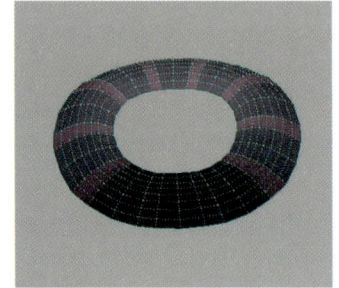

3 ▶ 소체와 스커트의 실루엣을 보면서 양쪽 형태를 조정합니다. 실루엣 전체를 크게 조정할 때는 Lattice Deformer를 적용합니다.

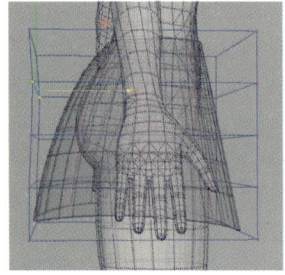

4 ▶ 분홍색 체크 무늬 형태에 맞춰 버텍스를 조정합니다.

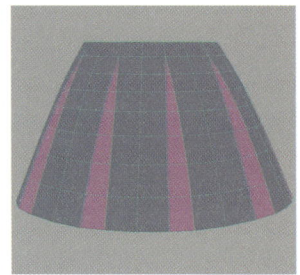

5 ▶ 분홍색 체크의 페이스를 안쪽으로 늘려서 박스 플리츠 형태로 만들고, 늘렸을 때 만들어진 불필요한 페이스는 삭제합니다.

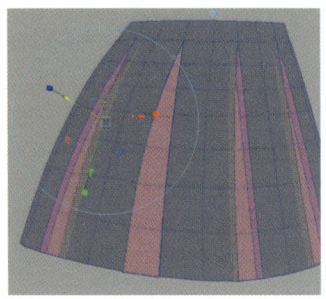
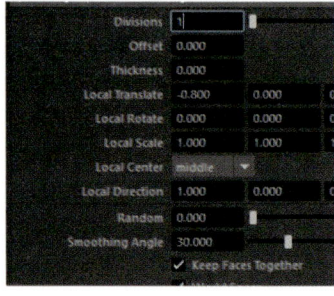
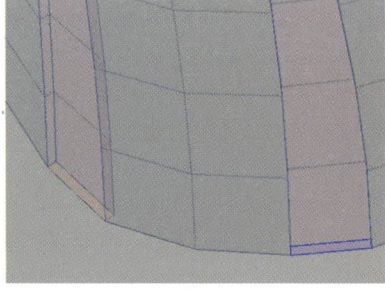

6 ▶ 늘린 페이스를 선택하고 회전해서 박스 폭을 균일하게 만듭니다.

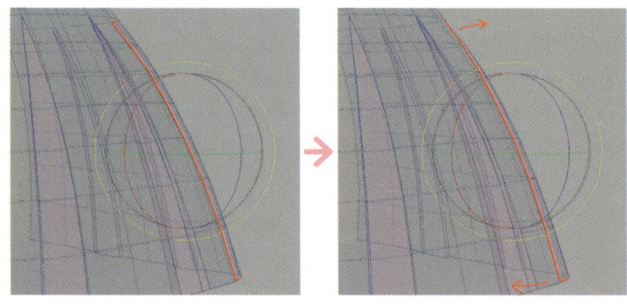

7 ▶ 분홍색 체크 무늬 가장 위쪽, 예각의 위치에 있는 버텍스는 병합합니다.

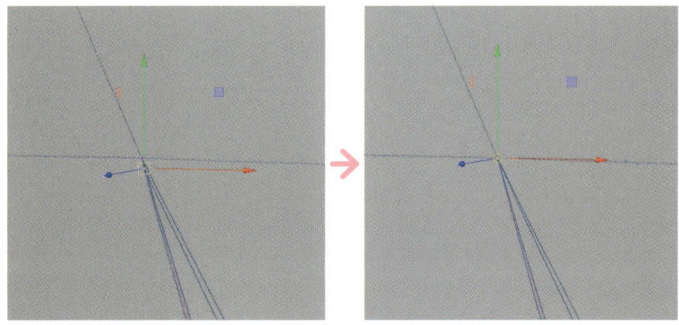

8 ▶ 컴포넌트의 트랜스폼을 사용해 플리츠 스커트 느낌의 각도가 되도록 폭을 넓힙니다.

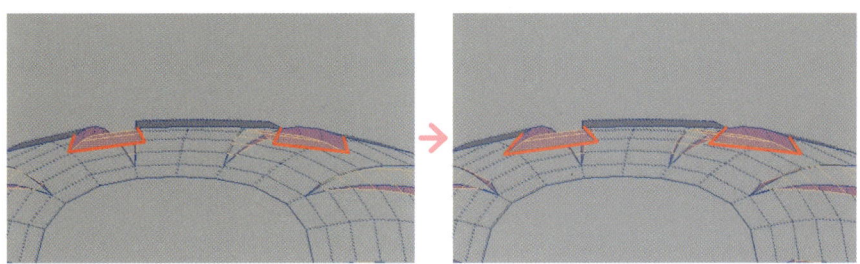

9 ▶ 우선 이 정도에서 스커트를 완성합니다.

2.4.3 ▶ 셔츠와 코르셋

1 ▶ 머리 부분, 몸체, 스커트를 선택하고 Maya에서 OBJ로 익스포트 합니다.

2 ▶ Marvelous Designer를 실행하고 앞서 익스포트 한 OBJ 파일을 아바타로 임포트 합니다.

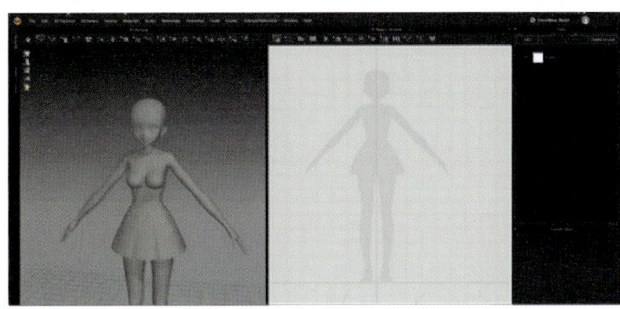

3 ▶ 옷의 주름으로 사용할 메시를 만듭니다. 먼저 코르셋입니다. 사각형 형지(fabric)를 준비합니다.

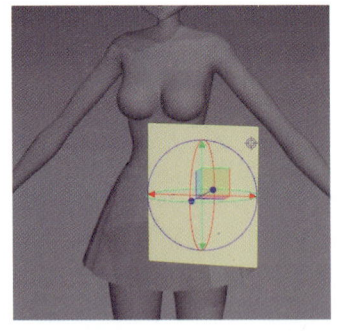 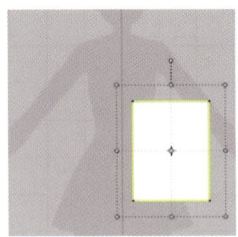

4 ▶ 대칭 패턴으로 클론을 만듭니다.

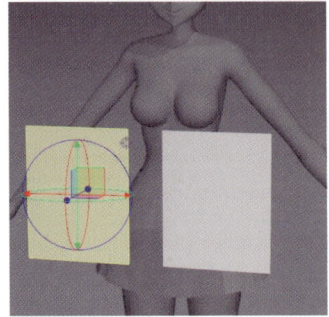 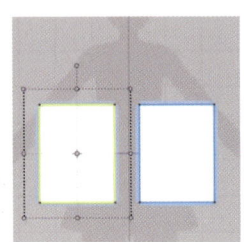

5 ▶ 두 장의 형지의 옆쪽 에지를 결합합니다.

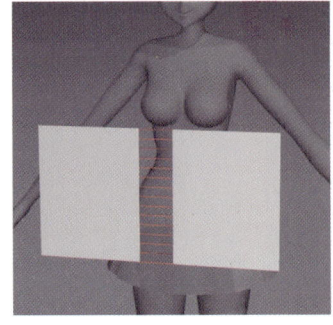 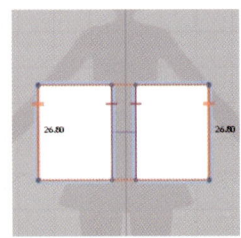

6 ▶ 뷰에 떠있는 형지를 회전, 이동해서 몸체의 옆쪽으로 가져옵니다.

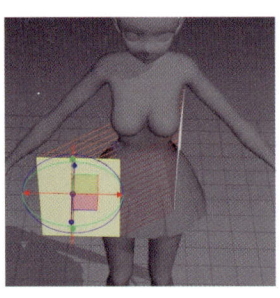

7 ▶ 형지를 배치했다면 한 차례 시뮬레이션을 실행해 봅니다. 몸체의 옆쪽에 배치한 형지는 바느질선을 따라 몸을 따라 달라붙어 옷감이 됩니다.

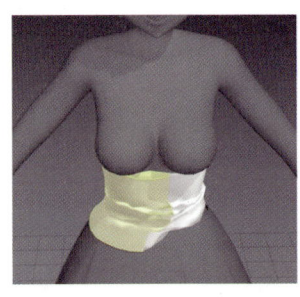

8 ▶ 하지만 이 상태에서는 형태가 깔끔하지 않습니다. 옷감을 선택한 뒤 이동하거나 늘려서 옷의 형태를 정리해야 합니다. 이 작업은 Marvelous Designer를 사용해서 수행합니다.

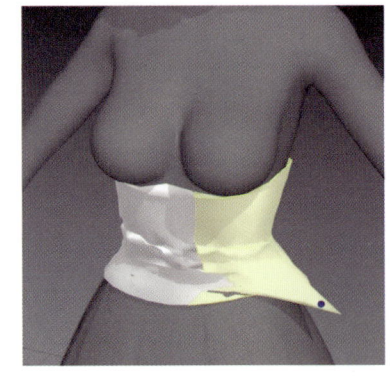

9 ▶ 옷감의 색감을 바꾸고 싶을 때는 [Fabric]에 옷감을 추가하고, 메시를 선택한 뒤 [Apply]을 누릅니다. 색과 재질은 [Property Editor]에서 변경합니다.

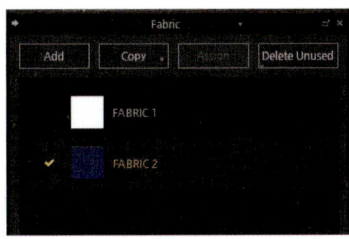
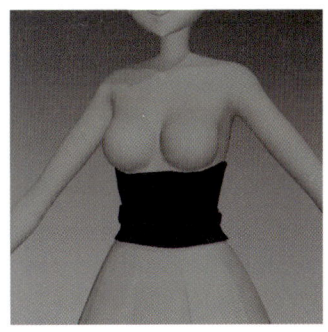

10 ▶ 다시 형지 편집 모드로 돌아가 포인트를 추가하고 코르셋 형태로 만듭니다.

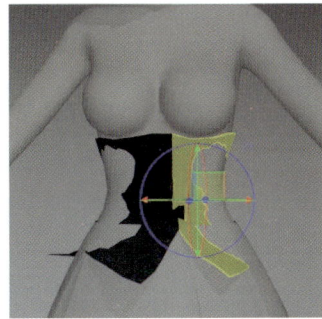
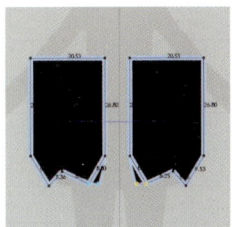

11 ▶ 옷감 형태가 거칠게 느껴진다면 [Property Editor]에서 [Simulation Properties]의 [Particle Spacing(mm)]의 값을 줄여서 분할 수를 늘립니다.

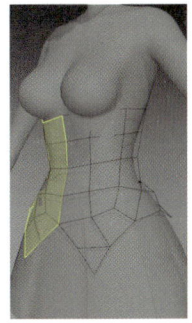
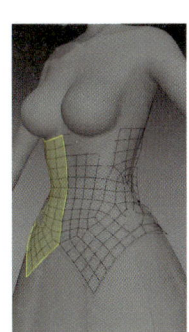

12 ▶ 대략적인 형지의 형태를 만들었다면 시뮬레이션에서 상태를 조정합니다.

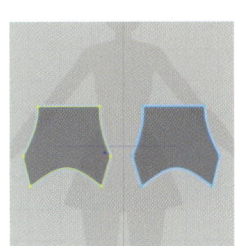

13 ▶ 셔츠도 같은 순서를 따라 형지부터 만듭니다. 옷깃은 Maya에서 만드는 것이 빠르므로 Marvelous Designer에서는 만들지 않습니다.

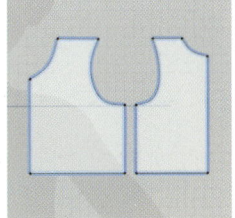

14 ▶ 맘에 드는 느낌의 주름이 될 때까지 옷감의 재질을 바꾸거나, 옷감을 접거나 펴는 과정을 반복합니다.

15 ▶ 주름 형태를 결정했다면 이후에는 ZBrush에서 주름을 조정합니다. 옷의 메시를 선택한 뒤 OBJ로 익스포트 합니다.

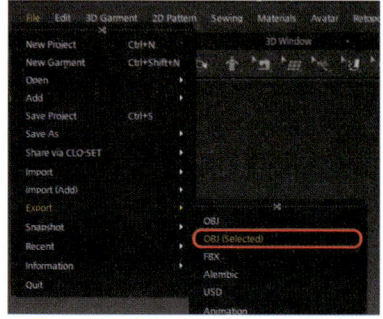

16 ▶ Marvelous Designer에서 익스포트 한 옷의 메시를 ZBrush에서 임포트 합니다.

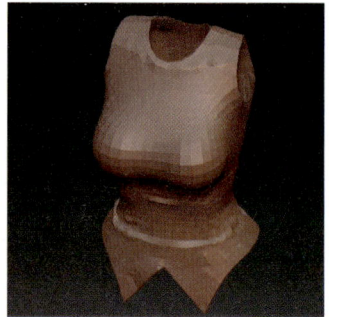

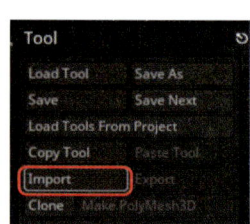

17 ▶ 주름의 디테일을 표현하기 위해 Divide를 2단계 정도 높입니다.

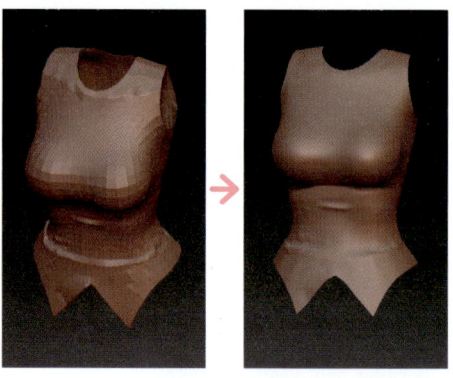

18 ▶ 가슴에 의해 늘어난 옷의 주름을 생각하면서 세세하게 조정합니다.

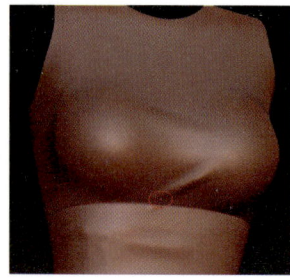

19 ▶ 옆쪽도 오른쪽 그림과 같이 옷의 주름 수 또는 간격이 균등하거나 반복적인 느낌이 들지 않도록 조정합니다.

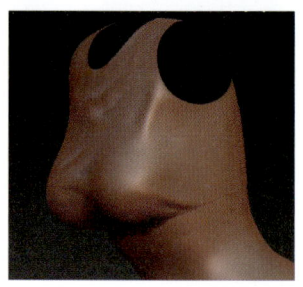

20 ▶ 코르셋의 배 부분에는 주름을 넣으면 버튼을 처리하기 어렵습니다. 또한, 배로 인해 옷이 늘어나 주름이 생기기 어려우므로 허리의 옆쪽에만 주름을 만들었습니다.

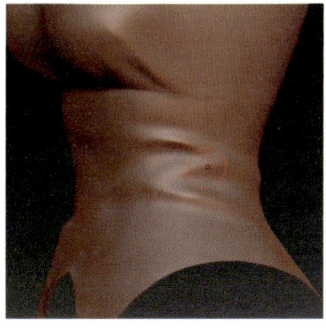

21 ▶ 주름이 괜찮은 느낌으로 만들어졌다면 OBJ로 익스포트 한 뒤 Maya에서 리토폴로지 작업을 합니다.

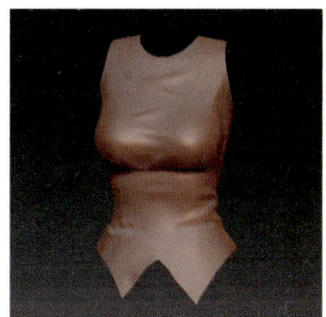

22 ▶ 익스포트 한 OBJ를 Maya에서 임포트 합니다. 이 메시를 라이프 서피스 모드에서 Quad Draw Tools을 사용해 위쪽부터 페이스를 붙여 리토폴로지 합니다.

23 ▶ 다루기 쉽도록, 토폴로지의 밀도를 어느 정도로 설정할지 생각하기 쉽도록 코르셋에서 리토폴로지를 합니다. 코르셋은 텍스처로 좌우 비대칭감을 표현해야 하겠지만, 모델의 형태에 따라서는 대칭이어도 좋을 것입니다.

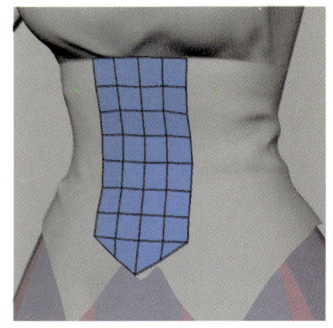

24 ▶ 세 개의 주름이 교차하는 부분은 오른쪽 그림과 같이 조정하면 불필요한 분할을 만들지 않을 수 있습니다.

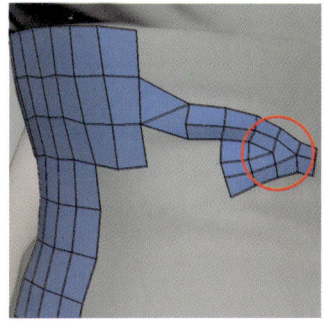

25 ▶ 주름 끝이 평평한 면과 만나는 위치의 분할은 항상 고민거리입니다. 여기에서는 왼쪽 그림과 같이 삼각형화해서 주름이 점점 사라지는 느낌을 주었습니다. 뒤쪽은 특별한 작업을 하지 않고 오른쪽 그림과 같이 분할했습니다.

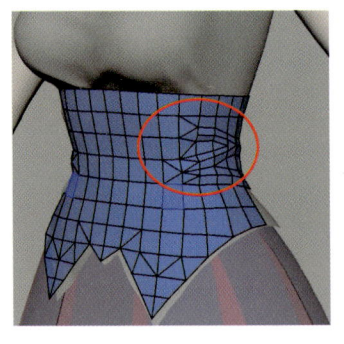
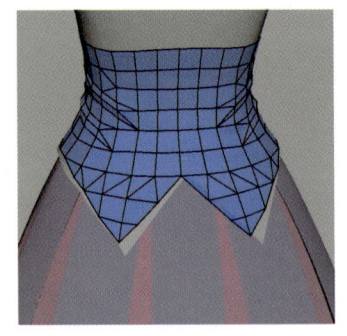

26 ▶ 이 시점에서는 UV의 바느질선을 오른쪽 그림의 빨간색 선과 같이 가정하고, 에지의 흐름이 딱딱하지 않게 해줍니다. 옷의 바느질선, UV의 경계가 될 수 있는 에지는 처음부터 깔끔하게 해두면 이후 작업을 편하게 진행할 수 있습니다.

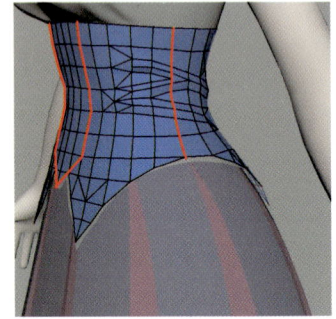

27 ▶ 좋은 느낌의 코르셋을 완성했습니다. 다음으로 셔츠를 리토폴로지 합니다. 어깨부터 시작합니다.

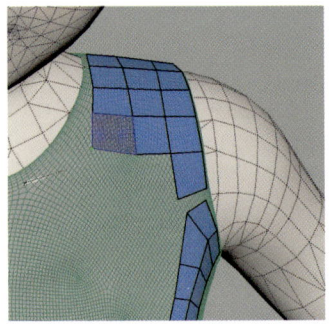

28 ▶ 등 쪽의 분할 수는 오른쪽 그림과 같은 정도로 작아도 괜찮습니다. 소매와의 경계 부분은 팔의 움직임, 셔츠의 몸통 쪽과 소매의 연결을 생각하면서 토폴로지를 만듭니다. 아래쪽의 분할은 코르셋과 같게 합니다.

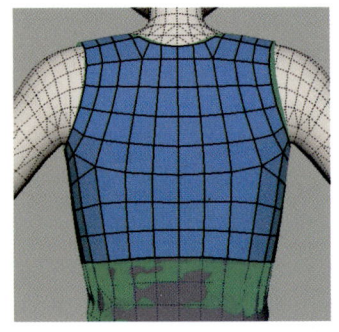

29 ▶ 가슴 부분도 한 번에 페이스를 붙입니다. 셔츠 가슴 부분의 곡선이 딱딱하지 않도록 분할 수를 많게 했습니다. 토폴로지는 소체의 가슴을 만들 때와 마찬가지로 깔끔하게 붙이는 것에 집중합니다.

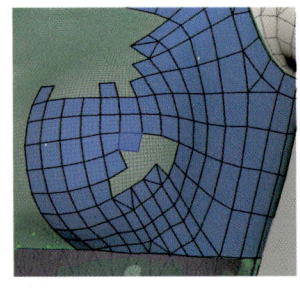

30 ▶ 셔츠도 코르셋과 마찬가지로 가운데 부분을 제외한 메시는 좌우 대칭으로 합니다. 가운데는 텍스처와 형태를 모두 비대칭으로 만듭니다.

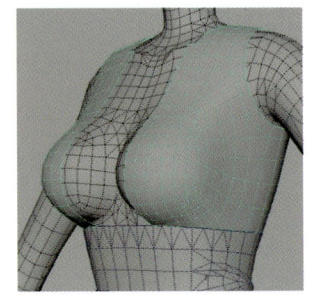

31 ▶ 셔츠의 좌우 형태를 섣불리 건드리고 싶지 않으므로, 가운데는 다른 메시를 사용해 리토폴로지 합니다. 나중에 하나의 메시로 만들 것이므로 분할 위치는 정렬해 줍니다. 주름의 흐름을 만들면서 토폴로지가 이상해지지 않도록 주의합니다.

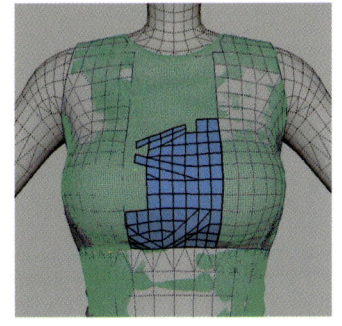
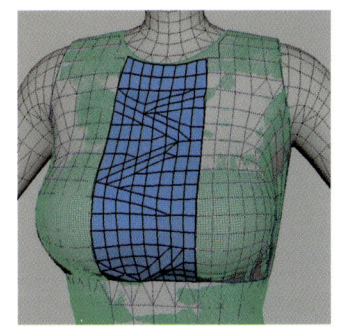

32 ▶ 2개의 셔츠의 메시 경계에 있는 버텍스 위치를 스냅 이동해서 맞춥니다. 셔츠의 대칭되는 부분과 대칭되지 않는 부분을 각각 쉽게 조정할 수 있도록 버텍스는 우선 병합하지 않습니다.

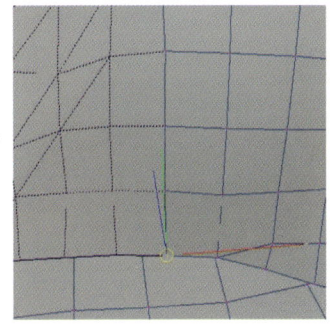

33 ▶ 대략적인 리토폴로지를 완료했으므로 세세하게 조정합니다. 디자인 자료와 비교해 코르셋을 작게 만들었으므로 Lattice Deformer를 적용해 아래로 늘리면서 폭과 형태를 조정했습니다. 셔츠도 크기감이 미묘하게 달라져 소체의 실루엣과 맞지 않았기 때문에 수정합니다.

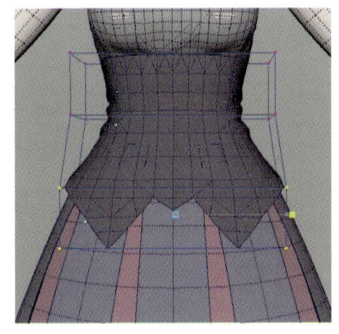
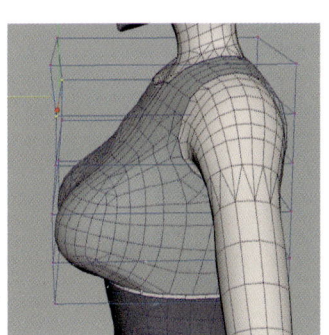

34 ▶ 주름이 튀어나온 부분과 들어간 부분이 잘 표현되지 않은 위치는 개별적으로 수정해 확실한 형태를 만듭니다.

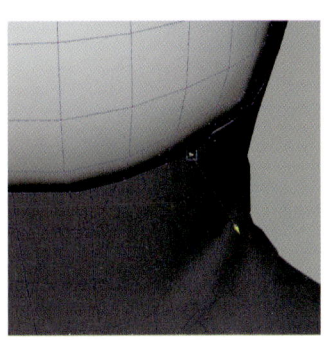

35 ▶ 기본 셰이딩에서 봤을 때 주름의 느낌을 확인할 수 있으면 좋습니다.

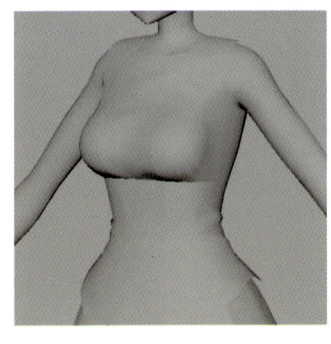

36 ▶ 다음으로 옷깃을 만듭니다. 셔츠 메시에서 목 주변 에지를 선택한 뒤 위로 늘리고 형태를 정리합니다.

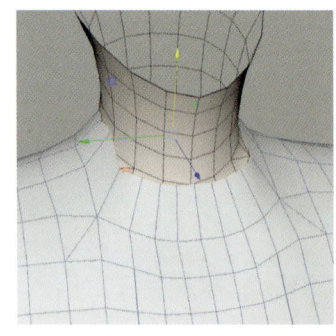

37 ▶ 다시 에지를 선택하고 아래로 늘린 뒤 형태를 수정해서 옷깃의 접힌 부분을 만듭니다.

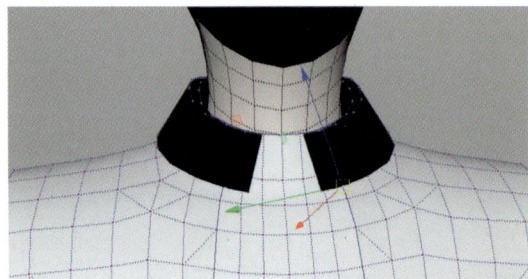 

38 ▶ 완전히 똑바른 옷깃은 매력적이지 않으므로 에지 루프를 사용해 옷깃을 한 바퀴 도는 분할을 추가하고 버텍스를 안쪽으로 트랜스폼 시킵니다. 그러면 실루엣에 변화가 생겨 조금 더 부드러운 재질로 보입니다.

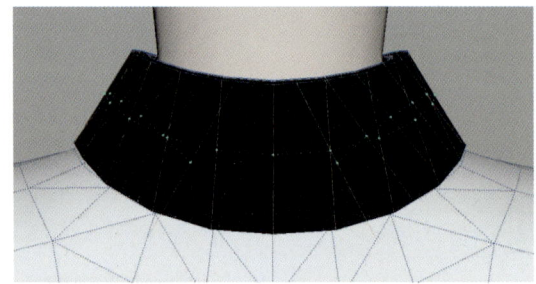 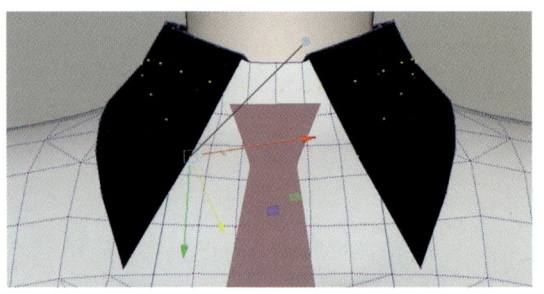

39 ▶ 형태를 정리했다면 페이스를 늘려서 부피를 만듭니다.

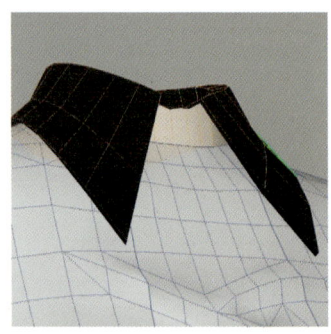

40 ▶ 목과 만나는 경계 에지는 애니메이션 했을 때 손상되지 않도록 경계의 분할을 목에 맞춰 줍니다.

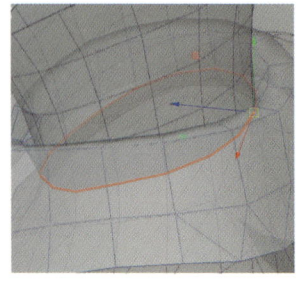

41 ▶ 옷깃의 앞쪽은 폭이 넓으므로 한 번 더 분할을 추가해 균형을 잡아 줍니다. 옷깃은 대략적으로 오른쪽 그림과 같은 형태가 되면 완료입니다.

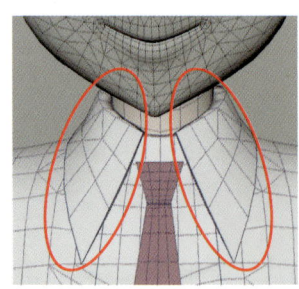

2.4.4 ▶ 넥타이

1 ▶ 다음으로 넥타이를 만듭니다. Plane 프리미티브에서 시작합니다.

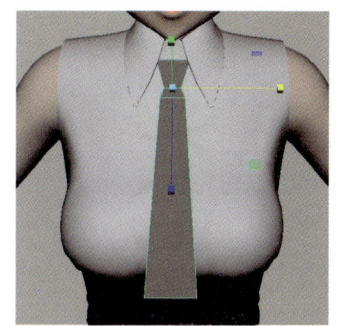

2 ▶ Smooth Mesh Preview와 Multi-Cut Tool을 사용해 효율적으로 만듭니다. 형태를 결정했다면 스무스를 적용해 불필요한 에지를 삭제합니다.

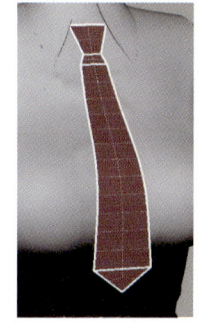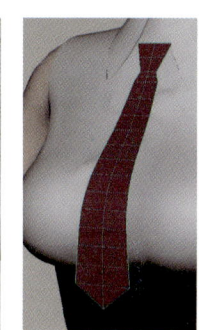

3 ▶ 계속해서 중심의 세로 방향 분할을 노멀 방향으로 트랜스폼해서 두께를 만듭니다.

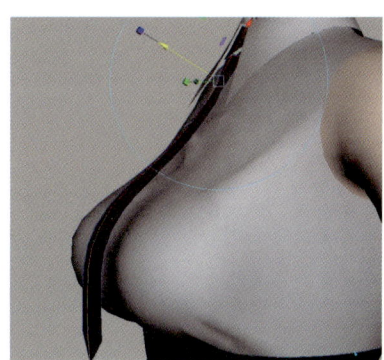

4 ▶ 안쪽은 바깥쪽 메시를 복제하고, 노멀을 반전시킨 뒤 볼륨 에지를 삭제해서 만듭니다.

5 ▶ 옷깃이 떠있는 상태이므로 노트(넥타이를 묶는 부분)에 두께를 만듭니다. 해당 페이스의 일부를 늘려 옷깃 아래로 연결합니다.

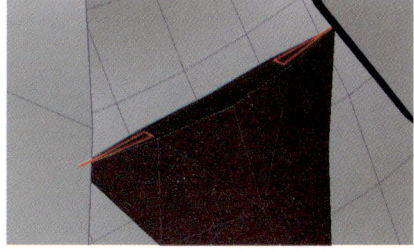

6 ▶ 여기에서는 오른쪽 그림과 같이 목 주변을 한 바퀴 돌리지 않고, 바깥쪽에서 보이는 부분만 만들었습니다.

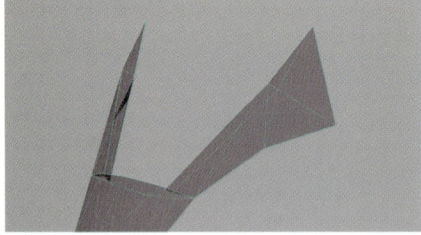 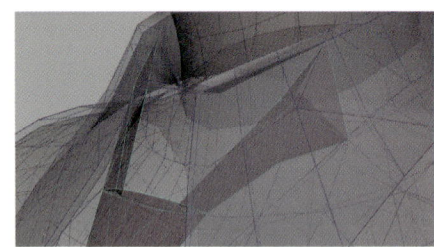

7 ▶ 넥타이에 맞춰 옷깃의 안쪽이 이 보이지 않는 부분도 페이스를 삭제하고 병합합니다.

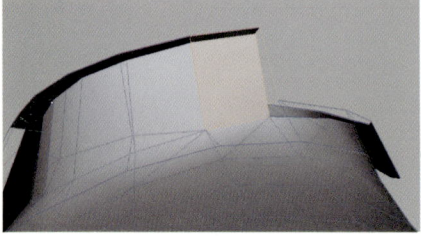 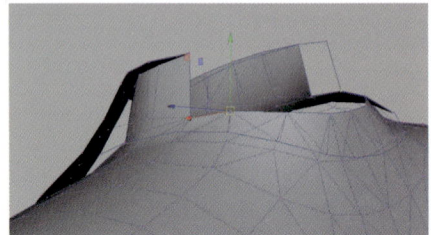

8 ▶ 오른쪽 그림과 같이 옆쪽에서 봤을 때 눈에 띄지 않으면 괜찮습니다.

9 ▶ 셔츠, 코르셋, 넥타이를 완성했습니다.

2.4.5 ▶ 팬티

1 ▶ 팬티는 소체의 분할을 바탕으로 해서 만듭니다. NOCO 씨에게서 속옷에 관한 디자인 이미지를 받은 것이 없으므로 전통적인 형태의 팬티로 만들었습니다. 소체 상태에서는 어느 부분을 팬티로 만들어야 좋을지 알 수 없으므로, 먼저 머티리얼을 사용해 색상을 분할합니다.

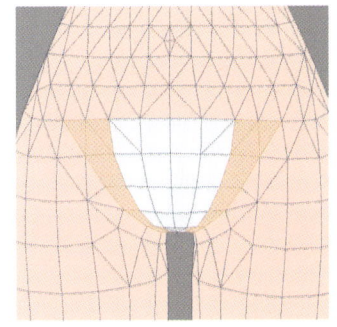

2 ▶ 색상을 분할해 보면 오른쪽 그림과 같이 소체의 분할 상태에서는 팬티의 형태가 되지 않는 부분이 있으므로 분할을 변경합니다.

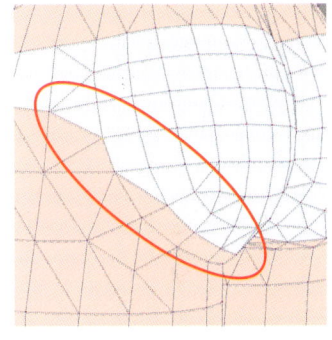

3 ▶ 빨간색 원으로 표시한 부분의 에지를 대각선으로 그리기 위해, 분할을 줄여서 완만한 곡선을 만들었습니다.

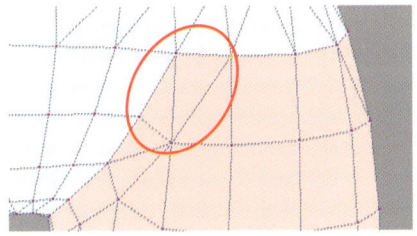
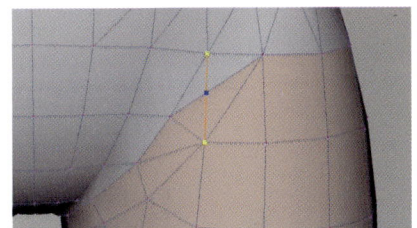

4 ▶ 엉덩이 쪽도 비슷하게 분할을 바꿉니다. 팬티의 형태로 만드는 것, 엉덩이 살이 조금 튀어나온 느낌을 주는 것, 움직임을 고려하는 등 다양한 가정을 하면서 토폴로지를 조정합니다.

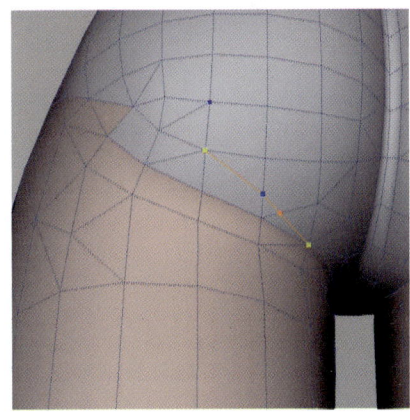

5 ▶ 팬티는 그림과 같이 만들었습니다. 세세한 표현은 텍스처 작업을 할 때 조정할 것입니다.

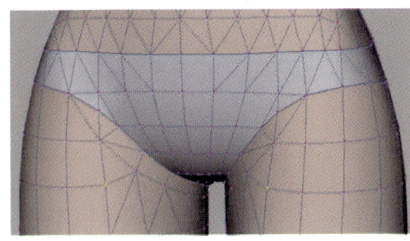
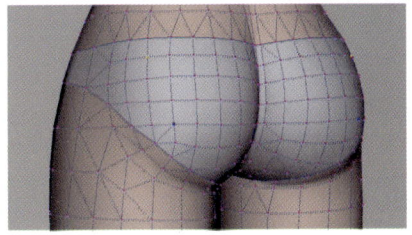

2.4.6 ▶ 부츠

1 ▶ 부츠는 발목 부근에 주름이 모여 있습니다. 다시 Marvelous Designer에서 시접이 될 메시를 만듭니다. 발 끝 쪽은 Maya에서 만들 것이므로 Marvelous Designer 를 사용할 때는 발목 부근만 작업합니다.

 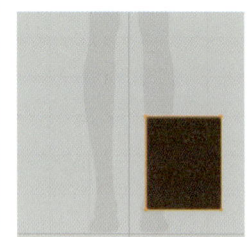

2 ▶ Cylinder 형지를 감은 것만으로도 상당히 좋은 느낌 의 주름이 만들어졌습니다.

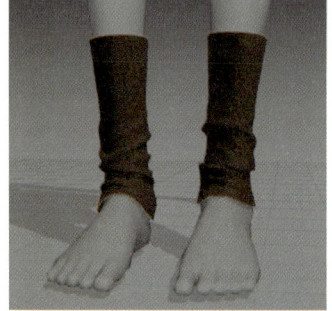 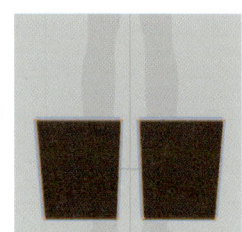

3 ▶ 여기에 부츠의 벨트도 붙였습니다. 원하는 주름의 느낌에 가까워졌다고 생각했으나…

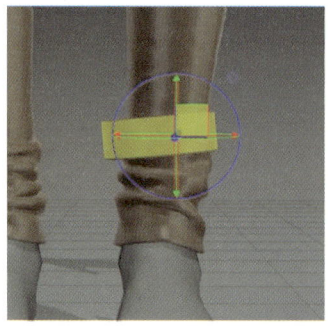 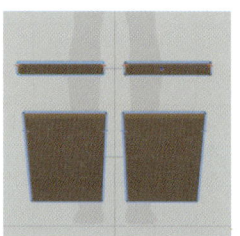

4 ▶ 원하는 주름이 생각만큼 잘 만들어지지 않았고 부츠의 메시 안에 벨트의 메시가 파고 들어갔습니다. 영원히 끝나지 않을 것만 같은 느낌입니다.

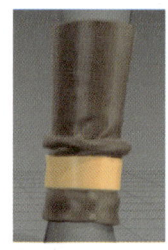 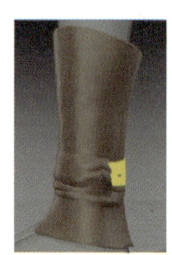

5 ▶ 벨트는 붙이지 않고 1장의 형지만으로 원하는 주름 의 형태로 조정하기로 했습니다. OBJ로 익스포트 한 뒤 ZBrush에서 주름의 형태를 조정합니다.

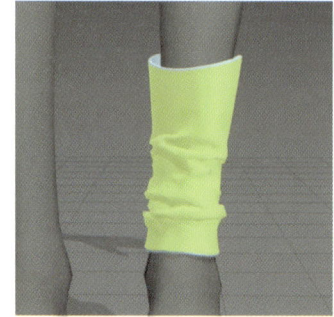 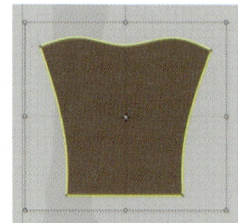

6 ▶ OBJ를 ZBrush에서 임포트하고, 지금까지와 마찬가지로 Divide를 2단계 정도 올립니다.

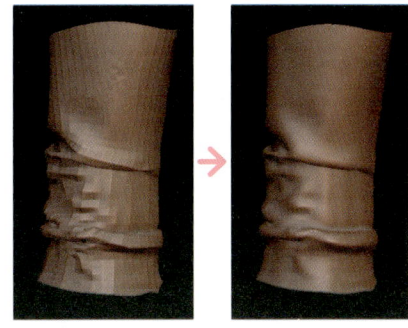

7 ▶ 과하게 구겨진 주름이 만들어져 브러시로 지워서 형태를 정리했습니다.

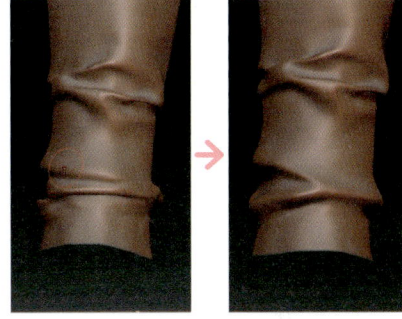

8 ▶ 파란색 부근에 벨트를 붙일 것이므로 이 부분에는 주름이 들어가지 않도록 평평하게 만들었습니다.

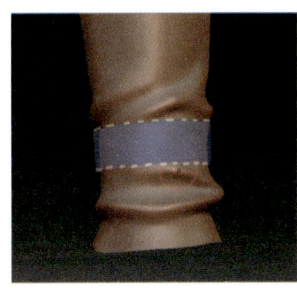

9 ▶ 짧은 시간에 좋은 느낌의 주름이 만들어졌습니다. 이것을 다시 OBJ 파일로 익스포트 한 뒤, Maya에서 임포트해 리토폴로지 작업을 합니다.

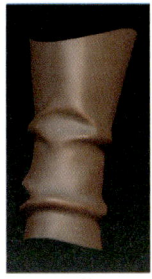 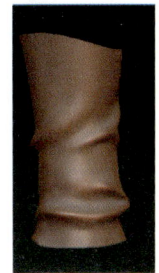

10 ▶ Maya의 씬에 OBJ를 임포트하면 디자인 이미지 보다 세세한 부츠가 된 것을 알 수 있습니다. 스케일로 폭을 넓혀 여유를 조금 만듭니다.

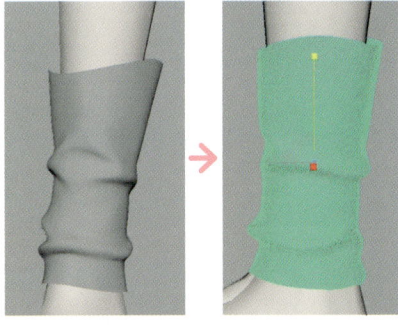

11 ▶ 앞과 마찬가지로 UV, 바느질선 경계에 주의하면서 리토폴로지를 합니다. 벨트의 토폴로지도 생각하며 작업합니다. 단면은 12각형 정도면 좋습니다.

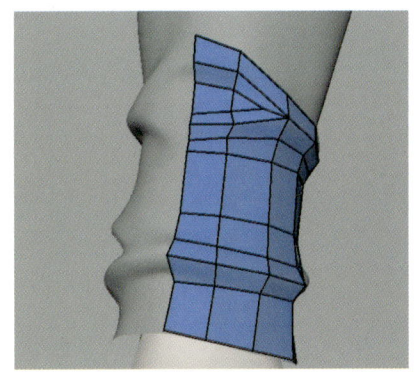

12 ▶ 주름의 토폴로지가 고민될 때는 우선 빈 공간에서 분할의 형태를 테스트해 봅니다.

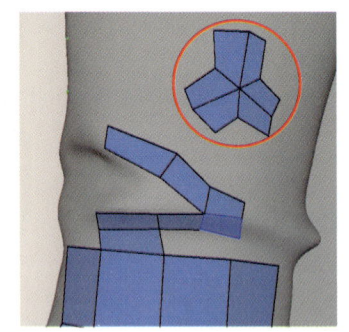

13 ▶ 특별히 변경하지 않고 진행하면 오른쪽 그림과 같은 형태가 될 것입니다.

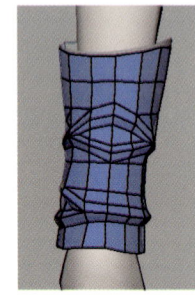 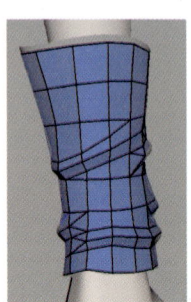

14 ▶ 머티리얼로 색상을 구분하고 셔츠와 마찬가지로 주름의 요철이 약한 부분은 개별적으로 버텍스 위치를 조정합니다.

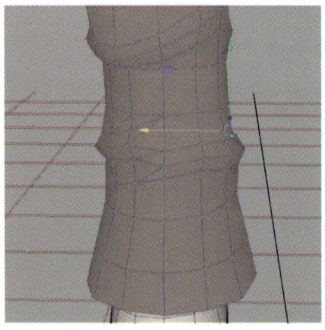

15 ▶ 토폴로지를 정리했다면 벨트의 공간으로 만들었던 페이스를 늘려서 벨트에 두께를 만듭니다.

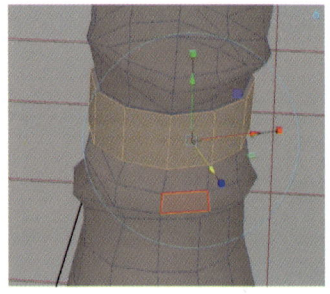

16 ▶ 부츠 뒷굽의 높이를 고려해야 하므로 소체 뒤꿈치의 위치를 조정합니다. 그에 맞춰 부츠를 발목에서 발끝 방향으로 만들어 갑니다.

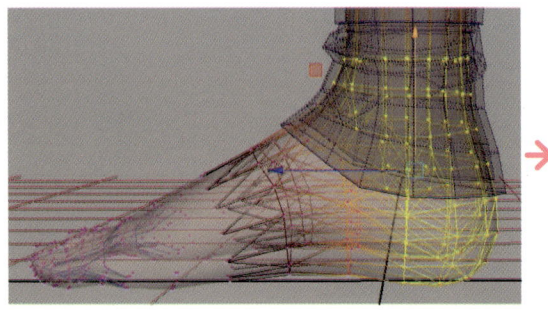 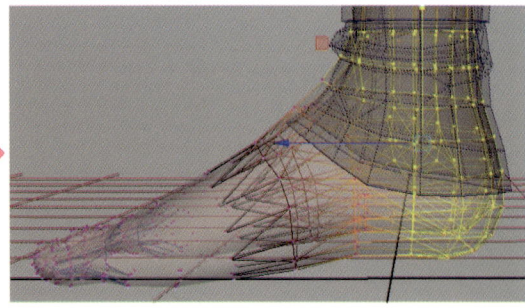

17 ▶ 발목이 구부려지는 부분에 간섭을 주지 않는 높이를 고려해 벨트도 위쪽에 만들었습니다.

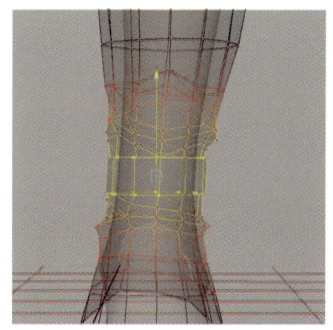

18 ▶ 부츠 뒷굽과 발끝은 에지 늘리기와 Multi-Cut Tool을 사용해 차근차근 만듭니다.

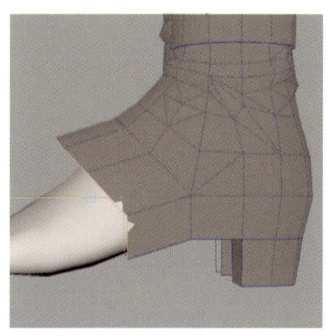

19 ▶ 발끝이 말려 있는 부분은 분할 수, 에지 각도, 간격, 폭 등의 균형을 적절하게 맞추면서 형태를 조정합니다.

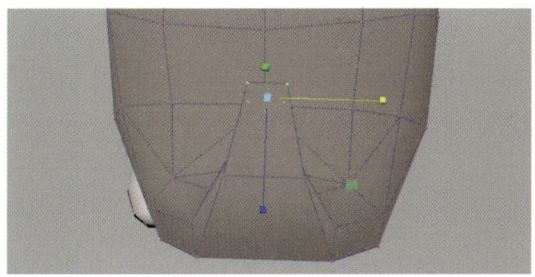
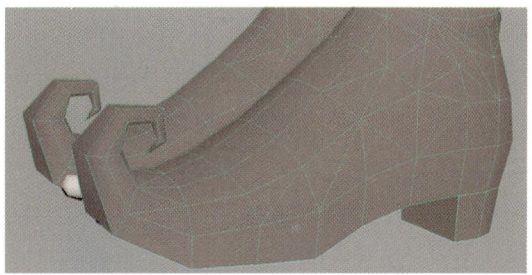

20 ▶ 에지 루프를 사용해 부츠 바닥을 만듭니다. 불필요한 분할은 병합하거나 에지를 삭제해서 조정합니다. 본체와 바닥의 경계선은 텍스처로 그려도 좋겠지만, 해상도 문제로 인해 흐릿하게 되면 좋지 않으므로 UV 경계로서 분할했습니다.

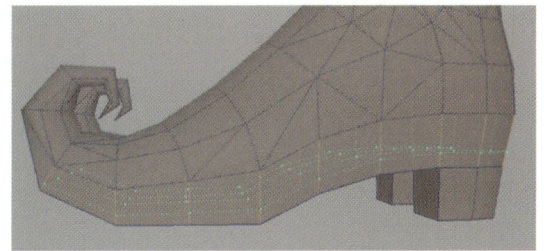
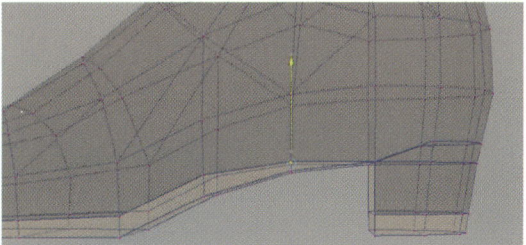

21 ▶ 바닥의 발끝 처리는 아래 그림과 같이 부츠 끝이 말리는 부분까지 닿지 않도록 적절하게 분할합니다.

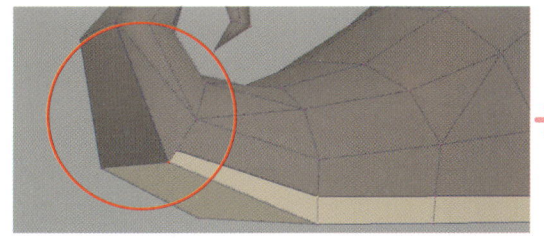
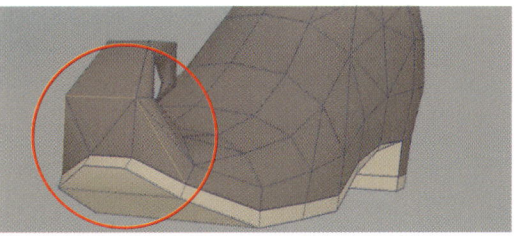

22 ▶ 접히는 부분은 에지를 늘려서 만듭니다.

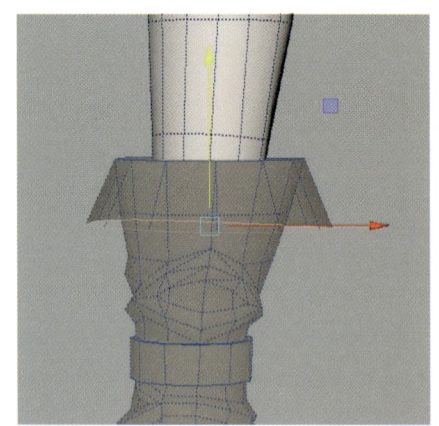

23 ▶ 접히는 부분만 복제한 뒤 노멀을 반전시켜 바깥쪽도 만듭니다. 다리가 들어가는 부분의 경계 에지는 다리의 분할에 맞춰 줍니다.

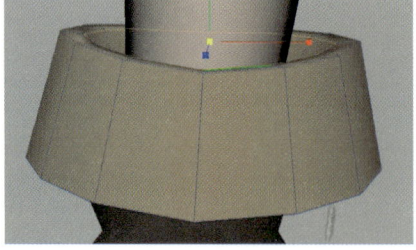 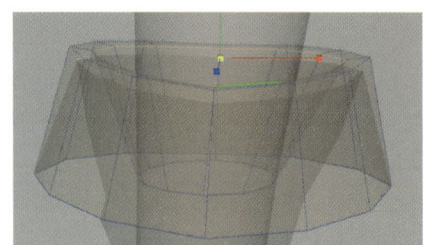

24 ▶ 버클은 Cylinder 프리미티브를 사용해 만듭니다. 적절한 크기와 위치로 조정하고, 옆쪽만 남긴 뒤 그대로 균등하게 늘려서 만듭니다.

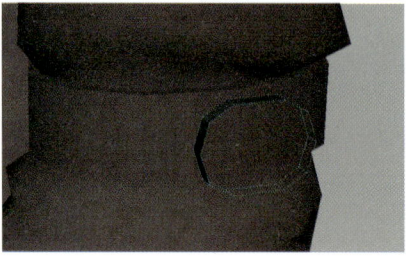 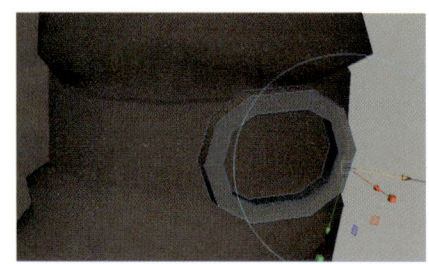

25 ▶ 벨트가 버클로 고정되는 위치는 튀어나온 느낌이 되도록 페이스를 늘려서 구조적으로 설득력을 더했습니다.

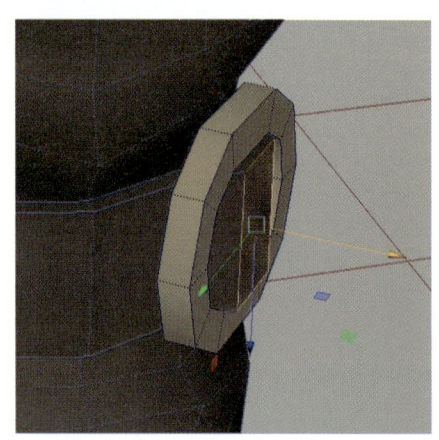

26 ▶ 벨트의 끝 부분도 늘려서 만듭니다.

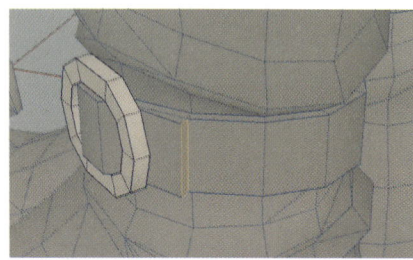 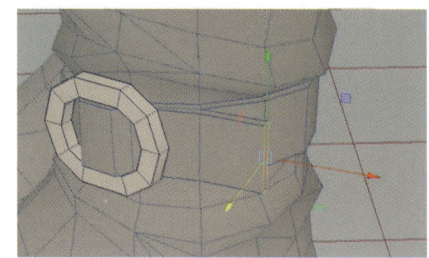

27 ▶ 부츠를 완성했습니다. 모델 형태만으로도 상당히 괜찮은 느낌을 줍니다.

28 ▶ 부츠와 관계는 없지만 무릎에 반창고가 되는 분할을 만들고 머티리얼로 색상을 구분해 둡니다.

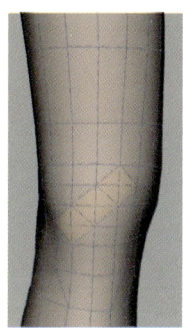 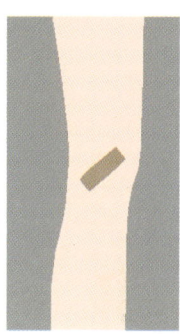

29 ▶ 지금까지 만든 결과를 전신에서 확인해 봅니다.

2.4.7 넥타이 핀

1 ▶ 베이스가 되는 육면체와 축 분할 수를 5로 한 사각 기둥을 준비하고 넥타이에 배치하고, 스케일을 조정합니다.

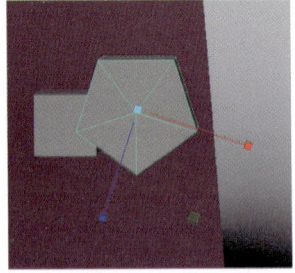

2 ▶ 오각형이 된 메시 측면을 선택하고, 페이스를 늘려 줍니다. 이 때, 페이스 일체성 유지는 비활성화합니다. 각 페이스를 개별적으로 늘립니다.

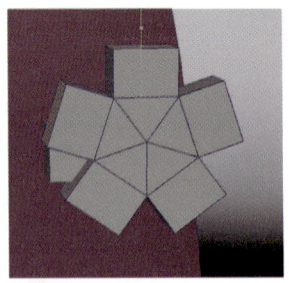

3 ▶ 늘린 페이스의 에지를 줄여서 별모양으로 만듭니다.

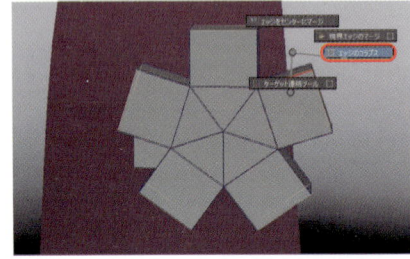 

4 ▶ 원하는 방법으로 안쪽 오각형의 에지 방향을 반전합니다.

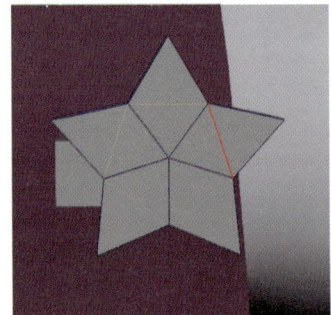 

5 ▶ 볼륨 에지를 모두 선택하고 삭제하면 자연스럽게 별모양의 장식이 됩니다. 육면체도 가로로 스케일을 핀 형태로 만듭니다.

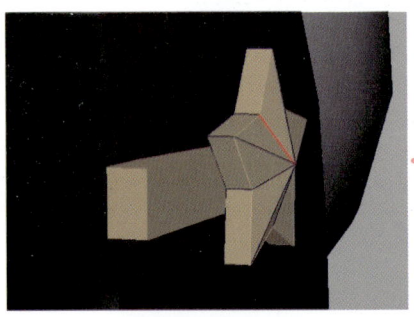 

6 ▶ 육면체와 별모양의 메시를 결합하고 위치를 조정해서 넥타이에 붙입니다. 넥타이 핀은 특별한 처리를 하지 않고 이 형태로 완성합니다.

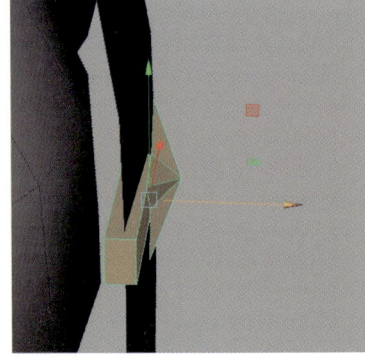 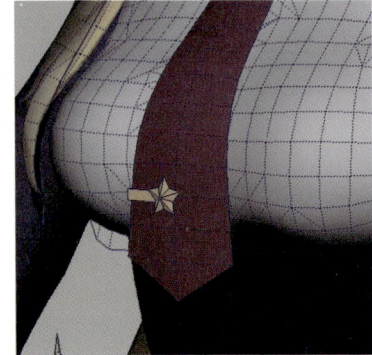

2.4.8 ▶ 아우터

1 ▶ 「2.4.1 옷 전체 러프 모델링」(p.115)에서 만든 아우터 메시를 다시 표시합니다. Lattice Deformer를 적용해 형태를 조정합니다.

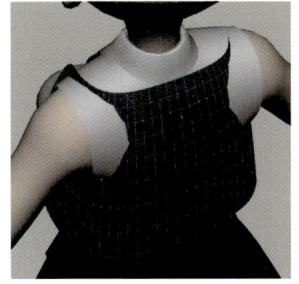
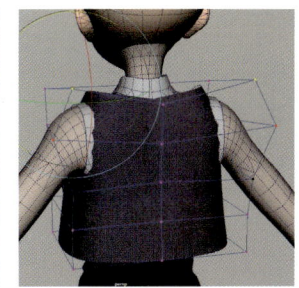

2 ▶ 마찬가지로 소매의 메시도 표시합니다.

3 ▶ 아우터와 소매의 연결 부분의 형태를 맞춰 둡니다. 상당히 복잡한 처리이지만 이것으로 괜찮습니다.

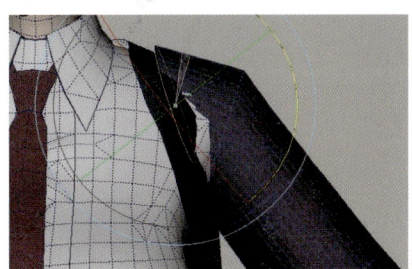

4 ▶ 위치를 맞춘 메시의 아우터와 소매를 결합해 하나의 메시로 만들고, 반대쪽 메시를 삭제한 뒤 미러링 합니다. 이것을 라이브 서비스로 한 뒤 리토폴로지를 합니다.

5 ▶ 지금까지의 리토폴로지 작업과 마찬가지로 Quad Draw Tool을 사용해 페이스를 붙입니다. 복잡한 처리가 불필요한 등 쪽부터 시작합니다.

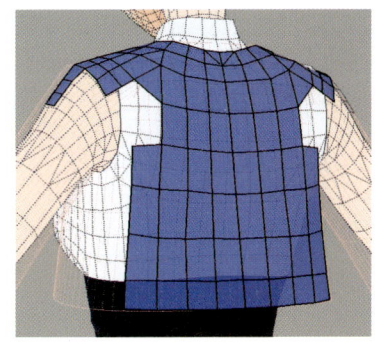

6 ▶ 아우터의 가장자리는 모서리가 둥근 형태이므로 분할을 더해 각이 지지 않게 하면서 금으로 만들어진 바이어스 테이프가 들어가는 부분의 페이스 배분도 고려해 둡니다. 어깨 주변은 움직일 때 자연스럽게 변형되도록 할 것이므로 분할을 늘려 줍니다.

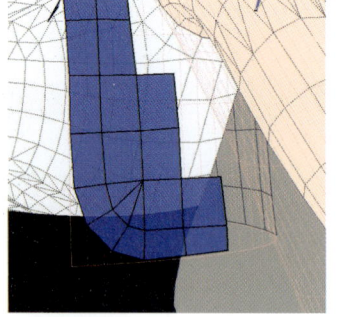
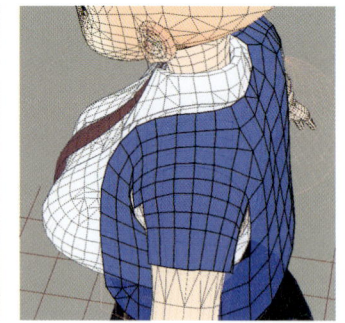

7 ▶ 머티리얼을 사용해 임시로 색상을 구분해서 대략적으로 완성된 형태를 그립니다. 색상을 구분함으로써 금으로 만들어진 바이어스 테이프의 폭이 비뚤어진 것을 확인했습니다. 에지의 폭이 균등하게 되도록 조정합니다.

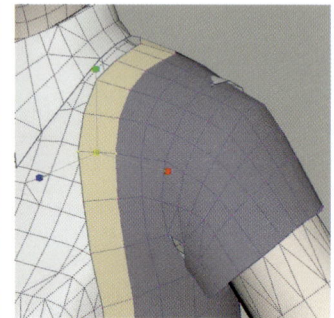

8 ▶ 겨드랑이 아래쪽 밑동도 소매와 깔끔하게 연결되도록 곡선을 그리면서 분할을 늘립니다.

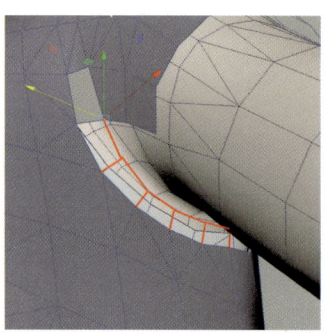

9 ▶ 아우터의 어깨 주변 한 바퀴를 깔끔하게 연결해서 토폴로지의 흐름이 오른쪽 그림과 같이 되도록 정리했습니다. 어깨 바깥쪽은 분할을 늘리고, 안쪽의 겨드랑이 부근의 분할을 줄이는 것이 포인트입니다. 이렇게 하면 깔끔하게 변형하기 쉽기 때문에, 관절 주변을 만들 때 적용하면 좋습니다.

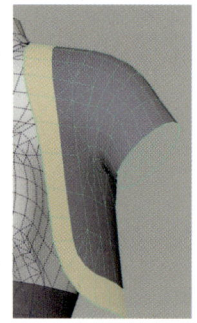
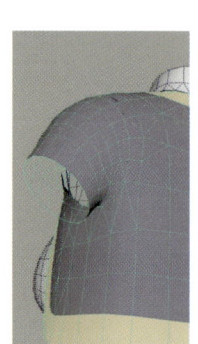

10 ▶ 전체적으로 봤을 때 오른쪽 그림의 느낌과 같이 되었습니다. 아우터 자체는 우선 이 정도에서 마무리합니다. 주름을 만들 부분은 없으므로 ZBrush를 사용한 스컬프팅 작업은 하지 않았습니다.

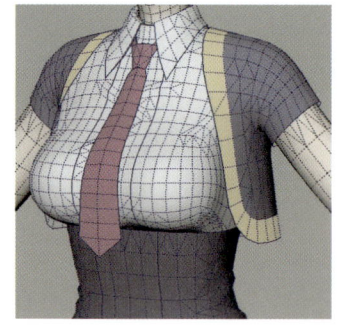

11 ▶ 소매에는 주름을 만들 것이므로 ZBrush를 사용해 스컬프팅을 합니다. 먼저 완성한 아우터 본체와 소매의 메시를 연결하고 OBJ로 익스포트 한 뒤 ZBrush에서 임포트 합니다.

 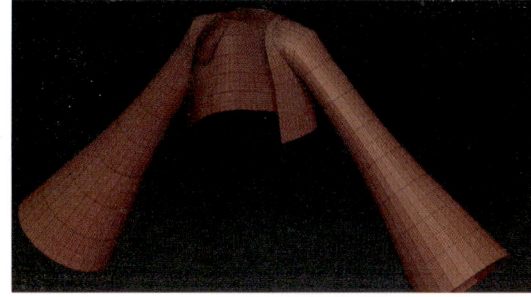

12 ▶ Divide를 올리거나 Z Remesher를 걸어 토폴로지의 밀도를 올려 깔끔하게 만든 뒤 작업을 시작합니다.

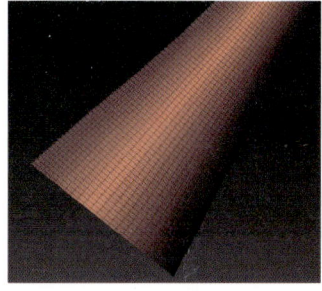

13 ▶ 중력에 위해 아래로 주름이 흘러내리는 것을 떠올리면서 스컬프팅 합니다. 또한, 소매는 옷감이 크기 때문에 세세한 주름을 넣지 않고, 편안한 느낌을 주도록 크고 긴 주름을 만듭니다.

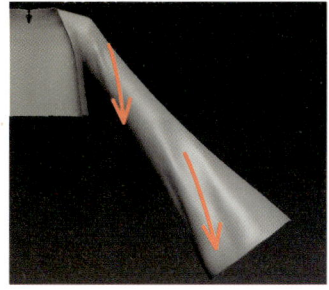 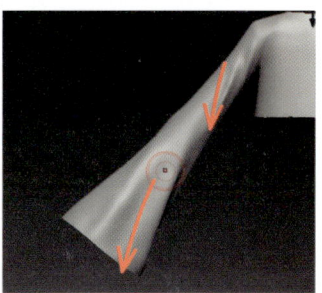

14 ▶ 주름의 흐름이 만나는 위치는 주름이 너무 겹치지 않도록 자연스러운 형태로 만듭니다.

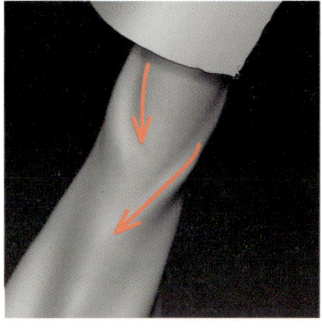

15 ▶ 소매 입구는 나팔의 형태로 만들고 천의 부드러운 느낌을 줍니다.

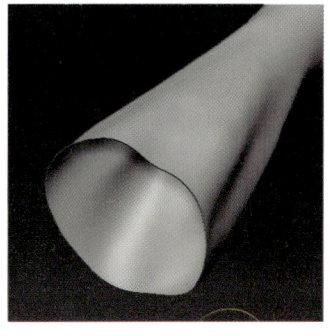

16 ▶ 소매는 오른쪽 그림과 같이 되었습니다. 큰 수고를 들이지 않고 상당히 자연스러운 느낌을 만들었습니다.

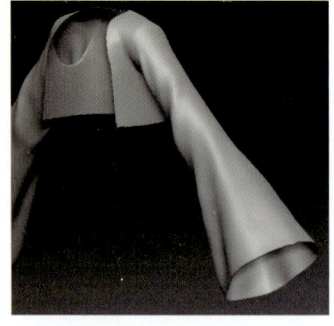 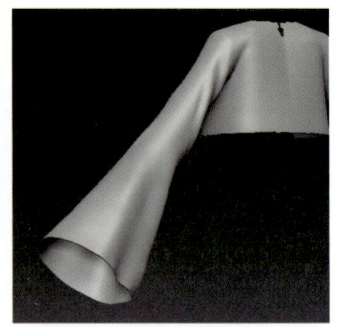

17 ▶ 필요한 소매만 마스크하고 숨기기를 해제합니다. 이 상태에서 OBJ로 익스포트 한 뒤 Maya에서 임포트해서 작업합니다. 분할 수가 너무 많다면 다시 Z Remesher(절반) 등을 사용해 폴리곤 수를 줄여두는 것도 좋습니다.

 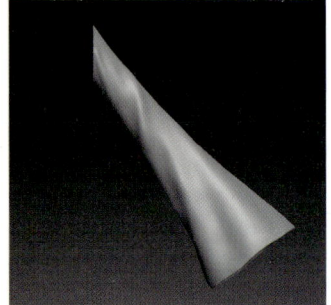

18 ▶ 익스포트 한 소매의 OBJ를 Maya에서 임포트하고 반대쪽에도 반전시켜 복제합니다.

19 ▶ UV와 바느질선의 경계를 생각하면서 다시 리토폴로지 합니다. 소매에는 여러 위치에 주름이 들어가므로 단면은 불규칙하지만, 위팔 쪽은 16각형 전후, 아래팔 쪽은 18각형 전후로 만듭니다.

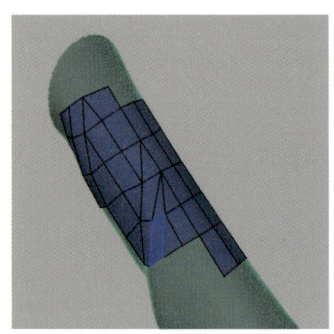

20 ▶ 어깨와의 결합 부분은 우선 아무것도 하지 않고 위치만 조정합니다.

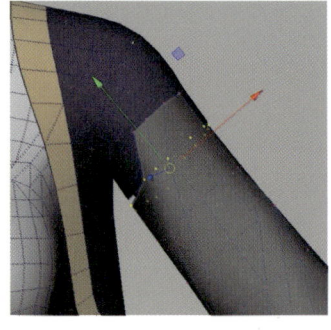

21 ▶ 소체와 마찬가지로 애니메이션 했을 때 구부러지는 팔꿈치는 분할을 많이 늘려 줍니다.

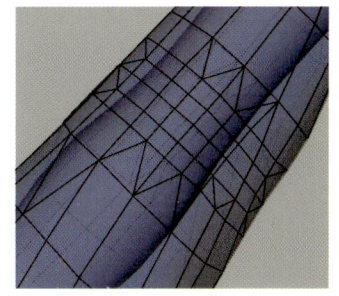

22 ▶ 주름의 흐름에 따라 페이스를 붙이면 토폴로지가 대각선으로 흐르는 느낌이 되고, 다른 부분과의 결합이 어려워집니다. 이 때는 삼각형화 등을 해서 토폴로지를 줄임으로써 밀도를 제어합니다.

23 ▶ 가로 방향으로 한 바퀴 두른 토폴로지가 딱딱하다면 적절하게 부드럽게 만듭니다. 조정할 버텍스를 선택하고 스케일 도구로 전환합니다. Tool Settings 안의 [Edit Pivot] 항목을 활성화하고 [Show Orientation Handle] 항목에 체크합니다. 조정 핸들을 회전시켜 방향을 조정합니다.

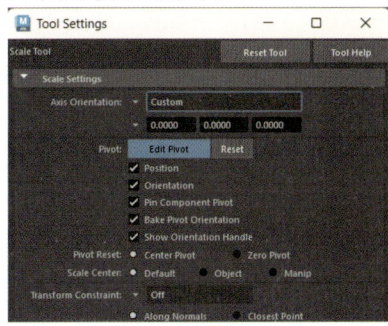
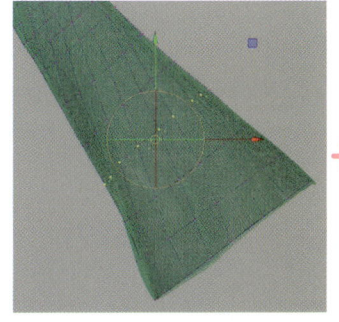

24 ▶ 다시 스케일 도구로 전환하고 선택한 버텍스를 스케일을 사용해 수직(Y축) 방향으로 올려서 평평하게 만듭니다. 이것으로 토폴로지가 딱딱한 느낌을 주는 것을 억제할 수 있습니다. 토폴로지가 지저분하면 UV, 텍스처, 스키닝 등의 여러 작업에 좋지 않은 영향을 주므로 가능한 토폴로지를 깔끔하게 정리합니다.

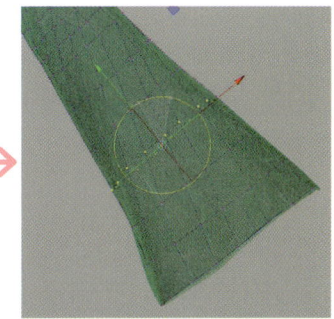
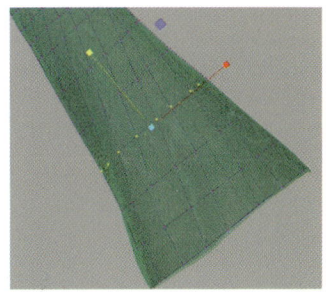

25 ▶ UV 경계는 안쪽으로 만들 것이므로 여기도 스케일 도구를 사용해 버텍스를 깔끔하게 정렬합니다. 다른 토폴로지의 간격이나 형태도 어느 정도 조정해 둡니다.

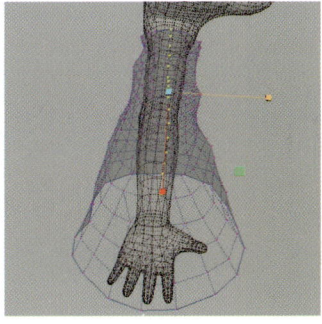
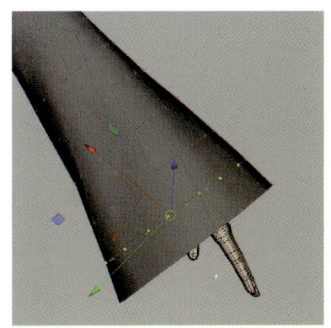

26 ▶ 소매의 전체적인 실루엣을 조정하기 위해 Cylinder 프리미티브를 소매 형태에 맞추고, 이 메시를 Wrap Deformer로서 사용합니다. 소매 매시에 이 Wrap Deformer를 적용해 소매 폭을 조정합니다.

 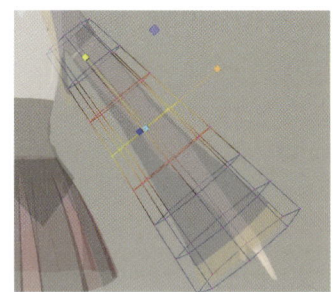

27 ▶ 소매의 형태를 만들었다면 아우터 본체와 소매를 연결하고, 앞에서의 버텍스 위치를 맞춰 어깨 연결 부분을 병합합니다. 주름의 흐름도 자연스럽게 되도록 조정했습니다.

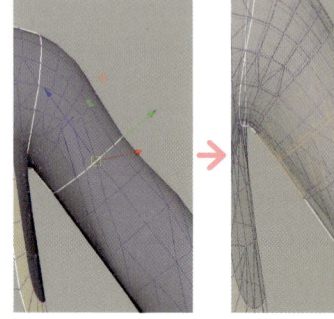 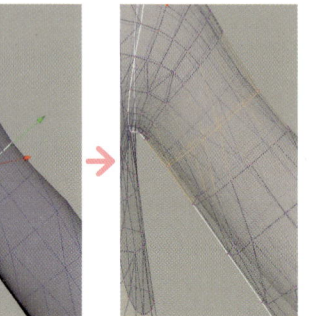

28 ▶ 어깨의 경계 에지가 조금 비뚤어졌으므로 깔끔한 타원이 되도록 조정합니다.

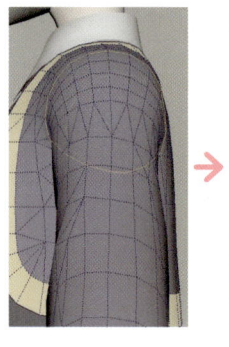 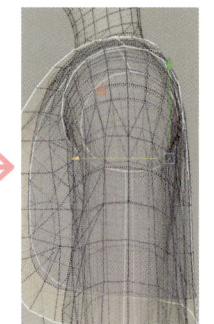

29 ▼ 소매 입구는 디자인 이미지에 맞춰 형태를 조정할 것이므로, 분할을 늘리면서 부드럽게 되도록 버텍스를 조정합니다.

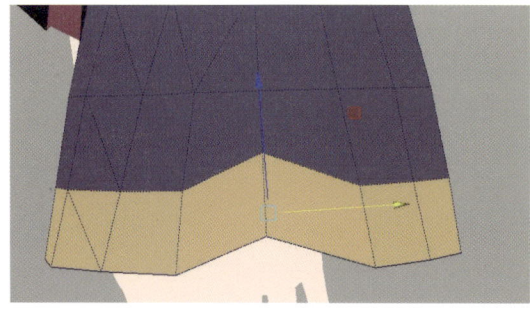 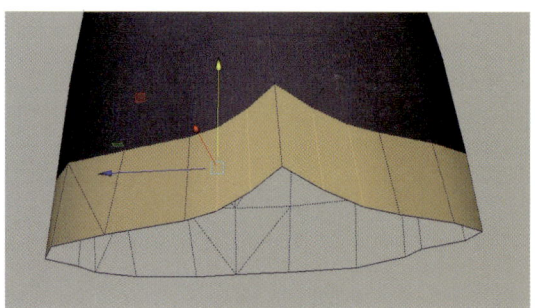

30 ▶ 리토폴로지와 형태를 조정한 소매의 형태는 오른쪽 그림과 같이 되었습니다.

31 ▶ 넥타이 핀의 별을 활용해 별모양의 보석을 만들어 배치합니다.

32 ▶ 보석이 들떠 있는 것은 좋지 않으므로 별 메시의 안쪽 면 중심을 선택하고 소매 쪽으로 이동시켜, 천과의 간격을 없앱니다.

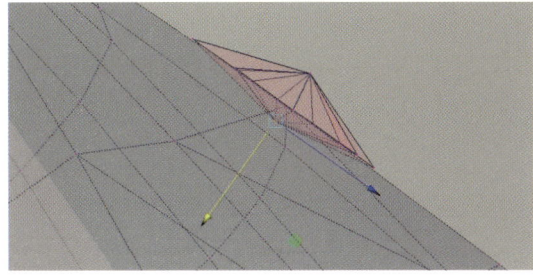 

33 ▶ 여기에서 우선 아우터 소매의 형태도 완성입니다. 소매 안쪽은 만들지 않았지만 이 부분은 UV 전개와 함께 만듭니다.

2.4.9 ▶ 셔츠 소매

1 ▶ 팔의 메시를 복재하고 불필요한 페이스를 삭제해서 베이스가 되는 메시를 만듭니다.

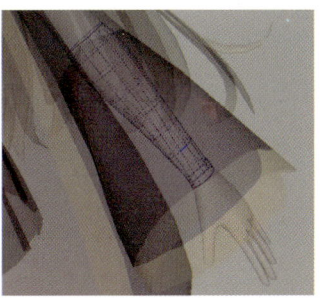

2 ▶ 분할을 추가하면서 형태를 조정합니다.

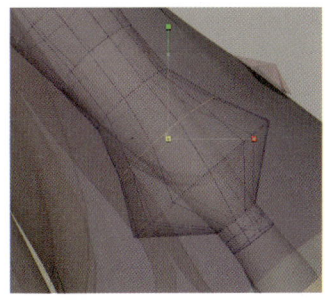

3 ▶ 디자인 이미지와 같이 부푼 소매를 생각하면서 다시 분하을 추가하면서 조정합니다.

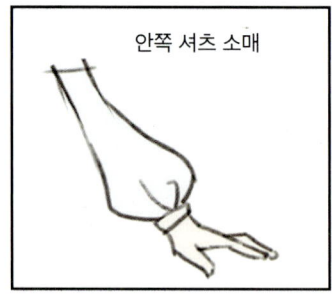
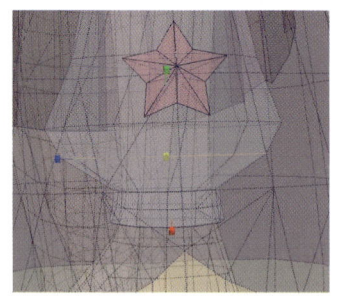

4 ▶ 복잡한 처리도 없으므로 셔츠 소매는 이 정도에서 마무리합니다.

5 ▶ 소매 입구에서 봤을 때의 실루엣에 변화를 주고 싶지만, 이 부분은 텍스처를 그려 넣으면서 조정합니다.

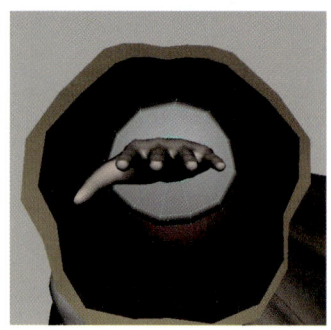

2.4.10 ▶ 망토

1 ▶ 러프 메시 중 망토 메시를 다시 표시하고 실루엣의 형태를 어느 정도 조정합니다.

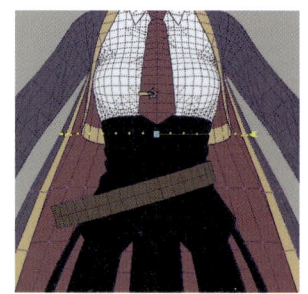

2 ▶ 조정을 마쳤다면 다시 OBJ로 익스포트 한 뒤 ZBrush에서 스컬프팅 합니다.

3 ▶ ZBrush에서 임포트 한 상태에서 Divide를 올리면 선의 넓이가 줄어들거나 예각으로 구부러져 있는 위치가 둔탁하게 되므로 크리스(바느질선)를 만든 뒤 Divide를 올립니다.

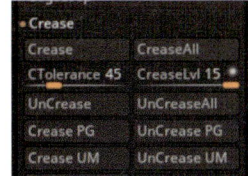
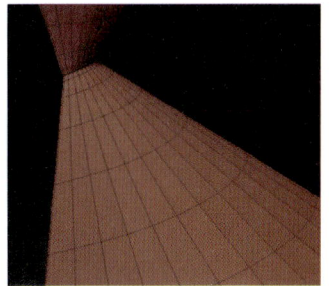

4 ▶ 주름을 만듭니다. 리본으로 묶인 부분은 천의 넓이가 집약되어 있으므로, 크게 접힌 주름을 만듭니다. 꽃잎 4장이 모여 있는 듯한 이미지로 만듭니다.

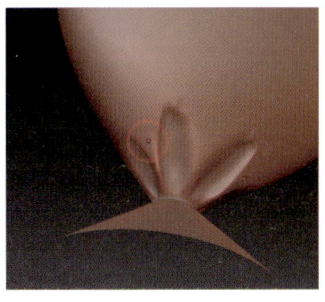

5 ▼ 이 상태로는 주름이 규칙적인 형태가 되기 때문에 안쪽의 성긴 주름 안에 한 번 더 작은 주름을 만들었습니다. 이제 규칙성이 사라지고 무작위적 느낌이 납니다.

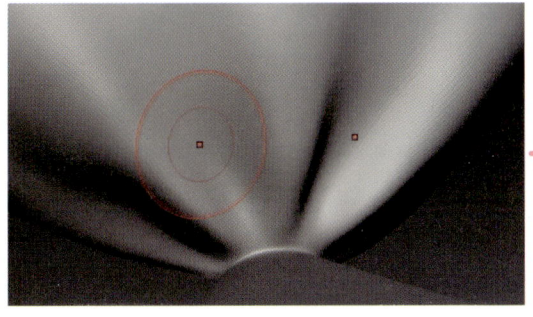
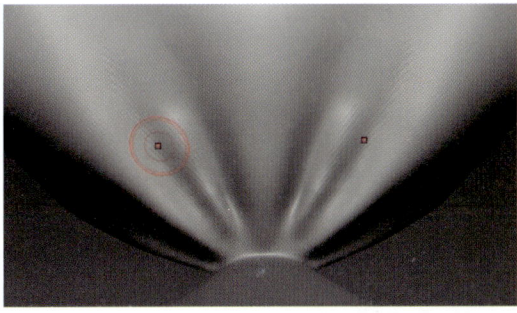

6 ▶ 망토의 꼬리 부분에 Move 브러시를 사용해 크게 움푹 들어가게 합니다(돌아보면 Maya에서 형태를 만드는 편이 빨랐을지도 모르겠습니다…)

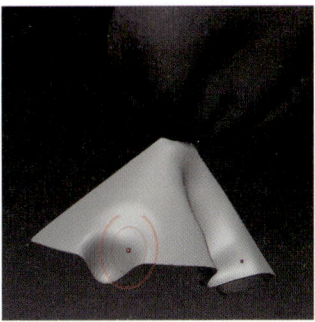

7 ▶ 아래쪽에서 봤을 때 왼쪽 그림과 같이 둥근 곡선이 만들어지도록 조정합니다. 깔끔하게 조정해 크게 펄럭이는 형태로 만들었습니다.

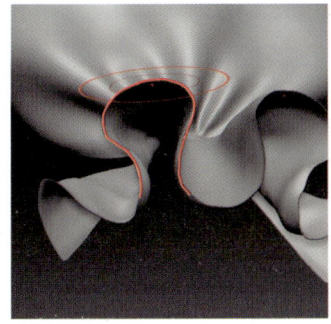
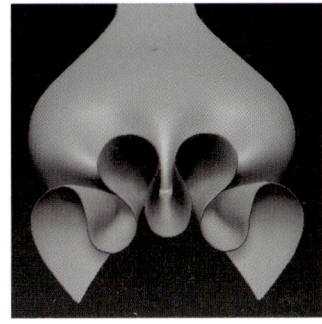

8 ▶ 여기에서의 망토는 리본에 묶여서 생기는 큰 주름을 만드는 것만으로 정보량이 충분하므로 세세한 주름은 의도적으로 만들지 않았습니다. 다음으로 텍스처와 균형을 잡습니다. 이 상태에서 OBJ로 익스포트 합니다.

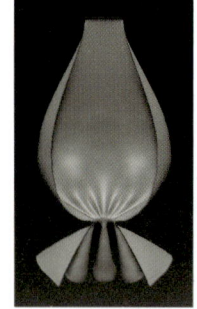

9 ▶ OBJ를 임포트한 뒤 다시 Maya에서 리토폴로지를 합니다.

10 ▶ 망토의 토폴로지 밀도를 어느 정도로 하면 좋을지 이 시점에서는 알지 못했기 때문에, 처음에는 대략적으로 간격을 잡고 페이스를 붙였습니다. 분할 수의 균형에 대한 감을 잡았다면, 에지 루프를 삽입해 점차 분할 수를 올립니다.

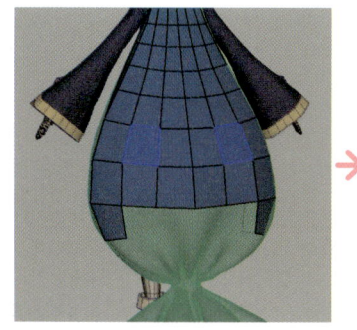
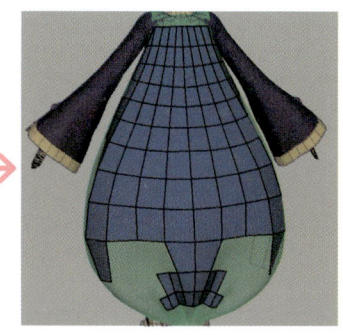

11 ▶ 주름은 그 크기가 크지만, 특별히 분할을 많이 할 필요는 없으므로 실루엣과 형태가 잡힐 정도로만 작업하고 나중에 텍스처를 사용해 보완합니다.

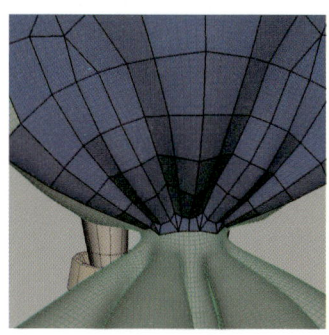

12 ▶ 메시의 밀도는 오른쪽 그림과 같은 정도면 좋습니다.

🔟3▶ 망토의 꼬리 부분도 신속하게 만듭니다. 묶인 부분에 분할이 집중되므로 불필요한 분할은 줄여 둡니다. 묶인 부분의 커브는 가능한 부드럽게 만드는 것이 좋지만, 분할을 너무 많이 늘리면 폴리곤 수가 급격하게 늘어나기 때문에 적절하게 균형을 맞춥니다.

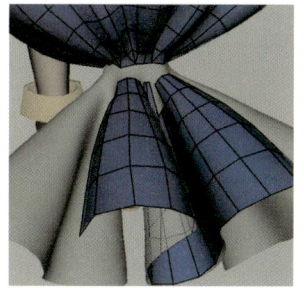
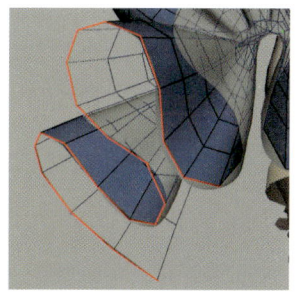

🔟4▶ 도중에 머티리얼을 사용해 색상을 구분하고, 금으로 만들어진 끝자락 폭을 조정합니다.

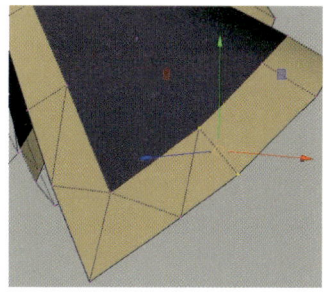

🔟5▶ 디자인적으로는 금 도구로 아우터에 장착되는 망토의 밑동이지만, 어깨 케이프가 상당히 덮고 있는 분이므로 눈에 보이는 범위만 만듭니다.

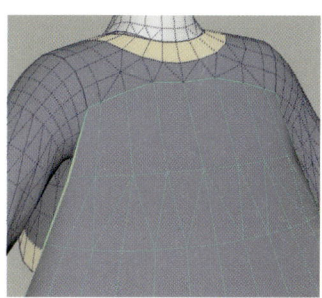

🔟6▶ 토폴로지의 흐름이나 밀도 등 세세한 조정을 반복해 리토폴로지 자체는 대략적으로 완료했습니다.

🔟7▼ 여기부터는 리본을 만듭니다. 리본은 먼저 Cylinder 프리미티브를 사용해 분할 및 형태 조정을 통해 매듭을 만듭니다. 매듭 메시의 측면 페이스를 선택하고 늘린 뒤, 세로로 스케일을 걸어 나비 형태 리본과 같이 만듭니다. 다시 분할 수를 늘려 형태를 조정하고 망토를 묶고 있는 위치에 배치합니다.

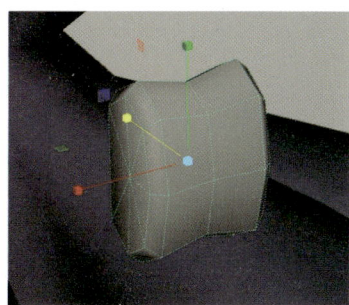
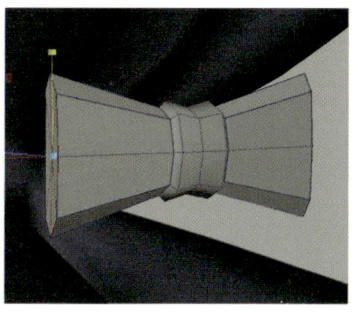
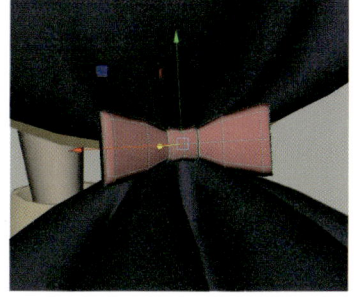

18 ▶ Cylinder 프리미티브를 사용해 나비 형태 리본이 망토를 묶고 있는 부분, 즉, 띠 모양 리본을 만듭니다. 이후 스케일을 조정해서 나비 형태 리본과 마찬가지로 망토를 묶고 있는 위치에 배치합니다.

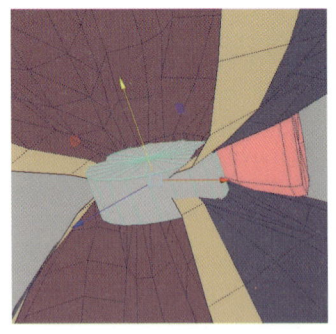

19 ▶ 띠 모양 리본에 맞춰 망토 쪽의 묶여 있는 형태를 조정하고, 묶여 있는 부분에 위화감이 없도록 채워 줍니다.

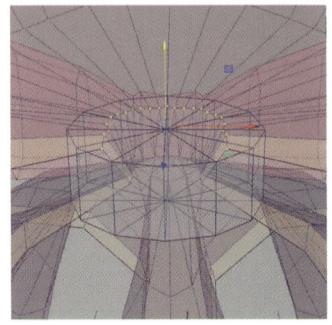

20 ▶ 띠 모양 리본 한 가운데 에지 루프를 넣고, 안쪽으로 패인 형태를 만듭니다. 망토를 묶은 구멍이 되는 버텍스를 움푹 들어가게 해 평평한 느낌을 없앴습니다.

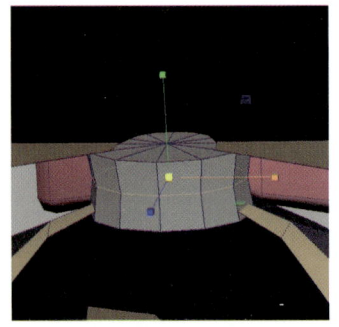 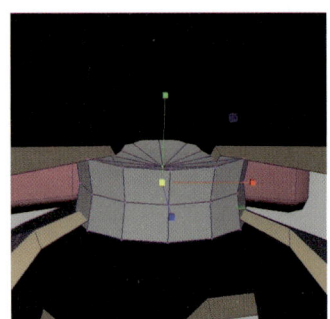

21 ▶ 나비 형태 리본이 띠 모양 리본에 붙여 있는 위치의 버텍스를 세로 방향으로 스케일해서 줄이고, 리본에 연결되어 있는 상태를 표현합니다. 아무것도 하지 않으면 XXX가 없어 딱딱한 것으로 보이기 때문입니다. 리본에 맞춰 묶여 있는 망토의 버텍스를 조금 더 가깝게 붙입니다.

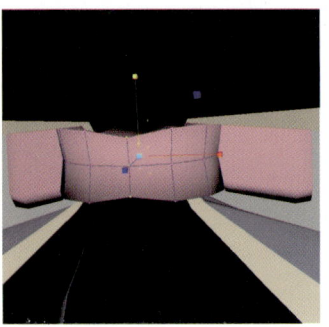 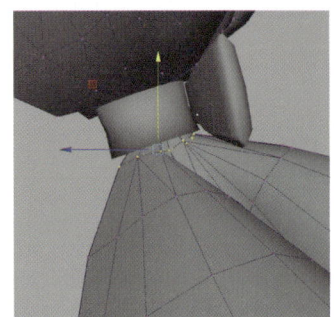

22 ▶ 앞에서 만든 나비 형태 리본을 인스턴스로 복제하고 반대쪽으로 배치합니다.

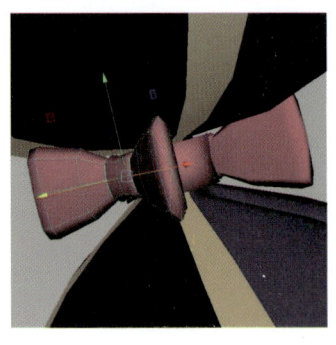

23 ▶ 리본을 묶으면서 만들어지는 고리의 구멍도 분할을 추가해서 만듭니다.

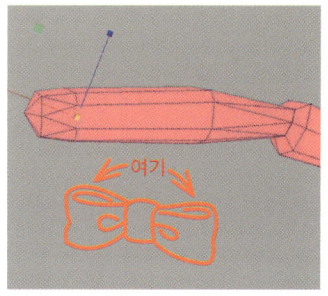

24 ▶ 망토가 좁혀지는 부분을 조금 더 스마트하게 표현하기 위해 Lattice Deformer로를 사용해 안쪽으로 찌그러진 것처럼 스케일을 적용해서 조정합니다.

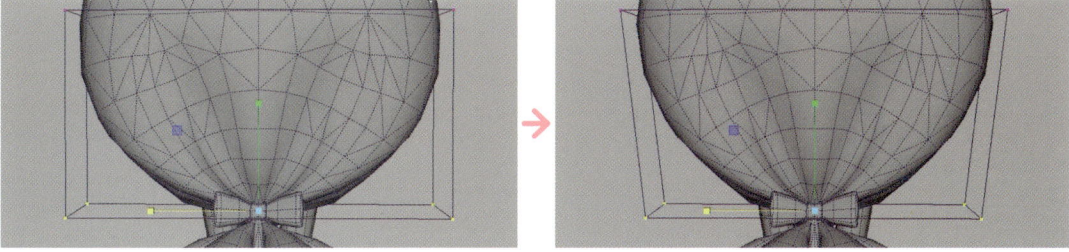

25 ▶ 그 밖의 상태들을 조정해 우선 망토를 완성했습니다. 이 시점에서 존재하는 안쪽의 와인 레드 옷감은 임시로 만든 것이며, 나중에 볼륨을 넣어줄 때 동시에 만듭니다.

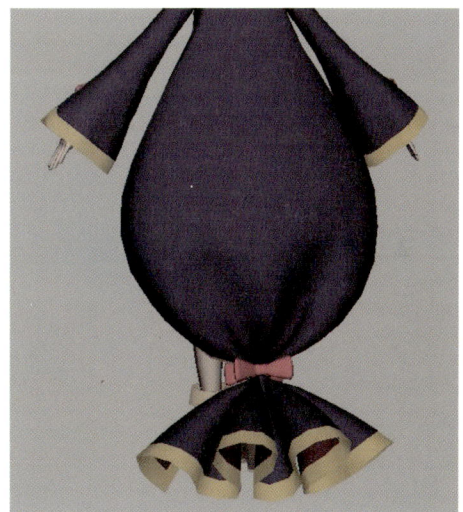

2.4.11 ▶ 어깨 케이프

1 ▶ 앞 단계에서 만든 아우터를 복제해서 소매 부분을 삭제합니다. 이 상태에서 어깨 케이프를 만듭니다. 이 부분은 Maya만 사용해서 조정합니다.

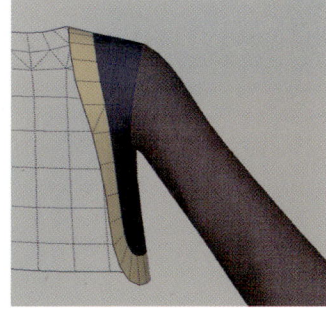
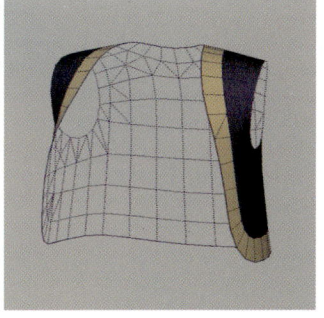

2 ▶ 아우터에서 복제한 객체에 Lattice Deformer를 적용하고, 아래쪽의 Lattice 포인트를 선택해 부채 모양이 되도록 이동합니다. 어깨 케이프 실루엣에서 가까운 형태가 되었습니다.

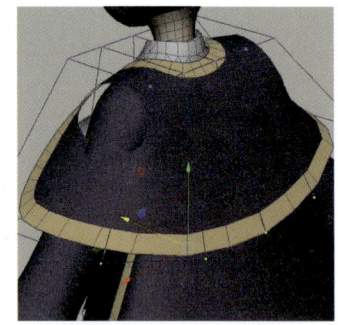

3 ▶ 메시의 밀도가 부족한 위치가 보이면 분할을 늘려 줍니다.

4 ▶ 어깨 위치에 맞춰 버텍스를 조정한 뒤, Append Polygon Tool을 사용해 페이스를 붙여 구멍을 채웁니다.

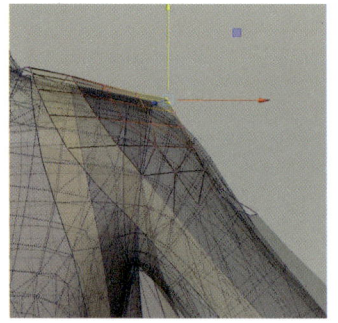
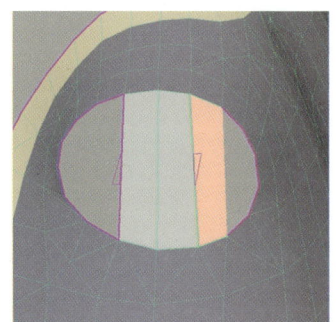

5 ▶ 구멍을 메꾼 면에 대해 다시 가로 분할을 추가하고, 분할을 추가한 위치와 그 주변의 토폴로지를 정리합니다. 셔츠와 마찬가지로 어깨 주변 메시의 밀도를 높이고, 어깨와 팔의 흐름에 다라 버텍스 위치를 조정합니다.

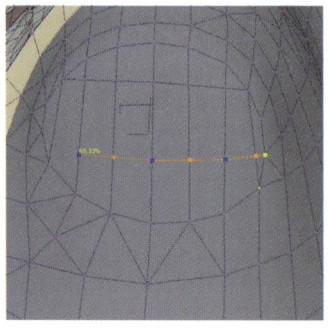
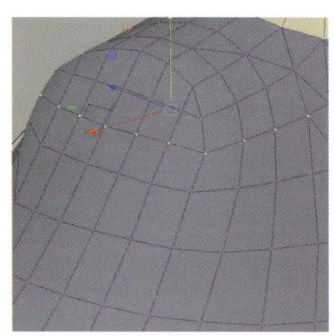

6 ▶ 어깨 케이프 형태가 직전 형태가 되지 않도록, 조금 바깥쪽으로 향하는 곡선을 그리도록 실루엣을 정리합니다.

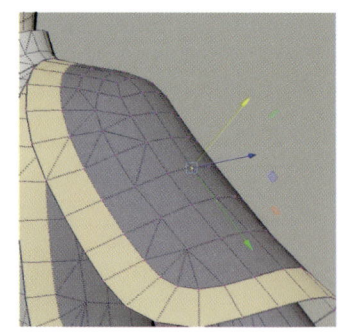

7 ▶ 금으로 만들어진 가장자리의 폭이나 커브를 정리할 때, 여러 에지 사이의 간격을 한 번에 조정하고 싶을 때는 에지 슬라이드를 사용하면 효과적입니다.

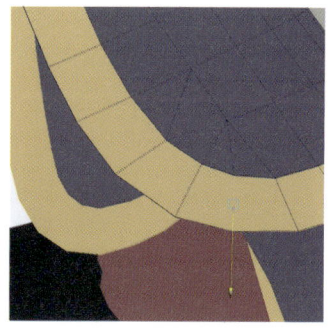

8 ▶ 천의 부드러운 느낌을 내기 위해 버텍스 위치를 조정해 형태를 적절히 팔랑거리게 만들었습니다.

9 ▶ 어깨 케이프의 앞쪽이 어깨에서 조금 떨어져 있으므로, 소프트 선택과 회전을 사용해 어깨 쪽에 붙입니다.

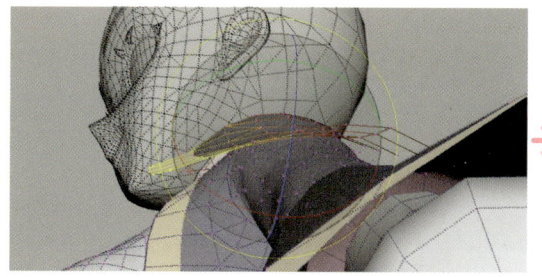
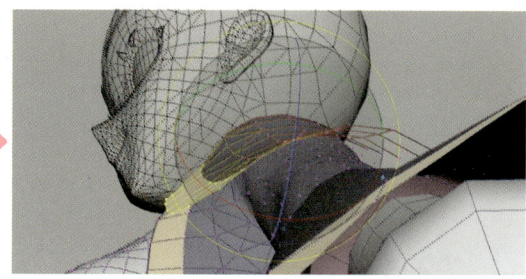

10 ▶ 기타 토폴로지를 깔끔하게 세세한 부분을 조정하고, 어깨 케이프 본체의 형태는 오른쪽 그림과 같이 만듭니다.

11 ▶ 계속해서 어깨 케이프에 붙여 있는 장식을 만듭니다.

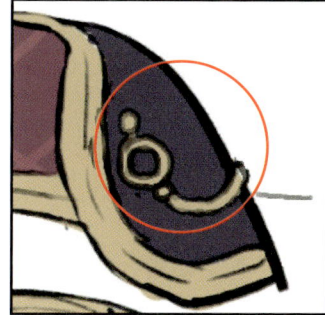
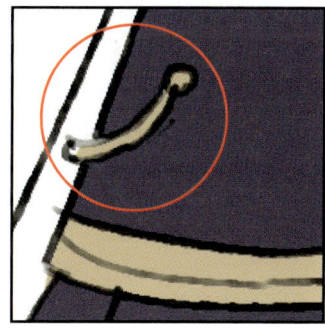

12 ▶ 디자인이 단순하므로 Torus, Sphere 프리미티브를 사용해 장식을 만들고 왼쪽 어깨에 배치합니다.

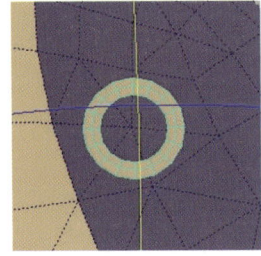 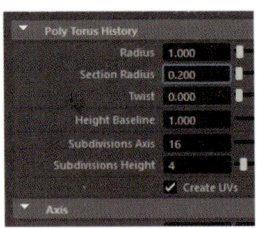 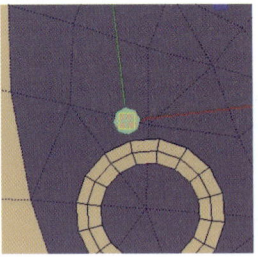 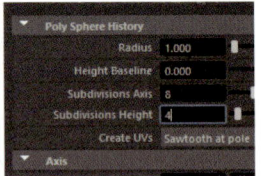

13 ▶ 등 쪽에도 구체를 배치합니다.

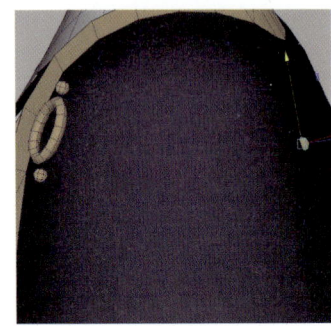

14 ▶ 로프 부분은 Cylinder 프리미티브를 사용해서 만듭니다. 높이의 분할 수는 늘려 줍니다. 문제는 이것을 구부리는 방법, 여기저기 구겨진 형태를 만드는 것이 상당히 어렵다는 점입니다. 여기에서는 Deformer의 커브 워프를 적용했습니다.

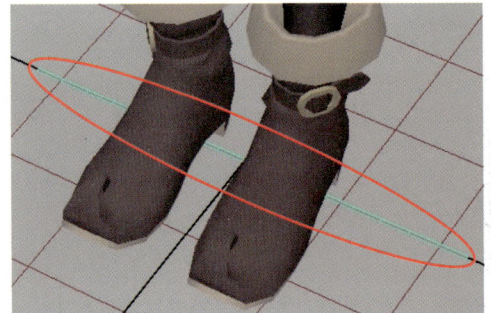 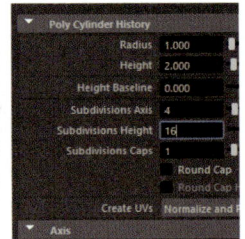

15 ▶ CV 커브 도구를 사용해 U자 모양의 커브를 만듭니다.

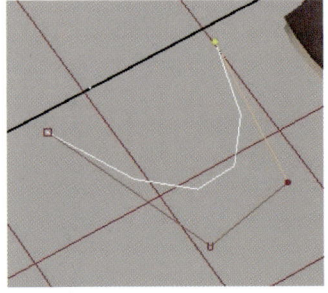

16 ▶ 적용 대상을 모델 → 커브 순으로 선택하고 [모델링 메뉴 → Deform → Curve Warp]를 적용합니다. 왼쪽 그림과 같이 커브를 그리지 않는 형태가 되는 것은 모델의 트랜스폼에 회전값이 설정되어 있기 때문이므로 주의합니다.

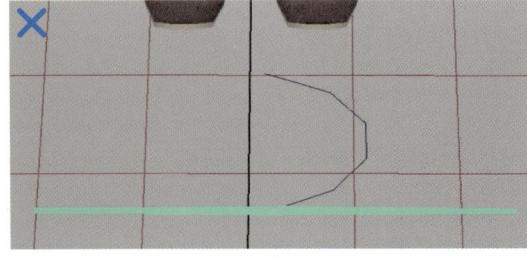 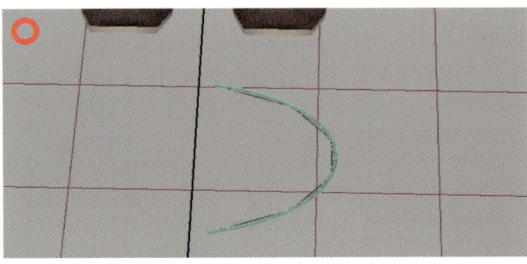

17 ▶ 확실하게 커브를 따르는 형태가 되었다면 커브의 위치와 형태를 조정해서 로프처럼 만듭니다. 머티리얼을 사용해 색상도 조정합니다.

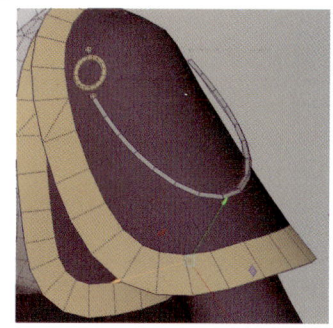

18 ▶ 어깨 케이프의 모델을 완성했습니다.

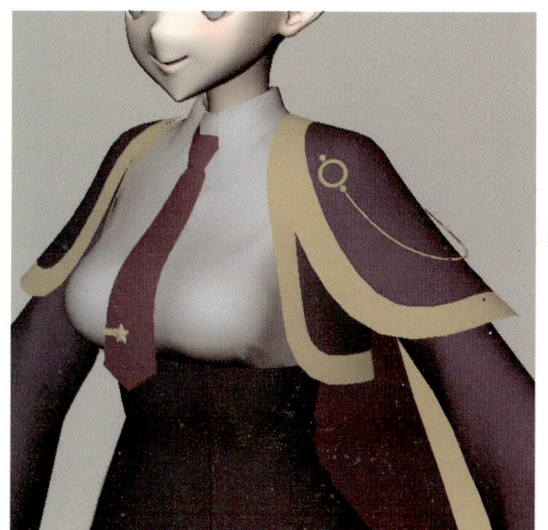

2.4.12 ▶ 벨트와 소품

1 ▶ Pipe 프리미티브를 사용해 벨트 본체를 만듭니다.

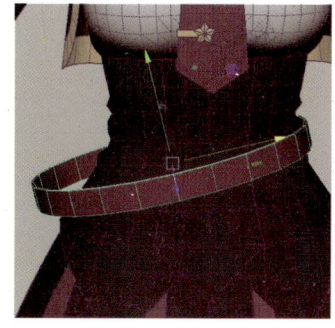
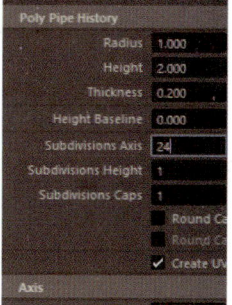

2 ▶ Lattice Deformer를 적용해 형태를 조정합니다.

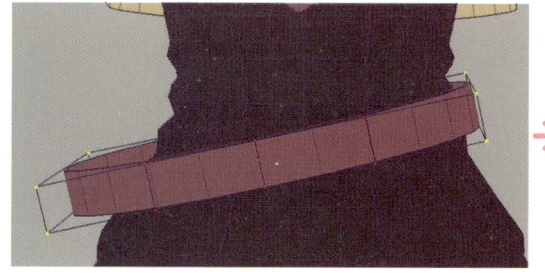
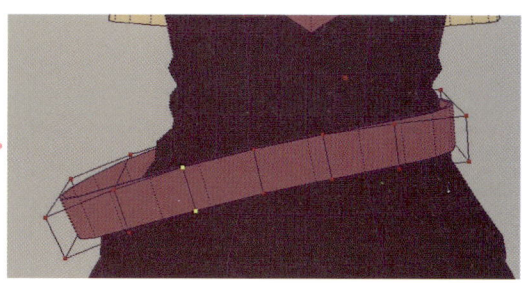

3 ▶ 벨트의 칼 끝을 어디부터 만드는 것이 결정하는 기준이므로, 간략하게 벨트에 붙어 있는 금장구나 버클도 만들어 둡니다.

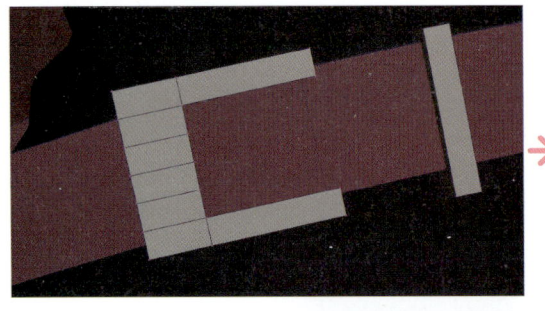 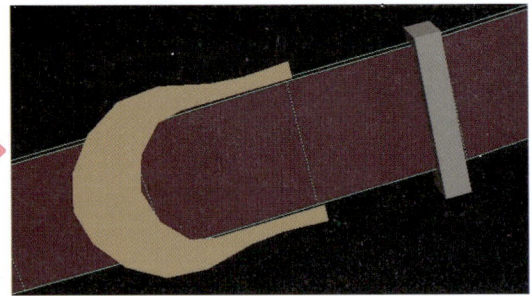

4 ▶ 부츠와 마찬가지로 벨트의 칼 끝을 페이스를 늘려 만듭니다.

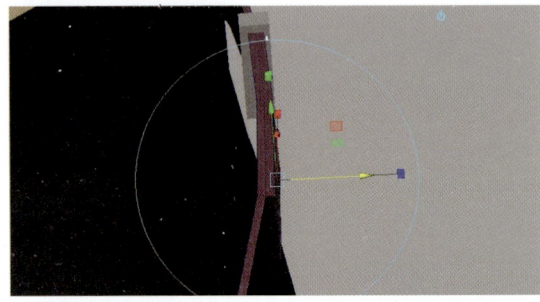 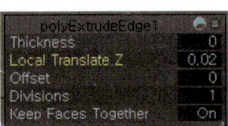

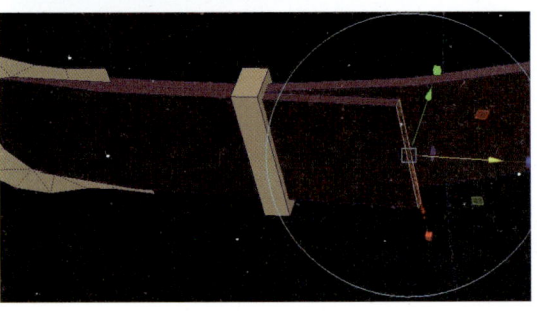 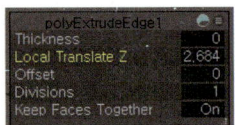

5 ▶ 칼끝의 형태를 정리했다면 페이스를 늘려 금장 도구 부분도 만듭니다.

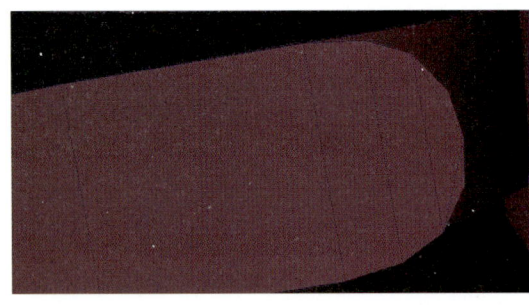 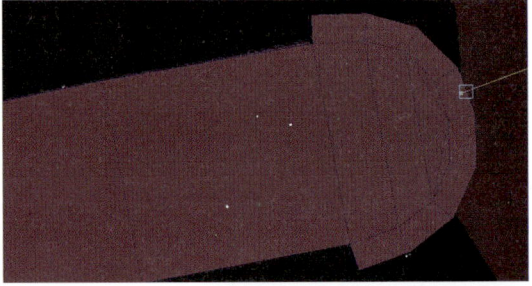

6 ▶ 벨트의 형태를 만들었으므로 부속 소품을 만듭니다.

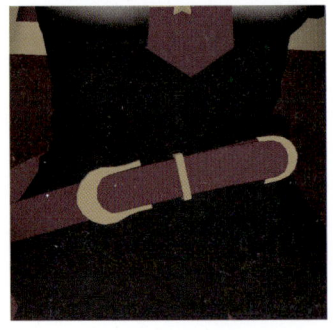

7 ▶ 먼저 파우치입니다. Cube 프리미티브를 적용해 벨트에 배치하고, 형태를 평행사변형으로 만듭니다.

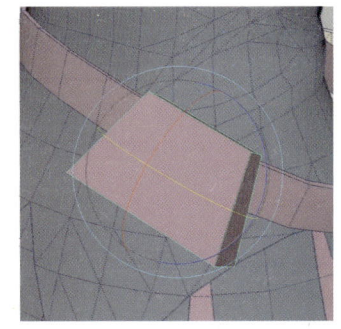

8 ▶ 최종적인 형태, 플랩(덮개)의 디테일 등을 떠올리면서 분할을 추가하고 파우치의 형태에 곡선을 더합니다. 머티리얼을 사용해 색상도 구분해 줍니다.

9 ▶ 버텍스를 조금 안쪽으로 움푹 들어가도록 해서 파우치와 플랩 사이에 공간을 만듭니다. 구멍은 관통하게 하지 않아도 텍스처로 표현할 수 있는 범위라고 판단해, 형태를 만드는 데 큰 노력을 들이지 않았습니다.

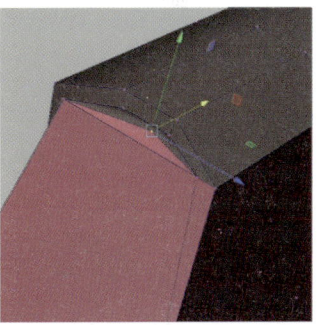

10 ▶ 원기둥 프리미티브를 준비하고 스케일, 이동을 적용해 단추로 파우치에 배치합니다. 이것으로 파우치는 완성입니다.

11 ▶ 벨트와 함께 보면 오른쪽 그림과 같이 됩니다. 파우치는 허리 뒤쪽에 위치하며, 망토에 싸여 잘 보이지 않으므로 이 정도까지 구현하고 작업을 마무리합니다.

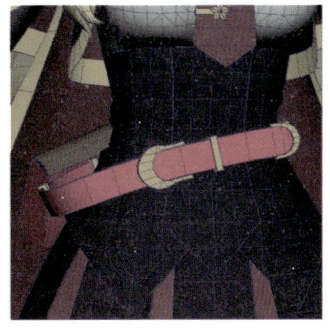

12 ▶ 계속해서 단검을 만듭니다. Cube 프리미티브를 준비하고 가늘고 긴 형태가 되도록 스케일을 적용합니다. 칼 몸체, 칼 받침, 손잡이로 나누고 분할도 추가합니다.

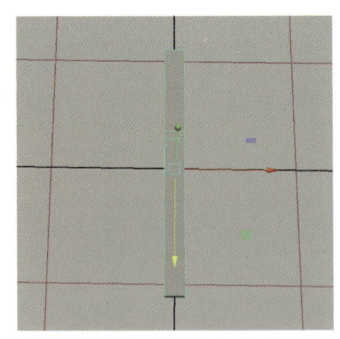

13 ▶ 칼의 길이나 두께는 실제로 허리에 달았을 때 위화감이 없이 양립해야 하므로, 편집용 메시에서 인스턴스 복사해서 배치했습니다.

14 ▶ 칼 받침 부분은 페이스를 늘려서 만들었습니다.

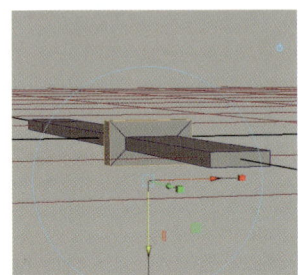

15 ▶ 점진적으로 모델링을 진행합니다. 중간 단계는 오른쪽 그림과 같이 됩니다. 칼 끝을 향해 폭을 조금 좁히고 싶을 때는 Lattice Deformer를 적용해 조정합니다.

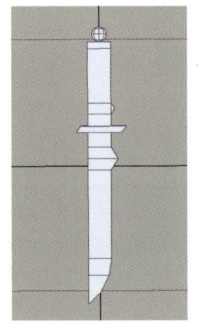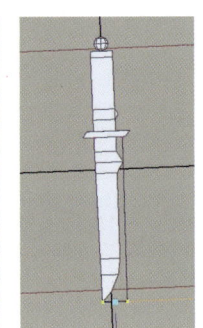

16 ▶ 칼 몸체의 한 가운데 분할을 추가해 날 사이의 약간 볼록한 부분과 칼날 끝에 해당하는 에지를 줄여서 칼날을 만듭니다.

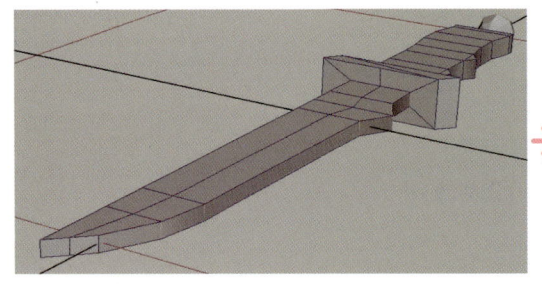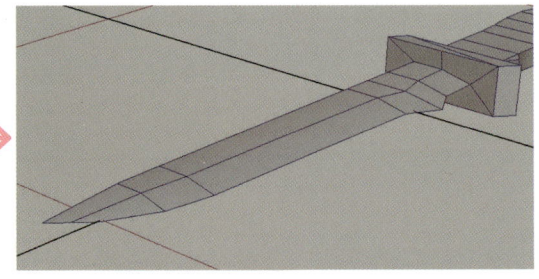

17 ▶ 다음으로 계속해서 분할을 추가하고 버텍스 위치를 조정하고, 불필요한 분할도 정리해서 세세한 디테일을 다듬습니다.

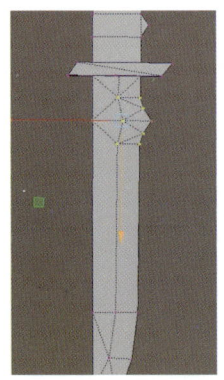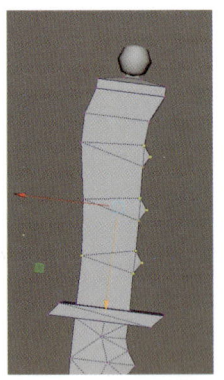

🔞▶ 단검을 완성했습니다. 파우치와 마찬가지로 세세한 디테일 표현은 텍스처로 만듭니다.

🔟9▶ 단검을 허리에 붙일 때와 손에 붙일 때 모두 단검으로서 적절한 균형을 잡아 줍니다.

20 ▶ 단검을 만들었으므로 칼집을 만듭니다. Cube 프리미티브를 단검의 칼 몸체에 맞춰 스케일링 합니다.

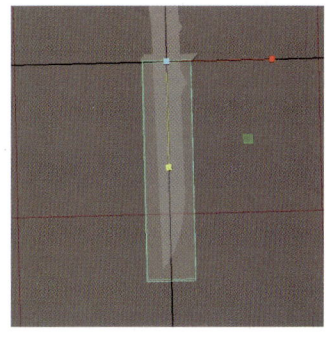

21 ▼ 칼집의 입구 부분은 확실하게 단차를 만들 필요는 없으므로 최소한의 분할로 두께를 표현합니다.

 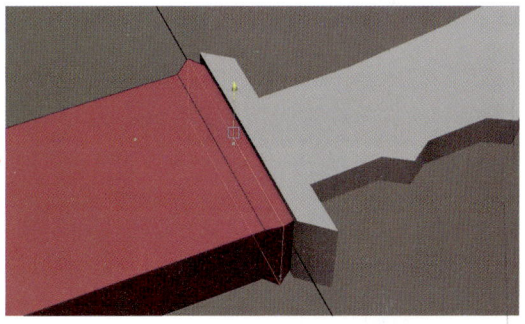

22 ▶ 측면을 한바퀴 둘러 분할을 늘려 조금 부피감을 주었습니다.

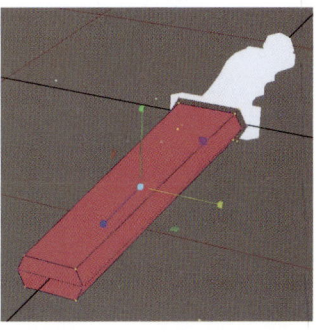

23 ▶ 칼 끝 쪽도 분할을 늘려 형태를 조정합니다.

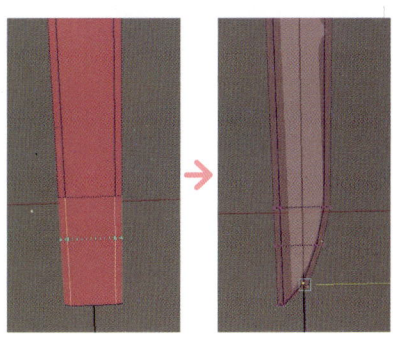

24 ▶ 고정 도구를 만듭니다. 칼집 메시에 직접 분할을 넣어서 만드는 방법도 좋지만, 불필요한 분할이 늘어날 뿐이므로 칼집 메시에서 해당 위치를 추출해서 개별적으로 만듭니다.

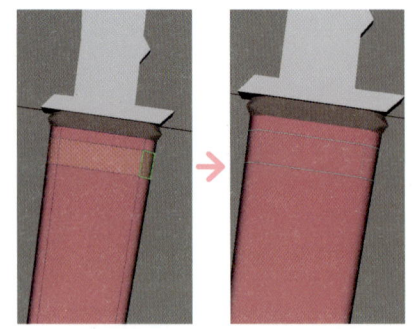

25 ▼ 형태를 조정하고 늘려서 두께를 만듭니다. 늘려서 만들어진 안쪽면은 불필요하므로 삭제합니다.

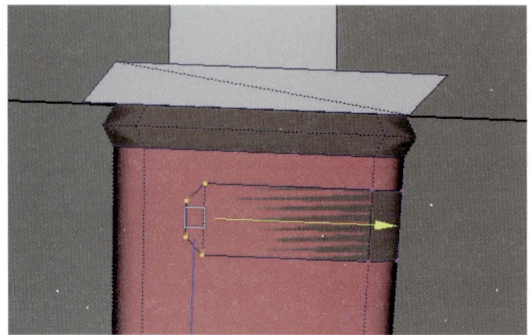
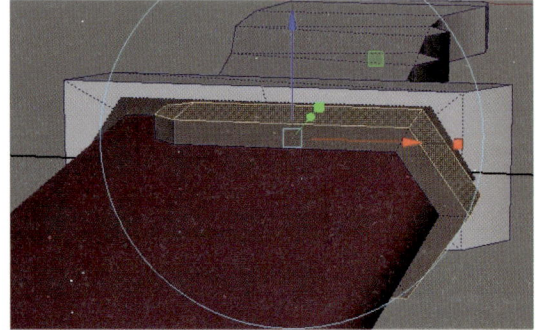

26 ▶ 단검과 칼집 세트를 완성했습니다. 벨트에 배치합니다.

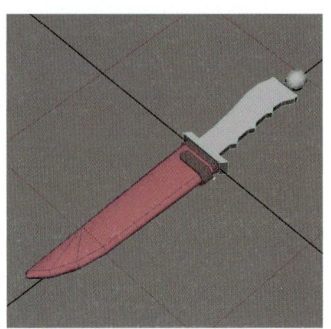

27 ▼ 파우치, 단검 배치는 디자인 이미지에 맞추면서 다른 객체와 간섭을 일으키지 않도록 합니다. 이후 조정을 하게 될 수도 있지만, 우선 벨트 주변의 한 세트를 완성했습니다.

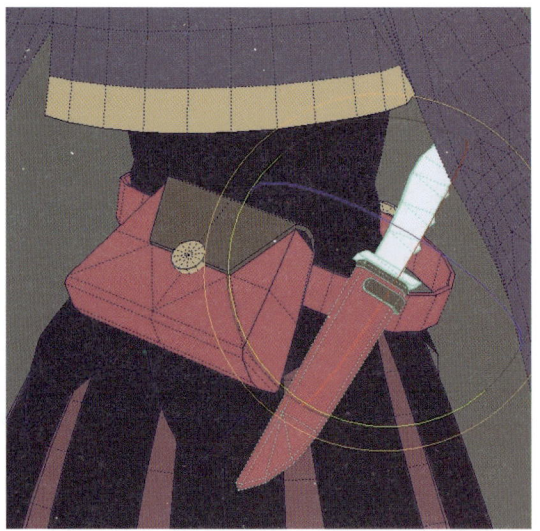

2.4.13 ▶ 모자

1 ▶ 모자의 러프 모델을 편집해서 만듭니다. 이런 원 형태의 모델은 많은 폴리곤을 필요로 하기 쉬우므로, 먼저 토폴로지부터 정리합니다.

2 ▶ 머리와 접촉하는 부분은 버텍스를 조금 움푹 패이는 정도의 위치로 조정하고, 너무 깊이 묻히지 않도록 주의합니다.

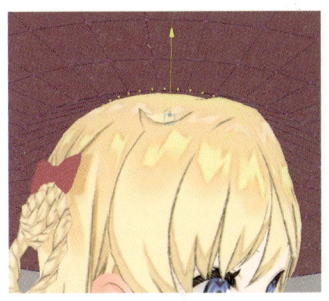

3 ▶ 실루엣에 영향을 주는 챙의 바깥쪽 부분은 많은 편이 좋으므로 이대로 남겨 둡니다. 노란색 선의 에지 이외의 빨간색 선의 루프 에지를 선택하고 삭제하면, 파란색 프레임의 페이스가 오각형이 되도록 삼각형화해서 녹색 선의 에지를 추가했습니다.

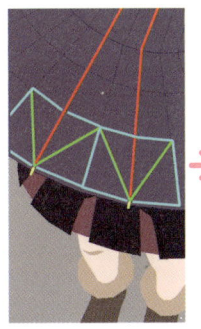 

4 ▶ 이 단계를 한 번 반복해 바로 위쪽에서 봤을 때 오른쪽 그림과 같은 토폴로지가 되도록 합니다. 안쪽도 마찬가지로 폴리곤 수를 줄입니다. 가장 바깥쪽 한 바퀴는 32각형, 안쪽은 그 절반인 16각형의 분할이 되게 하면 균형을 맞출 수 있습니다.

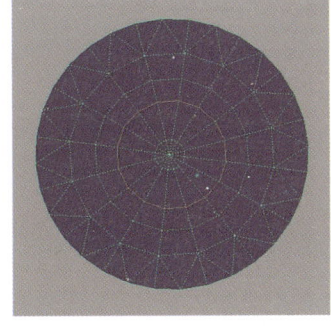 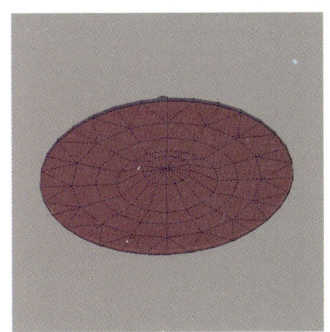

5 ▶ 토폴로지가 정리되었으므로 형태를 만듭니다. 모자를 비스듬하게 쓴 상태로 수정하는 것은 어려우므로 인스턴스 복사를 해서 정방향의 편집용 모자를 만듭니다.

6 ▶ 모자 챙의 버텍스만 선택하고 Lattice Deformer를 적용해 부드러운 커브의 형태를 만듭니다.

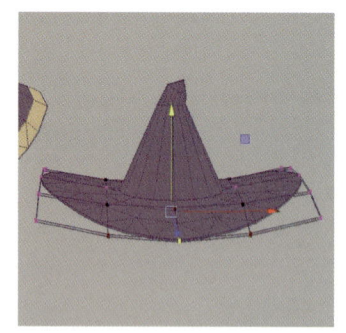

7 ▶ 크라운 끝 부분의 형태를 만듭니다. 페이스를 늘리고 에지 루프 등을 삽입해 형태를 만들면서 토폴로지를 정리하고, 디자인의 이미지를 따라 특징적인 형태를 만듭니다.

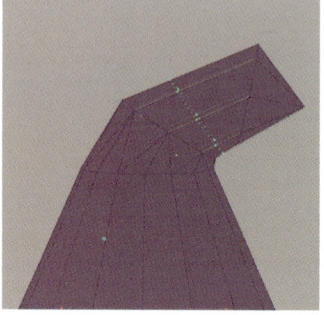 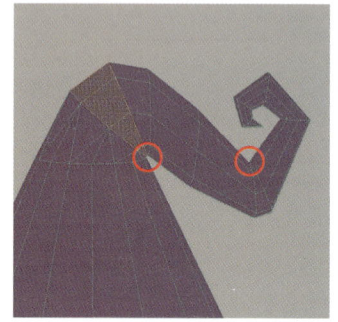

8 ▶ 여러 각도에서 보면서 형태가 딱딱한 부분들이 있다면 조정합니다.

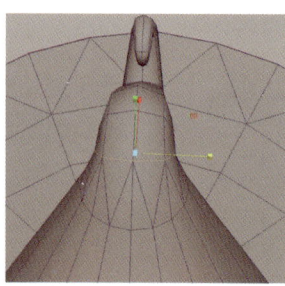

9 ▶ 상당히 좋은 느낌의 마녀 모자 형태가 되었습니다. 다음으로 모자의 장식을 만듭니다.

10 ▶ 크라운 부분과 챙의 경계가 되는 에지를 빨간색 선과 같이 선택하고 [Modeling 메뉴 → Modify → Convert → Polygon Edges to Curve]를 실행해 C자 형태의 커브를 만듭니다.

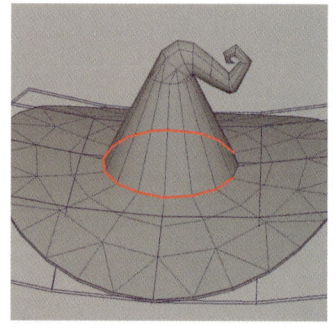
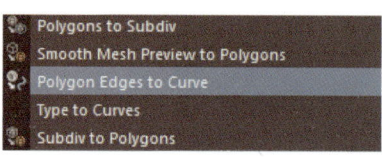

11 ▶ 시험적으로 이 C자 형태의 커브와 판 형태의 메시에 Curve warp를 적용하는 단계로 커브를 따라 관을 만듭니다. 커브로 변경시킨 메시는 이동, 회전, 스케일 값을 고정해야 원만하게 변형할 수 있으므로 주의합니다.

 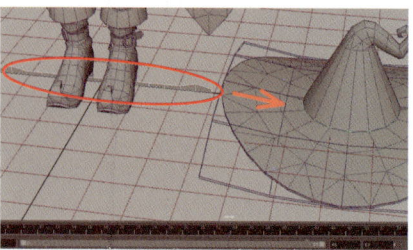 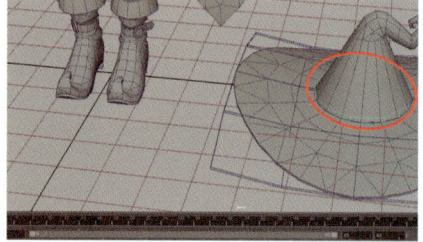

12 ▶ 관 자체는 디자인 이미지를 판 폴리곤에 할당한 뒤 라이브 서피스 모드로 해서, 그것을 가이드로 위쪽부터 Quad Draw Tool 을 사용해 페이스를 붙여서 만듭니다.

13 ▶ 우선 토폴로지는 신경 쓰지 말고 페이스를 붙여 실루엣이 될 베이스의 형태를 만듭니다.

14 ▶ 이것을 Curve warp를 사용해 오른쪽 그림과 같이 변형합니다. 이후 디테일 조정이나 장식 만들기 등의 세세한 작업을 합니다.

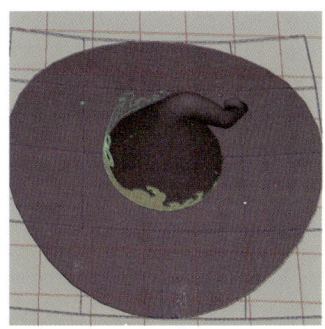

15 ▶ 하트 형태 보석은 디자인 이미지 커팅에 맞춰 분할하고 볼륨을 줍니다. 텍스처를 그릴 때의 가이드가 되기도 합니다. 안쪽면은 중심에 버텍스가 오도록 해줍니다.

 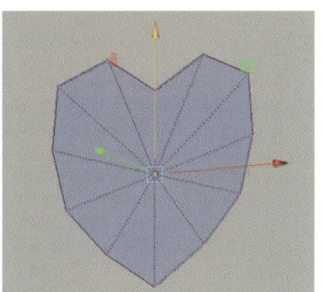

16 ▶ 우선 하트 형태의 보석은 그대로 두고, 관에도 볼륨을 주기 위한 분할을 추가합니다. 다소 리치하게 분할했습니다. 디테일은 오른쪽 그림과 같이 단순한 느낌입니다.

17 ▶ 이 디테일 라인을 따라 요철이 만들어지도록 버텍스를 선택해 앞으로 이동시킵니다. 이렇게 하면 장식에 입체감이 생깁니다.

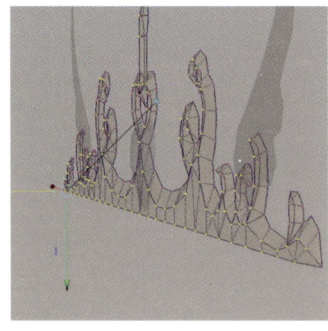 

18 ▼ 만든 장식을 복제하고 해당 페이스의 노멀을 반전합니다.

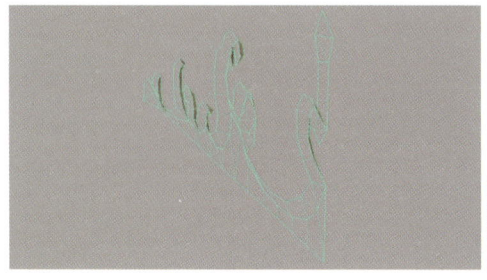  

19 ▶ 노멀을 반전한 메시의 디테일 라인의 에지를 삭제해 평평한 면으로 만들면 안쪽이 됩니다. 바깥쪽과 결합해 병합하고 미러링 합니다.

20 ▶ 다시 Curve warp를 사용해 관을 변형합니다. 볼륨이 만들어져 관의 존재감이 살아납니다. 다시 장식을 추가합니다.

21 ▶ 앞에서 만든 보석의 메시를 디자인에 따라 관에 배치합니다.

22 ▶ 망토에서 만들었던 리본의 메시를 복제해서 보석과 관 사이에 배치합니다.

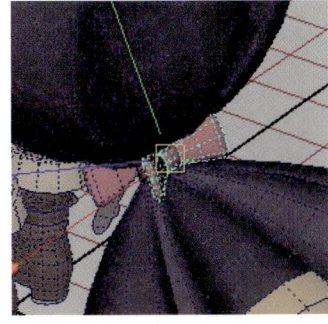
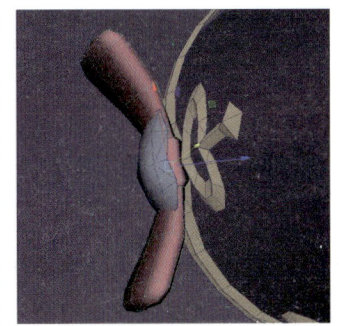

23 ▶ 마찬가지로 넥타이 핀에서 만들었던 별 형태의 메시를 복제해서 색상을 바꾼 뒤 관에 배치합니다.

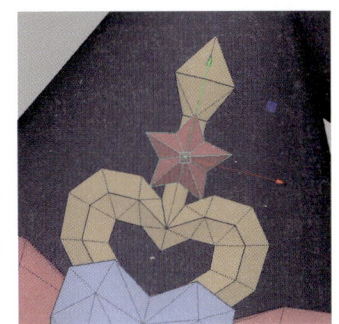

24 ▼ 모자 챙의 곡선이 각진 부분이 있어 버텍스를 조정해 부드러운 곡선을 만들었습니다.

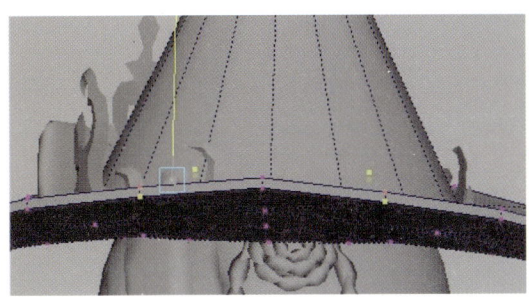
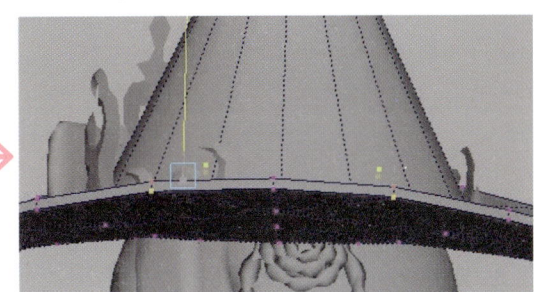

25 ▶ 리본의 분할을 바꾸어 형태를 조정하고, 리본이 묶여 만들어지는 주름도 에지를 분할해서 만듭니다.

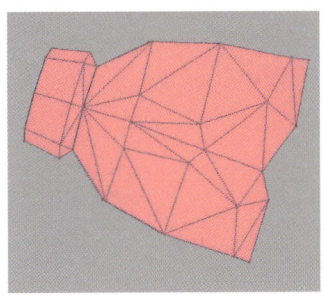

26 ▶ 안쪽은 눈에 띄지 않으므로 가급적 분할되지 않게 합니다.

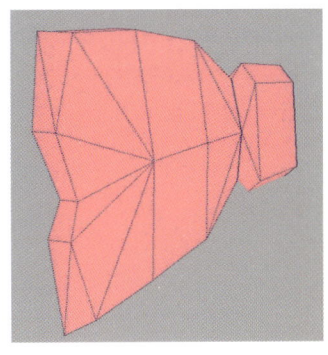

27 ▶ 디자인 이미지를 가이드로 Quad Draw Tool을 사용해 날개 장식을 만듭니다.

28 ▶ 볼륨을 만들 에지를 추가하고 버텍스를 조정합니다. 안쪽의 페이스를 만들어 날개 장식의 형태가 되었습니다.

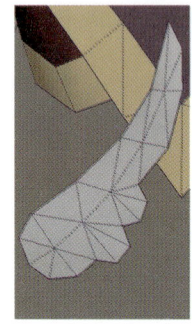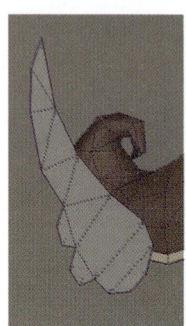

29 ▶ 날개 장식을 대칭이 되도록 하나 더 복제하고, 디자인 이미지를 참고해 관의 장식에 배치합니다.

30 ▶ 계속해서 Sphere와 Cylinder 프리미티브를 사용해 간단하게 장식용 끈을 만듭니다. 머티리얼을 사용해 색상을 구분하고 장식을 하나 더 복제해 모자의 챙에 붙도록 배치합니다.

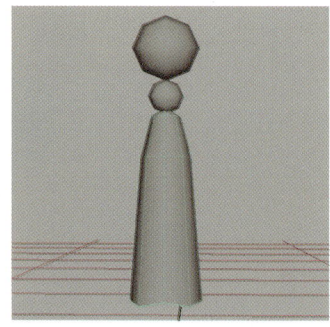

31 ▶ 다음으로 끈 본체를 만듭니다. 먼저 CV 커브 도구를 사용해 L자 형태의 커브를 준비하고, 만든 커브를 디자인에 따라 모자의 챙 위에 배치합니다.

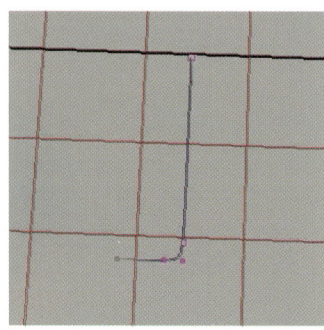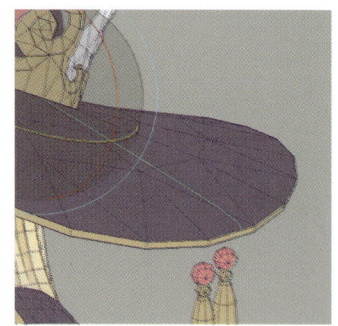

32 ▶ Cylinder 프리미티브를 준비해 커브 가까이에 배치하고, 스케일을 사용해 굵기와 길이를 조정해 끈처럼 만듭니다. 길이는 나중에 스케일링 할 수 있으므로 우선 짧게 만들어 둡니다.

33 ▶ 지금까지와 마찬가지로 커브와 끈의 메시를 선택하고 Curve warp를 적용합니다. 필요에 따라 스케일, 오프셋 등에 값을 입력해 끈의 길이를 조정합니다. 형태를 결정했다면 히스토리는 삭제합니다.

34 ▶ 챙 끝에서 끝이 흘러내려 구부러지는 위치는 분할 간격을 좁혀 둥글게 만듭니다.

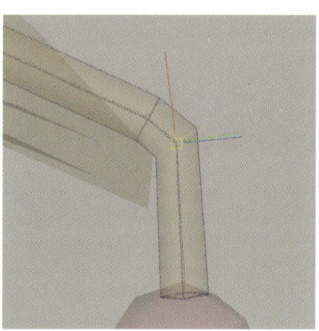

35 ▶ 이것으로 모자 모델을 완성했습니다. 장식이 추가되어 화려한 느낌이 납니다.

2.4.14 ▶ 셔츠 앞 주머니

1 ▶ 모델링이라 부를 정도의 단계는 아니지만 주머니를 만드는 방법도 소개합니다. 먼저 주머니를 만들 범위를 결정하기 위한 하드 에지를 만들면서 살펴 봅니다.

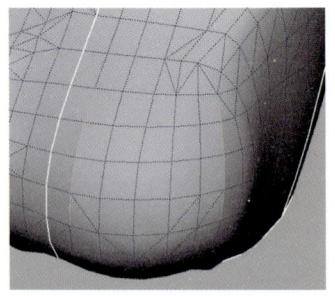

2 ▶ 기존 분할에서는 가슴 형태에 맞춰 토폴로지를 만들어 주머니 형태를 갖추지 못한 상태이므로 버텍스를 조정했습니다. 주머니 아래쪽 날카로운 형태는 현재 분할에서는 잘 표현할 수 없으므로 새로운 에지를 추가합니다.

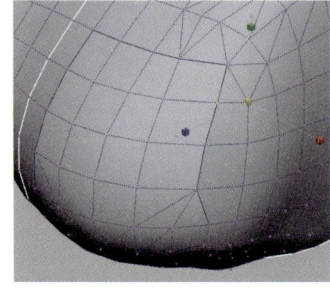 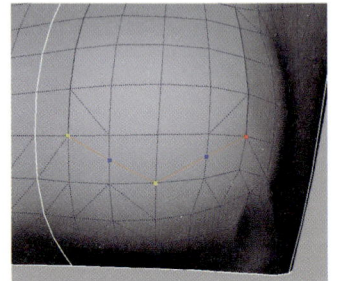

3 ▶ 입체적인 처리는 없이 분할만 조금 조정한 것뿐입니다. 하지만 이후 UV를 전개하는 단계에서 중요하므로 주머니 위치, 크기, 형태를 결정합니다.

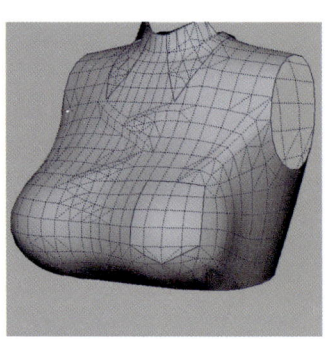

4 ▶ 이것으로 우선 전신의 모델을 만들었습니다. 또한, 색상은 단색인 상태이지만 전체적인 형태로는 구분이 되어 있고, 상당히 캐릭터 모델로서 완성도도 높아졌습니다. 이후 UV 전개, 텍스처 단계를 형태를 세세하게 다듬습니다.

Chapter 2.5 옷 UV 매핑

이번 단계에서는 최종적으로 다음 그림과 같이 옷의 UV를 전개합니다. 이 책에서는 물론 대부분의 캐릭터 모델의 옷 UV는 대략적으로 그림과 같은 배치를 염두에 두고 전개합니다.

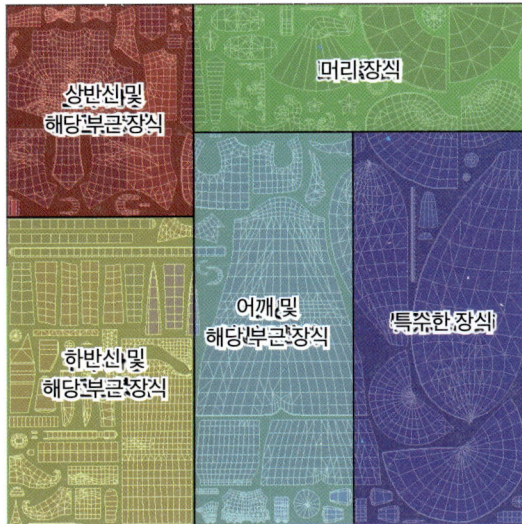

필자는 기본적으로 다음 사항을 의식하면서 작업합니다.

- 각 부품에 적합한 해상도를 사용한다(사치에 사용하는 부분과 절약해야 할 부분의 구분).
- 불필요한 간격을 가능한 만들지 않는다(UV 셀 사이의 간격은 약 16 px).
- 가능한 모델과 UV 셀의 방향을 맞춘다(상하좌우 방향).
- 누가 보더라도 쉽게 알 수 있게 배치한다.

그 중에서도 가장 신경 쓴 부분은 '배치'입니다. UV 셀 형태에 맞춰 간격 없이 깔끔하게 모았더라도 배치가 엉망이면 '이것은 무엇의 UV였지?'와 같은 의문이 생겨 일일이 확인하면서 텍스처를 그려야 하므로 작업 효율이 떨어집니다. UV 셀을 부품별로 그룹으로 나눠, 어디에 무엇이 있는지 쉽게 파악할 수 있게 UV를 배치하면 텍스처를 쉽게 그릴 수 있게 되어 작업 효율을 높일 수 있습니다.

물론 캐릭터에 따라서는 UV 전개가 달라지므로 반드시 여기에서 설명하는 UV 전개대로 할 수 있지는 않습니다. 중요한 것은 자신만의 '레이아웃 규칙'을 결정해 두어야 합니다. 또한, 업무에서 클라이언트와 데이터를 주고받을 때는, 누가 보더라도 부품의 배치를 쉽게 알 수 있도록 구성하는 것이 좋습니다.

여기에서는 체커 이미지를 사용해 해상도를 확인합니다. 미리 lambert 머티리얼에 연결한 뒤 모델에 할당해 둡니다.

2.5.1 ▶ UV 전개와 옷 안쪽 만들기

여기에서는 머리 부분을 제외한 전신의 UV를 전개할 것이므로 부품이 상당히 많습니다. 각 부품 안에서도 포인트가 되는 위치를 설명합니다. 기본적으로는 평면, 원기둥, 카메라 매핑을 사용해 베이스가 되는 UV 셀을 투영하고, Unfold UVs Options에서 설정을 바꾸면서 UV를 깔끔하게 넓혀서 조정합니다.

1 ▶ 셔츠의 UV부터 전개합니다. 먼저 UV가 이상하게 튀어나오지 않도록 하는 것을 최우선으로 고려해 원기둥 매핑이나 카메라 매핑 등 쉽게 전개할 수 있는 방법을 사용해 대략적으로 전개합니다.

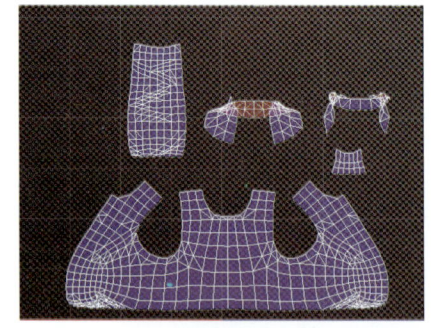

2 ▶ 「Unfold UVs」를 사용해 각 UV 셸을 깔끔하게 펼칩니다. 부품별로 그리는 형태가 다르므로 적절한 해상도를 고려해 UV 셸의 크기를 조정합니다.

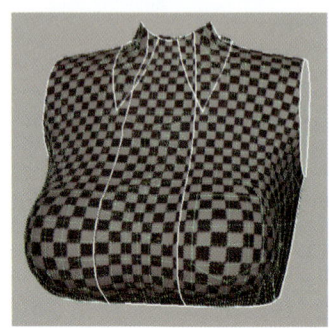

3 ▶ 셔츠는 물론 옷은 재질별로 만들어져 있으므로 「바느질선」이 포인트가 됩니다. 이 바느질선을 UV 경계로 사용하고 텍스처로도 바느질선을 그림으로써 텍스처 UV 연결 선을 숨깁니다. 넥타이, 핀, 셔츠 가슴 주머니 등은 무늬나 모양, 디테일 표현이 세세하고 셔츠보다 해상도를 조금 높일 것이므로 UV 셸을 크게 스케일링합니다.

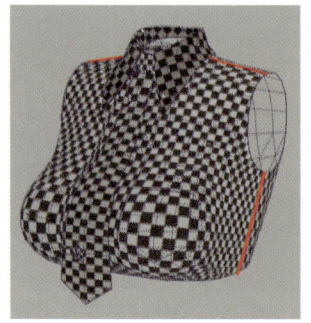 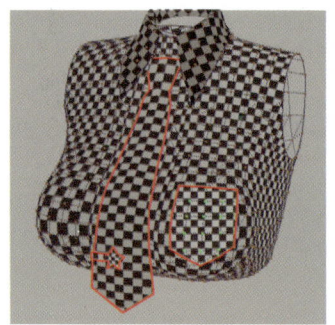

4 ▶ 옷깃과 등 쪽은 좌우의 표현이 다르지 않고, 아우터와 머리카락으로 가려지는 부분이므로 왼쪽을 정(파란색), 오른쪽을 부(빨간색)로 하고 양쪽으로 UV을 겹치게 합니다.

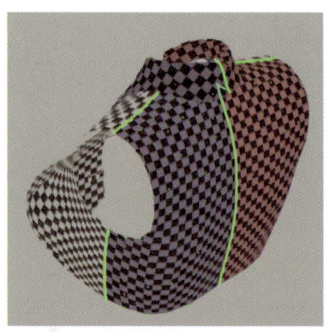

5 ▶ 셔츠와 넥타이는 우선 오른쪽 그림처럼 전개하고, 뒤에서 UV를 조정해 레이아웃을 다듬어 줍니다.

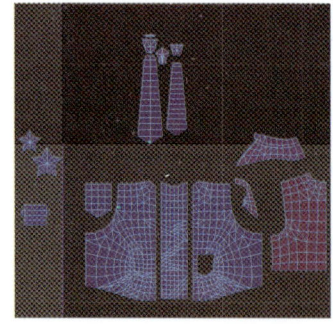

6 ▶ 계속해서 코르셋의 UV입니다. 코르셋의 UV도 먼저 원기둥 매핑으로 대략적으로 전개하고, 가운데 부분의 옷감이 갈라지는 위치는 UV 셸을 잘라 둡니다. UV를 정리했다면 다시 메시를 미러링 해서 배 쪽의 UV만 전개합니다.

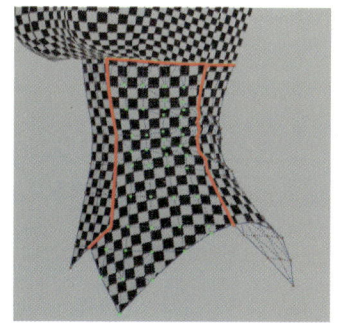 

7 ▶ 텍스처를 그려 넣을 때 수직, 수평으로 정렬하는 편이 좋은 UV는 깔끔하게 정렬하고, 그 이외에는 튀어나오지 않도록 UV를 넓게 펼쳐 줍니다. 배 옆쪽의 바느질선에서 뒤의 등 쪽은 UV를 좌우로 공유합니다.

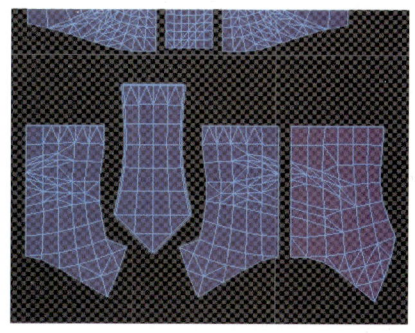

8 ▶ 다음으로 스커트의 UV를 전개합니다. 먼저 스커트의 메시 절반을 삭제해 쉽게 작업할 수 있게 합니다. 다음으로 원기둥 매핑, 카메라 매핑 등을 사용해 UV를 간략하게 전개합니다.

 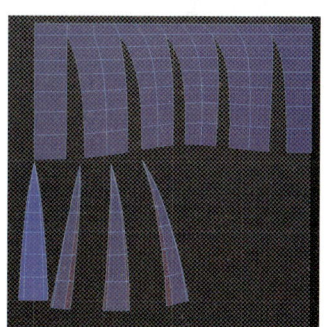

9 ▶ 분홍색 체크 무늬가 들어가 있는 빨간 부분의 주름마다 텍스처를 그리는 것은 효과적이지 않으므로 여기에서는 모두 겹쳐 놓습니다.

 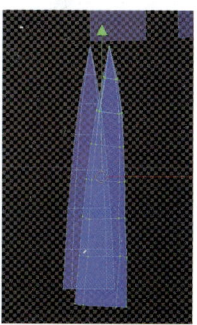

10 ▶ 감색의 옷감 부분은 주름 그리기에 변화를 줄 것이므로, 주름별로 UV를 전개한 뒤 크기를 조정해 해상도를 정렬합니다. UV 셸도 가까이 배치해서 고정합니다.

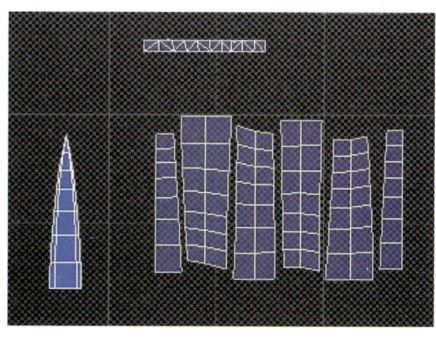

11 ▶ 스커트의 메시를 미러링 해서 원래 상태로 만듭니다. 텍스처를 그렸을 때 좌우 대칭이 되지 않도록 스커트 가운데 주름 앞의 UV만 모든 면을 전개해서 자연스러운 형태를 만듭니다.

12 ▶ 아우터의 UV는 완전히 좌우 대칭으로 합니다. UV의 바느질선은 아우터 본체가 등 쪽, 소매가 안쪽 등 눈에 띄지 않는 위치에 만듭니다. 기본적으로는 깔끔한 격자 형태의 UV 셀로 전개하는 것이 좋지만, 그렇게 하면 소매가 시작하는 위치나 소매 입구 등에서 해상도에 차이가 발생합니다. 소매가 시작하는 쪽의 해상도가 불필요하게 높은 상태이므로 조금 더 효과적인 UV를 만드는 것이 좋습니다.

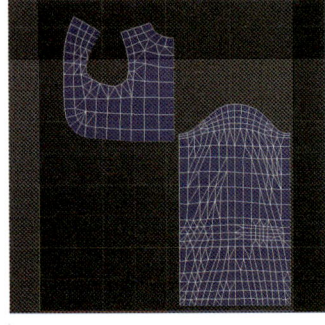
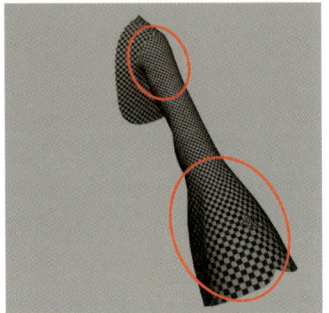

13 ▶ 먼저 소매의 UV 셀의 가운데 UV를 고정하고 그 이외의 UV를 전개해서 해상도를 가지런하게 합니다.

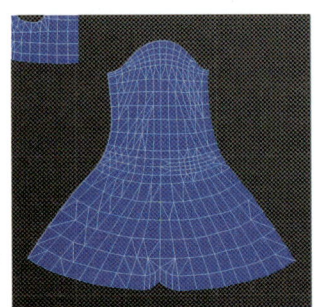

14 ▶ 메시의 옆쪽 분할에 맞춰 소매 입구에서 위쪽을 향해 UV를 수평으로 모읍니다. 단, 소매가 시작하는 부분은 어깨 형태에 맞춰 튀어나오지 않도록 할 것이므로, 무리하게 수평으로 가지런하게 하지 않았습니다.

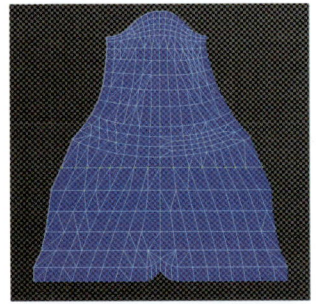

15 ▶ UV가 깔끔하게 수평으로 모아지지 않았다면 가운데의 세로 UV를 선택하고 고정한 뒤, 수평 방향으로 전개합니다. 그러면, 해상도가 어느 정도 가지런하게 정리되고 텍스처를 쉽게 그릴 수 있는 상태로 만들어집니다.

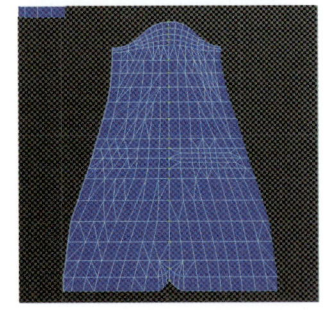

16 ▶ UV를 확정했으므로 앞에서 만들지 않은 옷의 볼륨과 안쪽면을 만듭니다. 먼저 아우터의 메시를 선택하고 옷으로서 적절한 볼륨이 되도록 값을 조정하면서 페이스를 늘립니다.

17 ▶ 아우터의 소매 안쪽의 경우 위팔 부근의 페이스는 필요하지 않으므로 선택하고 삭제합니다.

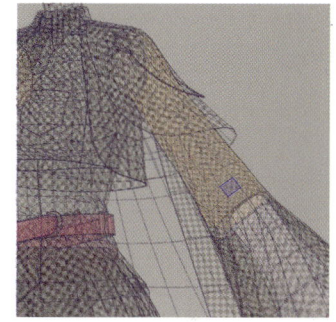

18 ▶ 페이스를 삭제함에 따라 소매의 안쪽 팔꿈치에 구멍이 생깁니다. 빨간색 선의 에지를 선택해서 늘리고 그 상태에서 가운데로 병합합니다.

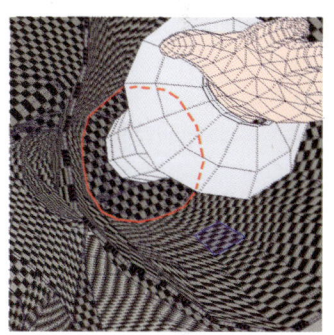

19 ▶ 그러면 소매 안쪽의 구멍을 막을 수 있습니다. 구멍을 막으면서 만들어진 에지에는 소프트 에지를 적용합니다.

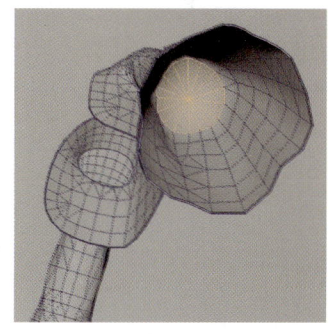

20 ▶ UV 에디터 상에서 오른쪽 그림과 같이 바깥쪽, 안쪽 모두 UV 셸이 겹쳐진 상태이므로 안쪽 UV를 선택해 어긋나게 배치합니다.

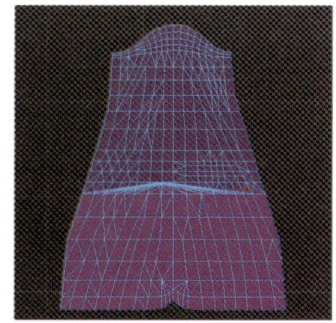
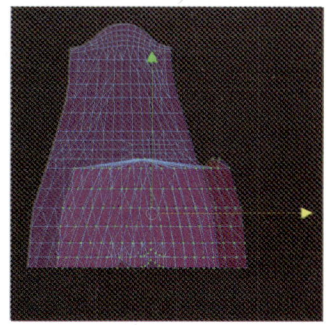

21 ▶ 아우터 본체의 안쪽도 마찬가지로 UV를 선택한 뒤 어긋나게 배치합니다. 또한, 텍스처를 쉽게 그릴 수 있도록 스케일을 반전합니다.

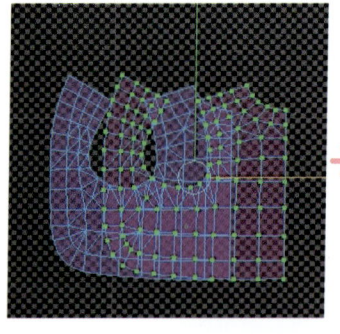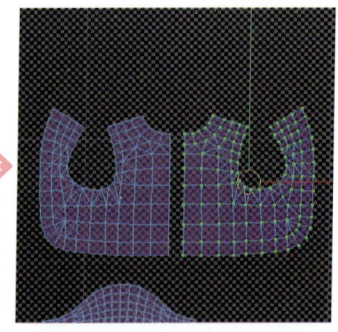

22 ▶ 소매 안쪽 공간을 막은 페이스는 카메라 매핑을 사용해 전개합니다. 이것으로 아우터의 UV 전개를 마쳤습니다.

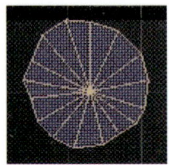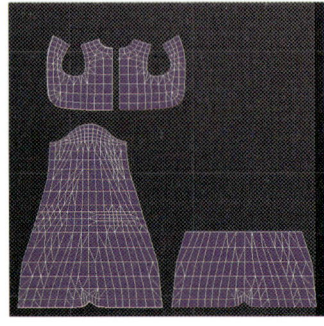

23 ▶ 바깥쪽에서는 보이지 않지만 아우터의 안쪽과 셔츠의 어깨 부분 분할 위치가 맞지 않으므로 미리 처리해 둡니다. 먼저 아우터 안쪽을 셔츠 쪽에 맞도록 버텍스를 스냅 이동합니다.

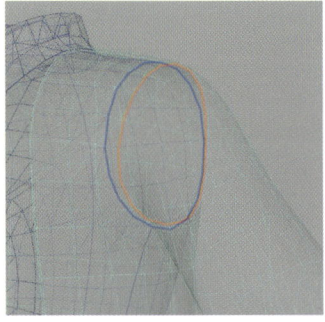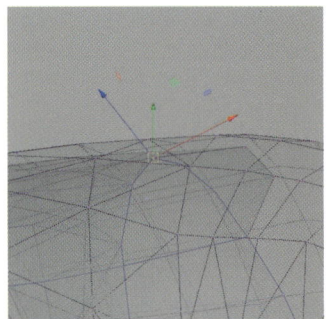

24 ▶ 아우터 쪽 어깨와 셔츠 쪽 어깨의 경계는 각각 오른쪽 그림과 같이 만듭니다.

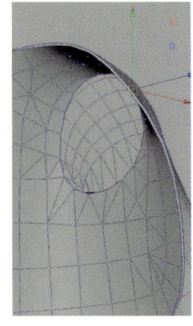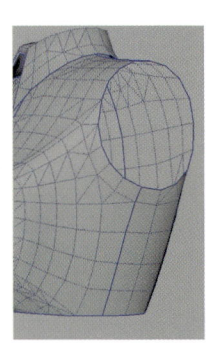

25 ▶ 옷에 가려 보이지 않는 소체의 피부 메시는 필요하지 않으므로 페이스를 선택하고 삭제합니다.

26 ▶ 허리부터 아래쪽 코르셋에도 안쪽면이 필요하지만, 볼륨은 필요하지 않으므로 코르셋 메시를 복제해서 페이스 노멀을 반전한 시켜 간단하게 처리합니다. 필요한 페이스의 허리부터 아래쪽 메시만 남도록 다른 페이스를 선택하고 삭제합니다.

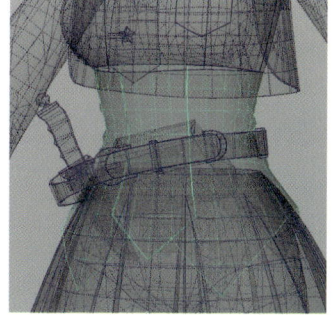
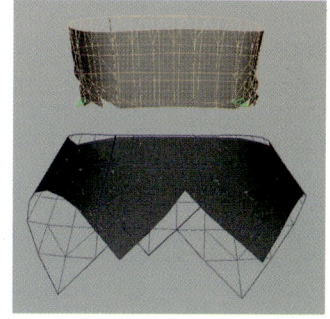

27 ▶ 안쪽면에는 불필요한 볼륨 페이스가 있으므로 해당하는 버텍스를 병합해서 평평한 변으로 만듭니다.

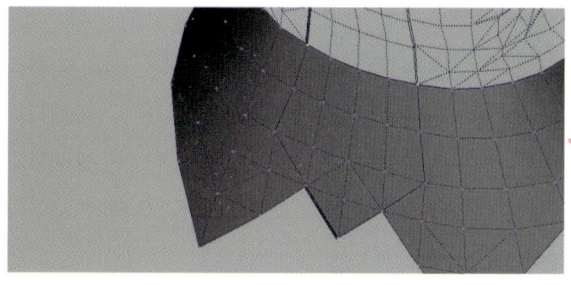
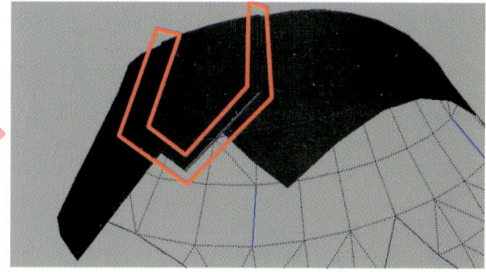

28 ▶ 현재 상태에서는 스커트와 코르셋 사이에 간격이 생기므로, 경계 에지의 위치를 맞춰 채웁니다. 코르셋 안쪽면의 버텍스를 선택하고 스커트 쪽으로 스냅 이동시켜 채웁니다.

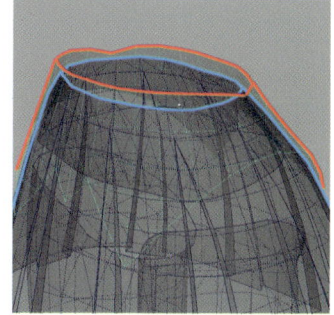
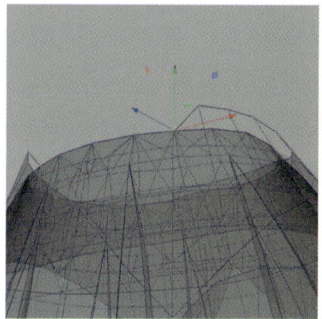

29 ▶ 안쪽면의 메시를 정리했으므로 원래의 UV 셸을 안쪽면용으로 다시 전개합니다.

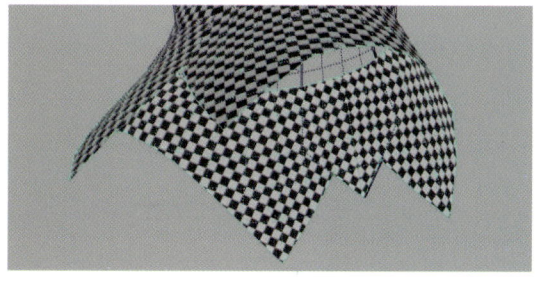
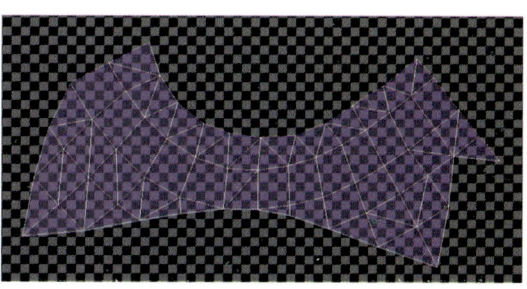

30 ▶ 셔츠의 소매도 카메라 매핑을 사용해 투영한 뒤 안쪽 에지에서 UV을 커트해서 수평 방향으로 전개합니다. 가로로 자른 부분을 깔끔하게 정렬했습니다.

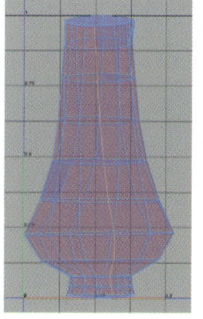
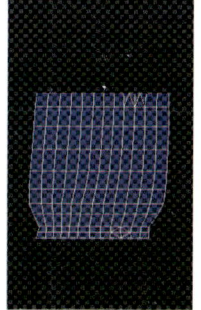

31 ▶ 코르셋과 마찬가지로 셔츠의 커프 부분도 안쪽면을 만듭니다.

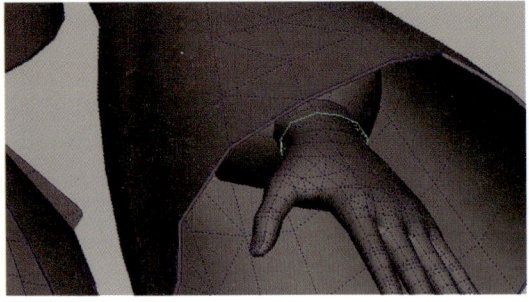

32 ▶ 스커트도 마찬가지로 볼륨을 넣지 않고 복제한 뒤, 페이스 노멀을 반전해 안쪽면을 만듭니다.

33 ▶ 안쪽이므로 세세하게 그리지는 않습니다. UV는 최소한으로 하여 감색과 분홍색 무늬로 셀을 나누고 깔끔하게 정리합니다.

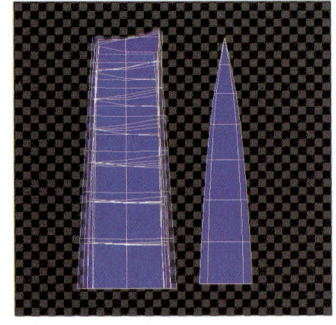
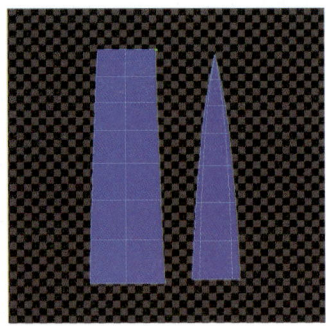

34 ▶ 다음으로 하반신의 허리, 팬티, 다리의 UV입니다. 앞과 같이 메시 절반을 삭제하고 허리, 팬티 UV를 카메라 매핑을 사용해 투영합니다.

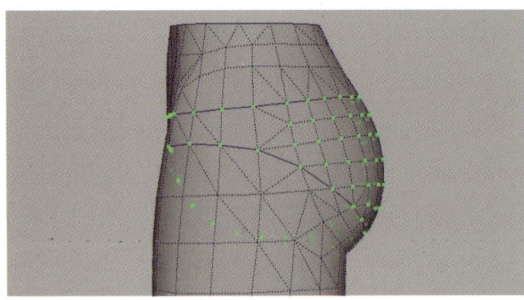
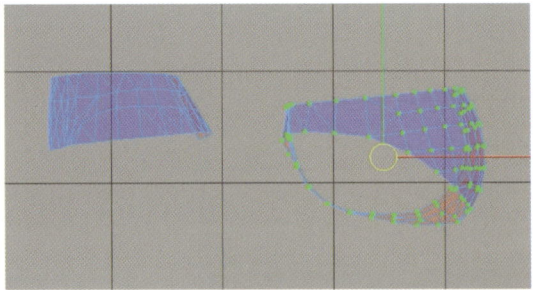

35 ▶ 먼저 텍스처가 튀어나오지 않도록 허리는 수평으로 늘리고, 팬티는 앞뒤로 잘라 자연스럽게 늘려서 전개합니다.

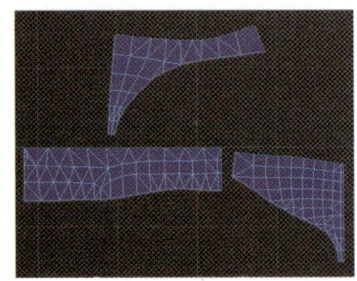

36 ▶ 허리도 옆쪽에서 카메라 매핑을 사용해 경계가 눈에 잘 띄지 않는 안쪽의 세로 에지로 UV를 자릅니다. 그 다리의 UV 셸 가운데 있는 일부 UV를 고정 지정해서 수평 방향으로 전개합니다.

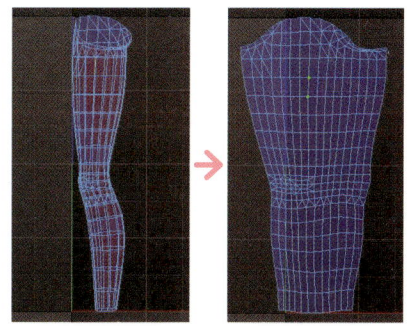

37 ▶ 안쪽으로 잘라낸 세로 분할 UV를 수직으로, 가로 분할 UV도 수평으로 정렬합니다. 다리는 허리와 달리 모양이나 세세한 디테일을 넣지 않으므로, UV가 튀어나오는 것보다 레이아웃을 깔끔하게 정리하는 것을 우선합니다.

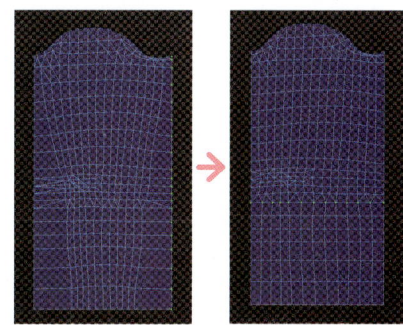

38 ▶ 하반신의 UV는 오른쪽 그림과 같이 정리했습니다. 부품 수도 적고 단순하게 전개되었습니다.

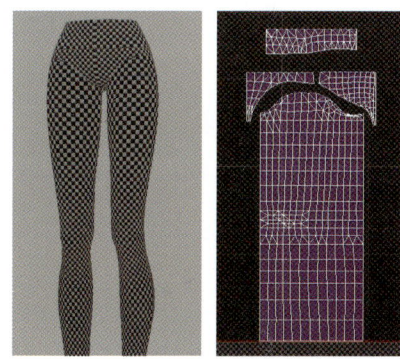

39 ▶ 부츠의 UV를 전개합니다. 부츠는 앞서 전개한 부품들보다 부피가 작지만 디테일은 세세하므로 부품을 몇 가지로 나누고, 각 부품에 맞게 UV 전개를 해야 합니다. 절개하기 좋은 위치에서 각각 전개합니다.

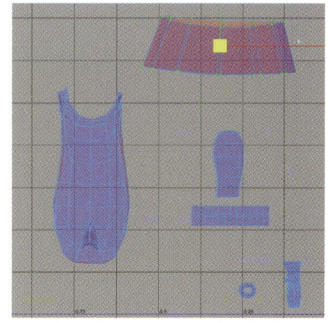

40 ▶ 먼저 발등부터 발끝에 이르는 UV입니다. 발끝의 곡선을 그리고 있는 위치의 UV가 달라붙어 있는 부분의 UV는 극단적으로 축소되어 있습니다.

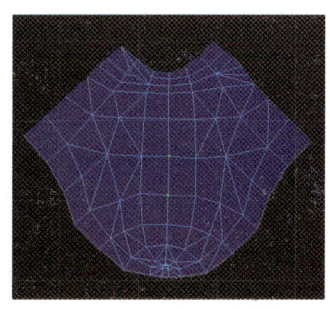

41 ▶ 디자인 이미지에는 없는 바느질선을 설정하고 그 선을 따라 UV를 자릅니다. 부츠의 바깥쪽, 안쪽, 발끝의 안쪽의 3개 부품으로 구성했습니다.

42 ▶ 3개 부품으로 잘라서 UV 전개를 정리함으로써 UV가 찌그러지지 않게 만들었습니다. 단, 발등은 바느질선을 절개한 것이 아니므로 텍스처를 그릴 때는 바느질선이 눈에 띄지 않도록 주의합니다.

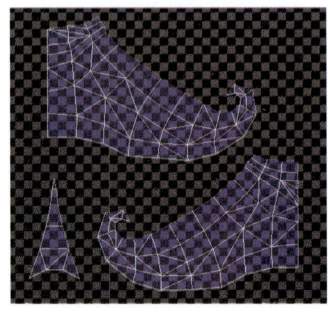

43 ▶ 부츠의 접힌 부분은 기본적으로 원기둥 매핑으로 전개하고, 바느질선은 다리 안쪽의 눈에 띄지 않는 위치로 합니다. 안감은 눈에 잘 보이지 않는 부분이므로 UV 셀 크기를 작게 해서 UV 영역을 절약합니다.

 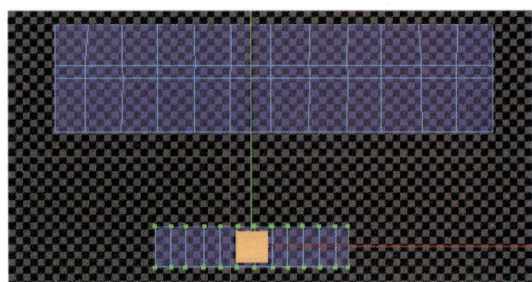

44 ▶ 발목의 벨트 부분은 원기둥 매핑 후 벨트끼리 겹쳐 있는 눈에 띄지 않는 위치에 UV를 자르고, 두께 별로 전개합니다. 별도로 면을 만드는 부분은 다시 잘라 레이아웃을 쉽게 할 수 있게 합니다.

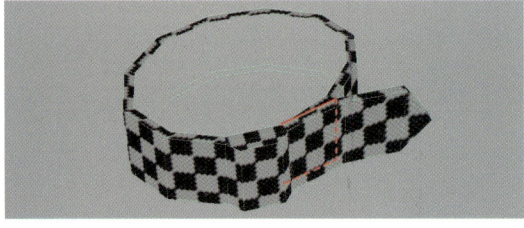 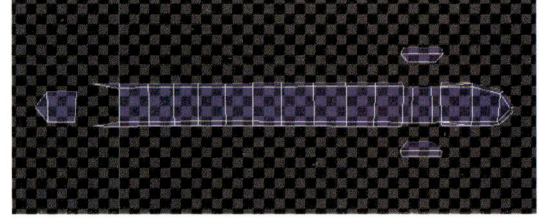

45 ▶ 기타 부품은 평면, 원기둥 매핑으로 전개한 뒤 UV를 조금 조정한 정도의 작업이므로 생략합니다. 버클의 안쪽은 거의 보이지 않으므로 바깥쪽 UV와 겹쳐 두었습니다.

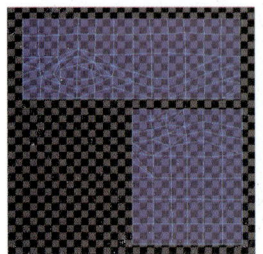 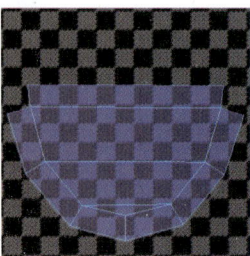 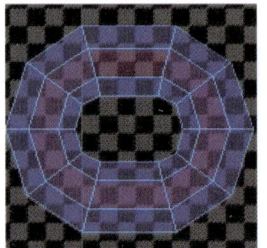 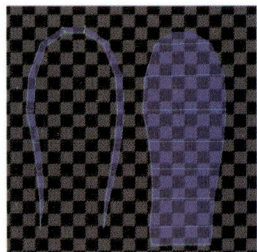

46 ▶ 최종적으로 부츠의 부품은 오른쪽 그림과 같은 UV가 되었습니다. 세세한 UV 셀이 흩어져 있으므로 쉽게 이해할 수 있도록 모아 둡니다. 다음은 각 부품에 필요한 해상도를 고려해 크기를 조정합니다.

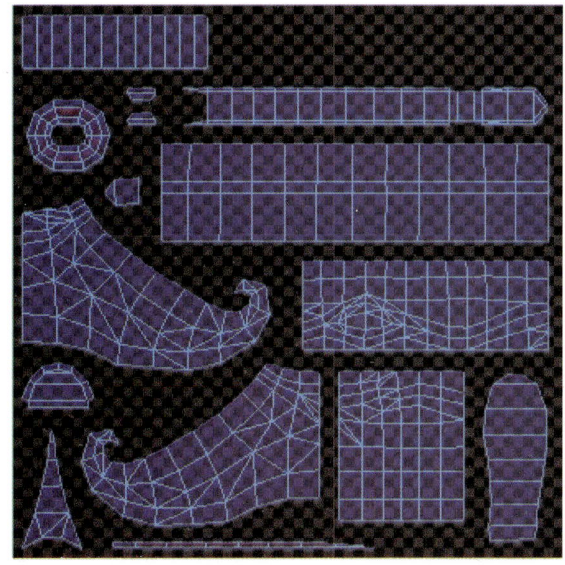

47 ▶ 망토는 UV 전개로 찌그러지지 않고 깔끔하게 셀을 넓히고, 모양이 들어 있는 경계 부분만 매끄럽게 되도록 UV를 수직으로 정렬합니다. 또한 차지하는 범위가 상당히 넓으므로 UV 셀을 좌우 공통으로 겹쳐서 영역을 절약합니다.

 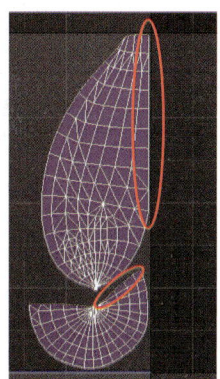

48 ▶ 망토도 페이스를 늘려서 볼륨을 넣고, 그 과정에서 만들어진 안쪽 면의 UV를 좌우 반전해 어긋나게 만듭니다.

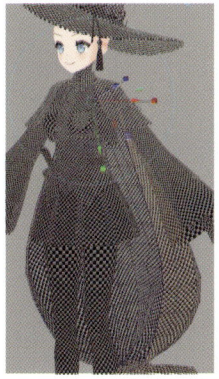 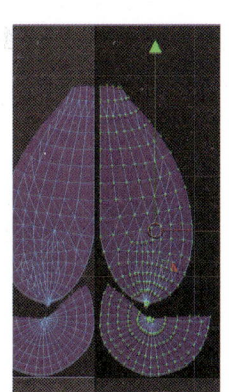

49 ▶ 바깥쪽과 안쪽에서 해상도의 우선도를 바꿔서 UV 셀의 크기를 조정합니다.

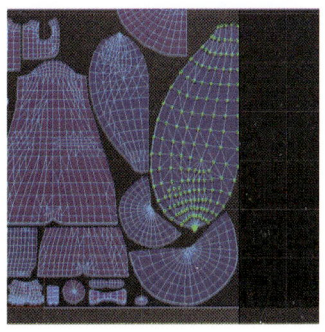

50 ▶ 망토의 리본은 카메라 매핑을 사용해 투영한 뒤, 큰 문제 없이 레이아웃 하기 쉽게 나눌 수 있는 위치에서 각 조각으로 잘라 냅니다.

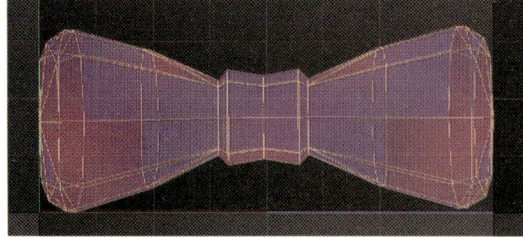 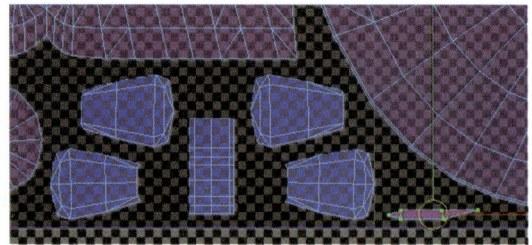

51 ▶ 어깨 케이프도 망토와 마찬가지로 한 가운데의 세로 에지를 경계로 해서 좌우 대칭으로 전개하고, 오른쪽과 왼쪽에서 UV 셸을 겹칩니다.

 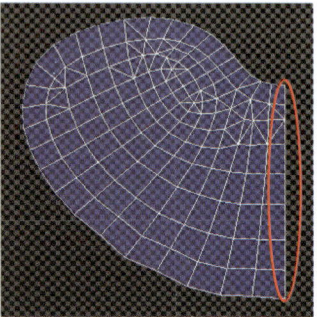

52 ▶ 볼륨을 넣고 UV를 잘라서 분리한 뒤, 망토와 같은 방법으로 해상도를 조정합니다.

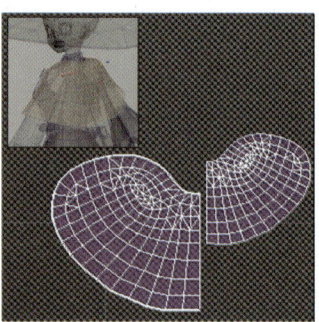

53 ▶ 부속 장식 끈은 대담하게 겹쳐 줍니다. 부속이 작고 눈에 잘 띄지 않으므로, UV 중복 처리나 전후 반전 등을 사용해 UV를 절약했습니다.

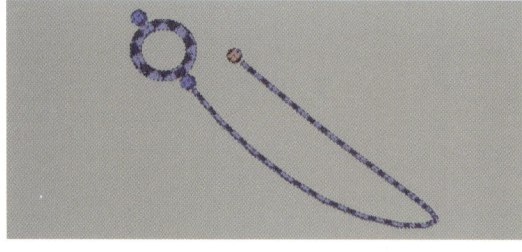 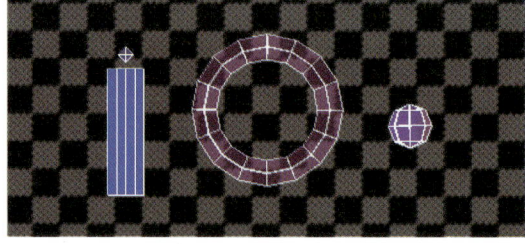

54 ▶ 허리 벨트의 UV를 전개합니다. 먼저 벨트 모델은 Pipe 프리미티브를 사용해 만들 것이므로, 원래의 UV를 사용해 체커가 늘어나지 않도록 UV를 저장합니다.

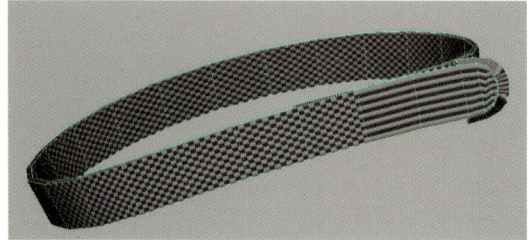 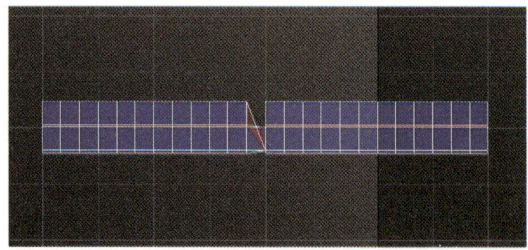

55 ▼ 벨트의 칼 끝과 같이 UV를 잘라서 분리하는 것이 좋은 위치 또는 UV가 이상하게 된 위치는 개별적으로 조정한 뒤 연결해서 정리합니다.

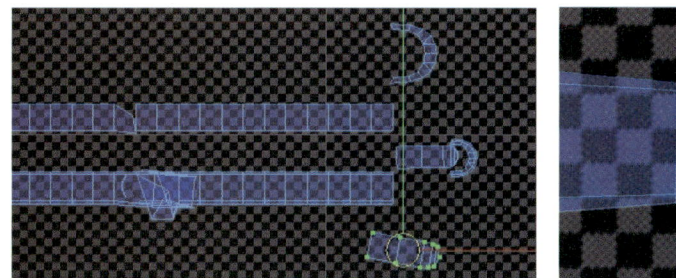
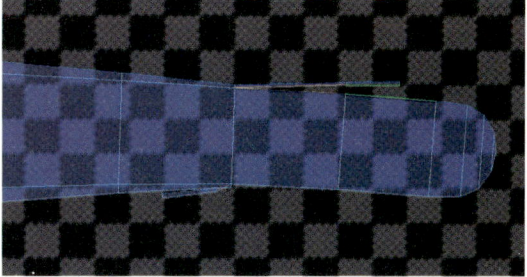

56 ▼ 벨트에 붙어 있는 버클과 금붙이의 UV는 이해하기 쉽고 단순하게, 겹치는 듯한 부분은 겹쳐서 전개합니다. 세세한 디테일을 그릴 것이므로 해상도를 높입니다.

57 ▶ 파우치는 우선 메시 절반을 삭제하고, 구조적으로 자를 수 있는 페이스 마다 카메라 매핑을 사용해 UV를 투영합니다. 그 다음은 UV 전개, UV 위치에 맞춰 깔끔하게 정렬하고 미러링 해서 메시 형태를 원래대로 되돌려 둡니다.

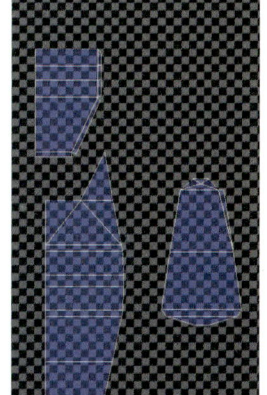

58 ▶ 단검과 칼집은 세세한 디테일을 가지며, 조각으로 잘라낼 부품이 많습니다. 하지만 대부분이 평면적이므로 UV가 찌그러질 걱정은 없습니다. UV의 해상도는 가까이 있는 파우치와 같을 정도로 정렬합니다.

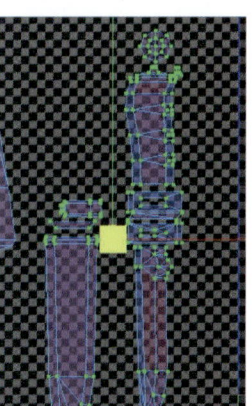

59 ▶ 계속해서 손도 카메라 매핑을 사용해 UV를 투영하고, 눈에 띄지 않는 측면 부근에서 UV를 자릅니다.

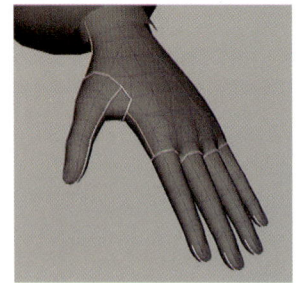
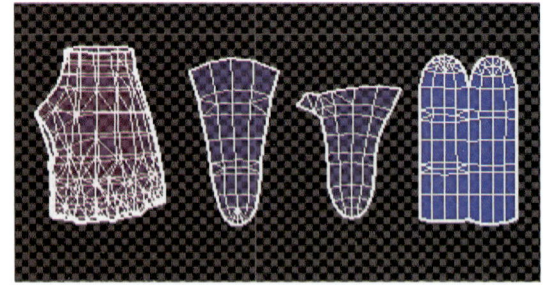

60 ▼ 우선 UV 셸 단위로 깔끔하게 전개한 뒤, 측면의 일부 UV 에지를 선택해서 결합합니다. 한번 잘라서 분리한 뒤 연결해도 되돌리는 방법은 UV 셸을 깔끔하게 정리할 때 자주 사용합니다.

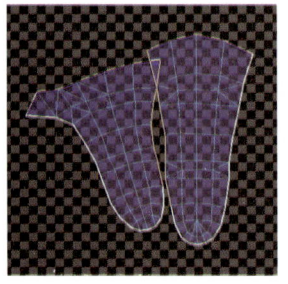
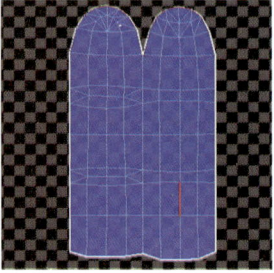
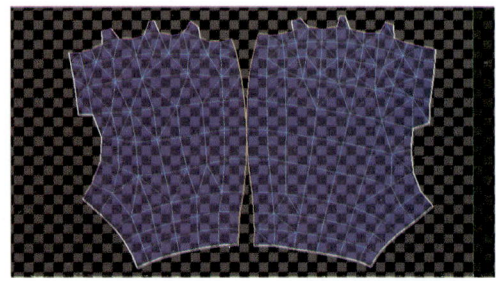

61 ▶ 손과 손가락의 해상도를 맞추어 우선 정리합니다.

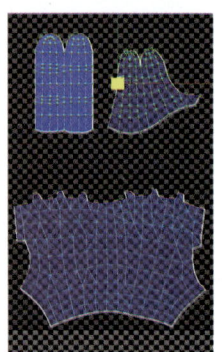

62 ▶ 모자 본체의 UV도 그대로 전개하면 망토 정도는 아니지만 UV 영역을 상당히 차지하게 됩니다. 앞뒤로 나누어 UV 셸의 정/부가 겹쳐지게 합니다.

63 ▶ 모자의 챙 부분은 4등분이 되도록 UV를 자르고 정/부가 교차하도록 UV 셸을 겹쳤습니다. 챙의 안쪽도 마찬가지로 UV 셸을 4등분합니다.

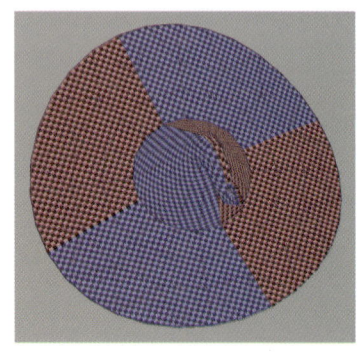

64 ▶ UV 에디터에서는 오른쪽 그림과 같이 겹쳐져 있습니다. 왼쪽부터 크라운, 바깥쪽 모자챙, 안쪽 모자챙입니다.

65 ▶ 관은 Curve warp를 적용하기 전의 평범한 형태로 UV를 앞쪽면에서 투영했습니다. 거기에서 하트 형태의 위치만 별도로 앞쪽면에서 전개하고, 그 밖의 옆으로 펼쳐지는 장식 부분은 좌우 공통이므로 UV를 겹쳤습니다. 안쪽면은 좌우가 완전하게 공통이므로 작게 배치합니다.

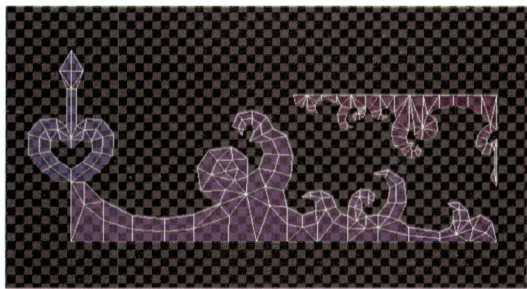

66 ▶ 하트 형태, 별 형태, 날개 장식의 UV는 거의 앞쪽에서 봤을 때의 형태 그대로 카메라 매핑 또는 평면 매핑을 사용해 투영합니다. 세세한 그리기가 많으므로 해상도를 높여 스케일링 합니다.

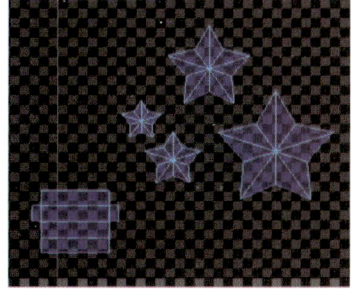
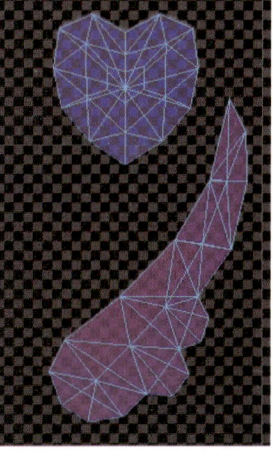

67 ▶ 모자의 리본은 눈에 잘 띄므로 UV 셸을 좌우로 나누어 전개합니다. 모양도 들어있으므로 해상도를 높여 줍니다.

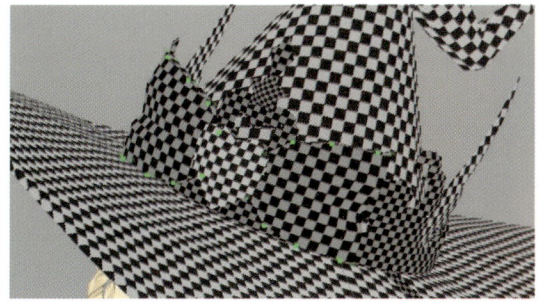
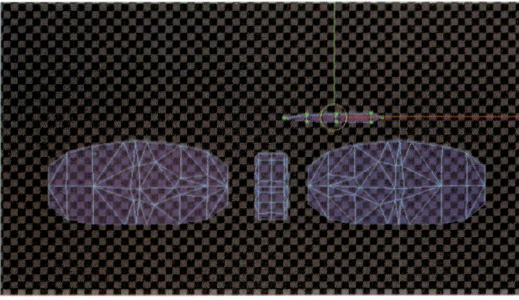

68 ▶ 모자 술의 UV는 단순하게 앞뒤로 UV 셸을 전개해 겹치게 하는 경우가 많습니다. 하지만 그 상태에서는 UV 경계를 기준으로 대칭인 형태가 되므로, 조금의 조작을 추가합니다.

 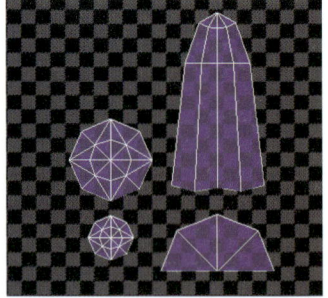

69 ▶ 역방향으로 되어 있는 UV 셸을 U자 방향으로 반전시키고, 앞/뒤 모두를 정방향으로 겹쳐지게 합니다. 이렇게 하면 보다 UV 경계를 기준으로 대칭으로 만들지 않을 수 있으며, 텍스처로 매끄럽게 연결되도록 그리면 대칭의 느낌이 없는 형태로 만들 수 있습니다.

 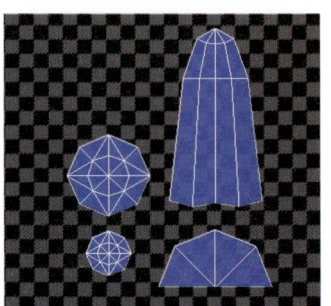

70 ▶ 모자 술의 끝 부분은 Cylinder 프리미티브 상태에서 UV를 깔끔하게 조정합니다. 이것으로 장식을 포함한 모자의 UV 전개를 마쳤습니다.

 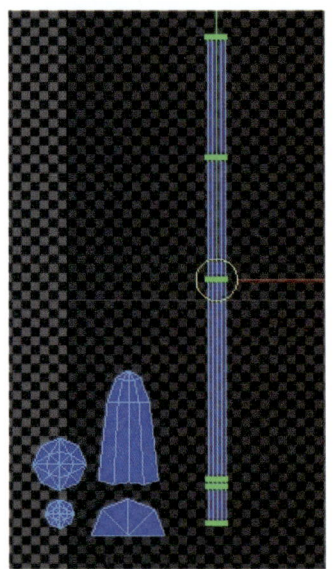

71 ▶ 머리카락의 리본도 몸체의 텍스처에 맞춥니다. 카메라 매핑을 사용해 바깥쪽, 안쪽을 각각 전면 전개합니다.

 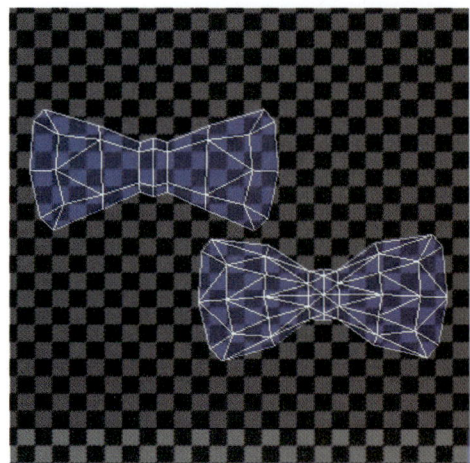

2.5.2 ▶ UV 레이아웃

각 부품의 UV 전개를 마쳤으므로 UV 작업의 마무리 단계인 레이아웃 작업을 진행합니다. 각 부품의 UV 전개 단계에서도 조금씩 매치를 조정했지만, 여기에서는 레이아웃 할 때의 중요한 포인트에 초점을 두고 설명합니다.

1 ▶ 오른쪽 그림은 UV 전개 작업 초반 UV 에디터의 형태입니다. UV 셸이 큰 것을 적절하게 임의의 위치에 놓고, 작은 것은 바깥쪽으로 제외한 뒤 구상을 시작하는 단계입니다. 여기에서 다른 부품도 정렬하면서 「UV 퍼즐」을 시작합니다.

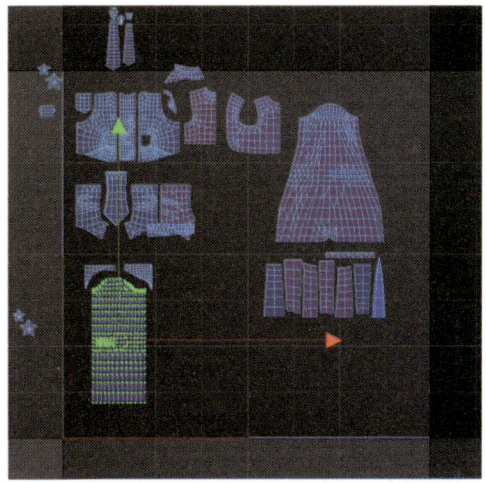

2 ▶ 레이아웃을 조금 더 진행한 중간 단계입니다. 원하는 레이아웃에 따라 큰 UV 셸을 축으로 해 상반신은 왼쪽 위, 하반신은 왼쪽 아래, 다른 것은 나머지 부분에 배치했습니다. UV 셸을 사각형 형태의 그룹으로 조합하면 조금 더 쉽게 배치할 수 있습니다.

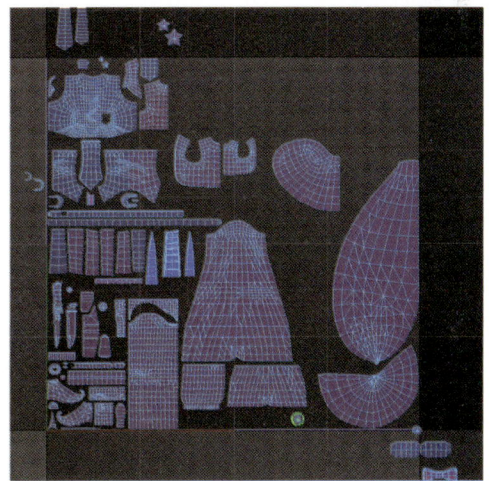

3 ▼ 하반신 장식 부근은 곳곳에 간격이 있으므로 쉽게 모으기 어렵습니다. 아래 그림과 같이 세세한 부품이 보여 있는 위치는 배치를 바꾸거나, UV 셸을 다시 조합하는 등으로 개선합니다.

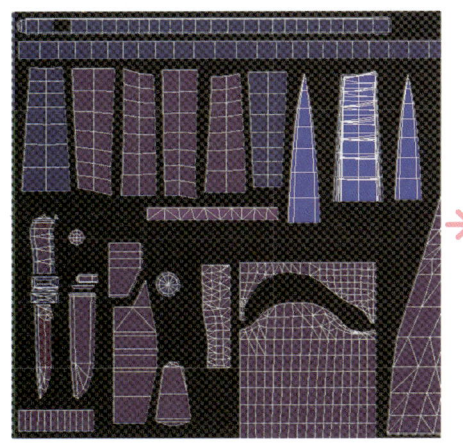

4 ▶ 레이아웃과 마찬가지로 해상도 확인합니다. 예를 들면 부츠는 상반신에서 떨어져 있으므로 해상도를 비교할 때는 부츠 모델을 상반신 근처로 이동시켜, 비율의 균형이 적절한지 확인합니다.

5 ▶ 벨트 등 길이가 길어 레이아웃하기 어려운 것은 눈에 띄지 않는 위치에 UV를 잘라 배치를 변경하면 쉽게 정리할 수 있습니다.

6 ▶ 절반 이상의 UV를 배치한 상태입니다. 왼쪽 영역은 거의 결정되었으므로 오른쪽 영역을 채웁니다.

7 ▶ 오른쪽의 망토 UV는 곡선이 많고 정리가 되지 않았습니다. 간격이 생기는 것은 당연하지만, 곡선 형태의 UV 셸을 잘 조합합니다. 특히, 망토 안쪽면의 UV는 현재 상태 그대로는 배치가 좋지 않으므로 회전시켜 주변 UV를 조정해야 합니다.

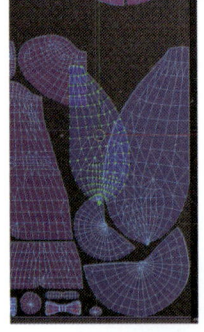 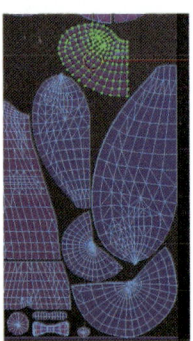

8 ▶ 바깥쪽에 놓았던 모자 장식의 UV를 배치합니다. 모자 본체를 주축으로 하고 주변을 나머지 조각들을 채우는 느낌으로 배치합니다.

9 ▶ 옷의 볼륨이나 안쪽 면을 만들고, 배치 단계 마지막 즈음에 이르렀을 때의 상태입니다. 이제 끝이 보입니다. 이제 작은 부품들의 배치를 수정합니다.

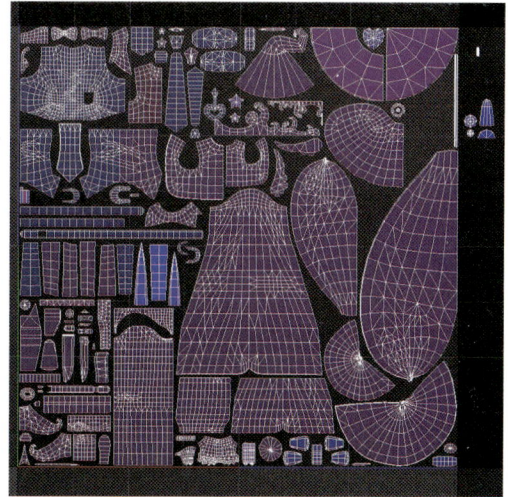

10 ▶ 어깨 케이프 안쪽면의 UV를 아직 배치하지 않았으므로 공간을 만들고 배치했습니다. 주변에 작은 공간이 곳곳에 있으므로 나머지 작은 부품들을 배치합니다.

11 ▶ UV 레이아웃이 우선 형태를 갖췄다면 테스트로 UV를 스냅샷으로 저장하고, Photoshop의 캔버스에 배치해 봅니다. UV의 스냅샷을 저장할 때는 크기를 지정하고, [Anti-alias lines] 항목의 체크를 해제한 뒤 [Image Format]을 [PNG]로 변경합니다.

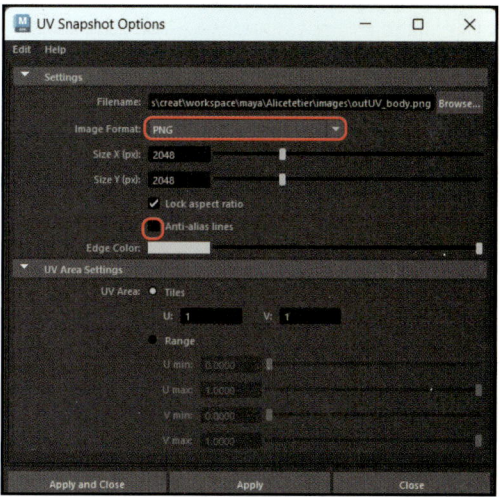

12 ▶ 저장한 UV의 스냅샷을 2,048 x 2,048 px의 캔버스에 배치하고, 그것을 사용해 칠할 영역을 만듭니다. 칠할 영역은 UV에서 6 px의 마진을 확보해 두면 안전합니다.

13 ▶ 빨간색 원과 같이 칠할 영역이 붙어 있는 위치는 Maya에서 UV의 위치를 수정하고, 다시 Photoshop에서 UV 스냅샷을 업데이트합니다.

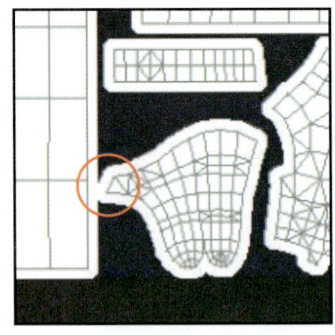

14 ▶ 반창고의 UV를 아직 전개하지 않았으므로 카메라 매핑을 사용해 전개했습니다.

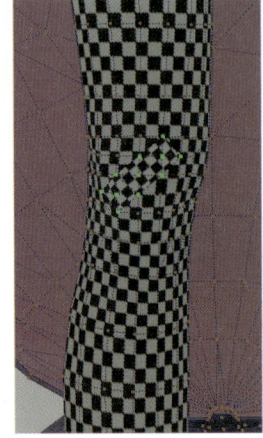
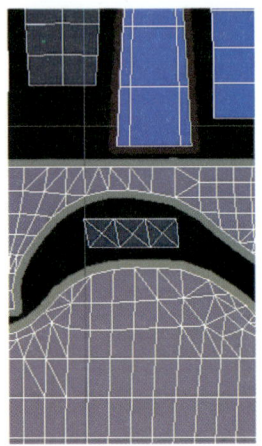

15 ▼ 기타 UV 위치를 조정해 UV 레이아웃을 완료했습니다. 텍스처 작업 중에 상태가 나빠진 UV는 조정을 하겠지만 현재 상태에서 크게 바꾸지는 않습니다. 불필요한 공간을 가능한 만들지 않아, 텍스처를 그리기에 좋은 효과적인 레이아웃이 되었습니다. 이제 드디어 캐릭터 룩을 결정하는 Albedo 텍스처를 만듭니다.

Chapter 2.6 옷 텍스처

UV 전개를 완료했습니다. 이제 텍스처를 그립니다. 얼굴이나 머리카락과는 다른 질감이나 설득력을 주기 위한 표현력이 요구되는 어려운 부분입니다. 애니메이션이나 사진 같은 실제감을 주는 방법을 어느 정도 정해져 있지만, 일러스트 룩의 텍스처는 사람에 따라 그리는 방법이 크게 달라집니다. 책에서 소개하는 것은 어디까지나 MUTAN에서의 작업 방법입니다. 조금이라도 도움이 되는 부분이 있기를 기대합니다. 그럼 옷의 텍스처를 그릴 때의 포인트부터 설명합니다.

▶ 명암에 대한 고찰

라이팅이 없는(플랫 라이트) 상태에서도 입체감을 느낄 수 있는 텍스처를 가정합니다. 여기에서는 지향성을 가진 광원을 어느 정도 고려해 빛이 닿기 쉬운 곳, 어두워지기 쉬운 곳, 반사광에 의해 밝아지는 부분 등을 생각하면서 일러스트 룩의 표현도 양립할 수 있는 텍스처 그리기를 목표로 합니다.

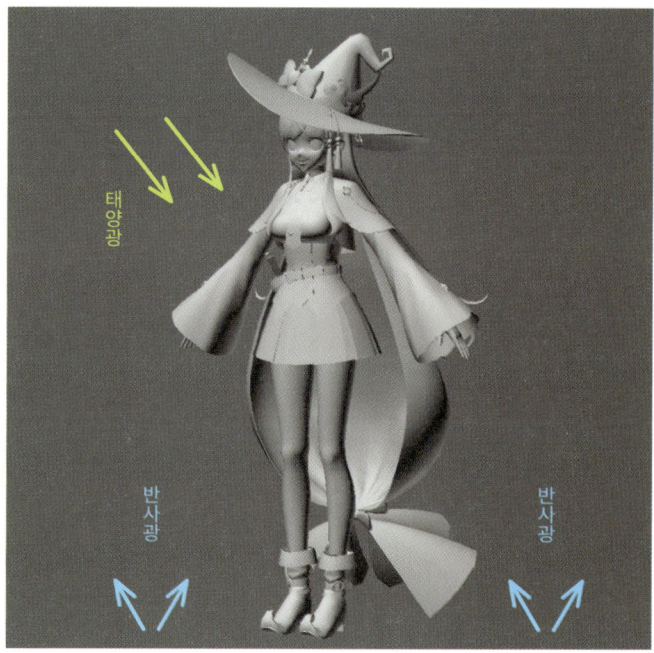

▶ 주름을 그리는 방법

아래 그림에서 왼쪽부터 오른쪽으로의 흐름을 살펴 봅니다. '2.3.3 눈동자 텍스처 만들기'(p.85)와 같은 브러시를 사용합니다. 기본적으로는 '필압 강약'과 '섞임'을 생각하면서 주름의 선 그리기와 실루엣 정리를 반복합니다. 브러시로 강약을 표현할 수 없는 위치는 나중에 브러시와 같은 설정의 지우개로 살짝 지우거나, 흐림 효과 도구를 사용해 브러시의 궤적이 지저분하게 되지 않도록 흐림 효과 처리합니다. 이 방법을 마스터하면 '옷감 위에 모양이 있는' 것처럼 보이지 않고 확실하게 '옷에 만들어진 주름'을 표현할 수 있을 것입니다. 또한, 옷감에 적합한 주름의 굵기, 길이, 양까지 생각해 그리면 더욱 좋습니다.

▶ 부품별 그려 넣기의 기본적인 흐름(순서가 뒤바뀌는 경우도 있음)

'❶ 밑감 칠' → '❷ 세세한 부품별 색상 구분, 모양, 디테일 라인' → '❸ 물체 전체의 입체감에 영향을 주는 음영' → '❹ 주름의 명암' → '❺ 금속 계열의 표면 반사 표현'

보충

이 흐름은 대부분 기분에 관련된 문제입니다. 개인적으로는 고민할 필요 없이, 확실하게 그리고 싶은 것을 먼저 그림으로써 작업 진행을 실감할 수 있는 흐름입니다. 반대로 옷의 주름이나 금속 계열을 먼저 그려 넣으면 크게 고민하게 되고 작업 진행이 느껴지지 않아 불안해지기 때문에 작업을 지속하기 쉽지 않습니다. 퍼즐을 예로 들면 확실하게 맞출 수 있는 모서리에서 시작해, 그것을 단서로 점점 조각을 채우는 것에 비교할 수 있습니다.

▶ 기본적으로 사용하는 레이어명과 그 역할

- UV … 스냅샷을 뜬 UV를 저장해 둔 레이어
- area … 칠하는 영역의 통합 레이어. 칠할 영역을 선택 범위로 얻을 때 사용한다.

다음은 부품별 폴더에 저장되어 있는 레이어입니다.

※빨간색으로 표기한 레이어는 옷의 텍스처에서 새롭게 사용하는 레이어입니다.

- dark … 매우 어둡게 칠할 때 사용한다. 옷 소매 안을 들여다봤을 때, 안쪽 어두운 공간에 계속되는 표현을 하고 싶을 때 등에 사용한다.
- shadow … 그림자를 그릴 때 사용한다.
- shade_gradation … 어두운 부분을 그러데이션으로 칠할 때 사용한다.
- shaed_surface … 어두운 부분을 면으로 칠할 때 사용한다.
- shade_detail … 움푹 들어간 곳, 단차를 표현하기 위해 칠할 때 사용한다. 형태는 line 레이어와 같다.
- line … 일러스트 풍의 선, 윤곽선 등을 그려 넣을 때 사용한다.
- reflection … 금속이나 보석 표면의 반사, 대비가 강한 빛의 표현, 외부 요인 요인으로 다른 색이 반영되는 표현을 할 때 사용한다.
- light_edge … 물체의 가장자리의 밝은 부분을 그릴 때 사용한다.
- light … 밝은 부분을 그릴 때 사용한다.
- light_wrinkle … 옷 주름의 밝은 부분을 그릴 때 사용한다.
- shade_wrinkle … 옷 주름의 어두운 부분을 그릴 때 사용한다.
- convex … 튀어나온 부분을 표현할 때 사용한다.
- stiich … 바느질선을 그릴 때 사용한다.
- pattern … 모양을 그릴 때 사용한다.
- color … 베이스 컬러와 차별화할 색상이나 색상 영역이 있을 때 사용한다.
- base … 베이스 컬러. 기본적으로 단색으로 가득 칠한 영역으로만 사용한다.

2.6.1 ▶ 준비

옷의 UV 전개를 마친 아래 그림 상태에서 albedo 텍스처를 그립니다. 먼저 얼굴이나 머리카락과 마찬가지로 베이스 색상을 칠하는 영역을 만듭니다.

먼저 대략적인 분위기를 내기 위해 눈에 잘 띄는 금빛 가장자리(바이어스 테이프)를 그렸습니다. 여기까지의 작업 만으로도 완성 이미지에 가까운 느낌이 납니다. 이를 바탕으로 옷의 주름이나 명암 등을 그립니다. 앞서 설명한 것처럼 사람에 따라 텍스처를 그리는 방법은 다양합니다. 여기에서는 각 부품별로 완성에 가까운 형태까지 그린 뒤, 다른 부품의 그리기 작업으로 이동하는 방법을 사용합니다. 순서는 대략적으로 모델의 아래쪽에서 위쪽으로 이동하며 그리는 흐름입니다. 이런 흐름을 채택하는 이유는 크게 두 가지입니다.

- 상대적으로 눈에 덜 띄는 하반신에서 텍스처의 분위기를 잡고, 상반신으로 가면서 텍스처를 익숙하게 그림으로써 눈에 잘 띄는 상반신의 완성도를 높인다.
- 부품별로 레이어를 관리하므로 레이어 사이의 이동을 최소화해서 작업 효율을 높인다.

2.6.2 ▶ 부츠

1 ▶ 부츠에서 시작합니다. 먼저 그러데이션 도구를 사용해 가벼운 음영을 그립니다. 위에서 빛이 살짝 닿는 듯한 느낌으로 입체감을 냈습니다. 빛이 확실하게 닿지 않아 어두워지는 각 면을 어둡게 만들었습니다.

2 ▶ 접힌 부분에 갈색 옷감을 그립니다. 옷감 위에 다른 옷감이 붙어있는 구조를 표현하기 위해, 옷감 사이의 경계에 선을 그립니다. 옷감의 경계에 빛이 닿아 가늘고 긴, 밝은 위치를 그리면 바느질 된 느낌이 살아나는 동시에 형태도 풍부하게 됩니다.

 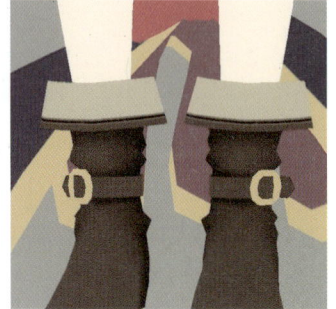

3 ▶ 명암과 그림자 부분은 대부분 그러데이션 도구를 사용해 그렸습니다. 밝은 부분은 가로 방향으로 조금 딱딱한 붓으로 그리는 느낌으로 처리한 뒤, 양쪽 끝을 지우개로 가볍게 지워 폭을 정리합니다.

4 ▶ 메시의 형태(UV의 토폴로지)를 따라 밝게 되는 부분과 어둡게 되는 부분의 요소를 두고, 주름의 명암도 그립니다.

5 ▶ 부츠의 벨트 부분도 그러데이션 도구를 사용해 옆면에 그림자를 넣고, 얇은 브러시를 사용해 가장 자리에 날카로운 밝은 부분을 그립니다.

 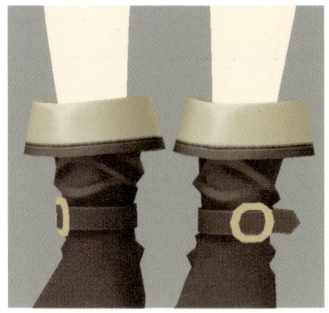

6 ▶ 가죽 벨트 느낌이 나도록 명암을 정리합니다. 모델에서 확인했을 때 그린 위치가 좋지 않다면 선택 도구로 감싼 뒤 픽셀 단위로 옆으로 밀어서 세세하게 조정합니다.

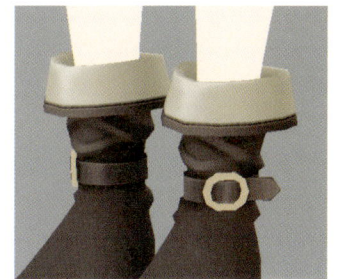

7 ▶ 벨트에서 아래로 이어지는 주름도 그립니다. 여기에서도 메시 형태에 맞춰 명암을 그립니다. 위쪽 주름과 같은 형태로 그려지지 않도록 주의합니다. 주름의 끝은 그러데이션을 사용해 부드럽게 사라지도록 브러시와 지우개로 정리합니다.

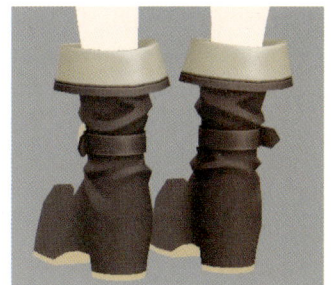

8 ▶ 부츠 앞뒤의 명부를 그립니다. 가죽 질감을 대기 위해 넓은 브러시로 톡톡 가볍게 찍듯이 표현합니다. 먼저 디테일 라인을 만들어 두면 쉽게 그릴 수 있는 경우가 있으므로, 그런 부분은 임기응변으로 바꿔서 그립니다. 발등은 UV 바느질선이 되는 위치이지만, 명부를 그리면서 합쳐 줍니다.

9 ▶ 부츠 바닥과의 경계선과 발끝이 말리는 부분의 디테일 라인을 그립니다. 이렇게 라인을 그리는 작업에는 상당한 시간이 걸립니다. 그릴 대상의 UV를 전개했을 때 왼쪽/오른쪽면이 같을 때는 나중에 반대쪽으로 반전 복사해서 배치합니다.

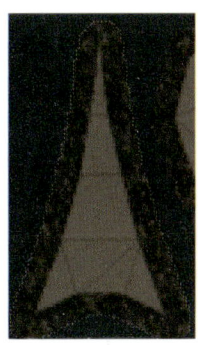
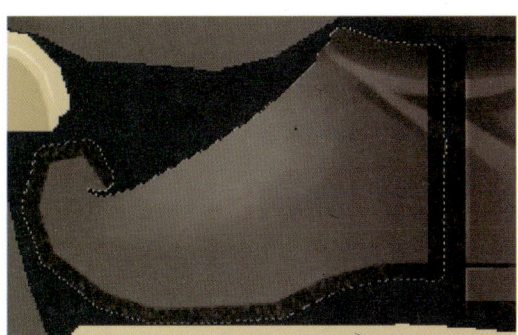

10 ▶ 발끝 부근의 명암을 그립니다. 처음 상태와 비교하면 입체감이 상당히 늘어났습니다.

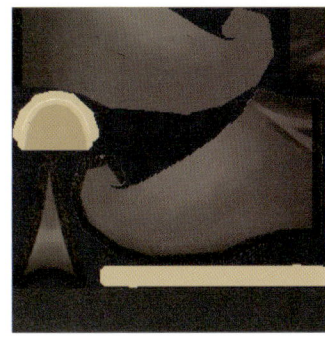

🔟 ▶ 벨트 위쪽 부분에도 디테일 라인을 추가합니다.

 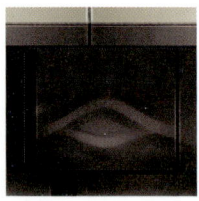 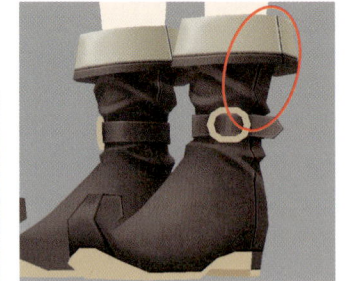

12 ▶ 왼쪽면에 그려져 있던 디테일 라인이나 명암 처리를 반대쪽으로 반전시킵니다. 부츠 모델과 같이 좌우 물체가 가까워 안쪽 텍스처를 확인하기 어려울 때는, 페이스 선택으로 한 쪽 메시를 선택해 분리 표시해서 확인하면 좋습니다.

13 ▶ 추가로 발끝의 명암을 조금 강조합니다. 빛이 닿는 정도를 고려하면 빨간색 부근도 밝게 보일 것입니다.

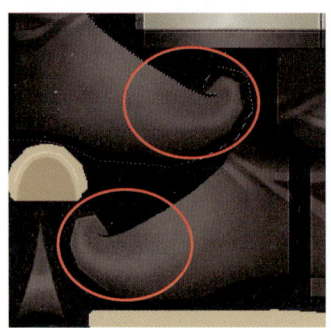 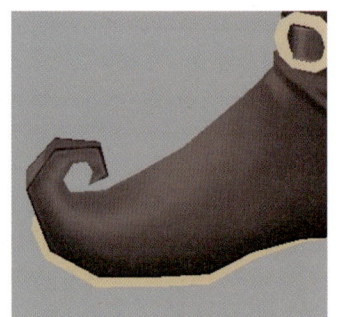

14 ▶ 도중에 베이스 컬러의 색상을 조정했습니다.

15 ▶ 눈에 띄지 않는 위치이지만 접힌 부분의 안쪽에 바느질선의 디테일 라인을 그렸습니다. 명암을 생각할 때는 달리는 경우 등에 발의 안쪽이 보이는 순간을 가정하고, 빛이 쉽게 닿을 수 있는 부분을 상상하면서 그립니다. 하지만, 너무 깊이 생각하지는 않습니다. 적절한 입체감을 만드는 것으로 충분합니다.

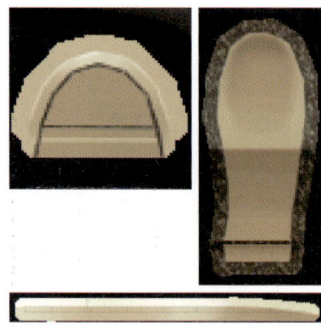 

16 ▶ 오른쪽 그림의 빨간색 부분도 눈에 띄지 않는 위치이지만 접힌 부분의 안쪽에 바느질선의 디테일라인을 그렸습니다. 부츠 본체에 그려져 있는 바느질선과 위치가 일치하도록 주의합니다.

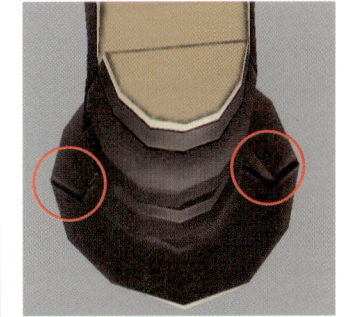

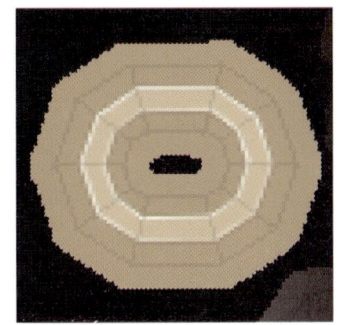

17 ▶ 이번에는 벨트의 버클을 그립니다. 문제는 얼마나 금속 같은 표면 반사를 갖게 할 수 있는가 입니다. 먼저 왼쪽면의 그림자와 가장자리의 명부를 그립니다.

18 ▶ 다음으로 「reflection」 레이어에 [그리기 모드: 비비드 라이트], [불투명도: 80%]를 설정하고 밝은 부분과 어두운 부분을 모두 그립니다. 비비드 라이트는 아래 레이어의 색상을 합해서 대비를 높이는 효과를 주는 모드입니다. 명부는 흰색에 가까운 회색(70~60%), 암부는 검은색에 가까운 회색(30~15%)로 색상을 전환하면서 그립니다. 처음에는 단순하게 그리면서 상태를 봅니다.

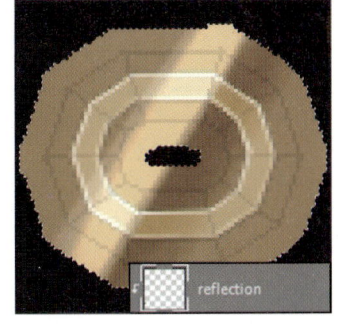

19 ▶ 채도가 조금 높은 느낌이므로 베이스 컬러 색상을 조정해, 조금 더 표면 반사를 더했습니다. 강하고 밝은 색상 바로 옆에 어두운 색상을 두면, 금속 느낌의 형태를 쉽게 만들 수 있습니다. 단, 이 때는 하이라이트 위치와 균형이 깨지지 않도록 해야 합니다.

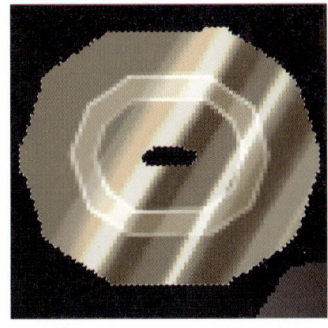

20 ▶ 하이라이트 위치를 조정해 번쩍거리는 부분과 그러데이션을 교차하는 방법으로 그렸습니다. 상당히 균형감이 좋은 느낌이 듭니다.

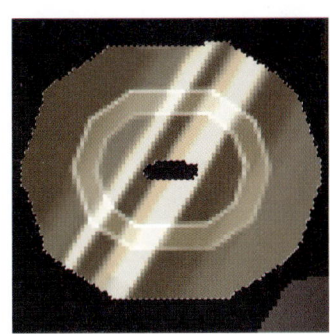

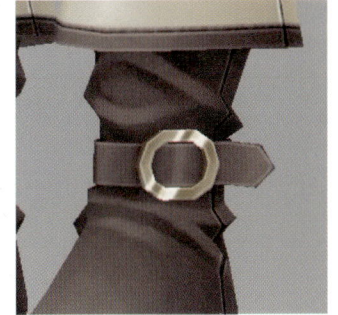

21 ▶ 측면에까지 반사를 표시하지는 않을 것이 므로 적절하게 칠을 합니다. 측면은 복잡하게 그리지 않고 단순하게 표현합니다. 또한, 앞에 서 그린 부분에 한 단계 더 어두운 색을 추가해 서 대비를 강조합니다. 금속 표면 반사의 느낌 이 납니다.

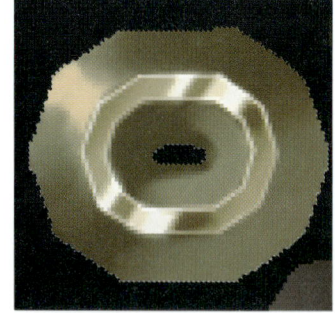
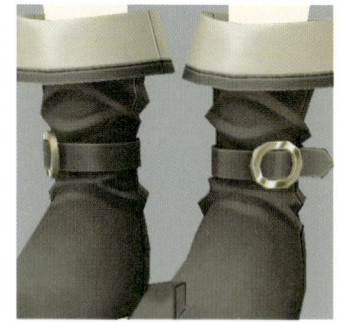

22 ▶ 여기에서 버클에 「고정 핀」 부품이 없는 것을 알아채고, 허리 벨트에 있는 메시를 유용 해서 고정 핀을 만들었습니다. 부츠의 UV 셸 사이에 적절한 공간이 있어, 그 공간에 새로운 UV를 배치했습니다.

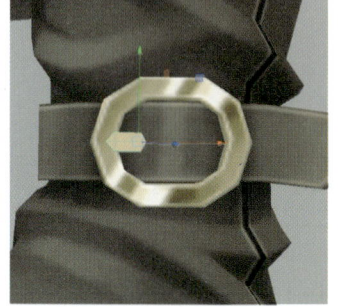
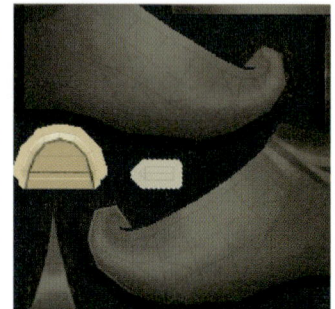

23 ▶ 라인과 표면 반사를 그려 버클을 완성합 니다.

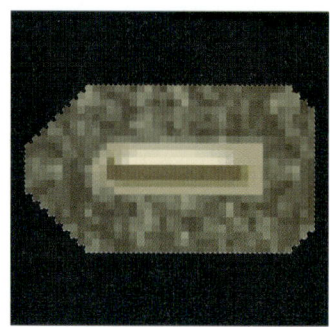

24 ▼ 나중에 세세한 조정을 하겠지만, 우선 부츠의 Albedo는 완성입니다. 이것을 텍스처의 기분 수준으로 하고, 다른 부품들도 계 속해서 그려 갑니다.

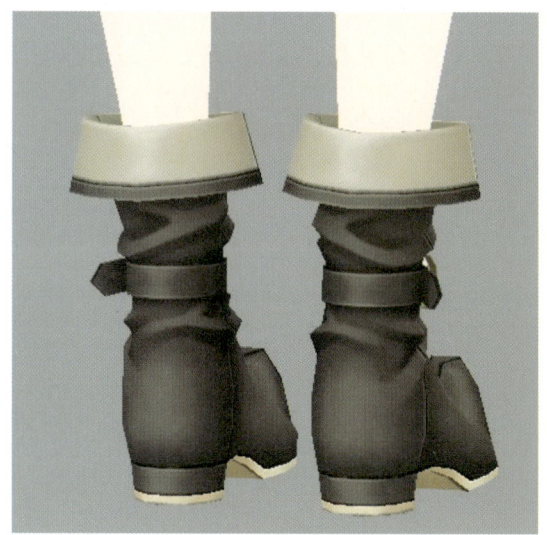

2.6.3 ▶ 피부

1 ▶ 피부를 그립니다. 목, 다리, 손을 그려야 합니다. 목부터 시작합니다. 칠할 영역을 선택 범위로 하고, 얼굴 밑동에서 아래를 향해 그러데이션 도구로 그림자를 그립니다. 이 때의 색상은 머리의 어두운 색상과 같은 색상으로 하고, 경계가 깔끔하게 이어지도록 합니다.

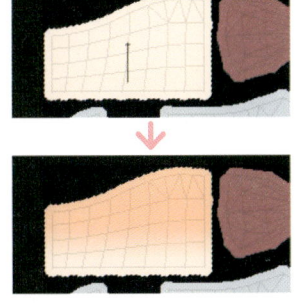

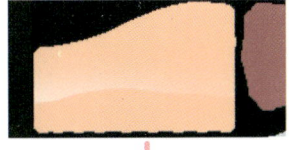

2 ▶ 머리카락과 셔츠의 깃이 목과 간섭을 일으키므로, 해당 부분의 그림자도 그립니다. 머리카락 쪽은 앞과 마찬가지로 머리카락 밑동 부근에서 그러데이션을 사용해 그림자를 넣습니다. 옷깃 쪽의 그림자는 조금 분명하게 넣을 것이므로, 하드 브러시로 그림자 실루엣을 그린 뒤, 흐림 효과 도구를 사용해 윤곽선 부문만 적절하게 정리합니다. 목은 이 그림자 처리만으로 충분합니다.

3 ▶ 다음은 다리입니다. 지향성을 가진 광원을 고려하면서 그러데이션 도구를 사용해 측면에 음영을 넣습니다. 얼굴 텍스처와 색상을 통일시켜야 하므로 얼굴의 텍스처의 shade 레이어의 레이어 스타일을 복사한 뒤, 몸의 텍스처 쪽에도 적용합니다.

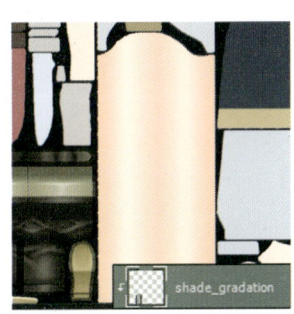

4 ▶ 그러데이션 도구를 사용해 스커트의 그림자를 그립니다. 떨어지는 그림자는 셰이더와 라이팅을 사용해 그릴 것이므로 여기에서는 확실하게 그리지 않아도 됩니다. 하지만, 어느 정도 그림자가 있어야만 플랫 라이트 표시에서 위화감이 없으므로 그림자가 있다는 것을 느낄 수 있을 정도로만 그립니다.

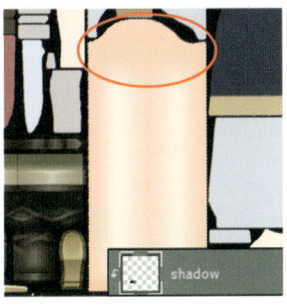

5 ▶ 무릎의 라인과 그림자를 그립니다. 위쪽에서 빛이 닿고 있는 것을 고려해 무릎 아래 방향으로 그림자를 조금 그립니다. 흐림 효과 도구를 사용해 진한 그림자가 되지 않도록 주의합니다.

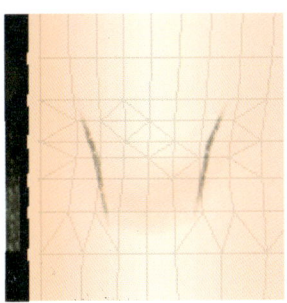
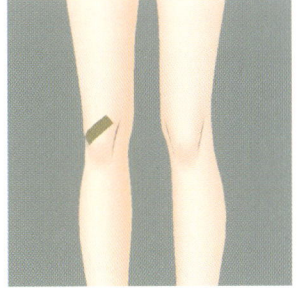

6 ▶ 무릎 뒤쪽의 움푹 패인 라인과 그림자를 그립니다. 무릎 뒤쪽은 조금 들어가 있기 때문에 형태에 맞춰 그림자를 조금 더합니다. 양 쪽 끝은 힘줄이 연결되어 튀어나온 형태이므로 라인으로 형태를 따라 그려 줍니다.

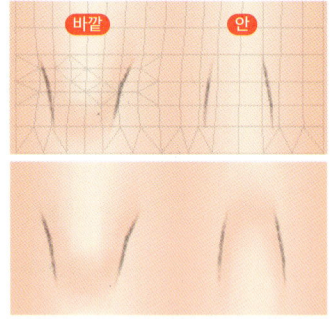
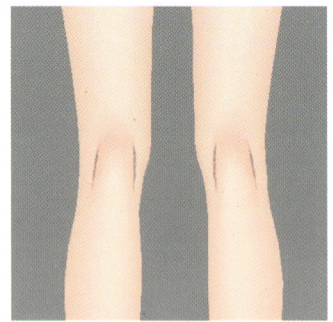

7 ▶ 다시 빨간색으로 표시한 범위에 명부를 그려 입체감을 살려 줍니다.

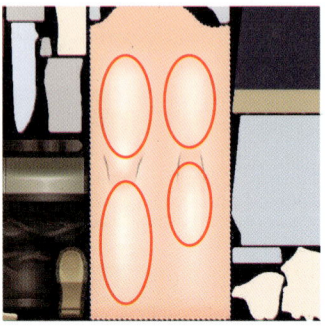

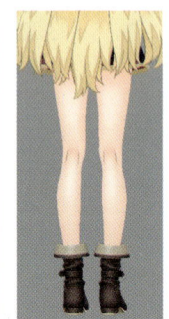

8 ▶ 엉덩이의 음영도 조금 그려 줍니다. 엉덩이와 허벅지가 연결되는 부분을 명확하게 하고, 각각의 형태가 확실히 나타내게 합니다.

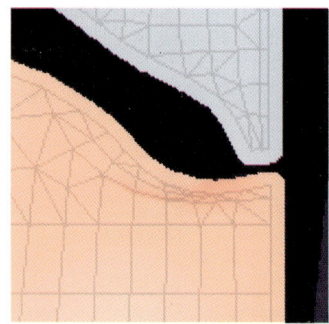
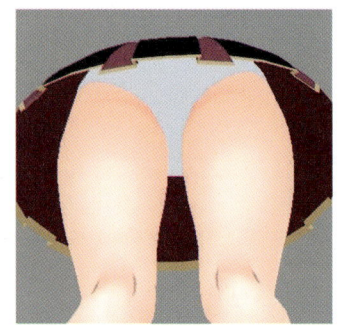

9 ▶ 스커트나 팬티에 의해 만들어지는 음영도 그립니다. 팬티에 의해 만들어지는 음영은 피부의 그러데이션 보다 한 단계 진한 색상을 사용해 다른 피부의 음영과 차이가 나게 합니다. 다리는 이것으로 완성입니다.

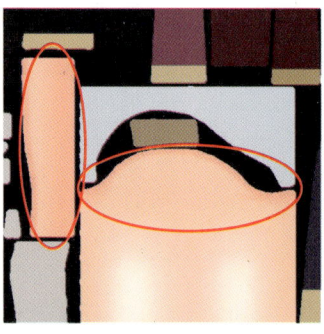
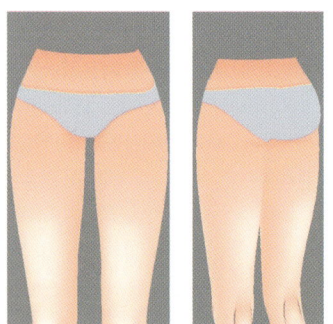

10 ▶ 손가락의 음영을 그립니다. 손가락 측면은 빛이 닿기 어려운 위치이므로, 흐림 효과 도구를 사용해 약한 그림자를 더해 줍니다.

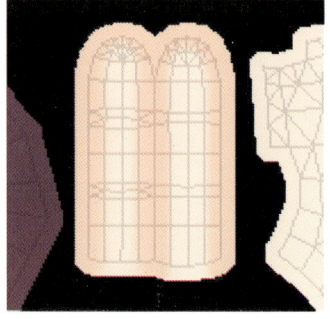
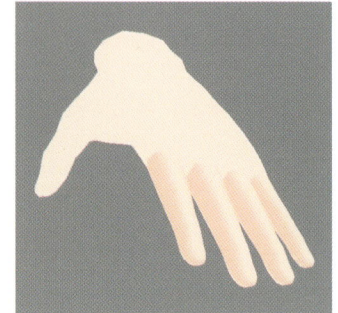

11 ▶ 손가락 관절은 모델에서 분할한 위치에 맞춰 아주 조금 음영을 더해 줍니다. 또한, 실제 사람의 손이나 소녀다운 느낌을 표현하는 요소로서 손가락 끝에 붉은 기운을 더해 줍니다.

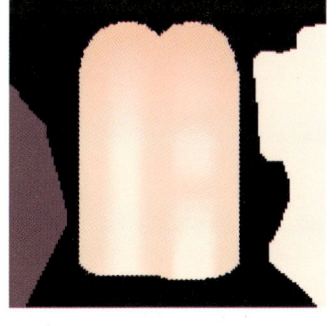 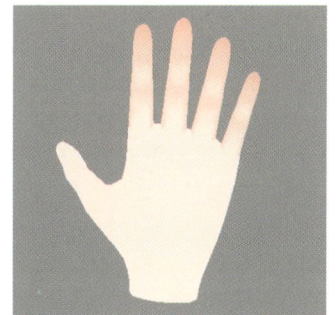

12 ▶ 손톱은 단순하게 표현합니다. 라인을 그리고, 가장자리 부분을 조금 밝게 만들어 NOCO 씨의 취향에 가깝게 만들었습니다.

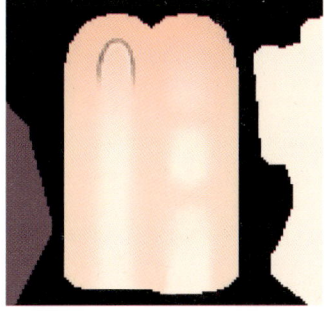 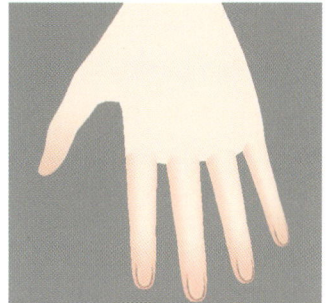

13 ▶ 손바닥과 손등의 음영은 손가락과 마찬가지로 측면에 그림자를 넣어 줍니다.

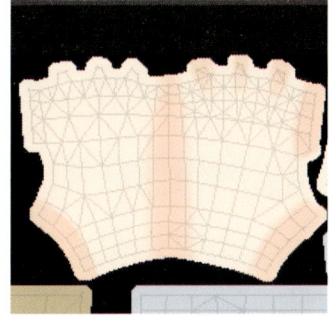 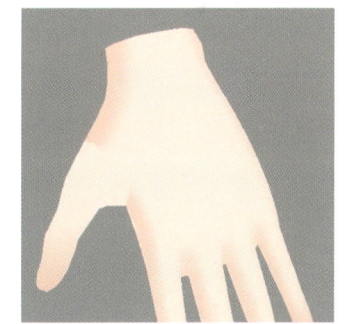

14 ▶ 엄지손가락도 다른 손가락과 마찬가지로 음영, 손톱, 손가락 끝의 붉은 느낌을 넣어 줍니다.

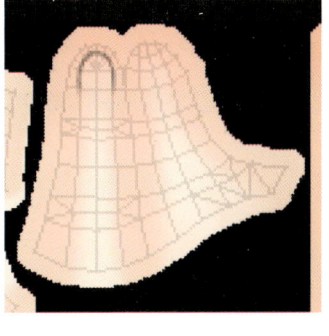 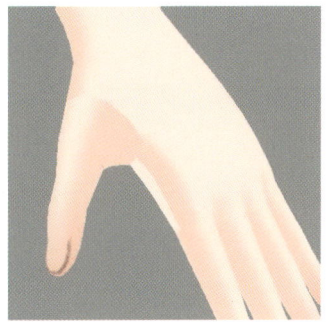

15 ▶ 그린 뒤 확인, 그린 뒤 확인을 반복하면서 UV의 바느질선이 보이지 않게 만듭니다.

※ 단계 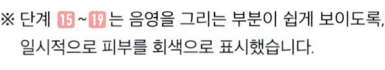 는 음영을 그리는 부분이 쉽게 보이도록, 일시적으로 피부를 회색으로 표시했습니다.

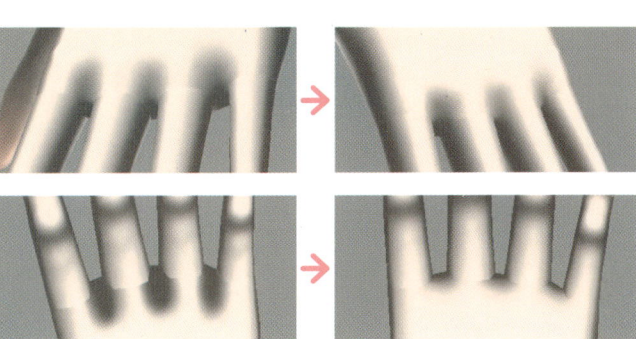

16 ▶ 엄지손가락, 손바닥, 손등의 음영을 그리던 도중 음영을 도저히 그리기 어려운 부분을 만났습니다. 엄지손가락 밑동 부근에 있는 일부 UV를 한 번 잘라 낸 뒤, 결합해서 수정했습니다.

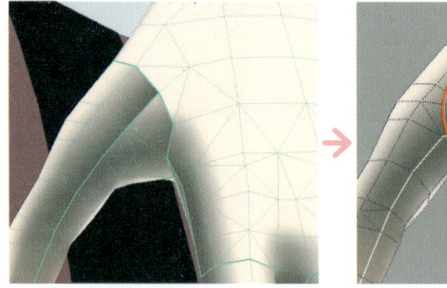
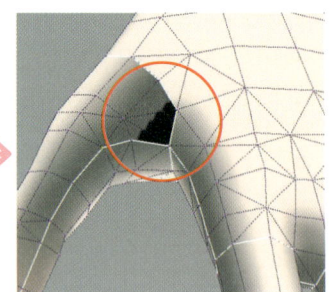

17 ▶ UV를 조정한 위치를 따라 다시 음역을 그립니다.

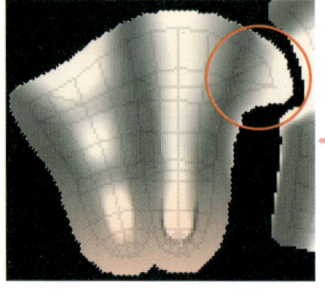
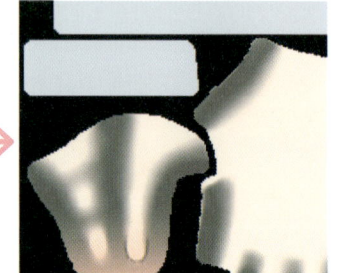

18 ▶ 음영을 매끄럽게 연결했습니다. 이런 방식으로 필요한 곳을 조정하면서 깔끔하게 칠합니다.

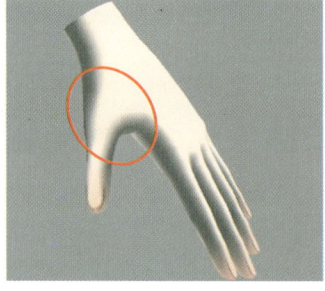
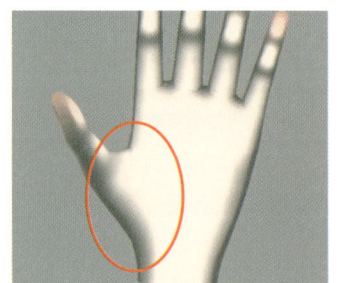

19 ▶ 손의 요철을 따라 음영을 넣었으므로 그 밖의 세세한 처리도 진행합니다. 그러데이션 도구를 사용해 손목에 소매의 그림자를 넣고, 손가락 밑동의 관절 위치에는 붉은 느낌을 더한 뒤 흐림 효과 도구를 사용해 자연스럽게 만듭니다.

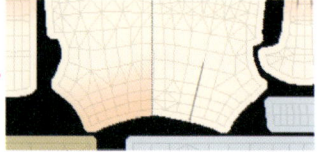
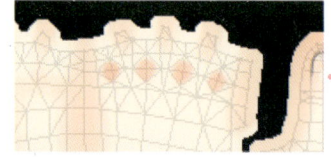
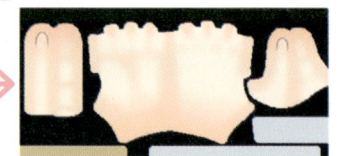

20 ▶ 손의 albedo를 완성했습니다. 기타 부품과 비해 섬세한 표현이 필요한 위치입니다. 브러시의 필압, 흐림 효과 도구에 주의해서 표현합니다.

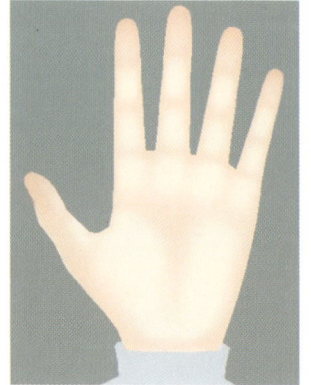
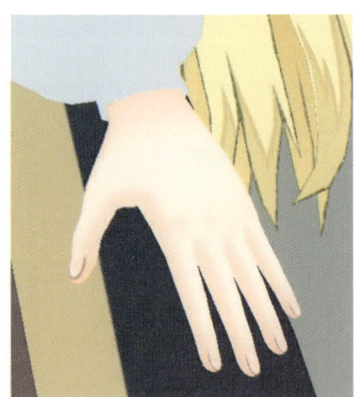

2.6.4 ▶ 반창고/팬티

1 ▶ 반창고는 먼저 피부와의 경계에 라인을 그립니다.

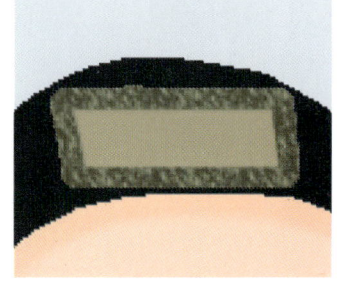
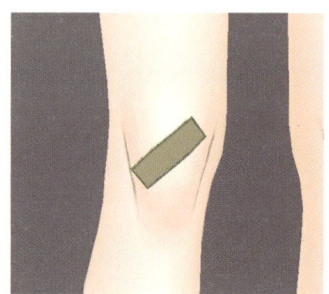

2 ▶ 라인 위쪽부터 피부의 색상을 그리고, 반창고 양 쪽 끝의 둥근 위치를 표현합니다. 피부 색상에 의해 지워진 라인도 함께 조정합니다.

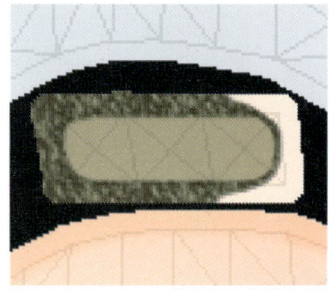
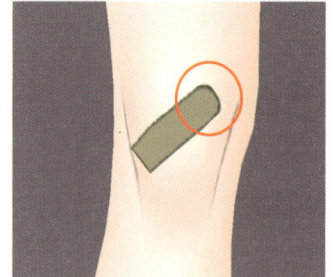

3 ▶ 경계가 눈에 띄지 않도록 주변 피부의 음영에 맞춰 자연스럽게 보이도록 농담을 조절합니다.

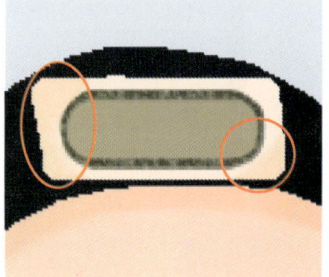
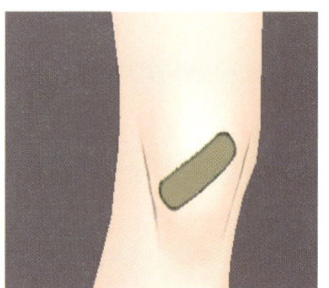

4 ▶ 사각형 패드 부분을 그려 반창고를 완성했습니다. 무릎의 좁은 범위이므로, 세세하게 그리지 않고 단순하게 완료합니다.

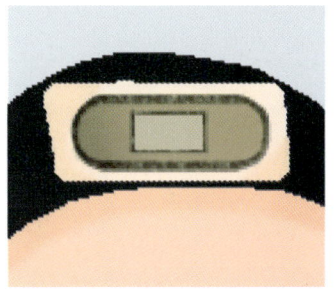
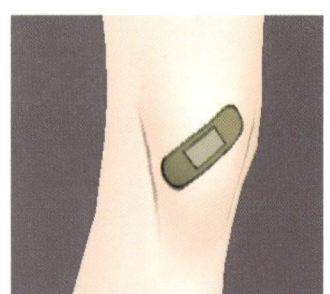

5 ▶ 팬티를 그립니다. 팬티에 관한 디자인 이미지 자료는 없습니다. 실제 업무를 할 때도 속옷 자료를 그리는 경우는 거의 없습니다. 그럴 때는 임기응변으로 그려야 합니다. 먼저 피부와 경계가 되는 위치에 선을 그립니다. 베이스 컬러는 분홍색으로 설정했습니다.

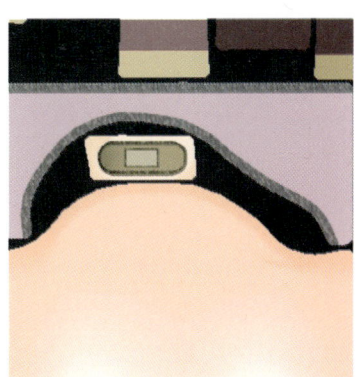
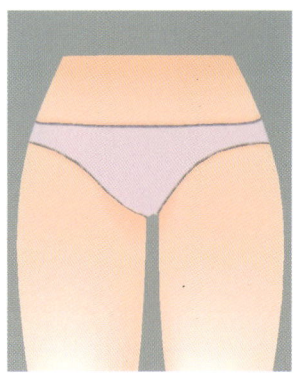

6 ▶ 표준 브러시로 레이스 무늬를 그립니다. 일반적으로 별다른 지정이 없다면 단순하게 전통적인 무지의 흰 팬티로 그리겠지만, 모처럼이므로 여기에서는 레이스의 꽃 무늬를 넣었습니다. 레이어 스타일에 드롭 섀도를 적용해 모양 주변에 디테일 라인을 만듭니다.

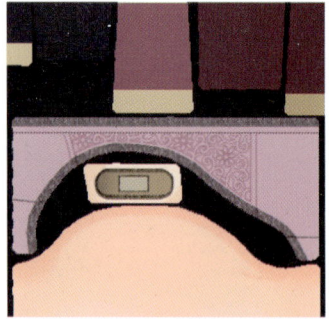
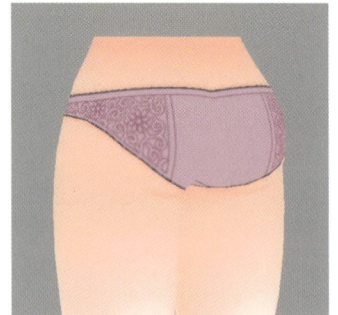

7 ▶ 명암과 주름을 그립니다. 하복부와 엉덩이에 부드럽게 튀어나온 위치에 명암을 그리고, 엉덩이 쪽에 그림자를 그립니다. 옷감이 고무줄로 압축되었을 때 생기는 작은 세세한 주름을 그리면 팬티의 느낌을 살릴 수 있습니다.

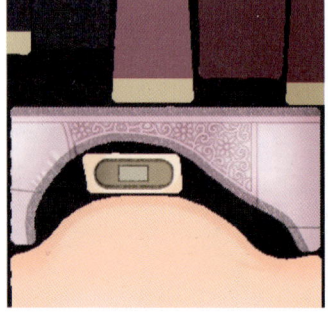
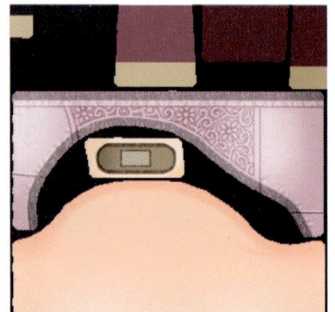

8 ▶ 마지막으로 리본을 그립니다. 레이스 무늬와 마찬가지로 드롭 섀도를 적용해 물리적인 형태를 차별화합니다. 팬티는 이것으로 완성입니다.

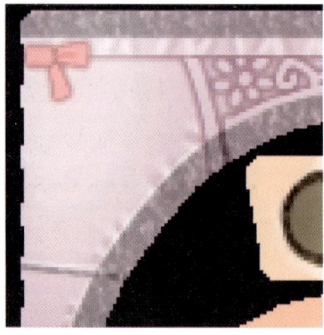
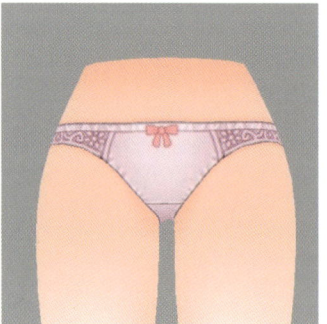

9 ▼ 스커트를 그린 상태에서 아래쪽에서 보면, 아래 그림과 같이 됩니다. 스커트가 빛을 가리므로 적절하게 그림자를 추가합니다. 세세한 색감은 나중에 조정합니다.

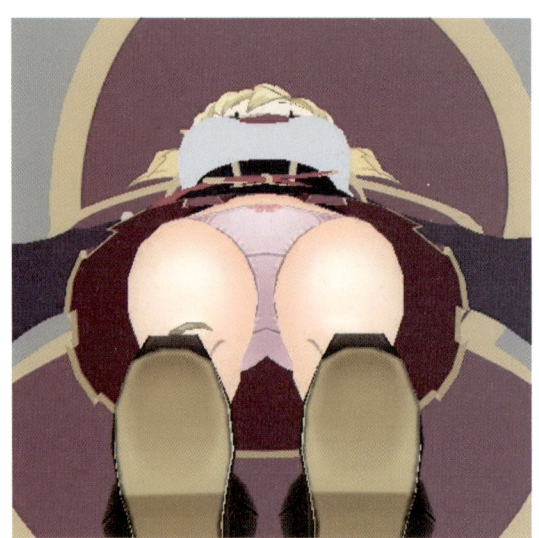

2.6.5 ▶ 스커트

1 ▶ 스커트의 와인 레드 옷감에 그림자를 넣습니다. 박스 플리츠 형태이므로 가장자리를 약간 어둡게 만듭니다.

2 ▶ 라인과 금장 테두리의 가장자리에 광택을 그려 줍니다.

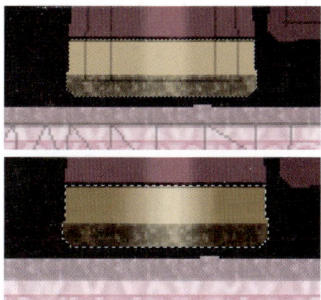 

3 ▶ 체크 무늬를 넣습니다. 사각형 범위를 선택한 뒤 전체를 칠하면 간단하게 표현할 수 있습니다.

4 ▶ 디자인 이미지를 참조해 체크 무늬의 크기와 간격을 조정하면서 복제합니다. 체크 무늬가 너무 작거나 반대로 너무 크지 않도록 확인하고, 같은 간격으로 배열해 깔끔한 느낌으로 만듭니다.

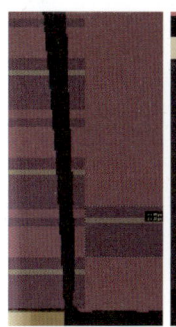 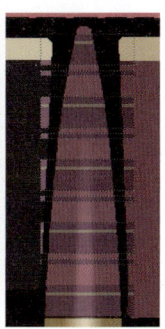 

5 ▶ 세로 방향의 분홍색 라인은 체크 무늬가 교차하는 부분을 겹쳐 보이게 하기 위해, 분홍색 라인을 그린 뒤 [그리기 모드]를 [오버레이]로 변경했습니다.

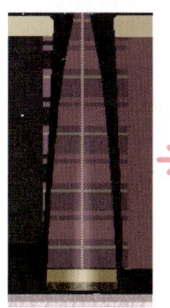  

6 ▶ 안감에도 동일하게 체크 무늬를 넣습니다.

7 ▶ 스커트의 안감이 오른쪽 그림과 같이 되도록 명암을 정리했습니다.

8 ▶ 스커트 바깥쪽으로 돌아가 라인, 명암, 주름을 그립니다. 주름은 큰 방향성을 잡기 위해 음영을 대략적으로 그렸습니다. 단, 음영의 강약은 확실하게 합니다.

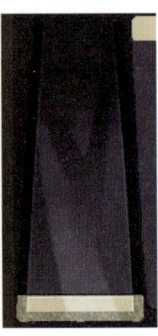

9 ▶ 스커트의 주름을 그리기는 상당히 어렵습니다. 전부 그리지 않으면 다른 옷과 균형이 깨지거나 딱딱한 물체로 보이기 쉽습니다. 과도하게 그리면 박스 플리츠 스커트에 어울리지 않는 주름이 됩니다. 시행착오를 거쳐 그려 보면서 주름의 정보량을 적절하게 조정합니다.

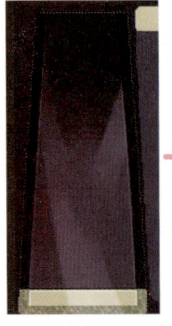

10 ▶ 도중에 망설이다가 치마 끝자락에까지 주름을 넣기도 했습니다. 현실적으로 생각하면 끝자락에는 주름이 거의 생기지 않는 부분이고, 주름을 그림으로써 좌우대칭이 너무 눈에 띄었습니다… 기본적으로 세로 방향으로 주름을 조금 수정해, 명암 대비를 억제했습니다.

🔟▶ 허리 부근은 주름을 조금 더 강조합니다. 의자에 앉거나 웅크렸을 때 생기는 주름이 남는다는 가정으로, 오른쪽 그림과 같은 주름을 만들면 좋을 것입니다. 주름이 결정되는 대로 금빛 가장자리의 광택도 함께 그립니다.

1️⃣2️⃣▶ 스커트를 우선 완료했습니다. 나중에 다시 세세하게 조정할 수도 있지만, 다른 옷과의 균형도 있으므로 이 정도에서 우선 정리합니다.

2.6.6 ▶ 코르셋

1️⃣▶ 코르셋 부분은 먼저 금색 가장자리의 폭을 조정합니다.

2️⃣▶ 다음으로 천의 옷감 가장자리에 라인을 넣습니다. 라인을 넣으면 코르셋 옷감의 두께가 나타납니다.

3 ▶ 둥근 버튼을 그립니다. 이런 깔끔한 원형은 타원형 선택 도구를 사용해 완전한 원형 범위를 선택한 뒤 가득 칠해서 그리면 좋습니다. 배치는UV를 가이드로 해 같은 간격으로 복제하면서 배열했습니다.

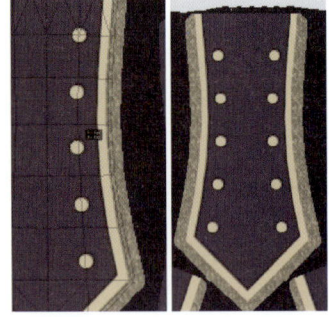

4 ▶ 코르셋 위쪽 부분에도 라인을 추가하고, 가장자리 부분에는 약하게 명암을 그려 옷의 두께를 표현합니다.

5 ▶ 안쪽면은 빛이 닿지 않으므로 바깥쪽면보다 어두운 색으로 칠합니다.

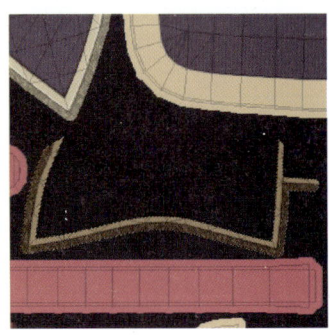
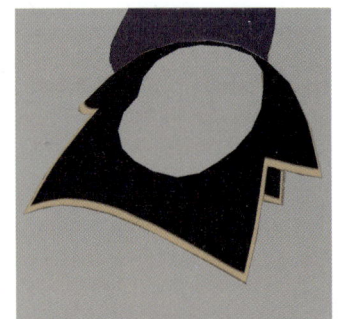

6 ▶ 「reflection」 레이어를 사용해 버튼의 표면 반사를 표현합니다. 「reflection」 레이어는 [그리기 모드]를 [비비드 라이트]로 설정했으므로 밝은 회색과 진한 회색만으로 광택을 표현할 수 있습니다.

7 ▶ 골반에 바느질선을 넣습니다. 라인을 그리고, 가장자리에 살짝 명암을 그려 두께도 표현합니다.

8 ▶ 계속해서 버튼의 위치에 맞춰 잡아당기듯 주름을 무작위 느낌이 나도록 추가합니다.

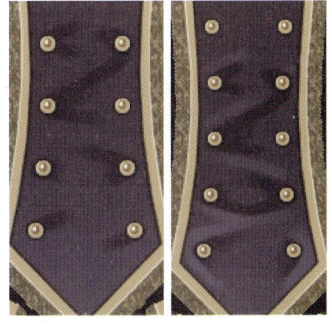

9 ▶ 금장 가장 자리에도 주름에 맞춰 광택을 그립니다.

10 ▶ 코르셋 측면으로 이동합니다. 모델링에서 형태를 잡은 주름은 확정이므로, 형태에 따라 명암을 넣고 그것을 기준으로 주변에도 다른 주름을 그립니다.

11 ▶ 때때로 레이어 스타일 효과를 바꿔 주름을 확인해 봅니다. 주름의 크기, 형태의 무작위적 느낌, 깔끔하게 그려진 정도 등을 확인하고 자연스럽게 그려지도록 균형을 잡습니다.

12 ▶ 오른쪽에 주름을 넣기 위해 왼쪽으로 미러링 합니다. 미러링 한 뒤 등의 주름과의 연결이 자연스럽게 만들어지도록 주의하면서, 왼쪽 주름도 그립니다. 좌우의 주름이 대칭이 되지 않도록 주의합니다.

🔼 ▼ 주름에 맞춰 금장 가장자리에 광택을 그립니다. 코르셋 안에도 어두운 광택을 넣었습니다. 간격이 보였을 때 위화감이 없을 정도만 그려 넣습니다.

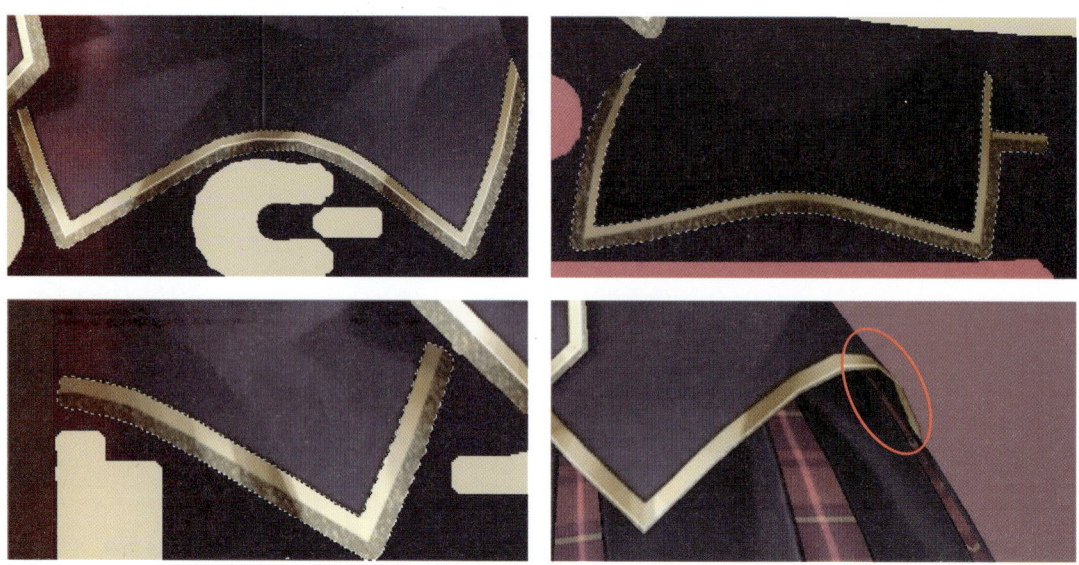

🔼 ▼ 도중에 부츠 뒤꿈치와 벨트 구멍의 칠이 부족한 부분이 확인되어 추가로 처리했습니다.

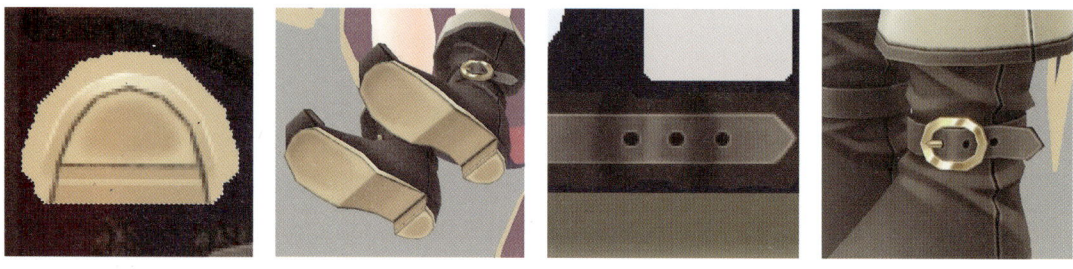

🔼 ▼ 코르셋은 이것으로 우선 완성입니다. 스커트와 제목 디자인은 세트이므로 함께 봤을 때 자연스러운 느낌을 주는 것이 가장 중요합니다.

2.6.7 ▶ 셔츠

1 ▶ 셔츠를 그립니다. 옷깃에는 디테일 라인과 음영을 그리고, 목 근처 부분은 어둡게 만듭니다.

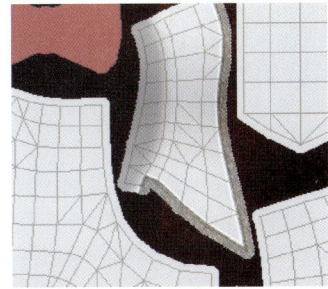 

2 ▶ 옷깃은 비교적 딱딱한 옷감으로 되어있다고 생각하지만, 빛이 닿기 쉬운 부분과 어두워지기 쉬운 부분을 생각해서 천에서 느낄 수 있는 입체감을 높였습니다.

3 ▶ 셔츠 본체의 음영도 가볍게 넣어 줍니다. 그러데이션 도구를 사용해 측면과 가슴 아래쪽에 그림자를 그리고 몸통, 가슴의 입체감을 만듭니다.

4 ▶ UV를 가이드로 해서 셔츠의 디테일 라인을 넣습니다. 이 부근의 UV는 수직으로 전개하고 있으므로, 라인을 세로로 똑바로 끌어 깔끔하게 모델에 반영할 수 있습니다. 주름도 형태를 갖췄으므로, 비스듬한 각도에서 봤을 때 비슷한 느낌을 줄 수 있게 표현하고 있습니다.

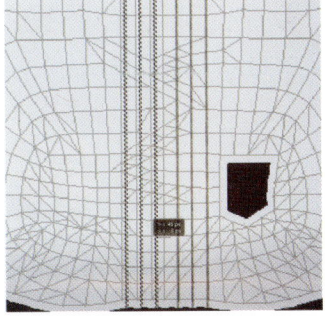 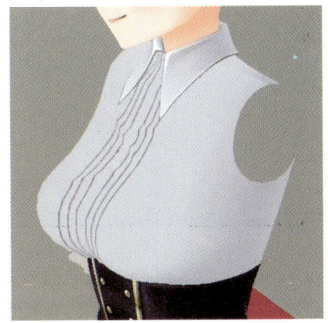

5 ▶ 가슴에서 옷감이 당겨지는 부분을 밝게 만들고, 모델 형태에서 만든 주름도 조금 그려 넣습니다. 넥타이를 표시해 분위기를 확인합니다. 이 시점에는 오른쪽에만 그려두고, 옷의 주름의 방향성이 어 정도 그려 두고, 주름의 방향이 어느 정도 결정되면 왼쪽에 반영합니다.

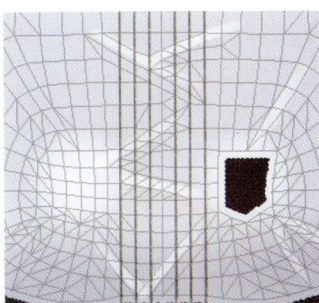 

6 ▶ 옷깃의 그림자를 그립니다. 입체적으로 쉽게 알 수 있는 형태로 그렸습니다.

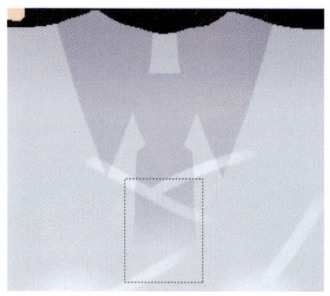

7 ▶ 셔츠의 바느질선을 그립니다.

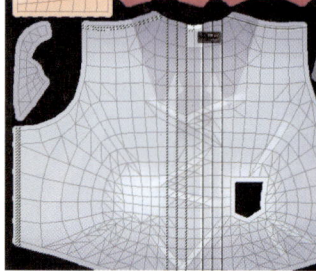
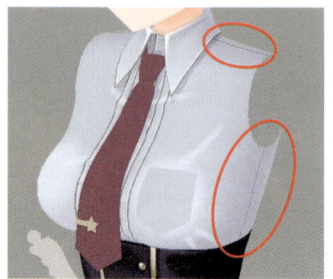

8 ▶ 버튼은 모델에서 봤을 때 같은 간격으로 정렬된 것처럼 보이게 추가합니다.

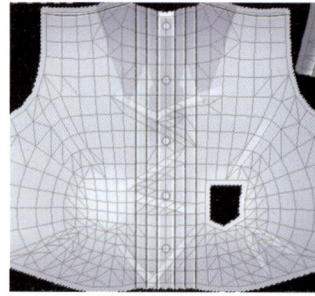

9 ▶ 옷의 주름의 명부를 조정하고, 가슴에 의해 당겨진 부분에 옷의 주름을 만드는 느낌으로 옷의 주름의 그림자를 그립니다.

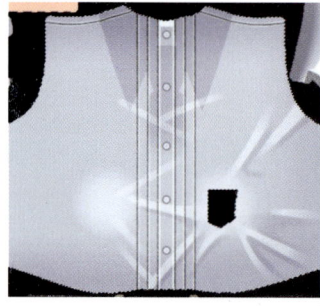
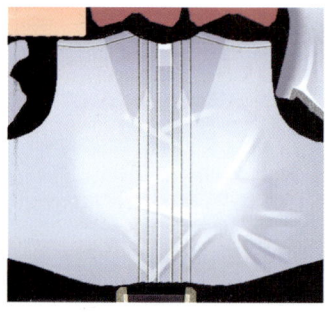

10 ▶ 주머니는 아직 아무것도 그리지 않았으므로 디테일 라인과 명부를 그리고, 분위기를 맞춰 줍니다. 점점 그리기의 방향성이 잡혀 갑니다.

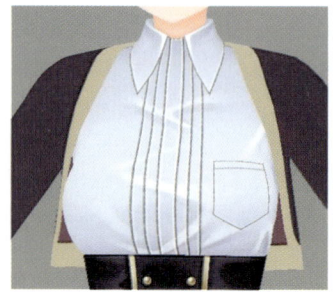

11 ▶ 아우터에 가려 보이지 않는 위치는 등 쪽도 적절하게 디테일 라인, 명암, 주름을 넣습니다. 디자인 이미지 자료는 없으므로, 실제 셔츠나 블라우스 이미지를 참고해 임의로 그립니다.

12 ▶ 여기에서 오른쪽에 그린 주름을 반전 복사해서 왼쪽에 반영합니다. 또한, 전체적인 균형을 맞추면서 다른 위치에도 세세한 주름을 그려 넣습니다. 우선 이것으로 동체 주변 셔츠의 Albedo를 완성했습니다.

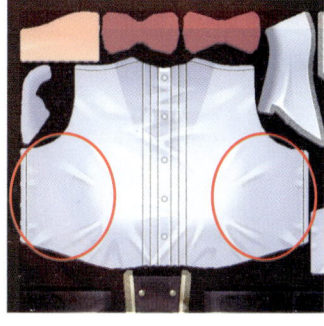 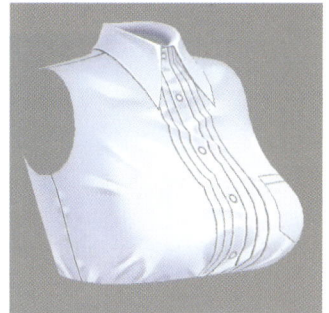

13 ▼ 소매의 디테일 라인과 음영을 그립니다. 소매는 앞으로 나오면서 넓어지므로, 형태에 맞춰 주름을 그립니다.

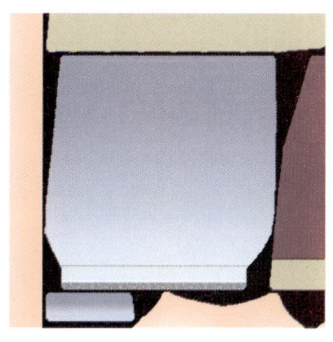  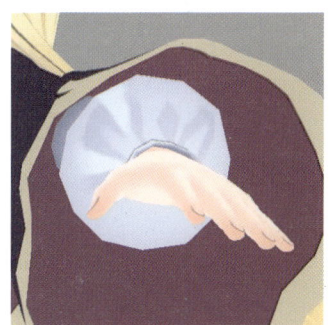

14 ▶ 주름 그리기에 맞춰 라인을 추가합니다. 하지만, 소매에 라인을 그렸을 때 UV가 종종 비뚤어져 있어 깔끔하게 그릴 수 없는 부분들이 더러 있었습니다.

 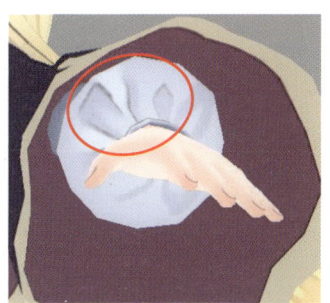

15 ▶ 체커를 할당해 비뚤어진 부분이 있는지 확인하고 UV를 깔끔하게 조정합니다.

 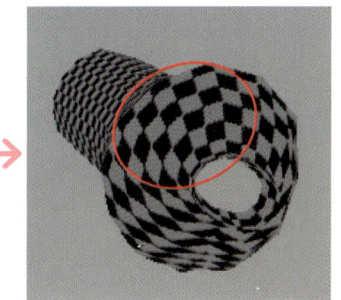

16 ▶ UV에 맞춰 주름을 조정합니다. 주름을 선택하고 「편집 → 변형 → 원근법」을 사용해 소매 끝을 향해 주름을 모아 줍니다.

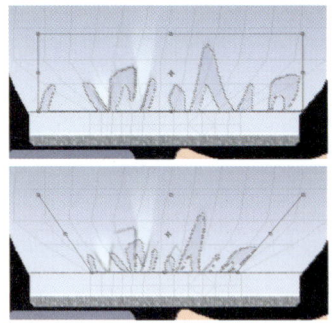 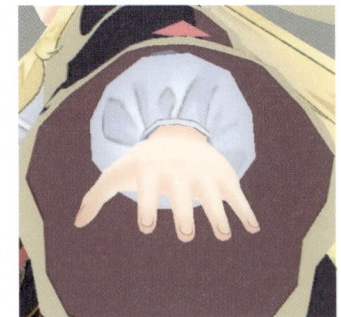

17 ▶ UV를 가이드로 하여 바느질선을 그립니다.

 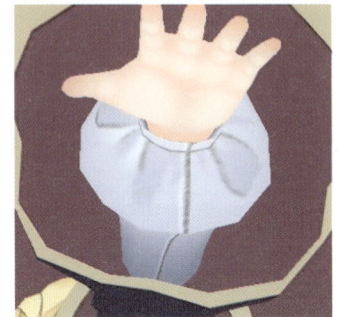

18 ▶ 그린 주름에 맞춰 분할을 추가하고 메시 형태를 정리합니다. 실루엣에 천의 부드러운 인상에 나타나게 합니다.

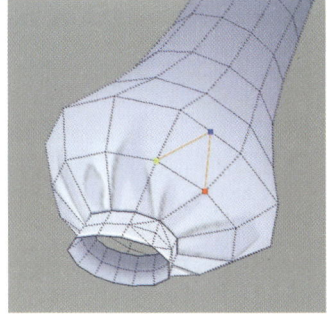 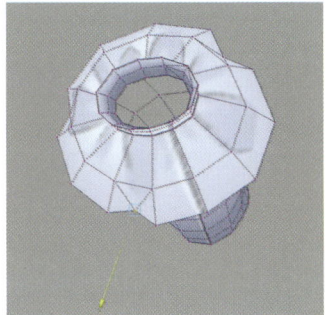

19 ▼ 주름에 명암을 보충합니다. 소매의 albedo를 완성했습니다.

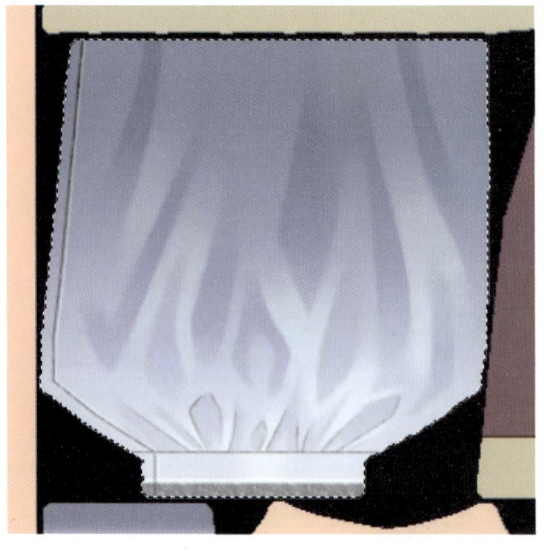 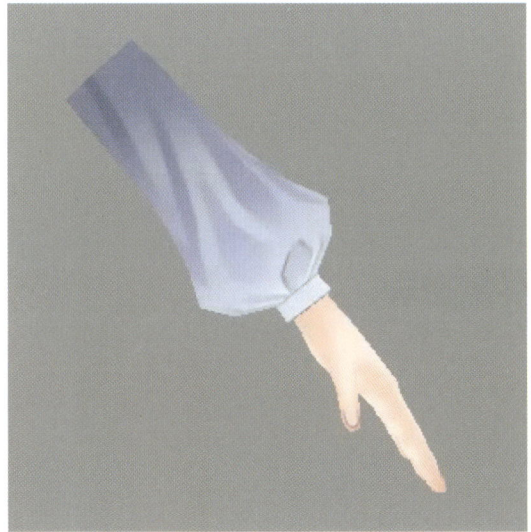

2.6.8 ▶ 넥타이

1 ▶ 먼저 아웃라인을 넣어 볼륨을 표현합니다. 세세한 명암을 넣고, 넥타이의 음영이나 주름에 관한 기본 방향성을 잡습니다.

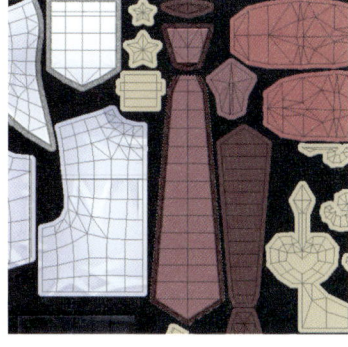 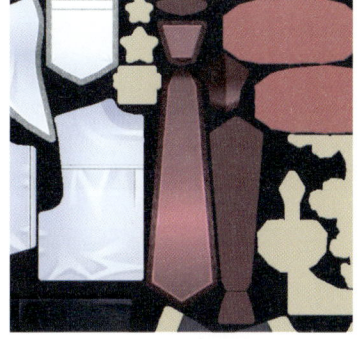 

2 ▶ 스커트의 체크 무늬를 유용해 크기를 정리해서 배치합니다.

3 ▶ 매듭 부분의 명함과 주름을 넣습니다.

 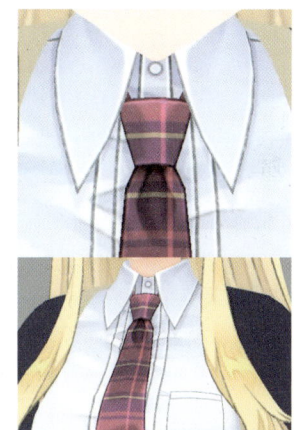

4 ▶ 넥타이는 실크로 만들어져 있다고 가정했으므로 광택을 조금 추가합니다.

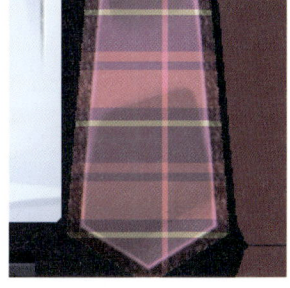 

5 ▶ 안쪽의 구조는 실제 넥타이를 참고해 그려 줍니다.

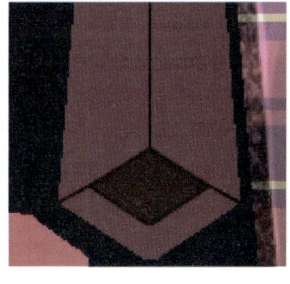 

6 ▶ 바깥쪽 체크 무늬를 유용해 안쪽에 배치합니다. 옆에서 봤을 때 바깥쪽과 체크 무늬가 어긋나지 않도록 위치를 소정해서 경계를 맞춥니다.

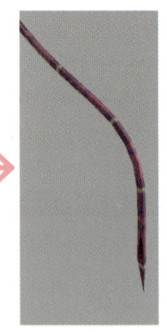

7 ▶ 이 상태는 체크 무늬가 안쪽의 디테일 위에 올라가 있는 상태입니다. 앞에서 그린 디테일의 칠을 선택 범위로 얻어 삭제합니다(마스크로도 가능). 이것으로 체크 무늬의 전후 관계가 올바르게 되었습니다.

8 ▶ 계속해서 넥타이 핀의 라인을 그리면서, 왼쪽 위 부근부터 빛이 닿는다고 가정해 암부를 칠합니다. 명부를 그린 뒤 형태에 맞춰 광택을 표현합니다.

9 ▶ 다시 부분적으로 하이라이트나 암부를 짙게 그려 대비를 강조합니다. 한층 금속다운 광택의 느낌을 얻을 수 있습니다.

10 ▶ 마찬가지로 핀의 각진 부분도 형태에 따라 광택을 그립니다. 이것으로 넥타이를 완성했습니다.

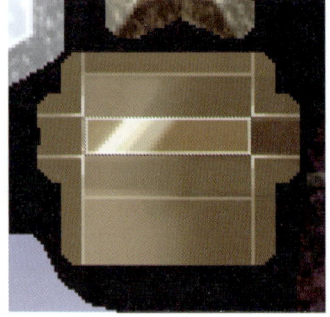

2.6.9 ▶ 엠블럼

1 ▶ 일반 브러시를 사용해 엠블럼의 실루엣을 그립니다. 가장자리의 진한 라인은 레이어 스타일에서 경계선과 드롭 섀도를 적용해 실루엣 바깥쪽으로 나오게 했습니다. 오른쪽을 어느 정도 그렸다면 다시 왼쪽으로 미러링 한 뒤 균형을 보면서 형태를 정리합니다.

 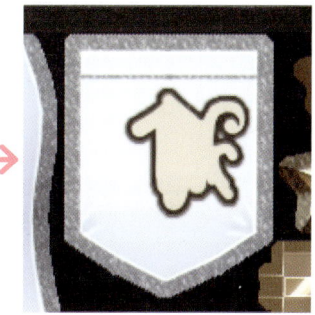

2 ▶ 엠블럼의 실루엣을 만들었으므로 모델에서 확인합니다. 약간 기울어져 있으므로 토폴로지와 UV를 조정해 엠블럼이 깔끔하게 보이게 합니다.

 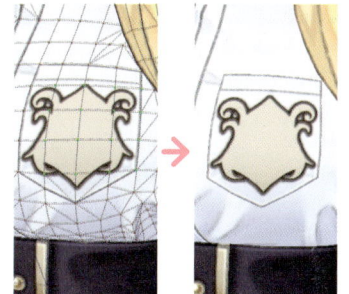

3 ▶ 엠블럼 모양을 그립니다. 색상별로 레이어를 나누어서 일반 브러시를 사용 금색, 와인레드색, 검은색, 보라색의 모양을 그립니다.

4 ▶ 엠블럼 모양을 만들었다면 아래쪽에 로고를 넣습니다. 디자인 이미지를 보면서 문자 크기나 간격에 주의하면서 작업합니다.

5 ▶ 중심의 모양도 그립니다. 별 모양은 브러시만 사용해 깔끔하게 그리기 조금 어렵습니다. 특별한 방법을 사용해 그려 봅니다. 텍스트 도구에서「☆」을 입력한 뒤 크기를 조정합니다. 크기를 결정했다면 텍스트를 래스터화rasterization하고, 여기에 가필을 해서 별 모양을 깔끔하게 정리합니다. 안쪽 별 모양 보석도 같은 방법으로 그립니다.

6 ▶ 디자인 이미지에서 엠블럼은 자수로 놓여져 있는 설정이므로, 실의 질감을 만듭니다. 브러시 크기를 줄이고, 「reflection」 레이어를 사용해 요철의 느낌이 나도록 명암을 그립니다. 무작위 및 방사형으로 가는 선을 많이 그리는 느낌으로 작업합니다.

7 ▶ 엠블럼을 완성했습니다. 실제 자수와 같은 느낌을 줍니다.

8 ▶ 여기에서 등 쪽 주름을 조금 더 조정해 보다 자연스러운 주름으로 만들었습니다.

9 ▶ 지금까지 작업한 결과는 오른쪽 그림과 같이 되었습니다. 한층 완성에 가까워진 것 같지 않습니까?

2.6.10 ▶ 아우터

1 ▶ 아우터의 텍스처를 그립니다. 먼저 디테일 라인을 그립니다.

2 ▶ 삼각형으로 만든 결과 텍스처가 움푹 들어간 것처럼 보이는 경우에는 에지를 뒤집에서 찌그러지지 않게 합니다.

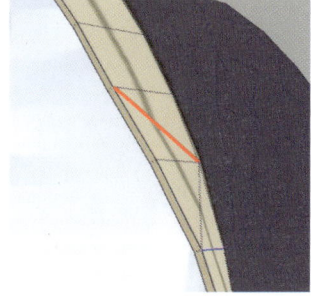 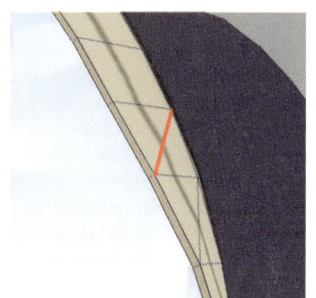

3 ▶ 안쪽 옷감에도 디테일을 그립니다.

4 ▶ 그러데이션 도구를 사용해 아우터 전체의 음영을 그립니다. 겨드랑이 아래, 소매 안쪽 등 빛이 닿기 어려운 부분을 어둡게 만듭니다.

5 ▶ 바느질선도 그립니다.

 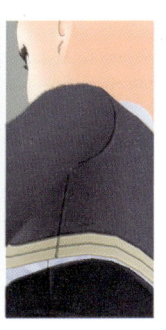 

6 ▶ 어깨에서 아래쪽을 향한 흐름을 생각하며 주름을 그립니다.

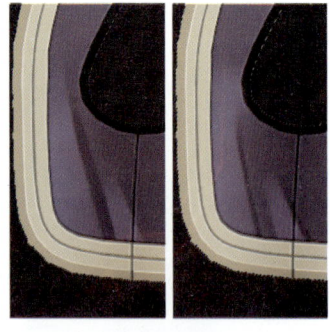 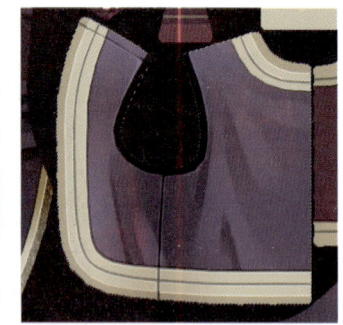

7 ▶ 금빛 가장자리에 광택을 그립니다.

8 ▶ 안쪽 옷감에도 바느질선, 주름, 금빛 가장자리의 광택을 넣습니다. 아우터 동체 부근은 이것으로 마무리합니다.

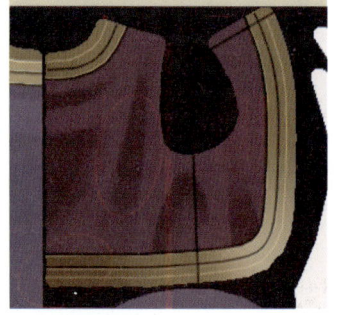 

9 ▶ 계속해서 디자인 이미지에 맞춰 소매 입구 부분의 장식 라인을 그립니다.

10 ▶ 소매 주름의 명암을 넣습니다. 옷자락은 무엇인가에 의해 당겨진 상태가 아니므로 세세한 주름보다 큰 주름을 그려 자연스럽게 천이 내려가 있는 느낌을 줍니다.

 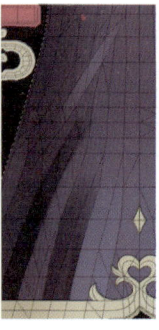 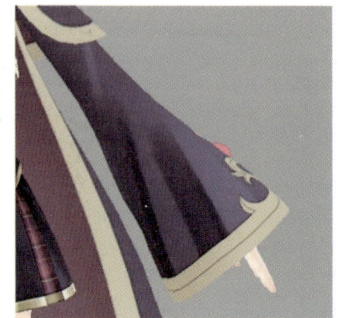

🔟🔷 소매 등 쪽에도 주름의 명암을 넣습니다. 어깨에 걸쳐져 천이 당겨져 있는 분위기가 나도록 자연스러운 흐름을 생각하며 주름을 그립니다.

12 ▶ UV 경계는 왼쪽에 그린 명암을 반전 복사해서 사용함으로써 자연스럽게 이어지게 합니다.

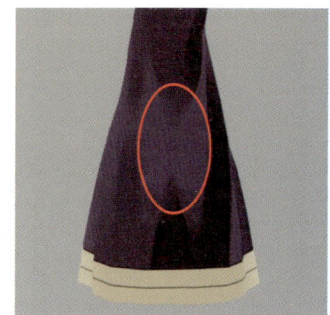

13 ▶ 그러데이션 도구를 사용해 소매 중심에 명부를 추가해 그렸습니다. 이 때, 「light_wrinkle」과 「light」레이어의 비비드 라이트 그리기 모드가 겹쳐져 필요 이상으로 밝아졌습니다(빨간색으로 표시한 부분). 「light」레이어의 칠을 선택 범위로 얻어 「light_wrinkle」의 마스크로 만듭니다. 이렇게 하면 이중으로 겹쳐져 있던 위치를 없앨 수 있습니다.

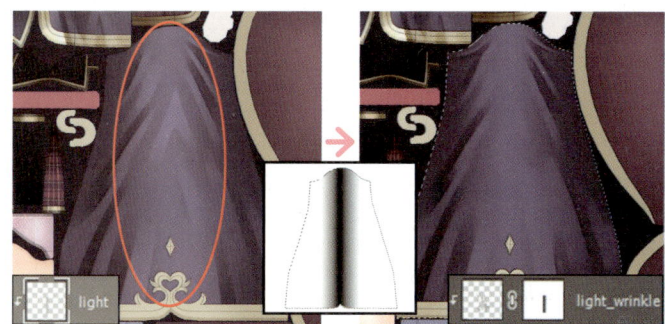

14 ▶ 어깨 케이프로 인해 만들어지는 그림자를 그립니다.

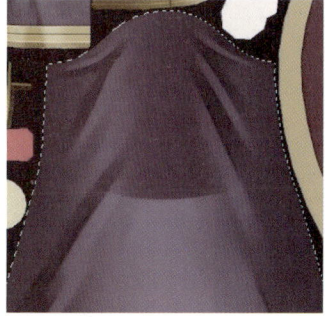
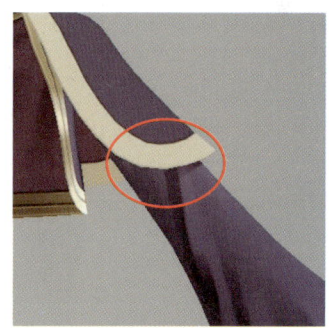

15 ▶ 소매 장식을 해석하는 과정에서 디자인 이미지와 다소 맞지 않는 위치가 있었습니다. 장식의 단면이 사각형 되는 입체적인 형태라고 생각했지만, 실루엣을 보면 튀어나오지 않았기 때문에 부자연스러운 느낌이 들었습니다.

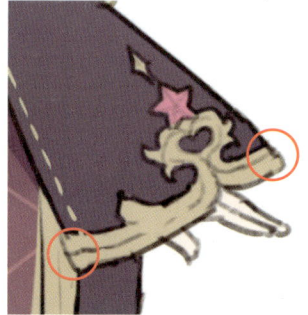

16 ▶ 여기에서는 임의로 수정하기로 했습니다. 하트 형태의 장식과 금 가장자리 천의 2가지로 구성되어 있는 것으로 해석해 변경했습니다.

17 ▶ 안쪽 옷감에도 전체적인 명암, 디테일 라인, 주름의 명암, 금색 테두리의 광택을 그려 줍니다.

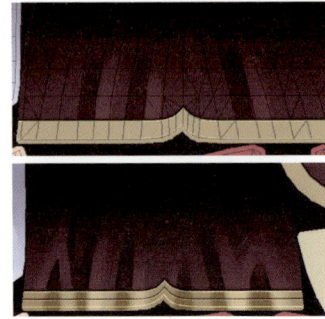

18 ▶ 금색 계열의 박음질선을 그릴 때는 가장 먼저 가이드가 되는 라인을 그리고, 가이드 라인에 따라 박음질선을 배치하듯 복제해서 그립니다.

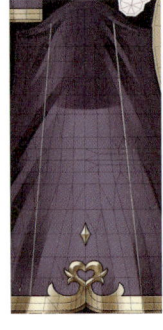

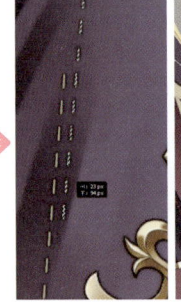

19 ▶ 별 형태의 보석을 그립니다. 별 형태의 메시에 맞춰 라인을 그리고, 마스크에 자글자글한 질감을 넣어 NOCO 씨가 그린 선화를 표현합니다.

20 ▼ 「reflection」 레이어를 사용해 표면 반사의 광택을 그립니다. 넥타이 핀에서의 작업과 마찬가지로 빛이 닿는 쪽을 생각하면서 강약을 넣습니다. 밝은 색감을 사용해 강조하고, 보석 같이 빛이 나도록 했습니다.

21 ▶ 「base」 레이어를 사용해 별 형태의 보석을 칠할 영역을 선택 범위로 얻고, 해당 선택 범위를 6 px 축소하면 둥근 별의 모서리가 뾰족한 모서리로 바뀝니다.

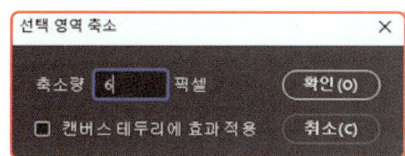
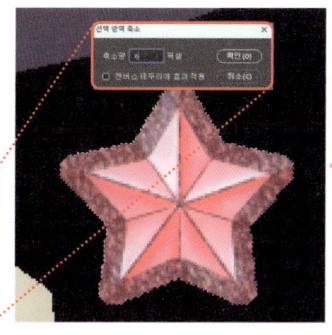
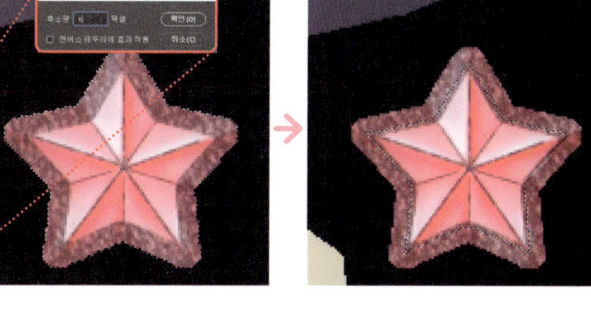

22 ▶ 「shadow」 레이어로 전환해 별 형태의 선택 범위를 보석이 있는 위치까지 옮긴 뒤, B100%의 검은색으로 칠합니다. 그 뒤 흐림 효과 도구를 사용해 윤곽선을 흐리마 만듭니다.

23 ▶ 소매와 별 형태의 보석 사이에 그림자가 생겼습니다. 하지만 조금 간격이 있으므로 보석이 소매에 닿도록 위치를 조정합니다.

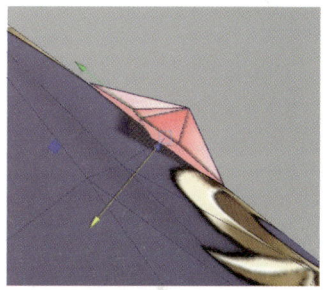

24 ▶ 옆에서는 보석의 안쪽면도 보이므로 라인이나 그림자 등을 흐릿하게 그려 줍니다.

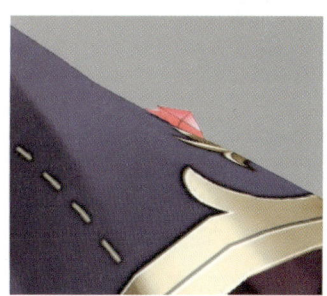

25 ▶ 이것으로 아우터의 소매는 완성입니다.

2.6.11 ▶ 어깨 케이프와 체크 무늬

1 ▶ 금색 테두리의 폭에 주의하면서 어깨 케이프의 디테일 라인을 깔끔하게 그립니다.

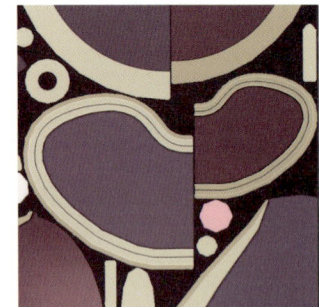

2 ▶ 주름을 넣습니다. 어깨에 닿아 케이프의 천이 펄럭이며 아래로 떨어지는 느낌으로, 무작위로 주름을 넣습니다.

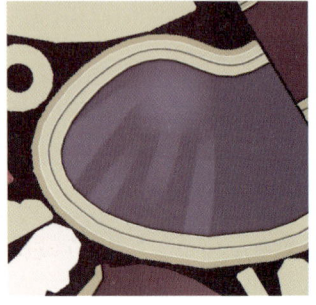

3 ▼ 딱딱한 느낌의 주름이 되었기 때문에 주름에 흐림 효과를 적용해 부드러운 느낌으로 만듭니다.

4 ▼ 금색 테두리에 광택을 그립니다. 앞에서 넣은 주름에 맞춰 명암을 넣습니다.

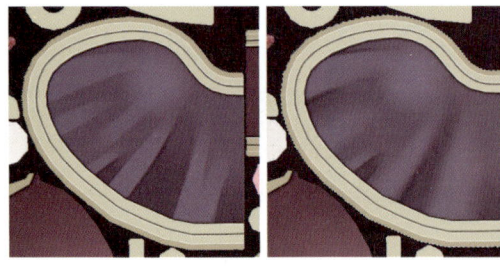
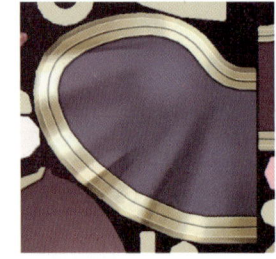

5 ▶ 안감에 격자 문의를 넣습니다. 먼저 비스듬한 라인을 그리는 것은 생각하지 말고 디자인 이미지를 보면서 수직/수평으로 라인을 그려 격자의 크기를 결정합니다.

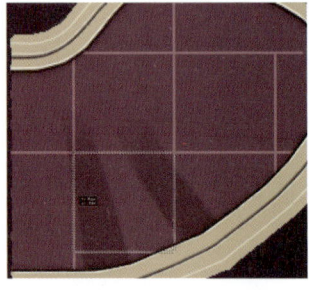
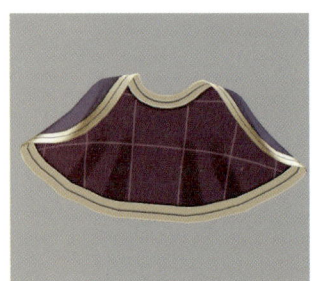

6 ▶ 격자의 크기를 결정했다면 체크 무늬 라인을 선택한 뒤 45도 회전시킵니다. UV의 바느질선에서 좌우 대칭으로 깔끔하게 이어지도록 위치를 조정합니다.

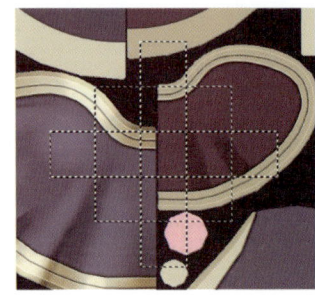
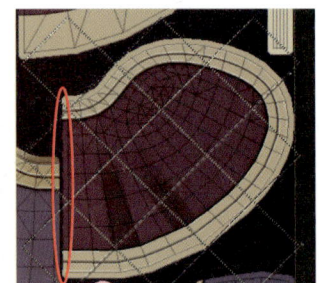

7 ▶ 비스듬하게 체크 라인을 넣었습니다. 하지만 격자 무늬의 위치나 크기가 마음에 들지 않으므로 안쪽 옷감에 깔끔하게 들어가도록 조정합니다. 다른 위치에도 격자 무늬를 넣습니다.

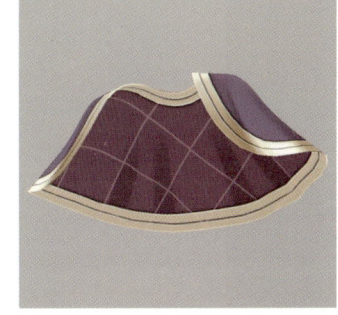 

8 ▶ 어깨 케이프에 그린 격자 무늬를 복제해서 매 안쪽에도 배치합니다. 크기나 무늬의 범위를 조정하면서, 소매 안쪽 UV맞는 형태로 만들어야 합니다. UV를 판 형태로 전개할 것이므로 무늬도 그에 맞춥니다. 무늬의 라인을 선택하고 [편집 → 변형 → 원근법]을 적용한 해 모양 전체를 판 형태로 변경합니다. 비율이 다소 변하지만 허용 범위로 했습니다.

9 ▶ UV 경계와 무늬의 좌우 끝 위치를 맞춥니다. 무늬를 그린 「pattern」 레이어에 마스크를 적용하고 위쪽을 그러데이션을 사용해 지우면 소매 안쪽의 무늬가 완성됩니다.

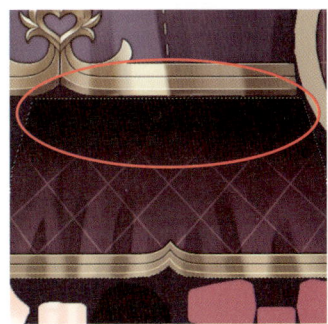 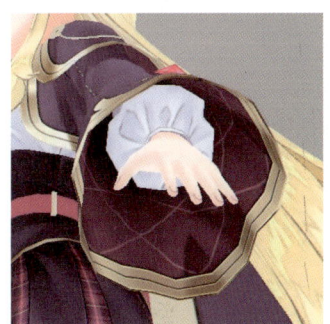

10 ▶ 아우터의 안쪽 옷감에도 마찬가지로 UV 경계와 비율에 주의하면서 무늬를 그립니다. 무늬가 튀어 나오는 부분은 칠하는 영역 바깥쪽을 선택해 삭제하거나, 칠하는 영역을 마스크 하는 방법 등을 사용해 삭제합니다.

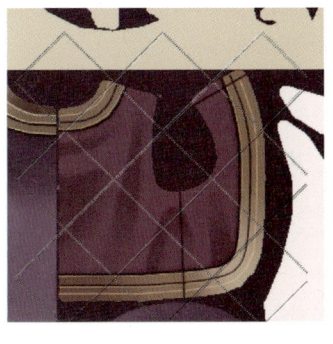 

11 ▶ 망토 안쪽에도 무늬를 넣었으나 무늬가 어긋나고, UV 경계를 깔끔하게 연결할 수 없었습니다.

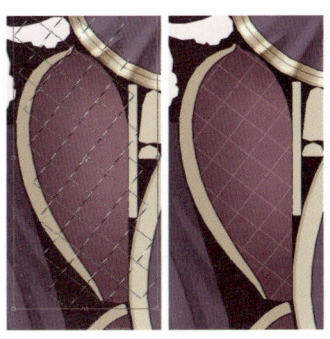 

12 ▶ 이 문제를 해결하기 위해 Maya의 3D 페인트 도구를 사용했습니다. 색상은 빨간색으로 설정하고 모델에 기준선을 그립니다. 이것을 임시 텍스처로 저장하고 albedo 텍스처로 읽어서 겹치도록 배치합니다. 이 기준선에 따라 무늬를 그리면 빠져나오는 것을 줄이고 깔끔한 형태를 만들 수 있을 것입니다.

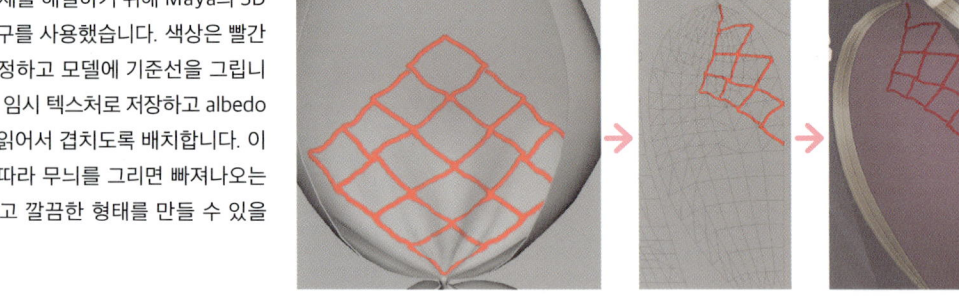

13 ▶ 가능한 대각선 라인이 직선이 되지 않도록 조정하면 천의 굴곡에 따른 부분 이외에 의도치 않게 어긋나는 부분이 사라져 격자 무늬를 깔끔하게 넣을 수 있었습니다.

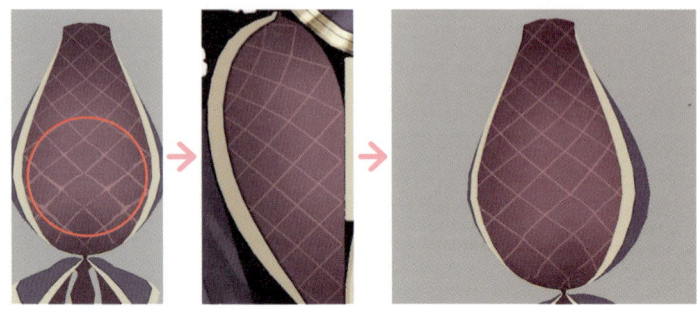

14 ▶ 망토 자락 안쪽 옷감은 UV 경계에 주의하면서 무늬를 그립니다.

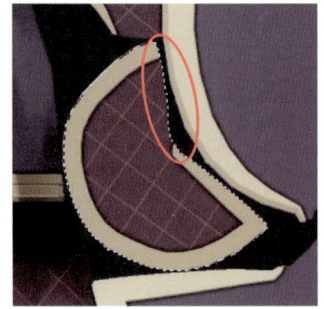 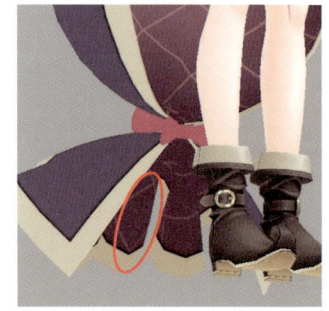

15 ▶ 아우터, 망토에 격자 무늬를 모두 넣었으므로 어깨 케이프의 안쪽면으로 돌아옵니다. 도중에 만들어진 주름에 명암을 넣고, 너무 눈에 띄지 않도록 금색 테두리의 광택을 그립니다.

16 ▶ 어깨 케이프 장식의 광택을 간단하게 그렸습니다.

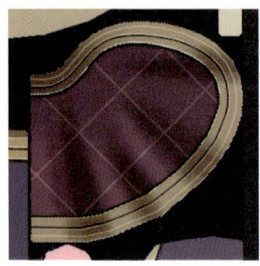   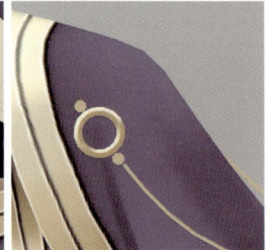

17 ▶ 해당 요소는 대비를 높였습니다. 작은 구체 정식에도 표면 반사를 그려 반짝이게 했습니다.

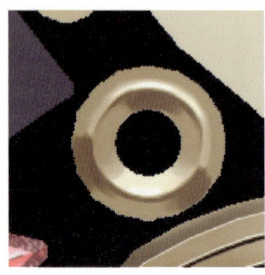 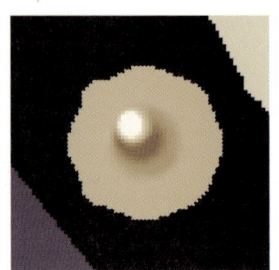 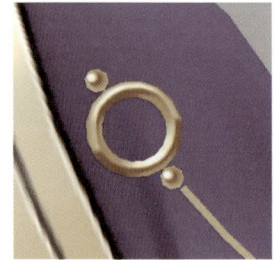

🔞 ▶ 계속해서 로프 부분입니다. 뜨개질 라인을 비스듬하게 그린 뒤 복제해서 여러 개 배치합니다. 또한, 여러 장의 UV가 겹쳐져 있으므로 바느질선에서 라인 위치가 맞도록 조정, 변형을 해서 매끄럽게 연결되게 합니다.

🔞 ▶ 단순하게 그러데이션 도구를 사용해 광택을 그립니다.

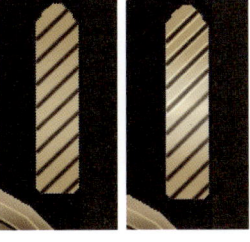

🔞 ▶ 어깨 케이프는 아래 그림과 같은 느낌으로 완성합니다.

🔞 ▶ 여기에서 텍스처를 다시 확인합니다. 아우터의 소매에 천이 겹쳐져서 만나는 라인을 추가했습니다. 금색 계열의 바느질선이 있습니다. 이 바느질선이 무엇을 꿰매고 있는지에 관한 설득력이 부족하기 때문에 보충 설명의 의미를 담아 단차 선을 넣었습니다.

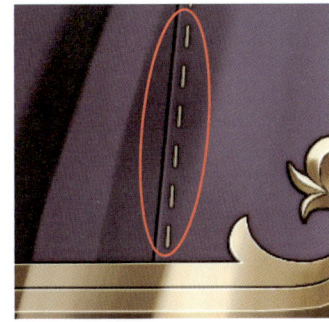

🔞 ▶ 반대로 필요 없는 바느질선은 없는지 확인했습니다. 아우터의 금색 테두리에 넣었던 세로선(빨간색 표시 부분)이 눈에 띄었습니다.

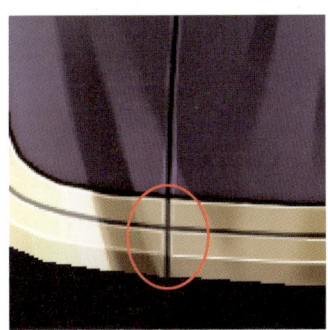

🔞 ▶ 바느질선을 지웠습니다. 옷도 구조적으로 자연스럽게 되었으므로 수정한 내용을 반영하기로 합니다.

2.6.12 ▶ 망토

1 ▶ 망토 밑동 부근에는 어깨 케이프에 의해 만들어지는 그림자를 그립니다.

2 ▶ 다음으로 장식 심볼을 그립니다. 디자인 이미지를 보면서 실루엣, 크기, 위치를 조정합니다. 메시에 만들어져 있는 별 형태의 보석도 위치, 크기를 조정해 심볼에 맞춰 배치합니다.

3 ▶ 심볼 형태를 정리했다면 디테일을 그립니다.

4 ▶ 심볼은 모델링하지 않으므로 텍스처를 사용해 입체적으로 보이도록 광택의 명암을 그립니다.

5 ▶ 베이스의 광택에 대비를 강조하는 명암을 그려서 풍부한 느낌을 줍니다.

6 ▶ 다시 명부에 하이라이트를 조금 그려 강약을 주었습니다.

7 ▶ 주름의 음영을 그립니다. 아래쪽 리본으로 묶여 있는 위치는 세세한 주름을 규칙적으로 그리면 망토의 느낌이 나지 않습니다. 강약이나 간격을 생각하며 무작위한 느낌이 나는 주름으로 만듭니다.

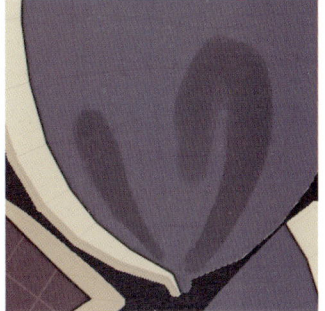 

8 ▶ 망토 위쪽은 그리기와 지우기를 반복해, 정보량이나 균형을 보면서 주름을 만듭니다.

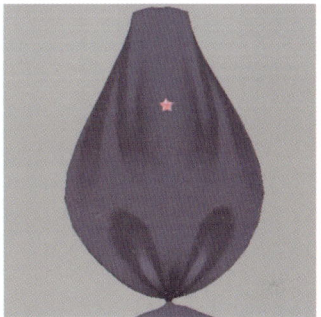 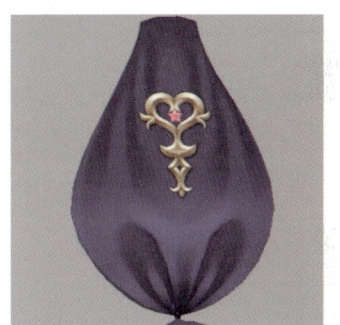

9 ▶ 어깨 케이프와 아우터와 함께 표시하고, 그린 주름이 어깨 케이프와 완전히 같은 느낌으로 되어 있지 않은 지 확인합니다. 균형을 잡았다면 리본으로 묶여 있는 끝자락으로 이동합니다.

 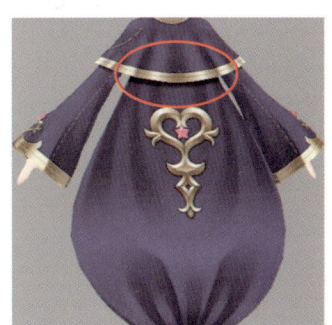

10 ▶ 먼저 전체적인 명암을 넣은 뒤 입체감이나 천이 펄럭이는 느낌을 만듭니다.

11 ▶ 주름의 명암을 그립니다. 묶여 있는 위치에서 끝자락을 향해 주름이 넓어지는 느낌입니다. 주름 사이가 너무 벌어지지 않도록 금색 테두리 부근에도 작은 주름을 넣는 것이 포인트입니다.

12 ▶ UV를 가이드로 디테일 라인을 깔끔하게 그립니다.

13 ▶ 망토 본체에도 디테일 라인을 그립니다. 비뚤어진 위치는 대부분 대각선 방향 에지이므로 사각형 페이스를 삼각형으로 만들고 대각선 에지의 방향을 뒤집어서 해결합니다.

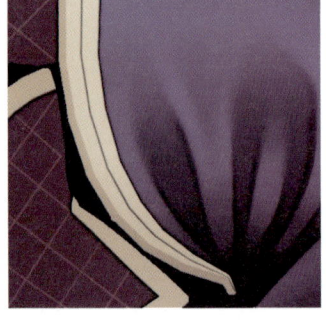
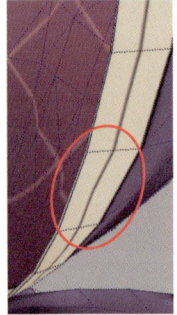
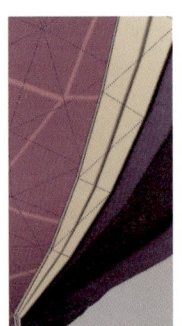

14 ▶ 디테일 라인을 따라 하이라이트 라인을 넣습니다. 안쪽면에도 마찬가지로 처리합니다.

15 ▶ 금색 테두리의 광택을 더합니다. 망토의 금색 테두리는 면적이 넓습니다. 단지 폭을 늘린 것으로 보이는 형태가 되지 않도록 음영 폭도 넓게 해서 정보량을 늘려 줍니다.

16 ▶ 다른 금색 테두리에 비해 눈에 들어오는 면적이 넓기 때문에 색감도 변화시키고 싶습니다. 그래서 광택 일부에 조금 채도가 높은 노란색의 색감을 추가합니다. 이것으로 농담이 일률적이었던 느낌을 없앨 수 있습니다.

17 ▶ 망토 끈자락의 금색 테두리의 광택도 넣어 줍니다.

18 ▶ 안쪽 옷감도 마찬가지로 옷감의 명암과 금색 테두리의 광택을 넣습니다.

19 ▶ 망토 안쪽 옷감의 주름은 우선 격자 모양을 숨겨 주름을 쉽게 볼 수 있는 상태로 하고, 바깥쪽 주름 방향에 맞춰 넣습니다.

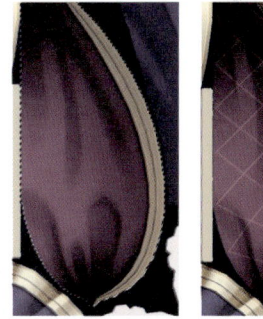

20 ▶ 리본에 베이스 음영을 그려 넣습니다.

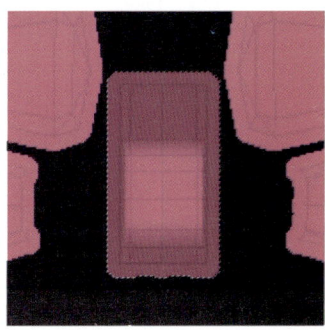

21 ▶ 연결 부분을 향해 주름이 만들어지는 느낌으로, 세세한 명암과 주름을 그립니다. 넥타이와 마찬가지로 조금 광택이 있는 질감을 표현합니다.

22 ▶ 스트라이프 모양을 추가합니다. 레이어의 [그리기 모드]를 [오버레이]로 설정합니다. 세로로 가늘고 긴 선을 그리고 각도를 조정합니다. 완성한 대각선을 복제해서 같은 간격으로 배치합니다.

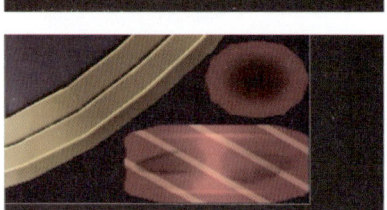

23 ▼ 이것으로 망토도 완성입니다. 완성 형태와 상당히 가까워졌습니다.

2.6.13 ▶ 벨트와 소품

1 ▶ 벨트 본체에 대략적인 음영을 추가합니다. 망토에 가려 빛이 잘 닿지 않는 등 쪽을 어둡게 합니다.

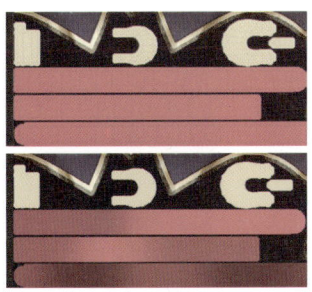

2 ▶ 벨트의 구멍 등 세세한 장식을 추가합니다.

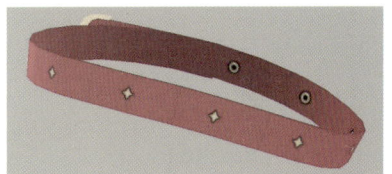

3 ▶ 장식의 광택과 벨트의 명암을 그립니다. 벨트의 재질은 가죽이므로 광택을 조금 적게 표현합니다.

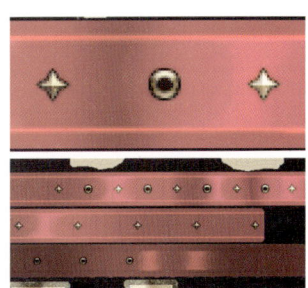

4 ▶ 금색 도구의 디테일을 그립니다. 측면에서 벨트를 통과하는 구멍의 경우, 모델에서 구멍을 만들지 않으므로 텍스처를 사용해 표현합니다.

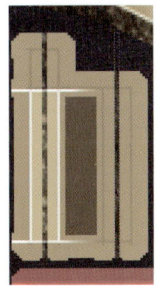
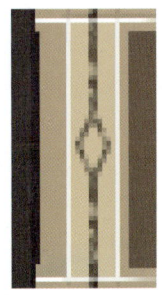

5 ▶ 가장 먼저 금색 도구의 광택을 세세하게 그려 넣습니다. 이 부품들은 크기가 작으므로 정보량이 너무 많다면 단순한 명암으로 변경해 정보량을 조절합니다.

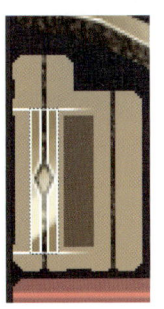
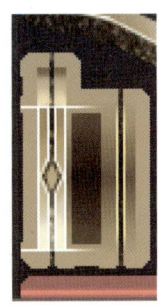
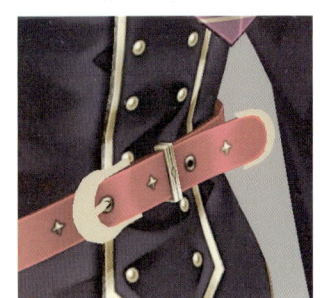

6 ▶ 벨트에서 칼 끝에 붙어있는 금색 도구의 디테일 라인을 그립니다. 중간에 금색 도구 부분이 좁아지는 느낌이 있어, 모델의 형태를 조정했습니다.

 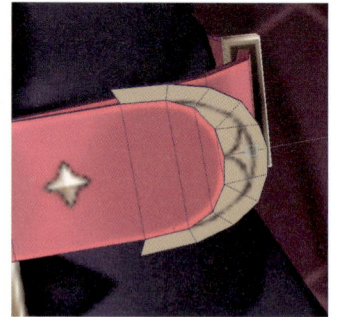

7 ▶ 단순하게 광택을 추가합니다.

8 ▶ 버클의 나머지 부분도 광택을 추가했습니다.

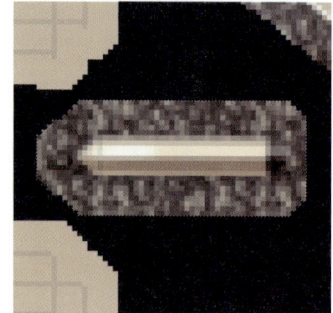 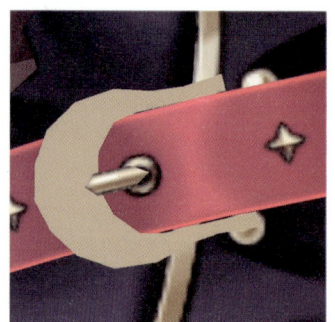

9 ▶ 버클 본체의 부조를 그립니다. 칠하는 색상은 베이스 컬러와 같게 하고, 레이어 스타일 경계선에서 주변에 검은 선이 보이게 합니다. 이렇게 하면 굳이 브러시를 사용해 라인을 그릴 필요가 없어, 작업이 한층 쉬워집니다.

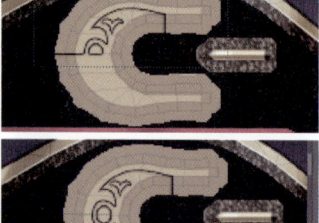 

10 ▶ 벨트에 붙어 있는 금붙이들도 각각 고유한 형태를 가지므로, 광택의 방향이 동일한 형태가 되지 않도록 주의하면서 균형을 잡습니다.

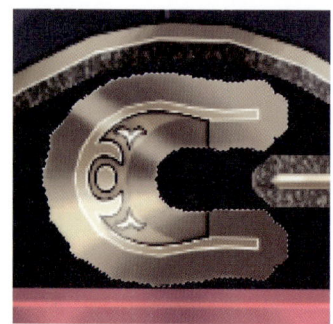 

11 ▶ 파우치 모서리를 그립니다.

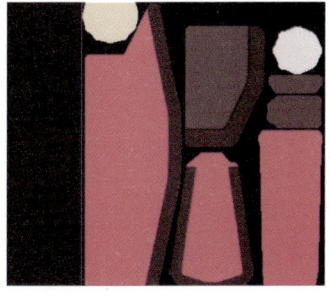 

12 ▶ 파우치 측면에 천이 접힌 부분은 텍스처로 표현했습니다.

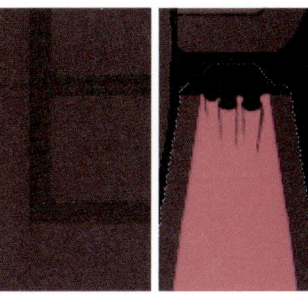 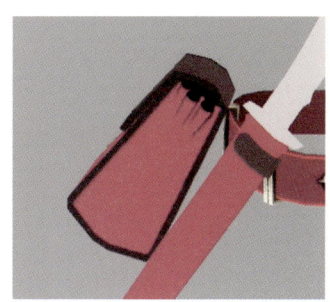

13 ▶ 명암을 그려 입체감을 줍니다. 모서리 등 빛이 닿기 쉬운 부분은 밝게 해줍니다.

14 ▶ 칼집, 버튼, 바느질선 등의 디테일을 추가합니다.

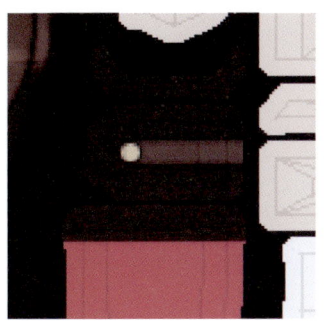  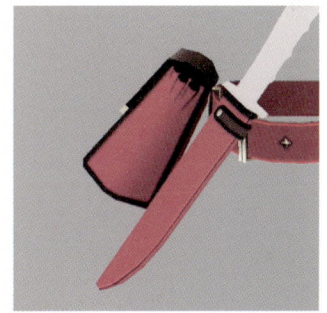

15 ▶ 칼집의 모양은 금색 선을 그린 뒤, 레이어 스타일을 사용해 경계선이 나타나도록 합니다.

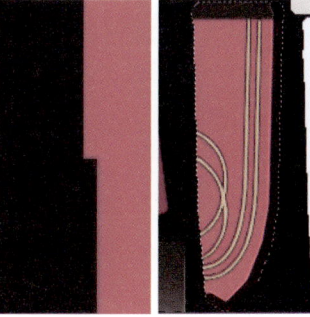 

16 ▶ 파우치 모양도 마찬가지로 그립니다.

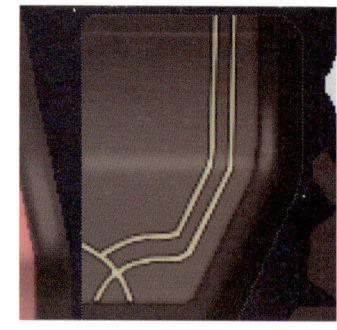  

17 ▶ 파우치 버튼에 들어있는 부조 라인을 그립니다. 90도 마다 모양이 반복되는 디자인이므로, 1/4만 그린 뒤 복제해서 상하좌우로 반전해 배치합니다. 광택도 그려 줍니다.

18 ▶ 부분적으로 세세한 명암을 그려 입체감을 냅니다. 이 명암 여부에 따라 느낌이 상당히 달라지므로 잊지 않도록 합니다.

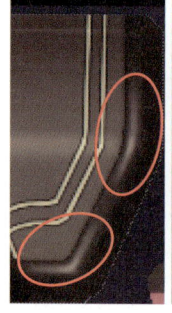 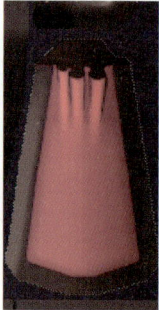 

19 ▶ 칼집의 명부를 그립니다. 브러시를 불규칙하게 콕콕 찍듯이 사용해 가죽의 다소 거친 느낌을 만듭니다.

※ 보기 쉽게 패턴 레이어를 숨겼습니다.

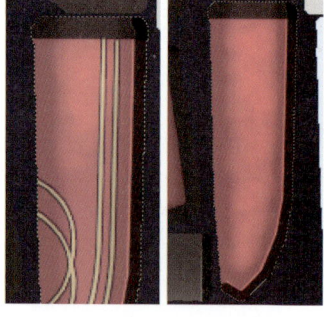 

20 ▶ 칼집 고정 부분의 명암을 그립니다.

 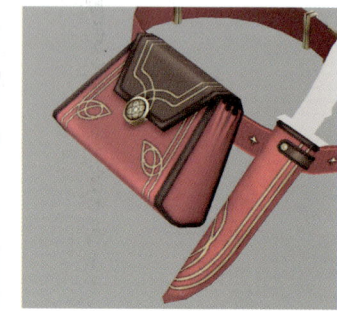

21 ▶ 단검의 날의 디테일 라인과 광택을 그립니다.

  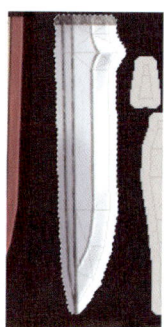 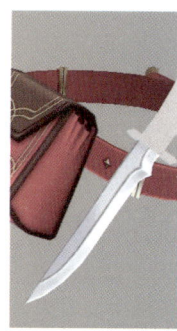

22 ▶ 무늬의 부조는 버클의 부조와 마찬가지로 레이어 스타일을 적요해 주변에 라인이 나오도록 표현합니다.

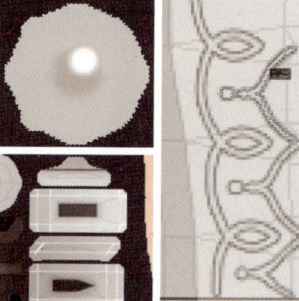 

23 ▶ 무늬의 입체감을 알 수 있을 정도로 전체의 명암을 그립니다. 손가락으로 잡는 부분은 요철이 확실히 보이게 하기 위해 명암도 확실하게 그립니다.

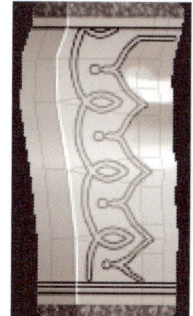 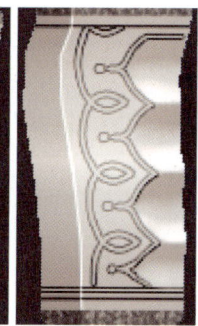 

24 ▼ 벨트와 소품을 완성했습니다.

2.6.14 ▶ 머리를 묶은 리본

1 ▶ 리본은 입체감이 나오도록 디테일 라인과 음영을 그립니다.

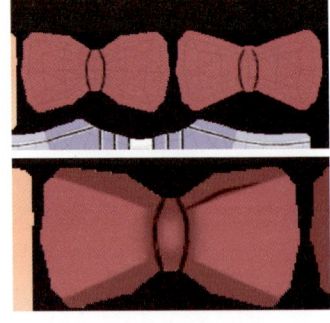

2 ▶ 빛이 닿기 쉬운 위치를 상상하며 전체의 명부를 정리하고, 날개 밑동 부분에는 선에 의해 만들어지는 주름을 그립니다. 좌우로 같은 주름이 되지 않도록 무작위적인 느낌을 생각합니다.

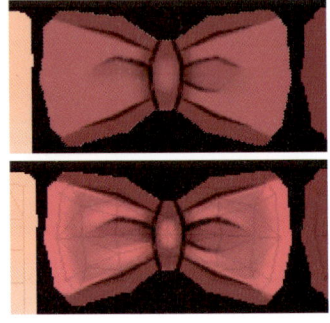
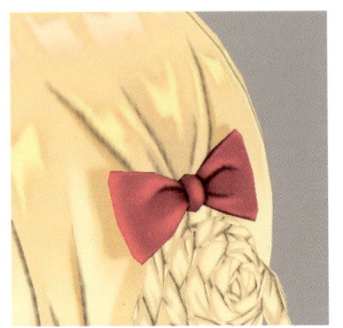

3 ▶ 안쪽은 거의 눈에 띄지 않으므로 바깥쪽에 그린 것을 필요한 부분만 복제해서 배치합니다. 간단하지만 머리 리본을 완성했습니다.

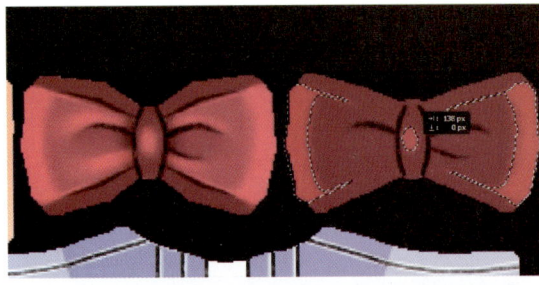
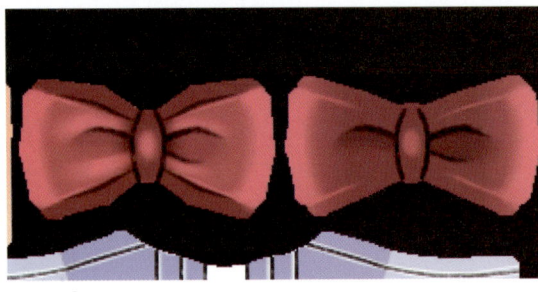
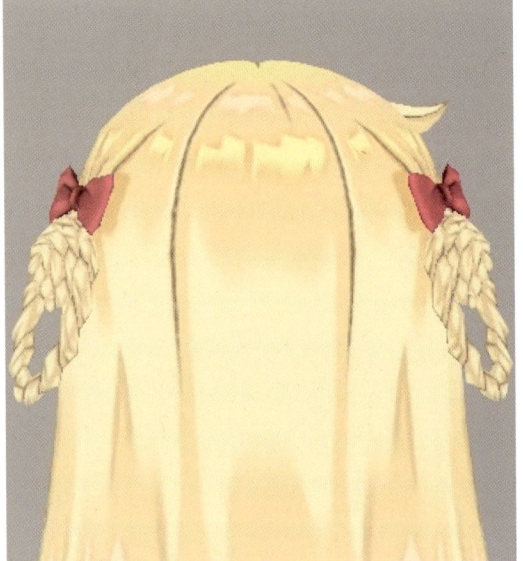

2.6.15 모자

1 ▼ 텍스처 그리기도 거의 완료했습니다. 이제 오른쪽 아래의 모자 텍스처만 남았습니다.

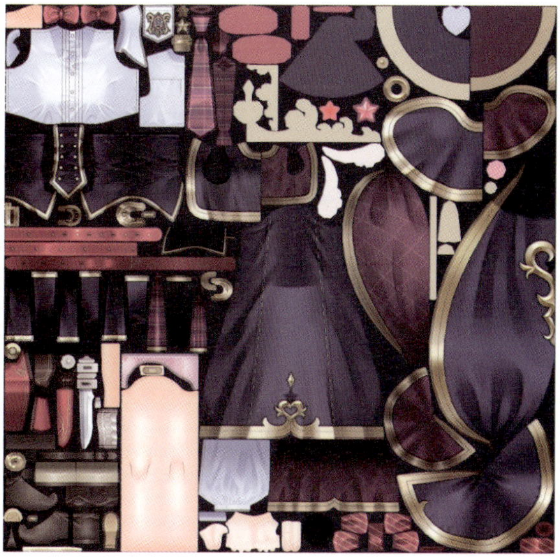

2 ▶ 모자 챙의 안쪽면에 격자 형태의 모양을 추가합니다. 격자 모양은 어깨 케이프의 격자 모양을 복사해, 크기를 조정해서 배치합니다. 이 때, 모자의 챙 안쪽면의 UV는 안쪽 면 전체를 4분할해 겹쳐져 있으므로, 모양이 깔끔하게 연결되도록 주의합니다.

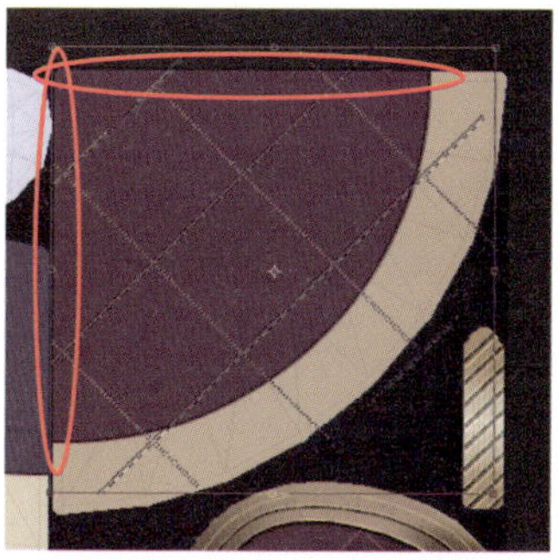

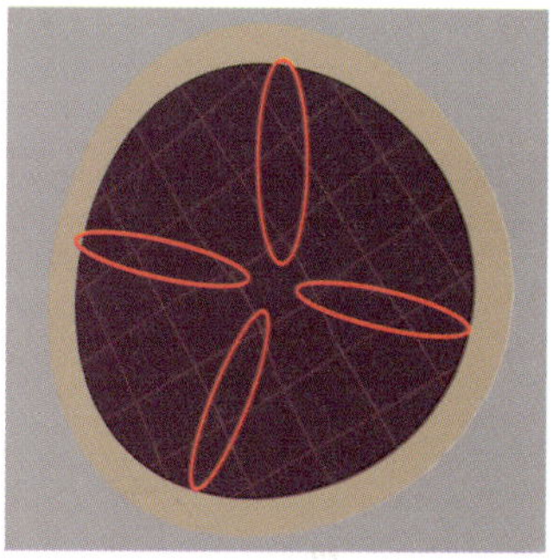

3 ▶ 챙의 안쪽면 금색 테두리의 디테일 라인은 먼저 타원형 선택 도구로 완전한 원을 그리고 본을 뜬 뒤 그 범위를 가득 칠합니다. 그 상태에서 선택 범위를 2 px 줄인 뒤 Delete키를 눌러 만듭니다. 깊이감을 만들기 위해 챙의 안쪽면 가운데 부분에 명암도 추가합니다.

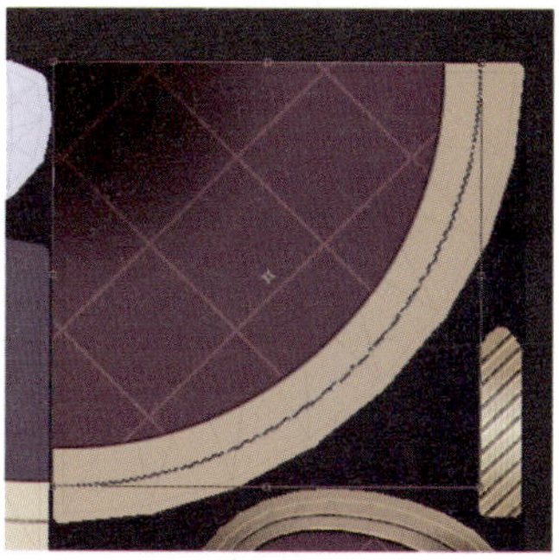

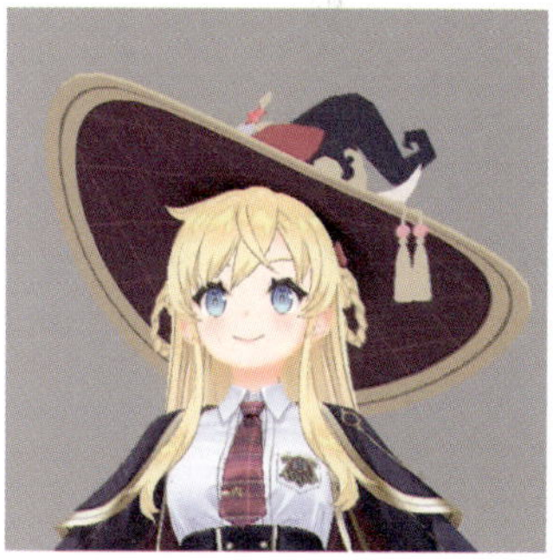

4 ▶ 안쪽면과 마찬가지 방법으로 바깥쪽면에도 디테일 라인을 그립니다. 볼륨을 표현하기 위해 가장자리에 밝은 색을 추가합니다.

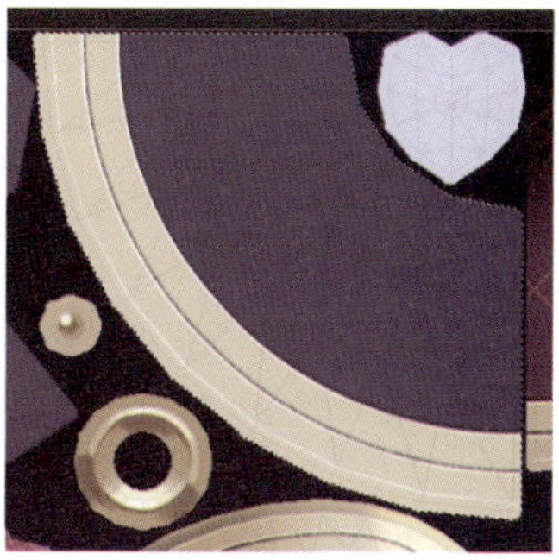

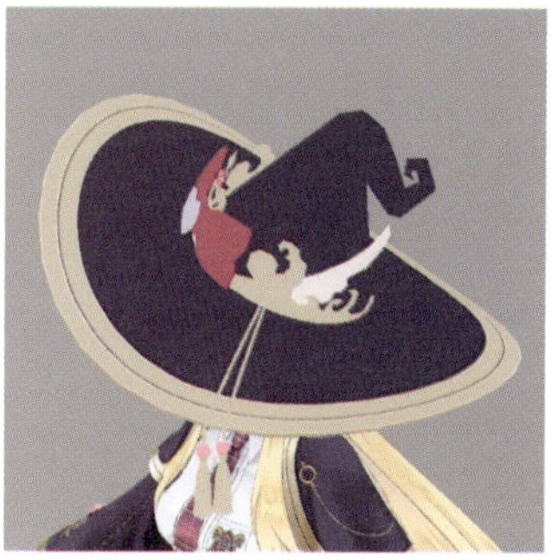

5 ▶ 챙 안쪽면으로 돌아와 음영과 반사 표현을 그립니다. 안쪽이므로 빛이 닿기 어렵지만, 반사광을 생각하면서 명암을 더합니다. UV를 4분할했으므로 명암을 너무 많이 그려 모양처럼 보이지 않도록 주의합니다. 적절한 정도의 음영을 추가합니다.

6 ▶ 바깥쪽 명도 마찬가지로 음영을 더합니다. 모자 밑동에 바느질선도 그립니다.

7 ▶ 모자의 크라운 부분에 베이스 음영과 바느질선을 추가합니다. 바느질선에 맞춰 금색 실도 그려 복제하고 배치합니다. 깔끔하게 같은 간격으로 배열합니다.

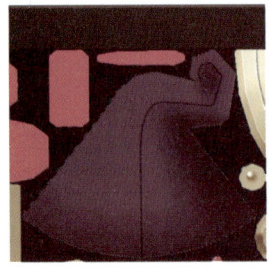 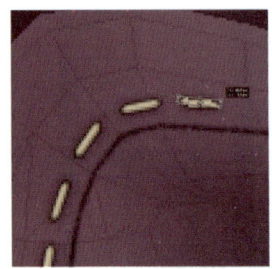 

8 ▶ 명암과 주름을 그립니다. 명암은 모자의 질감을 생각해 브러시를 톡톡 찍듯이 그립니다. 다시 「가우시안 흐림 효과」를 적용해 표면을 부드럽게 합니다. 주름은 모자의 접힌 위치에 그립니다.

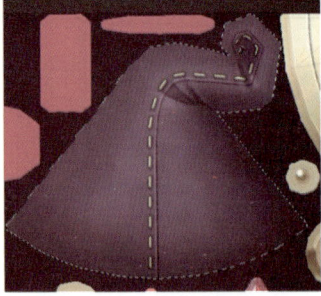 

9 ▶ 왕관을 정리합니다. 먼저 모델에 분할을 넣었으므로 UV에 덧바르듯이 라인을 그립니다. 계속해서 가벼운 광택을 넣습니다. 디자인 이미지에서는 나타낼 수 없는 입체적인 표현은 상상해서 그립니다.

🔟 ▶ 다시 명암이나 반사를 추가합니다. 금속 같은 대비가 있는 형태를 만들었습니다.

1️⃣1️⃣ ▶ 모자 끈 부분은 먼저 대각선 라인을 그린 뒤 복제 및 배치해서 비틀림을 표현했습니다. 추가로 그러데이션 도구를 사용해 광택의 명암을 그립니다.

1️⃣2️⃣ ▶ 끝에 붙어 있는 진주는 가장 먼저 분홍색 진주의 명암을 그립니다. 깔끔하게 만들어졌다면 칠을 복제해서 금색 진주에도 배치합니다.

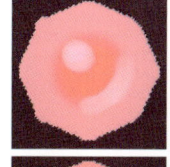 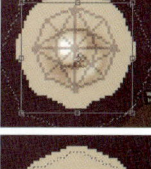
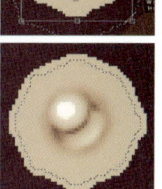 

1️⃣3️⃣ ▶ 모자 술 부분은 먼저 라인을 그리고, 끈이 여러 가닥 겹쳐져서 만들어지는 것을 표현하기 위해 세로 선의 명암을 듬성듬성 더했습니다. 색감에도 조금 변화를 주었습니다.

1️⃣4️⃣ ▶ 날개(깃털) 밑동의 장식에도 라인을 그립니다. 브러시의 스트로크 강약을 조절하면서, 날개다운 부드러운 질감을 그렸습니다.

 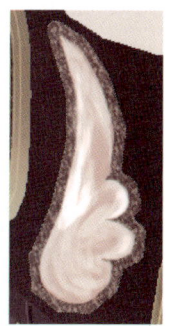  

15 ▶ 리본의 스트라이프 모양은 스트라이프 사이의 간격이 균일하게 배치합니다.

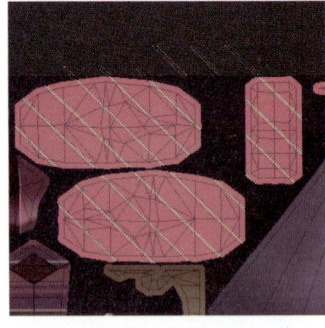 

16 ▶ 명암을 추가합니다. 새틴satin 옷감과 같이 광택이 있는 질감을 만들 것이므로, 리본의 가장자리나 접힌 위치를 밝게 표현합니다.

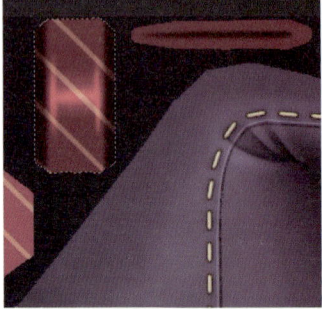 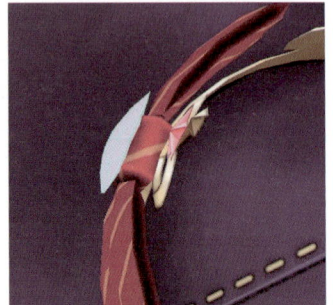

17 ▶ 리본 매듭 나비 매듭 부분의 명암과 주름을 그립니다. 먼저 한 쪽만 그려 방향성을 결정합니다.

18 ▶ 방향성을 결정했다면 앞에서 그린 주름과 명암을 복제해서 반대쪽 리본에 배치합니다. 이 때 주름의 분위기가 조금 마음에 들지 않아 표현을 바꾸었습니다.

19 ▶ 다음으로 하트 형태 보석의 색감을 결정합니다. 베이스는 하늘색이지만, 레이어를 위에 추가해서 다른 색감을 여럿 추가한 뒤 흐림 효과 처리를 합니다.

 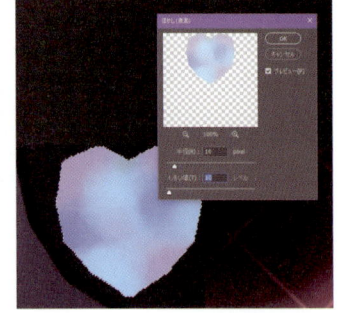

20 ▶ [필터 → 팔레트 나이프]를 적용해 유화 같은 느낌을 주었습니다. 이렇게 하면 손으로 그린 분위기를 주는 형태로 만들 수 있습니다.

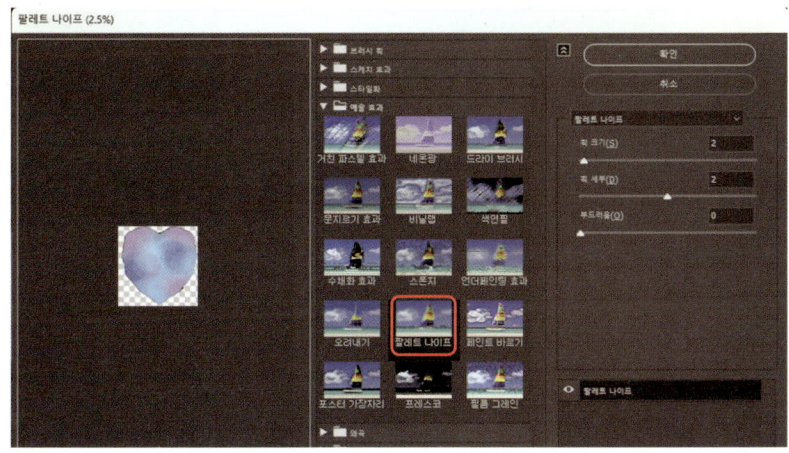

21 ▶ UV에 맞춰 라인을 그리려 보석의 단면을 표현합니다. 위에서 빛이 들어오는 것을 가정해 보석 면의 반짝이는 표현을 그립니다. 보석의 반사 표현은 다소 어렵지만 인터넷 검색 등을 통해 참고할 이미지를 보고 표현했습니다.

22 ▶ 어두운 색감이나 복잡한 빛의 반사를 추가합니다. 상당히 보석다운 형태가 되었습니다.

23 ▶ 다시 단면에 날카로운 빛을 추가하고 반짝이는 느낌을 더했습니다.

24 ▶ 보석을 완성했습니다. 왕관의 리본과 보석에 의해 만들어지는 그림자를 그립니다.

25 ▶ 이것으로 모자를 완성했습니다. 이로서 전체 작업을 마쳤습니다.

2.6.16 ▶ 전체적인 세부 사항 조정

전체 작업을 마친 뒤, 만든 모델을 다시 살펴봅니다. 실제 현장에서도 작업을 마친 시점에 곧바로 완성…되는 경우는 거의 없습니다. 다시 살펴보면서 누락된 처리나 형태 개선이 필요한 곳을 발견하고 모델의 품질을 보다 높입니다.

1 ▶ 예를 들면 앞머리카락의 삐쳐 나온 부분의 밑동은 좌우로 라인의 위치가 겹쳐 따로 노는 느낌이 강하게 오른쪽 라인을 지우개로 지워 균형을 조정합니다. 이것으로 머리카락의 시작 위치가 희미하게 되어 보다 자연스러워집니다.

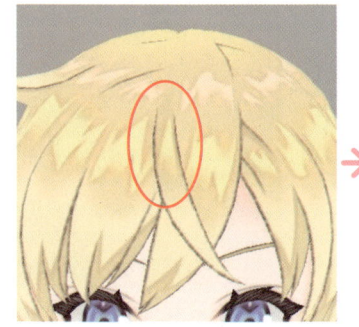 

2 ▶ 머리카락은 일부 라인에 밝은 오렌지 색상을 「오버레이」로 올려 선의 균일한 느낌을 조금 줄입니다.

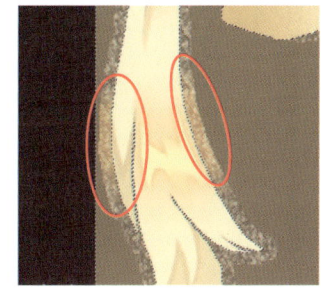
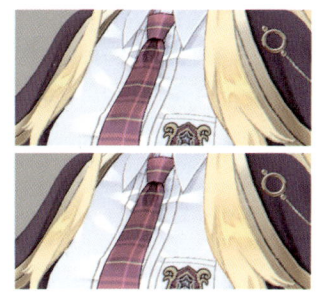

3 ▶ 옷은 질감이 없는 밋밋한 상태이므로 악센트가 되는 질감을 조금 넣습니다. 먼저 캔버스 전체를 선택하고 검은색으로 가득 칠한 레이어를 준비합니다. [필터]에서 「노이즈 추가」, 「가우시안 흐림 효과」, 「표면 흐림 효과」, 「필터 갤러리 → 팔레트 나이프」를 아래 그림과 같이 순서대로 적용했습니다.

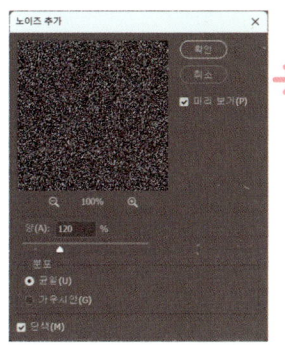
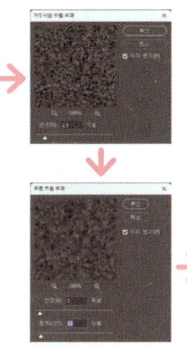
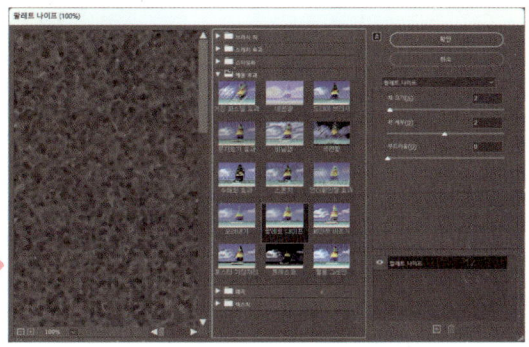

4 ▶ 레이어의 [그리기 모드]를 「소프트 라이트」로 해서 아래의 색감이 반영되게 합니다. 불투명도는 10~20% 정도로 설정해서 눈에 띄지 않을 정도로 합니다.

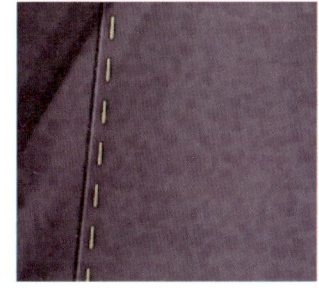

5 ▶ 모자의 장식 술은 완전히 같은 방향으로 2개가 늘어져 있어 복제한 느낌이 듭니다. 한 쪽 술을 Y축으로 회전해 복제한 느낌을 줄였습니다.

6 ▶ 모자 가장자리의 색감이 너무 밝은 느낌이 들어 조금 어둡게 조정했습니다.

7 ▶ 모자의 크라운 부분과 챙의 경계 부분에 세세한 명부를 그려 모자의 구조에 설득력(옷감과 옷감이 연결된 느낌)을 살립니다.

8 ▶ 모자의 리본이 다소 펄럭이는 느낌이 들었으므로 조금 더 볼륨감이 느껴지도록 조정했습니다.

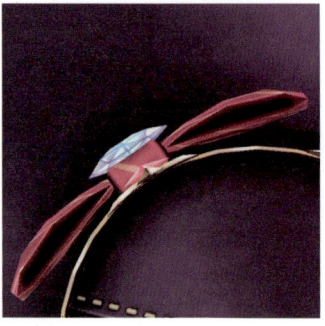 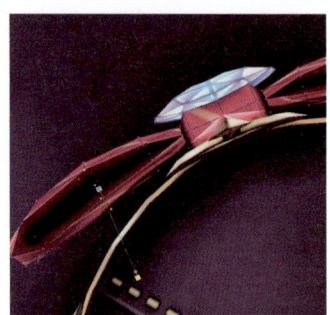

9 ▶ 모자에 붙은 장식 끈의 밑동은 디자인 이미지에서는 왕관 안쪽에서 나오는 구조로 되어 있었습니다. 하지만 모델로 만들었을 때 밑동의 위치가 잘 맞지 않는 부분이 있어 조금 수정했습니다. 다른 객체를 사용해 원기둥 형태의 부품을 만들고, 왕관에 붙이는 형태로 추가해 왕관의 옆 구멍에서 장식 끈이 나오는 구조를 만들었습니다. 시안과 형태가 맞지 않을 때는 일반적으로 캐릭터 디자이너에게 연락해 상담을 하지만, 여기에서는 필자가 직접 수정을 했습니다. 상황에 따라서는 이런 임기응변도 필요합니다.

10 ▼ 망토 옆의 묶여 있는 위치가 다소 딱딱하게 느껴져 분할을 추가해 실루엣을 부드럽게 만들었습니다.

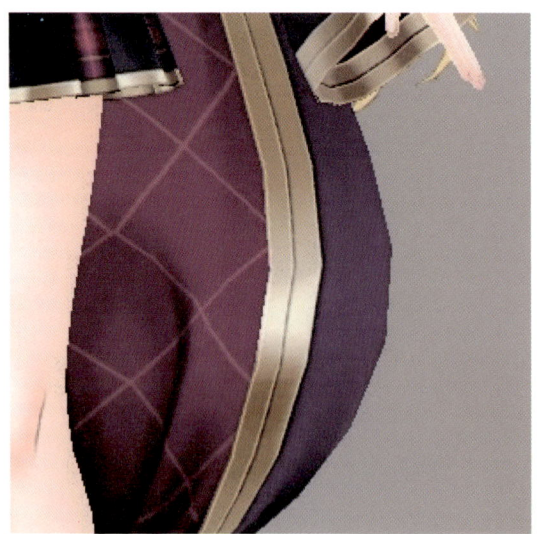 

2.6.17 ▶ 1차 모델링 완성

지금까지의 조정을 거쳐 우선 전신 모델을 '완성 상태'로 합니다. 형태와 관련된 작업을 마쳤으므로 다시 NOCO 씨에게 모델 감수를 의뢰합니다. 아래 그림과 같이 여러 장의 스크린샷을 찍은 것을 포함해 작업 진척을 보고했습니다.

alb 레이어의 구성

※부품별로 폴더를 나눠서 레이어 수가 많기 때문에 공통된 레이어 구성만 올립니다.

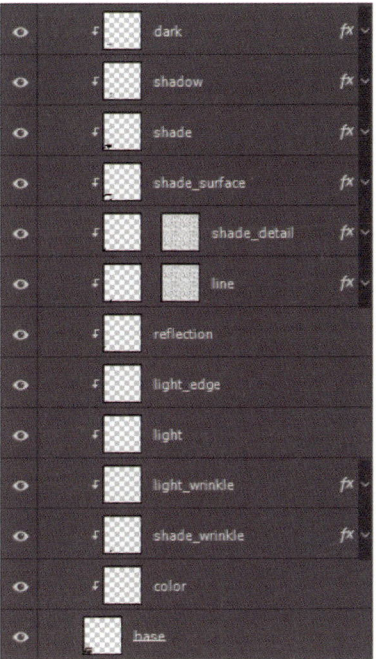

2.6.18 ▶ 감수 의뢰와 Q&A

NOCO 씨에게 감수를 의뢰함과 동시에 형태와 관련해 사내에서 신경이 쓰였던 부분이 몇 가지 있어 함께 질문했습니다. NOCO 씨에게 받은 답변을 함께 기재합니다. 이 내용들은 이후 피드백 대응에서 반영합니다.

Q 머리 크기는 조금 작은 편이 좋지 않을까? 하는 의견이 있었습니다. 이미지를 확인하신 뒤 NOCO 씨의 의견을 알려 주십시오.

A 확실히 상반신만 봤을 때는 머리가 조금 큽니다. 95% 정도로 축소해주세요.
머리가 조금 작은 편이 나을 것 같습니다.

Q NOCO 씨의 일러스트 표현과 관련해, 머리카락이나 옷의 주름에 보이는「명암 경계에 한 단계 짙은 색을 넣는」방법은 어떤 의도로 표현되어 있는 것인지 궁금합니다.

A 데생에서의 모서리선(입체의 경계)와 반사광의 이미지입니다. 반사광이 있기 때문에 그림자의 경계선이 가장 어두워지는 원리를 표현한 것입니다. 또한, 강약이 표현되어 일러스트의 정보량이 높아지는 것도 장점입니다.

Q 블라우스를 정면에서 봤을 때 주름 위에 라인이 들어가 있는 부분은 조금 더 좌우로 잡아당겨진 듯 표현하는 것이 좋지 않을까?라는 사내 의견이 있었습니다. NOCO 씨는 어떻게 생각하십니까?

A 주름의 칠을 생각하면 잡아당기지 않는 편이 좋을 것 같습니다.
시험 삼아 그려봤으므로 검토해 주십시오.

· 옷깃을 크게.
· 셔츠가 맞는 것을 표현한다.

· 주름은 작게 넣는다.
· 라인은 일그러뜨리지 않고, 주름을 접어서 묘사한다.

Chapter 2.7 피드백 대응

중간 확인에 이어 NOCO 씨에게 완성한 모델을 감수받았습니다. 감수 결과 '전체적인 인상은 정확한 것 같습니다!'라는 호평과 함께, 몇 가지 피드백을 받았습니다. 해당 피드백 대응 내용을 개제합니다(총 2번). 피드백 대응은 실제 현장에서도 자주 수행하므로 이 내용이 도움이 될 것입니다.

2.7.1 첫 번째 피드백

먼저 NOCO 씨에게 받은 감수 결과 피드백 자료 내용을 확인합니다.

▶ 다리
이런 느낌으로 수정해 주세요!

▶ 옆쪽 실루엣
머리카락, 망토의 볼륨을 조금 더 추가하고 싶습니다.

243

▶ 셔츠/가슴 표현

이미지에 네 군데 세부 내용을 기재했습니다.

① 어깨 라인
어깨가 조금 올라간 것으로 보입니다. 각도를 조금 아래로 내리고 싶습니다.
② 가슴 라인
위쪽 … 천이 움푹 들어가 보이므로 직선 형태로 부탁드립니다.
아래쪽 … 너무 둥글면 가슴이 처진 것처럼 보이므로 직선 형태와 함께 각도를 올려 주십시오.
유두 위치가 높게 보이면 어린 느낌을 줍니다.
③ 주머니
크기를 크게 하고 위치를 높여 주세요.
④ 넥타이
매듭의 입체감을 높이는 이미지로, 볼륨감을 조금 더 만들어 주세요.

※ 넥타이 참고 이미지가 첨부되어 있었습니다.
※ 넥타이 참고 이미지가 첨부되어 있었습니다.

↑ 첨부 자료

▶ 모자 장식

이미지에 두 군데 내용을 기재했습니다.

① 리본
넥타이와 마찬가지로 리본에 볼륨감을 조금 더 만들어 주세요. 중심부의 주름도 입체적으로 표현해 주세요.

※ 리본의 참고 이미지가 첨부되어 있었습니다.

① 보석
포름에 볼륨을 조금 더 만들어 주세요. 또, 칠은 면을 확실하게 칠하는 편이 보석의 느낌이 잘 살아날 것 같습니다. 흰 부분, 검은 부분을 충분히 넣어 주세요.

※ 보석의 참고 이미지가 첨부되어 있었습니다.

2.7.2 첫 번째 피드백 대응

1 ▶ 피드백 내용을 잘 확인하면서 빠르게 조정합니다. 먼저 어깨입니다. NOCO 씨가 감수를 하는 동안 사내에서도 어깨를 조정하는 편이 좋지 않겠냐는 이야기가 나왔기 때문에 곧바로 대응하기로 했습니다. 어깨가 올라가 있는 위치의 컴포넌트를 선택한 뒤 Lattice Deformer를 적용합니다. Lattice 분할 수를 적절하게 올리고 어깨 주변 Lattice 포인트를 선택한 뒤 소프트 선택으로 위치를 내렸습니다.

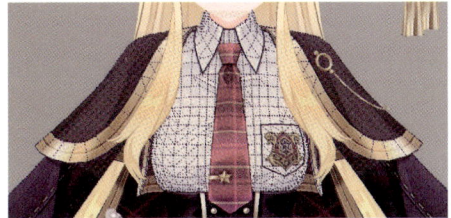
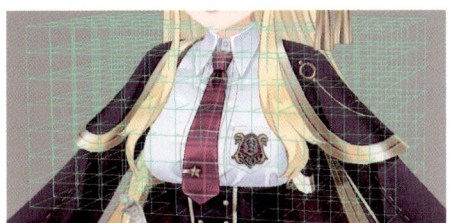
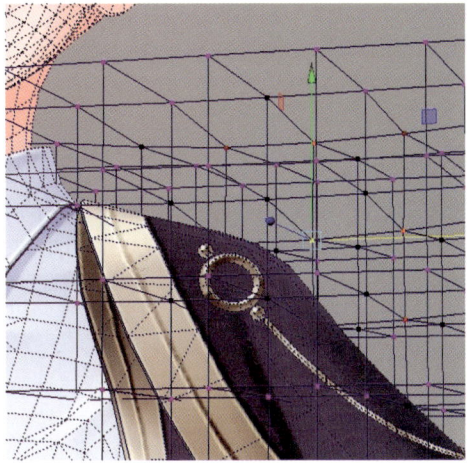

2 ▶ 여성스러운 어깨의 각도에 가까워졌다면 Deformer를 적용한 메시를 선택한 뒤, 히스토리를 삭제합니다. 이전보다 위로 솟은 어깨가 줄어들었습니다.

3 ▶ 다음으로 머리의 스케일을 조정합니다. 앞의 Q&A를 참고해 사내에서 검토한 결과 머리를 96%로 축소하는 것이 적절하다는 결론을 내렸습니다. 얼굴, 머리의 각 부품, 머리카락, 모자 등 머리 부분의 메시를 모두 선택한 뒤, 피봇의 위치를 머리 밑동 근처로 이동합니다. 다음으로 채널 박스에서 스케일 XYZ의 수치를 「1 → 0.96」으로 변경해 축소합니다.

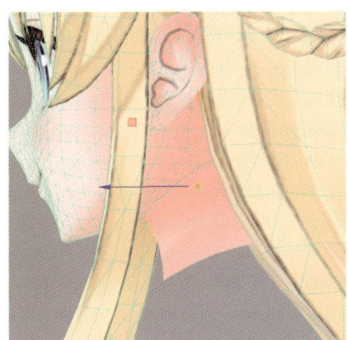

4 ▶ 머리 부분을 96%로 축소함에 따라 목과의 경계에 있는 버텍스의 위치가 어긋나게 됩니다. 목 쪽 버텍스를 선택하고 스냅 이동으로 얼굴 쪽 버텍스에 맞춰 줍니다. 이 때 [Symmetry]를 활성화하면 반대쪽 버텍스도 함께 조정할 수 있어 편리합니다. 이동한 버텍스에 맞춰 목의 굵기도 조금 조정해 목의 실루엣을 자연스럽게 만듭니다.

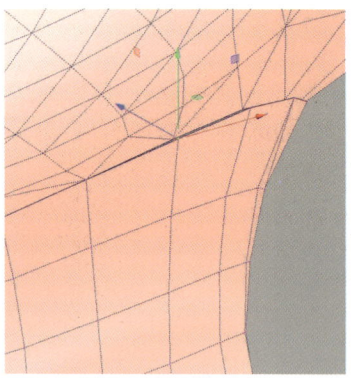
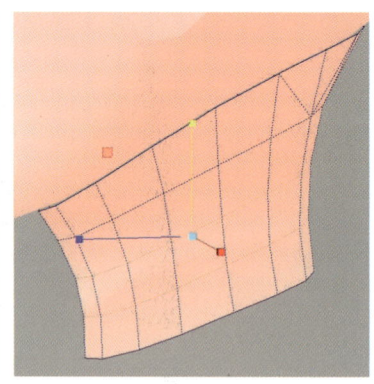

5 ▶ 가슴 형태를 조정합니다. 피드백의 내용에 따라 가슴의 윗부분이 놓고, 옷이 당겨지고, 둥근 부분을 줄인 실루엣을 만들기로 합니다. 소프트 선택을 활용하면서 컴포넌트를 이동하고, 여러 각도에서 보면서 예쁜 가슴 형태가 되도록 정리합니다. 모델의 셰이딩 표시를 「기정 머티리얼 사용(??)」으로 하거나, 뷰의 배경색을 변경하면 실루엣을 보다 쉽게 확인할 수 있습니다.

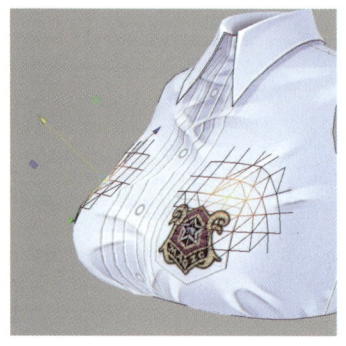
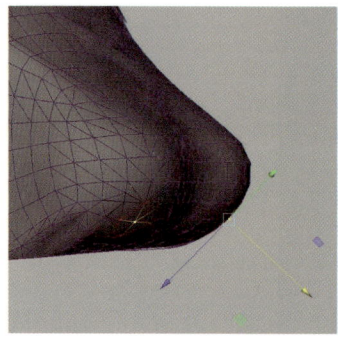

6 ▶ 계속해서 가슴 주머니의 크기와 위치를 조정합니다. UV를 크게 변경하는 작업이 됩니다. 원래 가슴 주머니에서 오른쪽 위로 확장시키는 느낌으로, 주변 페이스를 선택하고 카메라 기반으로 UV를 다시 전개합니다.

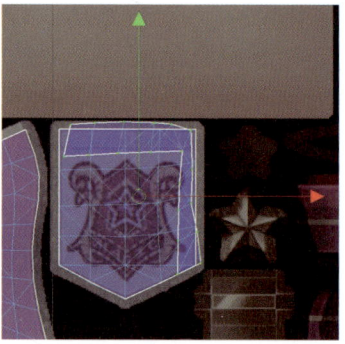

7 ▶ 주머니 중심 위치가 어긋나므로, 그에 맞춰 아래쪽 분할 위치도 조정합니다. 주머니 중심에서 아래로 조금 벗어난 형태로 분할을 추가합니다. 그 분할을 추가한 위치의 페이스를 선택한 뒤 다시 카메라 기반으로 UV를 전개합니다.

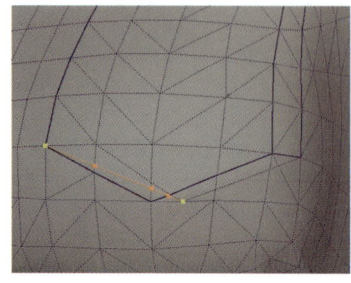
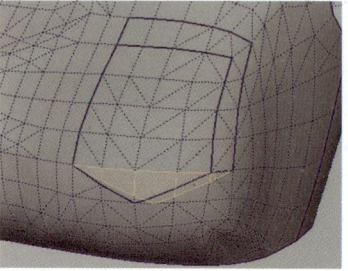

8 ▶ 원래 주머니 안에 있던 페이스가 바깥쪽으로 튀어나와 불필요한 분할이 만들어져 삭제합니다. 이 상태에서 삭제하면 UV가 손상되므로 UV를 정리했습니다. 앞 단계와 마찬가지로 주머니 바깥쪽 페이스를 선택한 뒤 카메라 기반으로 UV를 전개합니다. 그 뒤, 셔츠 본체 쪽의 해당 위치로 UV 셀을 이동시켜 경계 에지와 결합합니다.

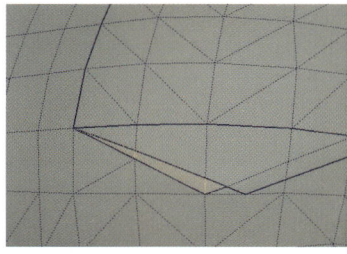 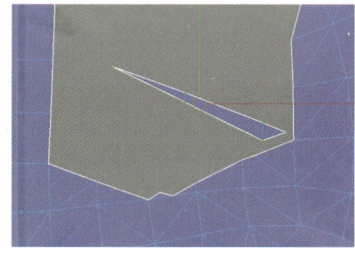 

9 ▶ 이것으로 불필요한 분할이었던, 앞서 꿰매어져 있던 위치의 에지를 선택하고 삭제합니다. 확장한 UV의 형태가 아직 정리되지 않았으므로 경계 에지를 선택하고 마찬가지로 꿰맵니다.

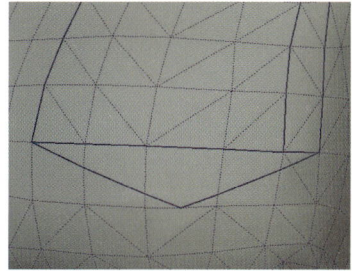 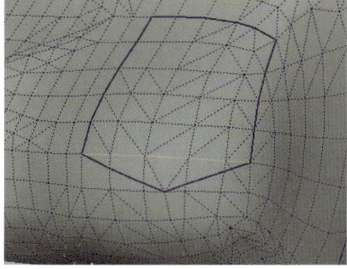 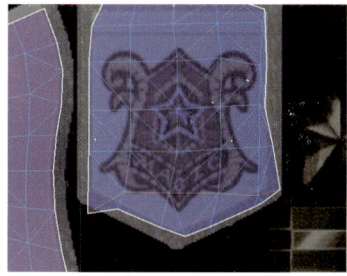

10 ▶ 주머니의 UV 셀을 만들었습니다. 다음은 형태나 UV를 깔끔하게 정리합니다. 가슴 주머니의 버텍스를 조정할 때는 우선 Geometry를 활성화합니다(가슴 형태가 좌우로 크게 변하지 않게 하기 위해서 입니다).

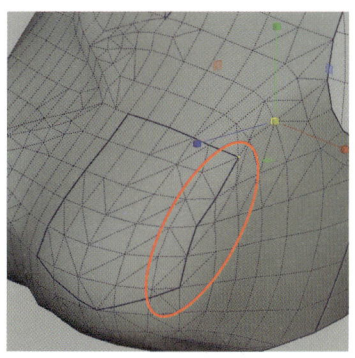 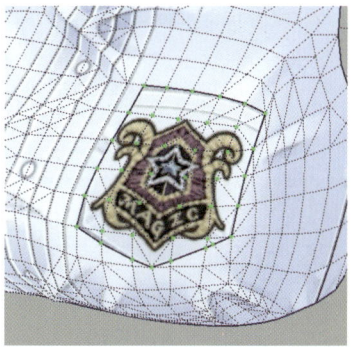 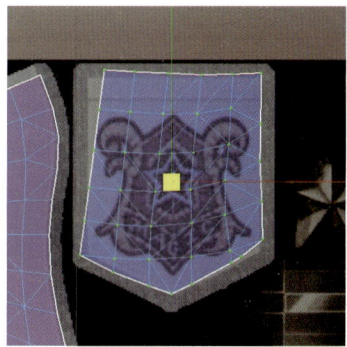

11 ▶ 가슴 주머니는 세세한 텍스처가 그려져 있기 때문에 UV 셀은 크게 축소하고 싶지 않습니다(해상도가 낮아지게 됩니다). 그래서 가슴 주머니 범위를 확장한 만큼 UV 영역을 넓게 얻고, 넥타이 핀의 각 UV를 축소해 가슴 주머니 UV에서 떨어지도록 조금 이동했습니다. 가슴 주머니의 UV는 U 방향, V 방향으로 찌그러지지 않도록 깔끔하게 정리합니다.

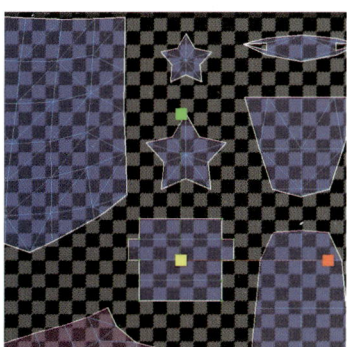 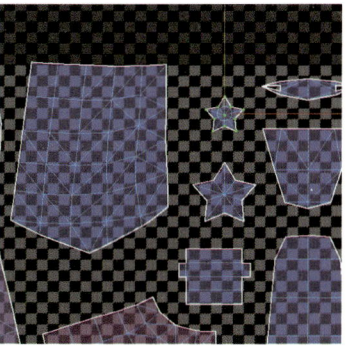 

🔢 ▼ 가슴 주머니, 넥타이 핀의 UV 위치 및 스케일을 조정했으므로 텍스처도 그에 맞춰 조정합니다. 원래 그렸던 상태를 그대로 활용하는 경우가 대부분이므로 완전히 새로 그리는 정도까지 가서는 안 됩니다. 먼저 칠할 영역을 다시 얻고, 선택 범위를 얻으면서 넥타이 핀의 원래 그렸던 부분을 스케일링 해서 재배치합니다.

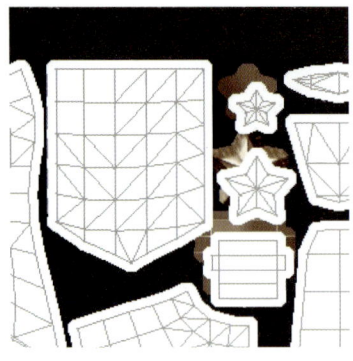 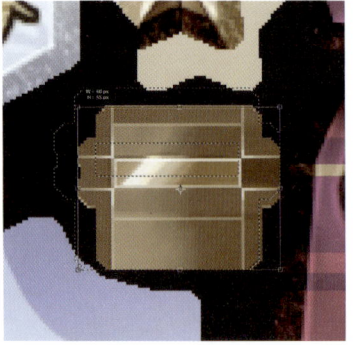 

🔢 ▼ 가슴 주머니도 칠할 영역에 맞춰 라인을 다시 그리거나, 엠블럼을 확대/축소하거나, 위치를 조정해 원래 상태에서 해상도가 흐트러지지 않도록 조정합니다.

🔢 ▼ 셔츠의 플래킷 부분을 조정합니다. 아래 그림과 같이 모양을 만들 위치에 분할을 넣고, 버텍스 위치를 조정해 두께를 만들고, 두꺼운 부분에 하드 에지를 넣고, 다각형이 된 위치는 삼각형으로 만듭니다. 일부 UV도 다시 전개한 뒤 꿰맵니다.

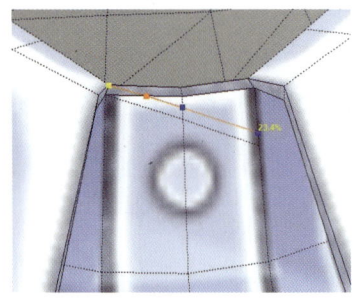  

🔢 ▶ Q&A에서 셔츠에 깃에 대한 조정 의뢰도 있었으므로, 깃의 실루엣에 해당하는 버텍스를 선택하고, 바깥쪽으로 똑바로 넓어지도록 이동했습니다.

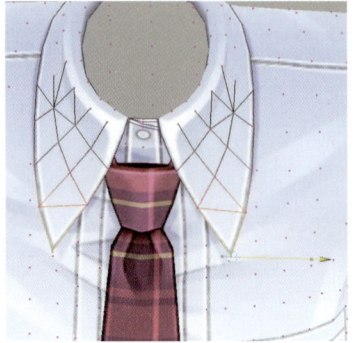 

16 ▶ 깃에 맞춰 넥타이의 두께도 조정합니다. 버텍스 이동만으로 부족한 위치는 분할을 추가해 확실하게 입체감이 나도록 합니다.

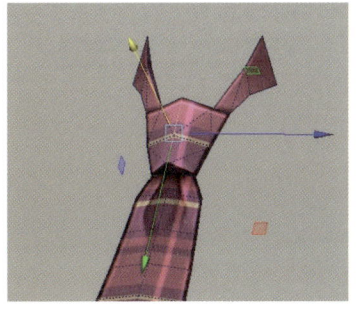
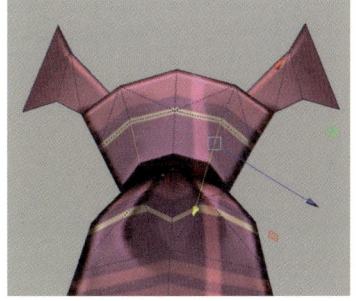

17 ▶ 텍스처도 셔츠의 플래킷 부분에 라인이나 명암을 넣고, 깃에 의해 만들어지는 그림자나 넥타이의 주름을 함께 조정합니다.

18 ▼ 셔츠 본체의 텍스처를 조정합니다. 셔츠와 관련해 받은 피드백 내용에 완벽하게 맞추는 것이 아니라 방향성이나 뉘앙스 같은 의미에서 분위기를 표현하게 됩니다. 현재 상태에서 세세한 주름을 추가하는 것이므로, 그림과 같이 적절한 위치에 작은 주름을 넣고, 원래의 주름도 조금씩 수정해서 분위를 맞춥니다. 여러차례 시행착오를 했습니다.

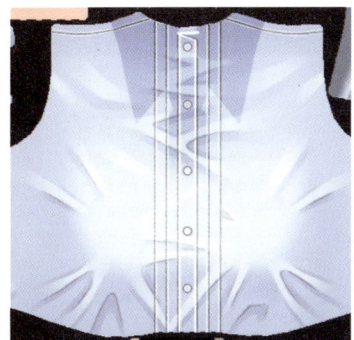
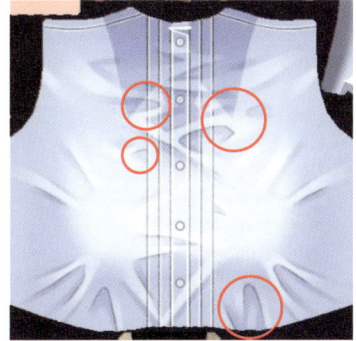
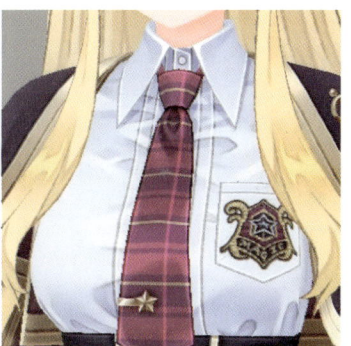

19 ▼ 다음으로 다리의 형태를 소프트 선택이나 Lattice Deformer를 활용하면서, 때때로 멀리 떨어져 보면서 조정합니다. 그 과정 중에도 여러차례 다리의 레퍼런스 이미지를 수집하고 비교하면서 관찰력을 높였습니다. 그 결과 무릎 옆쪽의 가장 높은 위치나 곡선 구조를 상당히 변경하게 되었습니다.

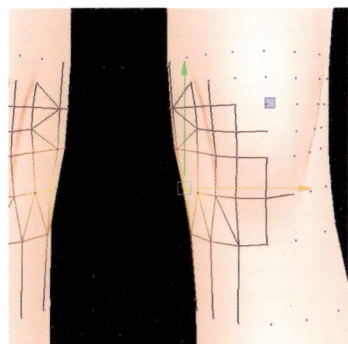
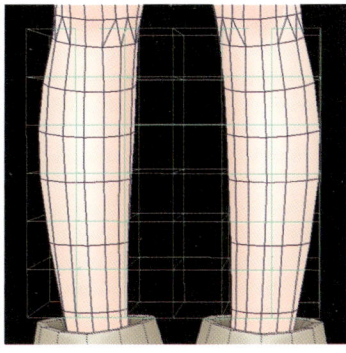
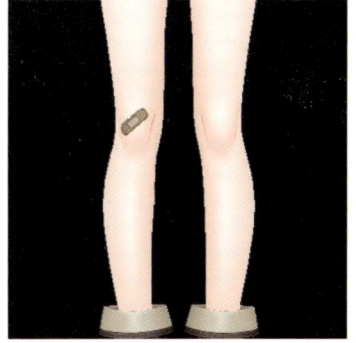

20 ▼ 모자에 붙어있는 리본의 볼륨이나 주름을 조정합니다. 리본을 부풀리는 것이지만, 현재 분할 상태에서는 실루엣에 각이 지기 때문에 리본을 위아래에서 보면서 부드러운 곡선을 그리도록 분할을 추가하면서 볼륨을 만듭니다. 바느질선 부근의 주름에도 분할을 추가해 입체감을 냈습니다.

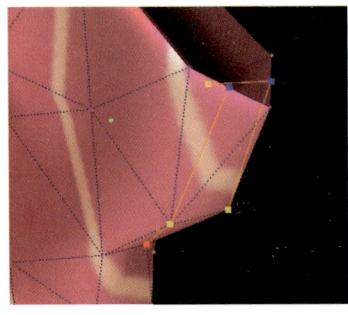 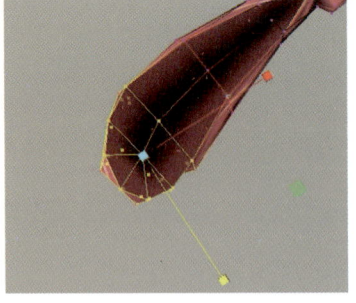 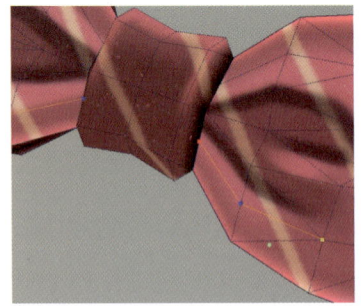

21 ▼ UV도 조금 삐쳐 나왔으므로 UV를 전개하고 깔끔하게 조정한 뒤, 일부 텍스처를 다시 그렸습니다.

  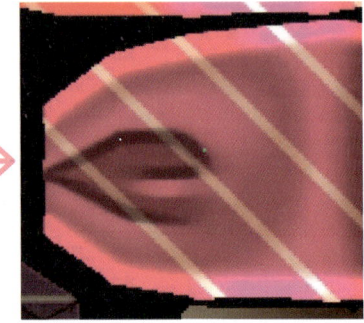

22 ▼ 다음으로 보석을 표현합니다. 메시에 스케일을 걸어 부피를 늘리고, 텍스처를 조금씩 바꿔서 그립니다. 피드백 내용에 따라 보다 반짝이는 형태로 만들고, 보석 특유의 복잡한 반사를 표현합니다.

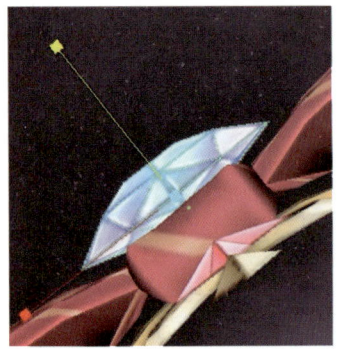  

23 ▼ 빛의 방향을 너무 많이 생각하면 명부와 암부가 치우치게 되므로, 「무작위적 느낌」과 「면」을 생각하면서 명암을 흩어지게 하는 것이 좋습니다.

24 ▶ 한 가지 작업을 추가합니다. 피드백 텍스트에는 직접 쓰여 있지 않지만, 리터치에는 붉은 색감이 추가되어 있었던 것을 반영했습니다. 파란색으로 통일된 color 레이어 안에 붉은 색을 그러데이션 도구(원형) 등을 활용해 부분적으로 추가함으로써 빨간색/파란색/보라색으로 색의 변화가 생겨 한층 보석다운 형태가 되었습니다.

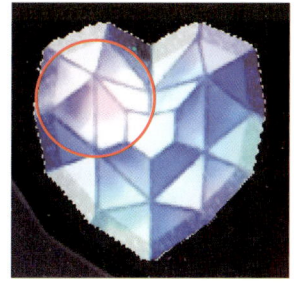 

25 ▶ 망토의 볼륨을 조정합니다. 망토의 볼륨을 늘릴 위치의 페이스를 선택하고, Lattice Deformer를 적용해 Deformer의 분할 수를 늘리고, 해당하는 Lattice 포인트를 소프트 선택한 뒤 뒤쪽으로 늘려 줍니다. 망토를 부풀림에 따라 곡면의 각진 부분들이 눈에 띄었으므로 메시의 분할 수를 늘려 조금 부드럽게 만들었습니다.

  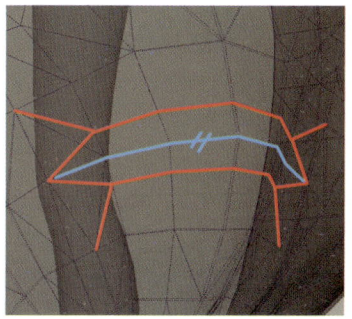

26 ▶ 마지막은 가장 어려웠던 머리카락 볼륨 조정입니다. 볼륨을 늘리려면 볼륨을 가진 메시를 추가해야만 합니다. 하지만 새로운 UV 영역을 확보하는 것이 어렵기 때문에 변경을 추가하고 싶지 않았습니다. 그래서 UV나 텍스처는 변경하지 않고 머리카락 메시 일부를 복제한 뒤 불필요한 페이스를 UV 셸에서 선택해 삭제합니다. 복제만 한 상태이므로 메시는 겹쳐져 있지만 이미지에 표시한 선택 부분이 볼륨을 늘리기 위한 부품이 됩니다.

27 ▶ 다음으로 복제한 메시에 Lattice Deformer를 적용하고, 적절한 분할 수로 설정한 뒤 머리카락 끝이 시작되는 부근의 Lattice 포인트를 소프트 선택 모드로 선택합니다. 피봇을 머리카락 시작 부분과 반대쪽 밑동으로 이동시키고, 그것을 축으로 머리카락 끝 쪽을 떠오르듯 회전시킵니다. 이후 위쪽 방향으로 조금 이동시킵니다.

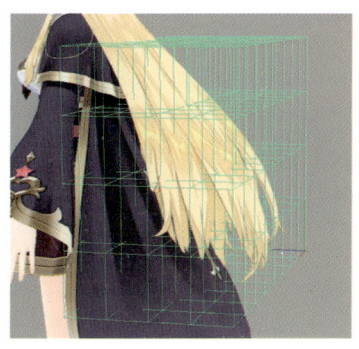 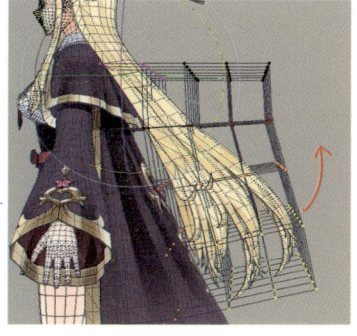 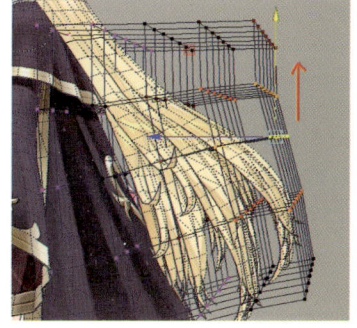

28 ▶ 뒷머리카락이 한층 풍성하게 보이는 느낌입니다. 원래 메시와 추가한 메시 사이에 조금 공간이 있으므로, 원래 메시 쪽의 버텍스를 노멀 방향으로 이동시켜 볼륨을 만듭니다.

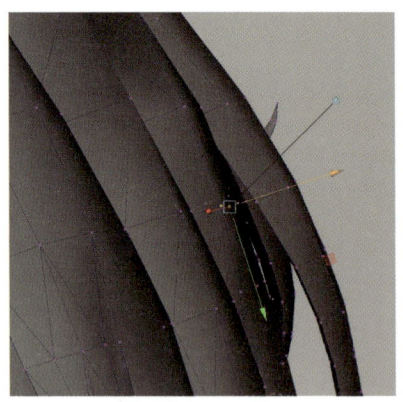

29 ▶ 현재 머리에 층이 진 느낌이 있으므로, 추가한 메시의 머리카락 묶음 일부를 잡아당기듯 페이스를 삭제합니다. 덧붙여 이 때 안쪽은 오른쪽 그림과 같이 되어 있습니다. 페이스를 삭제하면서 생긴 가로 방향의 구멍은 버텍스를 합쳐서 닫아 줍니다.

30 ▼ 다시 원래 메시를 복제해 빨간색 원으로 표시한 것처럼, 삐쳐 나온 머리카락이 되도록 페이스를 삭제해서 부품화하고, 뒷머리의 추가 부품 위쪽 위치로 이동합니다.

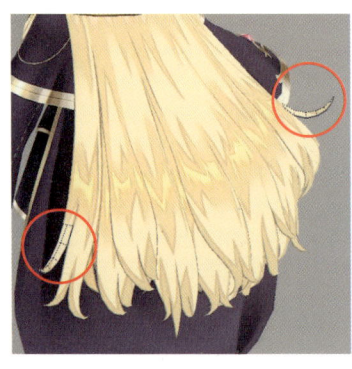
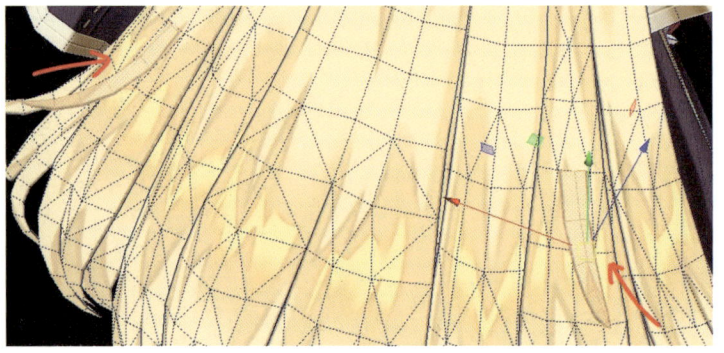

31 ▼ 접합 부분이 되는 페이스를 추출하고 분할을 추가해 버텍스에 맞춥니다. 접합 부분의 버텍스 위치를 맞추면서 우선 메시 결합, 버텍스 병합, 소프트 에지로 처리합니다.

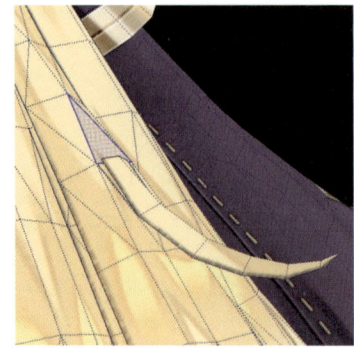
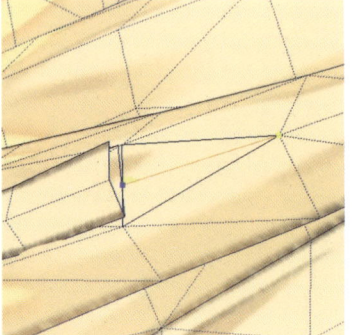

32 ▼ 메시를 여기저기 이어 붙인 상태이므로 추가한 튀어나온 머리카락 부품의 UV를 다시 전개하고, 비어 있는 페이스에 UV를 배치합니다. 텍스처도 이 부품용으로 다시 그려서 접합 부분을 깔끔하게 없애 줍니다.

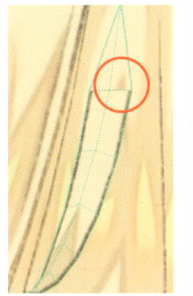 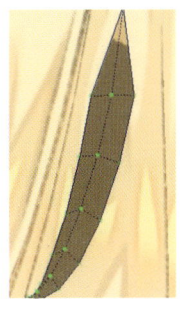  

33 ▶ 실루엣으로 봤을 때 볼륨은 늘어났지만, 현재 상태에서는 같은 형태의 머리카락이 위아래에 겹쳐 있는 것으로만 보입니다. 추가 부품 쪽 가운데 메시 일부를 추출해, 스케일 X의 값을 -1로 설정해 반전하면 추가 부품과 아래 있는 베이스 메시에서 동일한 머리카락이 배열되어 있는 느낌을 줄일 수 있습니다. 추출한 메시는 결합, 버텍스 위치 조정, 버텍스 병합을 했습니다.

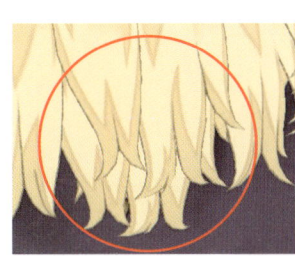 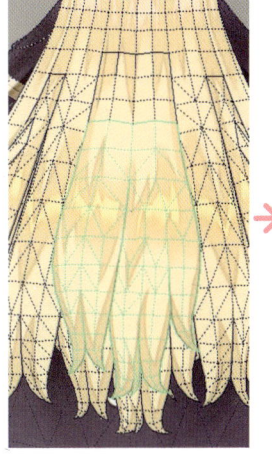 

34 ▶ 뒷머리카락의 볼륨과 실루엣 조정을 마쳤으므로 결합할 준비를 합니다. 뒷머리카락의 추가 부품 쪽은 확실하게 병합이 되어 있는지 확인하면서 소프트 에지 처리를 합니다. 원래 메시 쪽은 오른쪽 그림의 빨간색 선으로 표시한 것처럼 분할을 정리해 추가 부품과 결합 및 병합할 때 정확하지 않은 폴리곤이 되지 않게 합니다.

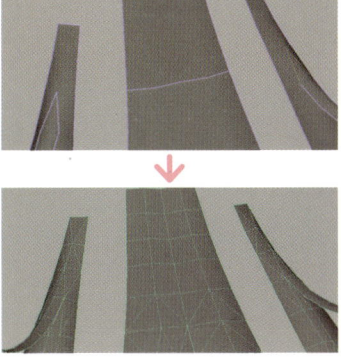 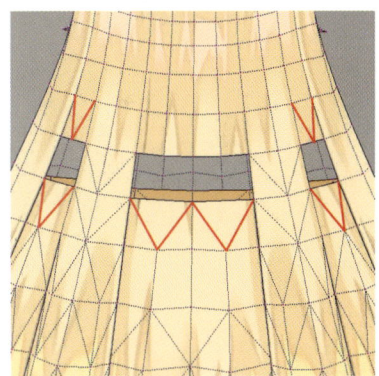

35 ▼ 별도로 만들었던 뒷머리카락의 메시를 결합하고 접합 부분의 버텍스를 병합한 뒤, 소프트 에지 처리를 넣어 뒷머리카락 조정을 마칩니다. 이것으로 NOCO 씨에게서 받은 피드백을 모두 반영했으므로 다시 감수를 의뢰합니다.

 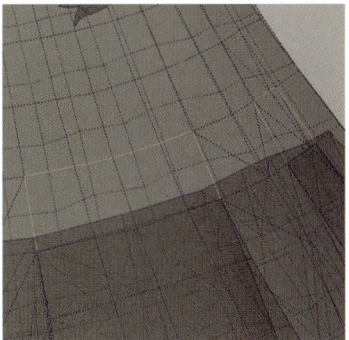 

2.7.3 　두 번째 피드백

다시 NOCO 씨에게 감수를 의뢰하고 두 번째 피드백을 받았습니다. 이번 피드백도 호평이 대부분이었으면, 한 가지 의견을 받았습니다.

▶ 코트 뒤쪽의 주름

주름이 좌우 대칭이면 주름이 아니라 모양처럼 보이니 좌우 비대칭으로 해주십시오. 움직였을 때 보다 자연스럽게 보일 것 같습니다.

※↓참고(이것보다 조금 벌어져도 괜찮습니다)

2.7.4 　두 번째 피드백 대응

1▼이 피드백도 곧바로 반영합니다. 망토 주름의 좌우 대칭 느낌을 줄이기 위한 조정이지만, 생각보다 어려웠습니다. 망토는 좌우 UV를 공유해 텍스트를 만들었기 때문에 변경할 여지가 거의 없었기 때문입니다. 그럼 어떻게 조정하면 될까요? 몇 번의 시행착오를 거친 결과 「UV 크기나 레이아웃은 변경하지 않고, 한 쪽 UV를 한정된 범위에서 늘리는」 방법을 사용했습니다. 먼저 UV를 조정할 위치를 쉽게 알 수 있게 하기 위해, 해당 범위가 셀이 되도록 UV 에지를 잘라 냅니다. 잘라낸 부분이 경계 에지가 됩니다.

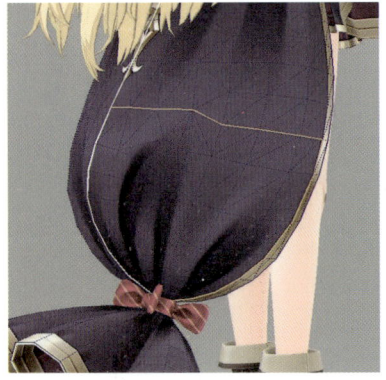
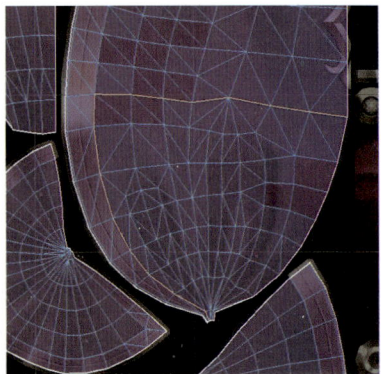

2 ▶ 경계 에지를 루프 선택하고 UV로 전환한 뒤, UV Toolkit 안에 있는 「Pin」을 적용합니다. 그러면 UV 에디터 상에서 선택한 UV 주변에 파란색 빛이 나는 표시로 바뀌면서 UV 편집의 영향을 받지 않게 됩니다.

※ 고정을 해제하고 싶을 때는 같은 UV 도구 안에 있는 「Unpin」를 적용합니다.

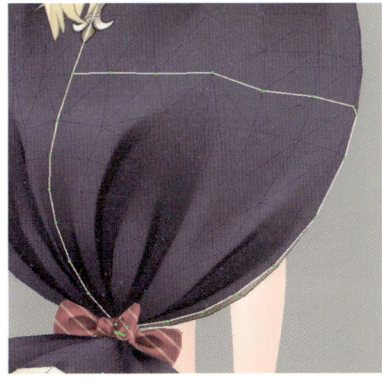 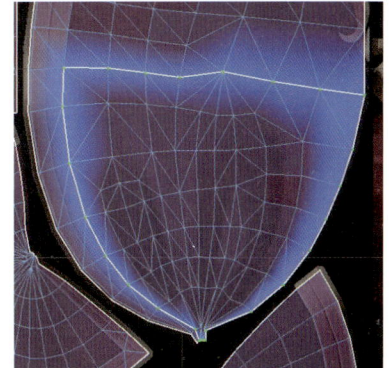

3 ▶ 오른쪽 그림과 같이 조정할 메인 UV를 선택하고 소프트 선택을 비활성화한 뒤, 소프트 선택 영향 범위를 조정합니다. 피봇 위치를 조금 위쪽으로 이동하고 스케일 도구를 사용해 V자 형태로 눌러서 찌그러뜨립니다. 그러면, 해당 위치의 주름 크기가 반대쪽 주름 보다 작게 보입니다.

 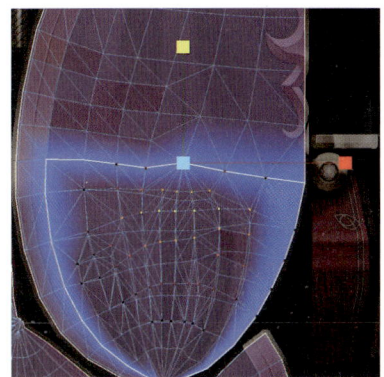

4 ▶ 붙인 텍스처를 체커로 전환한 뒤 조정한 위치를 확인해 보면, 왼쪽 그림과 같이 늘어난 상태로 되어 있습니다. 조금 더 비뚤어지지 않게 하고 싶으므로 조정한 위치가 크게 변하지 않는 정도로 UV 전개를 한 뒤, UV 위치를 조정해 서로 보완되게 합니다.

 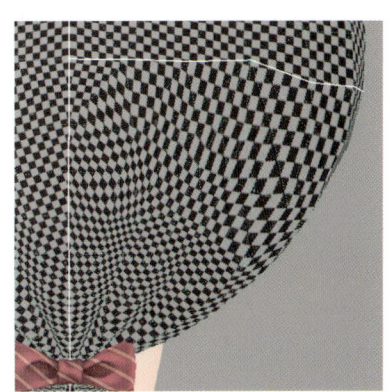

5 ▶ 체커에서 텍스처로 돌아와 위화감이 없도록 UV와 텍스처를 조정하고, 망토의 주름을 무사히 비대칭으로 만드는데 성공했습니다. 사소한 변화일 수 있지만 모양의 느낌을 줄였다고 생각합니다.

6 ▶ 피드백 대응과 별도로 사내에서 팬티의 텍스처도 조금 더 조정하는 것이 좋다는 의견이 있어, 함께 대응하기로 했습니다. 색감, 명암, 주름, 팬티의 세세한 디테일 등을 수정해 보다 설득력 있는 팬티가 되도록 조정했습니다. 아래 그림에서는 일목요연하지만 조정 전에는 색이 다소 어둡게 보였던 곳을 밝고 산뜻한 색상으로 바꿔, 보다 예쁜 형태가 되었습니다. 주름을 넣는 방법이나 바느질선, 크로치 등의 표현 추가 같은 개선을 통해 구조적으로도 설득력이 높아졌습니다.

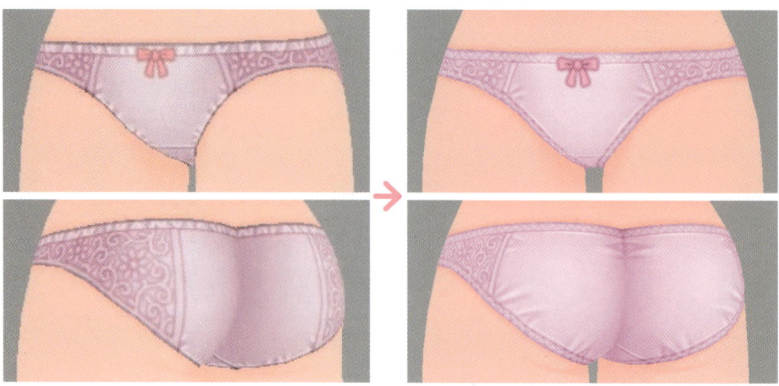

2.7.5 ▶ 모델 완성

두 번의 피드백을 반영한 뒤 다시 NOCO 씨에게 감수를 의뢰하고 무사히 모델 룩을 완성했습니다! NOCO 씨는 '세세한 부분까지 만들어 주셔서 디자인한 본인으로서는 너무 좋습니다. 정말 감사합니다.'라는 코멘트를 남겨 주었고, 모델링한 우리도 상당히 좋은 모델을 만들었다고 생각했습니다. 이것으로 모델 자체는 완성이 되었고, 오랜 시간의 모델링 단계를 마쳤습니다.

Chapter 3

리깅과 스키닝

모델을 완성했으므로 이제 모델을 움직이기 위한 리깅^{rigging}과 스키닝^{skining}을 합니다. 리깅과 스키닝을 묶어서 「캐릭터 셋업」이라 부르기도 합니다. 프로젝트에 따라 리깅 또는 리그가 의미하는 대상은 다릅니다. 스켈레톤^{skeleton}을 제어하는 컨트롤러를 리그라 부르기도 하고, 스켈레톤과 컨트롤러를 모두 포함해 리그라고 부르기도 합니다. 또한, 여러 업무를 나눠서 수행하는 프로젝트에서는 스켈레톤도 리그에 포함하기도 합니다. 또한, 프로그래머의 경우에는 Unity나 Unreal Engine을 의미하기도 합니다. 대화가 잘 진행되지 않는 느낌이 든다면 이 용어에 관해 먼저 확인하는 것이 좋습니다.

이 책에서는 스켈레톤과 컨트롤러 작업 단계를 가리켜 리그라고 부릅니다.

Chapter 3.1 프라이머리 설정

프라이머리란 '첫 번째' 또는 '기본적'이라는 의미이며, 3D 모델을 움직일 때 반드시 필요한 조인트로 구성된 구조를 가리킵니다. 이 프라이머리 설정 후에는 망토나 스커트 등 소위 펄럭이는 물건이나 프라이머리의 움직임을 보조하는 뼈를 넣은 세컨더리 셋업을 수행한 뒤, 스키닝을 하는 흐름으로 작업합니다.

3.1.1 ▶ 모델 정리

스켈레톤을 만들기에 앞서 모델을 셋업 할 수 있는 상태인지 확인하고, 씬 안을 조금 정리해야 합니다. 모델링을 완료함으로써 불필요해진 메시가 여기저기 남아있거나, 세세한 부품이 분리된 상태로 남아 있거나, 셋업하기 어려운 상태로 남아 있을 수도 있습니다. 게임 업계에서는 가능한 누가 보더라도 쉽게 다룰 수 있는 데이터로 만들어 두는 것이 불문율이므로, 항상 이런 생각을 갖고 작업하는 것이 좋습니다.

1 ▶ 텍스처를 입힌 후에 모델을 다시 보면 소프트 에지, 하드 에지 처리를 수정하는 것이 좋은 위치가 보이게 됩니다. 셋업 단계에서는 메시에 히스토리를 남기는 처리는 가능한 하고 싶지 않으므로, 시작 단계에서 수정합니다.

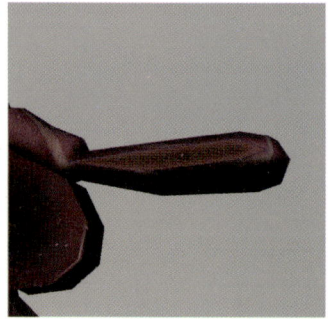

2 ▶ 망토와 망토의 리본, 벨트와 벨트의 금장식과 같이 같은 카테고리에 세세한 부품이 나뉘어진 메시 그룹은 하나의 메시로 만드는 편이 셋업 시에도 편리합니다. 이들을 선택해 결합한 뒤 오른쪽 그림과 이름도 변경합니다.

 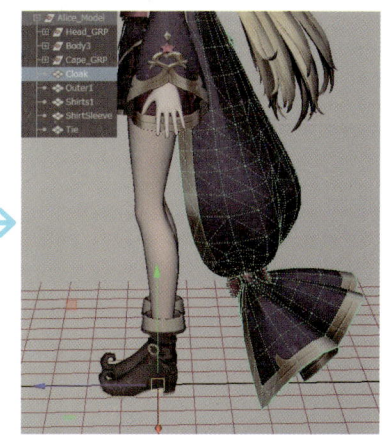

3 ▶ 단검과 칼집을 벨트와 결합해 하나의 메시로는 만들지 않지만 [트랜스폼]에 세세한 수치가 입력되어 있으면 셋업 작업 시 「이 부품의 위치가 올바른가?」라는 불안감이 생기므로 「메뉴 → Edit → Freeze Transform」에서 이동, 회전, 스케일 값을 초기값으로 되돌립니다. 피봇도 월드 공간 축 방향에서 원점 위치에 맞추어 두는 거시 쉽게 이해할 수 있으므로 [메뉴 → 수정 → 트랜스폼 리셋]으로 수정합니다.

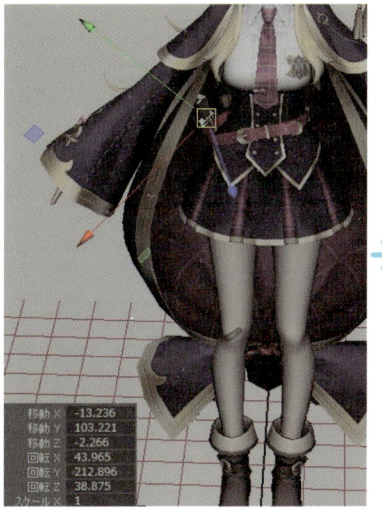 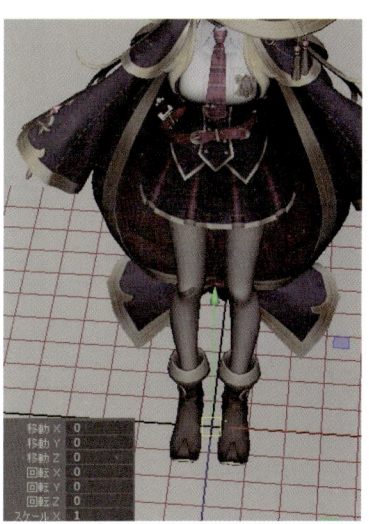

4 ▼ 아래 그림과 같이 정리했습니다. 불필요한 일부 데이터가 숨긴 상태로 남아있지만, 셋업의 스키닝 작업에서 도움이 될지 모르므로 잠시 남겨 둡니다.

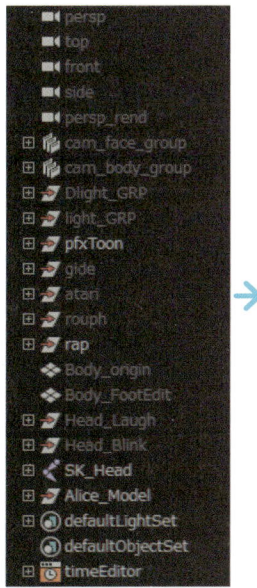  

3.1.2 ▶ 베이스 스켈레톤

모델 정리를 마쳤습니다. 프라이머리 셋업에 필요한 스켈레톤을 만듭니다. 여기에서는 Maya에서 표준으로 제공하는 HumanIK를 베이스로 만듭니다. '2.1.3 스켈레톤에 관해'(p.15)의 내용대로 HumanIK를 사용하면 VRChat에서도 쉽게 다룰 수 있는 Unity의 Humanoid에 준거한 구조를 만들 수 있기 때문입니다. 그럼 베이스 스켈레톤을 만들어 봅시다!

1 ▶ Maya에서 화면 오른쪽 위에 있는 HumanIK 아이콘을 활성화고 [HumanIK → Create → Create Skeleton]을 클릭합니다. 그러면 씬 중앙에 사람 형태의 스켈레톤이 만들어집니다.

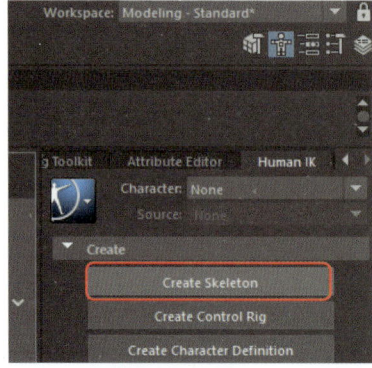
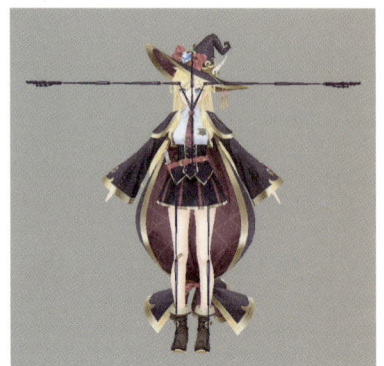

2 ▶ 모델과 스켈레톤의 위치가 어긋나 있으므로 [캐릭터 스케일] 값을 바꿔 비슷한 크기가 되도록 조정합니다.

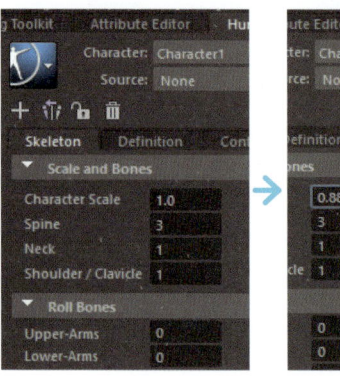

3 ▶ 조인트의 이름을 변경합니다. Hips를 선택한 뒤 [메뉴 → Select → Hierarchy]에서 Hips 아래를 선택하고 [Windows → General Editors → Script Editor]의 Python 탭에서 실행해 이름을 변경합니다.

※ 이 책에서 소개한 스크립트는 샘플 데이터로 제공합니다. 해당 데이터를 확인하십시오.

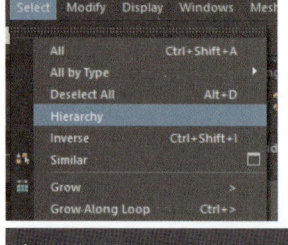
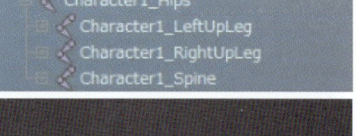

```python
import pymel.core as pm
for joint in pm.selected():
    joint.rename(joint.name().replace('Character1_',''))
```

4 ▼ 위 pymel에서 수행하는 작업을 주석(빨간색)으로 설명합니다.

```python
# pymel 명령어에 접근하기 위해 Python 탭에서는 먼저 다음 명령어를 입력해야 합니다.
import pymel.core as pm
# for문은 같은 처리를 반복해서 수행할 때 사용합니다.
# 「pm.selected()」 현재 선택되어 있는 것을 「joint」에 넣고, 그 숫자만큼 for문을 반복합니다.
for joint in pm.selected():
    # 「.rename」 이름 변경 명령어 「joint.name().rename」 joint에 넣은 문자열에서 「'Character1_'」을 찾아 「''」로 변경합니다(즉, 「Charcter1_」 문자열이 사라집니다).
    joint.rename(joint.name().replace('Character1_',''))
```

5 ▶ Hips 아래의 요소들의 이름이 변경된 것을 확인할 수 있습니다.

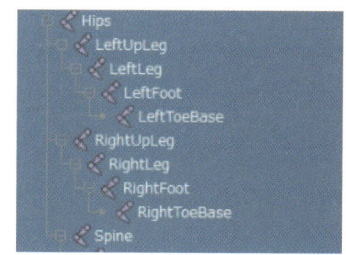

3.1.3 ▶ 조인트 조정과 만들기

여기에서는 다음 5가지 관점에서 프라이머리를 셋업합니다.

- 조인트를 만들 때 수치에서 소수점 이하 3자리에서 버린다.
- 웨이트의 인플루언스 수는 4이하로 설정한다.
- 웨이트 값은 소수점 이하 3자리에서 버린다.
- 미러 이외의 조인트의 자녀는 특별한 경우를 제외하고 X축을 향한다.
- 스키닝 된 조인트를 이동할 때는 이동 후 바인드 포즈를 업데이트한다.

1 ▶ 다리 밑동 부분의 뼈의 위치를 조정합니다. 조인트를 조금 내리고, 조금 안쪽 위치인 대퇴근 부근에 조인트가 오게 합니다.

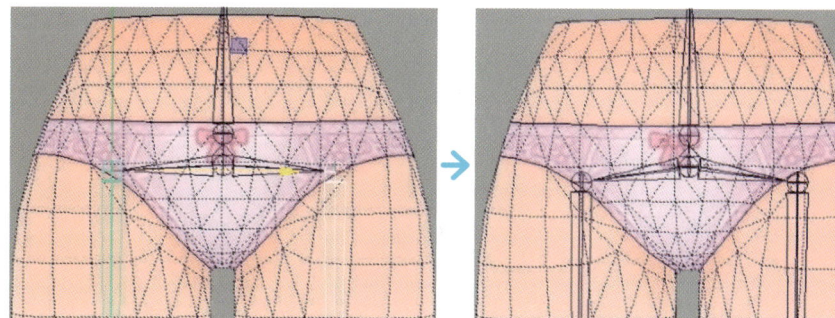

2 ▶ 무릎 뼈의 위치는 앞쪽과 옆쪽에서 봤을 때 가운데 조인트가 오게 합니다.

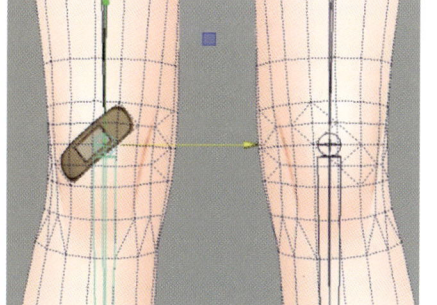 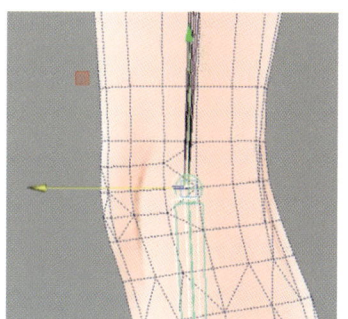

3 ▶ 발목 뼈는 뒤쪽 방향으로 내려서 복사뼈 근처에 오게 배치합니다.

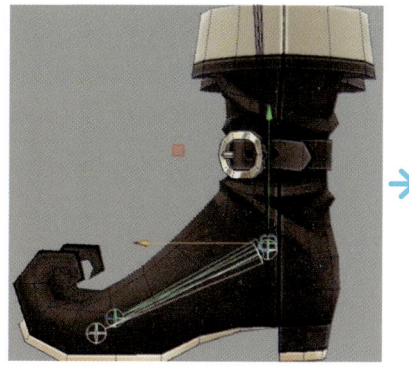 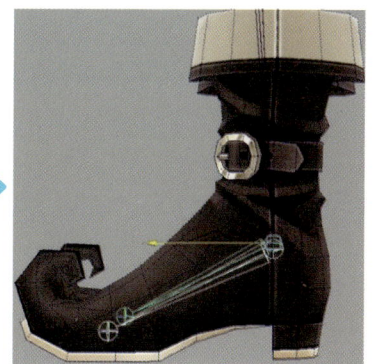

4 ▶ 발끝 뼈의 위치를 조정합니다. 부츠를 신고 있기 때문에 잘 보이지 않지만, 관절 부근의 에지에 조인트가 오게 배치합니다.

5 ▶ 척추의 경우 Spine은 팬티 라인 조금 위의 벨트 부근, Spine1은 배꼽 조금 위의 부분, Spine2는 가슴 조금 아래 명치 부근으로 조정했습니다. Maya의 키보드 단축키 「D」키를 누르면서 움직이면 자녀 뼈가 어긋나지 않으므로 쉽게 조정할 수 있습니다.

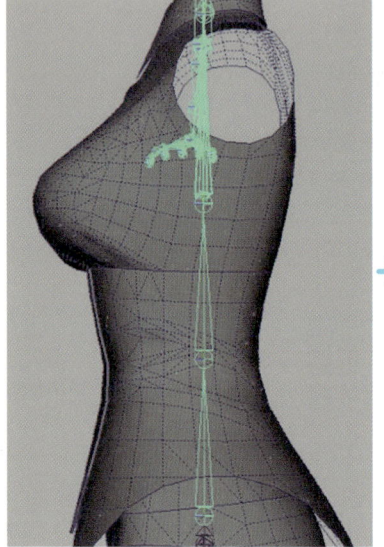 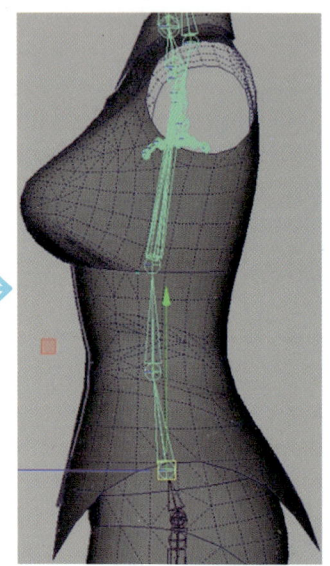

6 ▶ 어깨 뼈는 쇄골의 위치를 생각하면서 아래쪽으로 내리고, 다음으로 쇄골과 척추의 중심을 생각하면서 뒤쪽 방향으로 내립니다.

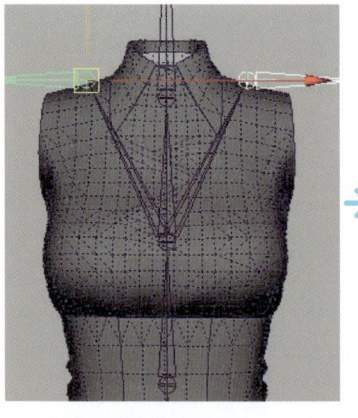

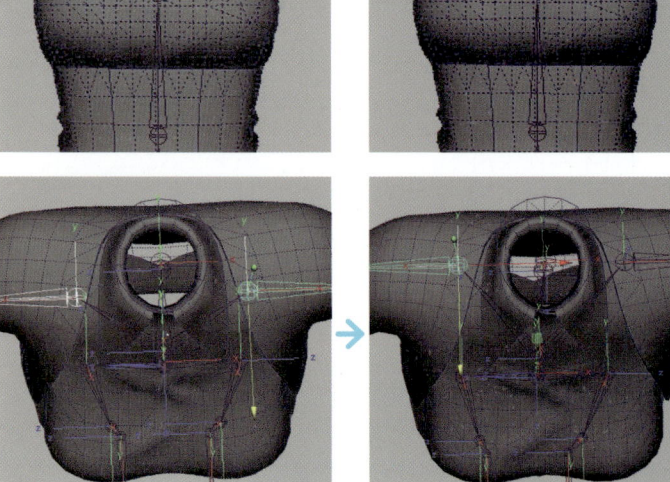

7 ▼ 머리의 조인트는 머리와 목의 경계로 이동하고, 목의 조인트도 높이를 조정합니다.

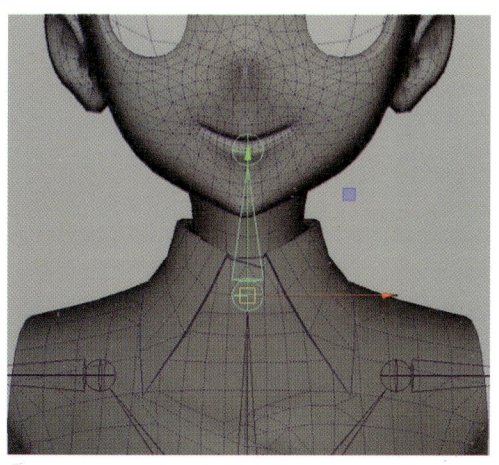 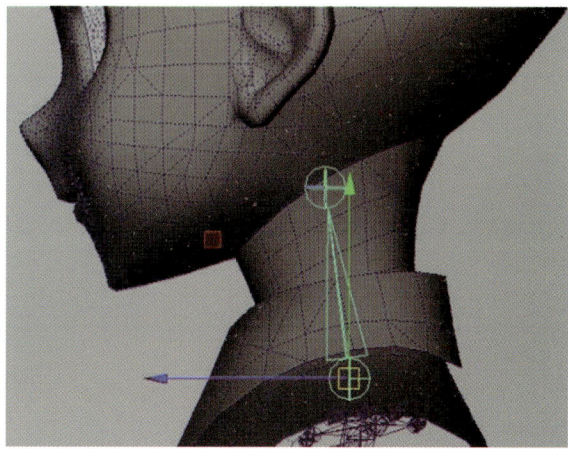

8 ▼ 어깨에서 팔에 이르는 뼈의 위치를 조정합니다. 위팔의 조인트는 어깨의 조인트를 회전시키면서 위팔 밑동의 중앙에 배치합니다. 아래팔의 조인트는 위팔의 조인트를 회전시키면서 팔꿈치가 구부려지는 위치의 가운데에 배치합니다. 손의 조인트는 손목 가운데 배치했습니다. 필 전체를 옆에서 봤을 때 팔꿈치가 팔이 살짝 구부러진 상태입니다.

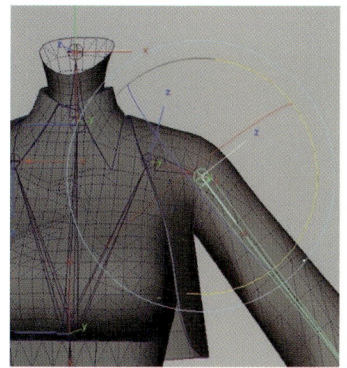 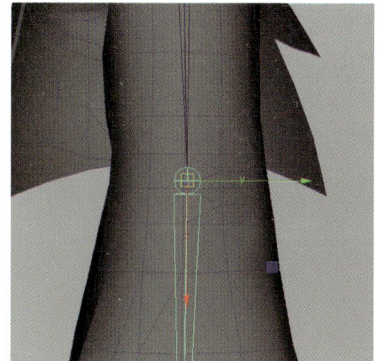 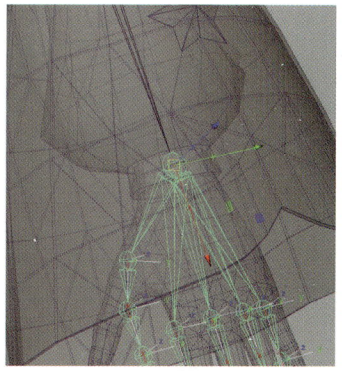

9 ▼ 손가락 뼈는 손가락 중심에 오도록 각 관절에 조인트를 배치합니다. 손가락 조인트들은 가까이 있어 잘 보이지 않으므로 조인트 반지름을 0.5로 설정했습니다.

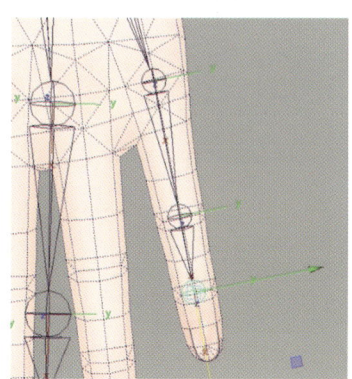 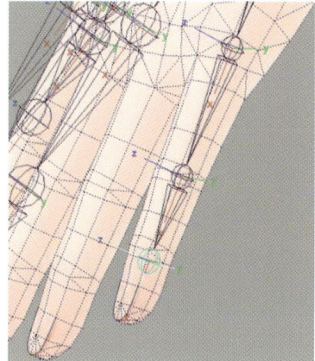 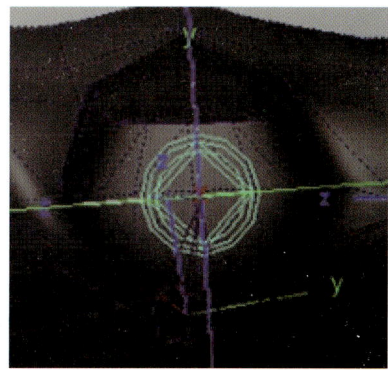

10 ▶ 여기부터는 조인트의 방향을 설정합니다. 조인트의 방향 설정은 중요한 작업입니다. 설정 여부에 따라 이후 컨트롤러 만들기 작업이나 애니메이터 조작 난이도의 차이가 크게 발생합니다. 여기에서는 예외를 제외하고 X축을 자녀 조인트 방향으로 하고, 잘 움직이는 축을 Z축으로 움직이도록 설정했습니다. 먼저 [Rigging 메뉴 → Skeleton → Orient Joint]를 클릭하고 옵션 윈도우를 엽니다. 계속에서 계층 선택에서 전체를 선택한 뒤, [Toggle Local Axex Visibility]을 선택해 축이 어디를 향하는지 확인할 수 있게 합니다.

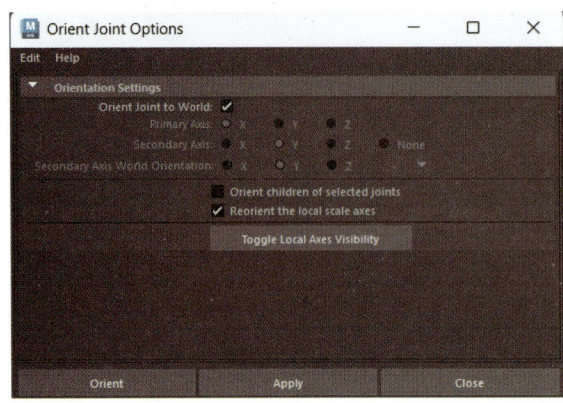 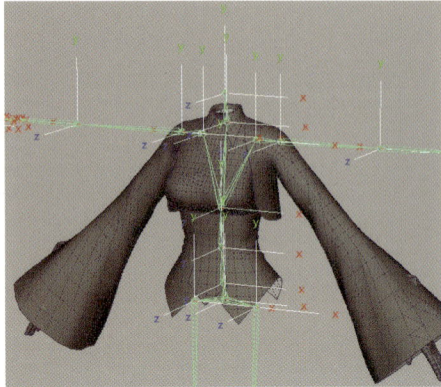

11 ▶ 가장 먼저 조인트 전체의 방향을 설정합니다. Hips 조인트를 선택한 상태에서 조인트 방향 설정 옵션을 아래 그림처럼 설정한 뒤 [적용]을 클릭합니다.

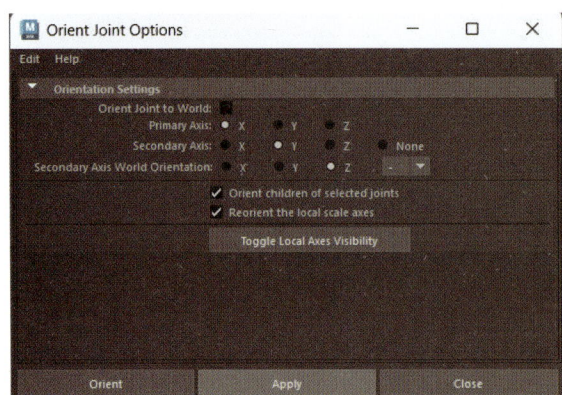 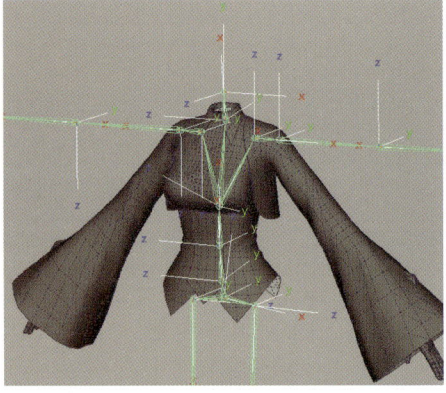

12 ▶ 다음으로 가랑이 방향을 설정합니다. 가랑이, 손목, 가슴 등 자녀가 분기되어 있는 조인트의 경우, 주축이 어긋나는 경우가 있습니다. 주축은 최초 자녀가 만들어진 방향을 향하게 되며, 계층 순서를 변경하면 원하는 방향으로 움직일 수 있습니다. 또한 자녀 뼈에 대해 [Edit → Unparent]를 한 뒤 수동으로 회전 축을 맞추고, 해제한 뼈에 [Edit → Parent]를 적용하면 허리 방향으로 축을 회전할 수 있습니다. 수동으로 방향을 맞추는 순서에 관해서는 이후 「발끝 방향 설정」절에서 설명합니다.

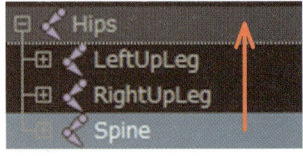

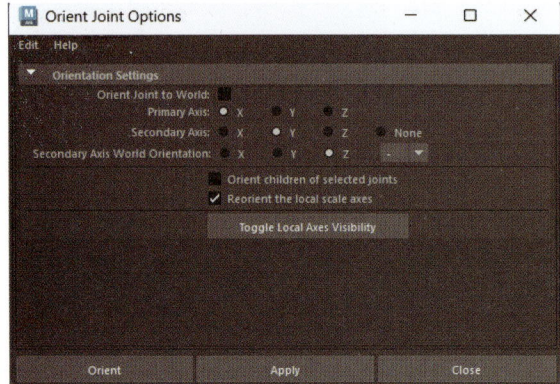 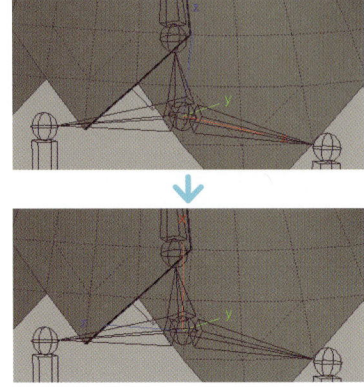

13 ▼ 계속해서 겨드랑이 방향을 설정합니다. 겨드랑이나 팔꿈치는 기본적으로 1축만 구부러지는 관절이므로 1축으로 조작할 수 있도록 방향을 설정합니다.

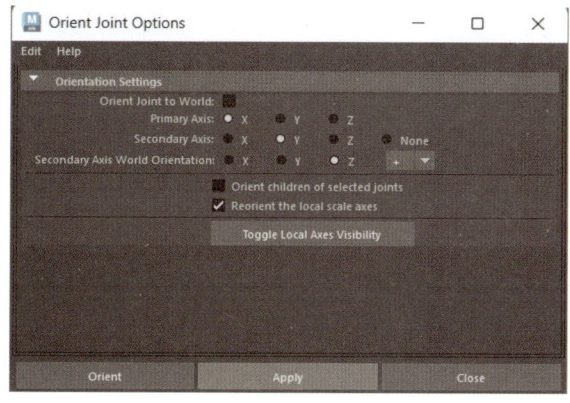
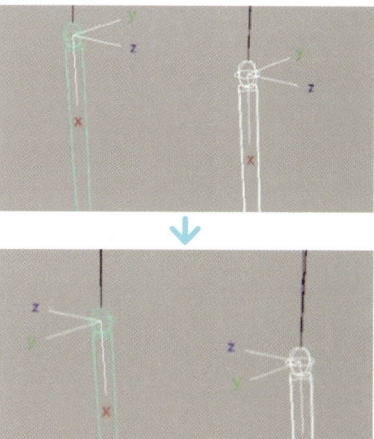

14 ▼ 발목 방향도 자녀가 X축으로 향하도록 설정합니다.

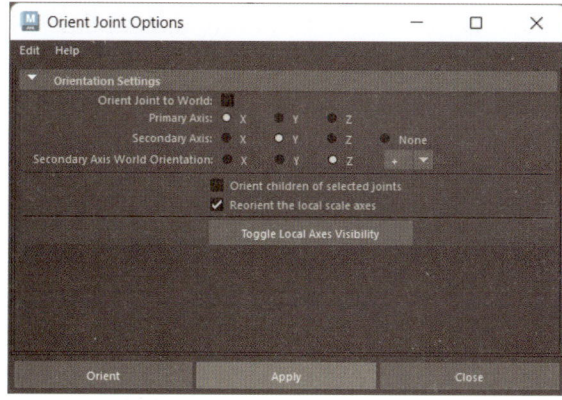
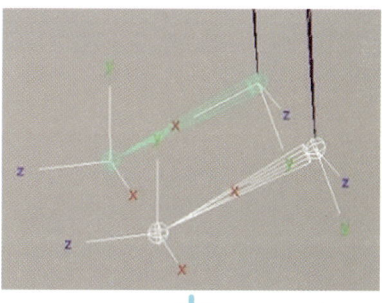
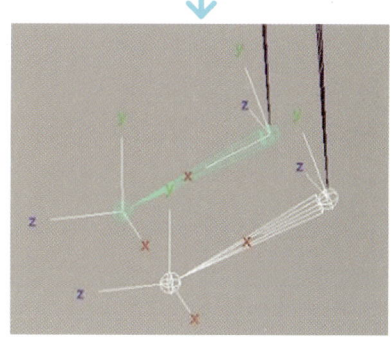

15 ▼ 발끝 방향 설정을 조정합니다. 발끝의 조인트는 방향 설정이 원활하지 않아 수동으로 회전시켜 조정했습니다.

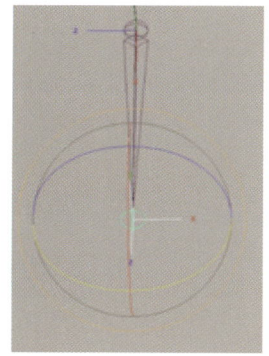
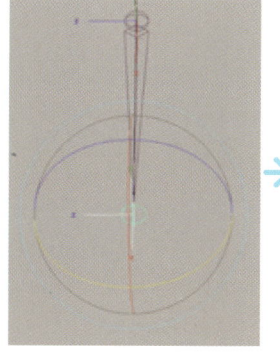
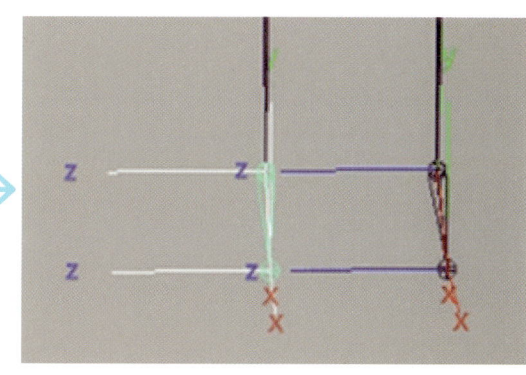

16 ▶ 먼저 왼쪽 발끝의 조인트 방향을 설정합니다. [Rotate]와 [Joint Orient]의 값을 모두 0으로 설정하고, X축이 지면과 평행이 되도록 한 뒤 조인트 방향에 값을 넣으면서 조정합니다.

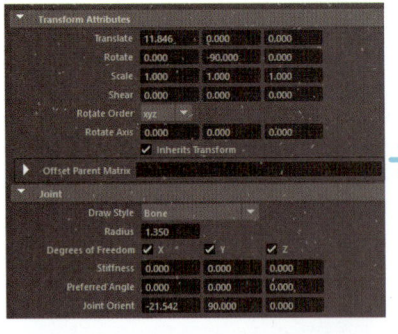 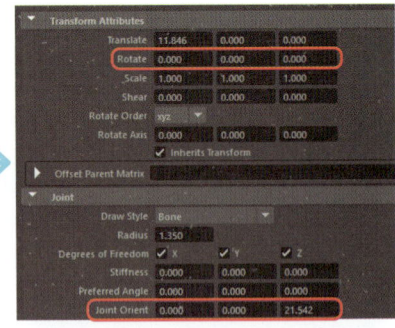

17 ▶ 계속해서 오른쪽 발끝의 조인트 방향도 값을 넣으면서 조정합니다. 조인트 방향을 값 입력이 아니라 회전으로 조정하고 싶을 때는 한 차례 [Rotate]와 [Joint Orient]을 0으로 설정하고, Z축으로 회전한 뒤 [Edit → Freeze Transform]를 선택하면 같은 상태가 됩니다.

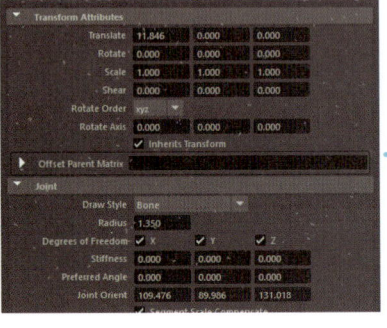 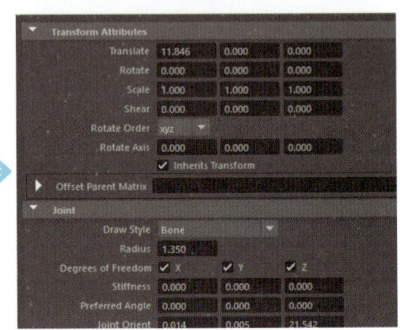

18 ▶ 가슴 방향 설정은 [Orient Joint to World] 항목에 체크해 부모 축과 동일하게 했습니다. 가랑이와 마찬가지로 수동으로 조정할 수도 있습니다.

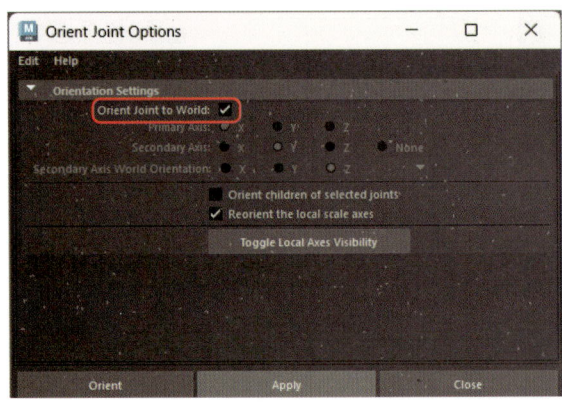 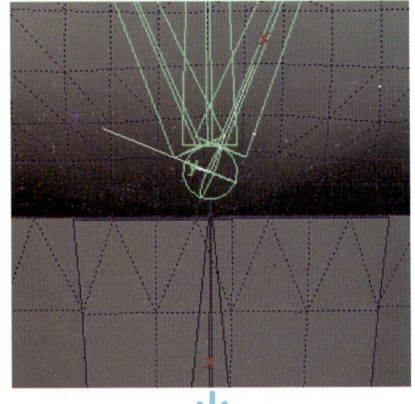

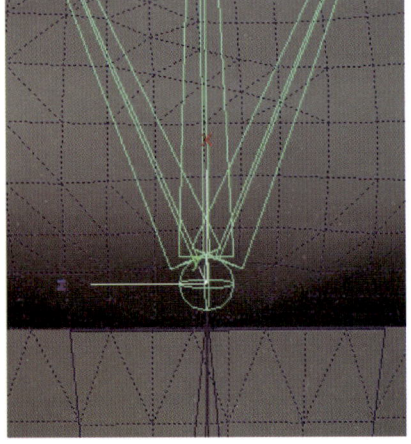

19 ▶ 손 방향 설정은 손 방향을 각 관절과 같은 방향으로 정리했습니다.

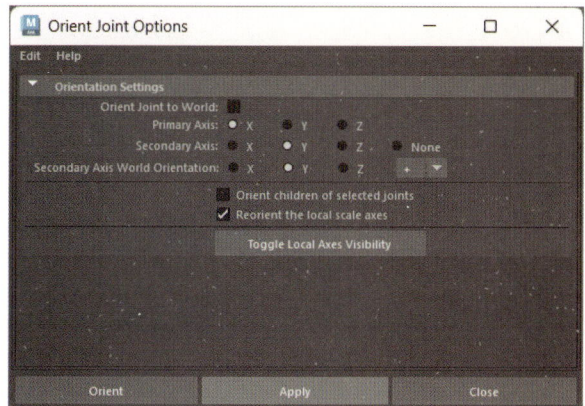
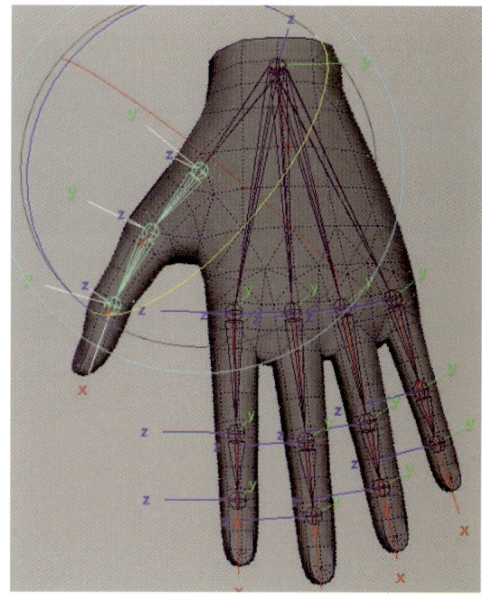

3.1.4 ▶ 팔꿈치 메시 위치 조정

1 ▶ 조인트 위치를 대략 결정한 단계에서, 이번에는 메시 쪽 관절 위치가 부자연스럽게 보이는 위치를 발견했습니다. 아우터 소매의 위치가 조금 아래로 내려가 있으므로 이동과 스케일 등을 사용해 수정했습니다.

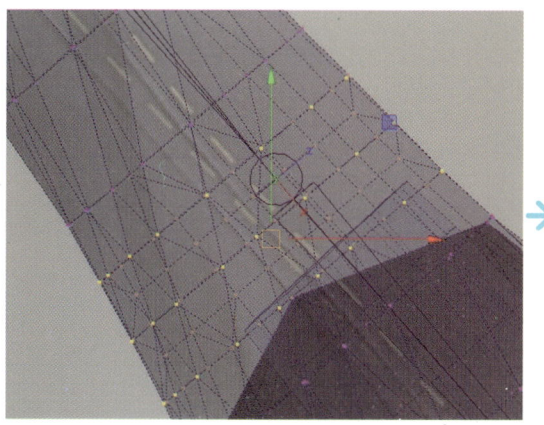
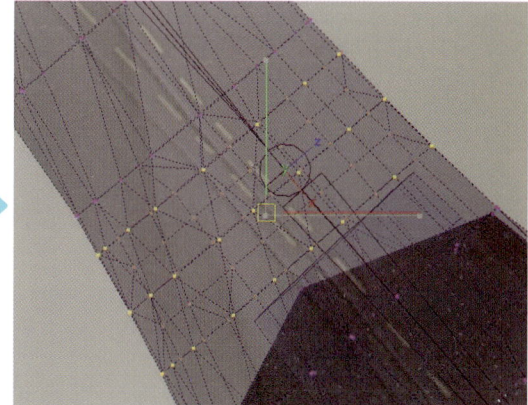

3.1.5 ▶ 조인트 미러링

RightShoulder 아래를 우선 삭제하고 LeftShoulder를 선택한 뒤 [Skeleton → Mirror Joints]를 선택해 창을 엽니다.

- Mirror across: 체크한 평면을 축으로 반대쪽에 선택한 조인트를 계층별로 미러링해서 복사합니다. 여기에서는 [YZ]로 합니다.
- Mirror function: [Behavior]는 미러링해서 복사했을 때 복사 소스와 반대 축으로 미러링, [Orientation]은 미러링해서 복사했을 때 복사 소스와 같은 방향 축으로 미러링 합니다. 여기에서는 [동작]으로 합니다.
- Replacement names for duplicated joints: [Search for]에 「Left」를 입력합니다. [Replace with]은 「Right」로 치환하도록 입력합니다.

1️⃣ 이 설정으로 [Mirror]를 실행합니다. LeftUpLeg에도 미러를 적용합니다.

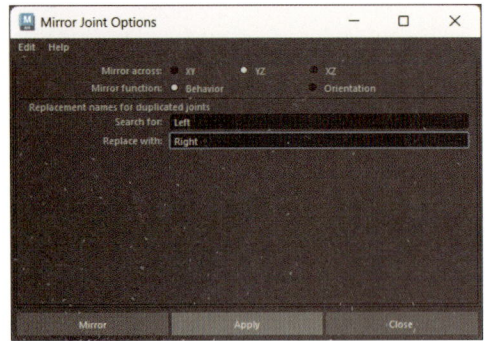
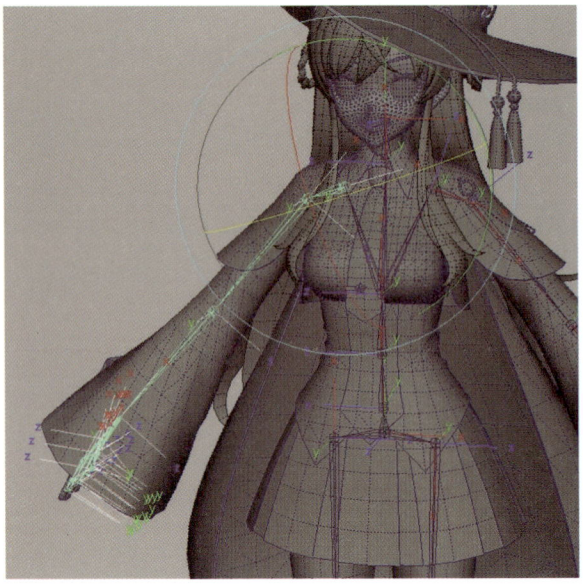

MEMO | Mirror functions를 [Behavior]으로 미러링 하는 경우

미러 대상을 [Behavior]으로 미러링 하면 좌우의 같은 조인트를 동시에 움직였을 때 대칭으로 동작합니다. [Orientation]으로 미러링 하면 월드 공간 축에 대해 같은 방향을 향하도록 동작합니다.

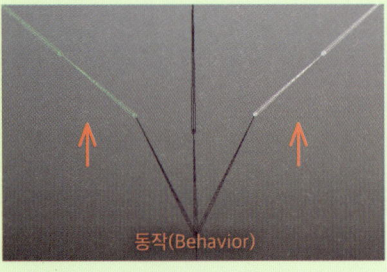
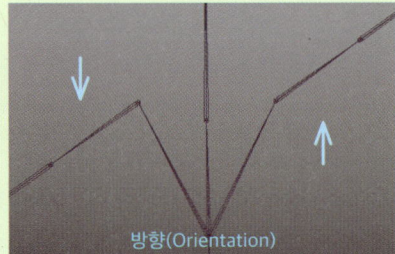

3.1.6 가슴, 눈동자, 코, 턱 조인트 만들기

1️⃣ 가슴은 [Rigging 메뉴 → Skeleton → Create Joints]로 조인트를 만들고, 위와 아래에서 똑바로 그려진 선을 상상하면서 해당 선이 교차하는 위치로 조정합니다. 위치를 조정했다면 이름을 변경하고 Spine2의 자녀가 되도록 부모화 합니다. 왼쪽과 오른쪽도 동일하게 조정합니다.

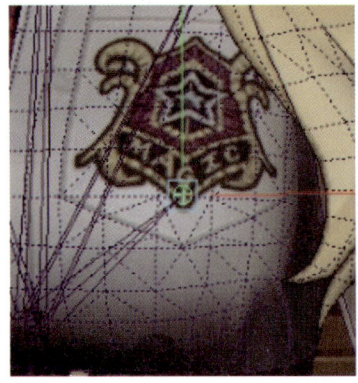
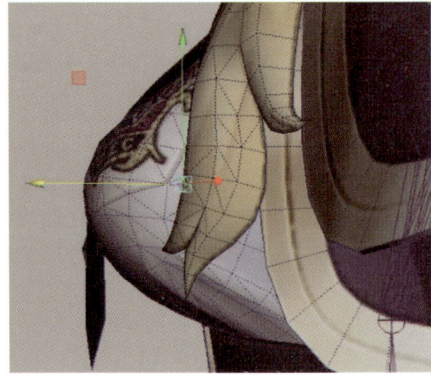
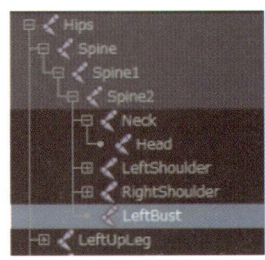

2 ▶ 눈동자, 코, 턱의 조인트를 만듭니다. Head의 자녀가 되도록 「LeftEye」, 「Nose」, 「LowJaw」 조인트를 각각 추가합니다. LeftEye는 눈동자 가운데, Nose는 코끝, LowJaw는 아래턱뼈 밑동 부근에 배치합니다. LeftEye와 Nose의 방향은 월드 공간 축 방향으로 기울이면서 Z축을 얼굴 기울기에 맞춥니다. LowJaw는 X축이 턱끝, Z축이 턱의 회전축, Y축이 위를 향하게 했습니다.

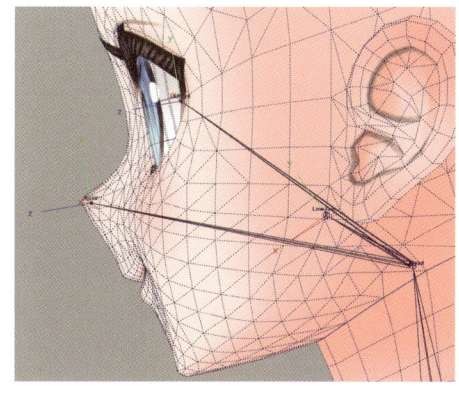
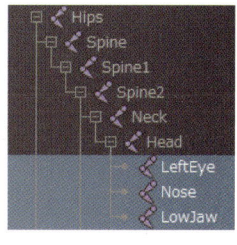

3 ▶ LeftEye의 자녀에 「LeftPupil」(가운데 부분), 「UpEyelashLeft」1~5(눈꺼풀 윗부분), 「LowEyelashLeft」1~5(눈꺼풀 아랫부분)을 추가합니다. 각각 눈꺼풀의 형태에 맞춰 같은 간격으로 부채 형태가 되도록 배치합니다. 세로 방향은 Nose와 마찬가지로 월드 공간 축 방향 + 얼굴의 기울기에 맞춰 모두 동일하게 설정합니다.

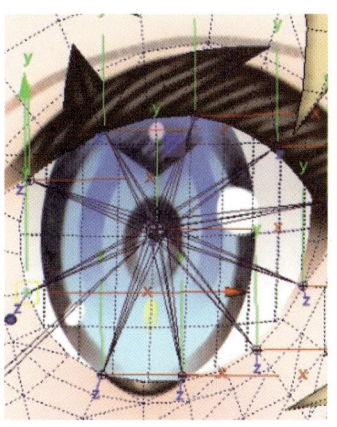
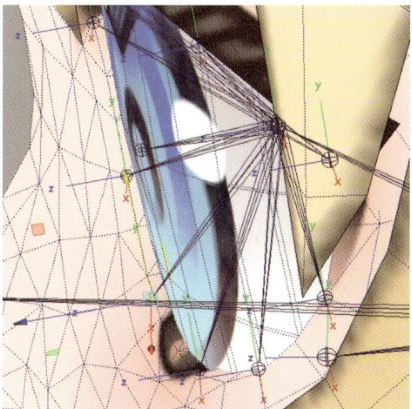

3.1.7 ▶ 입 메시 조정

1 ▶ 현재 이, 입 안, 혀의 메시는 수평으로 배치되어 있으므로, 입 안의 조인트를 배치하기 전에 입 안의 조인트를 조금 조정합니다. 얼굴의 기울기에 맞춰 이, 입 안, 혀를 회전시켜 각도를 수정하면 입 안쪽의 메시와 입술 쪽 버텍스 위치가 어긋납니다. 입 안쪽 메시의 버텍스를 선택한 뒤 입술 쪽으로 스냅 이동(키보드 단축키: V키+이동)합니다.

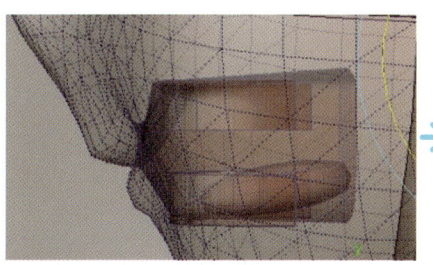
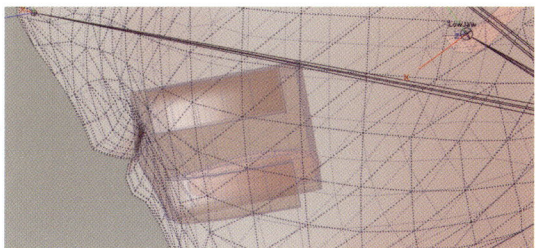

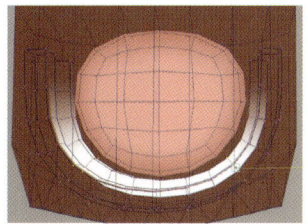

3.1.8 ▶ 입 안, 입술, 볼, 눈썹 조인트 만들기

1 ▶ 입 안의 아랫부분에는 LowJaw의 자녀가 되도록 「LowTeeth」, 「TongueBack」, 「LowInMouthFront」, 「LowInMouthBack」, 「Chin」 조인트를 추가합니다. 다시 TongueBack의 자녀가 되도록 「TongueFront」 조인트를 추가합니다. 오른쪽 그림과 같이 LowTeeth는 이의 밑동,

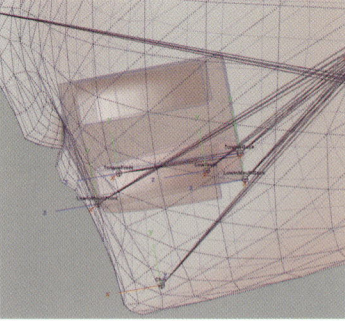
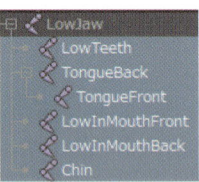
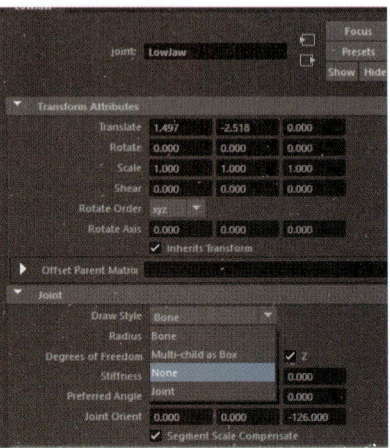

TongueBack은 혀의 밑동, TongueFront는 혀 끝, LowInMouthFront는 입 안의 아랫부분 끝, LowInMouthBack은 입 안 아랫부분의 밑동, Chin은 턱 끝에 배치합니다. 모두 얼굴 중심에서 수직으로 배치할 것이므로 이동축은 YZ축만 설정하고, Translate X축은 0으로 설정합니다. 만든 본으로 인해 입 주변이 잘 보이지 않으므로 LowJaw 본을 선택하고 [Attribute Editor] → [Joint] → [Draw Style]을 「없음」으로 설정해 둡니다.

2 ▶ 입 안의 위쪽 부분에는 Head의 자녀로 「UpTeeth」, 「UpInMouthFront」, 「UpInMouthBack」 조인트를 추가합니다. UpTeeth는 윗니의 밑동, UpInMouthFront는 입 안 윗부분의 끝, UpInMouthBack은 입 안 아랫부분의 밑동에 배치합니다.

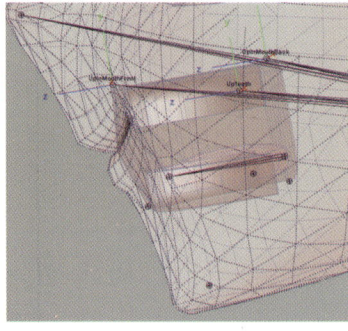
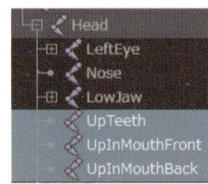
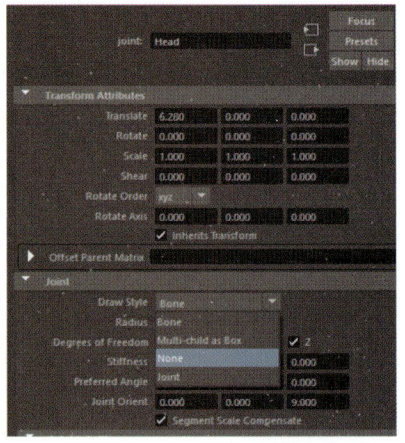

3 ▶ 입술의 조인트를 만듭니다. Head의 자녀로 「UpLip」, 「UpLipLeft」1~3 조인트를 추가합니다. LowJaw의 자녀로 「LowLip」, 「LowLipLeft」1~3 조인트를 추가합니다. 오른쪽 그림과 같이 입술을 따라 같은 간격으로 배치하고 방향은 Nose와 동일하게 설정합니다.

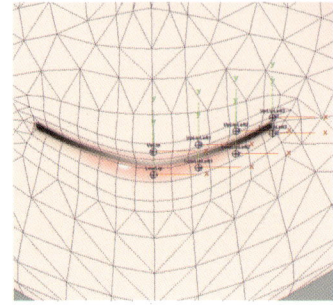
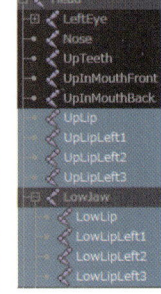

4 ▶ 볼의 조인트를 만듭니다. Head의 자녀로 「CheekLeft」 조인트를 추가한 뒤 왼쪽 볼 부근으로 이동합니다. 방향은 월드 공간 축이 되게 합니다.

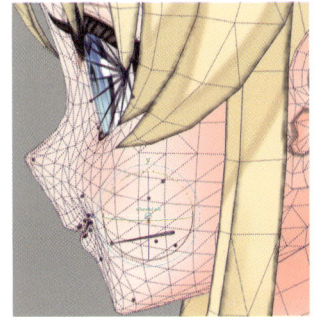
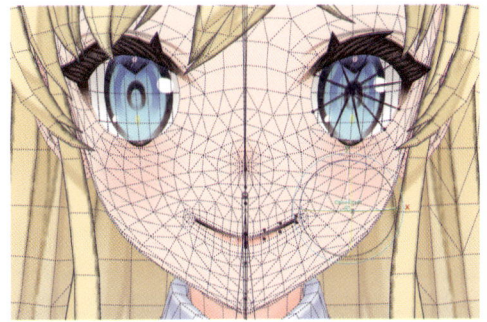

5 ▶ 눈썹의 조인트를 만듭니다. Head의 자녀로 「EyebrowLeft」 조인트를 추가하고, EyebrowLeft의 자녀로 「EyebrowLeft」1~3을 추가합니다. EyebrowLeft는 눈썹 중심에 스냅해서 안쪽을 향해 조금 안쪽으로, EyebrowLeft1~3은 눈썹 시작, 눈썹 가운데, 눈썹 끝 부분에 배치합니다. 방향은 모두 월드 공간 축이 되게 조정합니다.

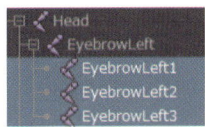
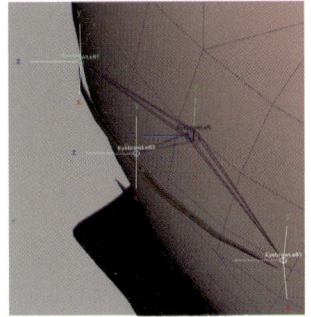

3.1.9 ▶ 얼굴의 조인트 미러링

1 ▶ 눈썹, 눈동자, 볼, 윗입술, 아랫입술의 조인트를 미러링 합니다. 「3.1.5 조인트 미러링」(p.267) 에서도 설명했지만 여기에서는 복사 소스와 같은 축으로 만들 것이므로, [Mirror functions]을 [Orientation] 으로 미러링 했습니다. 오른쪽 그림에서 선택(파란색 부분)되어 있는 조인트를 각각 미러링합니다.

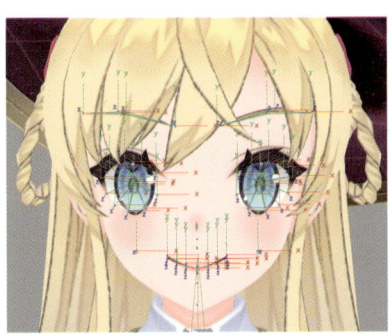
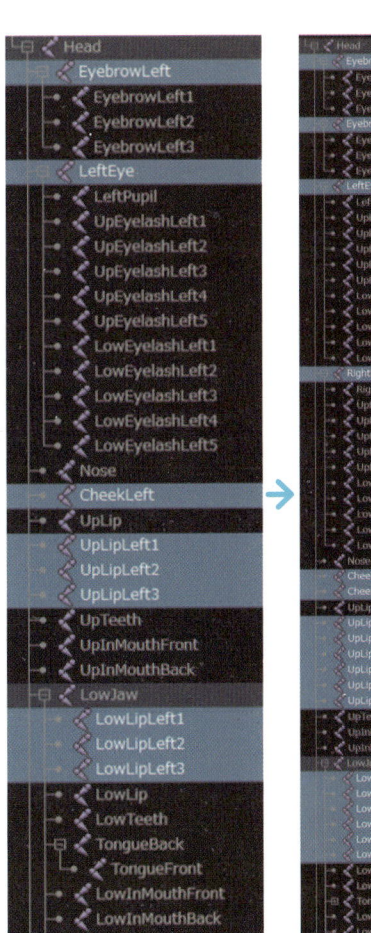
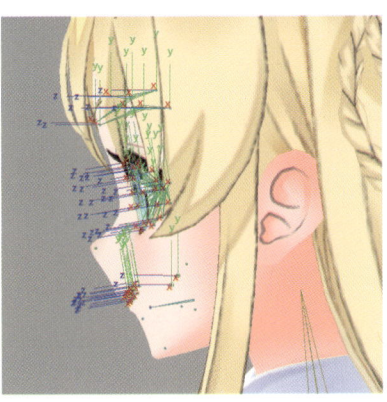

3.1.10 ▶ 눈동자의 조인트와 텍스처 따라가기

1 ▶「메뉴 → Windows → Node Editor」로 노드 에디터를 엽니다. 여기에서는 텍스처를 할당했을 때 자동으로 만들어지는「place2dTexture」노드와 수동으로 만드는「multDoubleLinear」노드를 사용해 조인트로 눈동자를 움직입니다.「place2dTexture」는 UV 이동, 회전, 반복 처리 등을 할 수 있고「multDoubleLinear」는 입력 1과 입력 2의 값을 곱해서 결과를 출력할 수 있습니다. 노드 에디터에서 Tab키를 누른 뒤 만들 노드명을 입력하고 Enter키를 눌러 노드를 수동으로 만들 수 있습니다.

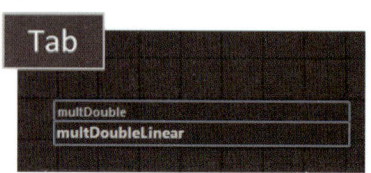

2 이제 빠르게 이 노드들을 사용해 움직임을 따라가게 만듭니다.「multDoubleLinear」노드를 2개 만들고, 각각 다음과 같이 연결합니다.

- 「눈동자의 조인트.Translate X」→「multDoubleLinear1.Input 1」→「multDoubleLinear1.Ouput」→「place2dTexture.Offset U」
- 「눈동자의 조인트.Translate Y」→「multDoubleLinear2.Input 1」→「multDoubleLinear2.출력」→「place2dTexture.Offset V」

3 ▶ 다음으로 앞에서 만든「multDoubleLinear」의 [Input 2]에 숫자 값을 입력합니다(Attribute Editor 사용). Offset U, Offset V를 설정해 텍스처의 위치를 어긋나게 할 수 있습니다. 텍스처 축의 값은 매핑의 크기에 따라 다르므로, 조인트 이동 축의 값을 맞추기 위해「multDoubleLinear」의 [Input 1]에 [Input 2]의 - 값을 곱해 이동 폭과 텍스처의 맞춥니다. 여기에서는 X축에서 U축으로 연결한 쪽의 [Input 2]를 (-0.2), Y축에서 V축으로 연결한 쪽의 [Input 2]를 (-0.13)으로 합니다.

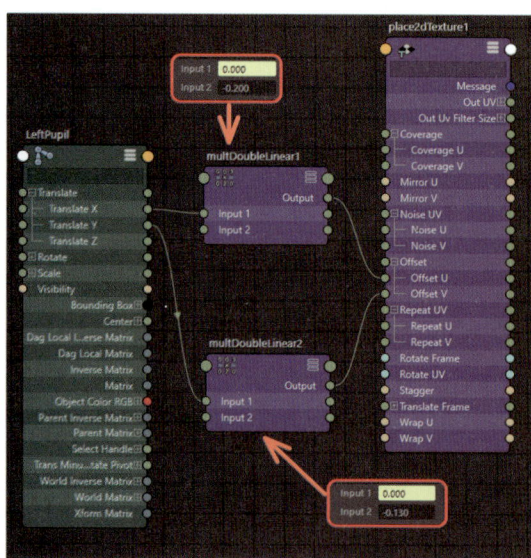

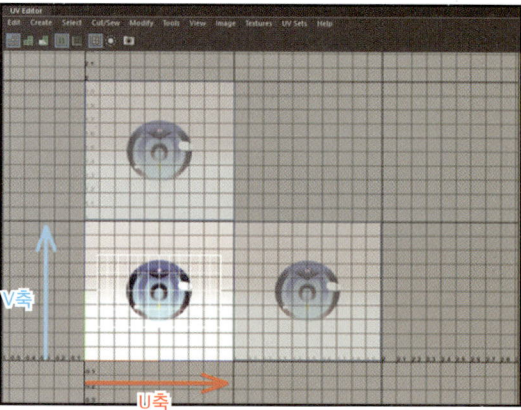

3.1.11 ▶ 눈썹 바인드 테스트

1 ▼ 얼굴 주변의 뼈의 위치가 올바른 지, 분할 수는 부족하지 않은 지 체크합니다. 눈썹의 분할이 다소 이상했기 때문에 바인드 테스트를 수행합니다. 눈썹의 메시와 눈썹의 조인트를 선택하고 [Rigging 메뉴 → Skin → Bind Skins]를 합니다. 다음으로 눈썹을 선택한 뒤 [Skin → Paint Skin Weights]로 스키닝을 조정합니다. EyebrowLeft1부터 EyebrowLeft2, EyebrowLeft2부터 EyebrowLeft3을 아무리 깔끔하게 그려도 왼쪽 그림과 같이 각이 생겨 Multi-Cut Tool을 사용해 눈썹 분할 수를 늘렸습니다.

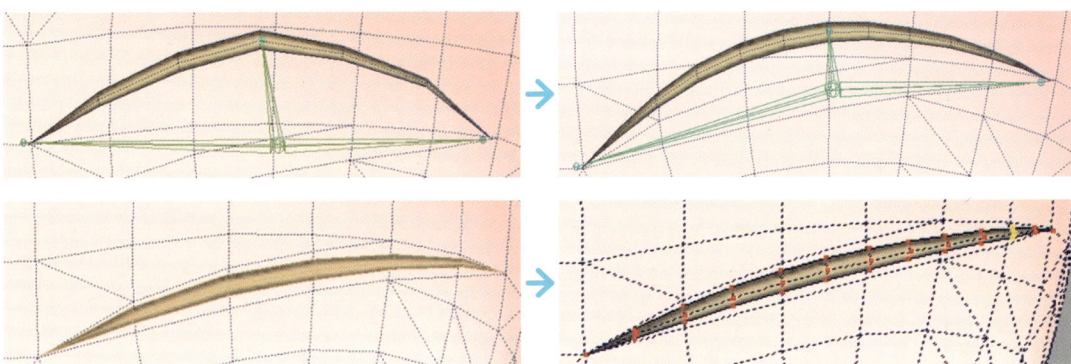

3.1.12 ▶ 세트 등록

1 ▶ 조인트 수가 늘어났습니다. 지정한 부품을 곧바로 선택할 수 있도록 조인트를 세트로 등록합니다. [메뉴 → Windows → Relationship Editors → Sets]를 선택하고 Relationship Editor 왼쪽의 [Edit → Create Sets]에서 세트의 [Name]을 결정한 뒤 [Apply]을 클릭합니다. 그러면 빈 상태의 세트가 만들어집니다. 왼쪽에서 세트를 선택하고, 오른쪽에서 세트에 등록하고 싶은 조인트를 선택합니다. 여기에서는 set_body 안에 모든 조인트, set_head 안에 Neck 아래의 모든 뼈를 등록했습니다. 설명은 생략합니다만, 이후 뼈가 늘어날 때마다 적절하게 세트에 등록합니다.

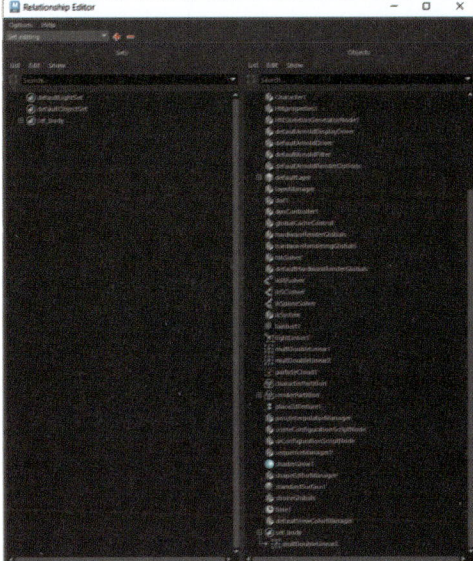

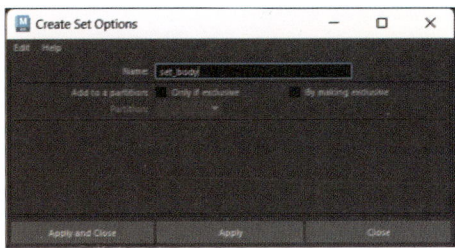

3.1.13 ▶ 조인트 라벨 붙이기

1 ▼ 스킨을 바인드 하기 전에 조인트에 라벨을 붙입니다. 라벨을 붙임으로써 스킨 웨이트의 미러, 스킨 웨이트 복사 등의 옵션 설정에서 사용할 수 있어, 보다 정확하고 효과적인 작업을 할 수 있습니다.

- **Side**: 조인트가 어떤 위치에 있는지 지정합니다.
- **Type**: 조인트 타입들이 사전에 정의되어 있습니다. [Others]로 설정하면 [Other Type]에 원하는 이름을 입력해 라벨을 붙일 수 있습니다. 오른쪽과 왼쪽에 각각 다른 이름을 넣으면 정확한 효과를 얻을 수 없는 경우도 있으므로 주의합니다.

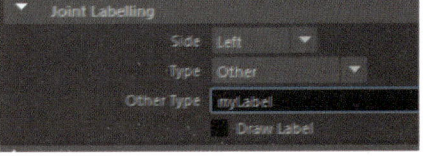

3.1.14 ▶ 얼굴 웨이트

1 ▶ 얼굴의 조인트를 모두 만들었으므로 웨이트를 조정합니다. 얼굴의 모든 메시와 Neck 아래의 뼈를 선택한 뒤 [Rigging 메뉴 → Skin → Bind Skin Options]를 엽니다. [Bind Skin Options]의 각 항목을 아래 그림과 같이 설정한 뒤 [Apply and Close]를 클릭합니다. 다음은 중요한 설정 항목들입니다.

- **Normalize weights**: [Interactive]를 활성화하면 인플루언스 추가나 삭제, 또는 스킨 웨이트 값이 정규화 됩니다.
- **Max influences**: 하나의 버텍스를 최대 몇 개의 조인트로 제어할 것인지를 의미합니다. 여기에서는 「4」로 설정했습니다.

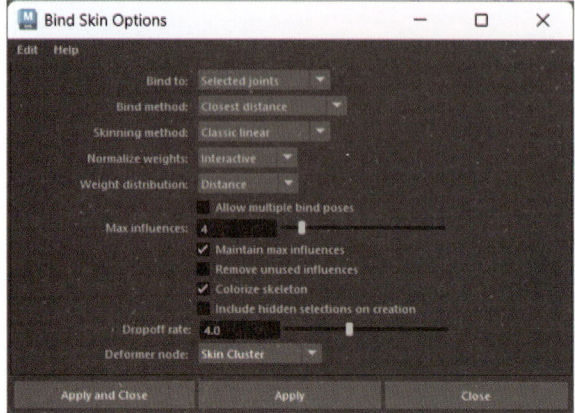

2 ▶ 바인드를 했으므로 Head에 웨이트 값을 1로 설정해서 다른 곳에 웨이트가 들어가지 않도록 한 뒤, Head~Neck에 걸쳐 그러데이션이 되도록 웨이트를 설정합니다. 목과 얼굴의 연결선이 떨어지지 않도록 주의하면서 같은 값을 넣습니다.

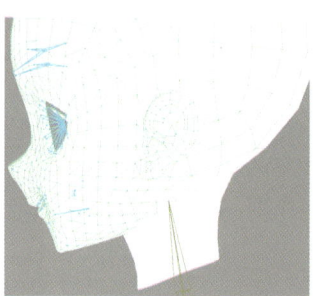
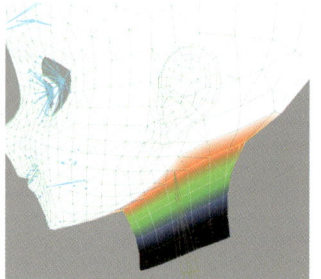

3 ▶ 눈동자, 이, 입 안, 혀의 웨이트를 조정합니다. 눈동자는 Left(Right)Eye에 웨이트 값을 1, 윗니는 UpTeeth에 웨이트 값을 1, 아랫니도 LowTeeth에 웨이트 값을 1로 설정합니다. 혀는 LowTeeth에 1을 설정한 뒤 TongueFront에 설쳐 그러데이션이 되도록 칠합니다. 입 안의 웨이트는 상하전후로 나눠 각각 입 안의 조인트에 웨이트 값을 1로 설정합니다.

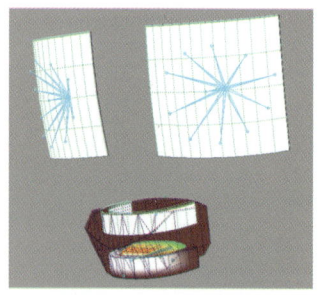

4 ▶ 입은 나중에 웨이터를 미러링 할 것이므로 오른쪽 반만 조정합니다. 앞 단계에서 Head에 있는 버텍스에 각 조인트의 웨이트 값이 1이 되도록 설정합니다. 이 때 조정할 버텍스를 선택해서 칠하면 불필요한 부분에 웨이트가 들어가지 않으므로 쉽게 조정할 수 있습니다.

5 ▼다음으로 조인트의 Head의 입술 부분의 웨이트 값이 0이 되도록 옆의 조인트 사이의 웨이트를 그러데이션 형태로 칠합니다. 본을 움직여 확인하면서 그러데이션 형태로 칠한 주변 부분도, Head와 입술의 조인트가 그러데이션이 되도록 다시 칠합니다. 아랫입술도 마찬가지로 움직여 확인하면서 칠하는 작업을 반복해 깔끔한 웨이트가 되도록 조정합니다.

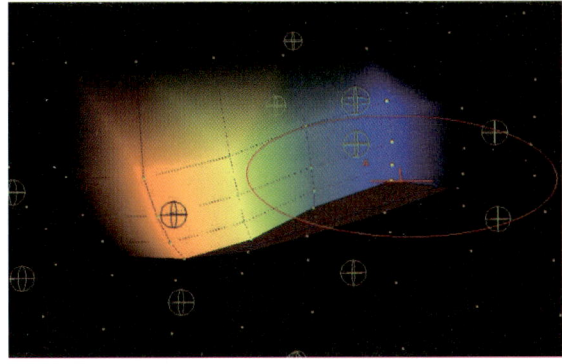
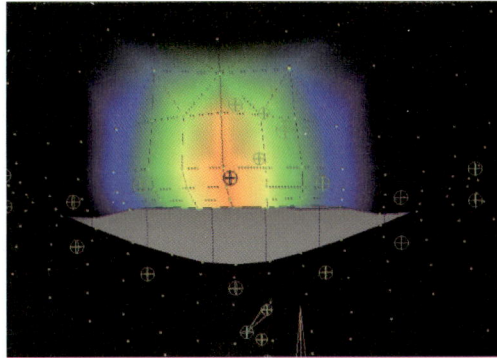

6 ▶ 스킨 웨이트를 미러링합니다. 얼굴 메시를 선택하고 [Rigging 메뉴 → Skin → Mirror Skin Weights Options]을 엽니다. 오른쪽 그림과 같이 설정한 뒤 [Mirror]를 실행합니다.

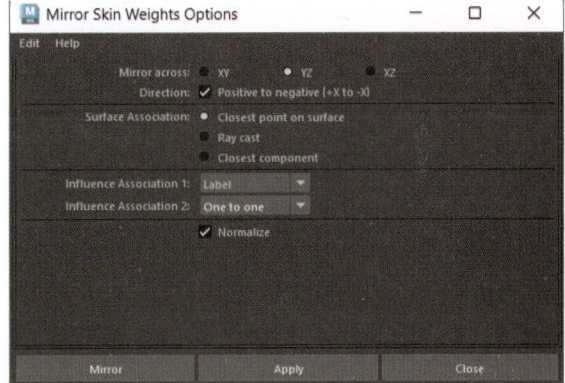

7 ▶ 좌우의 웨이트가 동일한 상태입니다. 미소 지은 얼굴 형태를 만들고 형태가 자연스러운지 확인하면서 조절합니다.

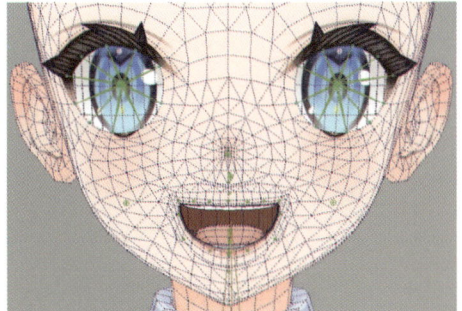

8 ▶ Nose의 웨이트는 코뼈를 전후좌우로 움직이면서 코 끝부터 그러데이션 형태가 되도록 했습니다.

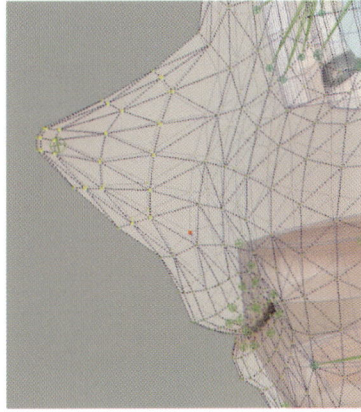
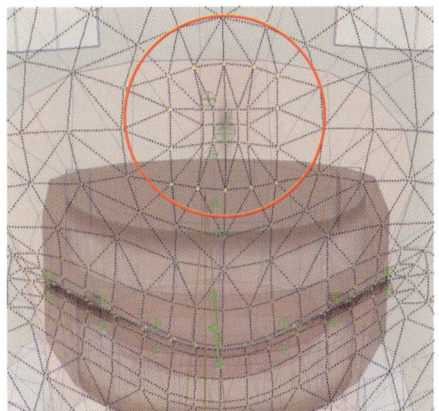

275

9 ▶ 턱의 웨이트는 턱 끝의 버텍스를 선택하고 Chin의 웨이트에 1을 설정합니다. 다음으로 선택을 해제하고 주변의 움직이고 싶은 범위를 선택한 뒤, Head에서 웨이트를 가져오는 형태로 턱이 그러데이션이 되도록 스무스를 걸면서 조정합니다.

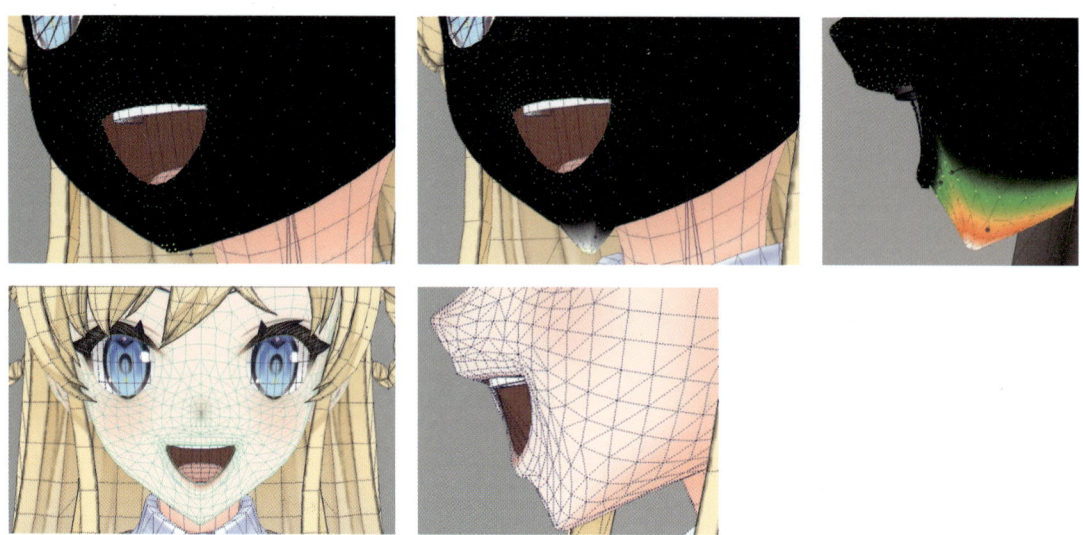

10 ▶ 여기에서는 입을 열고 닫는 과정에서의 형태 변화를 확인합니다. 아래턱을 열고 닫으면서 버텍스 이동을 확인하면, 버텍스가 안으로 들어간 듯한 위치가 있으므로 웨이트에 스무스를 적용하거나, 웨이트를 추가하는 등으로 조정합니다.

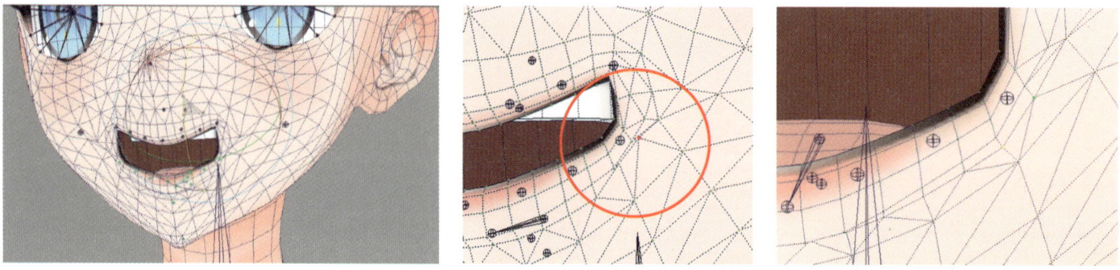

11 ▶ LowJaw가 열려 있는 형태에서 Chin을 끌어 당기며 주변 균형을 확인합니다. 변형이 부드럽게 되도록 웨이트를 조정합니다.

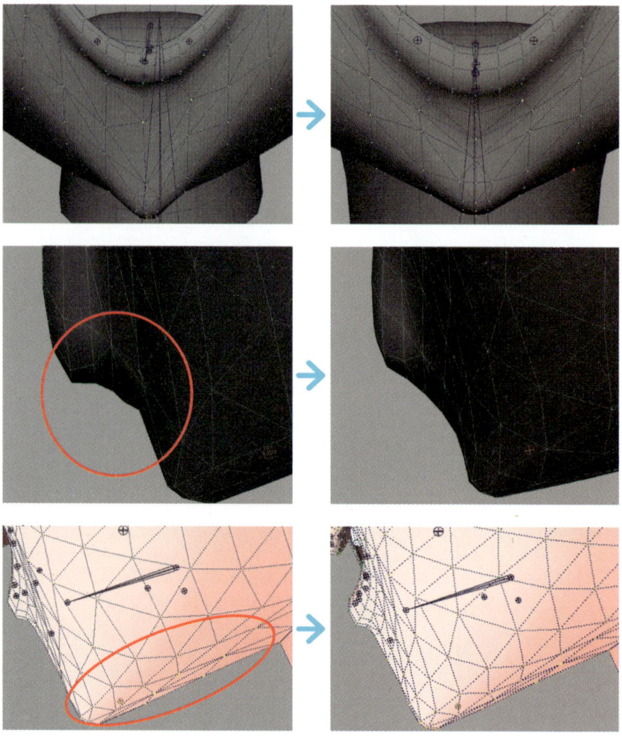

12 ▶ 눈동자도 입과 마찬가지로 각 조인트의 버텍스에 웨이트 값을 1로 설정합니다. 거기에서 Head의 웨이트 값이 0이 되도록 근처의 조인트 사이를 깔끔한 그러데이션 형태로 칠합니다.

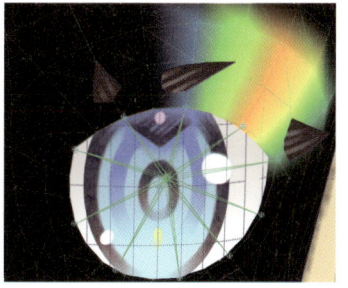
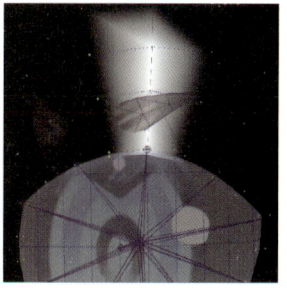

13 ▶ 깔끔한 그러데이션이 되었습니다. 눈을 감았을 때와 눈을 반만 감았을 때의 각도나, 속눈썹의 형태 등을 [Skin → Copy Skin Weights]나 스킨 웨이트 페인트 도구 추가, 스무스 등을 사용해 세세하게 조정합니다.

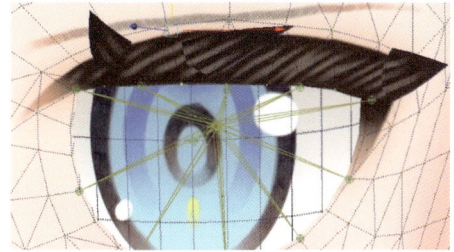
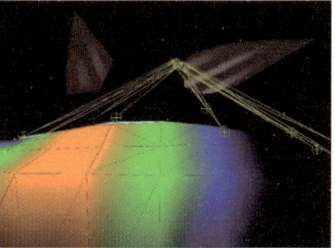

14 ▶ 볼의 웨이트를 조정합니다. CheckLeft를 선택하면 오른쪽 그림과 같이 불필요한 웨이트가 포함되어 있습니다. Head에 숫자 값을 돌려주는 형태로 볼의 웨이트 값을 0으로 설정합니다.

15 ▶ CheekLeft의 중심이 되는 버텍스에 웨이트를 줍니다. 여기에서는 1의 강도로 메시가 붙어 있도록 하고 싶지 않으므로, 웨이트 값을 0.7 정도로 칠합니다. 해당 웨이트를 붙인 버텍스를 중심으로 주변 버텍스를 선택한 뒤, 스무스를 걸면서 웨이트를 칠합니다.

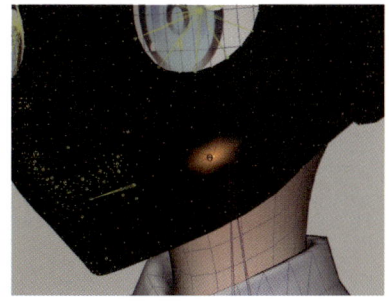
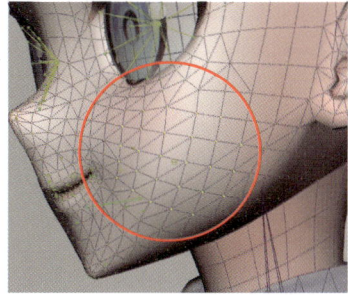
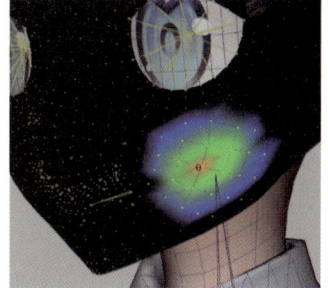

16 ▶ 다음으로 스케일을 사용해 CheekLeft를 축소해서 조정합니다. 스케일을 사용해 부풀리거나 눌러서 각진 위치를 부드럽게 조정합니다.

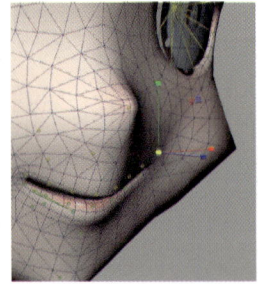

17 ▶ 머리카락도 스키닝을 하기 전에 불필요한 웨이트를 제거합니다. 스킨 웨이트 페인트 도구를 사용해 Neck을 선택하면, 목 밑동에 불필요한 웨이트를 확인할 수 있습니다.

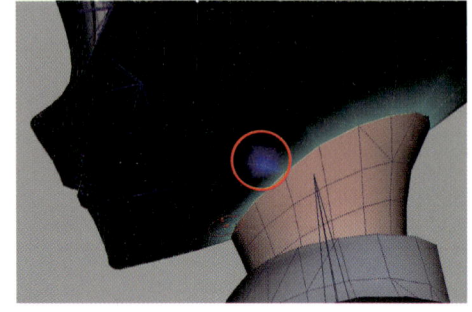

3.1.15 ▶ 표정에 따른 페이셜 확인

1 ▶ 지금까지의 웨이트 조정을 통해 얼마나 변형이 자연스러워졌는지, 실제로 화난 표정 등을 만들면서 확인해 봅니다. 먼저 양쪽 눈 위쪽을 조금 내렸습니다.

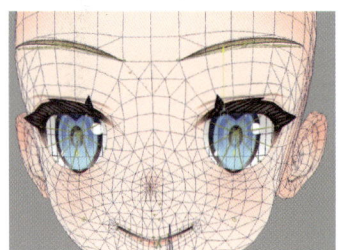

2 ▶ 다음으로 입을 「ㅅ」자 모양으로 만듭니다. 형태를 만드는 것뿐만 아니라 회전, 이동을 사용해 입 전체로 조정합니다.

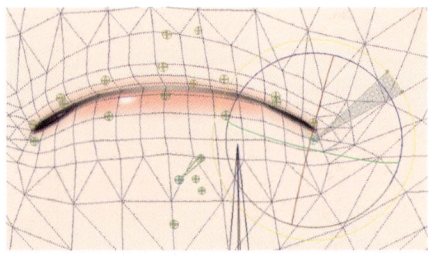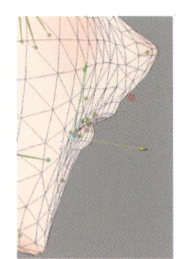

3 ▶ 입 주변의 각 조인트를 움직여 동작도 함께 확인해 봅니다. 신경 쓰이는 부분이 있다면 웨이트를 조정합니다.

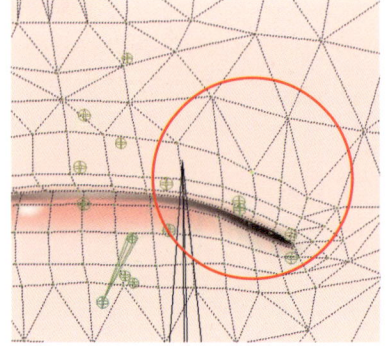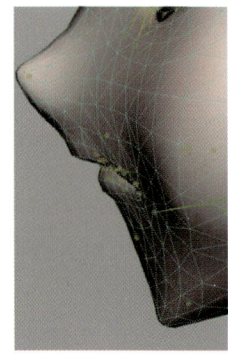

4 ▶ 눈썹도 조정합니다. 동시에 눈앞머리도 조금 내린 뒤 다시 표정을 정리합니다.

5 ▶ CheekLeft를 스케일해서 볼의 부풀렸습니다. 동시에 이동, 회전을 추가해 웨이트를 확인합니다. 이 확인 과정에서 웨이트만으로는 조정할 수 없는 위치는 다음 단계에서 대응합니다.

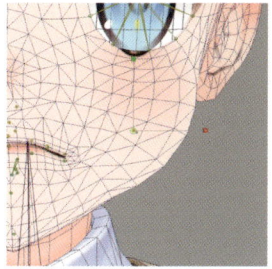 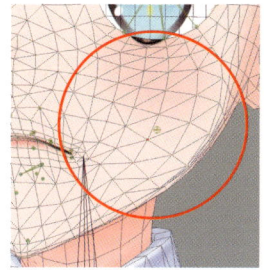  

3.1.16 ▶ 페이셜 실루엣 조정

1 ▶ 이 단계에서 메시를 편집하기 위해 스킨 바인드를 해제합니다. 이 상태 그대로 해제하면 지금까지 스키닝 한 작업이 모두 사라지므로, 스킨을 익스포트 합니다. 얼굴 메시를 선택하고 [메뉴 → Deform → Export Weights…]를 선택한 뒤 파일명에 파일 위치를 지정해 익스포트 합니다. 웨이트를 저장했다면 Neck 아래 계층과 얼굴의 메시를 선택하고 [Skin → Unbind Skin] 옵션을 열고, [Unbind Skin Options]를 아래 그림과 같이 설정한 뒤 [Unbind]를 실행합니다.

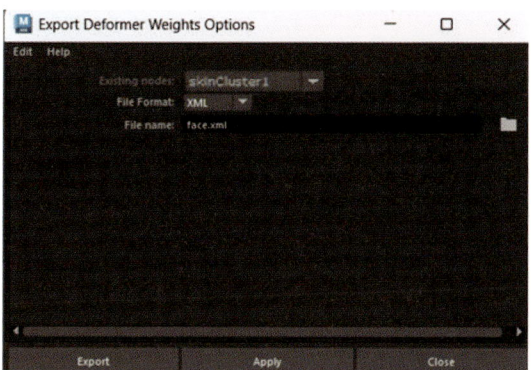 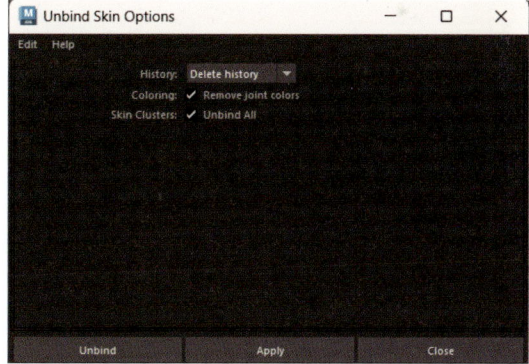

2 ▶ 여기에서는 신경 쓰이는 위치를 브러시업 합니다. 귀 아래 주변의 실루엣이 조금 딱딱하고 분할이 부족한 것을 알았기 때문에 페이스를 분할합니다. 귀 아래 볼의 실루엣 라인의 페이스를 대칭 선택하고 [모델링 메뉴 → 메뉴 → 삼각형화]를 사용해 대각선으로 분할을 넣었습니다.

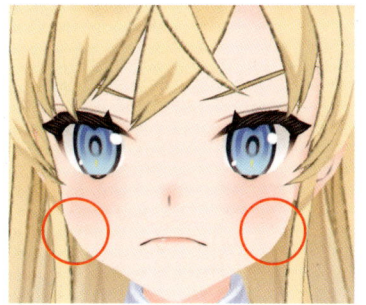 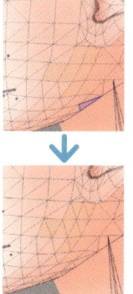

3 ▶ 목 밑동의 페이스도 분할합니다. 앞과 마찬가지로 페이스를 선택한 뒤 삼각형으로 만들었습니다. 이 때 실루엣을 확인하면서 분할 방향 등도 생각해 분할합니다. 버텍스도 이동해 형태를 정리했습니다.

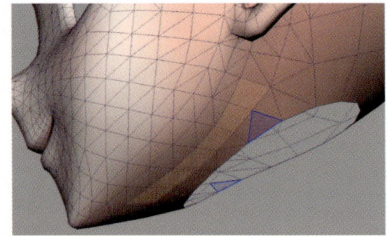 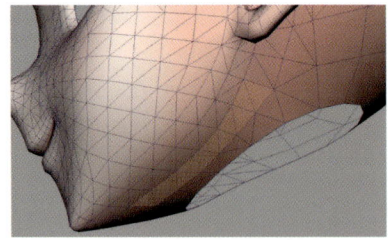

4 ▶ 마찬가지로 눈꺼풀도 분할하고, 딱딱하지 않은 자연스러운 에지의 흐름으로 만듭니다.

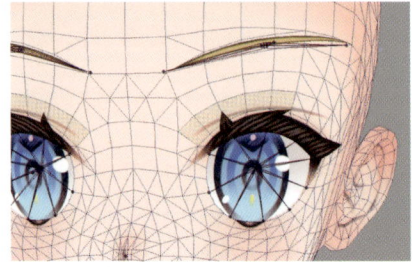 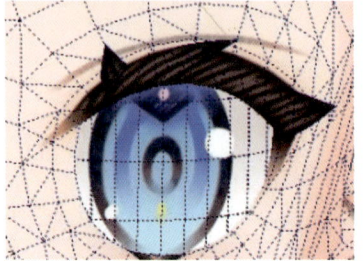

5 ▼ 메시 조정을 마쳤으므로 Neck 이하의 계층과 얼굴 메시를 선택하고 다시 바인드 합니다. 바인드를 완료했다면 메시를 선택하고 [Deform → Import Weights…]를 클릭하고 웨이트를 임포트 합니다. 파일명 부분에 앞에서 익스포트 했던 .xml 파일을 지정하고 임포트하면, 웨이트 정보를 되돌릴 수 있습니다.

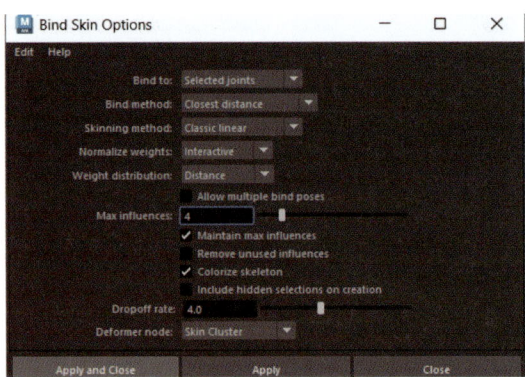 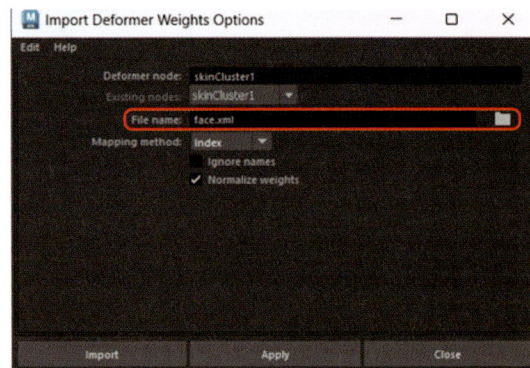

3.1.17 ▶ 머리카락의 조인트와 웨이트

1 ▶ 머리카락은 세컨더리 분류이지만, 캐릭터의 귀여움이 포징으로 확실하게 나오는지 빠르게 확인하고 싶었기 때문에, 프라이머리와 병행해서 작업했습니다. 먼저 「HairBack」1~5로 뒷머리카락의 조인트를 만듭니다. 아래 그림과 같이 최초의 조인트를 만들고 정리한 뒤 복제해서 조인트를 아래로 이동합니다. 거기에서 뒷머리카락 중심을 따라 균등하게 되도록 총 5개의 조인트를 배치합니다. 방향은 X축이 항상 우선(자녀 조인트)인 방향을 향하게 합니다.

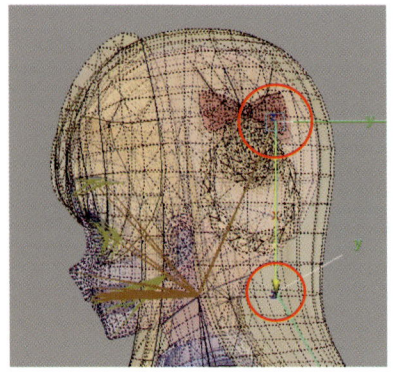 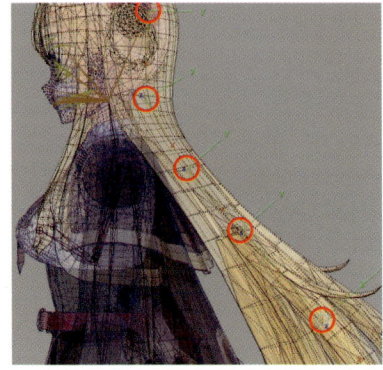

2 ▶ 세 갈래로 땋은 머리 부분의 조인트 「LeftBraid」를 만듭니다. 이 조인트를 세 갈래로 땋은 머리 위쪽 리본의 한 가운데로 이동해서 조정하고, X축이 세 갈래로 땋은 머리의 몽우리를 향하게 합니다. 조인트를 미러링해서 반대쪽의 세 갈래로 땋은 머리의 조인트 「RightBraid」를 만듭니다.

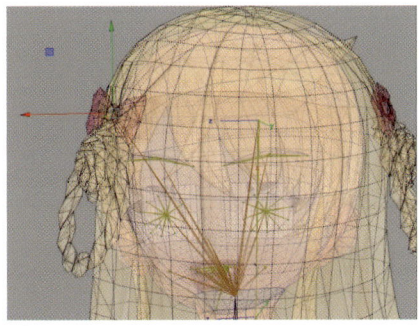 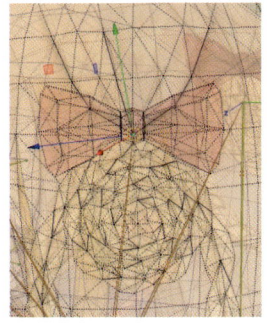 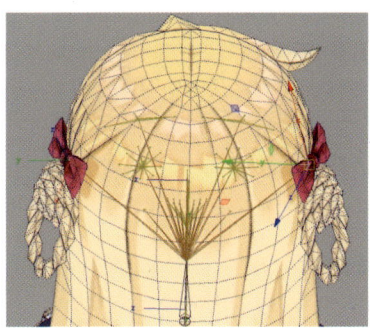

3 ▶ 앞머리카락의 조인트 「HairBangsLeft1」은 앞머리카락 가운데의 중심으로 이동하고, X축은 머리카락 흐름에 따르도록 방향을 설정합니다.

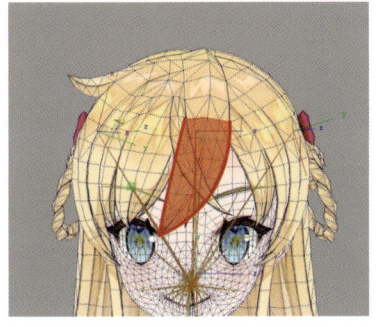 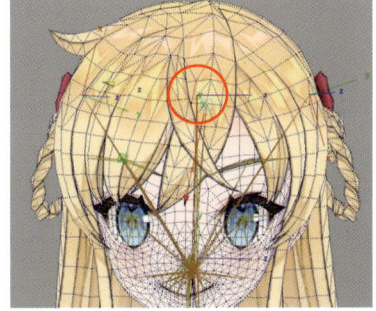 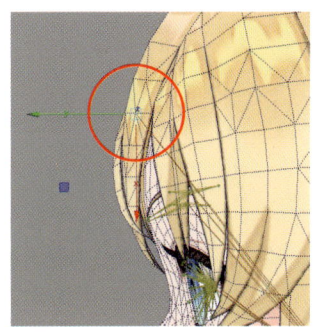

4 ▶ 다음으로 HairBangsLeft1을 복제해서 「HairBangsRight」 1~3 조인트를 만들고, 앞머리카락 묶음에 배치합니다. X축은 에지를 따라 아래를 향하도록 조정합니다. 파란색으로 표시한 위치는 흔들리지 않게 조인트는 추가하지 않습니다. 캐릭터 이미지가 손상되지 않도록 머리카락도 의도적으로 흔들리지 않도록 했습니다.

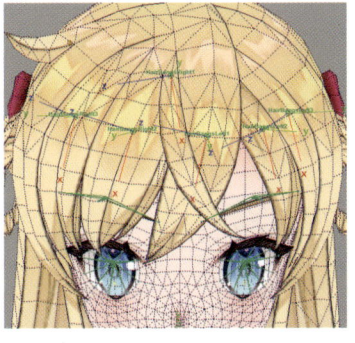 

5 ▶ 옆머리카락에 「HairSideLeft」 1~3 조인트를 만듭니다. HairSideLeft1은 옆머리카락 밑동 부근에 배치하고, 「HairSideLeft2」로 만들어 어깨 높이 부근까지 내립니다. 마찬가지로 HairSideLeft3도 만들고 뼈가 같은 간격이 되도록 가슴 정도의 높이에 배치했습니다. 방향은 모두 X축이 머리카락 끝(자녀 조인트)을 향하게 합니다.

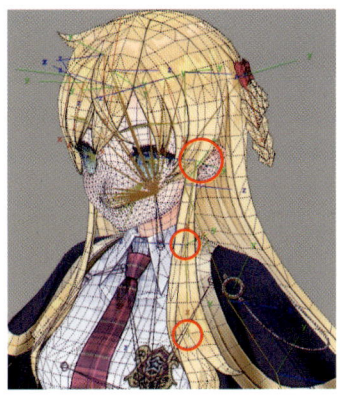 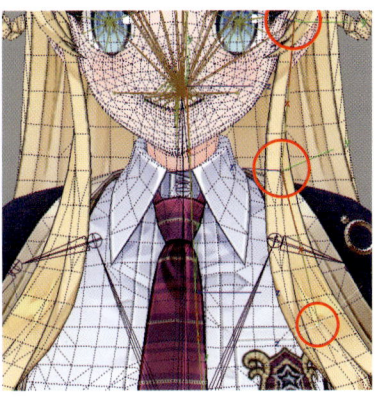

6 ▶ 왼쪽을 완성했으므로 미러링해서 반대쪽 옆머리카락의 조인트를 만듭니다. 여느 때와 같이 조인트 미러 옵션에서 [Mirror functions]을 [동작]으로 설정하고, Left를 Right로 치환하는 형태로 미러를 실행합니다. 「HairSideRight」1~3을 대칭으로 만들었습니다.

7 ▶ 튀어 나온 머리카락의 조인트는 Head의 자녀로 「HairBangsRight4」 조인트를 추가하고, 머리카락 가운데 배치했습니다. 방향은 X축이 머리카락 끝을 향하게 합니다.

 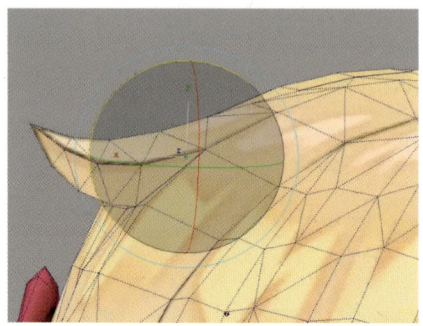

8 ▶ 우선 머리카락 조인트 배치를 마쳤으므로 옆머리카락과 뒷머리카락의 메시, Spine2, Neck, Head, HairBack, HairSide를 선택해 바인드 하고, 각 조인트를 구부리면서 바인드가 잘 되었는지 확인합니다.

9 ▶ 머리의 윗 부분은 움직이지 않으므로 [Windows → General Editors → Component Editor]의 스무스 스킨 타입에서 Head의 웨이트를 1로 설정합니다.

10 ▼ 다음으로 옆머리카락 HairSideLeft1~3의 웨이트 사이의 수치를 조정해 깔끔하게 변형되도록 합니다.

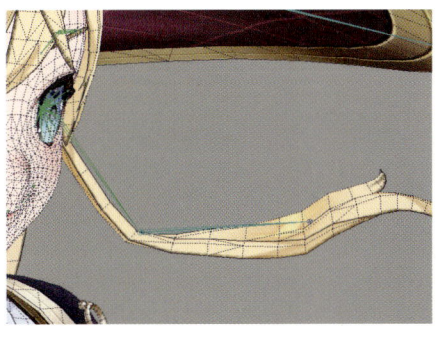

11 ▼ 다시 세세하게 HairSideLeft2의 웨이트를 추가하고, 스무스 등으로 웨이트를 칠하고, 머리카락 끝 주변이 뒤로 젖혀지더라도 자연스러운 곡선을 그리도록 조정합니다.

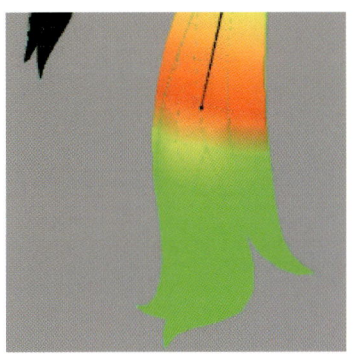

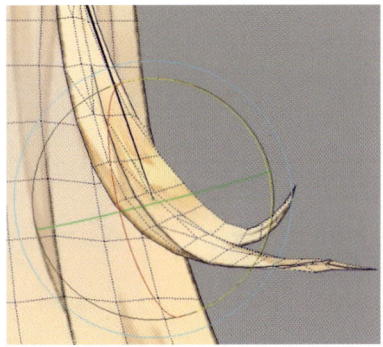

12 ▼ 뒷머리카락은 케이지 모델을 사용해 전사로 웨이트를 설정합니다. 케이지 모델은 웨이트 조정이나 리그 조정용 리토폴로지에 최적화된 모델입니다. 분할이 적은 케이지 모델로 편리하게 웨이트를 설정하고, 해당 웨이트를 본체의 메시에 반영함으로써 복잡한 형태의 모델에도 케이지 모델과 마찬가지의 변형을 빠르게 적용할 수 있습니다. 그럼 전사용 케이지 모델을 만듭니다. 플레인 프리미티브를 준비하고, 어느 정도 분할을 추가해 윗머리카락의 형태에 맞춰 대략적으로 만듭니다.

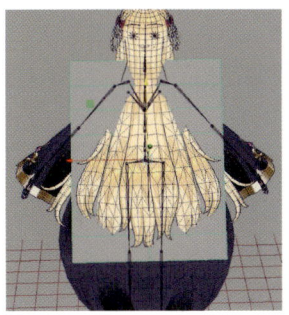
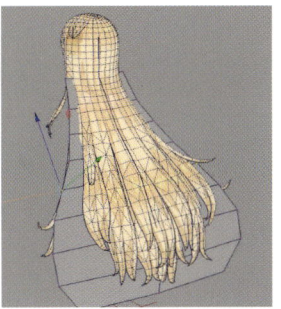

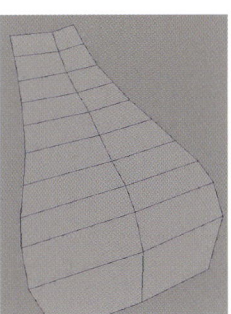

13 ▶ 뒷머리카락의 케이지 모델을 HairBack1~5로 Head에 바인드 해서 웨이트를 칠합니다. 깔끔한 커브를 그리도록 웨이트를 그림으로써 전사용 본체 메시도 깔끔하게 변형시킬 수 있습니다.

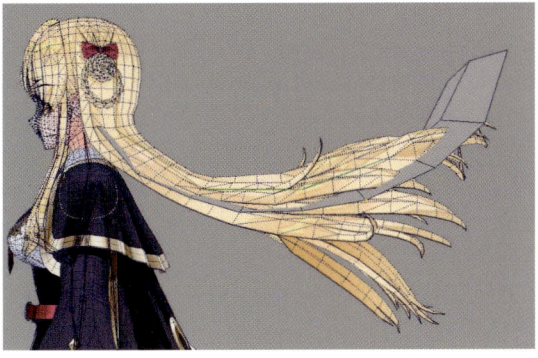

14 ▶ 뒷머리카락 케이지 모델에서 본체의 메시에 웨이트를 전사합니다. 먼저 케이지 모델을 선택하고 뒷머리카락의 복사하고 싶은 범위의 버텍스를 추가로 선택한 뒤, [Skin → Copy Skin Weights]를 사용해 복사합니다.

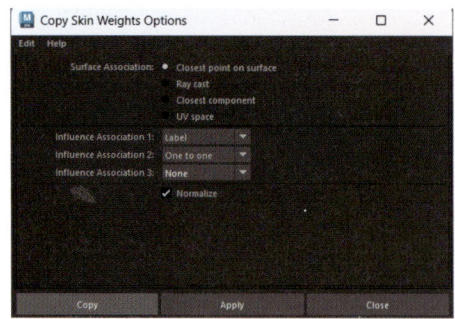  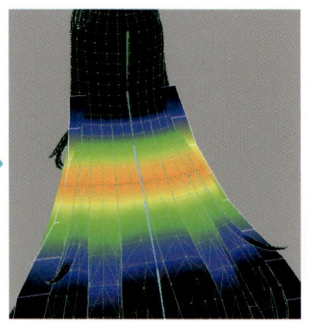

15 ▶ 전사를 하면 일부 변형이 깨지기도 합니다. 뒷머리카락의 밑동 부근은 Head와 HairBack의 경계로, 피부 쪽 메시와의 균형도 있으므로 케이지 모델에서의 전사와는 별도로 조정합니다. 해당 범위의 버텍스를 선택하고 스무스 등을 적용해 깔끔하게 변형되도록 했습니다.

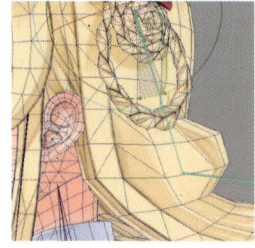 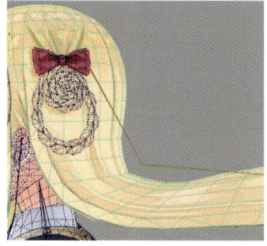 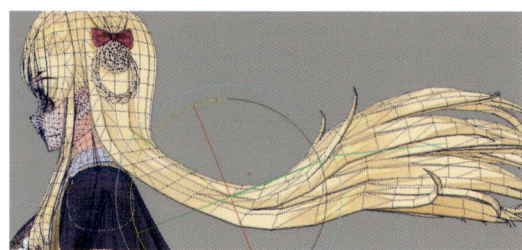

16 ▶ 다시 HairBack과 HairBack1의 웨이트를 조정합니다. 머리카락의 표면적인 위치뿐만 아니라, 머리카락이 안쪽 머리와 만나는 부분도 조정해야 합니다. 머리 쪽과 공유하는 버텍스의 웨이트를 복사하는 등, 움직일 때 버텍스가 분리되지 않도록 합니다.

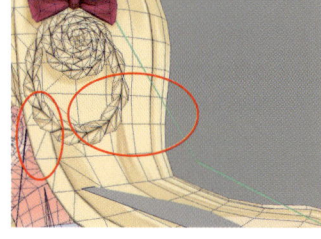 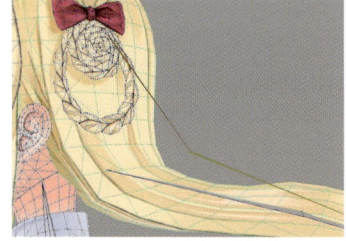

17 ▶ HairBack의 조인트를 움직이면서 다양한 움직임에 대응할 수 있도록 조정하고 머리카락 끝의 변형도 확인합니다. 각 조인트가 깔끔한 그러데이션이 되도록 칠해 줍니다.

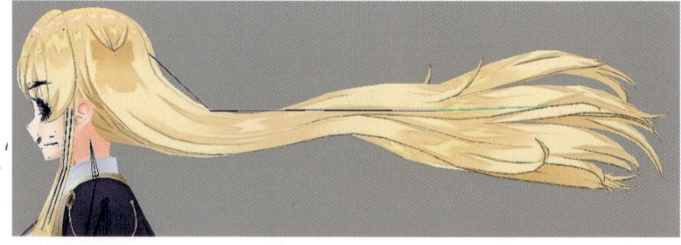

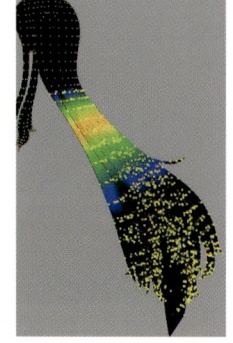 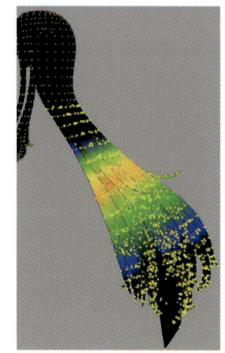 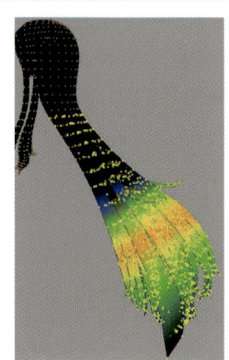

18 ▶ 뒷머리카락 끝으로 갈수록 여러 머리카락이 많이 겹쳐 있어 웨이트를 제어하기 어려운 부분을 발견했습니다. 여기에서는 플레인 케이지 모델에는 없는 박스 형태의 케이지 모델을 사용해 웨이트를 다시 칠합니다. 아래 그림과 같이 정육면체를 변형시켜 위치를 맞추고, 에지 루프나 Multi-Cut Tool 등을 사용해 분할 수를 늘려 머리카락을 따르도록 완성했습니다.

 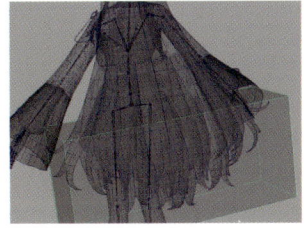  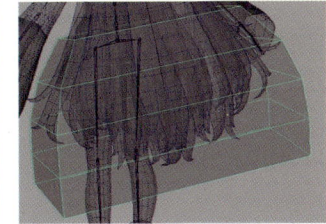

19 ▶ 다시 케이지를 바인드 해서 웨이트를 그러데이션 형태로 칠하고, 보다 좋은 느낌으로 변형할 수 있게 되었다면 앞과 마찬가지로 버텍스를 선택해 웨이트를 전사합니다.

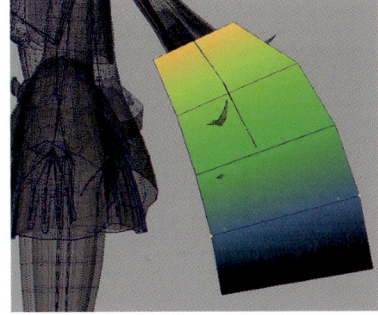 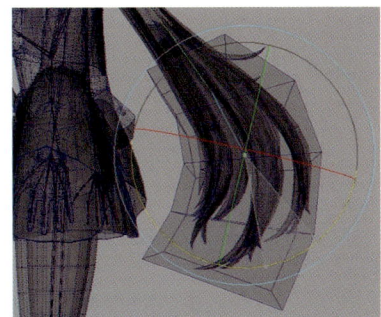

20 ▶ 상하좌우에 움직이는 애니메이션을 붙이고 조인트나 버텍스가 몰려 있어 답답한 부분은 없는지 확인합니다. 조인트를 움직여 보며 움직임을 확인합니다. 조금 더 부드럽게 표현하고 싶었으므로 「HairBack6」 조인트를 추가하고 같은 단계로 스키닝을 했습니다.

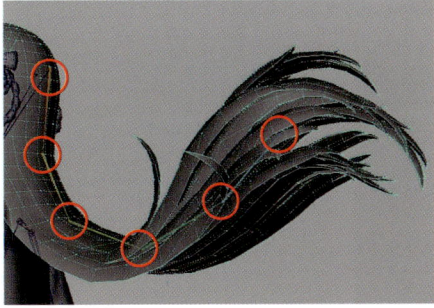 

21 ▶ 세 갈래로 땋은 머리 부분도 케이지 모델을 사용해 전사합니다. Plane 프리미티브를 준비하고 폭과 높이의 분할 수를 2로 설정해, 세 갈래로 땋은 머리에 따라 배치합니다. Plane과 세 갈래로 땋은 머리의 메시와 HairBraidLeft를 선택해 바인드 한 뒤 웨이트를 조정합니다.

 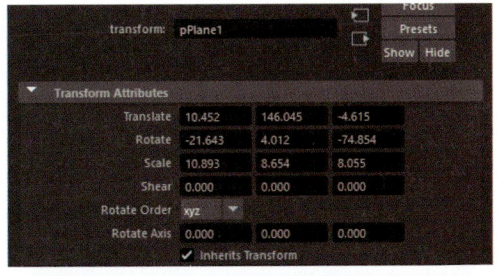 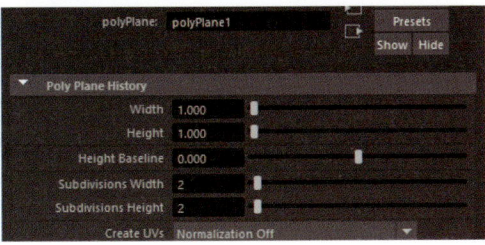

285

22 ▼ 깔끔한 곡선이 되도록 웨이트를 칠했다면 전사해서 확인합니다. 세 갈래로 딴은 머리의 움직임에 맞춰 리본도 움직입니다. 리본은 이상하게 변형시키지 않을 것임으로 리본 전체 버텍스에 같은 값으로 웨이트를 설정합니다.

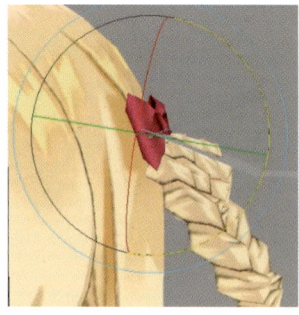 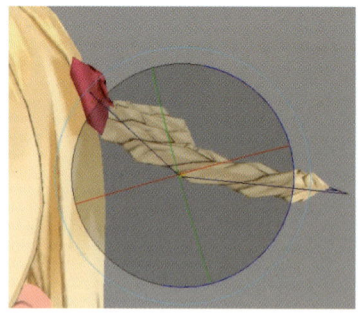 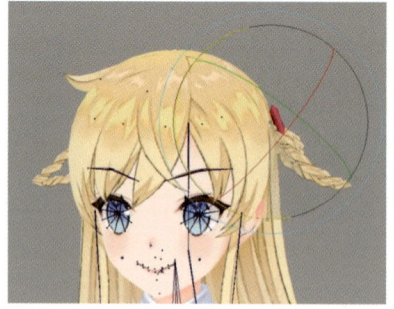

23 ▼ HairBangsRight1의 웨이트는 자연스럽게 구부러지도록 깔끔한 그러데이션으로 칠합니다.

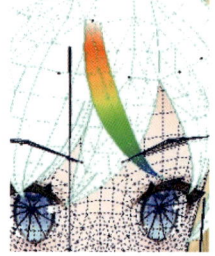 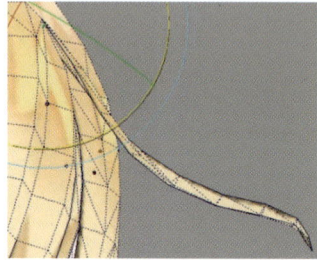 

24 ▼ 마찬가지로 튀어 나온 머리카락을 조정합니다. 구부러졌을 때 두꺼운 부분이 가능한 망가지지 않도록 웨이트를 설정합니다.

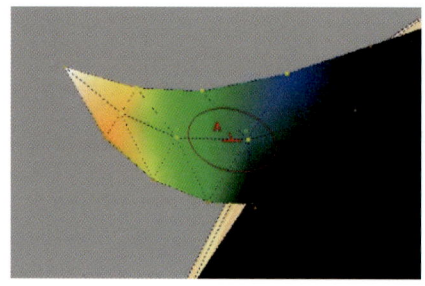 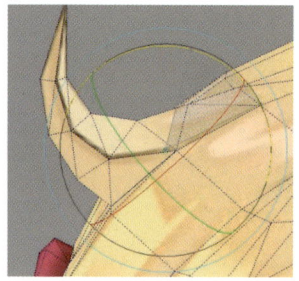 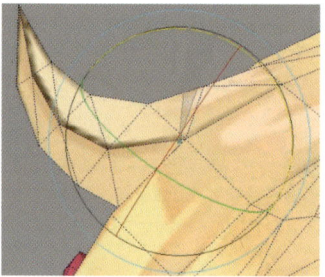

25 ▼ HairBangsLeft1의 웨이트를 조정합니다. 머리카락 끝에 웨이트 값을 1로 설정하고, 끝부분 이외의 웨이트의 영향 범위를 버텍스 선택한 뒤 [Skin → Smooth Skin Weights]로 설정하면 대략적인 웨이트가 적용됩니다. 거기에서 구부려지는 정도를 확인하면서 요철이 있는 메시가 자연스럽게 되도록 조정합니다.

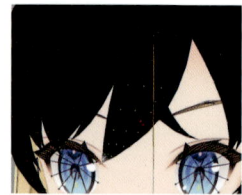 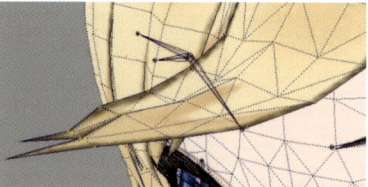 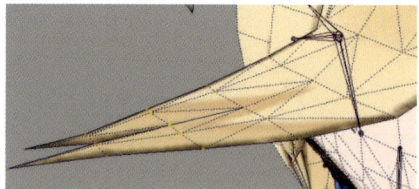

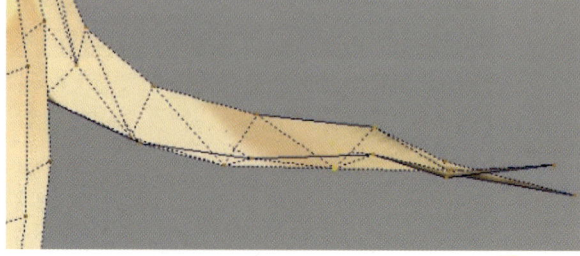 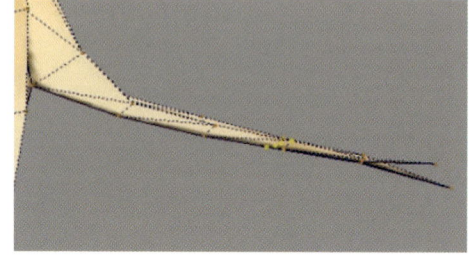

26 ▶ 다른 머리카락도 HairBangsLeft1와 동일하게 조정합니다. 안쪽면도 확실하게 확인합니다. 조인트를 여러 방향으로 움직이면서 자연스럽게 변형되도록 조정했다면 다음 단계를 진행합니다.

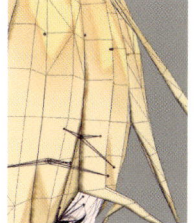
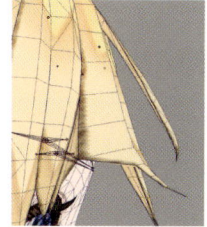
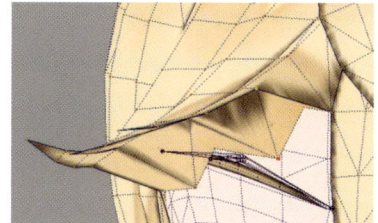
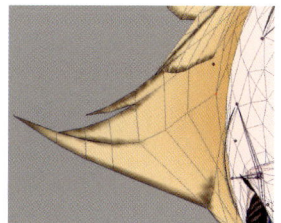

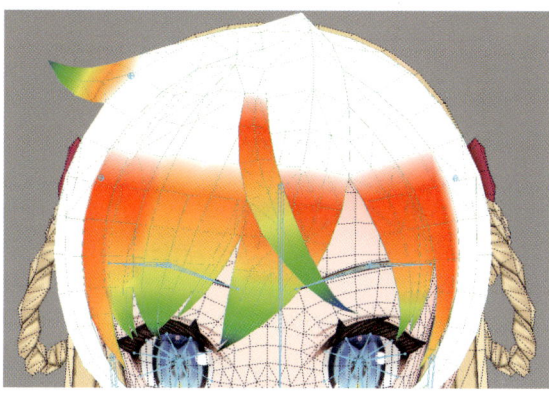

3.1.18 ▶ 스커트의 조인트와 웨이트

1 ▶ 스커트도 머리카락과 마찬가지로 프라이머리는 아니지만, 귀여운 느낌을 만드는 요소로서 중요하므로 조인트를 만듭니다. LeftUpLeg 조인트를 복제해서「SkirtFrontLeft1」을 만듭니다. SkirtFrontLeft1의 위치를 오른쪽 그림과 같이 스커트 밑동으로 이동합니다.

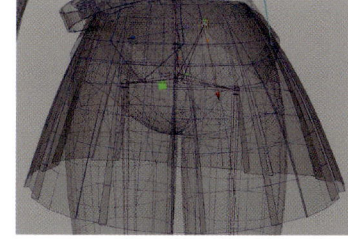
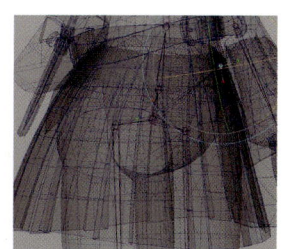

2 ▶ 다음으로 SkirtFrontLeft1의 자녀로 「SkirtFrontLeft2」 조인트를 추가하고, 스커트 끝자락 방향으로 늘리듯 이동시킵니다. 스커트 중간에 SkirtFrontLeft2의 자녀로 「SkirtFrontLeft3」 조인트를 추가한 뒤 스커트 끝자락 방향으로 늘립니다. 마지막으로 전체 길이, 각도를 조정합니다.

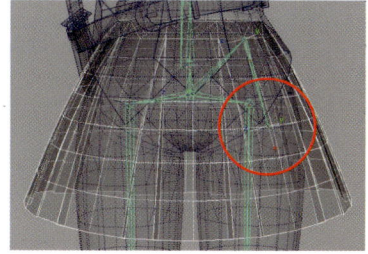
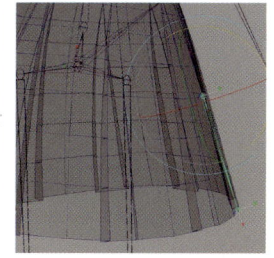

3 ▶ 계속해서 SkirtFrontLeft1 조인트를 복제해서「SkirtSideLeft1」을 만들고, 허리 옆에 배치한 뒤 각도와 위치를 조정합니다.

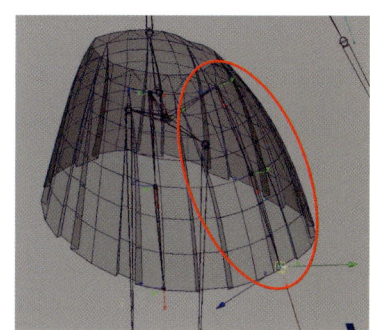
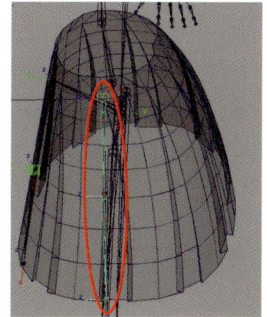

4 ▶ 마찬가지로 SkirtSideLeft1 조인트를 복제해서 「SkirtBackLeft1」을 만들고, 뒤쪽 부분에 배치한 뒤 각도와 위치를 조정합니다.

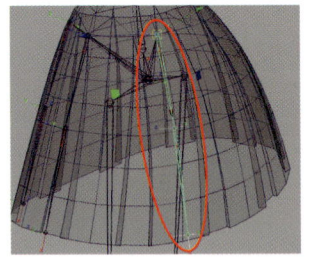 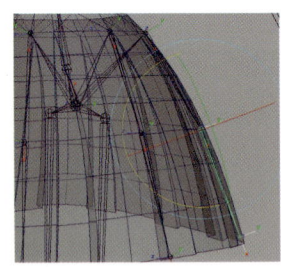

5 ▶ SkirtFrontLeft1을 미러링합니다. 조인트 방향이 어긋나 있으므로 수정한 뒤, 조인트 계층을 한 번 분해해서 회전을 조정하면서 다시 연결합니다. 마찬가지로 SkirtSideLeft1, SkirtBackLeft1도 미러링 한 뒤 조정합니다.

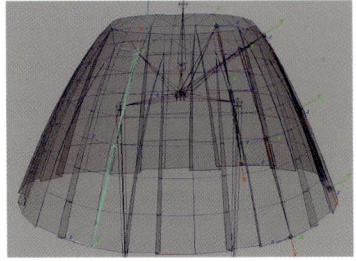 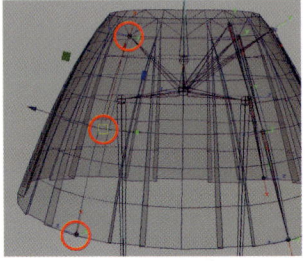 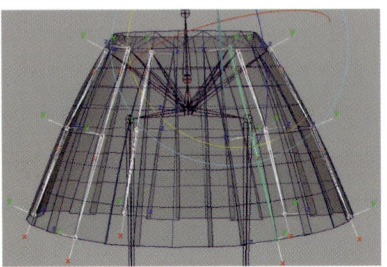

6 ▶ 조인트를 모두 배치했습니다. 스커트 웨이트 전사용 케이지 모델을 만듭니다. 스커트 메시를 복제하고 단차가 있는 플리츠 부분에 위치하는 페이스를 삭제합니다.

 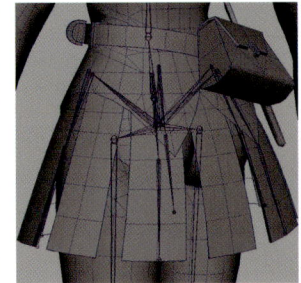

7 ▶ 복제 후 만들어진 공간을 메꾸도록 버텍스를 선택한 상태에서 가운데를 병합해 연결합니다. 연결한 에지는 하드 에지이므로 에지를 선택한 뒤 소프트 에지로 만듭니다.

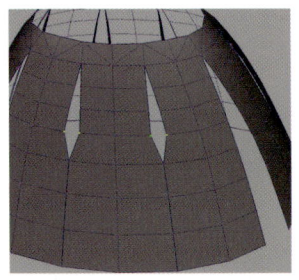 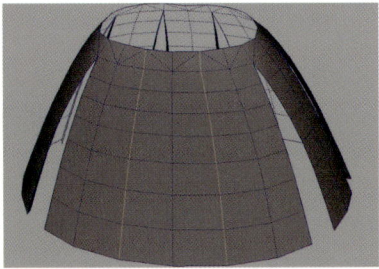 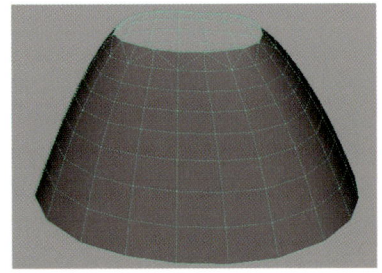

8 ▶ 케이지 모델로 사용하기에는 아직 가로/세로 에지가 많으므로 수를 줄입니다. 가로 선의 간격이 넓은 부분은 세로 에지를 선택한 뒤 [모델링 메뉴 → 메시 편집 → 접기]를 선택해 에지를 병합합니다. 간격이 좁은 부분은 [모델링 메뉴 → 메시 편집 → 에지/버텍스 삭제]를 선택해 삭제합니다.

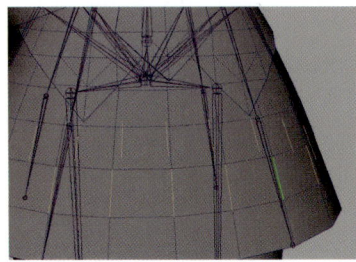 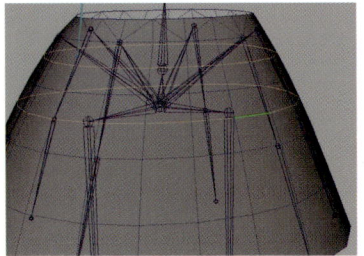 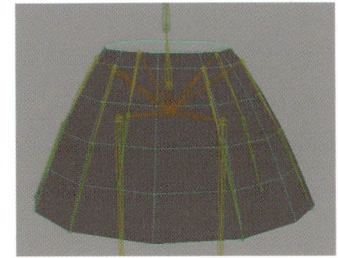

9 ▶ 스커트의 케이지 모델을 스켈레톤에 바인드 하고 웨이트를 조정합니다. 케이지 모델의 모든 버텍스를 선택하고 우선 Hips에 웨이트 값을 1로 설정합니다. 다음으로 각 조인트와 같은 위치에 있는 버텍스에 각 조인트의 웨이트 값이 1이 되게 설정하고, 그 주변은 절반 정도의 값이 되도록 조정했습니다.

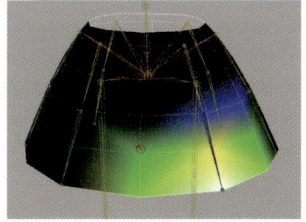 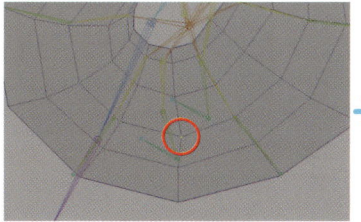 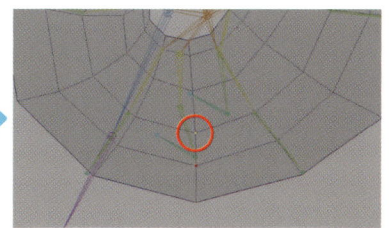

10 ▶ 케이지 모델의 웨이트를 정리했으므로 본체 메시의 바인드와 전사를 진행합니다. 본체의 메시 쪽도 Hip, Spine, Spine1, 각 스커트의 조인트와, 본체의 메시를 선택한 뒤 바인드 합니다. 전사는 머리카락에서 작업했을 때와 마찬가지로 케이지 모델, 본체 모델 순서로 메시를 선택한 뒤 웨이트를 복사합니다.

11 ▶ 스커트의 각 조인트를 움직여 스커트 본체의 모델 변형 상태를 확인합니다. 이 때는 스커트의 끝자락 쪽 조인트의 웨이트 값을 너무 많이 설정한 탓에, 스커트의 가운데 부분에 한 바퀴를 두르는 버텍스에 스커트의 허리쪽 웨이트가 들어가지 않아 깔끔하게 변경되지 않았습니다. 해당 버텍스를 선택하고 Hips의 웨이트 값을 0.1로 설정해 깔끔한 곡선을 그리도록 변경했습니다.

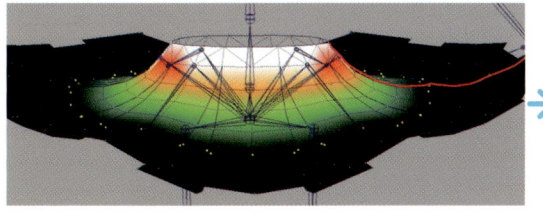 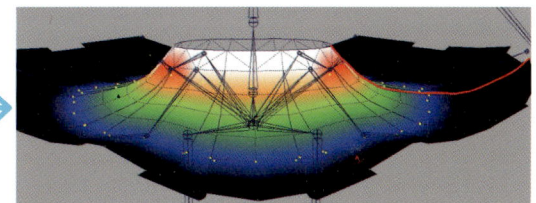

12 ▶ 불필요한 웨이트를 줄이거나, 필요한 웨이트를 늘립니다. 웨이트를 복사할 때 미묘한 숫자 값이 남을 때가 있습니다. 큰 영향은 없지만 숫자 값은 주변의 웨이트와 맞추는 것이 좋습니다.

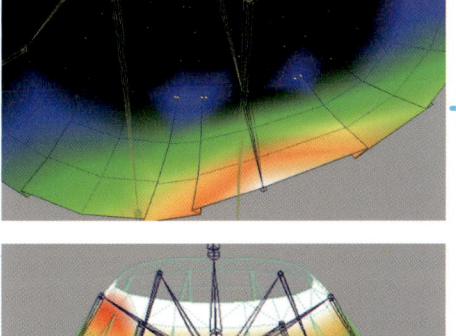 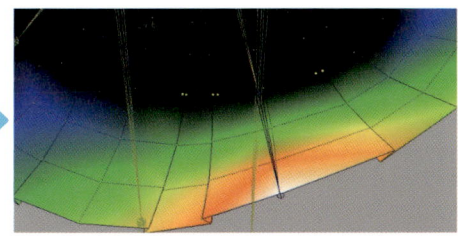

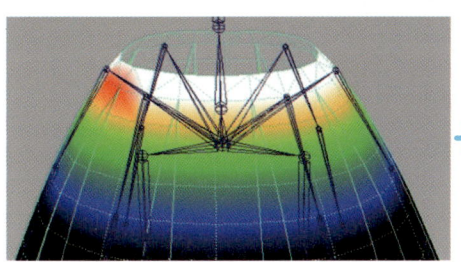 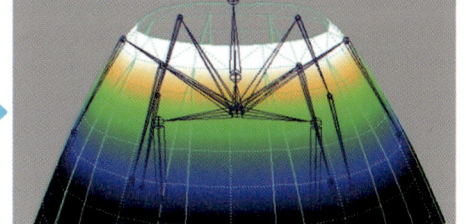

13 ▶ 스커트의 웨이트 조정을 마쳤습니다. 바깥쪽 면, 안쪽 면 순서대로 메시를 선택한 뒤 스커트 안쪽면으로 웨이트를 복사합니다. 바깥쪽, 안쪽 모두 같은 형태가 되면 됩니다.

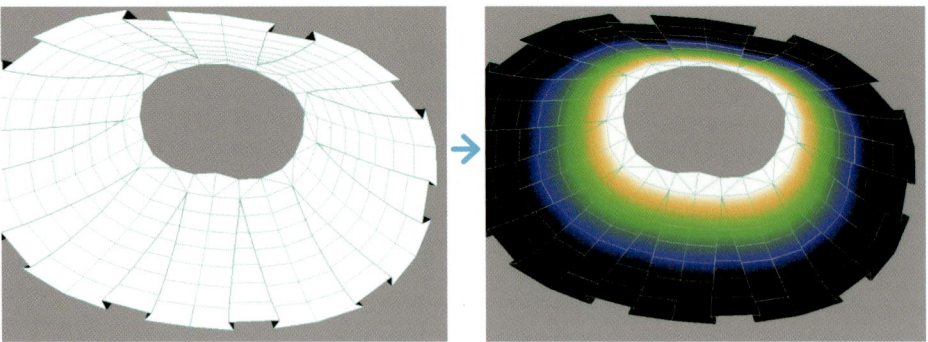

3.1.19 ▶ 세그먼트 스케일 보정 활성화/비활성화 스크립트

1 ▶ 조인트의 속성인 세그먼트 스케일 보정이 활성화되어 있으면, 스케일을 걸어도 부모의 영향을 받지 않게 됩니다. 다음 명령어를 [윈도우 → 일반 데이터 → 스크립트 에디터]의 Python 탭에서 실행하면, 지금까지 만든 모든 조인트의 세그먼트 스케일 중 활성화되어 있는 것을 비활성화할 수 있습니다.

```python
import pymel.core as pm
for joint in pm.ls(type='joint'):
    joint.segmentScaleCompensate.set(0)
```

2 ▶ 위 pymel에서 수행하는 작업을 주석(빨간색)으로 설명합니다.

```python
# pymel 명령어에 접근하기 위해 Python 탭에서는 먼저 다음 명령어를 입력해야 합니다.
import pymel.core as pm
# for문은 같은 처리를 반복해서 수행할 때 사용합니다.
# 「pm.ls(type='joint')」 씬 안의 조인트를 「joint」에 넣고, 그 숫자만큼 for문을 반복합니다.
for joint in pm.ls(type='joint'):
    # 「joint」의 「.segmentScaleCompensate」 세그먼트 스케일 보정을 「.set(0)」 0으로 설정합니다.
    joint.segmentScaleCompensate.set(0)
```

3.1.20 ▶ 몸체 케이지 모델 만들기와 하반신의 웨이트

1 ▶ 몸의 웨이트 전사용으로 케이지 모델을 준비합니다. 케이지 모델을 처음부터 만들려면 상당한 시간이 걸리므로, 작업 초기에 만들었던 몸의 로우 모델을 임포트한 뒤, 몸의 케이지 모델을 만들기로 합니다. 로우 모델은 [Smooth Mesh Preview]를 활성화하고, [Display Subdivisions] 항목의 체크를 해제합니다.

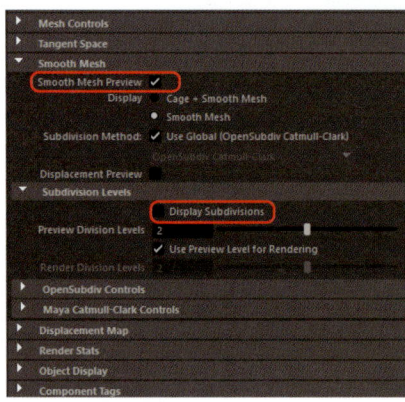
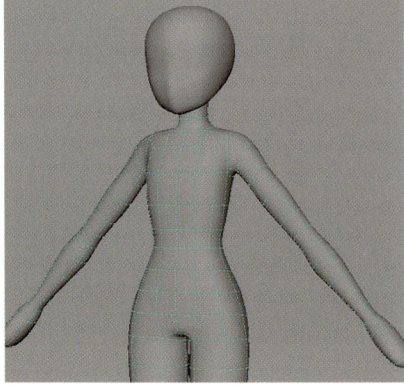

2 ▶ 로우 모델의 형태를 이동, 회전, 스케일해서 몸 모델 위치에 맞춥니다. 분할이 부족한 부분은 에지 루프 삽입 도구, Multi-Cut Tool 등을 활용해 추가합니다.

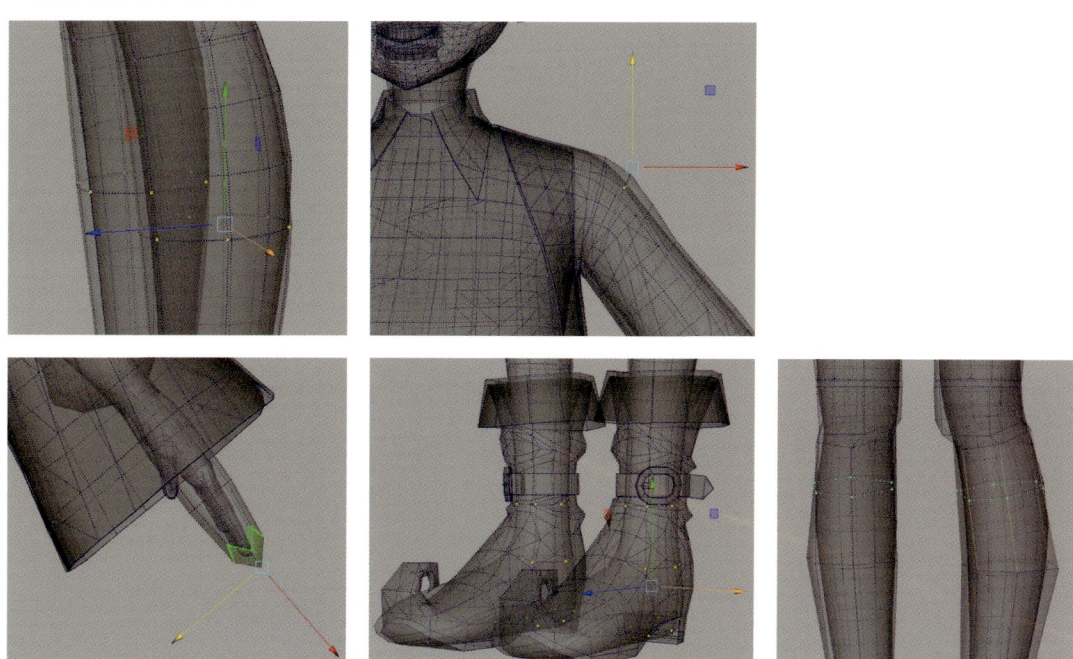

3 ▶ 가랑이의 팬티 라인에 맞춰 분할을 넣습니다. 가슴이 부푼 부분도 톱 위치에 분할을 넣고 버텍스의 위치를 맞춥니다.

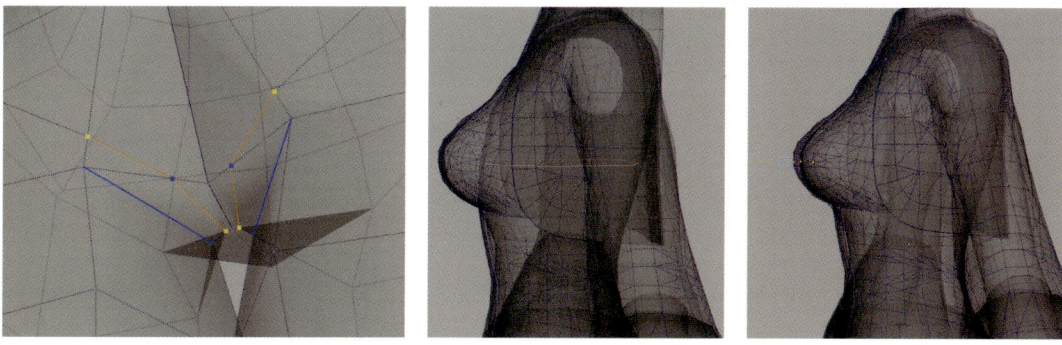

4 ▶ 팬티 라인이 잘 보이지 않으므로 로우 모델의 팬티 라인에 바느질선을 넣습니다. [모델링 메뉴 → 메시 도구 → 바느질선 도구]를 선택하고, 바느질선을 넣을 컴포넌트를 선택한 뒤 마우스 가운데 버튼을 클릭한 상태에서 오른쪽으로 드래그해 바느질선 값을 편집합니다.

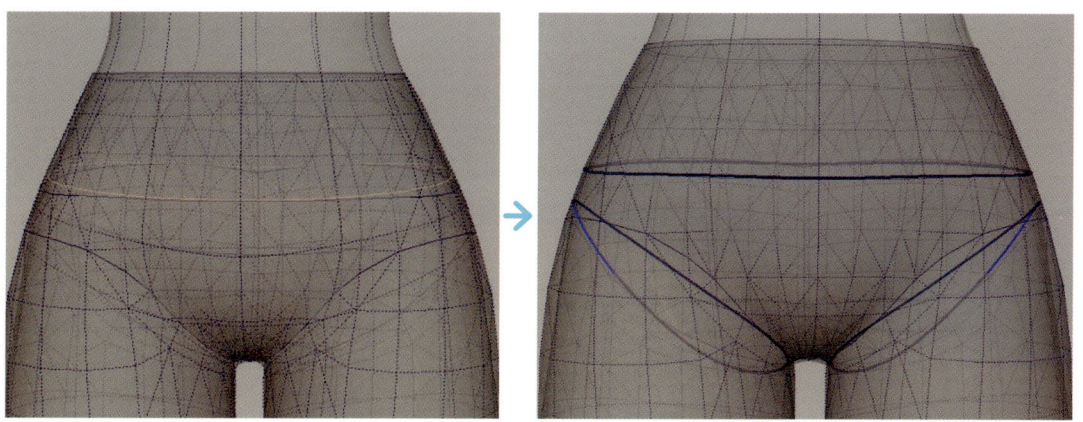

5 ▶ 로우 모델의 형태를 몸에 맞췄습니다. [메뉴 → 메시 → 스무스]를 선택해 모델에 스무스를 적용합니다.

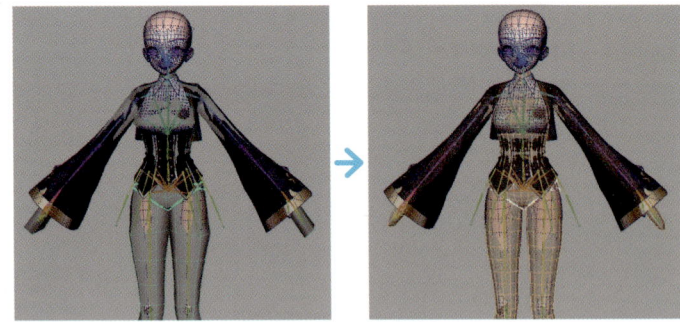

6 ▶ 분할이 너무 많이 늘어난 위치는 에지/버텍스를 삭제합니다. 에지를 삭제해도 큰 형태가 손상되지 않도록 주의합니다. 바인드 전까지 진행한 시점에서 히스토리를 삭제합니다.

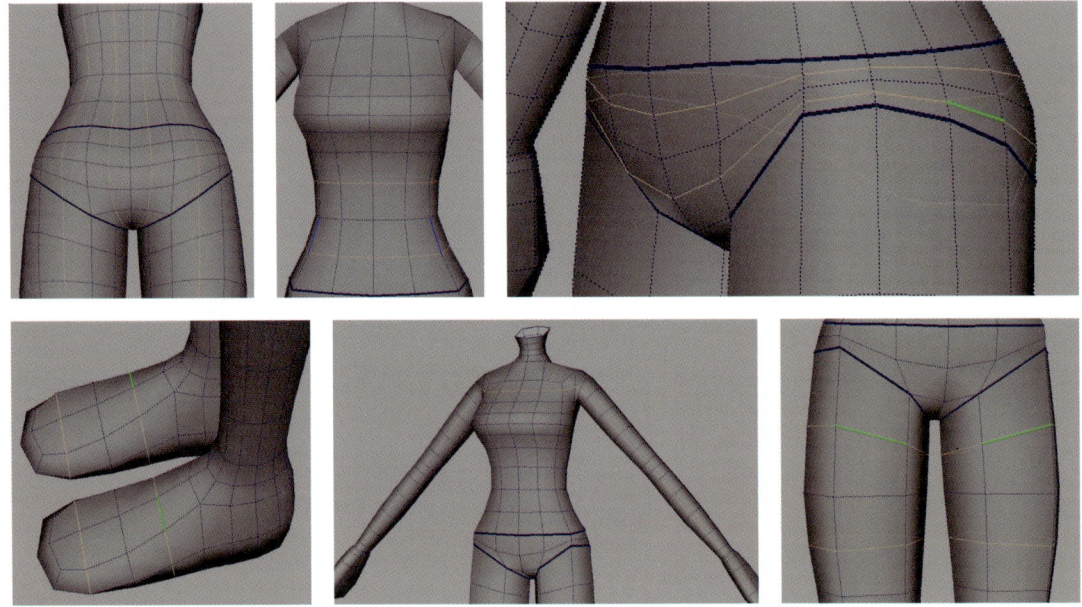

7 ▶ Hips 아래 계층과 몸의 케이지 모델을 선택하고 스켈레톤에 바인드 합니다. 바인드를 마쳤다면 각 조인트를 움직여 조인트 배치에 문제가 없는지 확인합니다.

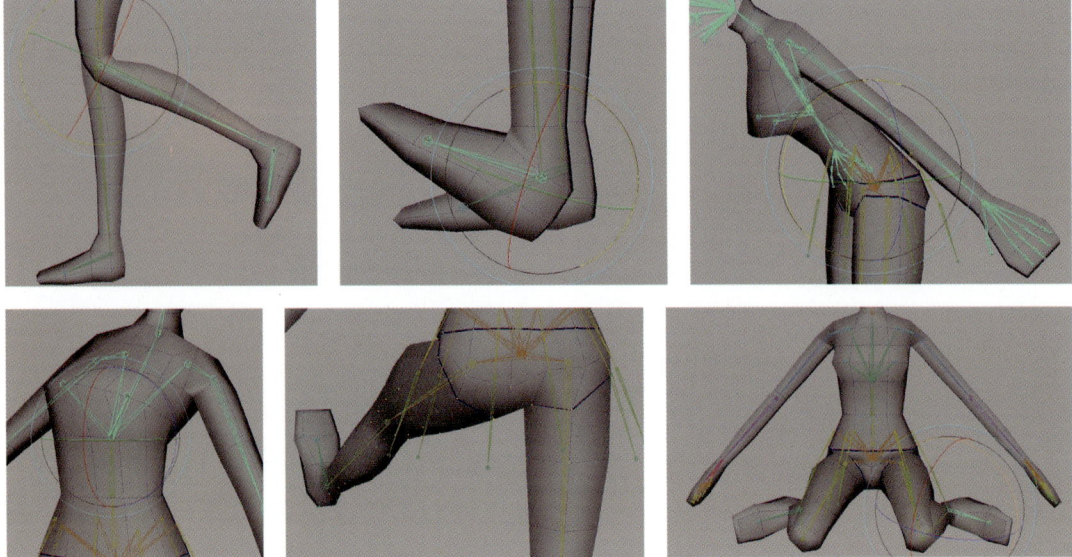

8 ▶ 문제가 없다면 부품별로 버텍스를 선택하고 웨이트 값을 1로 설정합니다. 관절 부분은 스무스 등을 사용해 사이의 값을 넣습니다.

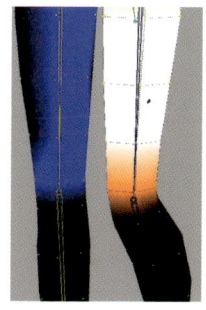
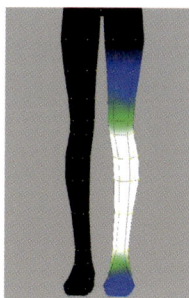
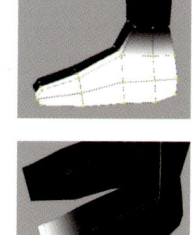

9 ▶ 몸의 본체 모델도 스켈레톤에 바인드 하고, 케이지 모델에서 본체 모델로 웨이트를 전사합니다. 웨이트를 전사하면 케이지 모델의 에지와 에지 사이의 부분은 본체 모델에서는 깔끔한 그러데이션으로 반영됩니다. 각 조인트를 움직여 올바르게 바인드 되었는지 확인합니다.

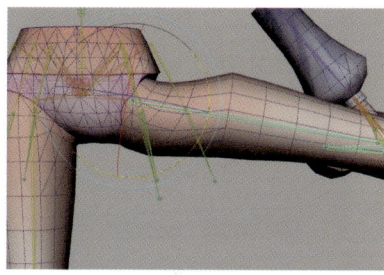
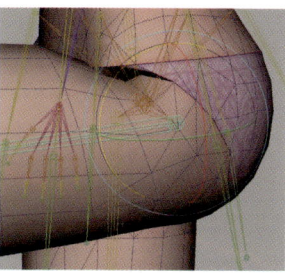
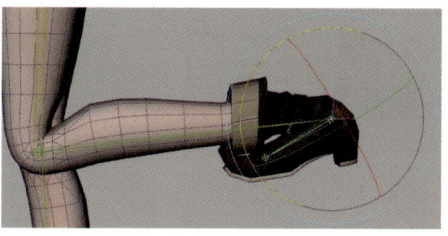
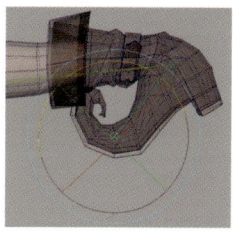

10 ▶ 다리를 옆으로 올리면 허벅지 밑동이 부자연스럽게 구부러지므로 웨이트를 조정합니다. 동시에 팬티의 실루엣도 자연스러운 흐름이 되게 합니다. 허벅지와 팬티의 경계에 있는 버텍스는 떨어지지 않도록 같은 웨이트로 설정하고, 딱딱한 부분은 컴포넌트 에디터 등을 사용해 값을 조정했습니다. 우선 조정을 마쳤다면 앞, 옆, 뒤로 허벅지의 조인트를 움직이면서 자연스러운 형태가 되는지 확인합니다.

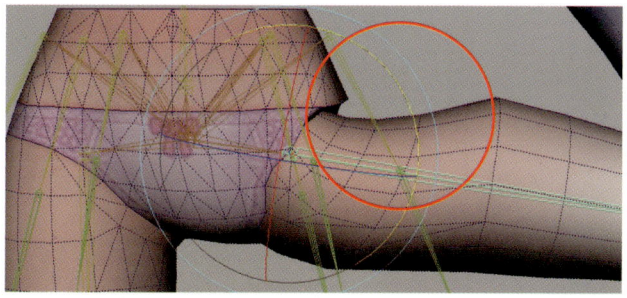
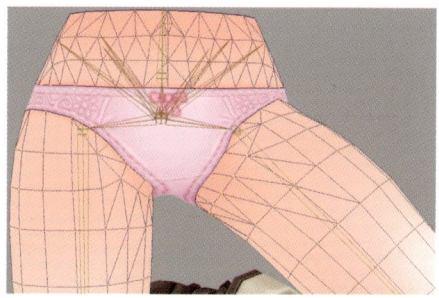
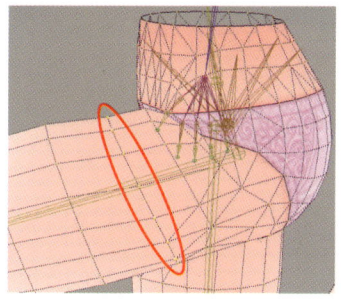
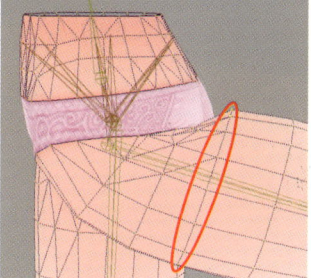
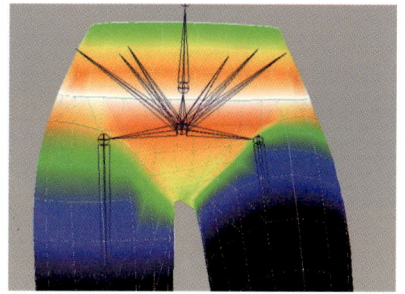

11 ▶ 무릎 뒤쪽과 종아리가 부자연스럽게 패이므로 자연스러운 실루엣이 되도록 무릎 뒤쪽의 버텍스와 종아리의 버텍스를 선택한 뒤 다소 부푼 형태로 조정합니다.

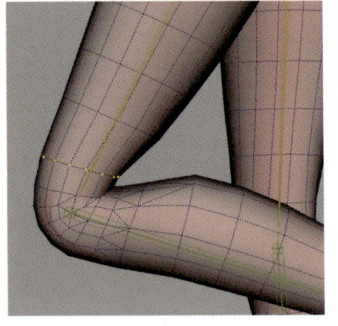
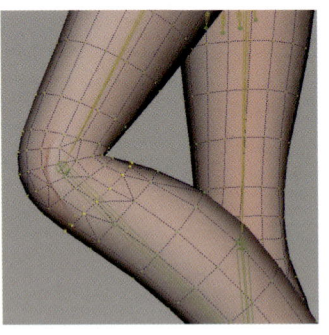

12 ▶ 팬티의 웨이트 영향 범위가 좌우로 달랐기 때문에 왼쪽에서 오른쪽으로 튀어나온 부분은 웨이트 값을 0으로 설정해 삭제한 뒤, 스킨 웨이트 미러로 동일하게 했습니다.

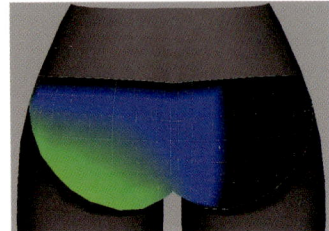
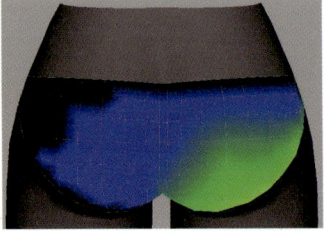
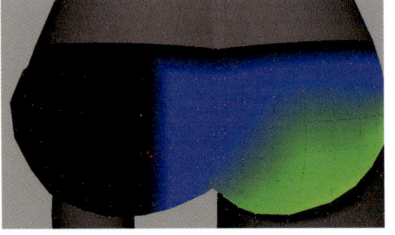

13 ▶ 다시 팬티 변형 시 버텍스가 깔끔하게 배치되도록 Hips의 웨이트를 정리합니다.

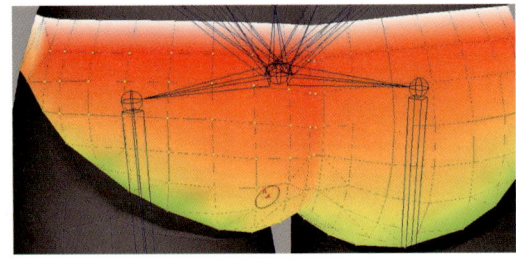
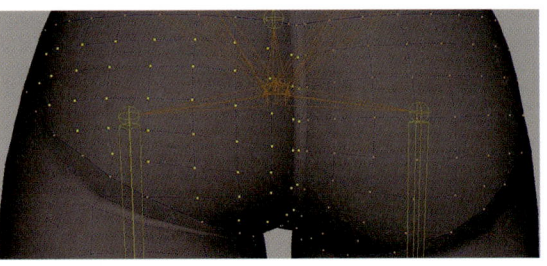

14 ▶ 팬티와 허벅지 사이의 버텍스가 밀집되어 있어 버텍스의 배열이 다소 복잡합니다. 복잡한 부분은 보조 뼈를 사용해 피하므로, 어떤 부분을 복잡하게 만들 지 등을 확인하면서 자연스럽게 움직이도록 주의하면서 웨이트를 조정합니다.

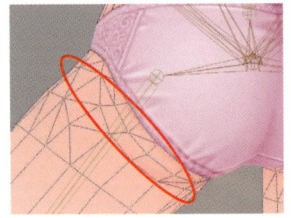
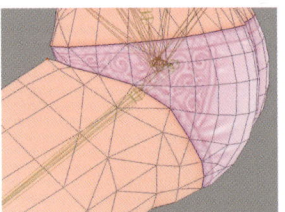
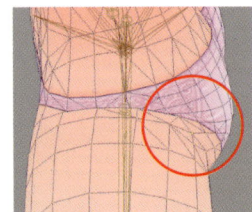
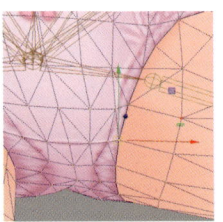

15 ▶ 발목의 웨이트를 조정합니다. 부츠 위쪽의 접히는 부분이 이상하게 튀어나오므로 LeftFoot의 웨이트 값을 0으로 설정해 튀어나오지 않도록 고정합니다. 웨이트를 0으로 서정하는 것만으로는 해당 경계가 이상하게 변형되므로 웨이트의 스무스를 활용해 정리했습니다.

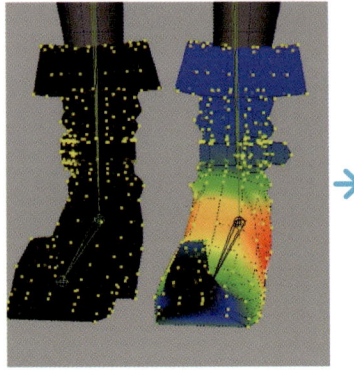
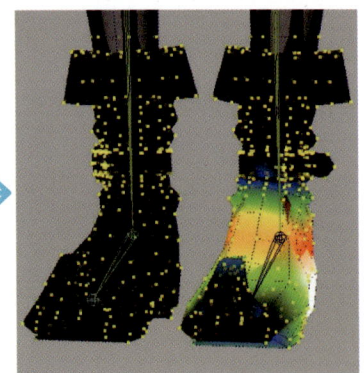

16 ▶ 발끝 부근의 웨이트가 케이지 모델에서의 전사로 잘 반영되지 않아 분할을 늘리고, 다시 바인드 한 뒤 웨이트도 다시 조정했습니다.

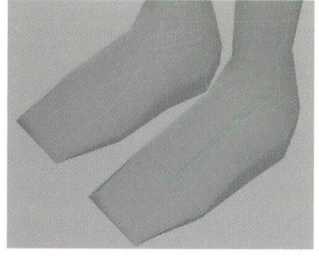 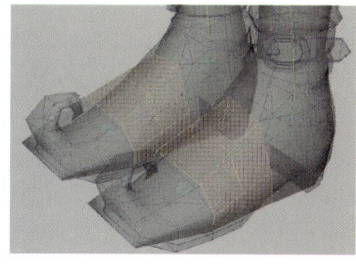 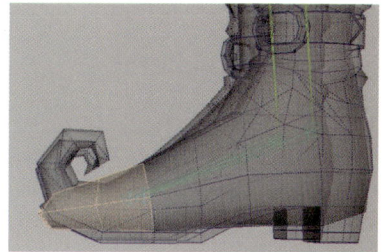

17 ▶ 발목과 발끝을 움직이면서 변형을 확인합니다. 조인트를 움직여 자연스럽게 움직이지 않는 부분을 조정해 깔끔한 웨이트의 그러데이션으로 만들었습니다.

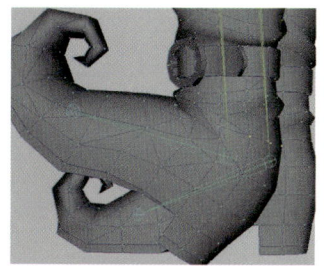 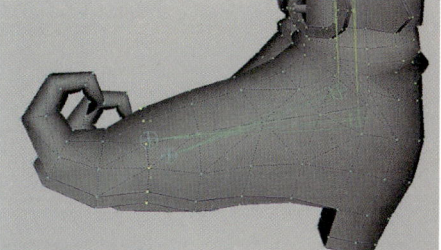 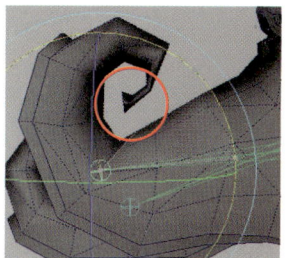

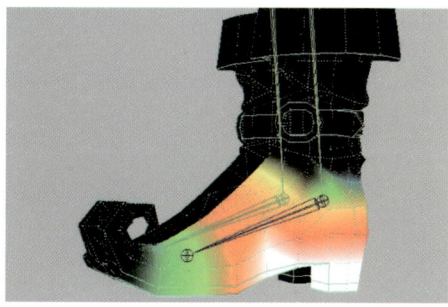 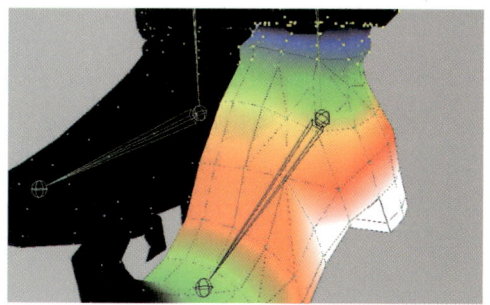

3.1.21 ▶ 상반신의 웨이트와 조인트 조정

1 ▶ 케이지 모델의 Hips와 Spine~Spine2의 웨이트를 조정합니다. 각 조인트와 높이가 가까운 버텍스에는 그 조인트의 웨이트를 크게 넣습니다. 그 밖의 조인트 사이에 있는 버텍스에는 영향이 약해지도록 웨이트를 조정합니다.

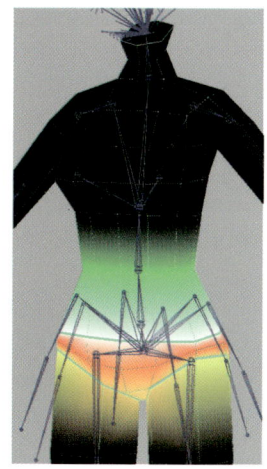 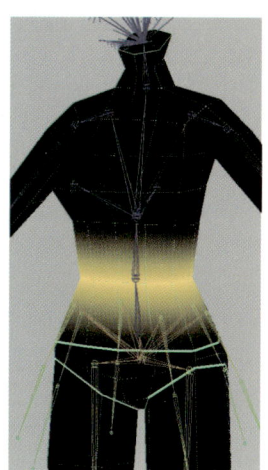 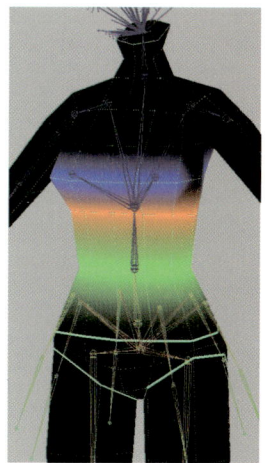 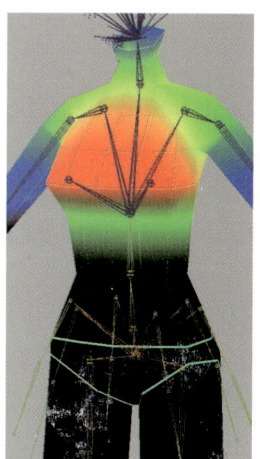

2 ▶ Neck은 머리 이외의 부분은 움직이고 싶지 않으므로, 어깨나 가슴까지 영향을 주는 웨이트는 삭제해 둡니다.

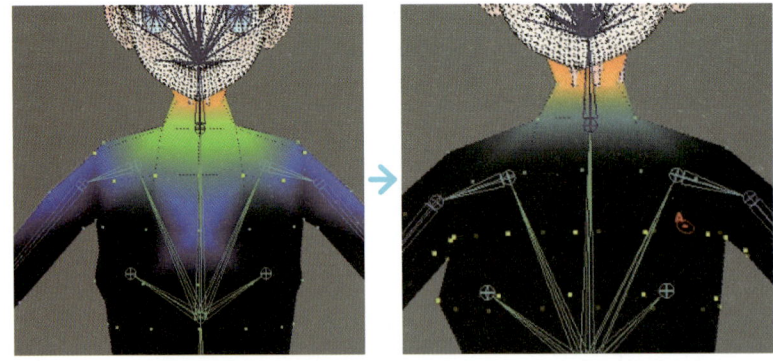

3 ▶ 가슴과 손 관절 부분의 웨이트는 그러데이션 형태로 하므로 말과 마찬가지로 각각 웨이트 값을 1로 설정합니다.

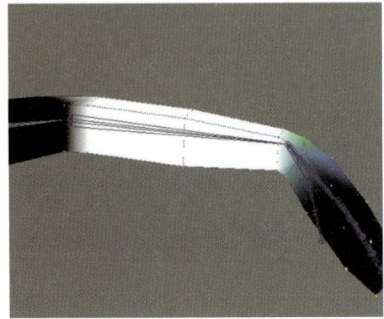 

4 ▼ 케이지 모델의 상반신에서 본체 모델 웨이트를 전사했다면 팔, 목, 등 관절을 움직이면서 케이지 모델과 본체 메시가 모두 동일하게 움직이는지 확인합니다. 가슴은 찌부러져 있으므로 이후 단계에서 케이지 모델에 분할을 더해 보다 정확한 웨이트를 전사할 수 있게 조정합니다.

 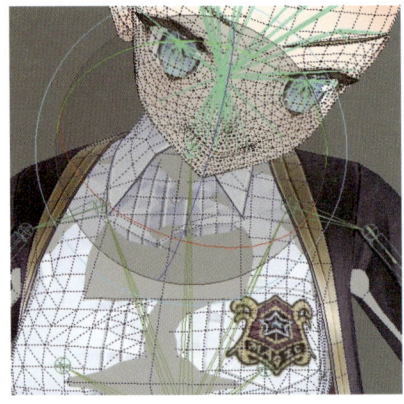 

5 ▼ 스커트의 웨이트를 코르셋에 전사했습니다. 스커트를 움직이면 코르셋 자락 부근이 말려 올라가므로 코르셋의 움직이고 싶은 버텍스를 선택한 뒤 스킨 웨이트를 복사합니다.

 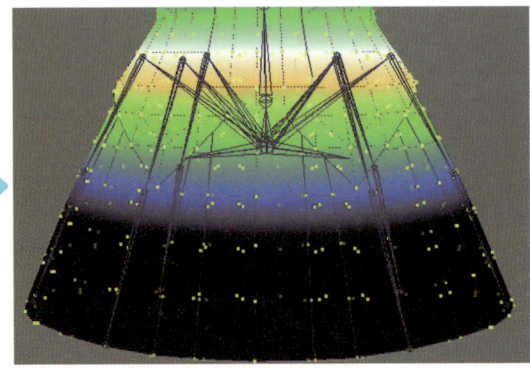

6 ▼ 등의 조인트와 스커트의 조인트를 구부려 확인합니다. 코르셋이 말려 올라가는 것은 없어졌지만 등의 굽혔을 때 다른 위치가 말려 올라가므로 조정합니다.

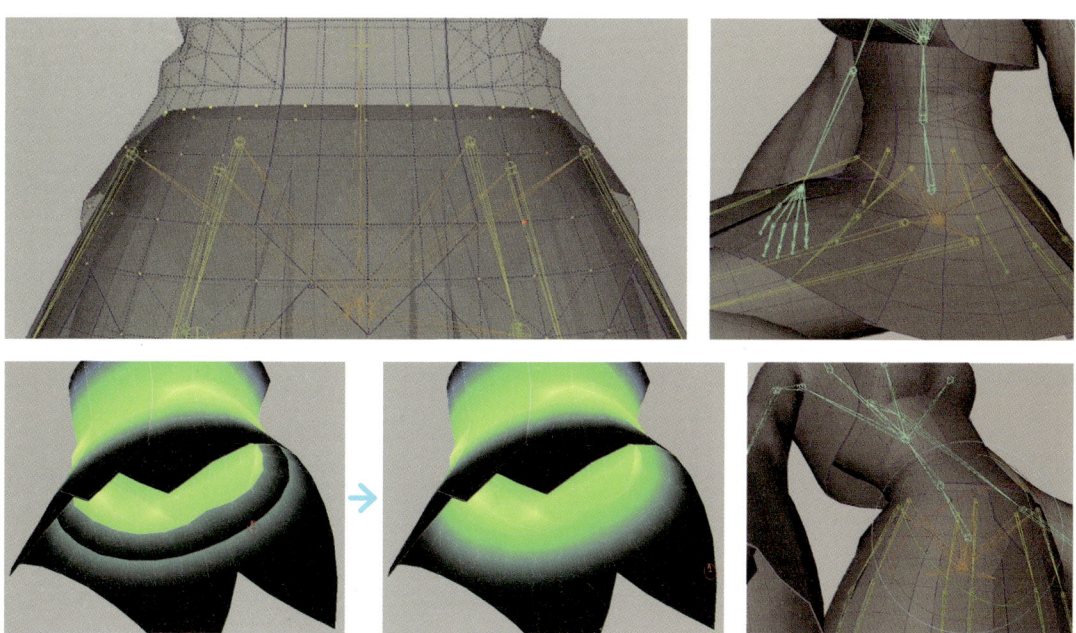

7 ▼ 소매는 버텍스를 선택하고 LeftForeArm의 웨이트 값을 1로 설정합니다. 온 내부 셔츠는 몸의 케이지 모델로 말려 들어가 있으므로 수정합니다. 팔꿈치 조인트의 웨이트 값도 1에 가깝게 칠합니다.

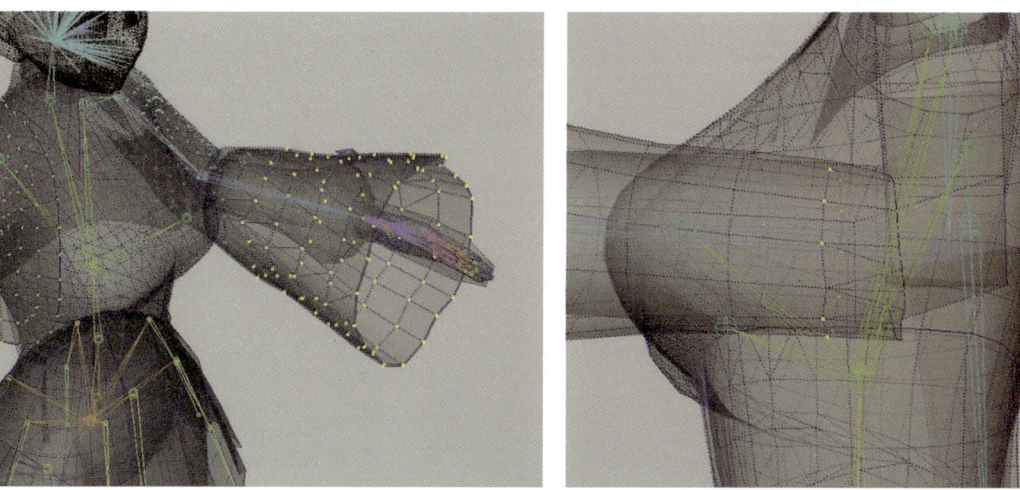

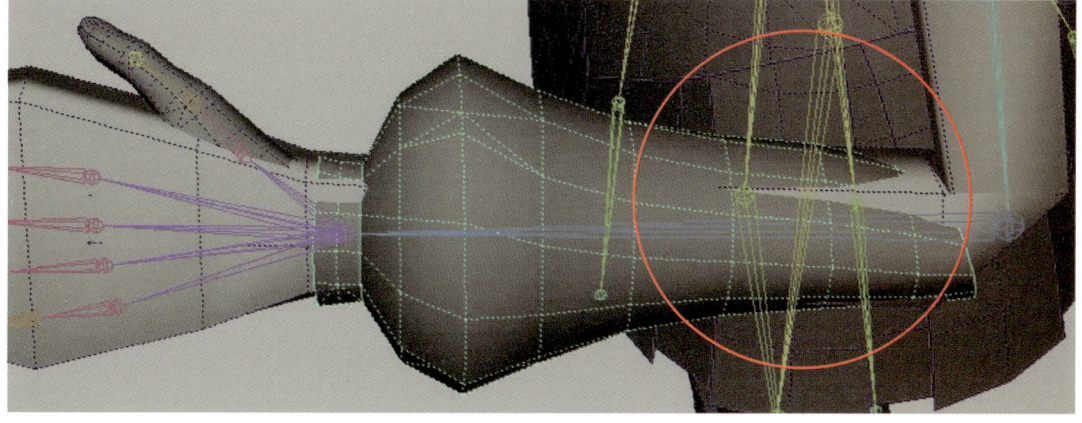

8 ▶ 팔꿈치에서 위팔까지의 웨이트를 세세하게 조정합니다. 팔꿈치 부분은 보조 뼈가 없으면 접혀 들어가므로, 굽혔을 때 팔꿈치의 토폴로지가 깔끔하게 변형되도록 합니다.

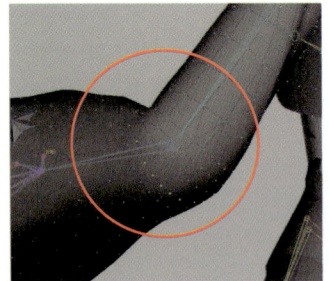 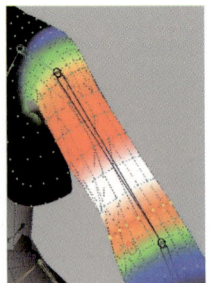 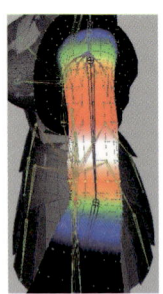

9 ▶ 손목을 굽힌 상태에서 손목의 웨이트를 조정합니다. 소매 주변은 나중에 휘어지는 것을 방지하기 위한 보조 뼈를 넣습니다. 상하좌우의 움직임으로 메시가 말려 들어가지 않게 합니다.

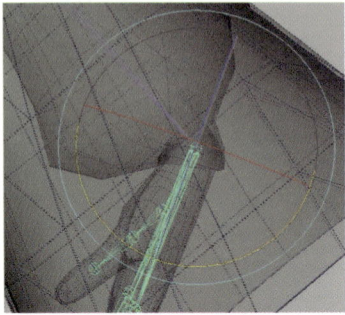 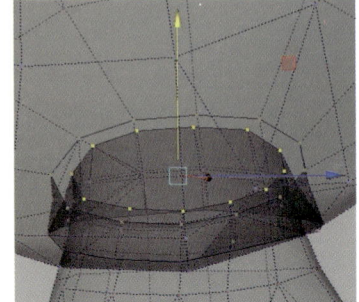

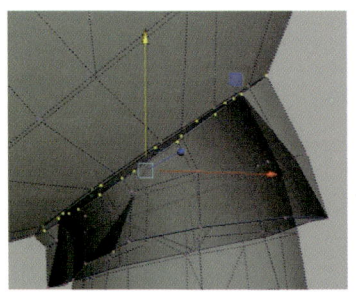 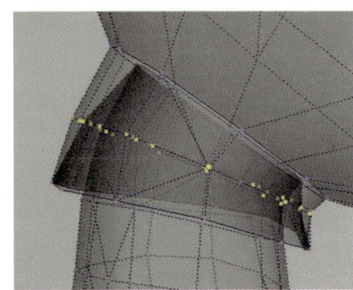 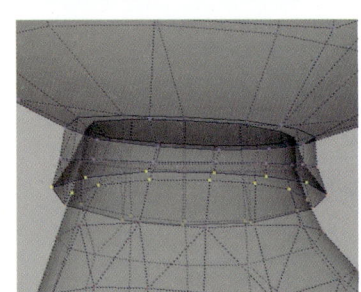

10 ▶ 목을 기울였을 때 목과 셔츠 깃의 경계에 위치한 버텍스에 간격이 생겼으므로 머리 밑동의 버텍스도 기울어지게 웨이트를 조정합니다.

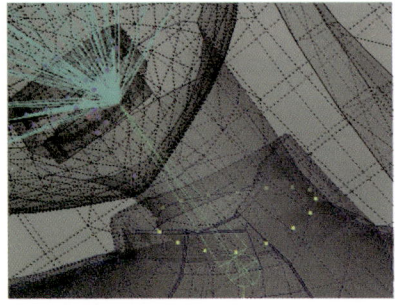 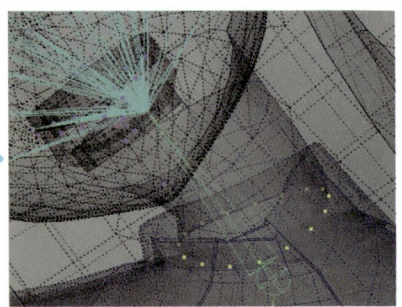

11 ▶ 케이지 모델에서 웨이트를 전사했을 때 깔끔하게 되지 않았기 때문에, 에지 루프 삽입 도구로 허리 주변에 분할 에지를 늘리고, 늘린 에지를 스케일해서 본체 메시에 가깝게 합니다. 허리 주변의 다른 에지도 이동과 스케일을 사용해 조정했습니다.

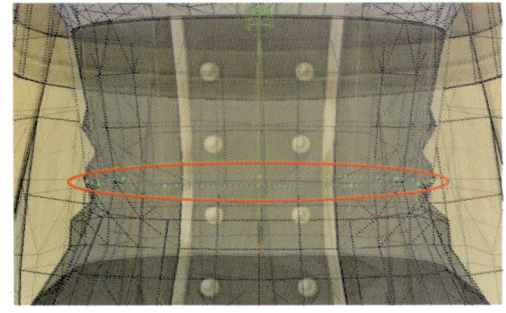 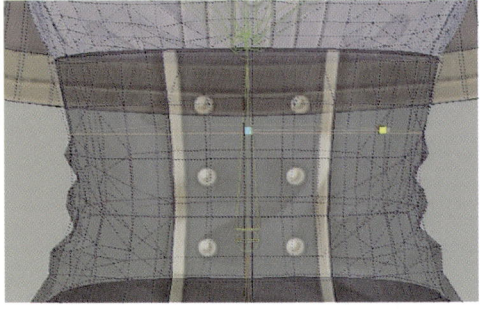

12 ▶ 다시 Multi-Cut Tool을 사용해 가슴 주변의 에지를 늘려 가슴 형태를 정리합니다. 본체의 메시와 대조하면서 컷 위치를 선택해 에지를 늘립니다.

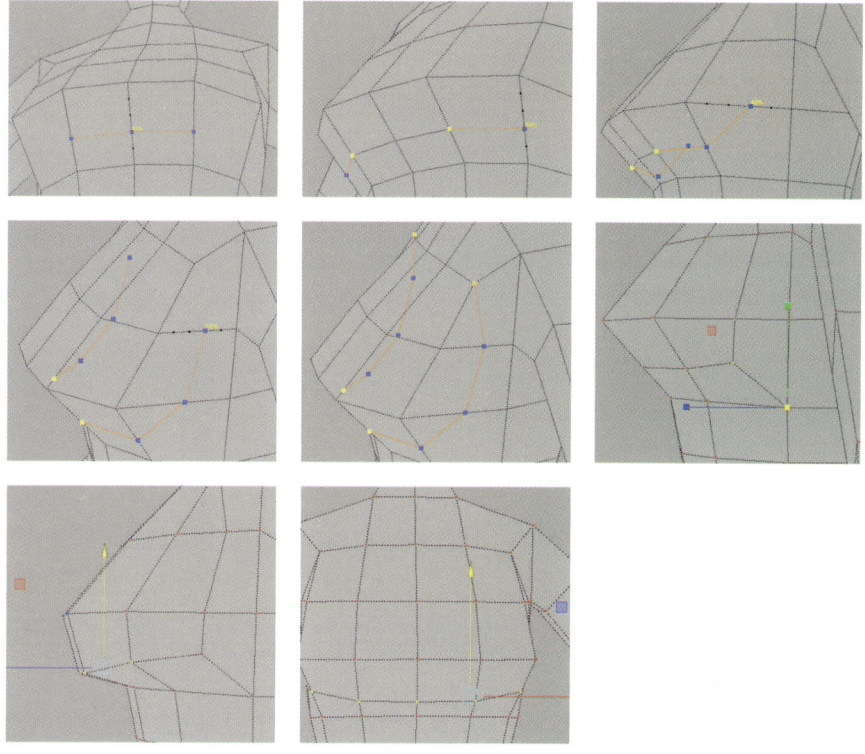

13 ▼ 가슴의 부푼 부분의 버텍스를 움직여 본체 메시에 맞게 형태를 조정합니다.

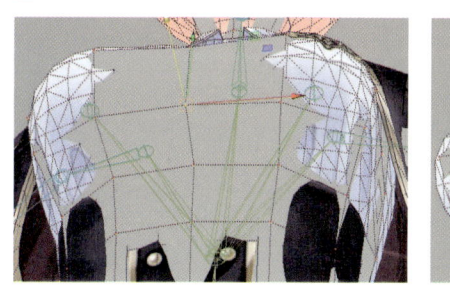

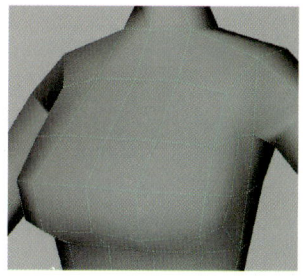

14 ▼ 어깨 주변의 분할도 Multi-Cut Tool을 사용해 늘립니다. 이 때 만들어진 다각형 폴리곤은 앞에서 잘라낸 가슴 부분과 다음 단계에서 연결할 것이므로 여기에서는 그대로 둡니다.

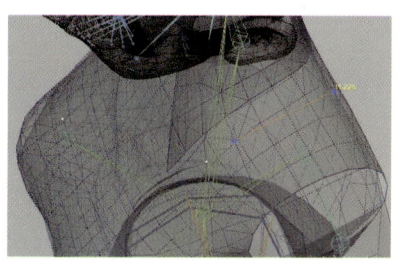
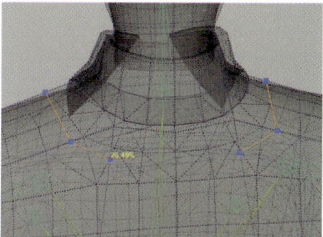
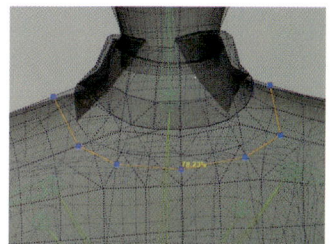

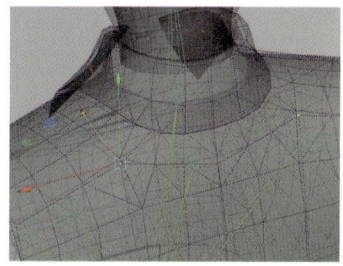
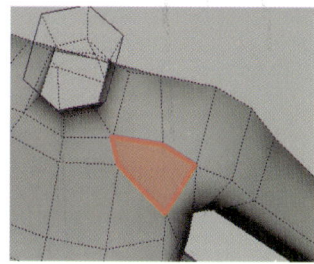

15 ▶ 앞 단계에서 만들어진 다각형 폴리곤을 지우면서 가슴의 부푼 부분을 조정합니다. 다각형 부분의 버텍스를 선택하고 가운데로 병합합니다. 다음으로 병합한 버텍스에서 아래의 버텍스 사이를 Multi-Cut Tool로 잘라냅니다. 쇄골에서 가슴 위쪽까지 둥글게 만들고, 버텍스를 조정했습니다.

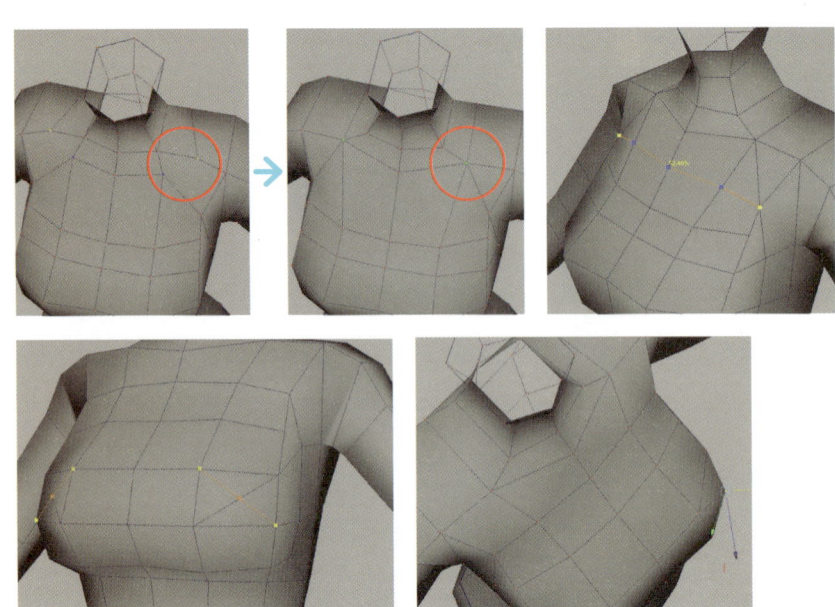

16 ▼ 가슴 주변에서 삼각형으로 만들 페이스를 선택한 뒤 삼각형으로 만듭니다. 케이지 모델의 삼각형화는 에지의 라인이나 움직일 때의 가이드가 되므로 분할을 넣습니다.

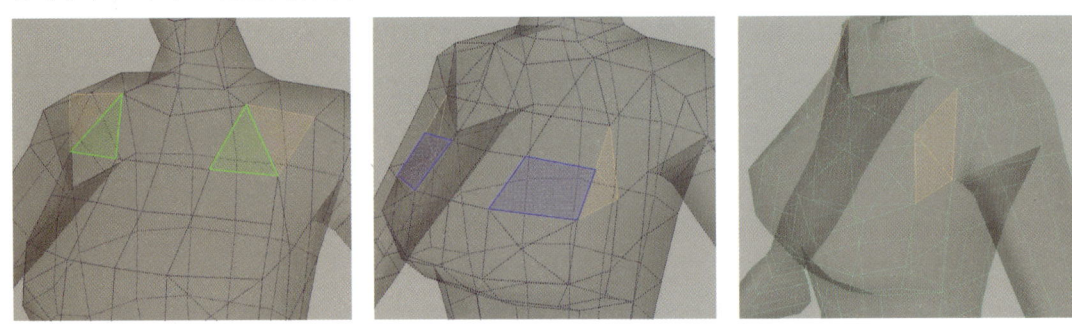

17 ▼ 웨이트를 넣었을 때 쇄골이 끊어진 것처럼 움직였으므로, 여기에서 쇄골 위치에 맞춰 어깨의 조인트를 안쪽으로 이동했습니다.

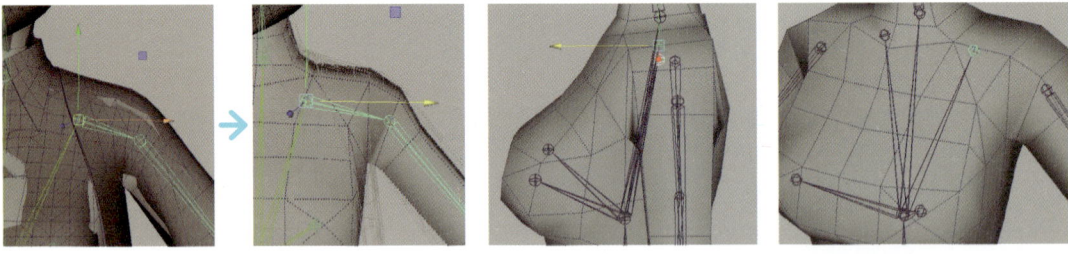

18 ▶ 전사 과정에서 팔꿈치나 아우터(재킷)에 Hips의 불필요한 웨이트가 들어갔으므로 제거합니다.

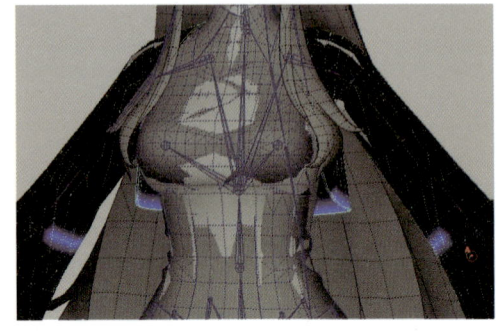

19 ▶ 분할을 늘린 허리 주변의 에지는, 허리를 굽히거나 펴면서 확인했습니다. 에지의 흐름이 부자연스러운 곳을 수정했습니다.

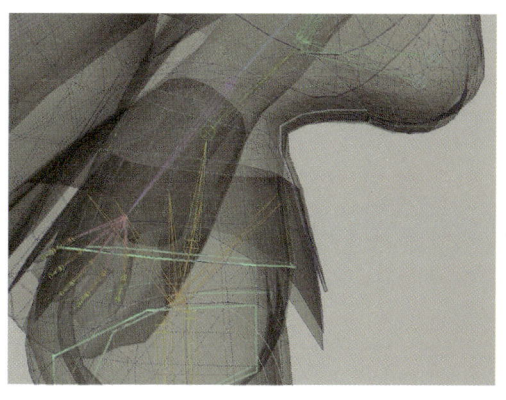
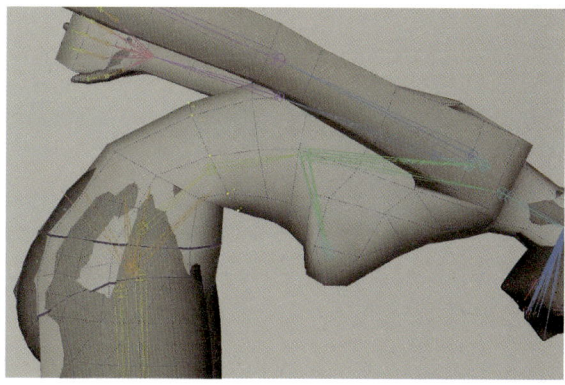

20 ▶ 허리의 웨이트를 조정합니다. Spine1에 가슴의 웨이트가 들어 있으므로 Spine2로 이동합니다. Spine2에서 가슴의 조인트에 웨이트를 주는 형태로 위쪽에서 부드럽게 칠합니다.

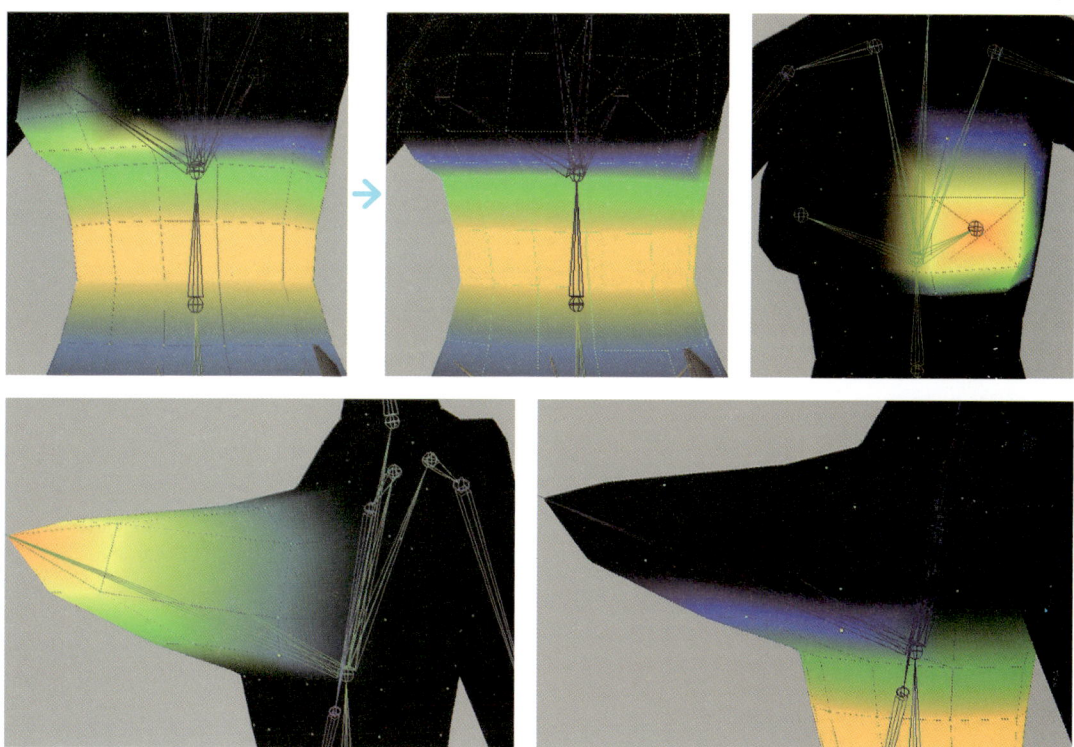

21 ▶ 어깨는 3개 축으로 움직이면서 실제 사람의 가동 범위에 맞춰 웨이트를 줍니다.

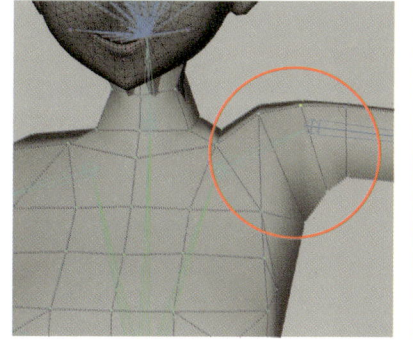
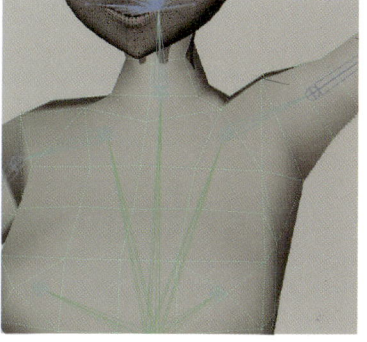
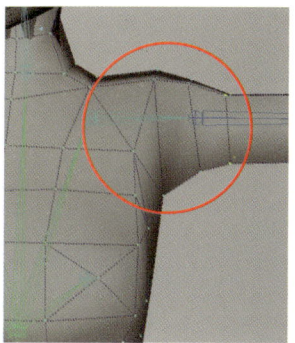

22 ▶ 상반신의 전사할 부분의 버텍스를 선택하고, 동체 주변의 웨이트만 본체 메시로 다시 전사합니다. 동체 주변의 조인트를 움직이면서 웨이트가 날아간 부분이나 에지 흐름이 이상한 부분을 확인합니다.

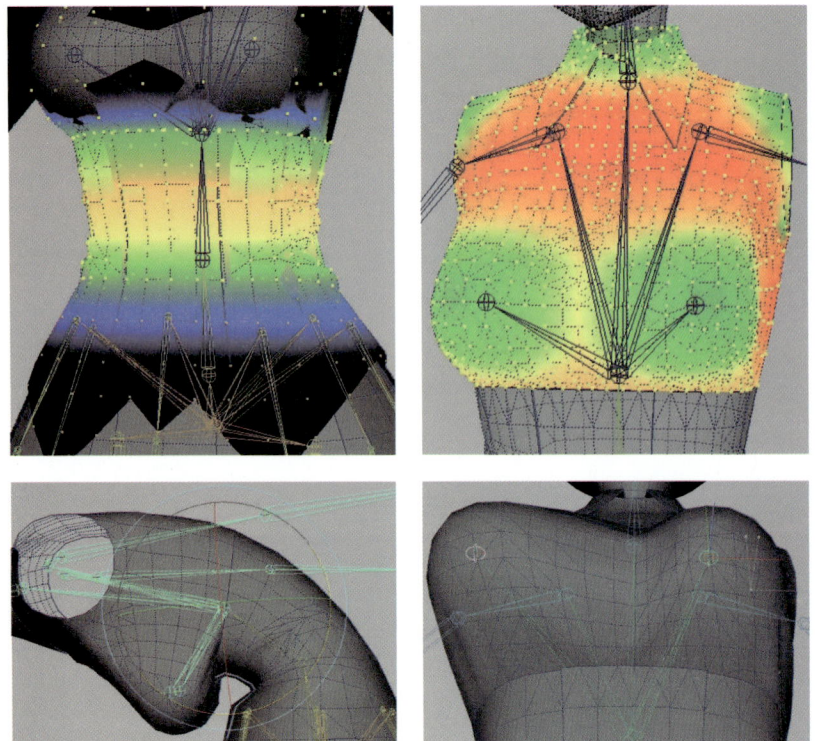

23 ▼ 목 밑동의 전사 부분의 웨이트는 컴포넌트 에디터를 사용해 Neck에서 움직이고 싶은 버텍스를 버텍스 별로 조정합니다.

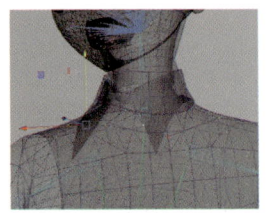 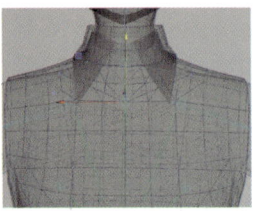 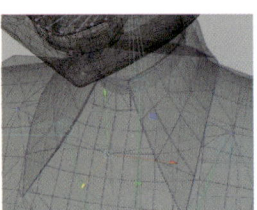 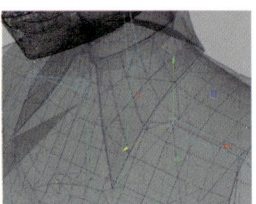

24 ▼ 허리를 굽혀 비틀었을 때 옆으로 회전했을 때 토폴로지가 딱딱하지 않도록 스무스를 걸면서 웨이트를 조정합니다.

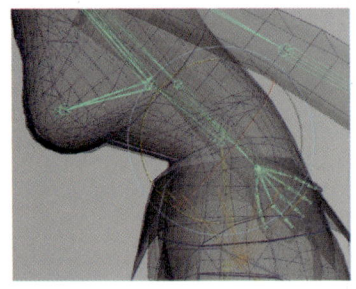 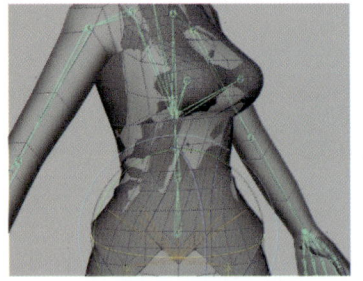 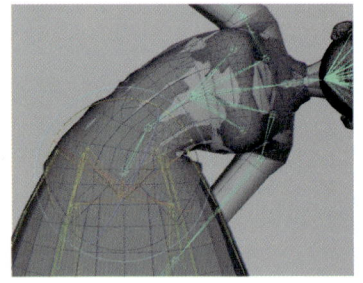

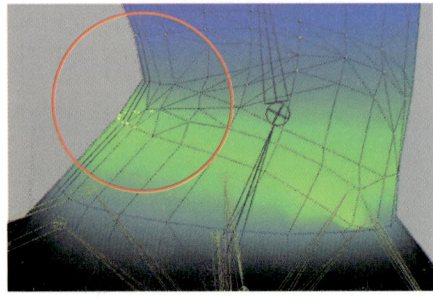

3.1.22 ▶ 임시 포즈를 통한 변형 확인

1 ▼ 임시 포즈를 만들어 변형에 이상이 없는지 확인하고, 가능한 몸의 모든 관절을 움직여 포즈를 만들며 확인합니다.

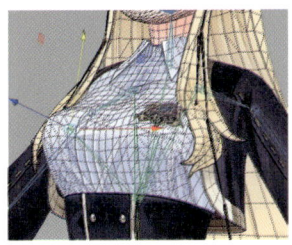
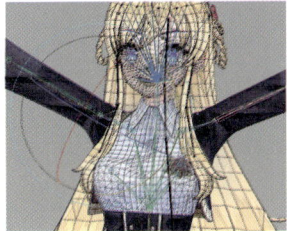

3.1.23 ▶ 기타 웨이트 조정

1 ▶ 어깨를 움직여 웨이트를 확인합니다. 어깨는 삼각근의 부푼 부분을 상상하면서 웨이트를 그립니다. 팔을 폈을 때 부풀어 오르고, 내렸을 때 늘어나는 형태입니다.

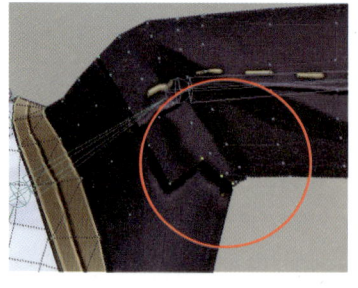 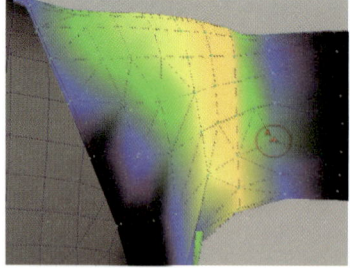 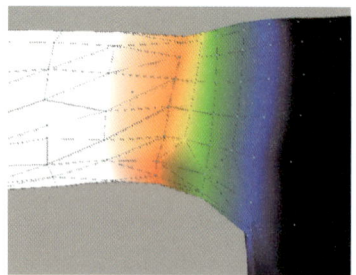

2 ▶ 세컨더리 설명에서 벨트 주변은 별도 제어로 했지만, 우선 코르셋의 허리 부분부터 허리 벨트에도 웨이트를 전사해 둡니다.

 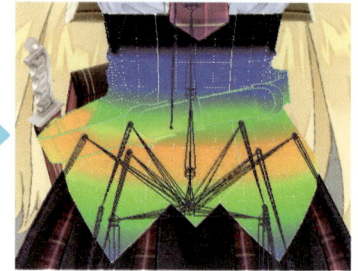

3 ▶ 단검의 웨이트가 Hips에 들어가 몸체를 움직이면 깨지므로, 벨트와 단검이 연결되어 있는 웨이트 값을 복사해, 단검 전체에 같은 값을 넣었습니다.

4 ▶ 가슴에 오므리거나 폈을 때 자연스럽게 움직이도록 웨이트를 조정합니다. 가슴은 심하게 움직이지 않는다고 가정해 위쪽 값이 0.5 정도가 되도록 스무스를 걸었습니다.

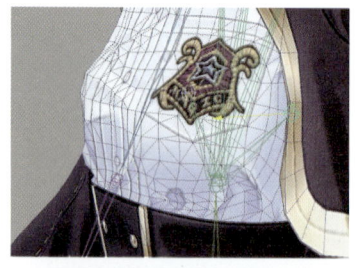 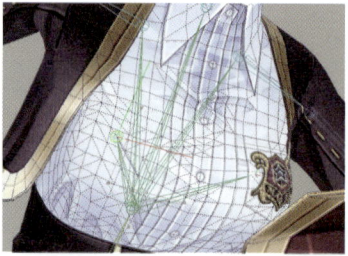 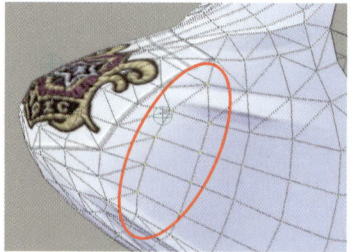

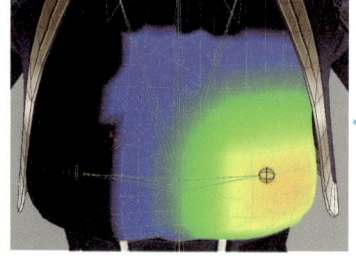 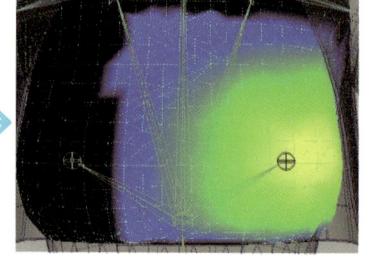

5 ▶ 목 주변 웨이트는 목을 구부렸을 때 깃이 깔끔하게 접히도록 칠합니다. 목이 깃을 깃을 뚫고 나오지 않도록 합니다.

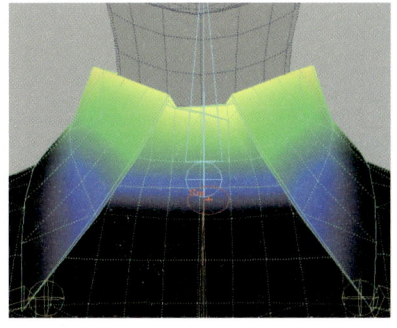 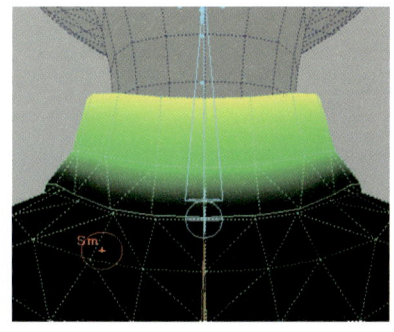

6 ▼ 어깨를 올려 목 밑동과 어깨 사이가 깔끔하게 되도록 컴포넌트 에디터나 웨이트의 스무스를 조정합니다.

 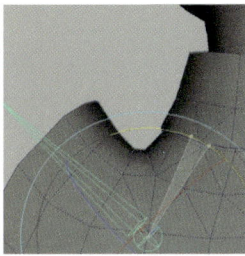 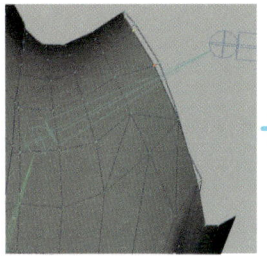 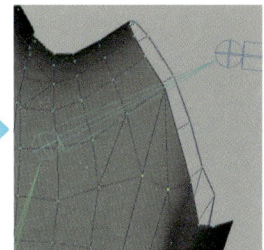

7 ▶ 안쪽의 셔츠에 웨이트가 들어갔으므로 바깥쪽 아우터로 웨이트를 이동합니다. 이 상태에서는 가슴을 오렸을 때 셔츠가 아우터를 뚫고 나가기 때문에 바깥쪽 아우터의 버텍스를 선택하고 안쪽에서 바깥쪽으로 스킨 웨이트를 복사했습니다.

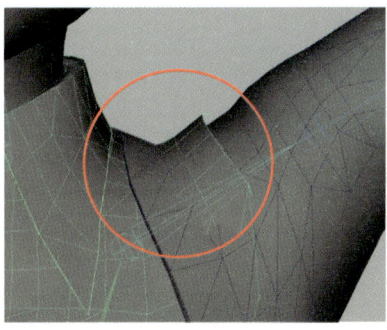 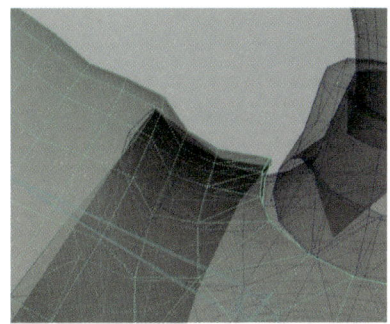

8 ▼ 어깨 주변에 스무스를 적용하면서 자연스럽게 부풀도록 웨이트를 조정합니다. X축 표시 등으로 전환하면서 안쪽 메시와 어긋나지 않도록 확인합니다. 어깨를 위아래, 앞뒤로 움직이면서 튀어나오거나 딱딱한 부분이 가능한 없게 조정합니다.

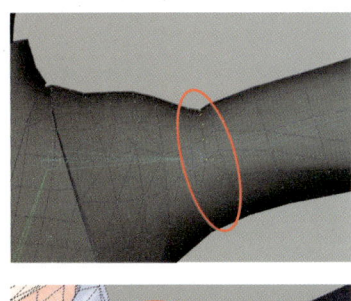 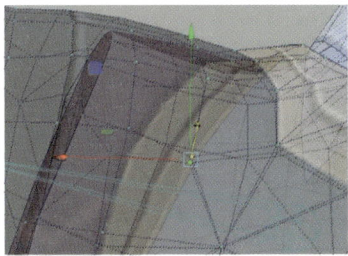 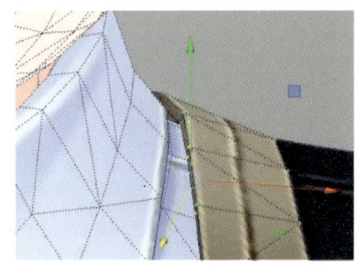

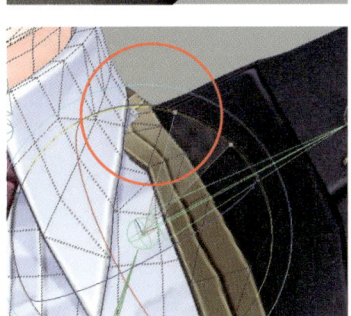 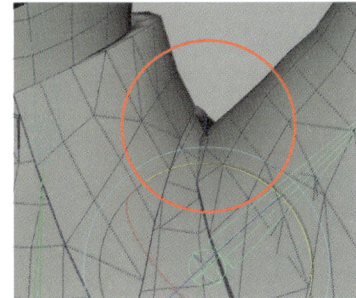 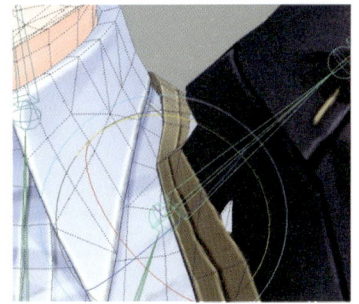

9 ▶ 선택 항목 분리 표시 등을 활용해 아우터를 안쪽에서도 확인해, 이상하게 변형되고 있는 위치를 세세하게 조정합니다. 이 때 셔츠도 한 번 더 확인하고, 말려 들어간 부분이 있다면 수정합니다.

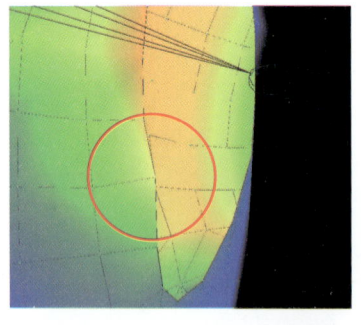 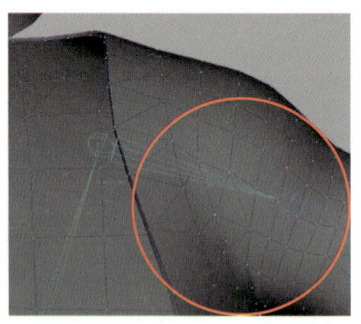

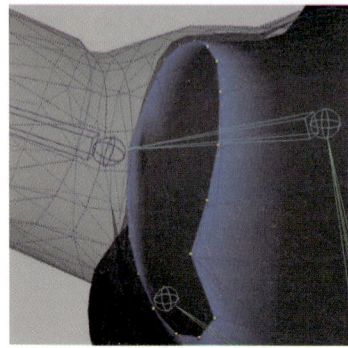 

10 ▶ 우선 A 포즈, T 포즈에서 모두 깔끔한 웨이트를 만들었으므로, 달리는 포즈 중을 만들면서 웨이트를 확인합니다.

 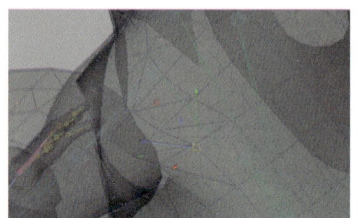

11 ▼ 마지막으로 손의 웨이트를 조정합니다. 먼저 손목을 구부려 움직이는 범위를 ForeArm의 웨이트로 그러데이션 형태로 칠합니다. 다음으로 엄지손가락의 움직이는 부분의 버텍스를 선택한 뒤 웨이트 값에 1을 설정하고, 그 주변을 그러데이션 형태로 자연스럽게 칠합니다.

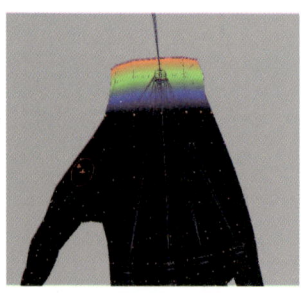 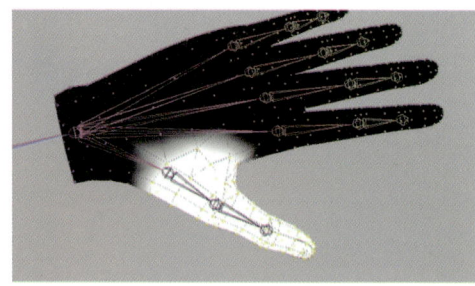 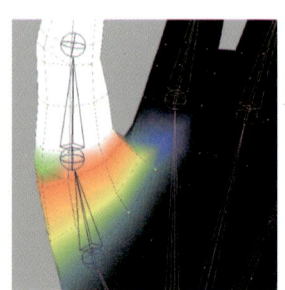

12 ▶ 엄지손가락의 두 번째 관절과 세 번째 관절을 구부렸을 때 간격이 현실적이지 않았기 때문에, 뼈의 위치를 조정했습니다. 엄지손가락의 세 번째 관절을 손목 쪽에 가깝게 하고, 손가락이 밑동에서 구부러지게 조정했습니다.

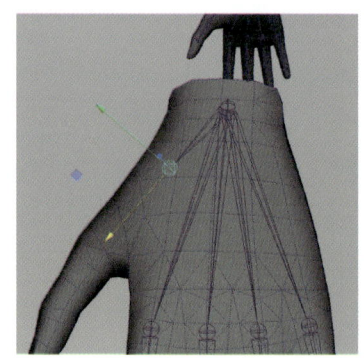

13 ▶ 조인트를 이동했으므로 앞과 마찬가지로 웨이트를 1로 설정한 뒤 주변을 부드럽게 처리합니다.

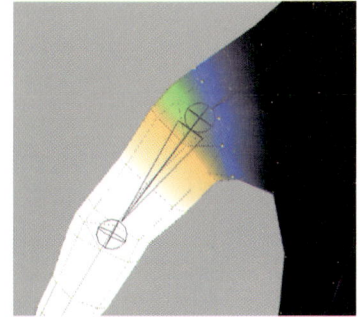 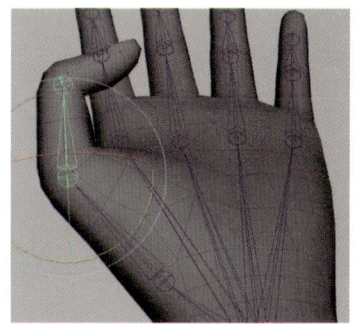

14 ▶ 다음으로 각 손가락의 버텍스를 선택한 뒤, 우선 각 관절 조인트의 웨이트 값에 1이 들어가도록 설정합니다. 그 뒤, 각 관절이 깔끔하게 변경되도록 웨이트에 스무스를 겁니다. 이 때 Hand에 불필요한 웨이트가 들어가지 않도록 주의합니다.

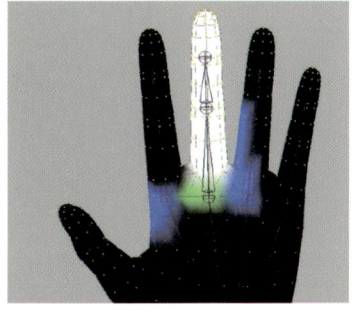 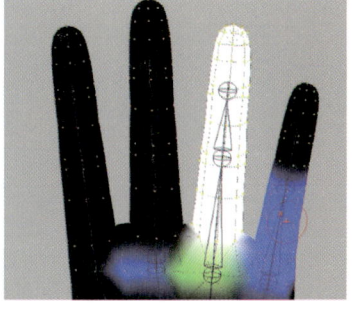 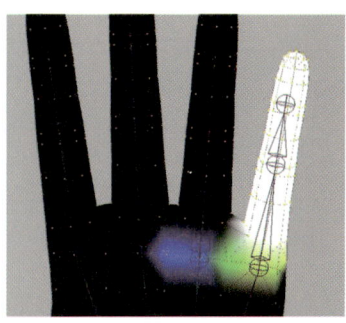

  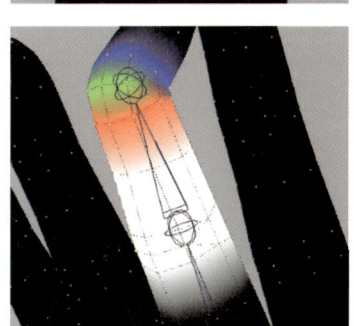

15 ▶ 손가락을 구부렸을 때 관절의 실루엣이 딱딱해 보이므로 관절 분할 위치 간격을 줄입니다. 손가락을 구부렸을 때 깔끔하게 변형되게 하기 위해 손등 쪽은 에지 간격을 좁히고, 손바닥 쪽은 에지 간격을 넓힙니다. 오른쪽 그림의 파란색 원으로 표시한 부분이 조정 전, 빨간색 원으로 표시한 부분이 조정 후입니다.

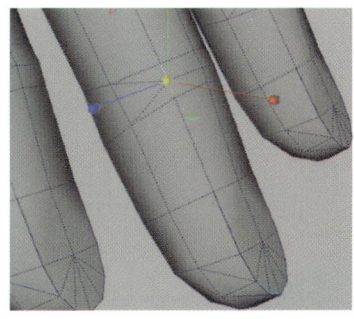 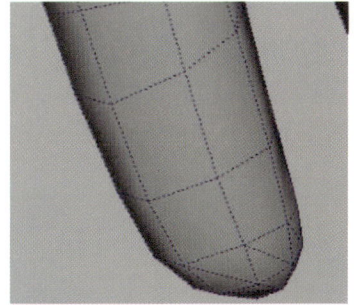

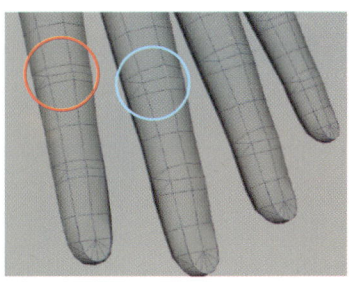 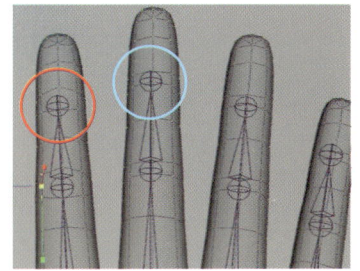

16 ▶ 오른쪽 그림과 같이 관절 위치를 조정했습니다.

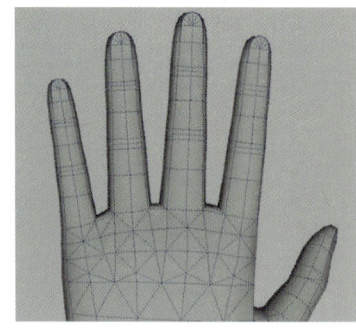 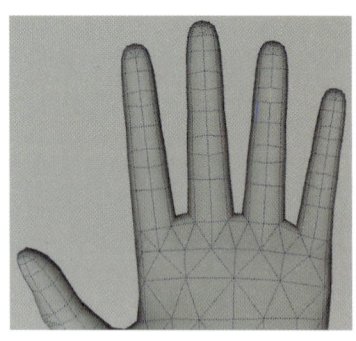

17 ▼ 분할 간격을 조정한 위치의 웨이트를 조정합니다. 손가락을 구부려 안쪽은 관절의 에지가 깔끔하게 구부려지도록, 바깥쪽은 사이의 에지가 깔끔하게 한 가운데 있도록 합니다.

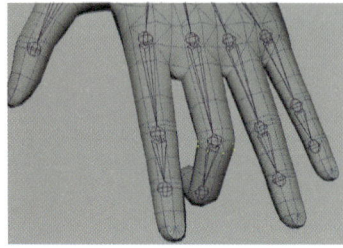 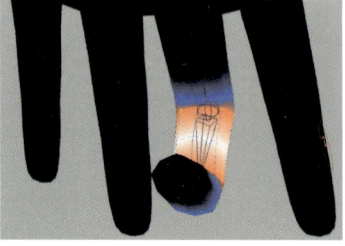 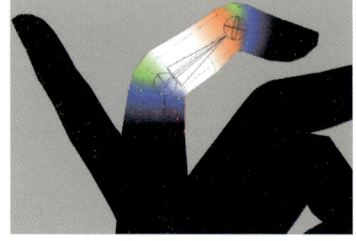

18 ▶ 손가락을 구부려 숫자를 세는 형태 등을 만들어 보면서 손가락 사이의 골 부분이 말려 들어가지 않고, 폈을 때도 한쪽으로 치우치지 않게 합니다.

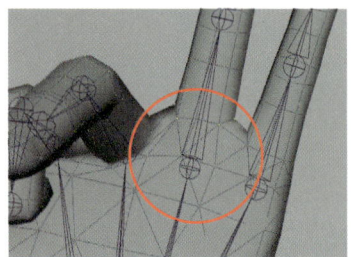 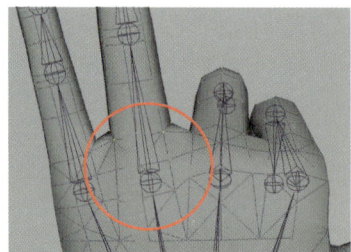 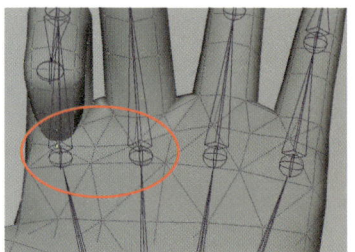

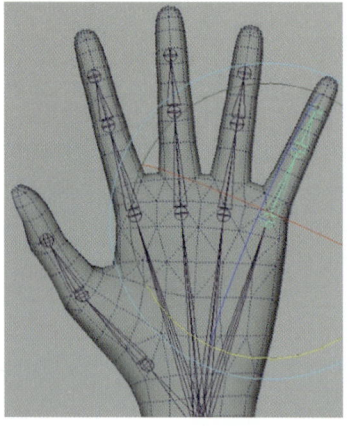 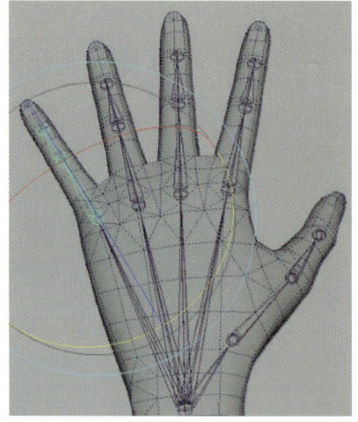

19 ▶ 엄지손가락 이외의 손가락을 동시에 움직여 손을 폈을 때 너무 움푹 패이지 않도록, 손등의 웨이트도 조정합니다.

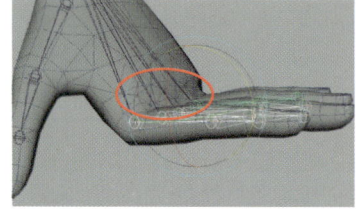 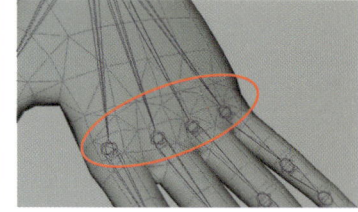

3.1.24 ▶ 최종 포즈에서의 변형 확인

1 ▶ 웨이트 확인을 위해 새로운 포즈를 만듭니다. 표정을 만들고, 포즈를 취해 프라이머리로 만든 조인트를 모두 움직인 자세에서 자연스럽게 변형되는지 확인합니다.

2 ▶ 의상의 웨이트가 올바르게 기능하는지, 말려 들어가지 않는지 확인하면서 움직여 봅니다.

3 ▶ 상반신과 머리를 기울여 자연스러운 포즈를 만들었습니다.

4 ▶ 허리에 손을 올리면 숨겨지지만, 손가락 웨이트를 확인하기 위해 주먹을 쥐었습니다.

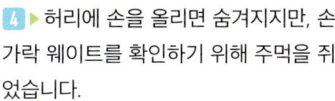 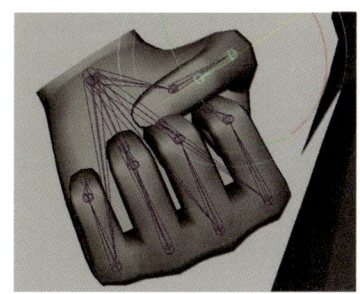 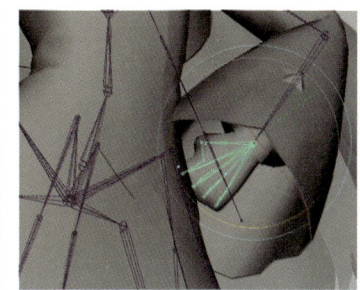

5 ▶ 뒷머리카락, 옆머리카락을 모두 움직여 웨이트를 확인합니다.

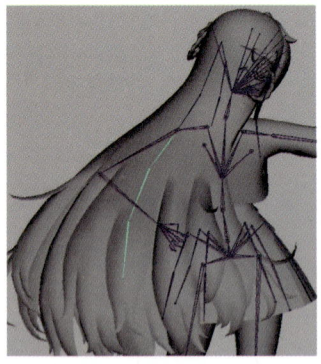 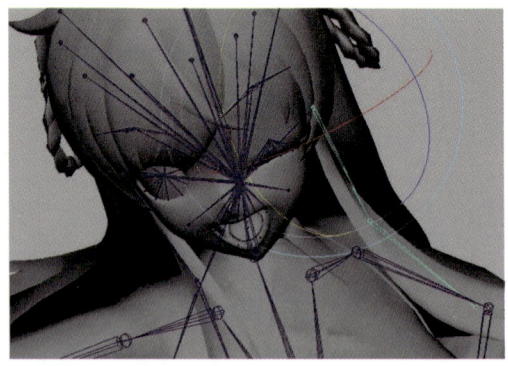

6 ▶ 오른손은 집게손가락으로 가리키는 포즈로 강조합니다. 손목의 조인트를 움직여 엄지손가락이 소매에 말려들어가지 않게 했습니다.

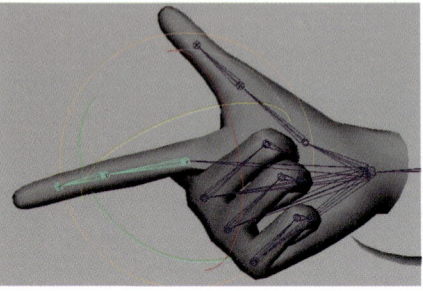 

7 ▶ 포징을 마쳤습니다. 자연스러운 변형을 확인했으므로 프라이머리 스키닝은 여기에서 종료합니다.

Chapter 3.2 세컨더리/보조 뼈 셋업

앞에서 머리카락, 스커트 등의 셋업을 했습니다. 여기에서는 본격적으로 세컨더리와 보조 뼈를 셋업 합니다.

세컨더리란 '두 번째', '보조적'이라는 의미이며, 몸의 근간을 담당하는 프라이머리의 움직임을 보완하거나, 몸에 입고 있는 의상이나 머리카락 등 소위 흔들리는 것을 움직이기 위해 필요한 뼈를 가리킵니다. 보조 뼈는 주로 프라이머리를 움직였을 때 봄의 과도한 변형을 억제하는 목적으로 사용합니다. 예를 들면 손목을 비틀었을 때 팔이 너무 가늘어지지 않도록 몸의 부피를 유지하는 보조 뼈역할을 합니다. 세컨더리나 보조 뼈 모두 역할 측면에서는 비슷한 입장에 있으므로 함께 설명합니다.

여기에서의 작업은 도중에 추가하는 조인트의 라벨을 수정하거나, 모델 쪽에 인플루언스를 추가하거나, Driven Key를 설정하는 등 주의해야 할 점이 많으므로 주의해서 진행합니다. 순서가 정해져 있는 것은 아니지만, 쉽게 작업할 수 있는 부분부터 셋업을 진행합니다.

3.2.1 ▶ 넥타이의 세컨더리 조인트

1 ▶ [메뉴 → Skeleton → Insert Joints]에서 Spine2에 대해 클릭하고, 넥타이를 제어하기 위한 「Tie1」 조인트를 추가합니다.

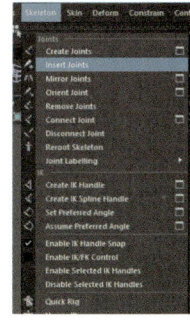
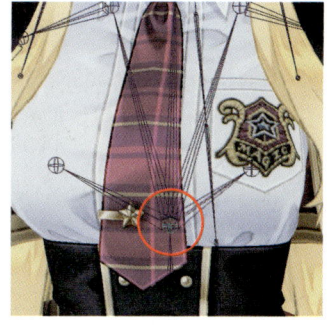

2 ▶ 추가한 Tie1을 넥타이의 밑동 부근으로 이동합니다. X축이 넥타이 끝, Z축이 메인 회전축, Y축이 몸의 바깥쪽으로 향하도록 조인트 방향을 설정합니다.

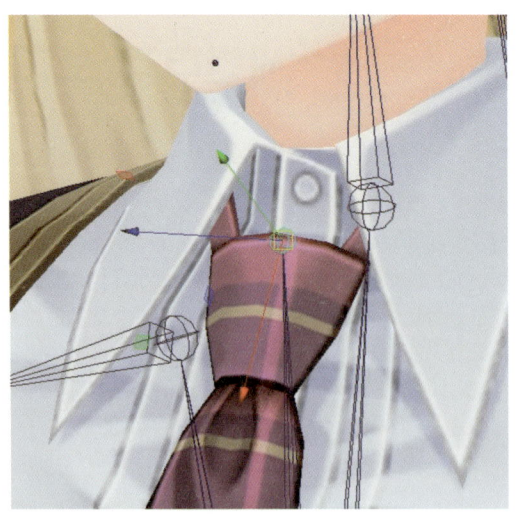

3 ▶ Tie1을 그대로 복제해 「Tie2」 조인트를 만들고, 아웃라인 상에서 Tie1의 자녀가 되도록 Tie2를 부모화 합니다. Tie2를 넥타이가 구부러지는 위치로 이동한 뒤 Tie1과 마찬가지로 X축이 넥타이 끝을 향하도록 방향을 설정합니다.

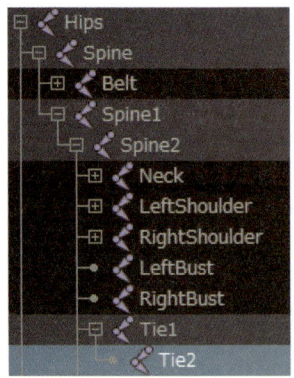
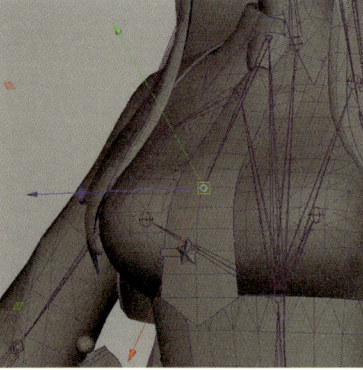
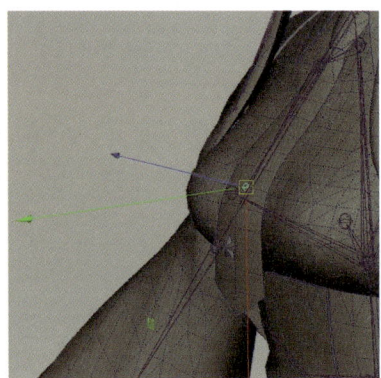

4 ▶ 넥타이의 메시와 Neck, Spine2, Tie1, Tie2만 선택한 뒤 스킨을 바인드 합니다. Tie1을 움직여 보고, 넥타이의 메시가 대략적으로 붙어서 움직이는지 확인합니다.

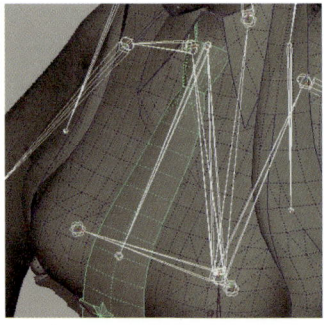
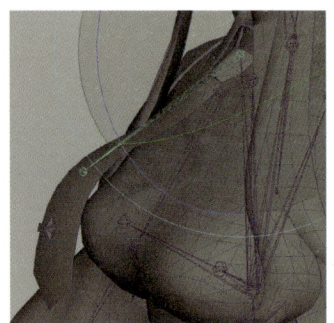

5 ▶ Tie1을 움직였을 때 넥타이의 밑동 부근은 거의 움직이지 않게 할 것이므로 컴포넌트 에디터, 스킨 웨이트 페인트 도구 등을 사용해 Spine2와 Neck에 웨이트를 설정합니다.

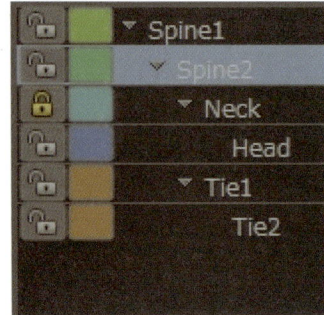
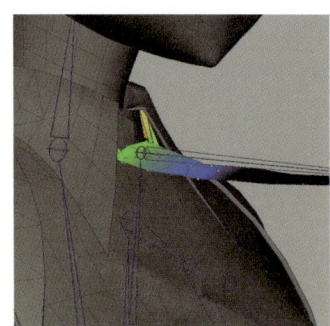

6 ▶ Tie1, Tie2는 각각 움직였을 때 부드럽고 원만하게 변형되도록 스킨 웨이트 페인트 도구를 사용해 컬러 램프(무지개 색상 그러데이션)가 깔끔하게 들어가 있는지 확인하면서 웨이트를 넣습니다.

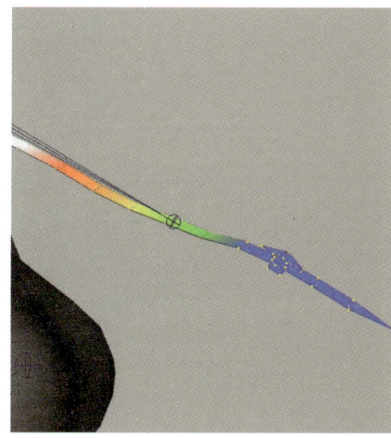 

7 ▶ 버텍스 웨이트 사이에 들어가 있는, 조정할 버텍스만 매끄럽게 하고 싶을 때는 [Skin → Smooth Skin Weights]를 사용하면 대략적으로 보완할 수 있습니다.

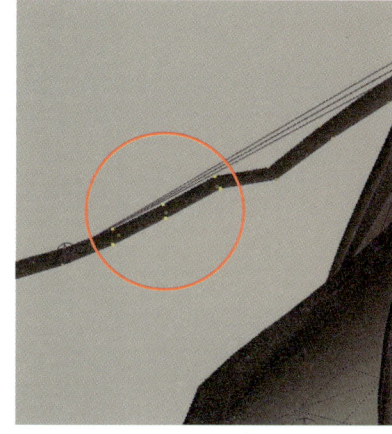 

8 ▶ 넥타이 핀의 웨이트는 넥타이 쪽 가까운 버텍스에서 웨이트를 복사해, 넥타이 핀에 붙여 넣습니다. 이렇게 하면 넥타이 형태를 깔끔하게 따라가게 할 수 있습니다.

9 ▶ 웨이트 반복해 조정하면서 넥타이 안의 웨이트를 모두 조정했다면 다시 Tie1, Tie2를 클릭해 움직이면서 부드럽고 자연스럽게 움직이는지 확인합니다.

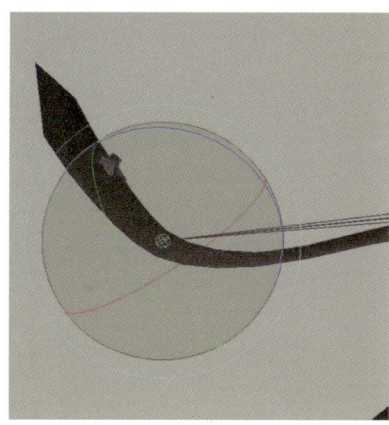 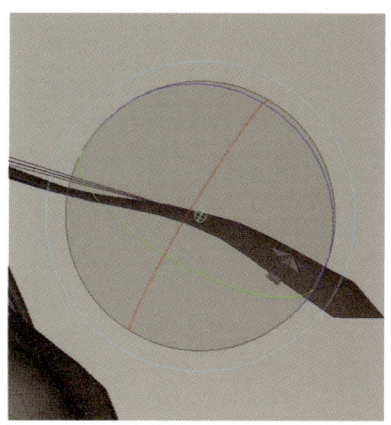

3.2.2 ▶ 벨트, 파우치, 단검의 세컨더리 조인트

1 ▶ 조인트 삽입 도구를 사용해 Spine을 향해 벨트 제어용 「Belt」 조인트를 추가하고, 벨트의 메시 높이에 맞춰 배치합니다. 조인트 방향은 월드 좌표축에 맞춰서 설정합니다.

 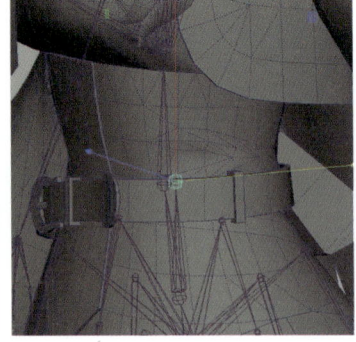 

2 ▶ 계속해서 파우치 제어용 조인트를 만듭니다. Belt 조인트를 복제해 「Pouch」 조인트를 만듭니다. 계층은 Belt의 자녀가 되도록 부모화 합니다. 파우치와 벨트의 메시가 붙어 있는 버텍스에 스냅해서 배치합니다. X축은 파우치의 바닥 방향, Z축은 메인 회전축, Y축은 몸의 바깥 쪽을 향하도록 방향을 설정합니다.

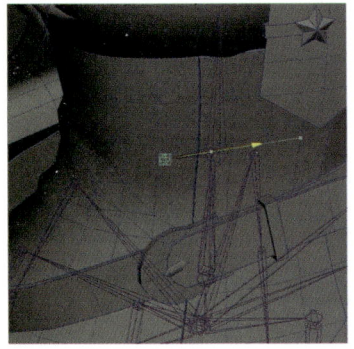 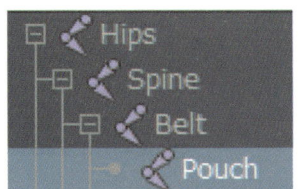 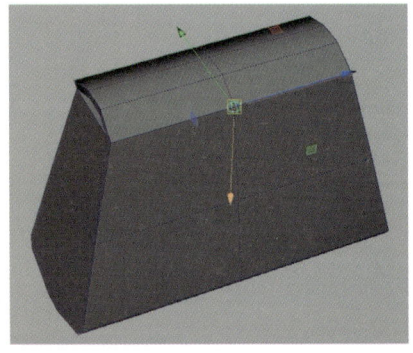

3 ▶ 다음으로 단검의 칼집 제어용 조인트를 만듭니다. Pouch 조인트를 복제해 「Sheath」 조인트를 만듭니다. 계층은 그대로 Pouch와 같은 계층으로 합니다. 위치는 칼집과 벨트가 붙어 있는 부근으로 합니다. X축은 칼집의 끝, Z축은 메인 회전축, Y축은 몸의 바깥쪽을 향하도록 방향을 설정합니다.

 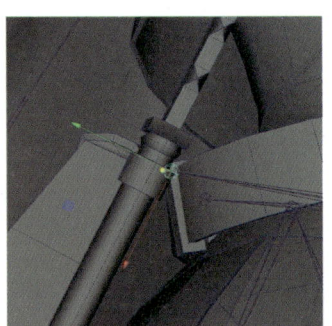

4 ▶ 단검을 빼서 사용한다는 가정은 없지만 셋업을 해 둡니다. Sheath 조인트를 복제해 「Knife」 조인트를 만듭니다. 계층은 Sheath의 자녀가 되도록 부모화 합니다. 위치는 칼자루의 한 가운데 부근으로 하고, 방향은 Sheath와 동일하므로 그대로 유지합니다.

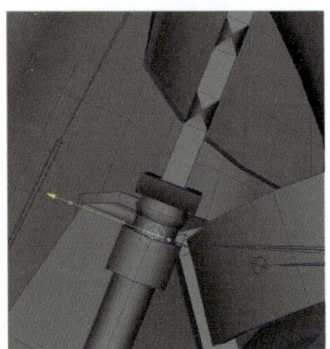 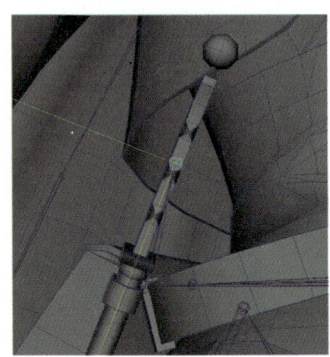

5 ▼ 벨트, 파우치, 칼집, 단검의 조인트를 배치했으므로 스키닝을 진행합니다. 이 요소들은 목을 움직였을 때 부드럽게 변경할 것이 아니므로, 각 메시와 페어가 되는 조인트를 선택한 뒤, 각각 바이트와 웨이트를 최대로 설정합니다. 벨트에는 Belt 조인트의 웨이트 값을 1, 파우치에는 Pouch 조인트의 웨이트 값을 1, 칼집에는 Sheath 조인트의 웨이트 값을 1, 단검에는 Knife 조인트의 웨이트 값에 1을 설정합니다.

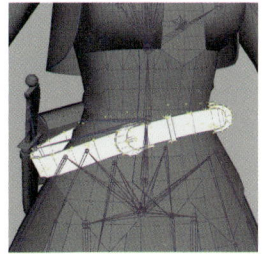 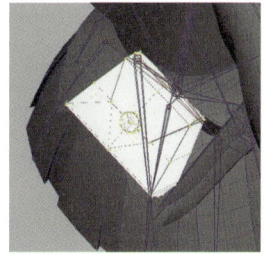 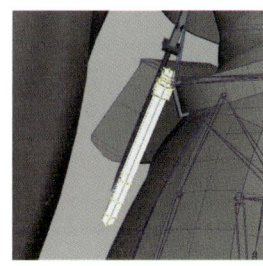 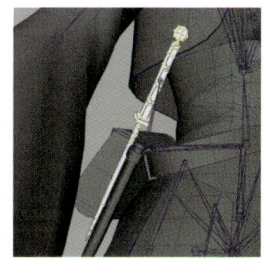

3.2.3 ▶ 모자의 세컨더리 조인트

1 ▼ HairBangsRight1을 복제해 모자 제어용 「Hat」 조인트를 만듭니다. Hat 조인트의 위치는 통의 한가운데에 두어야 하지만, 기울어 있는 모자에 가능한 정확하게 배치하고 싶으므로 조금의 트릭을 구사합니다. 모자 통 부근의 에지 한 바퀴를 선택한 뒤 [메뉴 → Deform → Cluster]를 적용하면 한 가운데 「C」가 표시됩니다.

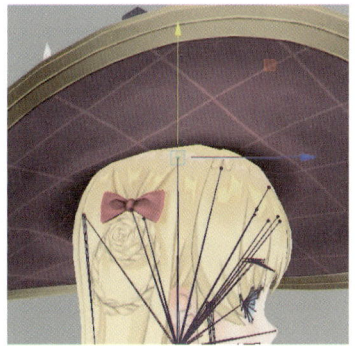 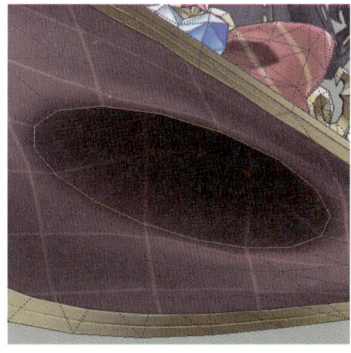 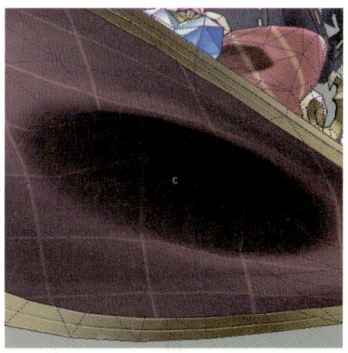

2 ▶ 사실 deformer는 스냅 대상이 되기도 하므로, 이 「C」를 향해 Hat을 스냅 이동합니다. 깔끔하게 통에 배치했다면 클러스터를 즉시 삭제합니다. Hat은 Y축이 크라운을 향해 위를 가리키게 하고, 그것을 기준으로 Z축은 앞쪽, X축이 옆쪽을 향하도록 방향을 설정합니다.

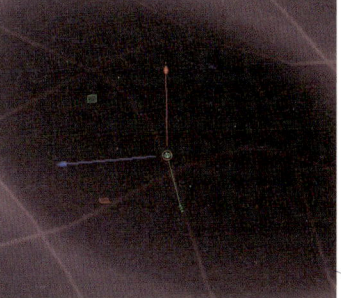 

3 ▶ 다음으로 Hat을 복제해 「Hat1」 조인트를 만들고, Hat의 자녀가 되도록 부모화 합니다. 다음으로 가장 처음에 크라운이 구부러지는 부분에 배치합니다. X축은 크라운이 두 번째 구부러져 있는 방향, X축은 앞쪽, Y축이 위쪽을 향하도록 방향을 설정합니다.

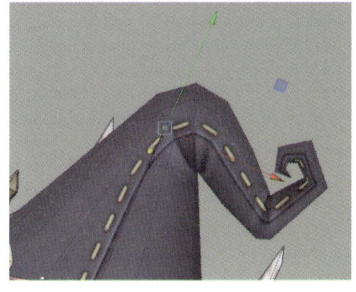 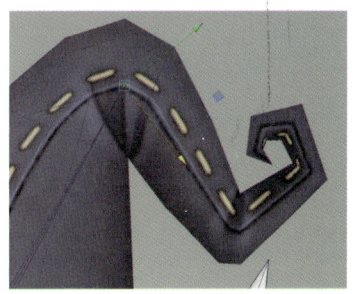

4 ▶ 계속해서 Hat1을 복제해 「Hat2」 조인트를 만들고, Hat1의 자녀가 되도록 부모화 한 뒤 크라운이 두 번째 구부러지는 위치에 배치합니다. X축은 크라운이 세 번째 구부러져 있는 방향, Z축은 앞쪽, Y축은 Hat1쪽을 향하도록 방향을 설정합니다.

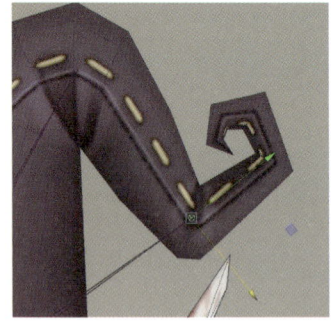 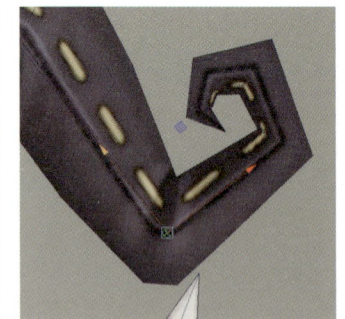

5 ▶ 다시 Hat을 복제해 모자의 가장자리 제어용 「HatCollar」 조인트를 만듭니다. 이 때 Hat의 자녀인 조인트도 모두 함께 복제되므로 삭제해 둡니다. HatCollar는 Hat의 자녀가 되도록 위치와 방향은 바꾸지 않고 유지합니다.

6 ▶ 계속해서 HatCollar를 복제해 모자 장식 술 제어용 「HatStrings」조인트를 만듭니다. HatCollar의 자녀가 되도록 부모화하고, 장식 술의 메시가 모자에서 떨어지기 시작하는 밑동 부근에 배치합니다. X축은 장식 술의 끝, Z축은 메인 회전축, Y축이 모자 바깥쪽을 향하도록 방향을 설정합니다.

7 ▶ 모자 안에서 움직이고 싶은 부분에 조인트를 배치했으므로 스키닝을 진행합니다. 모자 메시와 Hat 이하의 조인트를 선택한 뒤 스킨 바인드를 적용합니다. 웨이트를 쉽게 조정할 수 있도록 모자 메시의 모든 버텍스는 우선 Hat의 웨이트 값을 1로 설정했습니다.

8 ▶ 이제부터 Hat 이외의 조인트로 웨이트를 분산시킵니다. 챙의 바깥쪽 둘레에는 HatCollar 웨이트 값에 1을 설정하고, 첫 번째 안쪽의 분할을 한 바퀴 둘러 Hat과 HatCollar의 중간이 되도록 웨이트를 설정합니다.

9 ▶ 장식 술 끝에 달린 부분은 HatStrings의 웨이트 값에 1을 설정합니다. 장식 술의 본체 메시는 HatCollar에 맞춰 함께 움직여야 하므로, 챙 부근의 웨이트와 같은 값을 설정했습니다.

10 ▶ 크라운 끝은 Hat2의 웨이트 값에 1을 설정하고, Hat2 부근의 버텍스는 Hat1의 절반 정도로 설정했습니다. Hat2와 Hat1 사이에 있는 버텍스는 Hat2의 웨이트를 약하게 넣었습니다.

11 ▼ Hat 부근의 버텍스는 Hat과 Hat2의 영향도 받으므로, 웨이트의 컬러 램프를 보고 각 조인트를 움직이면서 변형이 잘되는 상태가 되게 조정합니다.

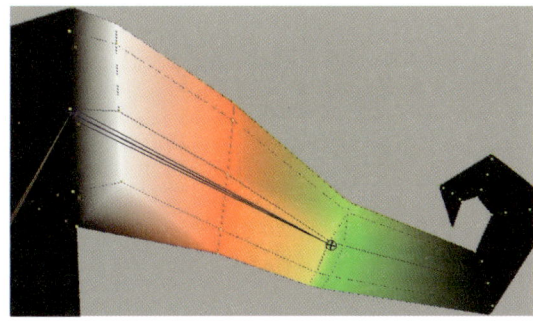
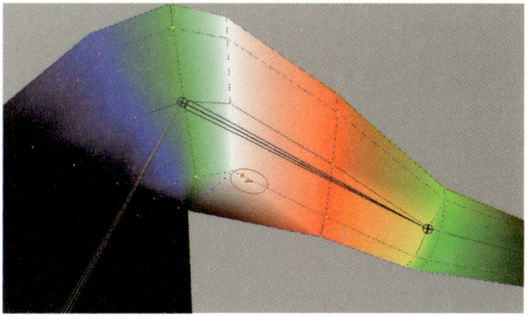

12 ▼ 우선 모자 안의 버텍스에 웨이트를 설정했다면, 각 조인트를 이리저리 움직이면서 동작을 확인합니다. 변형에 위화감이 드는 부분이 있다면 다시 웨이트를 조정하고, 깔끔하게 변형되게 합니다. 이것으로 모자 각 부분의 움직이는 표현을 할 수 있게 되었습니다.

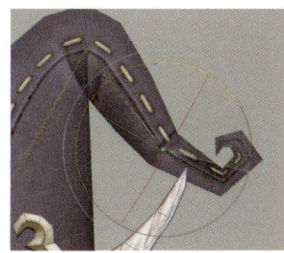
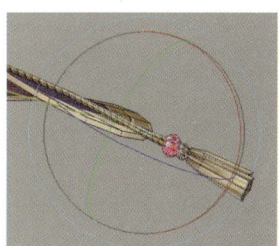

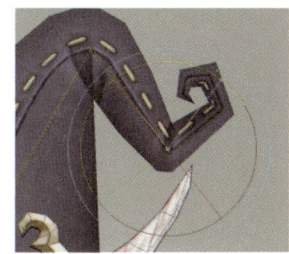
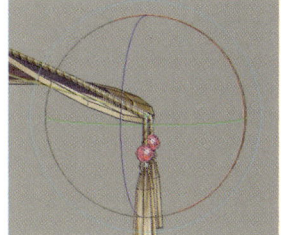

3.2.4 ▶ 망토의 세컨더리 조인트

망토 제어용 조인트를 만듭니다. 망토의 메시는 매우 크므로 이어진 조인트의 수나 배치 간격에 대한 시행착오를 거치면서 만들어 갑니다.

1 ▶ 먼저 Spine2에 조인트를 삽입해 어깨 케이프 아래 부근에서 망토가 구부러지지 않게 배치합니다. 이 조인트는 「Cloak1」로 합니다. X축은 망토 자락을 향하고, Z축은 메인 회전축, Y축은 몸 바깥쪽을 향하도록 방향을 설정합니다.

 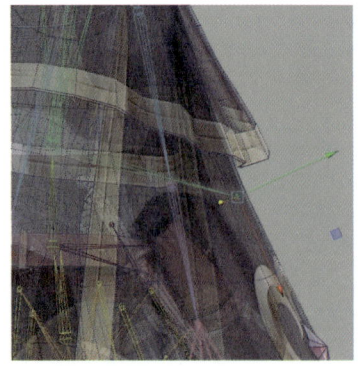

2 ▶ Cloak1 아래에 연결되도록 조인트를 4개 정도 추가하고, 망토 형태에 따라 대략적으로 맞도록 배치합니다. 조인트 수가 너무 작아 조인트들의 간격이 멀게 느껴졌기 때문에 조인트를 하나 더 추가해 위치와 방향을 조정했습니다. 그림은 「Cloak」2~6을 추가한 상태입니다.

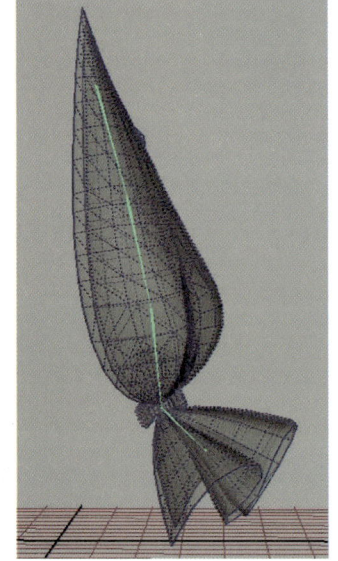 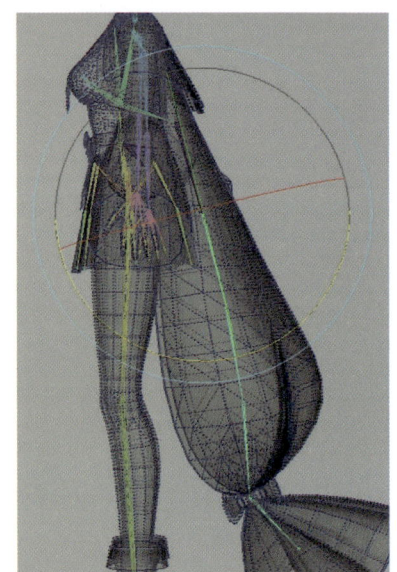

3 ▶ 우선 이 6개의 Cloak 조인트와 Spine2, 망토의 메시를 선택하고 스킨 바인드를 적용해 봅니다. 망토의 버텍스를 모두 선택하고 웨이트도 Spine2로 모두 설정했습니다.

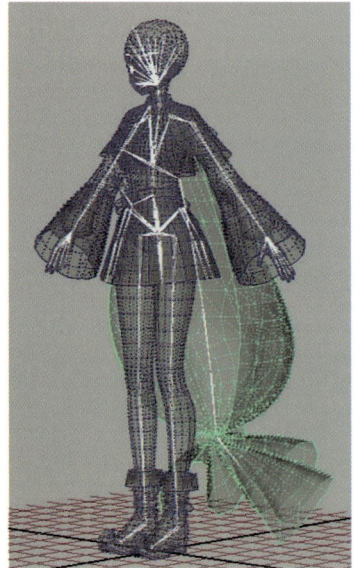 

4 ▶ Cloak 조인트마다 컬러 램프가 깔끔한 그러데이션을 그리도록 웨이트를 나누어 칠합니다. 작업 진행 중간에 동작도 반드시 확인합니다.

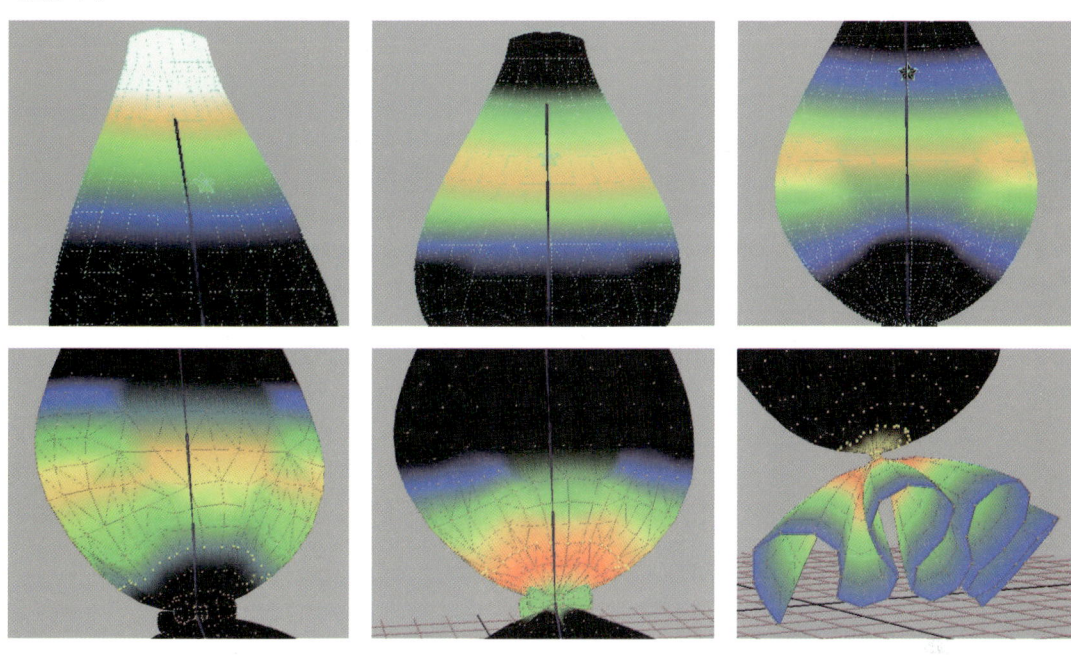

5 ▶ 망토의 웨이트 조정을 어느 정도 마쳤다면 프라이머리 셋업 때 만들었던 포즈에 망토의 움직임을 붙여 봅니다. 현재 Cloak 조인트 구조에서는 어떻게 조정해도 다른 소지품 부품들과 간섭을 일으키게 되었습니다. 이럴 때는 조인트 구조를 수정해야 합니다.

6 ▶ 망토의 밑동에 조인트를 1개 추가했습니다. 「Unbind Skin」 옵션에서 「Keep History」를 선택하고, 망토 메시의 바인드를 우선 해제합니다. 그러면 바인드를 해제해도 웨이트 정보가 유지됩니다. Spine2의 자녀가 되도록 조인트를 1개 추가하고, 연결하고 있는 Cloak 조인트 들의 부모가 되도록 계층, 위치를 조정한 뒤 조인트 이름 등을 변경합니다. 최종적으로 추가한 조인트를 「Cloak1」으로 하고 그 아래 계층에 「Clock」2~7이 달려 있는 상태로 만들었습니다.

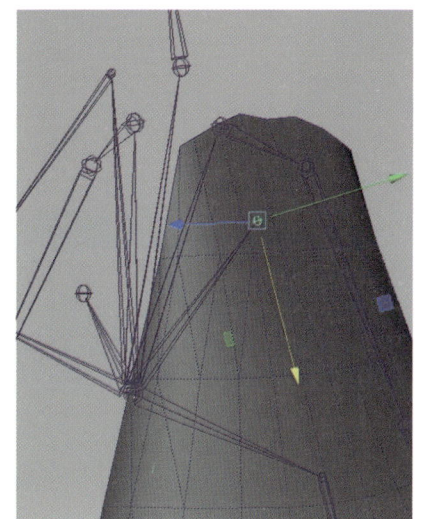 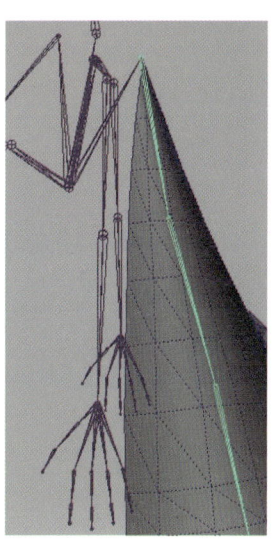

7 ▼ 망토의 메시와 필요한 조인트를 선택하고 다시 바인드를 적용합니다. 스킨 웨이트 페인트 도구 상에서 나중에 추가한 Cloak1을 선택하면 망토의 메시 쪽은 완전히 검은색으로 표시되고 웨이트가 전혀 설정되지 않은 상태가 됩니다.

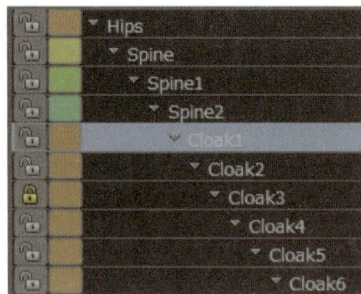

8 ▼ Cloak1에 웨이트를 할당하고 그에 맞춰 Spine2, Cloak2의 웨이트도 조정합니다.

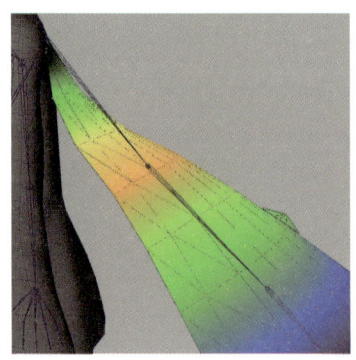
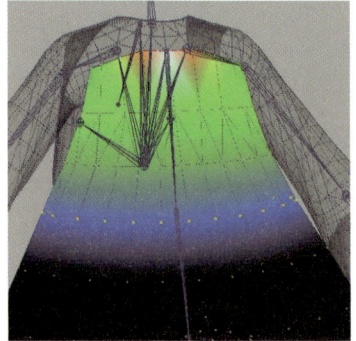
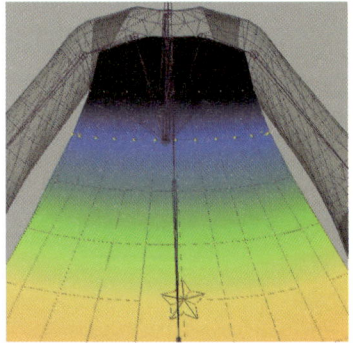

9 ▼ 망토의 웨이트 조정을 마쳤다면, 다시 포즈를 취해 확인합니다. 추가로 Cloak 조인트를 추가함으로써 소지품과의 간섭을 자연스럽게 피할 수 있게 되었습니다.

3.2.5 ▶ 다리의 세컨더리 조인트

이후 단계에서 다리 주변의 보조 뼈를 추가합니다. 그 전에 다리의 조인트 위치나 방향을 다시 검토합니다. 한 쪽 다리에 넣은 보조 뼈들을 반대쪽 다리에도 넣으려고 할 때, 좌우 다리에서 위치가 조금 어긋나거나, 웨이트의 미러링이 잘 되지 않거나, 메시 변형에 차이가 발생하면 곤란하기 때문입니다.

'한쪽에서 보조 뼈를 놓은 뒤 조인트를 미러링 하면 되지 않을까?' 생각할 수도 있습니다. 이번에는 앞에서 팬티, 다리, 부츠와 스키닝을 마쳤지만, 그 웨이트들을 다시 수정해서 적용하기는 의외로 번거로우며 잘 진행되지 않을 위험도 있습니다.

1 ▼ 팬티, 다리, 부츠 등 관련된 메시들의 웨이트를 유지하고 바인드를 해제합니다. 먼저 LeftUpLeg는 이동과 조인트에 이상한 숫자가 들어가 있거나, 다리 중심이 미묘하게 어긋나 있었으므로 조정했습니다. RightUpLeg도 대칭이 되도록 수치를 변경했습니다.

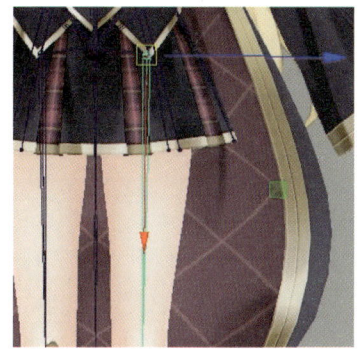
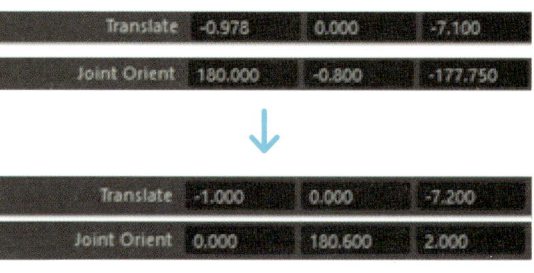

2 ▼ LeftLeg도 이동과 조인트 방향에 이상한 숫자가 설정되어 있어 깔끔하게 정리했습니다. RightLeg도 대칭이 되도록 수치를 변경했습니다.

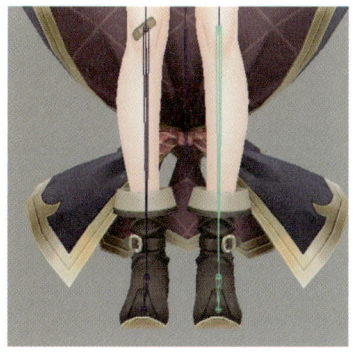
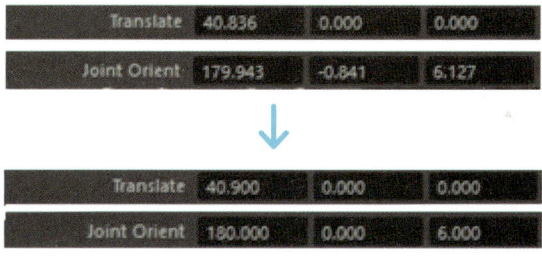

3 ▼ LeftFoot은 이동 수치를 깔끔하게 정리하고 조인트 방향도 상당히 변경했습니다. X축 방향을 자녀 조인트인 LeftToe로 향하게 했습니다. 이 상태에서는 리그도 LeftToe를 향하도록 기울여 조립하게 되므로, 그것을 피하기 위해 앞쪽을 향하게 했습니다. RightToe도 대칭이 되도록 수치를 변경합니다.

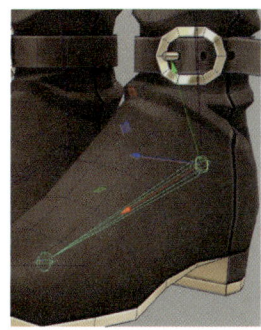
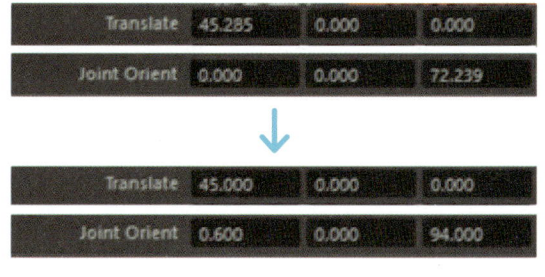
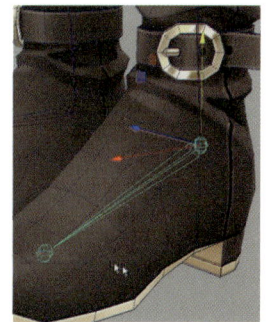

4 ▶ LeftToe는 LeftFoot의 조인트 방향이 변한 영향을 받아, X축이 앞쪽을 향하도록 이동과 조인트의 방향도 크게 변경했습니다. RightToe도 대칭이 되도록 수치를 변경합니다. 이것으로 보조 뼈나 리그를 쉽게 조작할 수 있게 되었습니다.

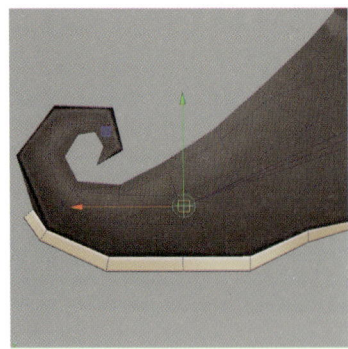
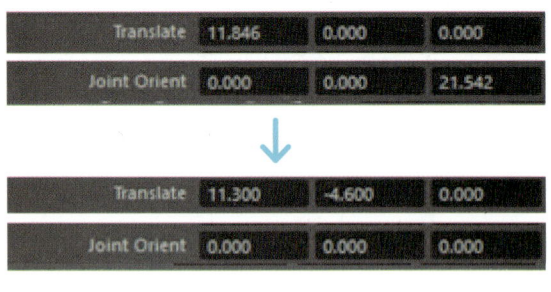

3.2.6 무릎의 세컨더리 조인트

1 ▶ 다리의 조인트 구조를 정리했습니다. 다음으로 무릎의 보조 뼈를 작업합니다. 일반적으로 무릎을 구부리면 무릎 앞쪽이 조금 튀어나옵니다. 현재 상태의 조인트 구조와 스키닝에서는 무릎의 형태가 무릎의 형태가 조금 미끈하고 둥근 형태로 되어 있습니다. 이것을 원래 무릎의 실루엣에 가깝게 하기 위해 보조 뼈를 넣어 조정합니다.

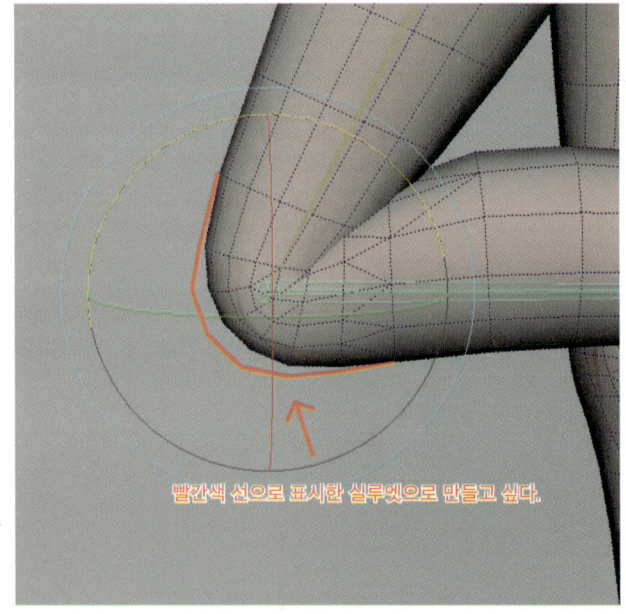

2 ▶ 먼저 LeftLeg의 자녀가 되도록 「Assist_LeftKnee_NoWeight」 조인트를 추가하고, 위치와 방향은 LeftLeg와 동일하게 설정합니다. 다시 Assist_LeftKnee_NoWeight 조인트의 자녀가 되도록 「Assist_LeftKnee」로 복제하고 Y축 방향을 똑바로 무릎 부근에 배치합니다. 방향은 변경하지 않고 그대로 유지합니다. Assist_LeftKnee_NoWeight는 웨이트를 그리는 대상이 아니라 LeftLeg와 Assist_LeftKnee를 동작시키기 위한 조인트입니다.

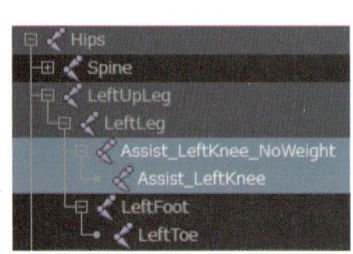
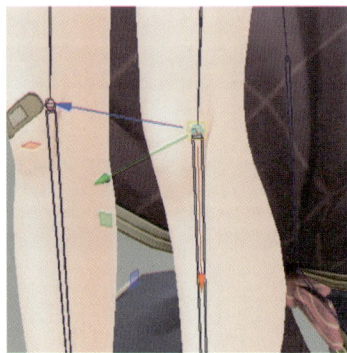
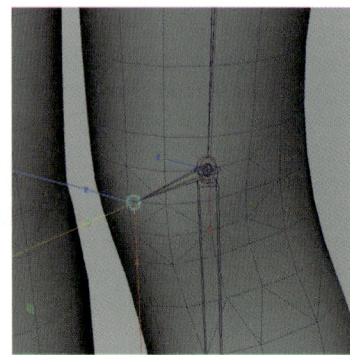

3 ▶ LeftLeg의 Z축을 90도(수치로는 -90) 회전시켰을 때 Assist_LeftKnee_NoWeight의 Z축이 45도(수치로는 -45)도 회전하고, Assist_LeftKnee가 Y축 방향으로 조금 이동하도록 하고자 하므로 조인트끼리 연동시키는 「Driven Key」기능을 활용합니다. 「Animation 메뉴 → Key → Set Pre Infinity → Set…」에서 옵션 윈도우를 엽니다.

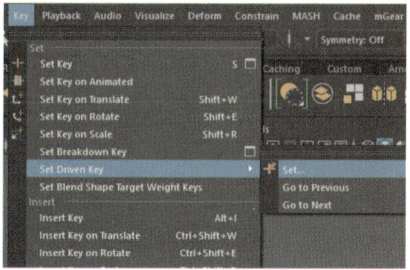 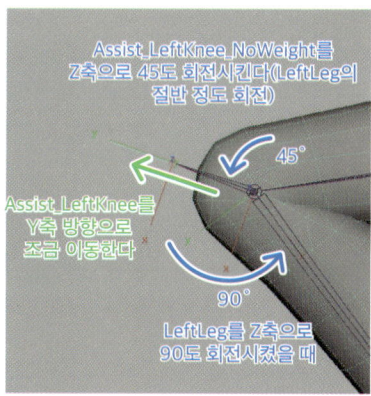

4 ▶ LeftLeg를 선택한 뒤 [Load Driver]를 클릭해 Driver 필드에 임포트 합니다. 계속해서 Assist_LeftKnee_NoWeight를 선택하고 [Load Driven]을 클릭해 Driven 필드에 임포트 합니다. 채널 박스에서 LeftLeg의 Rotate Z가 0, Assist_LeftKnee_NoWeight의 Rotate Z가 0인 상태에서 Driver 필드 오른쪽에 있는 Rotate Z를 선택하고, 마찬가지로 Driven 필드 오른쪽에 있는 Rotate Z도 선택한 뒤 [Key]를 누릅니다. 그러면 Assist_LeftKnee_NoWeight의 채널 박스에 Rotate Z가 파란색으로 표시됩니다. 하지만 이 상태에서는 아무 일도 일어나지 않습니다.

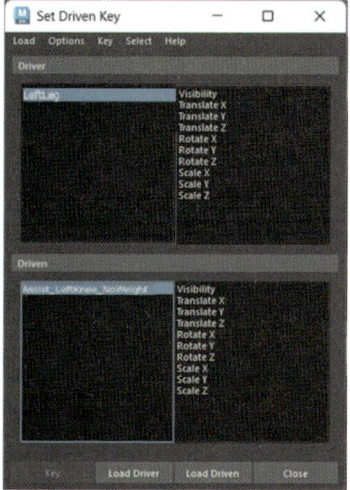 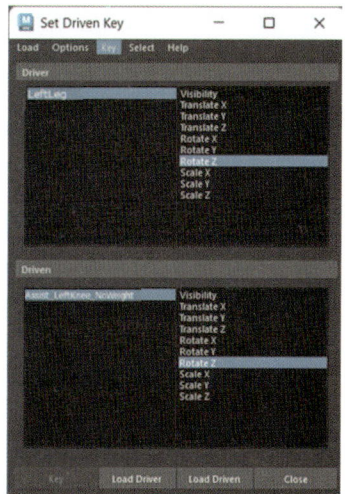

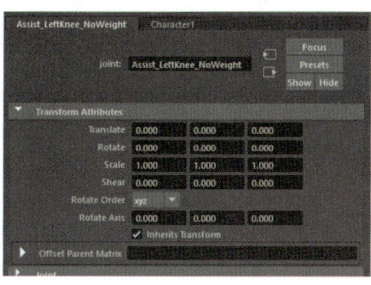 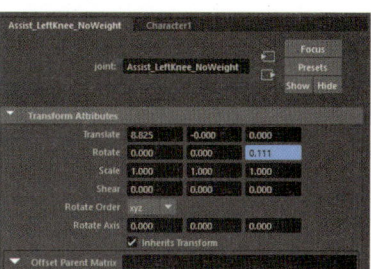

5 ▼ 다음으로 LeftLeg의 Z축을 90도 회전시켜 Assist_LeftKnee_NoWeight의 Z축을 45도 회전시킨 상태로 만듭니다. 다시 [Set Pre Infinity] 창에서 [Key]를 누릅니다. 그러면 LeftLeg의 회전 축에 맞춰 Assist_LeftKnee_NoWeight도 연동해서 회전하게 됩니다.

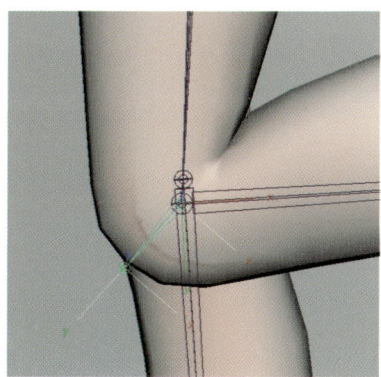 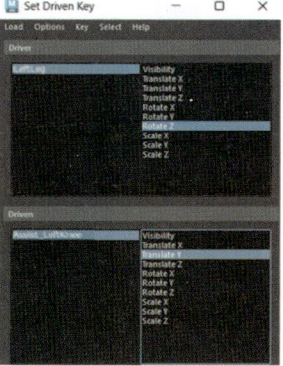 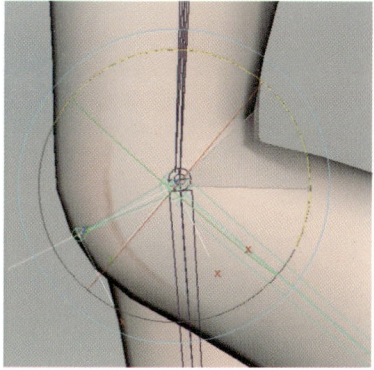

6 ▶ 비슷한 순서로 Assist_LeftKnee에도 Driven Key를 설정합니다. LeftLeg은 드라이버에 로드된 상태로 OK입니다. Assist_LeftKnee를 선택하고 [Load Driven]에서 Driven 필드에 로드 합니다(Assist_LeftKnee_NoWeight로 치환합니다). 채널 박스에서 LeftLeg의 Rotate Z가 0, Assist_LeftKnee의 Translate Y가 4인 상태에서 Driver 필드 오른쪽에 있는 Rotate Z를 선택하고, 마찬

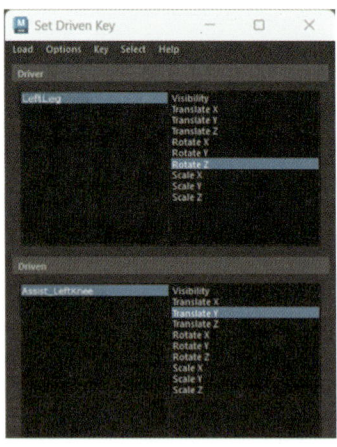 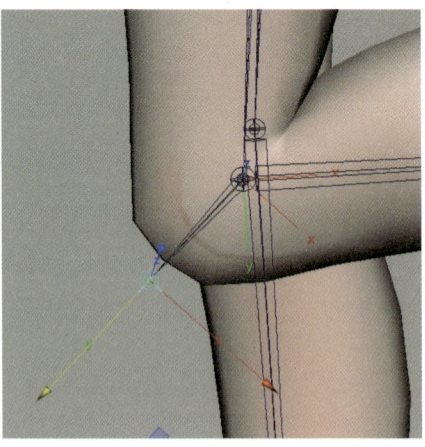

가지로 Driven 필드 오른쪽에 있는 Translate Y를 선택한 뒤 [Key]를 클릭합니다. 계속해서 LeftLeg의 Z축을 다시 90도 회전시키고 Assist_LeftKnee의 Translate Y를 5로 한 상태에서 다시 [Set Pre Infinity] 창에서 [Key]를 클릭합니다. 이것으로 Assist_LeftKnee_NoWeight와 마찬가지로 LeftLeg 회전에 맞춰 Assist_LeftKnee가 늘어나거나 줄어드는 구조를 만들었습니다.

7 ▶ 하지만 이 상태에서는 LeftLeg을 90도 이상 회전시켰을 때 Assist_LeftKnee_NoWeight, Assist_LeftKnee는 앞에서 설정한 값 이상으로는 움직이지 않습니다. 더 넓은 범위에서 움직일 수 있도록 하려면 「Pre Infinity」와 「Post Infinity」 설정을 조정해야 합니다. Assist_LeftKnee와 Assist_LeftKnee_NoWeight를 선택하고 「메뉴 → Windows → Animation Editor → Graph Editor」를 클릭해 Graph Editor 창을 엽니다. 설정한 Pre Infinity의 Animation Curve가 표시됩니다. 메모리의 -90과 0을 경계로 커브가 일정하게 멈춘 상태임을 확인할 수 있습니다. -90과 0 이후의 커브가 보이지 않을 때는 Graph Editor 안의 「메뉴 → View → Infinity」 항목에 체크해 확인할 수 있습니다.

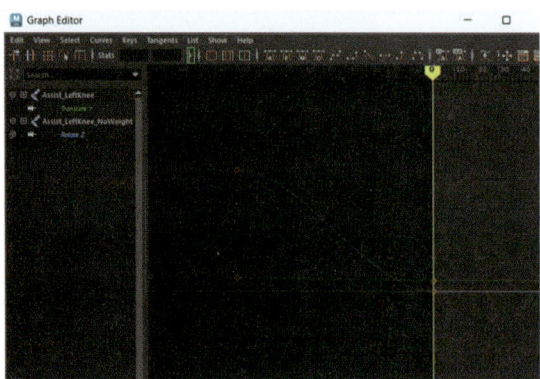 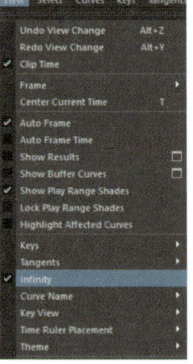

8 ▶ 뷰 상에서 드래그해 커브 전체를 선택한 뒤 「메뉴 → Curves → Pre Infinity → Cycle with Offset」을 적용합니다. Pre Infinity 바로 아래에 있는 「Post Infinity → Cycle with Offset」도 동일하게 적용합니다. 그러면 -90도와 0도 이후에 있던 커브 표시가 사라지고, 커브 흐름에 따라 애니메이션을 반복하게 됩니다.

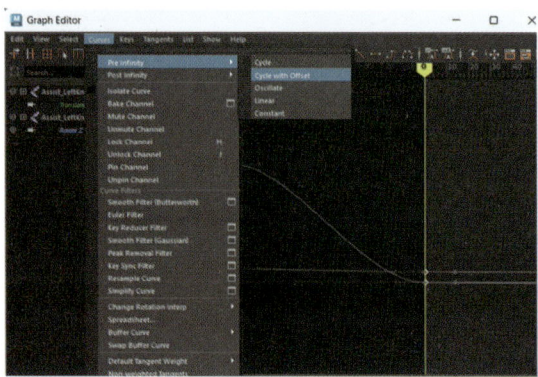 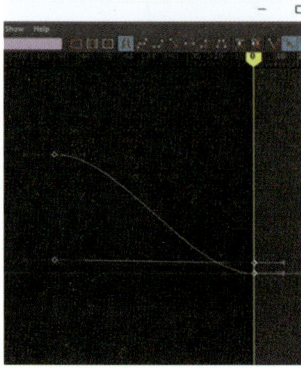

9 ▶ Animation Curve 끝에 있는 접선 핸들이 「Auto」로 되어 있으므로, 메뉴 바의 아이콘이 배열되어 있는 곳에서 「그래프 접선」을 선택한 뒤 곡선을 직선으로 교체합니다. 이렇게 하면 Assist_LeftKnee와 Assist_LeftKnee_NoWeight를 일정하게 움직일 수 있습니다. LeftLeg을 90도 이상 회전시켜 Assist_LeftKnee와 Assist_LeftKnee_NoWeight의 동작이 연장된다면 OK입니다.

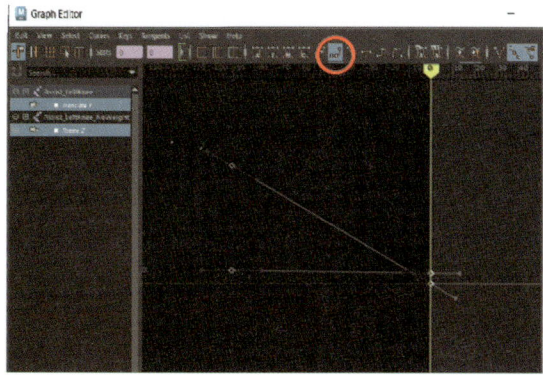
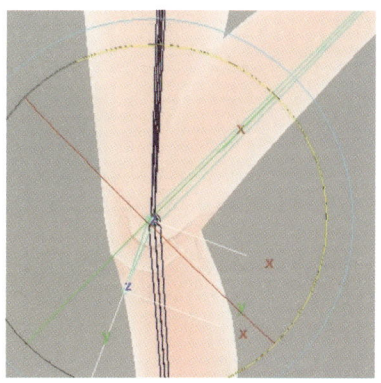

10 ▶ 다음은 다리의 메시에 Assist_LeftKnee 인플루언스를 추가하고, 다리를 구부렸을 때 무릎이 자연스러운 형태로 늘어나도록 주변 버텍스에 Assist_LeftKnee의 웨이트를 약하게 설정하고 동작을 확인하면서 조정합니다.

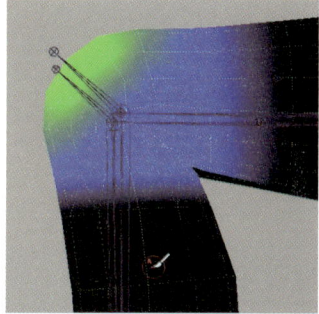

11 ▶ 오른쪽 무릎에도 대칭이 되도록 같은 단계를 반복해서 적용합니다. 웨이트 미러를 적용해 양쪽 무릎이 모두 무릎의 형태를 잘 유지하게 해서 작업을 완료합니다.

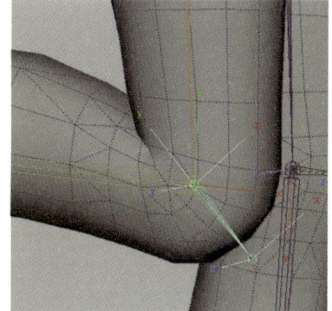
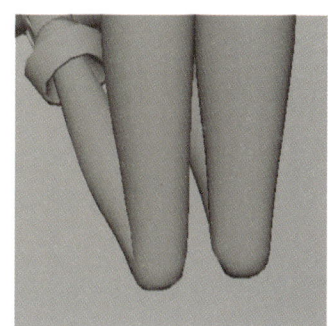

3.2.7 ▶ 발목의 세컨더리 조인트

1 ▶ 발목을 비틀었을 때 주변의 변형을 제어할 보조 뼈를 만듭니다. 팔, 다리처럼 가늘고 긴 물체를 비틀었을 때 아무런 대책을 적용하지 않으며 메시가 점점 찌그러지게 됩니다. 그 부피를 유지하기 위한 조인트를 「트위스트 조인트」라 부릅니다.

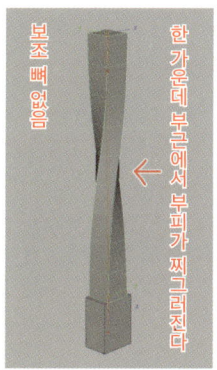
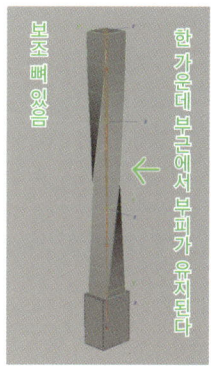

2 ▶ LeftLeg의 자녀가 되도록 「Assist_LeftLeg」 조인트를 추가합니다. 위치는 LeftLeg 본을 따라 부츠 바로 위쪽에 배치하고, 방향은 LeftFoot과 동일하게 설정합니다.

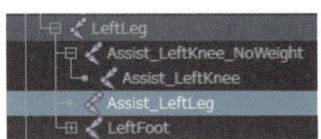
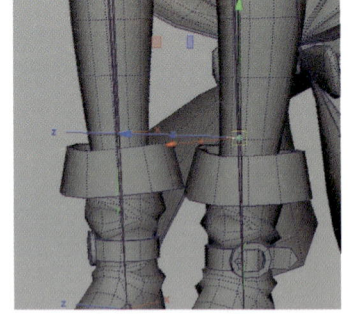

3 ▶ Assist_LeftKnee와 마찬가지로 LeftFoot과 Assist_LeftLeg에 Driven Key를 설정합니다. LeftFoot을 Y축으로 90도 회전했을 때 Assist_LeftLeg는 Y축으로 80도 회전하게 할 것이므로, Driven Key의 설정 옵션에서 LeftFoot을 드라이버, Assist_LeftLeg을 Driven에 로드 합니다.

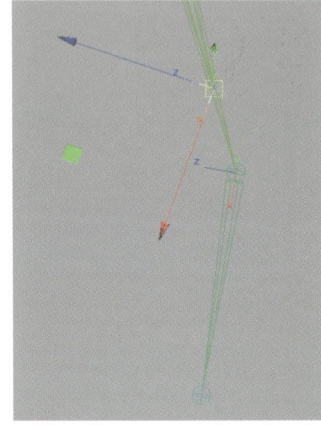
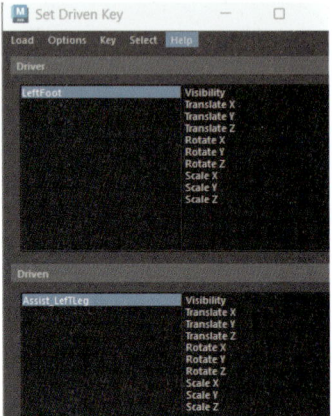

4 ▶ LeftFoot의 Rotate Y가 0, Assist_LeftLeg의 Rotate Y도 0인 상태에서 [Key]를 클릭합니다. 계속해서 LeftFoot의 Rotate Y를 90, Assist_LeftLeg의 Rotate Y를 80으로 설정하고 [Key]를 클릭합니다.

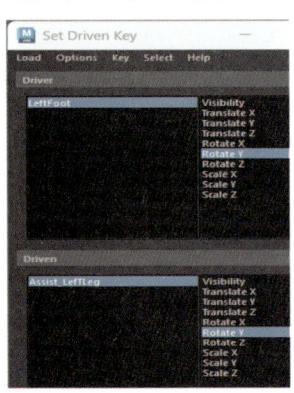
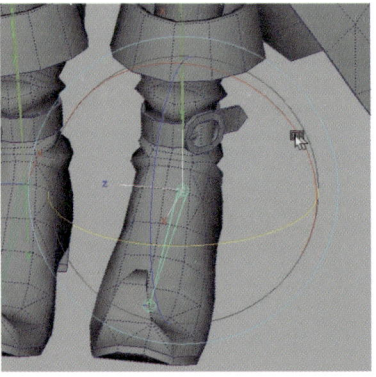
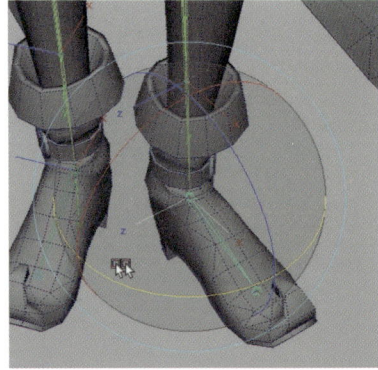

5 ▶ LeftFoot Rotate Y를 역방향인 -90으로 회전시켰을 때도 Assist_LeftLeg가 따라가도록, Animation Curve도 변경합니다. Assist_LeftKnee와 같이 Assist_LeftLeg를 선택하고 Graph Editor에서 커브의 Infinity와 OutTan Type을 변경합니다. 덧붙여 Assist_LeftLeg_rotateY 노드를 Outliner 또는 Node Editor 등에서 직접 선택한 뒤 [Attribute Editor]에서 열어도 마찬가지로 설정을 변경할 수 있습니다.

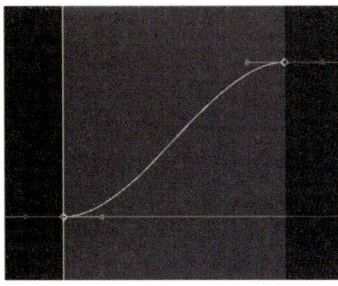
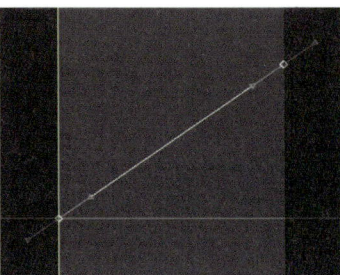
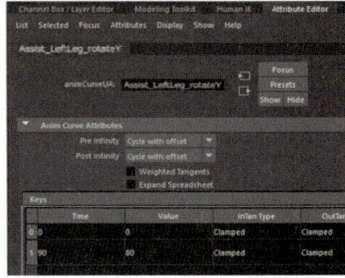

6 ▶ Driven Key를 설정했으므로 부츠와 다리의 메시에 Assist_LeftLeg의 인플루언스를 추가하고, 발을 구부렸을 때 발목 주변의 형태가 망가지지 않도록 웨이트를 설정합니다. LeftFoot을 움직이면서 웨이트를 조정해 자연스럽게 변형되면 OK입니다. 오른쪽 발목에도 움직임이 대칭이 되도록 보조 뼈를 넣고, 왼쪽의 웨이트를 미러링 합니다. 좌우 발목이 동일하게 변형되는 시점에서 보조 뼈의 설정을 완료합니다.

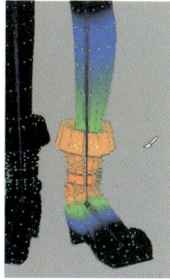 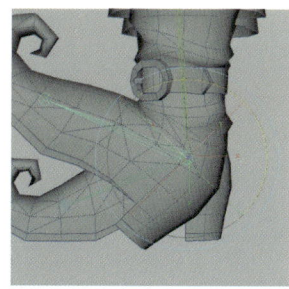 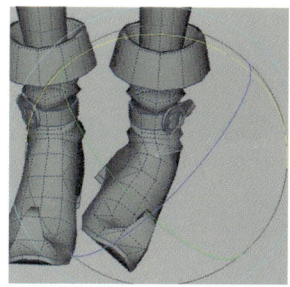 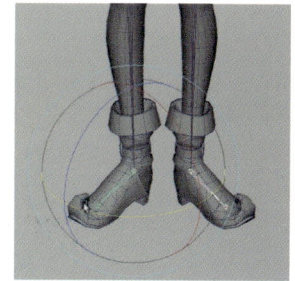

3.2.8 ▶ 허벅지의 보조 뼈

허벅지를 비틀었을 때 몸의 부피를 유지하기 위한 보조 뼈를 넣습니다. 발목의 보조 뼈를 넣은 것과 거의 비슷합니다.

1 ▶ LeftUpLeg의 자녀가 되도록 「Assist_LeftThigh1」, 「Assist_LeftThigh2」 조인트 2개를 추가합니다. 위치는 LeftUpLeg 본을 따라 Assist_LeftThigh1은 가랑이 아래의 높이와 같은 정도, Assist_LeftThigh2는 허벅지 한 가운데 정도에 배치합니다. 방향은 주 개의 조인트 모두 LeftUpLeg와 동일하게 설정합니다.

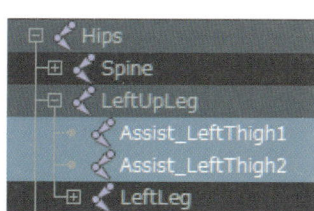 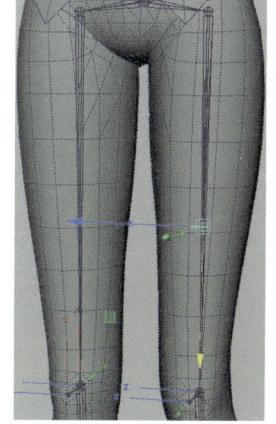 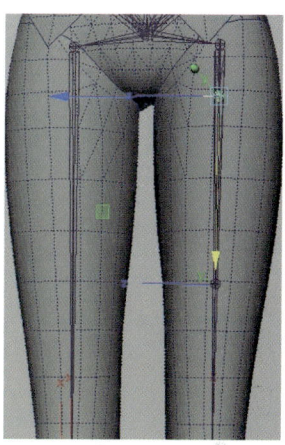

2 ▶ LeftUpLeg를 X축으로 -90도 회전했을 때 Assist_LeftThigh1은 X축으로 90도 회전, Assist_LeftThigh2는 x축으로 45도 회전하도록 Driven Key를 설정합니다. [Set Pre Infinity] 옵션에서 LeftUpLeg를 드라이버, Assist_LeftThigh1과 Assist_LeftThigh2 양쪽을 선택하고 Driven에 로드 합니다. LeftUpLeg의 Rotate X가 0, Assist_LeftThigh1과 Assist_LeftThigh2의 Rotate X도 0인 상태에서 [Key]를 클릭합니다. 다음으로 LeftUpLeg의 Rotate X를 -90, Assist_LeftThigh1의 Rotate X를 90, Assist_LeftThigh2의 Rotate X를 45인 상태로 만든 뒤 [Key]를 클릭합니다.

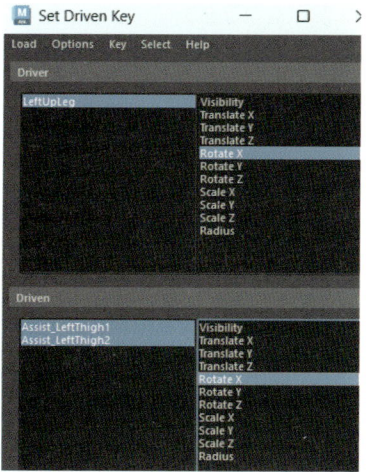 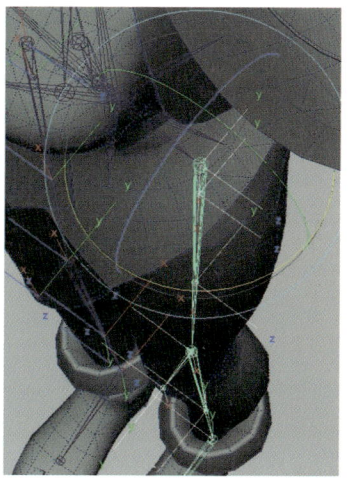 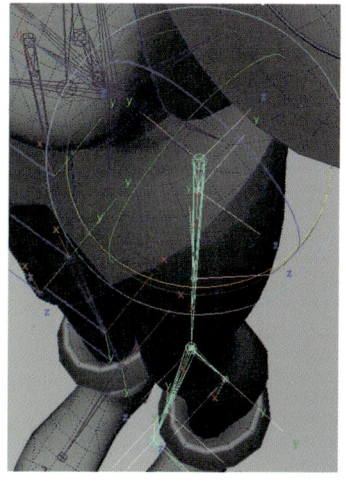

3 ▶ LeftUpLeg의 Rotate X를 역방향인 -90도 회전시켰을 때도 Assist_LeftThigh1과 Assist_LeftThigh2가 따라가도록 Animation Curve를 변경합니다. Assist_LeftThigh1_rotateX와 Assist_LeftThigh2_rotateX 노드를 [Attribute Editor]에서 직접 설정할 때는 인피니티나 OutTan Type을 아래 그림과 같이 설정합니다.

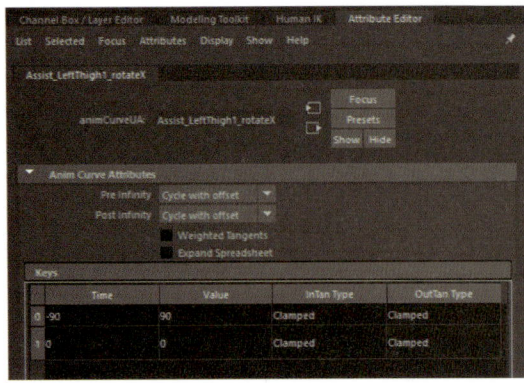 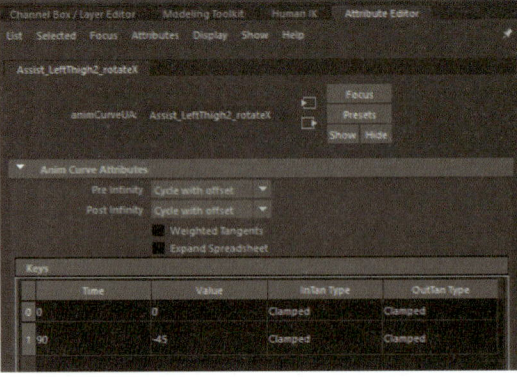

4 ▶ 팬티와 다리의 메시에 Assist_LeftThigh1과 Assist_LeftThigh2의 인플루언스를 추가하고, 웨이트를 넣습니다. Assist_LeftThigh1은 LeftUpLeg와 반대 방향으로 회전하므로 LeftUpLeg에 걸려 있는 엉덩이에서 허벅지 방향의 웨이트를 Assist_LeftThigh1로 이동하면, 허벅지를 비틀어도 엉덩이 주변과 다리 밑동이 움직이지 않게 됩니다.

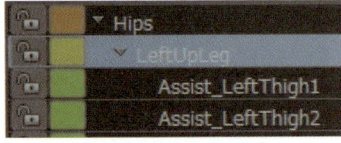 

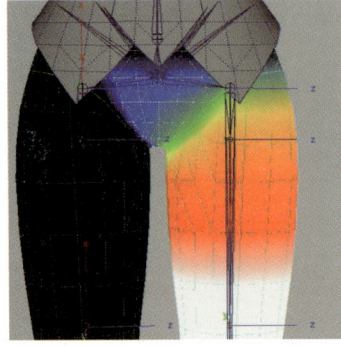 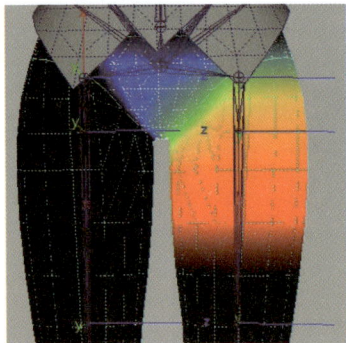 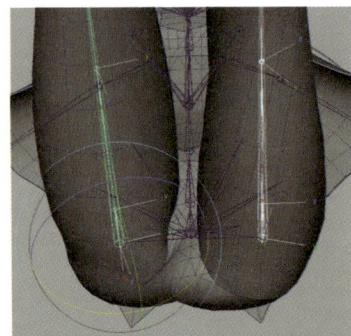

5 ▶ Assist_LeftThigh1은 컬러 램프의 그러데이션이 깔끔하게 되도록 웨이트를 조정하고, 허벅지 중심에는 Assist_LeftThigh2의 웨이트를 약하게 넣습니다.

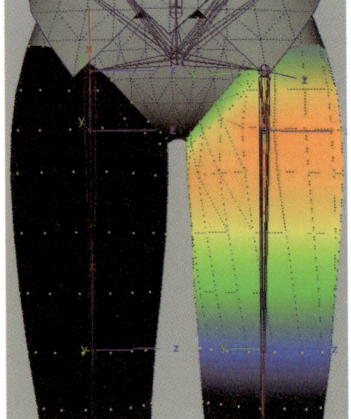 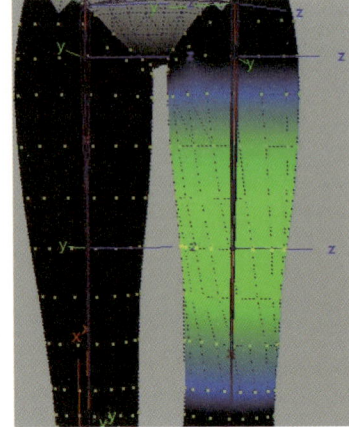

6 ▶ 오른쪽 다리에도 움직임이 대칭이 되도록 보조 뼈를 넣고, 왼쪽의 웨이트를 미러링 합니다. 양쪽 허벅지를 비틀어보고 적절하게 부피가 유지되고 깔끔하게 변형되는지 확인합니다.

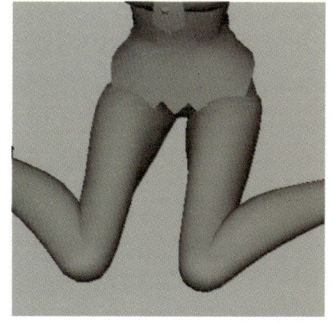 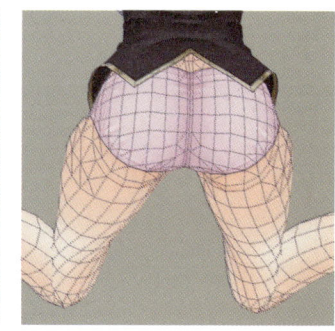

3.2.9 ▶ 허벅지의 보조 뼈 추가

1 ▶ 허벅지의 보조 뼈를 추가했습니다. 허벅지와 종아리가 닿을 정도로 무릎을 굽혔을 때, 단순히 종아리가 허벅지 안쪽으로 들어가는 것뿐만 아니라 허벅지 피부가 종아리에 눌려 조금 부풀어 오른 형태가 좋다고 생각해, 허벅지에 새로운 보조 뼈를 추가하기로 했습니다.

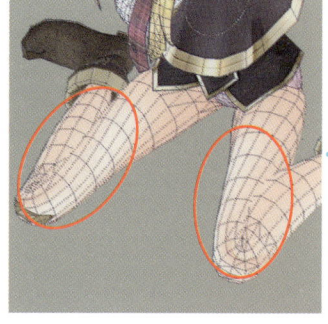 

2 ▶ Assist_LeftThigh2의 자녀가 되도록 「Assist_LeftThigh3」, 「Assist_LeftThigh4」 조인트를 추가합니다. 허벅지 중심과 무릎 사이에 배치하고 방향은 Assist_LeftThigh2와 동일하게 설정합니다. 웨이트를 넣으면서 Driven Key 값을 조정할 것이므로, 먼저 다리의 메시에 Assist_LeftThigh3와 Assist_LeftThigh4의 인플루언스를 추가하고, 웨이트를 약하게 넣어 둡니다.

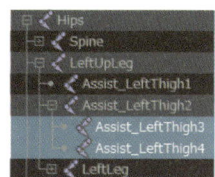 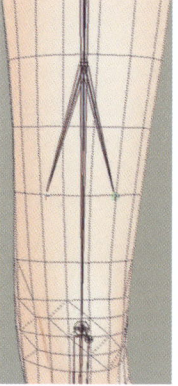 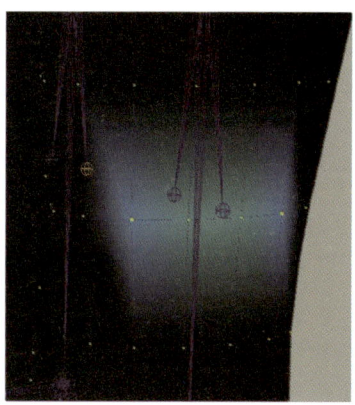

3 ▼ 무릎을 -95도 정도 굽혔을 때 종아리가 허벅지 부근에 닿기 시작합니다. 이 시점부터 움직이도록 Assist_LeftThigh3과 Assist_LeftThigh4를 Driven Key를 설정합니다. Driven Key 설정 옵션에서 LeftLeg를 드라이버, Assist_LeftThigh3과 Assist_LeftThigh4를 Driven에 로드 합니다. LeftLeg의 Rotate Z가 -95, Assist_LeftThigh3의 Translate Y가 0이고 Translate Z가 2.2, Assist_LeftThigh4의 Translate Y가 0이고 Translate Z가 -2.2인 상태에서 [Key]를 클릭합니다. 다음으로 LeftLeg의 Rotate Z가 -155, Assist_LeftThigh3의 Translate Y가 -3이고 Translate Z가 4.2, Assist_LeftThigh4의 Translate Y가 -3이고 Translate Z가 -3.8인 상태에서 [Key]를 클릭합니다.

 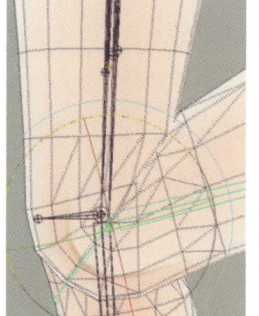 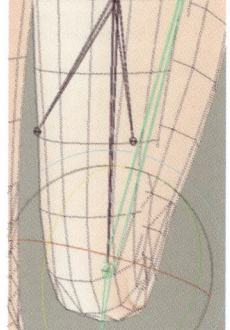

4 ▶ Assist_LeftThigh3_rotateX와 Assist_LeftThigh2_rotateX 노드를 [Attribute Editor]에서 직접 설정하는 경우, 인피니티와 OutTan Type 설정은 아래 그림과 같습니다.

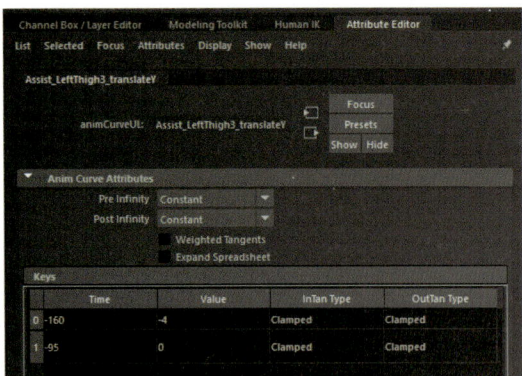 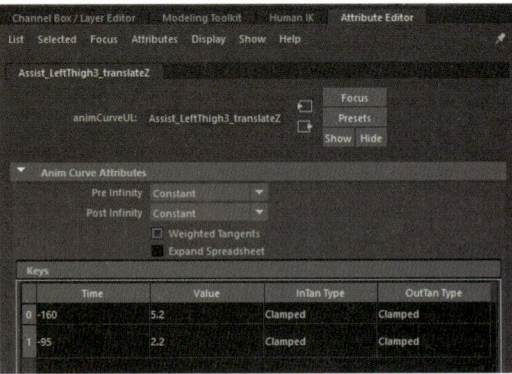

5 ▶ Driven Key에서의 움직임을 결정했습니다. 다시 허벅지 버텍스에 Assist_LeftThigh3과 Assist_LeftThigh4의 웨이트를 각각 넣고 동작을 확인하면서 값을 저장합니다. 변형이 의도한 대로 되었다면 오른쪽 허벅지도 대칭으로 움직이도록 보조 뼈를 넣고 왼쪽 다리의 웨이트를 미러링합니다. 양쪽 다리를 모두 구부려 보고 허벅지 부피가 자연스럽게 변화하는지 확인합니다.

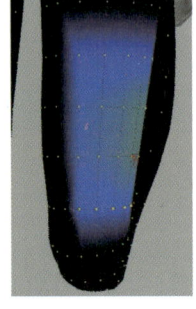  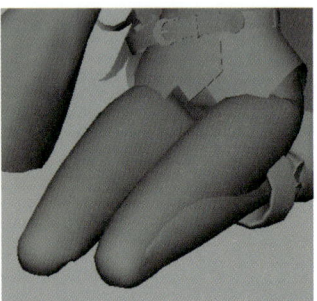

> **MEMO** 일정 정도 이상으로 다리를 회전시키고 싶지 않다면?
>
> [Attribute Editor → Limit Information → Rotate]에서 [Rot Limit Z] 항목을 체크하고, 최소 필드에 값을 넣어 두면 해당 값 이상으로 회전하지 않게 할 수 있습니다.
>
>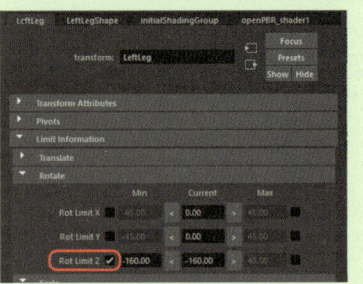

3.2.10 ▶ 엉덩이의 보조 뼈

1 ▶ 엉덩이 형태를 유지하기 위한 보조 뼈를 만듭니다. 현재 다리를 앞으로 올리거나 뒤로 올렸을 때 엉덩이 부피가 평평해지거나 찌부러진 듯 보이므로 이런 현상을 줄여 줍니다.

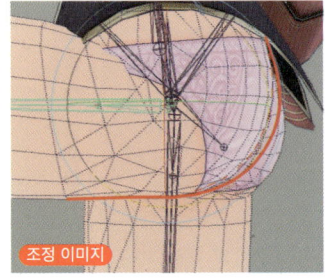 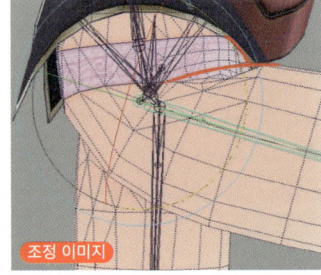

2 ▶ Hips의 자녀가 되도록 「Assist_BackLeftHip」 조인트를 추가합니다. LeftUpLeg와 같은 위치에 배치하고, LeftUpLeg와 방향도 동일하게 설정합니다.

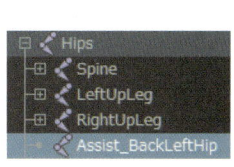
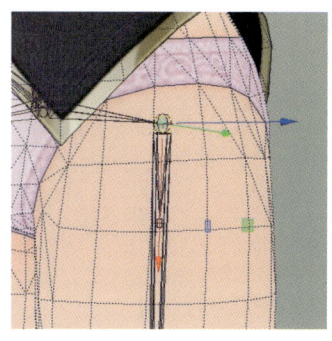

3 ▶ 다리를 앞으로 올려 LeftUpLeg을 회전시켰을 때, 뒤를 뒤쪽으로 엉덩이 메시가 늘어나는 형태가 되도록 Assist_BackLeftHip에 Driven Key를 설정합니다. [Set Pre Infinity] 옵션에서 LeftUpLeg을 드라이버, Assist_BackLeftHip을 Driven에 로드 합니다. LeftUpLeg의 Rotate Z가 0, Assist_BackLeftHip의 Translate X가 1이고 Translate Y가 0인 상태로 만든 뒤 [Key]를 클릭합니다. 다음으로 LeftUpLeg의 Rotate Z가 -90, Assist_BackLeftHip의 Translate X가 -4이고 Translate Y가 8인 상태로 만든 뒤 [Key]를 클릭합니다.

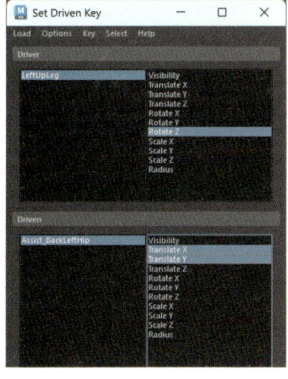
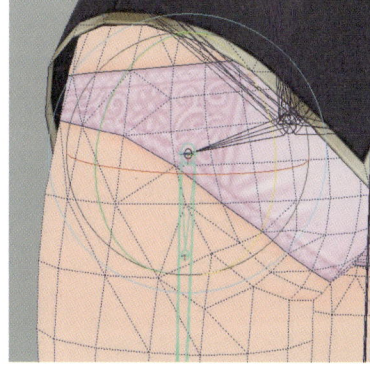
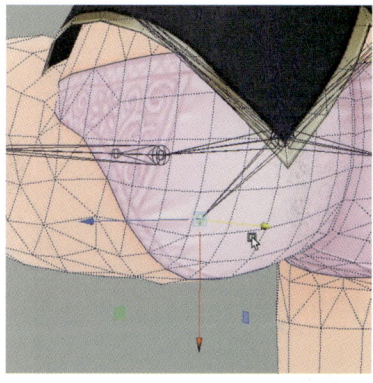

4 ▶ 우선 팬티와 다리 메시에 Assist_BackLeftHip의 인플루언스를 추가하고, 임시 웨이트를 넣어 동작을 확인합니다. 드리븐의 동작이나 변형의 방향성에 문제가 없는 것을 확인하고 조정 작업을 계속합니다.

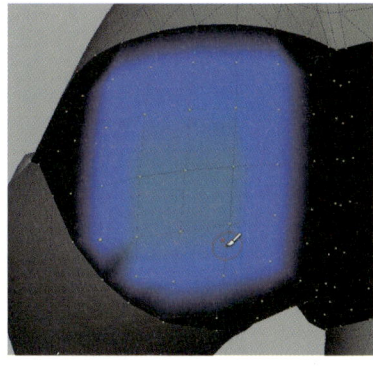
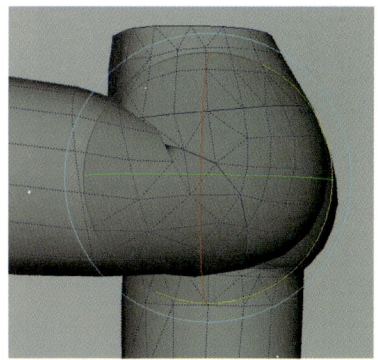

5 ▶ 다리를 뒤로 올렸을 때도 엉덩이가 접히지 않게 합니다. [Set Pre Infinity] 옵션으로 돌아가 이번에는 LeftUpLeg의 Rotate Z가 90, Assist_BackLeftHip의 Translate X가 4이고 Translate Y가 10인 상태로 만든 뒤 [Key]를 클릭합니다.

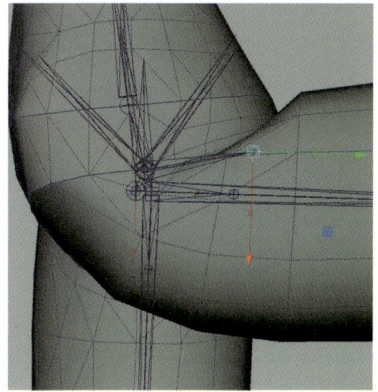

6 ▼ 시행착오를 거쳐 Assist_BackLeftHip_translateX와 Assist_BackLeftHip_translateY의 인피니티와 OutTan Type을 아래 그림과 같이 설정했습니다.

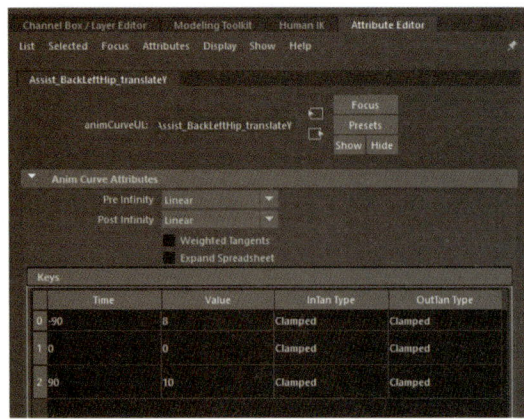
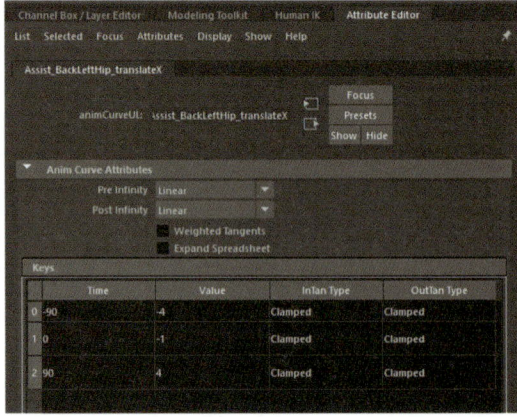

7 ▼ 다리를 앞과 뒤로 각각 올렸을 때 모두 형태를 유지할 수 있도록 웨이트를 조정합니다. Assist_BackLeftHip의 값만 변경하는 것으로는 원하는 형태가 되지 않아 Hips, Assist_LeftThigh1의 값도 함께 조정해 균형을 잡았습니다.

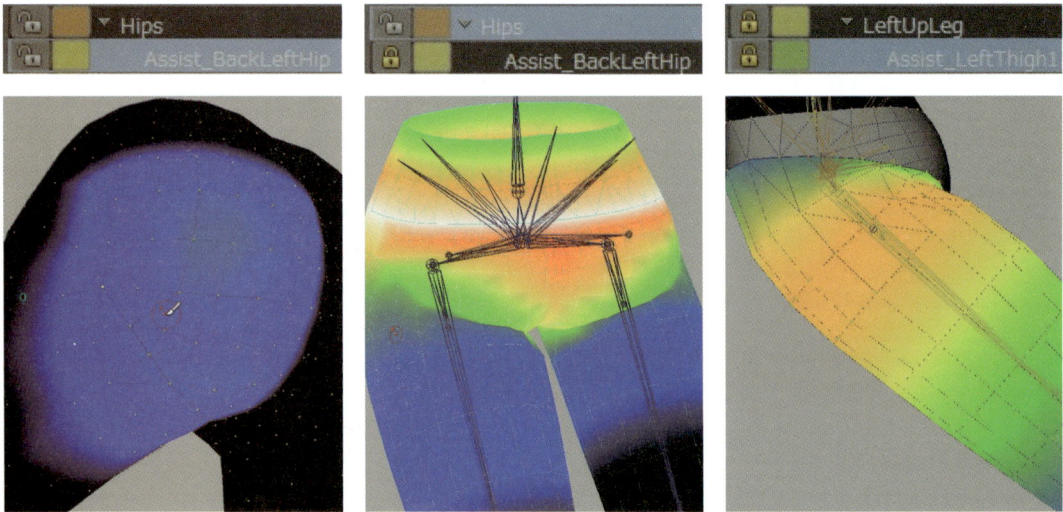

8 ▼ 특정 포즈 외에 다른 포즈도 취하면서 여러 각도에서 보며 형태에 위화감이 없는지 확인합니다.

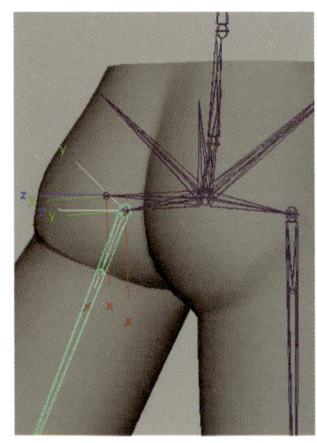
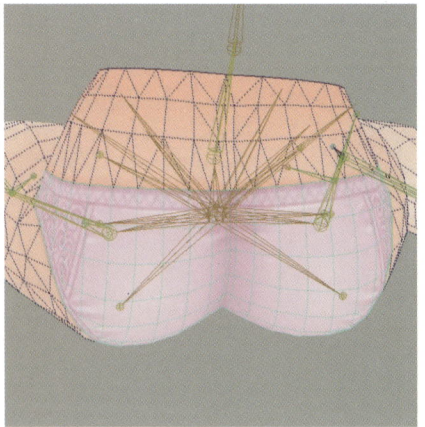
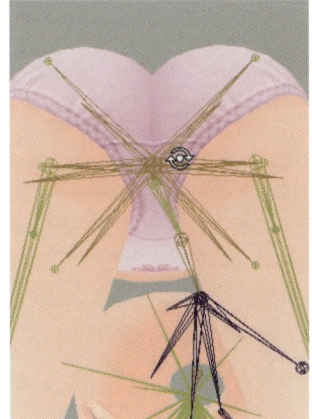

9 ▶ LeftUpLeg을 여러 차례 움직이면서 웨이트를 조정한 결과 그림과 같이 깔끔하게 변형할 수 있게 되었습니다. 오른쪽도 대칭으로 움직이도록 보조 뼈를 넣고, 왼쪽 웨이트를 미러링합니다(실제로는 엉덩이 좌우의 보조 뼈는 거의 동시에 진행했습니다).

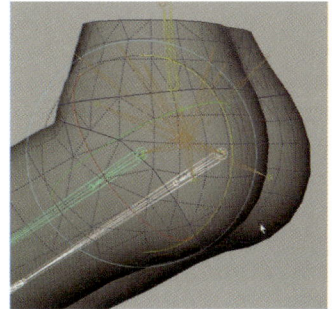 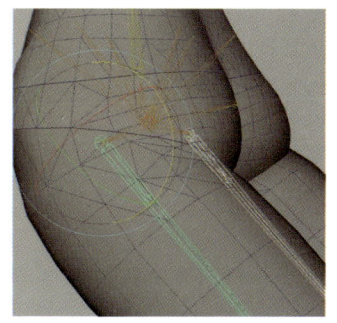

MEMO 　스키닝한 모델을 움직였을 때 페이스가 움푹 들어간다면

다리를 앞으로 올렸을 때 각도에 따라 일부 메시가 움푹 들어가 보이는 위치가 있었습니다. 이 부분은 삼각형 에지를 반전시켜 수정했습니다. 이런 방법을 사용하면 셋업한 모델을 움직였을 때 에지 방향에 의해 의도치 않은 변형이 일어나는 것을 피할 수 있습니다.

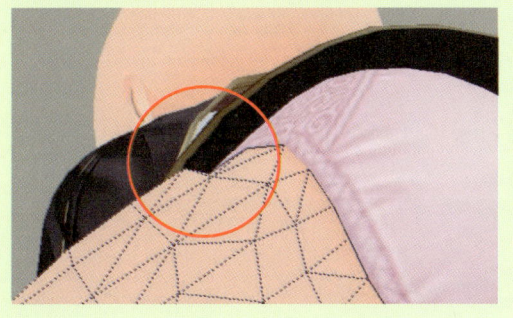 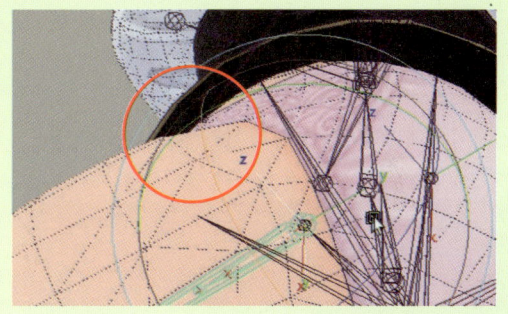

3.2.11 ▶ 다리 밑동 및 옆쪽 보조 뼈

1 ▶ 다리 밑동의 옆쪽 형태를 유지하기 위한 보조 뼈를 만듭니다. 현재 다리를 옆으로 올렸을 때 엉덩이와 허벅지 사이가 접히듯 찌부러집니다. 이 부분을 수정합니다.

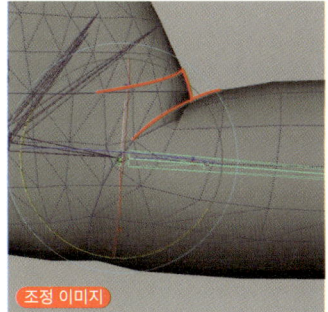 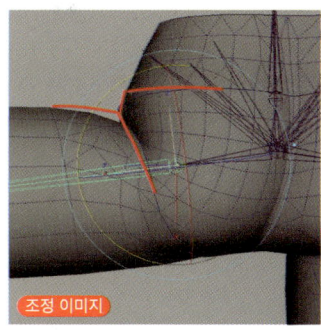

2 ▶ Hips의 자녀가 되도록 「Assist_SideLeftHip」 조인트를 추가합니다. LeftUpLeg와 같은 위치에 배치하고, LeftUpLeg와 같은 방향으로 설정합니다. Assist_BackLeftHip을 그대로 복제해도 좋습니다.

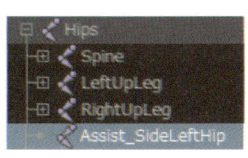
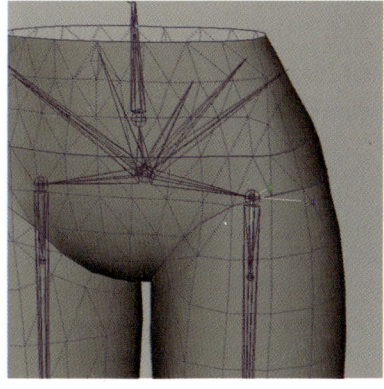

3 ▶ 다리를 옆으로 올려 LeftUpLeg을 회전시켰을 때, 골반 옆쪽을 향해 다리 밑동의 메시가 늘어나는 듯한 움직임을 만들기 위해 Assist_SideLeftHip에 Driven Key를 설정합니다. [Set Pre Infinity] 옵션에서 LeftUpLeg을 드라이버, Assist_SideLeftHip을 Driven에 로드 합니다. LeftUpLeg의 Rotate Z가 0, Assist_SideLeftHip의 Translate X가 -1이고 Translate Z가 -7.2인 상태로 만든 뒤 [Key]를 클릭합니다. 다음으로 LeftUpLeg의 Rotate Y가 -90, Assist_SideLeftHip의 Translate X가 5이고 Translate Z가 -12.2인 상태로 만든 뒤 [Key]를 클릭합니다.

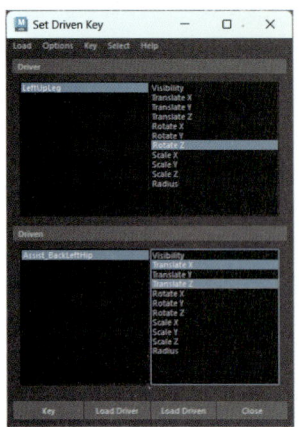 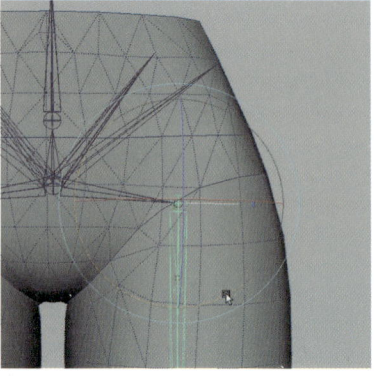 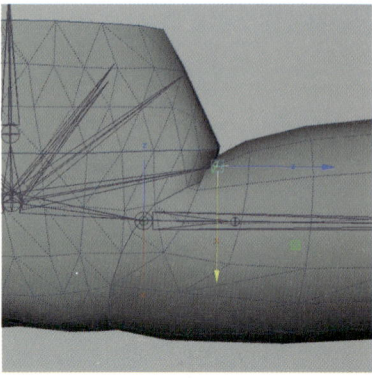

4 ▶ Assist_SideLeftHip_translateX와 Assist_SideLeftHip_translateZ의 Infinity와 OutTan Type은 아래 그림과 같이 설정 됩니다.

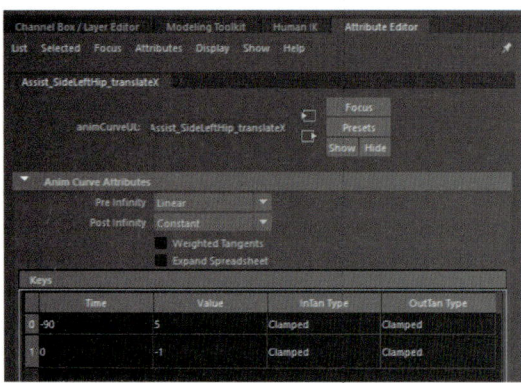 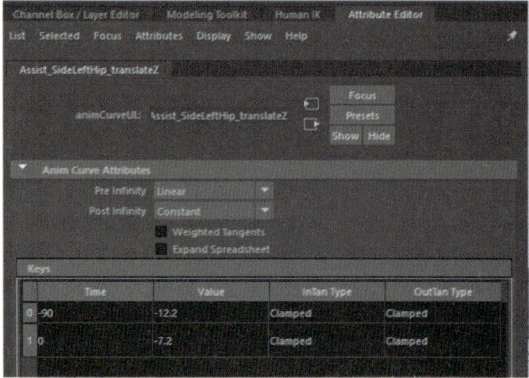

5 ▶ 팬티와 다리 메시에 Assist_SideLeftHip의 인플루언스를 추가하고, 옆쪽 팬티와 다리 밑동의 경계 부근 버텍스에 웨이트를 약하게 넣습니다. Hips와 Assist_LeftThigh1의 웨이트에서 조금씩 값을 나눠주는 형태입니다.

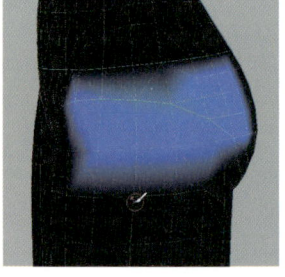 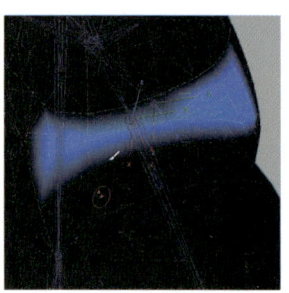

6 ▶ Assist_SideLeftHip의 역할은 다른 보조 뼈의 그것에 비해 단순하기 때문에 금방 이상적인 형태로 변형할 수 있었습니다. 오른쪽도 대칭으로 움직이도록 보조 뼈를 넣고, 왼쪽 웨이트를 미러링합니다.

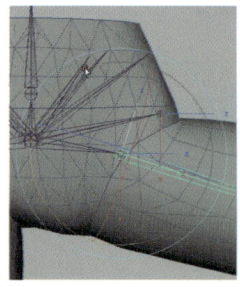 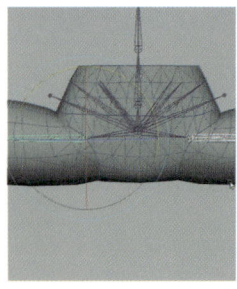 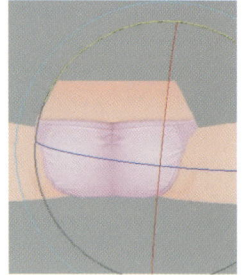

3.2.12 ▶ 다리 밑동 및 앞쪽 보조 뼈

1 ▶ 엉덩이, 다리 밑동의 옆쪽 보조 뼈를 만들었습니다. 다리 밑동 앞쪽에도 변형을 유지하기 위한 보조 뼈를 만듭니다. 현재 상태에서의 변형이 그렇게 이상하지는 않지만, 다리를 앞으로 올렸을 때 허벅지에 팬티가 말려 들어가는 듯 변형되므로 이 부분을 수정합니다.

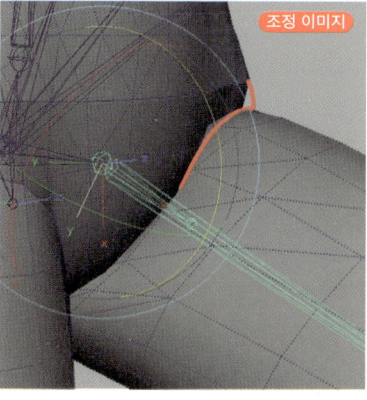

2 ▶ Hips의 자녀가 되도록 「Assist_FrontLeftHip」 조인트를 추가합니다. LeftUpLeg와 같은 위치에 배치하고, LeftUpLeg와 같은 방향으로 설정합니다.

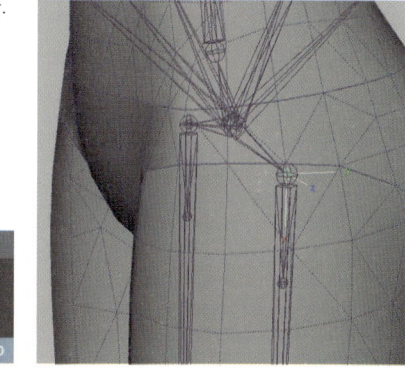

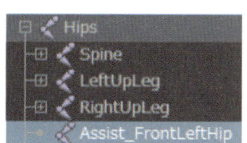

3 ▶ 다리를 올려 LeftUpLeg를 회전시켰을 때, 앞을 향하는 다리 밑동의 메시가 늘어나는 듯 움직이도록 Assist_FrontLeftHip에 Driven Key를 설정합니다. [Set Pre Infinity] 옵션에서 LeftUpLeg를 드라이버, Assist_FrontLeftHip을 Driven에 로드 합니다. LeftUpLeg의 Rotate Z가 0, Assist_FrontLeftHip의 Translate X가 -1이고 Translate Y가 0인 상태로 만든 뒤 [Key]를 클릭합니다. 다음으로 LeftUpLeg의 Rotate Z가 -90, Assist_FrontLeftHip의 Translate X가 5이고 Translate Y가 -6인 상태로 만든 뒤 [Key]를 클릭합니다.

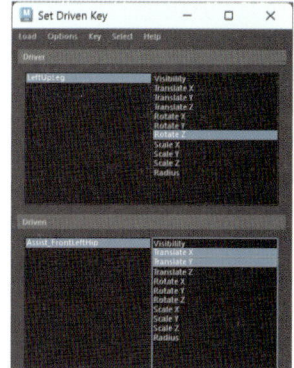

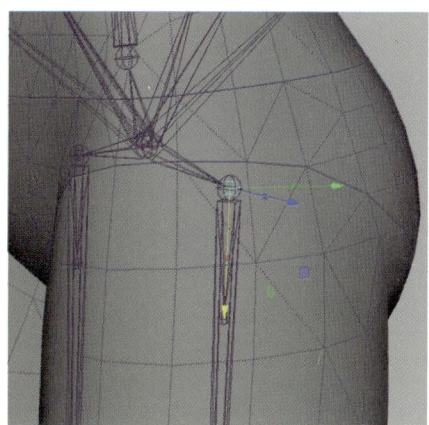
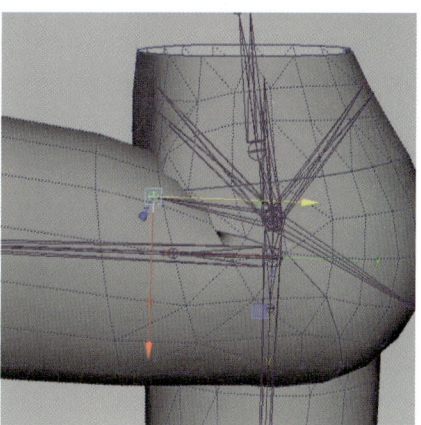

4 ▶ Assist_FrontLeftHip_translateX와 Assist_FrontLeftHip_translateY의 Infinity와 OutTan Type은 아래 그림과 같이 설정됩니다.

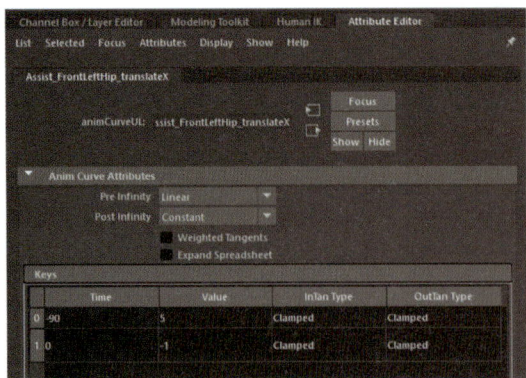 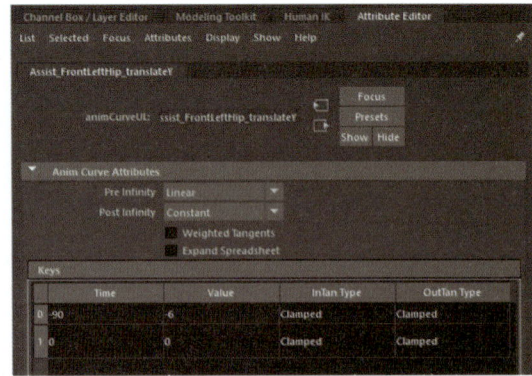

5 ▶ 팬티와 다리 메시에 Assist_FrontLeftHip의 인플루언스를 추가하고, 앞쪽 팬티와 다리 밑동의 경계 부근 버텍스에 웨이트를 약하게 넣습니다(자세한 설명은 생략했지만 여기에서 보조 뼈의 Driven Key 값을 상당히 조정했습니다…).

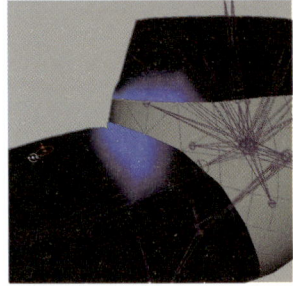 

6 ▶ 사소한 차이일 수 있지만, 다리를 올렸을 때 골반 형태를 유지하면서 허벅지에 의해 팬티가 약간 올라가는 자연스러운 형태가 되었습니다. 오른쪽도 대칭으로 움직이도록 보조 뼈를 넣고 왼쪽 웨이트를 미러링합니다.

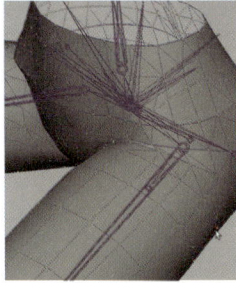 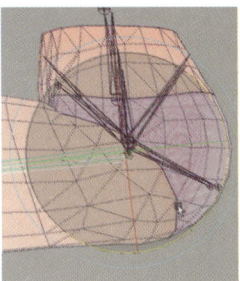 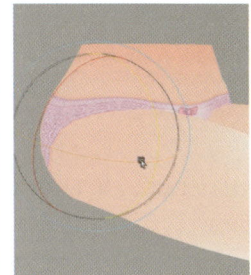

3.2.13 ▶ 위팔의 보조 뼈

1 ▶ 위팔을 비틀었을 때 부피를 유지하고, 어깨 형태 파손을 막기 위한 보조 뼈를 만듭니다. 구조적으로는 발목, 허벅지에 넣었던 트위스트 조인트와 동일합니다. LeftArm의 자녀가 되도록 「Assist_LeftArm1」, 「Assist_LeftArm2」 조인트를 추가합니다. LeftArm을 따라 Assist_LeftArm1은 조금 낮은 위치, Assist_LeftArm2는 위팔 한가운데 보다 조금 낮은 위치에 배치합니다. 방향은 모두 LeftArm과 동일합니다.

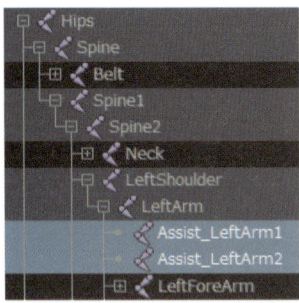 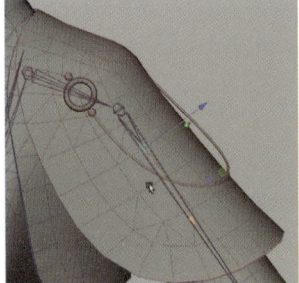 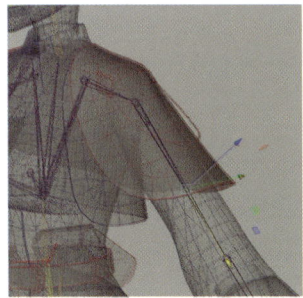

2 ▼ LeftArm을 X축으로 -90도 회전했을 때 Assist_LeftArm1은 X축으로 75도 회전, Assist_LeftArm2는 X축으로 45도 회전하도록 Driven Key를 설정합니다. [Set Pre Infinity] 옵션에서 LeftArm을 드라이버, Assist_LeftArm1과 Assist_LeftArm2 모두를 Driven에 로드 합니다. LeftArm의 Rotate X가 0, Assist_LeftArm1과 Assist_LeftArm2의 Rotate X가 모두 0인 상태에서 [Key]를 클릭합니다. 다음으로 LeftArm의 Rotate X가 -90, Assist_LeftArm1의 Rotate X가 75이고 Assist_LeftArm2의 Rotate X가 45인 상태로 만든 뒤 [Key]를 클릭합니다.

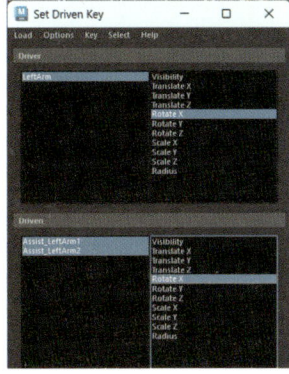 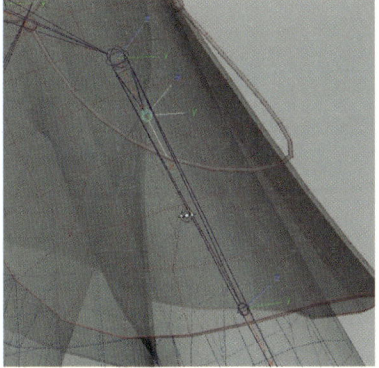 

3 ▼ Assist_LeftArm1_rotateX와 Assist_LeftArm2_rotateX의 Infinity와 OutTan Type 설정은 아래 그림과 같이 됩니다.

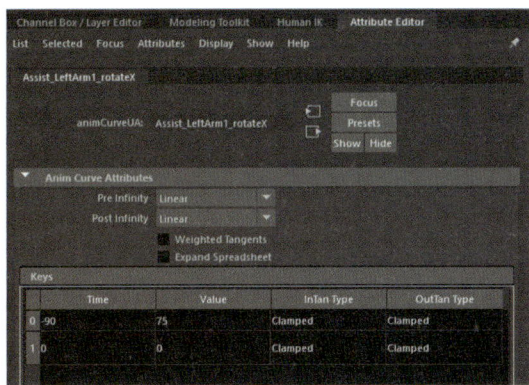 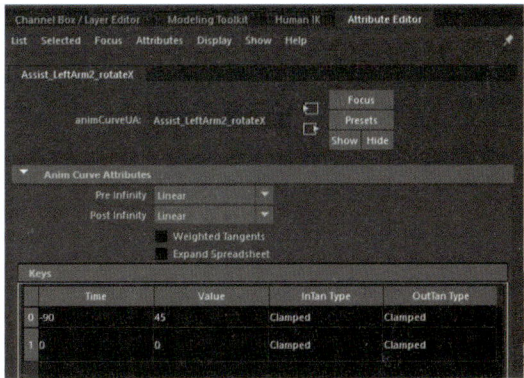

4 ▼ 아우터의 메시에 Assist_LeftArm1, Assist_LeftArm2의 인플루언스를 추가하고, LeftArm에 들어있는 웨이트를 옮기듯 Assist_LeftArm1, Assist_LeftArm2의 웨이트에 다시 분배합니다.

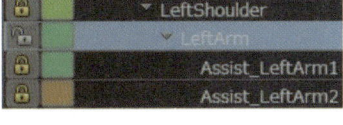 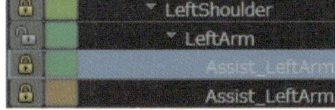 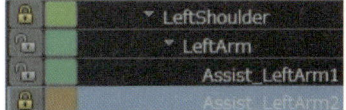

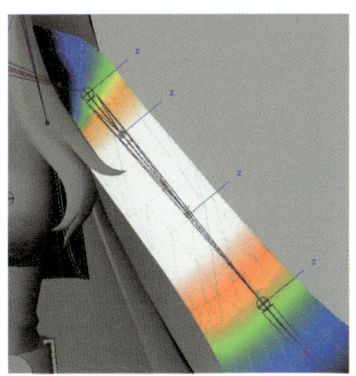 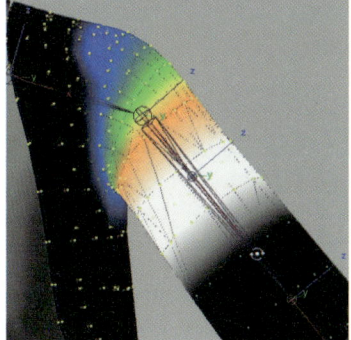 

5 ▼ 웨이트 조정을 거듭하면 최종적으로 다음 그림과 같이 됩니다.

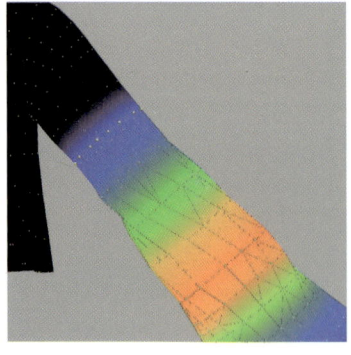 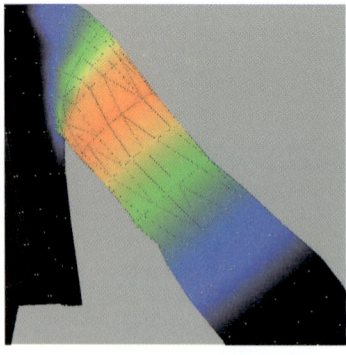 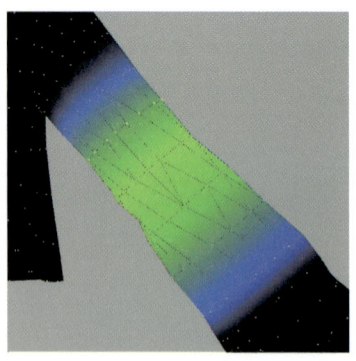

6 ▶ 이전에는 팔을 비틀었을 때 어깨도 회전했지만 보조 뼈를 넣음으로써 어깨 주변 형태를 유지하면서 팔을 비틀 수 있게 되었습니다. 오른쪽에도 마찬가지 순서로 대칭으로 움직이도록 조인트를 넣고 웨이트를 미러링합니다.

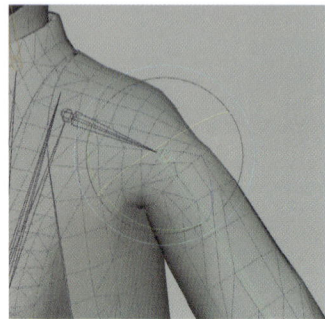 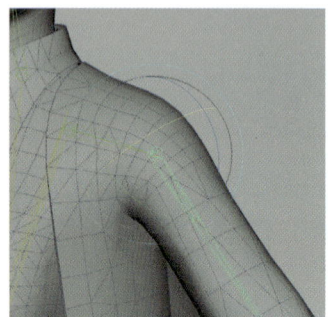

3.2.14 ▶ 어깨 폭 조정과 팔 주변의 조인트 변경

1 ▶ 이 시점에서 큰 문제가 하나 생겼습니다. 팔을 들고 있을 때는 눈치채지 못했지만, 팔을 완전히 아래로 내렸을 때 어깨 폭이 다소 넓어 보여 신경이 쓰였습니다. 어깨 케이프가 있으면 더욱 눈에 띕니다. 모델의 형태보다는 어깨 조인트의 위치가 조금 바깥쪽에 배치되어 있어, 팔을 아래로 내렸을 때 어깨 폭이 넓어 보이는 것이 원인이었습니다. 위팔의 보조 뼈를 만들기 전에 어깨 조인트를 수정합니다.

  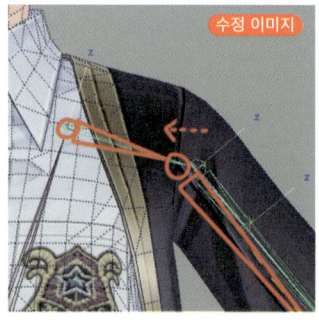

2 ▶ 먼저 LeftShoulder를 복제해 임시로 조인트 위치와 방향을 조정합니다. 이 조인트를 나중에 가이드로 사용하고, 원래 조인트에 임시 조정 값을 반영하는 흐름으로 작업합니다.

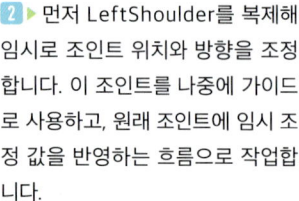 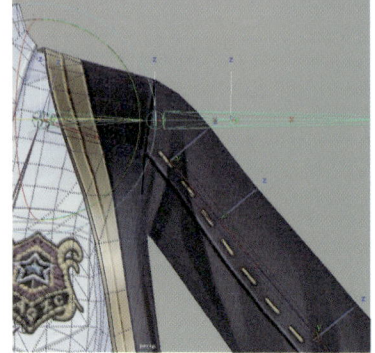 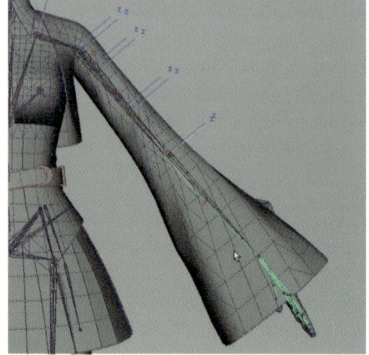

3 ▶ 가장 중요한 목적인 LeftArm의 위치를 조금 안쪽으로 이동시킵니다. 또한, 원래 LeftShoulder의 뼈는 팔뚝과 같은 각도로 되어 있었으므로 LeftShoulder의 위치를 조금 아래로 내리거나 Y축으로 회전시켜 각도를 조정했습니다. LeftForeArm과 LeftHand의 위치에도 영향을 주므로 대략적으로 원래 위치에 맞춥니다.

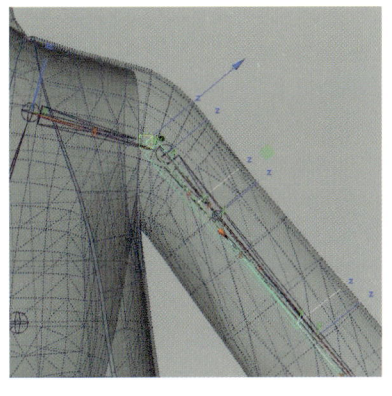 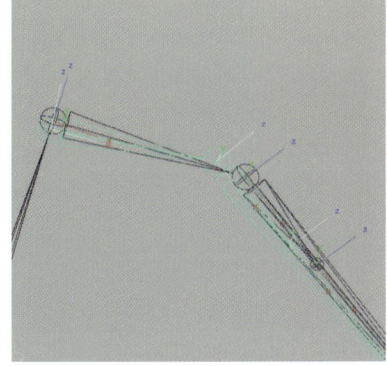 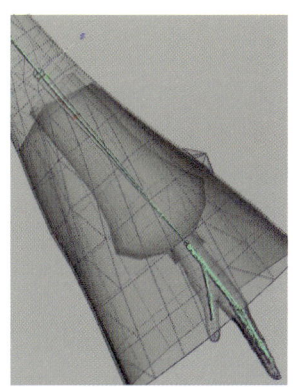

4 ▶ LeftForeArm을 수정함에 따라 팔꿈치 관절의 원래 위치에서 조금 어긋났기 때문에, 소매 분할을 따라 LeftForeArm의 위치를 조금 조정했습니다. Translate X 외에는 값이 들어있지 않게 하고, 조인트 방향 Z에만 -0.5를 넣습니다.

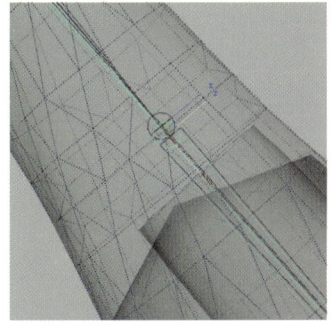 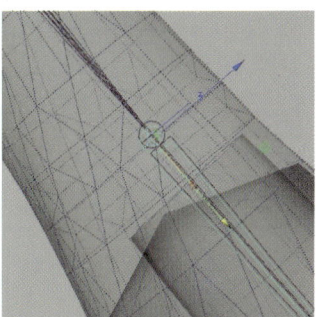

5 ▶ LeftHand는 손가락 조인트 위치 관계에도 영향을 주므로 원래 조인트 위치와 거의 같게 되도록 Translate X의 값을 조정합니다.

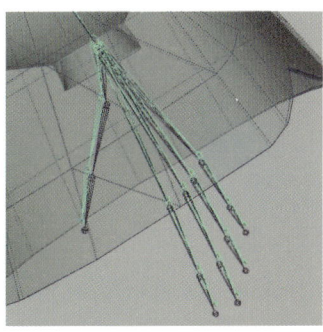 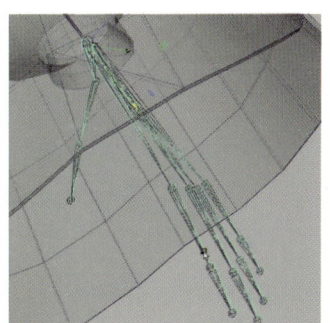

6 ▼ 새끼손가락과 엄지손가락의 조인트도 조금씩 어긋나 있으므로 원래 위치에 맞춥니다.

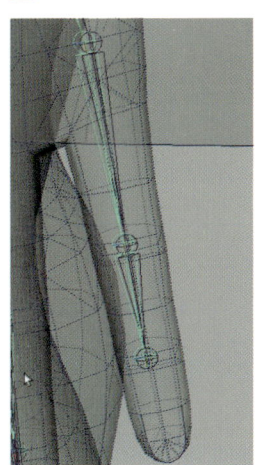 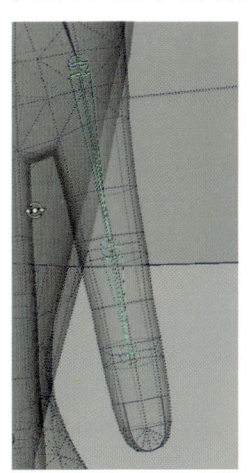 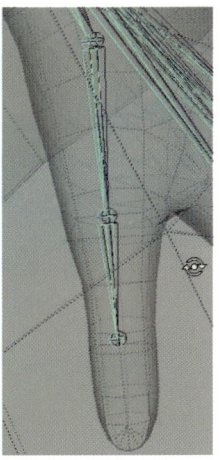 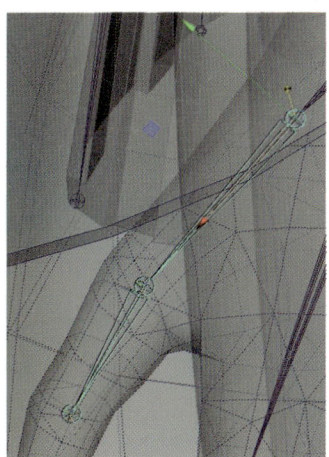

7 ▶ 어깨에서 손가락 끝에 이르는 조인트 위치를 조정했습니다. 이를 가이드로 해서 원래 조인트의 이동과 회전에 같은 값을 넣습니다. 우선 영향이 있는 메시는 바인드를 해제한 뒤 수행하고, 반대쪽의 RightShoulder 이하의 조인트에도 마찬가지로 값을 반영합니다.

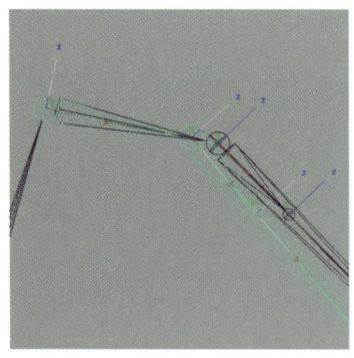 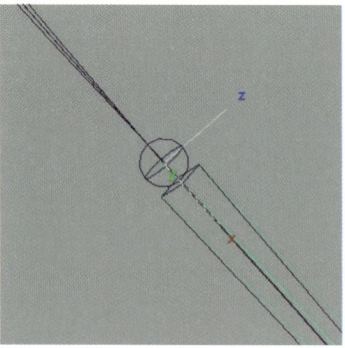 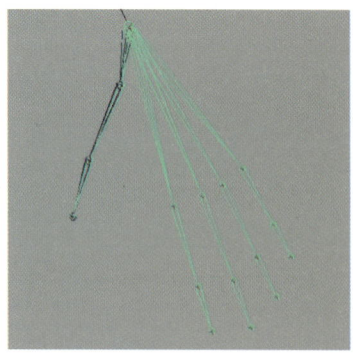

8 ▶ 다시 바인드 해서 포즈를 취한 결과 아래 그림과 같이 되었습니다. 이전과 비교하면 어깨 폭의 변화를 잘 알 수 있습니다. 조인트 위치를 조금 바꾸는 것만으로 모델 형태에 상당한 영향을 줄 수 있기 때문에, 스켈레톤 만들기 단계부터 계획적으로 배치하는 것이 좋습니다.

3.2.15 ▶ 아래팔과 팔꿈치의 보조 뼈

다리의 보조 뼈를 만들면서 감을 잡았으므로 여기에서는 위팔의 트위스트 조인트와 팔꿈치 형태를 유지하기 위한 보조 뼈를 함께 만듭니다.

1 ▶ LeftForeArm의 자녀가 되도록 「Assist_LeftElbow」, 「Assist_LeftForeArm1」, 「Assist_LeftForeArm2」 조인트를 추가합니다. Assist_LeftElbow는 팔꿈치 한 가운데 위치하도록 Y축 방향에 따라 배치하고, Assist_LeftForeArm1은 LeftForeArm 뼈를 따라 아래팔 한 가운데 부근에 배치하고, Assist_LeftForeArm1는 LeftForeArm 뼈를 따라 손목에서 조금 떨어진 부근에 배치합니다. 방향은 모두 LeftForeArm, LeftHand와 동일하게 설정합니다.

 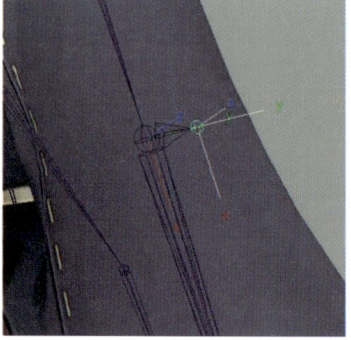 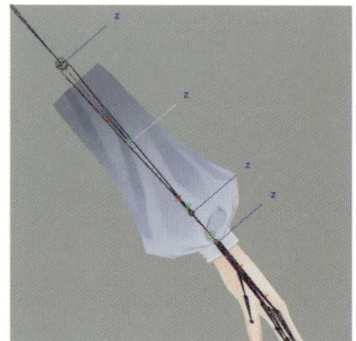

2 ▼ Assist_LeftElbow의 Driven Key부터 설정합니다. LeftForeArm을 Z축으로 -90도 회전시켰을 때 Assist_LeftElbow가 팔꿈치를 향해 팔꿈치 부근 메시를 밀어내는 듯한 움직이게 합니다. Assist_LeftKnee_NoWeight(무릎의 보조 뼈)와 같은 중개용 조인트가 없더라도 비슷한 움직임을 만들 수 있을 것 같습니다. 여기에서는 Assist_LeftElbow만 사용해서 작업해 보겠습니다. [Set Pre Infinity] 옵션에서 LeftForeArm을 드라이버, Assist_LeftElbow를 Driven에 로드 합니다. LeftForeArm의 Rotate Z가 0, Assist_LeftElbow의 Translate X가 0이고 Translate Y가 2이고 Rotate Z가 0인 상태에서 [Key]를 클릭합니다. 다음으로 LeftForeArm의 Rotate Z가 -90, Assist_LeftElbow의 Translate X가 -2이고 Translate Y가 2이고 Rotate Z가 45인 상태로 만든 뒤 [Key]를 클릭합니다.

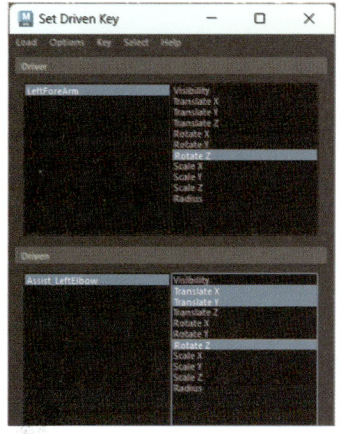

3 ▼ 우선 LeftForeArm을 Z축으로 -180도 회전시켰을 때 Assist_LeftElbow도 안정적으로 만듭니다. LeftForeArm의 Rotate Z가 -180, Assist_LeftElbow의 Translate X가 4이고 Translate Y가 0이고 Rotate Z가 90인 상태로 만든 뒤 [Key]를 클릭합니다.

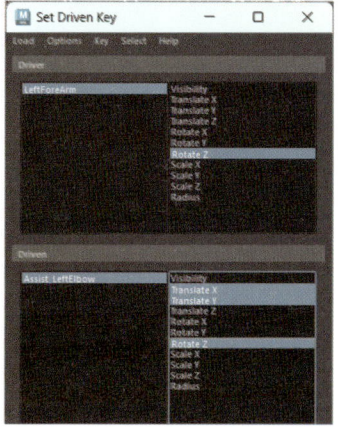
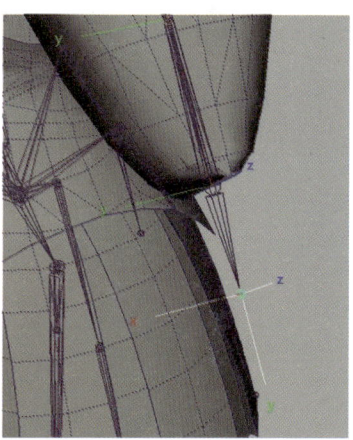

4 ▼ Assist_LeftElbow_translateX, Assist_LeftElbow_translateY, Assist_LeftElbow_rotateZ의 인플루언스와 OutTan Type 설정은 아래 그림과 같이 됩니다.

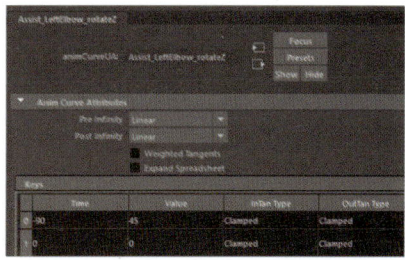
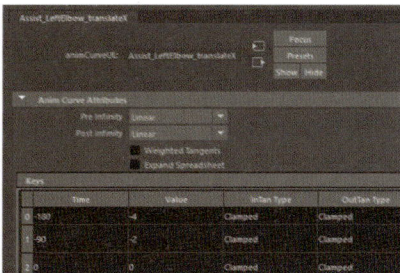
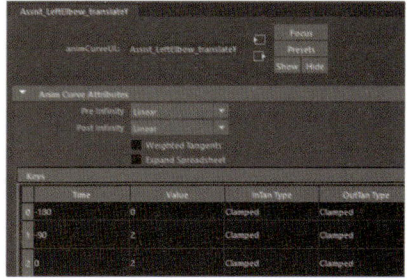

5 ▶ 계속해서 Assist_LeftForeArm1과 Assist_LeftForeArm2의 Driven Key를 설정합니다. LeftHand를 X축으로 −90도 회전시켰을 때 Assist_LeftForeArm1은 X축으로 −45도 회전, Assist_LeftForeArm2는 X축으로 −75도 회전하도록 Driven Key를 설정합니다. [Set Pre Infinity] 옵션에서 LeftHand를 드라이버, Assist_LeftForeArm1과 Assist_LeftForeArm2를 Driven에 로드 합니다. LeftHand의 Rotate X가 0, Assist_LeftForeArm1과 Assist_LeftForeArm2의 Rotate X도 0인 상태에서 [Key]를 클릭합니다. 다음으로 LeftHand의 Rotate X가 −90, Assist_LeftForeArm1의 Rotate X가 −45, Assist_LeftForeArm2의 Rotate X가 −75인 상태로 만든 뒤 [Key]를 클릭합니다.

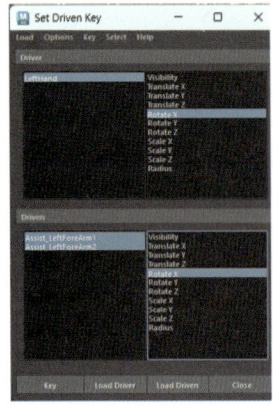
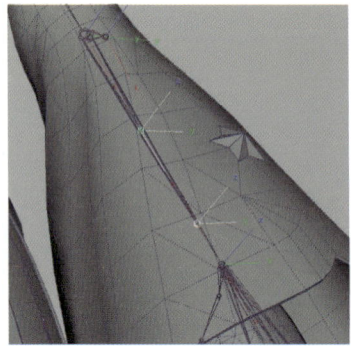
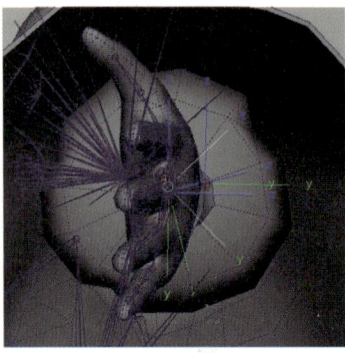

6 ▶ Assist_LeftForeArm1_rotateX, Assist_LeftForeArm2_rotateX의 Infinity와 OutTan Type 설정은 다음 그림과 같이 됩니다.

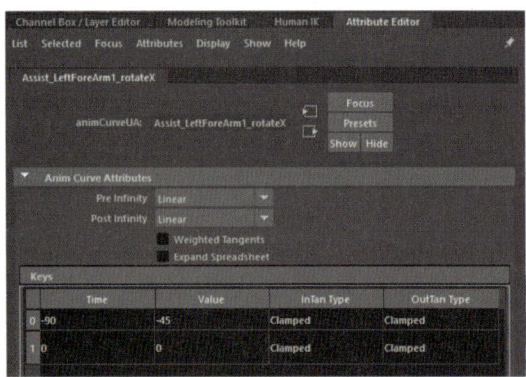
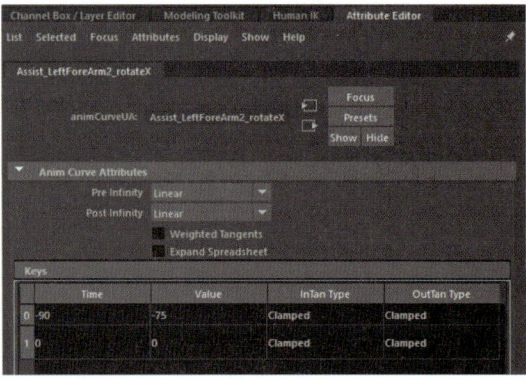

7 ▶ 아우터, 셔츠 소매, 손 메시에 Assist_LeftElbow, Assist_LeftForeArm1, Assist_LeftForeArm2의 인플루언스를 추가하고 웨이트를 넣습니다. LeftForeArm에 들어 있던 웨이트를 옮기듯 Assist_LeftForeArm1, Assist_LeftForeArm2에 다시 분배합니다.

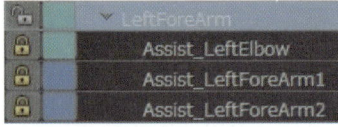
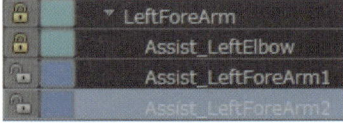
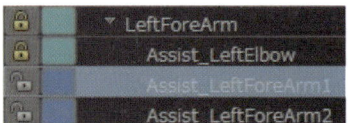

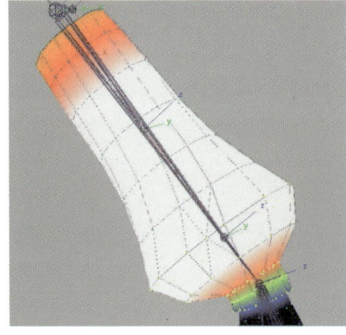
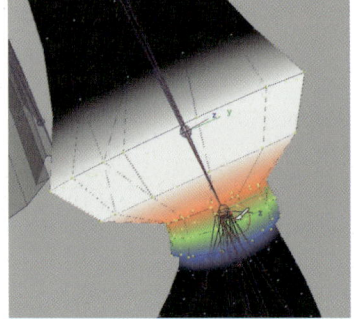
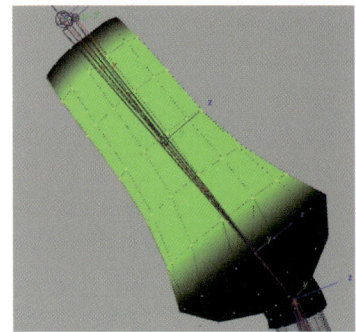

8 ▼ 웨이트를 계속 조정해 최종적으로 아래 그림과 같이 분배했습니다.

 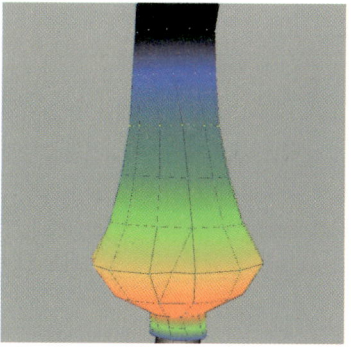 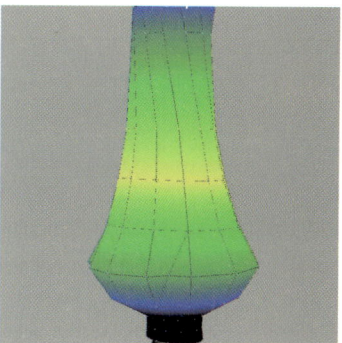

9 ▼ 단순하지만 손목을 비틀었을 때도 셔츠 소매의 부피가 유지됩니다.

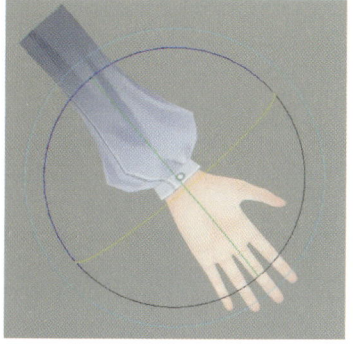 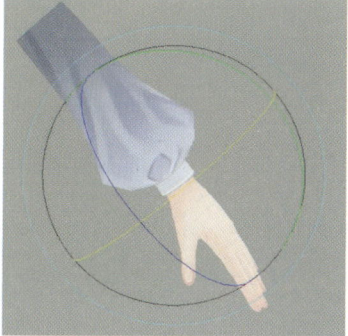 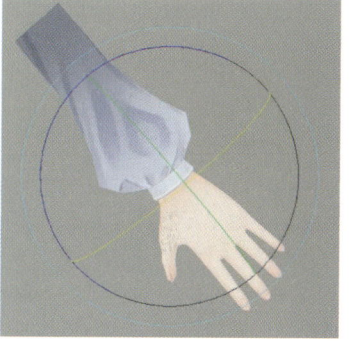

10 ▼ 계속해서 아우터 팔꿈치 부근에 Assist_LeftElbow의 웨이트를 넣습니다. 조금 뾰족하게 만드는 느낌으로 웨이트의 강약을 조정해 팔꿈치의 실루엣을 만들었습니다.

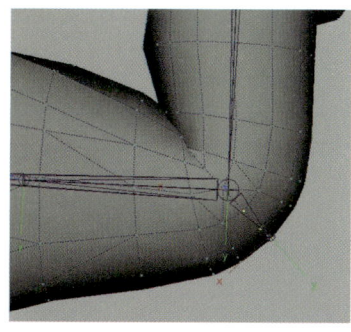 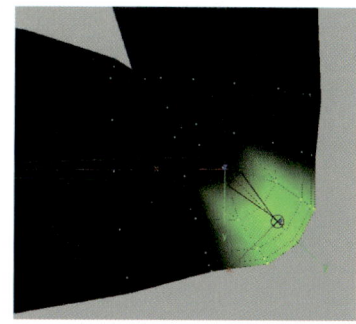 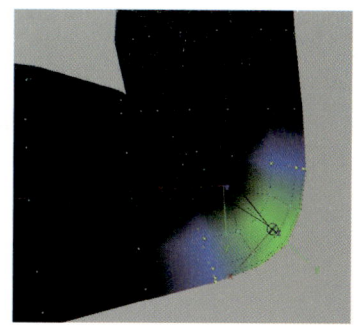

11 ▼ 아래팔의 트위스트 처리와 팔꿈치 웨이트 조정을 마쳤습니다. 오른쪽에도 같은 순서로 대칭이 되도록 보조 뼈와 웨이트를 넣습니다. 보조 뼈를 넣기 전에는 팔꿈치가 늘어나거나, 팔이 비틀어져 굵기가 가늘어진 형태가 되었으나, 해당 문제가 상당히 해결되었습니다.

  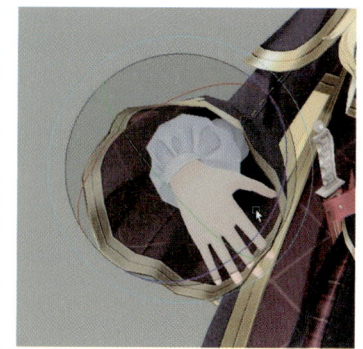

3.2.16 ▶ 어깨 케이프의 세컨더리 조인트

1 ▶ 어깨 케이프의 세컨더리를 만들기에 앞서 먼저 프라이머리 쪽에서 어느 정도 웨이트를 넣고 싶었습니다. 하지만 개별적으로 제어할 수 있는 편이 표현의 폭이 넓어지므로, 세컨더리 조인트를 넣기로 했습니다. Spine2, Cloak1, LeftShoulder, LeftArm, RightShoulder, RightArm의 웨이트를 넣은 상태에서 작업을 시작합니다. 덧붙여 이 웨이트들은 대부분은 셔츠, 아우터, 망토 메뉴에 들어있는 웨이트로부터 어깨 케이프의 메시에 전사해서 조정한 것입니다. 하지만 대부분의 웨이트는 지금부터 만들 조인트로 옮겨지게 됩니다…

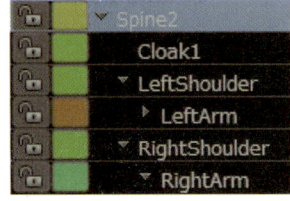
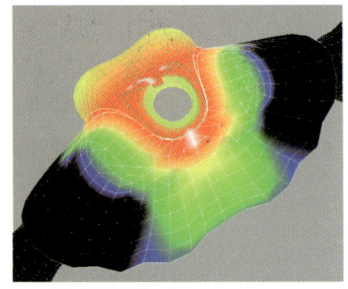
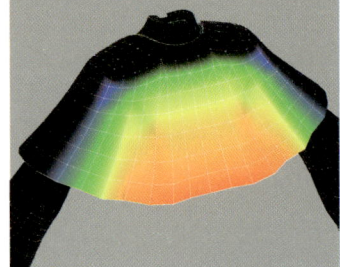
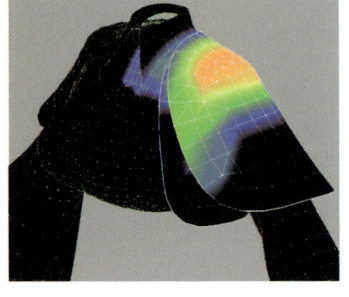
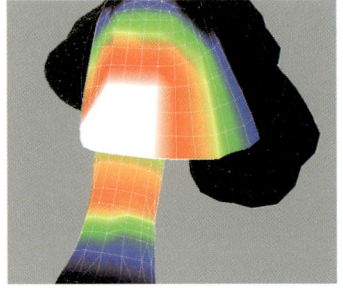

2 ▶ 먼저 LeftShoulder의 자녀가 되도록 「LeftCape」조인트를 추가합니다. 어깨에서 가장 높은 부분에 배치하고, LeftArm과 같은 방향으로 설정합니다.

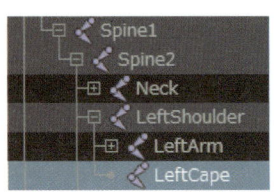
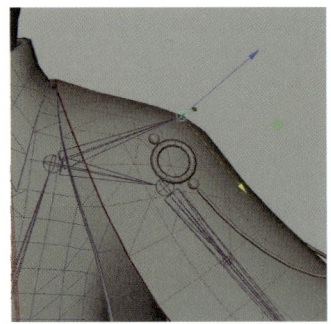

3 ▶ 어깨 케이프 메시에 LeftCape의 인플루언스를 추가하고 웨이트를 넣습니다. 어깨 케이프의 메시에 들어 있던 LeftArm의 웨이트를 그대로 LeftCape로 옮깁니다. 스킨 웨이트 페인트 도구의 인플루언스 상에서 LeftArm 이외의 관련 조인트를 잠급니다. 다음으로 LeftArm의 웨이트가 들어있는 버텍스를 선택하고 LeftCape를 선택한 뒤; 웨이트 값에 1을 넣어 간단하게 옮길 수 있습니다.

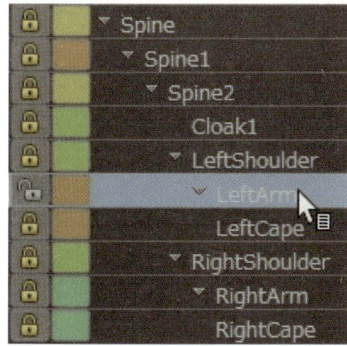
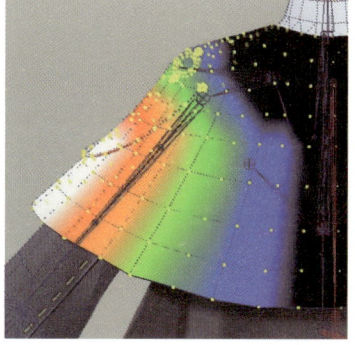

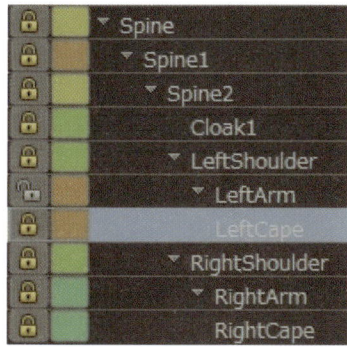
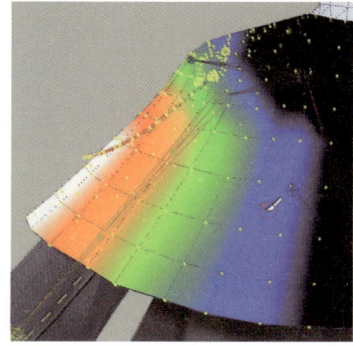
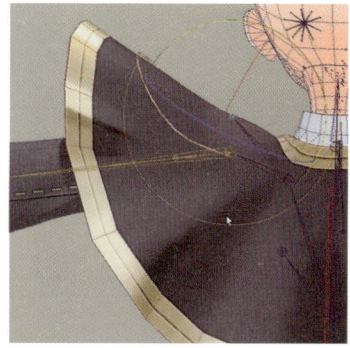

4 ▶ 현재 상태에서 변형이 딱딱한 위치는 버텍스를 선택하고 스무스를 걸거나, 직접 수치를 입력해 깔끔하게 변형되게 하는 등으로 조정합니다. 오른쪽에도 같은 순서로 대칭이 되도록 조인트를 넣습니다.

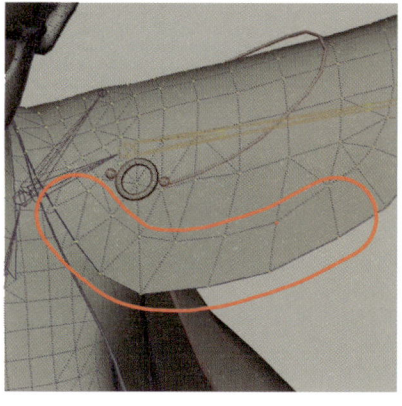
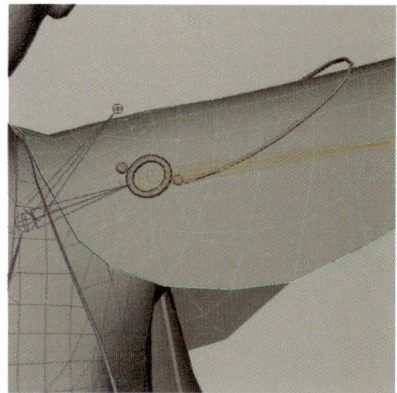

5 ▶ 어깨 케이프의 중앙 범위를 제어할 수 있는 조인트도 넣습니다. Cloak1의 자녀가 되도록 「MiddleCape」 조인트를 추가합니다. Cloak1에서 조금 떨어뜨려 어깨 케이프의 메시에 접하도록 매치하고, 방향은 Cloak1과 동일하게 설정합니다.

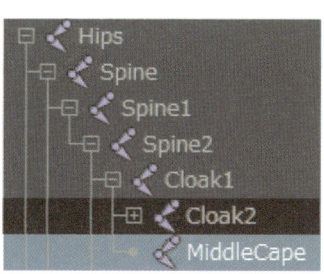
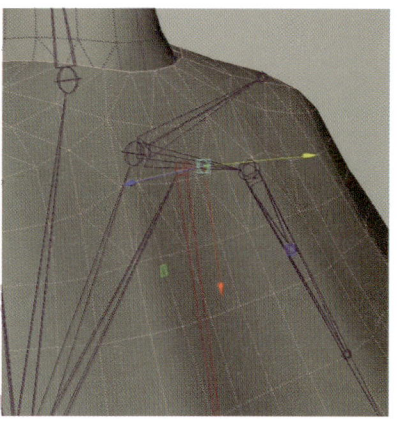

6 ▼ 어깨 케이프의 메시에 MiddleCape의 인플루언스를 추가하고 웨이트를 넣습니다. 순서는 LeftArm에서 LeftCape로 옮겼을 때와 같습니다. 그리고 좌우 대칭 메시라면 한쪽 절반 버텍스만 선택하고 웨이트를 옮긴 뒤, 웨이트에 미러링을 적용해 깔끔하게 복사할 수 있습니다.

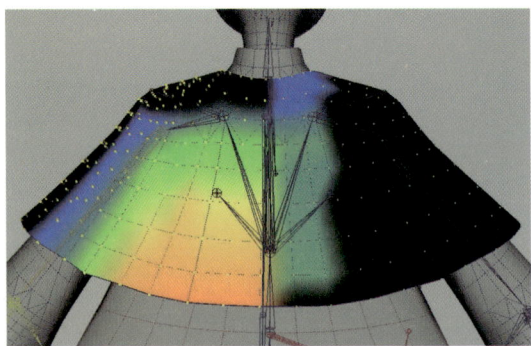

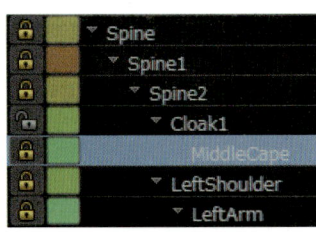
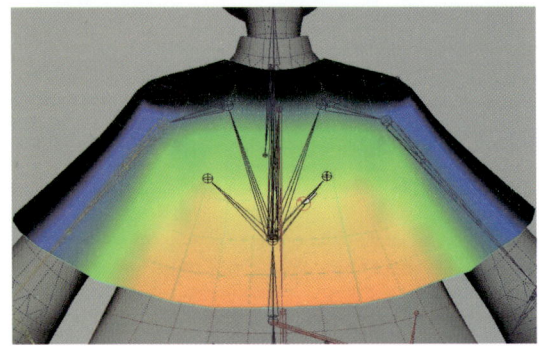

7 ▼ 이것으로 Cloak1과 MiddleCape에서 개별 제어할 수 있게 되었습니다. 변형했을 때 Cloak1과 MiddleCape 사이에서 미묘하게 토폴로지의 흐름이 잘못된 위치는 스무스를 걸거나 직접 수치를 입력해 조정합니다.

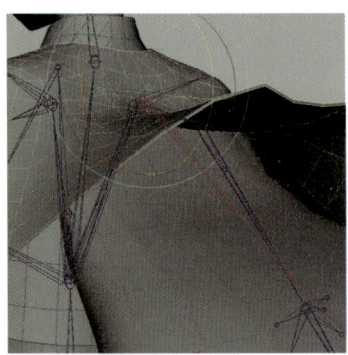
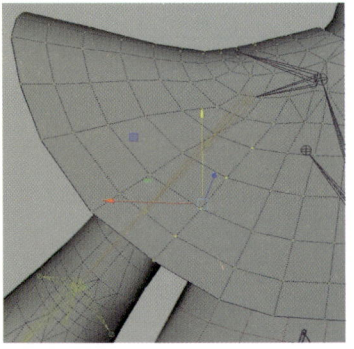
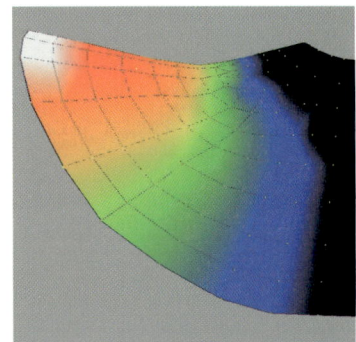

8 ▼ 어깨 케이프에 붙어 있는 장식은 어깨 케이프에서 웨이트를 복사하고, 딱딱한 부분은 값을 조정합니다. 어깨 케이프는 이것으로 완성입니다.

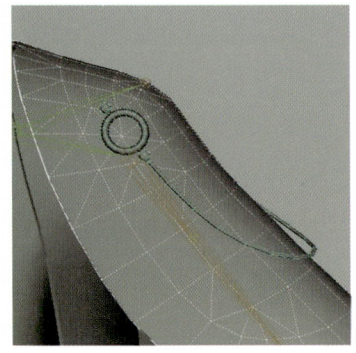
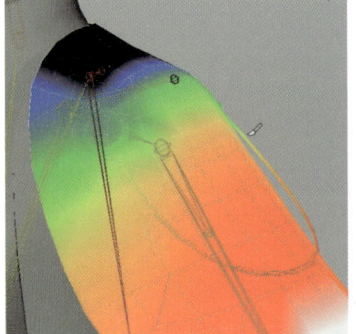
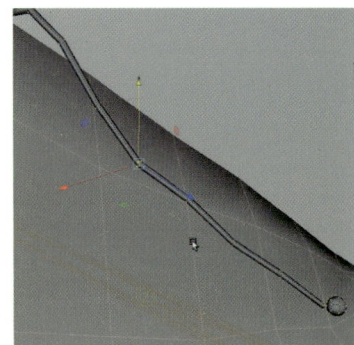

MEMO | 팔을 들었을 때 자동으로 어깨 케이프도 따라 움직이게 하고 싶다면

어깨 케이프를 따라가는 것은 세컨더리가 아니라 보조 뼈를 사용해 기능하게 할 수도 있을 것입니다. 그 때는 LeftArm과 RightArm을 드라이버, LeftCape와 RightCape를 Driven에 하고 회전과 이동에 Driven Key를 설정하면 좋습니다.

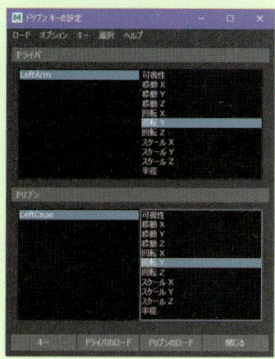 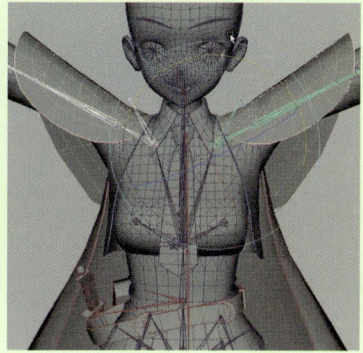 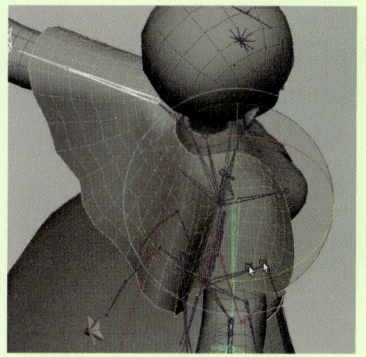

3.2.17 ▶ 아래팔 소매의 세컨더리 조인트

1 ▶ 아우터의 큰 소매를 제어하기 위한 조인트를 만듭니다. LeftForeArm의 자녀가 되도록 「LeftSleeveFront1」, 「LeftSleeveBack1」, 「LeftSleeveOut1」, 「LeftSleeveIn1」 조인트를 추가합니다. 겨드랑이 아래 부근에 있는 분할의 앞쪽, 뒤쪽, 바깥쪽, 안쪽의 사방에 각각 같은 간격 정도로 배치했습니다. 모두 X축이 소매자락 방향, Z축이 메인 회전축, Y축이 소매 바깥쪽을 향하도록 방향을 설정합니다. 스커트와 같은 형태의 구조입니다.

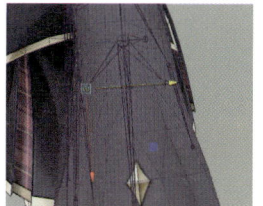 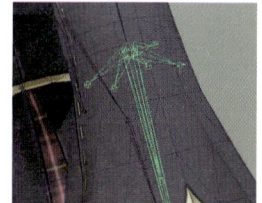

2 ▶ 다시 LeftSleeveFront1, LeftSleeveBack1, LeftSleeveOut1, LeftSleeveIn1의 자녀가 되도록 각각 「LeftSleeveFront2」, 「LeftSleeveBack2」, 「LeftSleeveOut2」, 「LeftSleeveIn2」 조인트를 한차례 더 추가해서 연장합니다. 소매 메시 위를 따라 팔꿈치와 소매 중간에 있는 분할에 맞춰 배치하고, 그대로 부모 조인트와 같은 방향으로 설정합니다.

 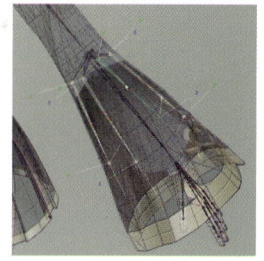

3 ▼ 조인트 배치를 마쳤으므로 스키닝을 진행합니다. 스커트와 마찬가지로 케이지 모델 메시에서 전사하는 방식으로 웨이트를 넣습니다. 먼저 팔각형의 Cylinder 프리미티브를 준비하고, 바닥 쪽 페이스를 삭제해 소매 형태에 맞춰 케이지 모델을 정리합니다. 분할도 어느 정도 소매의 분할에 맞춰 가로 방향으로 3개를 넣고, 단순한 웨이트를 넣을 수 있게 했습니다.

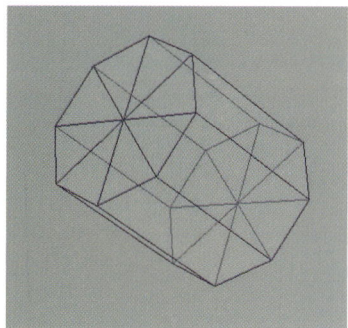 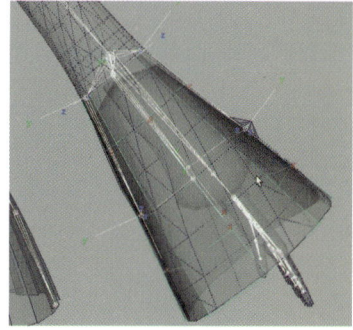 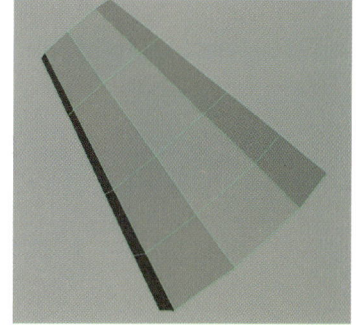

4 ▼ 소매의 조인트 8개, LeftArm, LeftForeArm과 소매의 케이지 모델의 메시를 선택하고 스킨의 바인드를 적용합니다. LeftArm과 LeftForeArm은 소매 밑동에만 웨이트를 넣습니다.

 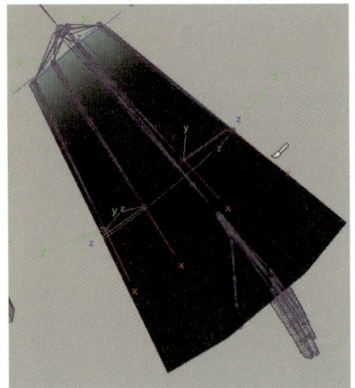 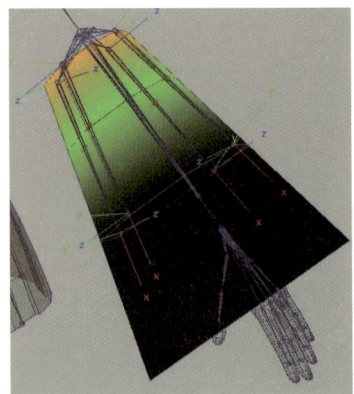

5 ▼ 소매 밑동에서 끝의 웨이트는 모두 Sleeve 계열 조인트로 할당합니다. 여기에서는 LeftSleeveFront1과 LeftSleeveFront2의 예를 들어 설명합니다. LeftSleeveFront1과 같은 위치에 있는 버텍스에는 웨이트 값에 1을 넣고, 그 다음 가까이에 위치한 좌우 3개의 버텍스에는 0.5, 멀리 떨어져 있는 4개의 버텍스는 다른 조인트에도 걸려 있으므로 0.25정도의 느낌으로 거리에 따라 웨이트 값을 조정합니다. 기타 Back, Out, In도 이것과 마찬가지로 웨이트 값을 넣습니다. 케이지 모델에서 부드럽게 변형된다면 본체 메시 쪽에 전사했을 때도 같은 형태로 변형될 것입니다.

  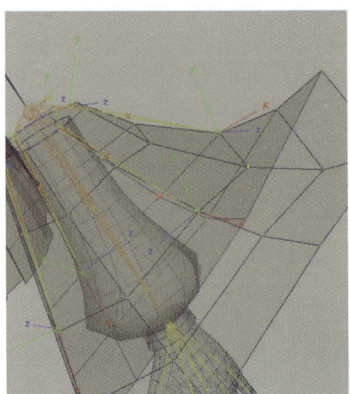

6 ▼ 본체의 아우터 소매 메시에 소매의 조인트 8개를 인플루언스에 추가하고, 앞에서 만든 케이지 모델에 들어있던 웨이트를 전사합니다(잘 전사되지 않을 때는 양쪽에서 사용하고 있는 인플루언스 조인트를 정돈합니다). 웨이트 컬러 램프가 깔끔한 그러데이션을 그리도록 옮겨졌습니다.

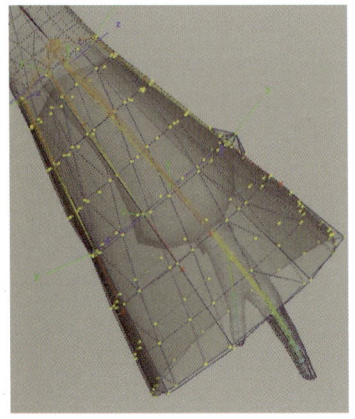 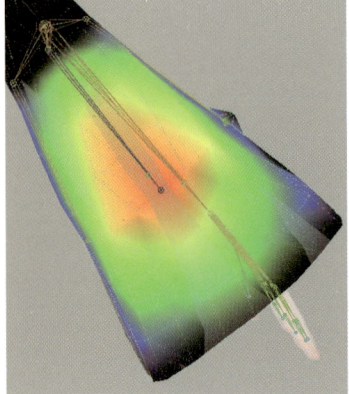 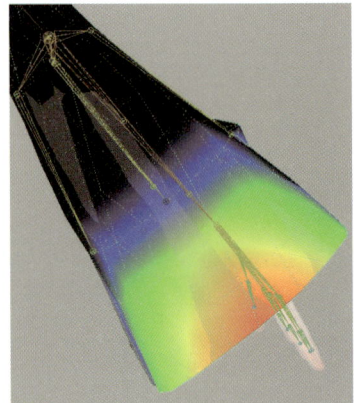

7 ▼ 실제로 소매의 조인트를 움직이며 변형되는 형태를 보면서, 다른 위치도 웨이트가 확실하게 옮겨졌는지 확인합니다.

 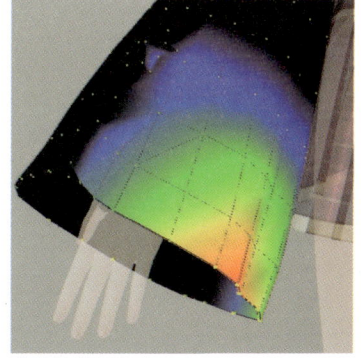 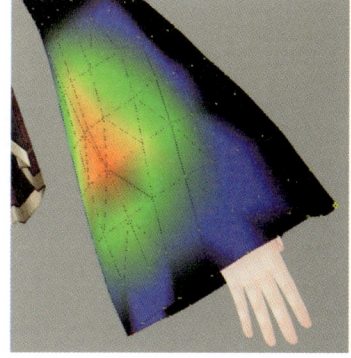

8 ▼ 각 소매의 조인트를 전체적으로 확인해, 어중간한 웨이트가 들어 있는 위치는 다른 조인트 쪽으로 옮깁니다. 소매의 조인트를 모두 움직였을 때 깔끔하게 변형이 된다면 웨이트 조정을 완료합니다. 본체 메시의 웨이트를 직접 조정하는 것보다, 정확하고 빠르게 웨이트를 넣을 수 있었습니다.

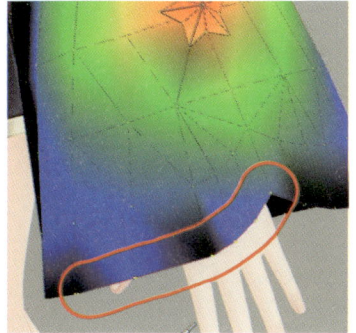 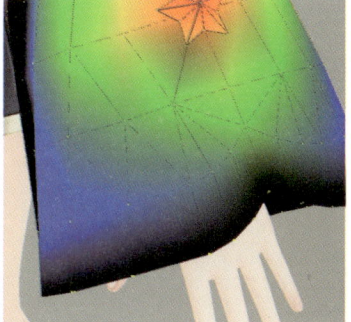 

3.2.18 ▶ 최종 포즈 확인

이것으로 세컨더리 조인트와 보조 뼈를 넣는 작업을 마쳤습니다. 다시 포즈를 취해 메시 변형이나 Driven Key의 움직임을 최종 확인합니다. 사실 설명으로 다할 수 없을 만큼 시행착오를 겪은 끝에 최종 체크까지 도달했습니다. 상당히 어려운 작업이었습니다…

또한, 실제 실시간으로 움직이는 것을 가정한 모델이라면 출력 미디에 따라 달라지기도 하지만, 한정된 제약 안에서 가능한 깔끔하게 움직일 수 있도록 셋업해야 하므로, 여기에서 얻은 지식이 조금이라도 무언가의 도움이 되기를 바랍니다. 무엇보다 귀엽게 만든 캐릭터가 귀엽게 움직일 수 있다면 가장 좋겠지요!

이것으로 세컨더리 조인트와 보조 뼈 셋업 작업은 완료입니다!

Chapter 3.3 컨트롤러 셋업

프라이머리/세컨더리 스켈레톤 만들기와 스키닝을 마쳤습니다. 마지막으로 실제 캐릭터를 쉽게 움직이게 하기 위한 컨트롤러를 만듭니다.

3.3.1 ▶ mGear 준비

제어를 위한 셰이프를 가리켜 리그라고 부르는 경우가 많습니다. 하지만 이 책에서는 스켈레톤 등과 혼동을 피하기 위해 컨트롤러^{controller}라고 구분해서 부릅니다. 여기에서는 mGear라는 오픈소스 리깅 프레임워크를 사용해 컨트롤러를 만듭니다.

① mGear 다운로드

▶ **mGear 공식 웹사이트**

http://www.mgear-framework.com/jp/

사이트를 열고 오른쪽 위 [Download] 버튼을 클릭합니다.

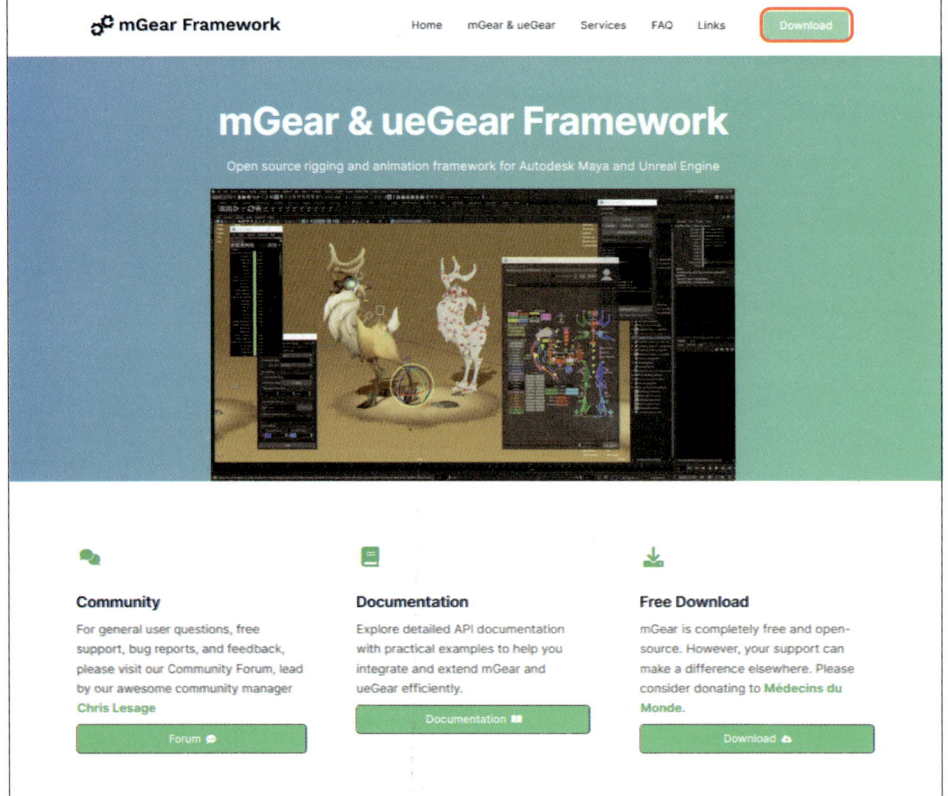

깃헙 저장소의 릴리스 페이지로 이동합니다. 과거 릴리스 된 버전을 포함해 다운로드 할 수 있습니다. 이제부터 새롭게 mGear를 도입한다면 최신 버전을 사용하면 될 것입니다. 여기에서는 Maya 2023 버전을 지원하는 mGear 4.3.0 버전을 다운로드 합니다.

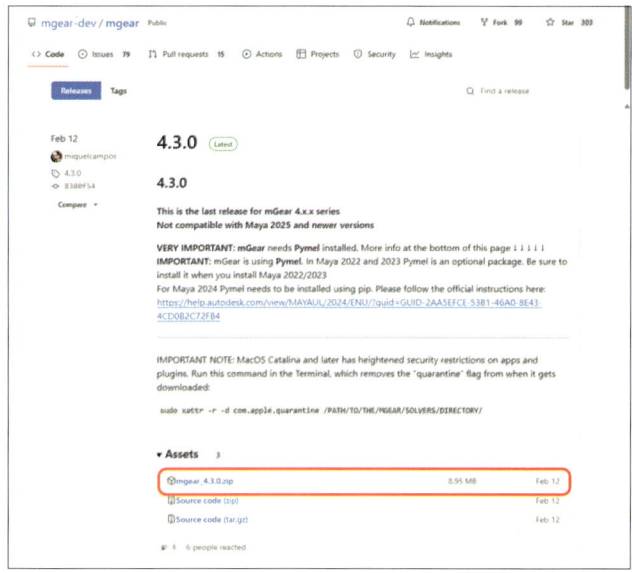

'Assets' 드롭다운 메뉴를 클릭한 뒤 목록에서 'mGear_4.3.0.zip'을 클릭하면 다운로드가 시작됩니다.

② mGear 압축 풀기 및 설치

다운로드한 zip 파일의 압축을 풀면 'drag_n_drop_install.py', 'LICNESE' 파일과 'release' 폴더가 있습니다. 각 파일 및 폴더의 역할은 다음과 같습니다. 각 파일, 폴더 및 모듈에 관한 자세한 내용은 mGear 공식 도움말 페이지를 참조합니다.

- drag_n_drop_install.py … mGear 모듈을 설치하기 위한 스크립트입니다. Maya의 씬 에디터에 이 파일을 드래그 앤 드롭 하면 mGear가 설치됩니다.
- LICENSE … mGear 라이선스 파일입니다.
- icons … mGear 모듈에서 사용하는 아이콘 파일이 저장되어 있습니다.
- platform … 각 Maya 버전과 OS에 맞춰 mGear를 실행하기 위한 Maya 플러그인입니다.
- scripts … mGear 본체를 포함한 스크립트 셋이 저장되어 있습니다.
- mGear.mod … 상대 경로가 기술되어 있습니다. 포함되어 있는 platform과 script를 Maya와 연동해 줍니다.

1 ▶ Maya의 빈 씬을 연 뒤, drag_n_drop_install.py 파일을 씬 에디터에 드래그 앤 드롭 합니다.

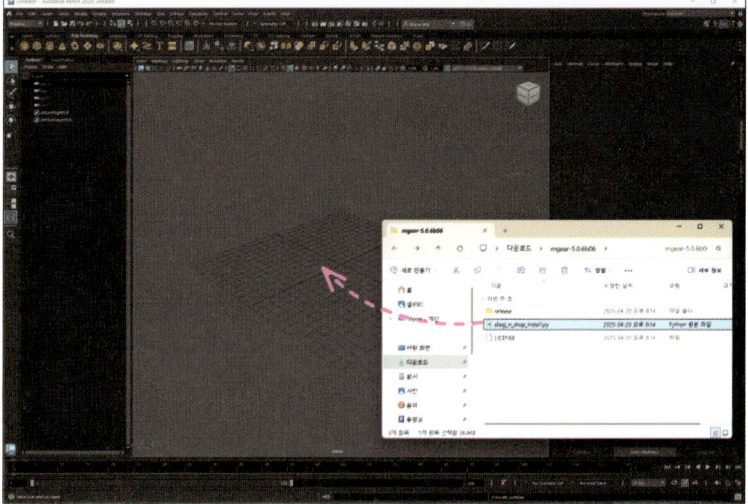

2 ▶ Install mGear 창이 열립니다. 적절한 위치를 선택한 뒤 Install 버튼을 클릭하면 설치가 진행됩니다(설치한 mGear 모듈의 설치 위치를 변경할 때는 기존에 설치된 위치를 선택한 뒤 Uninstall 버튼을 클릭해 제거한 뒤 다시 설치하면 됩니다).

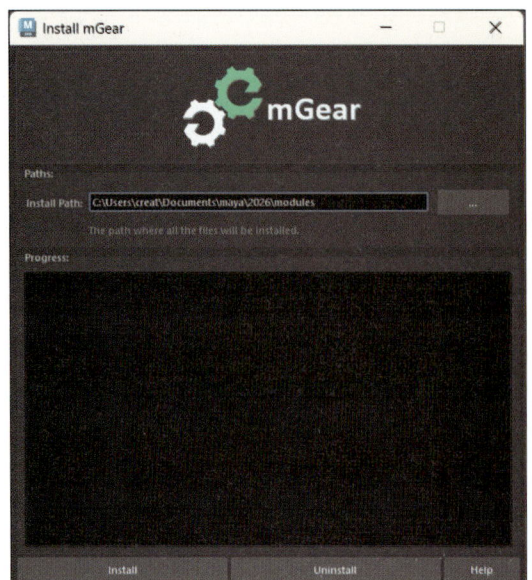
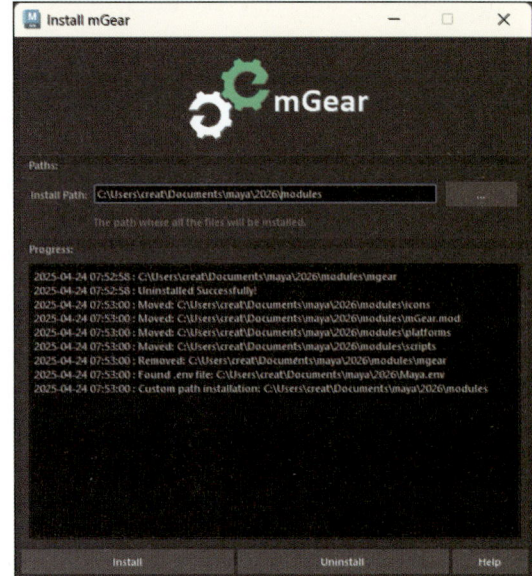

3 ▶ 메뉴 바에 mGear 항목이 표시되면 설치 완료입니다.

3.3.2 ▶ mGear 테스트 Biped Template

컨트롤러는 가이드라 불리는 전용 트랜스폼 노드를 배치하고 전용 명령어를 실행해서 만듭니다. 샘플로 mGear가 제공하는 2족 보행용 가이드를 사용해 명령어를 실행하고 컨트롤러를 생성해 봅니다.

1. mGear를 설치했다면 Maya를 실행합니다.
2. [메뉴 → mGear → Shifter → Guide Template Samples → Biped Template]를 클릭합니다.

3. guide라는 그룹 노드 아래 2족 보행용 컨트롤러 생성용 트랜스폼이 만들어집니다.

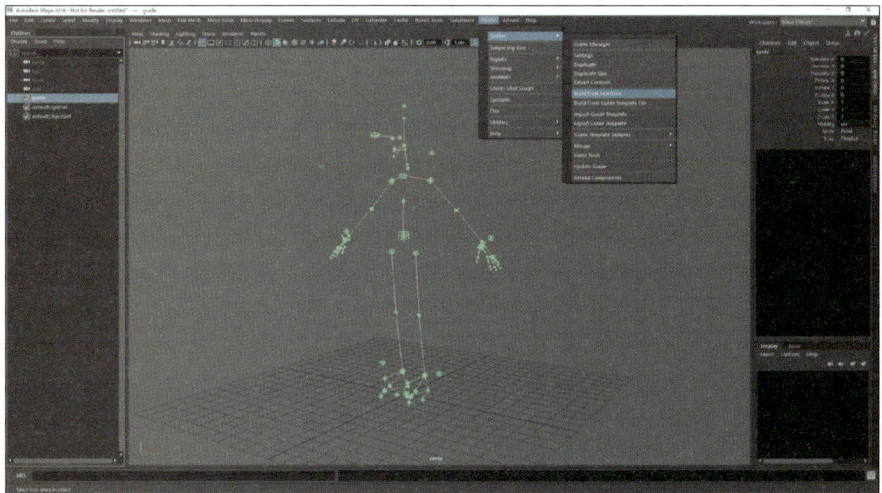

4. 생성된 guide 노드를 선택합니다.
5. [mGear → Shifter → Build from Selection]을 클릭하면 긴 로그가 표시된 뒤, 컨트롤러가 만들어집니다. 이렇게 가이드에 대해 빌드 명령어를 실행해 컨트롤러를 만들 수 있습니다.

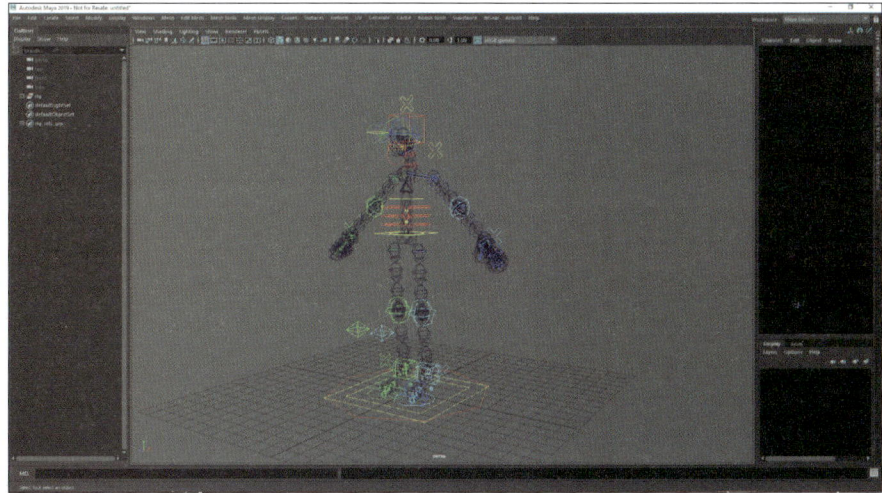

3.3.3 ▶ mGear 테스트 Synoptic

mGear에는 'Synoptic'라 불리는, 컨트롤러 선택 기능을 탑재한 전용 GUI가 있습니다. Biped Template을 사용해 Synoptic 기능을 그대로 사용할 수 있습니다. 물론 독자적으로 만든 컨트롤러용 GUI를 만들 수도 있습니다. 여기에서는 GUI를 만드는 방법에 관해 설명합니다.

1 ▶ [메뉴 → mGear → Synoptic(Legacy Picker)]를 클릭합니다.

2 ▶ 컨트롤러가 GUI로 표시됩니다. 각 색상의 버튼을 클릭하면 그에 대응한 컨트롤러를 선택할 수 있습니다. 시험삼아 왼쪽 팔의 FK 컨트롤러를 선택해서 회전시켜 봅니다. Maya의 기본 조작과 마찬가지로 Shift 키를 사용해 여러 컨트롤러를 동시에 선택할 수 있습니다.

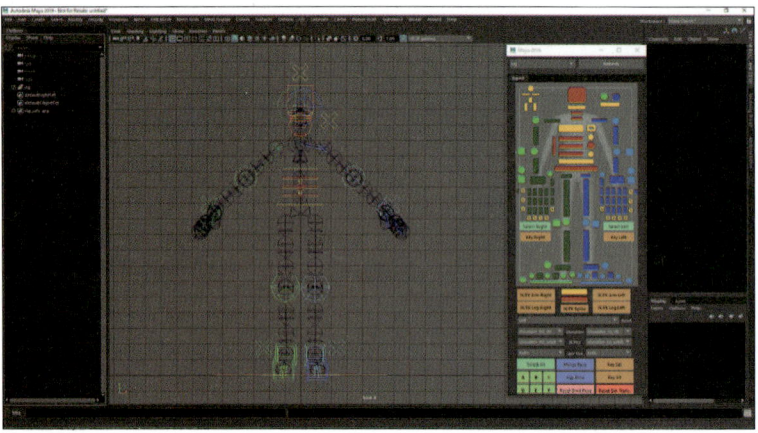

3 ▶ 왼팔의 FK 컨트롤러를 움직인 상태에서 가운데 있는 주황색의 「IF/FK Arm Left」를 클릭합니다.

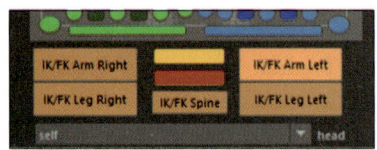

4 ▶ 왼팔의 IK와 FK가 위치 정보를 유지하면서 전환됩니다.

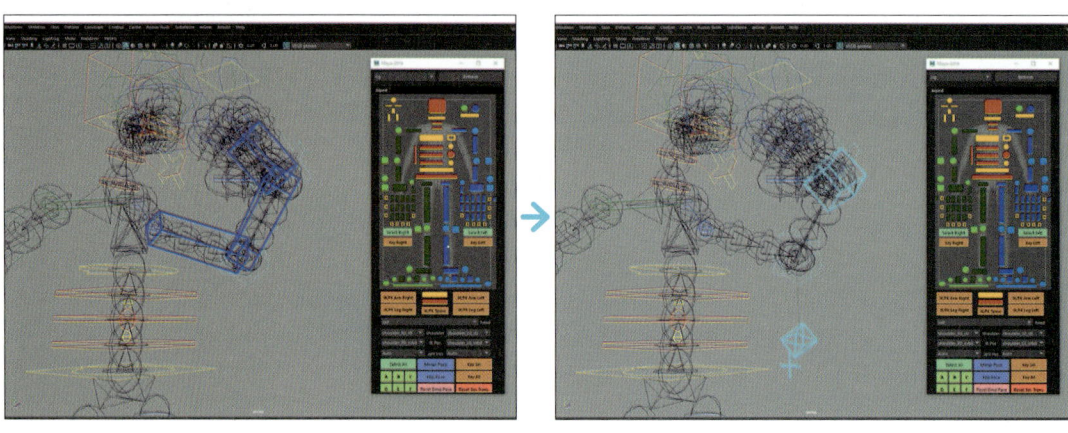

그 밖에도 'body_C0_ctl'을 위아래로 이동하면 IK를 통해 발이 땅에 닿게 설정하거나, 'foot_L0_root_ctl'을 회전해 발끝부터 발까지를 제어할 수 있습니다. 이를 활용하면 간단하게 다양한 기능을 가진 컨트롤러를 만들 수 있습니다.

3.3.4 ▶ mGear 활용

지금까지 살펴본 내용을 바탕으로 mGear를 사용해 실시간용 모델을 제어하는 방법은 크게 두 가지입니다.

① 생성된 스켈레톤을 그대로 바인드 한다.
② 바인드 한 스켈레톤을 별도로 만들고, 스켈레톤끼리 연결한다.

①에서 설명한 방법인 생성된 스켈레톤을 그대로 바인드 하는 방법은 권장하지 않습니다. 대부분의 모듈은 실사용 용도에 비해 너무 많은 기능을 제공하는 경우가 많기 때문입니다. 여기에서는 HumanIK에 근거한 스켈레톤 구조로 하는 것을 사양으로 결정했으므로 mGear에서 생성한 스켈레톤을 사용하지 않고 ②에서 설명한 스켈레톤끼리 연결하는 방법을 사용하기로 결정했습니다.

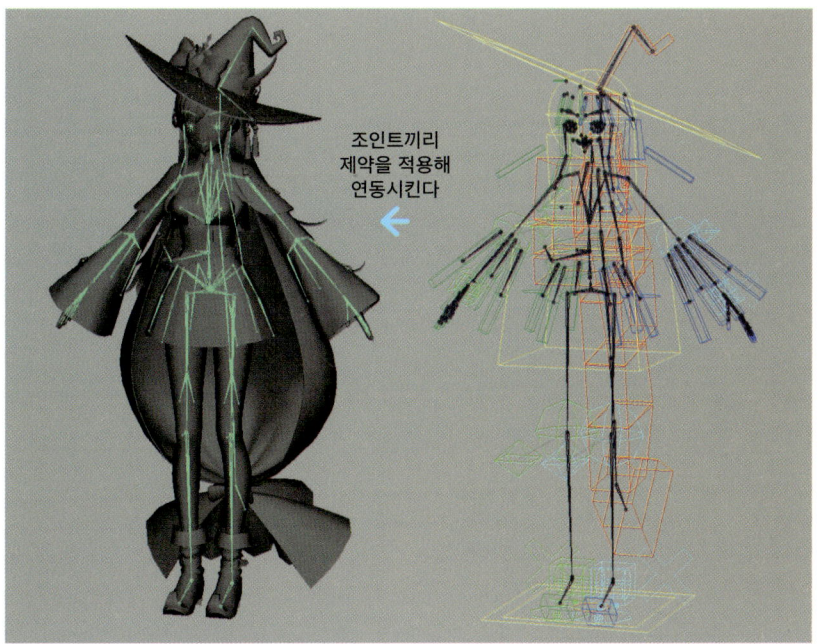

조인트끼리
제약을 적용해
연동시킨다

왼쪽: 「3.1 프라이머리 셋업」(p.258)~「3.2 세컨더리/보조 뼈 셋업」(p.349)에서 작성한 스켈레톤
오른쪽: 이후 mGear를 사용해 생성한 스켈레톤과 리그

> **MEMO** mGear의 컴포넌트에 관해
>
> Biped Template는 mGear의 다양한 컴포넌트를 조합한 가이드입니다. 컴포넌트는 부품이라는 의미이며, Maya에서는 버텍스나 페이스 등 객체의 구성 요소를 컴포넌트라 부릅니다. mGear에서는 등, 다리, 팔과 같은 가이드 구성 요소를 컴포넌트라 부릅니다. 컴포넌트를 조합하면 2족 보행에 한정하지 않고 다양한 리그를 생성할 수 있습니다.

3.3.5 ▶ 글로벌 가이드 만들기

그럼 컴포넌트를 조합해 가이드를 만듭니다. 먼저 캐릭터의 글로벌 제어를 위한 가이드를 만듭니다.

1. 스키닝을 완료한 모델을 씬에서 엽니다.
2. [메뉴 → mGear → Shifter → Guide Manager]를 클릭합니다. [Shifter Guide Manager] 창이 열립니다.

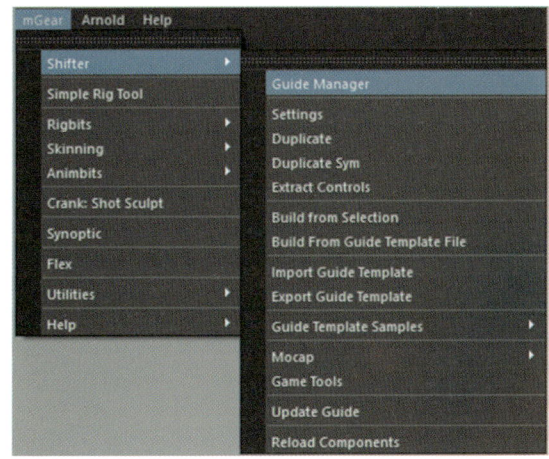

3. [Component List] 안에서 [control_01]을 클릭해 선택합니다.

4. [Drow Component] 버튼을 클릭해 컴포넌트를 포함한 가이드를 만듭니다.

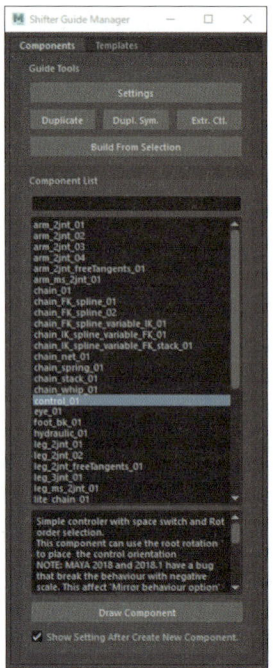

5. 설정 창이 팝업으로 표시됩니다. 다음 그림들을 참고해 설정을 변경합니다. 설정을 마쳤다면 [Close]를 클릭합니다.

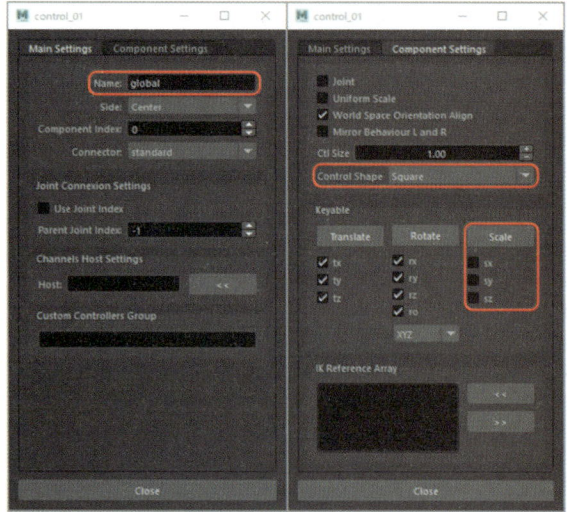

「Main Settings」 탭

- Name: 텍스트 필드에 「global」을 입력해 이름을 변경합니다.

  ※ 팝업된 설정 창에서 변경하지 않으면 빌드 시 에러가 발생합니다. Outliner 등에서 직접 이름을 변경하지 않도록 주의합니다.

「Component Settings」 탭

- Control Shape: Square로 변경합니다.
- Keyable: Scale 버튼을 클릭해 모든 스케일 항목의 체크를 해제합니다.

  ※ Keyable 항목을 설정해 만들어지는 컨트롤러 속성의 키 설정 여부를 변경할 수 있습니다

이 상태에서 [Shifter Guide Manager] 창의 [Build From Selection]을 클릭해 봅니다. 가이드에 따라 컨트롤러가 만들어 집니다. 다른 설정들도 변경한 뒤 빌드해 봅니다. 이를 통해 설정 변경 내용이 어떻게 반영되는지 확인하면서 mGear에 관해 이해할 수 있을 것입니다.

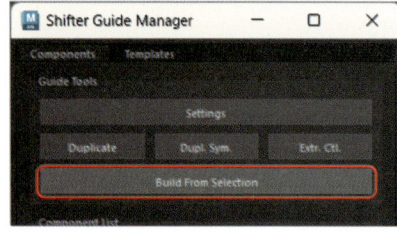
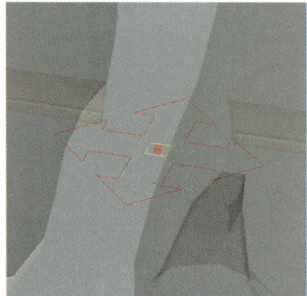
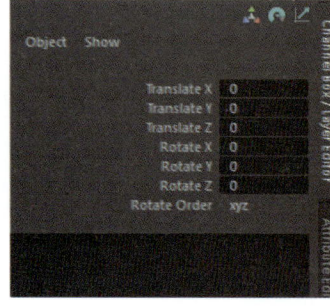

| MEMO | 실수로 창을 닫았을 때(가이드 설정창을 다시 여는 방법) |

다음 중 한 가지 방법으로 윈도우를 엽니다.
- **A**: 컴포넌트를 선택한 상태에서 [Shifter Guide Manager]의 [Settings] 버튼을 클릭
- **B**: 컴포넌트를 선택한 상태에서 [메뉴 → mGear → Shifter]를 클릭

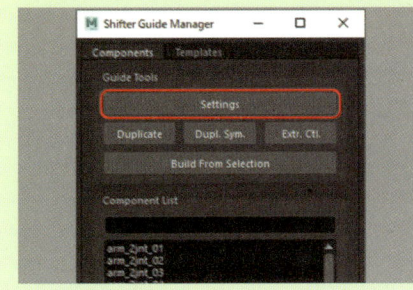 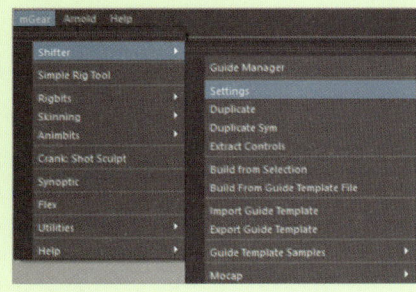

아무것도 선택하지 않은 상태에서 새로 가이드를 만들면 'guide'라는 그룹 노드가 만들어집니다. 아래 설명을 따라 설정을 변경합니다.

1. Outliner 등에서 「guide」를 선택합니다.
2. [메뉴 → mGear → Shifter → Settings]를 클릭합니다.

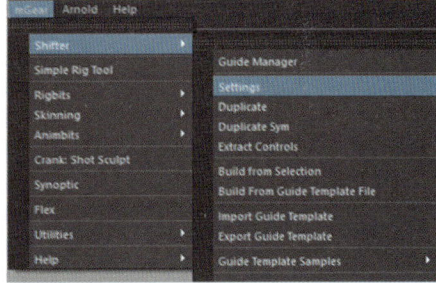

3. 다음 그림을 참고해 설정을 변경합니다. 설정을 마쳤다면 [Close]를 클릭합니다.

   「**Guide Settings**」 탭

   - RigName: 텍스트 필드에 「primary」를 입력합니다.
   - Add Internal Proxy Channels: 체크합니다.
   - Use Classis Channel Names: 체크를 해제합니다.
   - User World Ctl or Custom Name: 체크합니다.

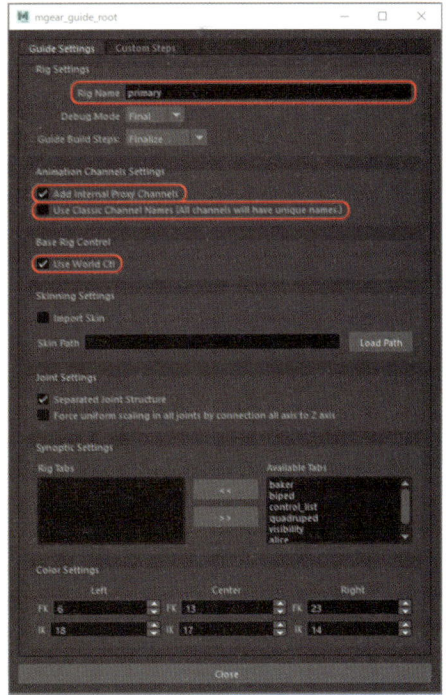

4. 「guide」의 각 스케일 값을 50으로 변경합니다. 여기까지의 작업으로 「guide」에는 아무런 변화도 없는 것처럼 보이지만, 이것도 Build From Selection에서 컨트롤러를 만들 때 반영되므로 괜찮습니다.

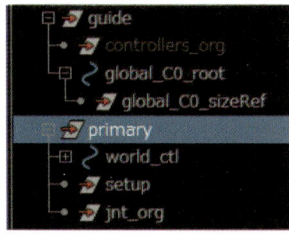
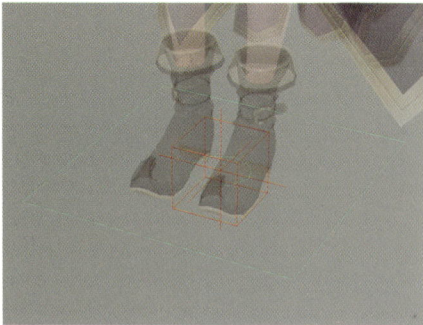

3.3.6 ▶ 로컬 가이드 만들기

1. Outliner에서 「global_C0_root」를 선택합니다.
2. [Shifter Guider Manager]에서 「control_01」을 더블 클릭해 가이드를 만듭니다.
3. Settings에서 가이드 설정을 변경합니다. 설정을 마쳤다면 [Close]를 클릭합니다.

「Main Settings」 탭

- Name: 텍스트 필드에 「local」을 입력하고 이름을 변경합니다.

「Component Settings」 탭

- Control Shape: Square에 변경합니다.
- Keyable: Scale 버튼을 클릭해 각 스케일 항목의 체크를 해제합니다.

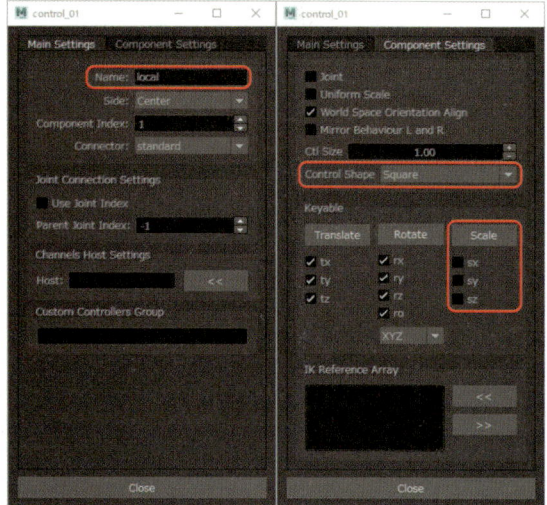

4. 트랜스폼을 조정합니다. 각 스케일 값을 0.8로 변경합니다.

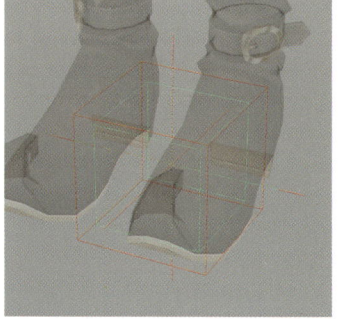

3.3.7 ▶ 허리의 가이드 만들기

1. Outliner 등에서 「local_C0_root」를 선택합니다.
2. [Shifter Guide Manager]에서 「control_01」을 더블 클릭해 가이드를 만듭니다.

3. Settings에서 가이드 설정을 변경합니다. 설정을 마쳤다면 [Close]를 클릭합니다.

   「Main Settings」 탭

   - Name: 텍스트 필드에 body를 입력하고 이름을 변경합니다.

   「Component Settings」 탭

   - Joint: 체크합니다.
   - Keyable: Scale 버튼을 클릭하고, 각 스케일의 체크를 해제합니다.

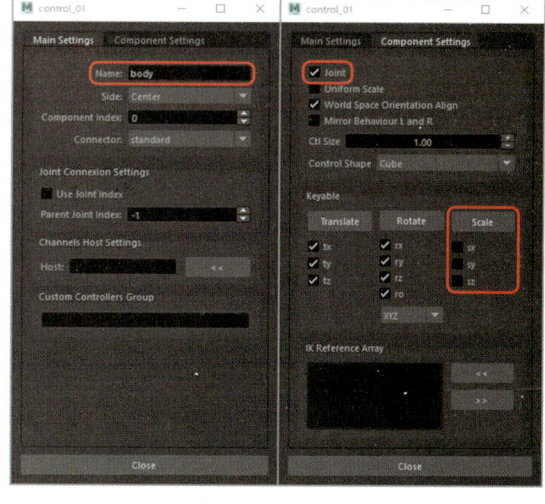

4. 트랜스폼을 조정합니다. 조인트의 Hips 위해 스냅 이동하고, 각 스케일의 값을 1로 변경합니다.

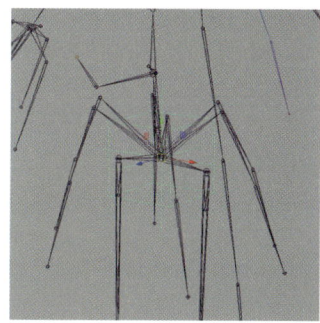

3.3.8 ▶ 등뼈의 가이드 만들기

1. Outliner 등에서 「body_C0_root」을 선택합니다.
2. [Shifter Guide Manager]에서 [chain_01]을 더블 클릭합니다.
3. [Chain Initializer]가 팝업 창으로 나타납니다. [OK]를 클릭하고 가이드를 만듭니다.

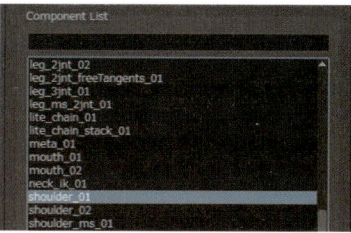 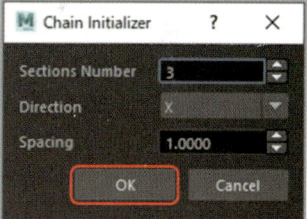

4. Settings에서 가이드 설정을 변경합니다. 설정을 마쳤다면 [Close]를 클릭합니다.

   「Main Settings」 탭

   - Name: 텍스트 필드에 「spine」을 입력하고 이름을 변경합니다.

   「Component Settings」 탭

   - Neutral pose: 체크합니다. 이 항목을 체크하면 빌드로 컨트롤러를 만들었을 때 Rotate가 0으로 설정됩니다.

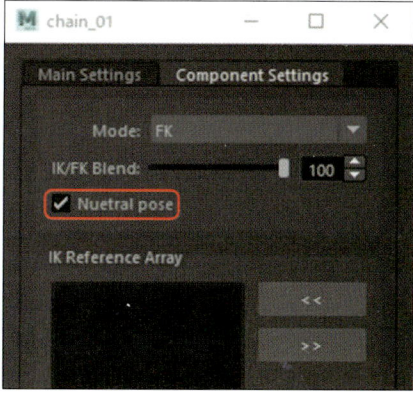

5. 트랜스폼을 조정합니다. spine_C0_root의 각 스케일 값을 0.5로 변경하고, 조인트 위치에 맞춰 각 가이드 배치도 변경합니다.

    - spine_C0_root → Spine으로 스냅 이동
    - spine_C0_0_loc → Spine1로 스냅 이동
    - spine_C0_1_loc → Spine2로 스냅 이동
    - spine_C0_2_loc → Neck으로 스냅 이동

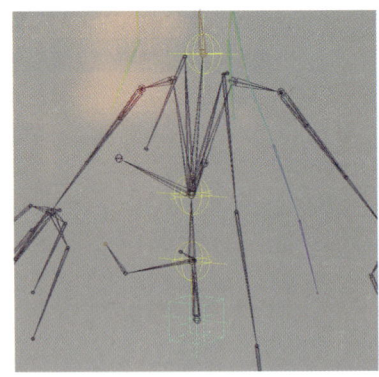

3.3.9 ▶ 어깨의 가이드 만들기

1. Outliner에서 「spine_C0_1_loc」을 선택합니다.
2. [Shifter Guide Manager]에서 [shoulder_01]을 더블 클릭해서 가이드를 만듭니다.

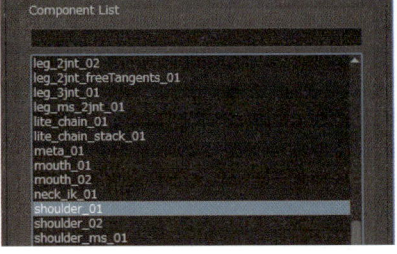

3. Settings에서 가이드 설정을 변경합니다. 설정을 마쳤다면 [Close]를 클릭합니다.

    「Main Settings」 탭

    - Side: 드롭다운 메뉴를 클릭하고 Left로 변경합니다. 좌우 설정을 통해 가이드의 반전이나 포즈 미러링이 가능하게 됩니다.

    「Component Settings」 탭

    - Reference Array: 다음 노드를 선택하고 [<<]를 클릭합니다.

        shoulder_L0_root、global_C0_root、local_C0_root、spine_C0_1loc

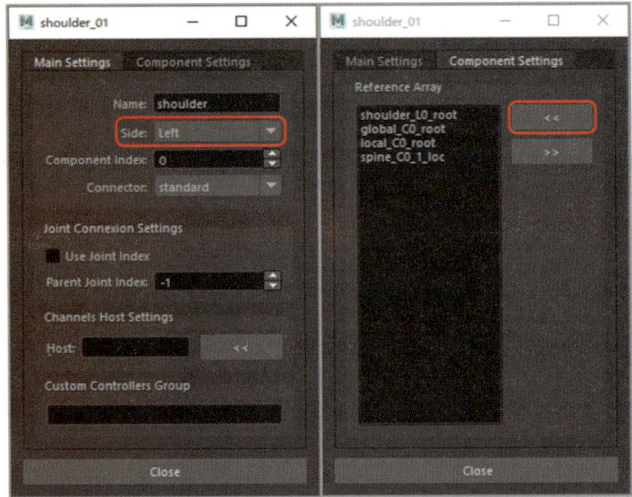

4. 트랜스폼을 조정합니다. shoulder_L0_root의 각 스케일 값을 0.5로 설정하고, 조인트 위치에 맞춰 각 가이드의 배치를 변경합니다.

    - shoulder_L0_root → LeftShoulder로 스냅 이동
    - shoulder_L0_tip → LeftArm으로 스냅 이동

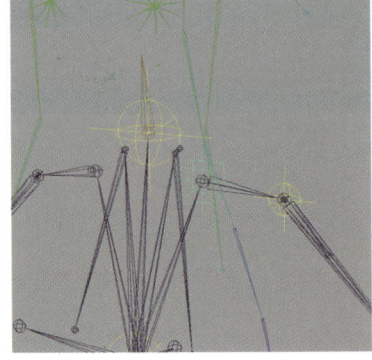

3.3.10 ▶ 팔의 가이드 만들기

1. Outliner에서 「shoulder_L0_tip」을 선택합니다.
2. [Shifter Guider Manager]에서 [arm_2jnt_01]을 더블 클릭해 가이드를 만듭니다.

3. Settings에서 가이드 설정을 변경합니다. 설정을 마쳤다면 [Close]를 클릭합니다.

「Component Settings」 탭

- Max Stretch: 1.00으로 변경합니다.
- Divisions: 좌우 모두 0으로 변경합니다.
- IK separated Trans and Rot ctrl: 체크합니다.
- MirrorMid Ctl and UPV axis behavior: 체크합니다.
- Support Elbow Joints: 체크를 해제합니다.
- IK Reference Array: 다음 노드를 선택하고 [<<]를 클릭합니다.

  shoulder_L0_tip、local_C0_root、body_C0_root、global_C0_root

- UpV Reference Array와 Pin Elbow Reference Array: 노드 목록 아래 있는 Copy from IK Ref 버튼을 클릭해 노드를 추가합니다.

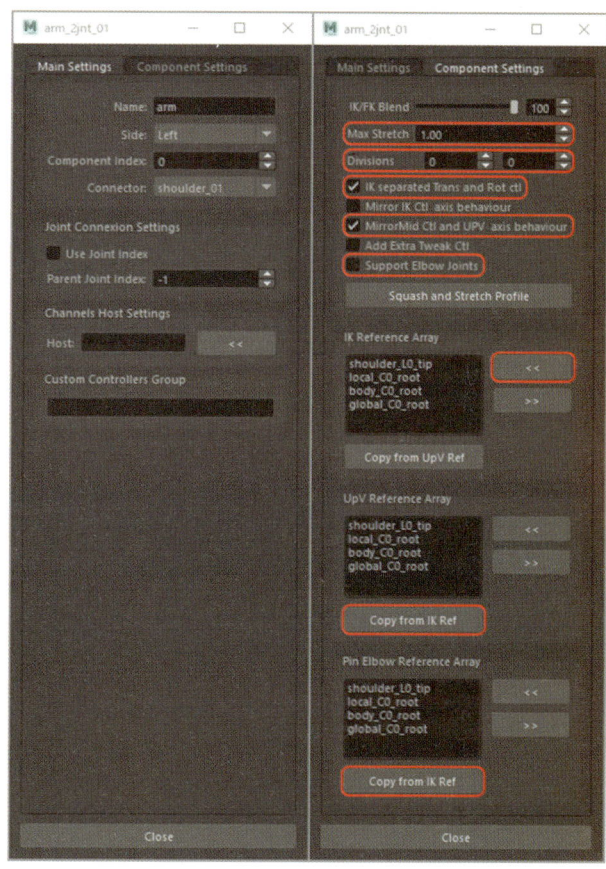

4. 트랜스폼을 조정합니다. arm_L0_root의 각 스케일 값을 1로 설정하고, 조인트 위치에 맞춰 다음 노드의 배치를 변경합니다.
   - arm_L0_elbow → LeftForeArm으로 스냅 이동
   - arm_L0_wrist → LeftHand로 스냅 이동
   - arm_L0_eff → 가운뎃손가락보다 조금 앞으로 나오도록 이동

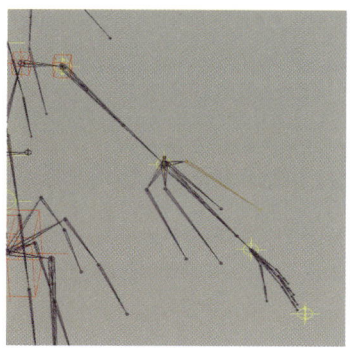
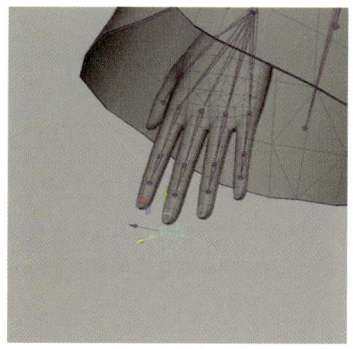

| MEMO | arm_L0_upv_ctl이 올바르게 빌드되지 않는다면 |

빌드했을 때 팔꿈치의 업 벡터를 제어하는 컨트롤러가 올바른 위치에 만들어지지 않을 수 있습니다. 이것은 IK 핸들을 만들 때도 자주 발생하는 현상으로「arm_L0_elbow」와「arm_L0_wrist」의 Translate Z값이 같을 때(즉, 가이드가 직선 형태로 배열되어 있을 때) 발생합니다.「arm_L0_elbow」를 팔꿈치가 구부러지는 방향과 반대 방향으로 조금 이동해 빌드하면 문제를 회피할 수 있습니다.

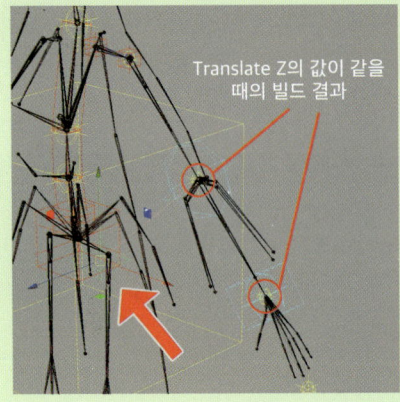
Translate Z의 값이 같을 때의 빌드 결과

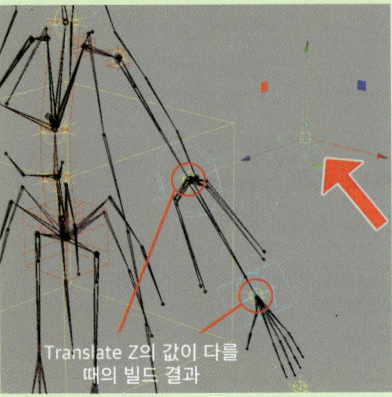
Translate Z의 값이 다를 때의 빌드 결과

| MEMO | IK / UpV / Pin Reference Array에 관해 |

앞에서 어깨와 팔의 가이드를 만들 때 [Component Settings] 안에서 [Reference Array]를 설정했습니다. 이 설정을 통해 컨트롤러가 따라가는 대상을 전환할 수 있습니다. 시험삼아 현재 가이드를 빌드한 뒤 동작을 확인해 봅니다.

1. 「guide」를 선택하고 [Shifter Guide Manager]에서 [Build From Selection]을 클릭합니다.
2. 빌드 된 컨트롤러의「spine_C0_fk0_ctl」을 회전시켜, 손의 IK 컨트롤러가 함께 움직이는 것을 확인합니다.
3. 컨트롤러「world_ctl」의 채널 박스에서 [IK Ref]라는 속성을 검색한 뒤 [Reference]를 [global_C0_ctl]로 치환합니다.
4. 다시「spine_C0_fk0_ctl」을 선택해 회전시킵니다. 손의 IK 컨트롤러가 움직이지 않게 되었습니다.

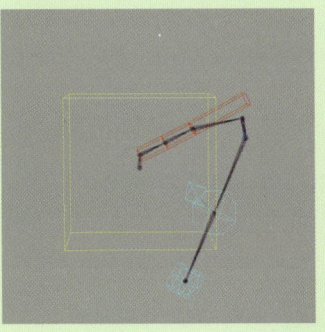
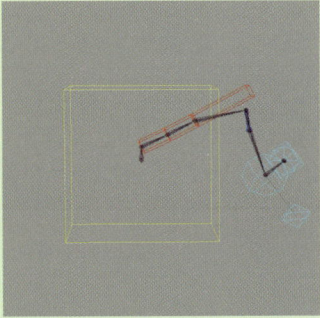
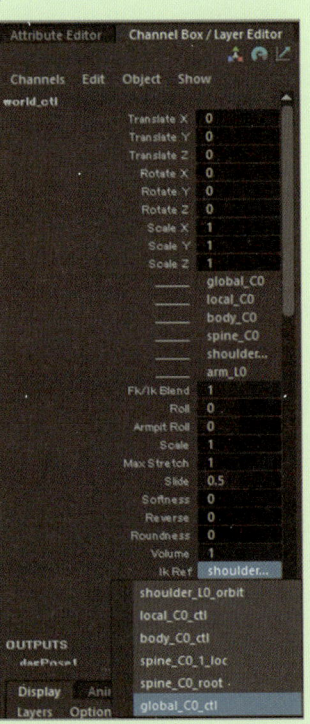

3.3.11 ▶ 팔의 Channels Host 가이드 만들기

Channel Host Setting을 위한 가이드를 만듭니다. Channel Host는 앞에서 설명한 Reference Array, 컴포넌트 등의 전용 옵션 설정을 특정 컨트롤러에 부여하는 설정입니다.

1. 「arm_L0_eff」를 선택합니다.
2. [Shifter Guide Manager]에서 [control_01]을 더블 클릭해 가이드를 만듭니다.
3. Settings에서 가이드 설정을 변경합니다. 설정을 마쳤다면 [Close]를 클릭합니다.

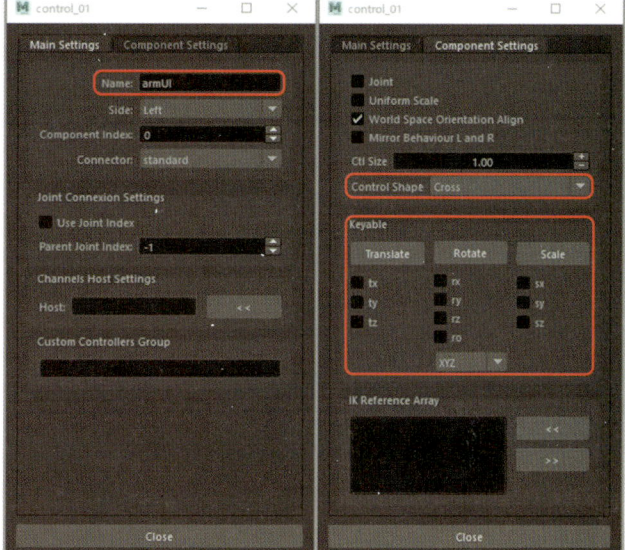

「Main Settings」 탭
- Name: 텍스트 필드에 「armUI」를 입력해 이름을 변경합니다.

「Component Settings」 탭
- Control Shape: Cross로 변경합니다.
- Keyable: 모든 항목의 체크를 해제합니다.

4. 트랜스폼을 조정합니다. armUI_L0_root의 각 스케일 값을 1로 변경합니다. 손 주변으로 메시나 다른 컨트롤러를 방해하지 않는 위로 이동합니다.

5. 어깨의 컴포넌트 가이드에 설정을 추가합니다. shoulder_L0_root를 선택하고, [Shifter Guide Manger]에서 [Settings]를 엽니다.
6. 앞에서 만든 「armUI_L0_root」를 선택한 뒤 [Channels Host Settings] 아래의 「<<」를 클릭하고 [Close]합니다.
7. 팔의 컴포넌트 가이드에도 설정을 추가합니다. arm_L0_root를 선택한 뒤 동일하게 설정합니다.

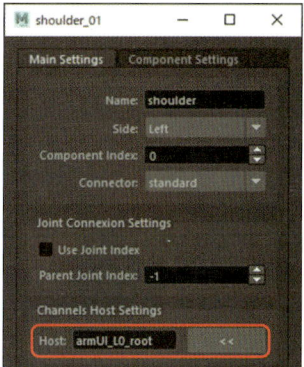

설정을 마쳤다면 시험삼아 빌드를 해봅니다. armUI_L0_root를 선택하고 [Shifter Guide Manager]에서 [Build From Selection]을 선택합니다. 어깨와 팔의 가이드에 설정했던 결과가 armUI_L0_root에 반영됩니다. 특별한 설정 없이 빌드를 하면 채널 박스에는 아무런 항목도 나타나지 않습니다. 하지만 앞의 작업을 수행하면 어깨와 팔의 컨트롤러를 세세하게 제어할 수 있는 옵션이 추가됩니다. 이것이 Channels Host 가이드의 역할입니다.

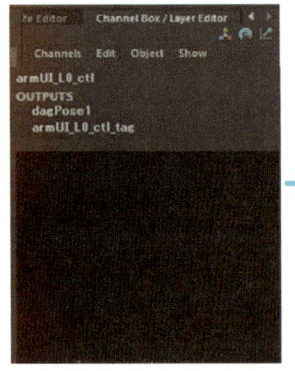 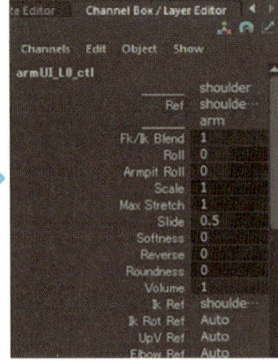 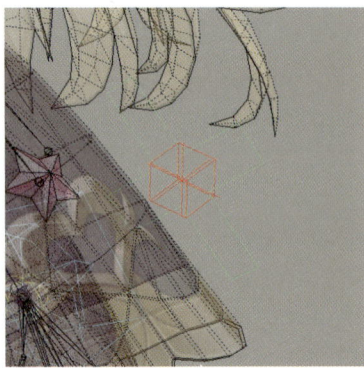

3.3.12 엄지손가락의 가이드 만들기

1. 「arm_L0_eff」를 선택합니다.
2. [Shifter Guide Manager]에서 [chain_01]을 더블 클릭합니다.
3. [Chain Initializer]가 표시됩니다. [OK]를 클릭해 가이드를 만듭니다.
4. Settings에서 가이드 설정을 변경합니다. 설정을 마쳤다면 [Close]를 클릭합니다.

   「Main Settings」 탭
   - Name: 텍스트 필드에 「thumb」를 입력하고 이름을 변경합니다.

   「Component Settings」 탭
   - Neutral pose: 체크합니다.

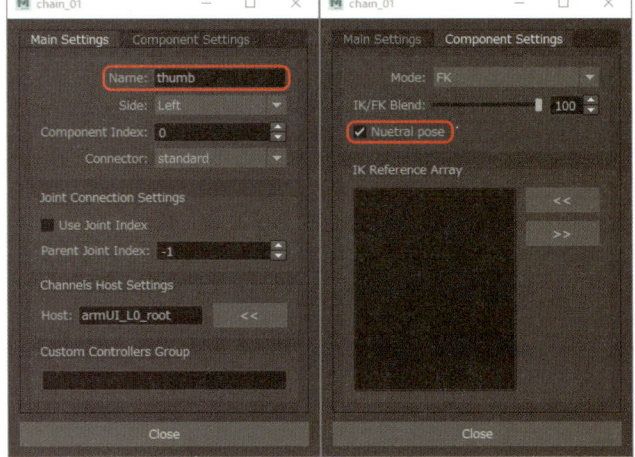

5. 트랜스폼을 조정합니다. thumb_L0_root의 각 스케일 값을 0.5로 합니다. 조인트 위치에 맞춰 다음 가이드의 배치를 변경합니다.

   - thumb_L0_root → LeftHandThumb1로 스냅 이동
   - thumb_L0_0_loc → LeftHandThumb2로 스냅 이동
   - thumb_L0_1_loc → LeftHandThumb3으로 스냅 이동
   - thumb_L0_2_loc 엄지손가락 메시보다 조금 앞쪽 위치로 이동

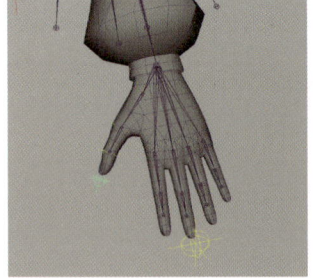 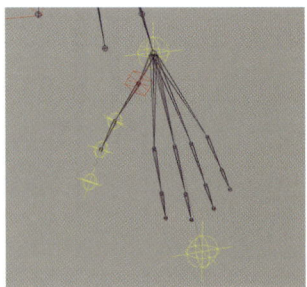

위 그림에서는 페어런트 컨스트레인트를 사용해 가이드의 위치를 조정했습니다. 이로 인해 회전에 값이 들어가므로, 끝의 가이드는 오브젝트 X축 방향으로 이동하는 것만으로 조정할 수 있게 됩니다.

3.3.13 ▶ 나머지 손가락의 가이드 만들기

1. 「arm_L0_eff」를 선택합니다.
2. [Shifter Guide Manager]에서 [chain_01]을 더블 클릭합니다.
3. [Chain Initializer]가 표시됩니다. [OK]를 클릭해 가이드를 만듭니다.
4. Settings에서 가이드 설정을 변경합니다. 설정을 마쳤다면 [Close]를 클릭합니다.

   「Main Settings」탭
   - Name: 텍스트 필드에 「finger」를 입력하고 이름을 변경합니다.

   「Component Settings」탭
   - Neutral pose: 체크합니다.

5. 집게손가락에 맞춰 트랜스폼을 변경합니다. finger_L0_root의 각 스케일을 0.5로 합니다. 조인트 위치에 맞춰 다음 가이드의 배치를 변경합니다.

   - finger_L0_root → LeftHandIndex1로 스냅 이동
   - finger_L0_0_loc → LeftHandIndex2로 스냅 이동
   - finger_L0_1_loc → LeftHandIndex3으로 스냅 이동
   - finger_L0_2_loc → 집게손가락 메시보다 조금 앞쪽 위치로 이동

6. 「finger_L0_root」를 선택하고 [Shifter Guide Manager]에서 [Duplicate]를 선택합니다.

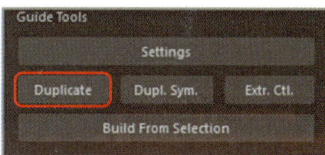

7. 집게손가락과 동일한 가이드가 되도록 가운뎃손가락, 약손가락, 새끼손가락도 마찬가지의 순서를 반복해 조인트에 맞춰 트랜스폼을 조정합니다. 손가락의 가이드는 최종적으로 그림과 같은 형태가 됩니다.

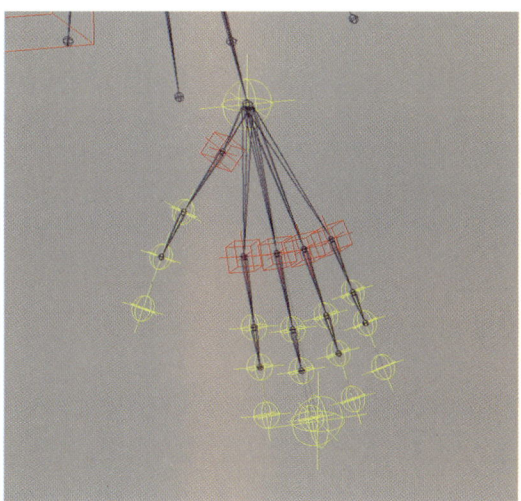

3.3.14 ▶ 목의 가이드 만들기

1. 「spine_C0_2_loc」를 선택합니다.
2. [Shifter Guide Manager]에서 [control_01]을 더블 클릭해 가이드를 만듭니다.

3. Settings에서 가이드 설정을 변경합니다. 설정을 마쳤다면 [Close]를 클릭합니다.

> 「Main Settings」 탭

- Name: 텍스트 필드에 「neck」를 입력하고 이름을 변경합니다.

> 「Component Settings」 탭

- Joint: 체크합니다.
- World Space Orientation Align: 체크를 해제합니다. 가이드 회전이 컨트롤러에 반영됩니다.
- Scale: Scale 버튼을 클릭해 각 스케일의 체크를 해제합니다.

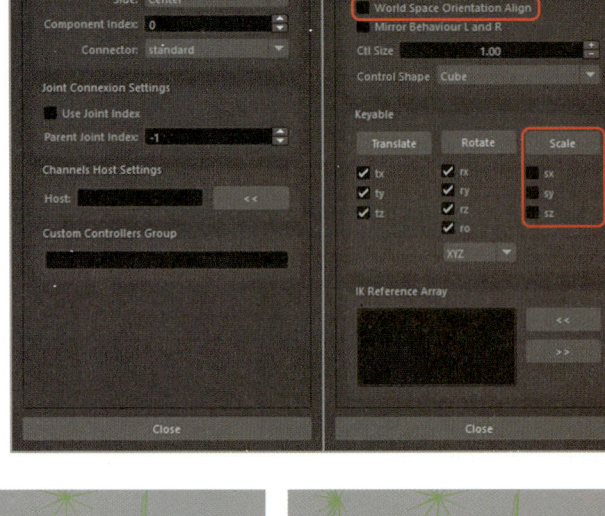

4. 트랜스폼을 조정합니다. neck_C0_root의 각 스케일 값을 1로 변경합니다. 위치는 변경하지 않고 각 회전값을 Neck에 맞춥니다. 손가락의 가이드 작업과 마찬가지로 페어런트 컨스트레인트를 사용하면 관절에 조인트와 회전축을 일치시킬 수 있습니다.

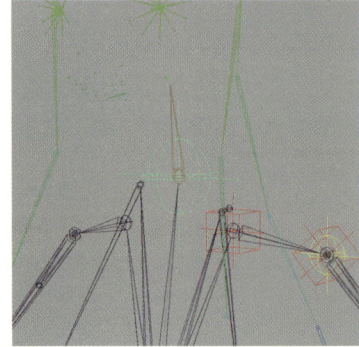 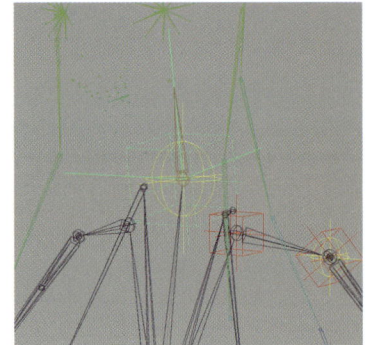

3.3.15 ▶ 머리의 가이드 만들기

1. 「neck_C0_root」를 선택한 뒤, [Shifter Guide Manager]에서 [Duplicate]을 더블 클릭합니다.
2. Settings에서 가이드 설정을 변경합니다. 설정을 마쳤다면 [Close]를 클릭합니다.

> 「Main Settings」 탭

- Name: 텍스트 필드에 「head」를 입력하고 이름을 변경합니다.
- Component Index: 0으로 변경합니다.
  ※ 같은 컴포넌트에서 이름이 같은 가이드를 만들 수는 없습니다. 복제했을 때 값이 자동으로 입력됩니다. head로 이름을 변경했으므로 Index를 0으로 되돌립니다.

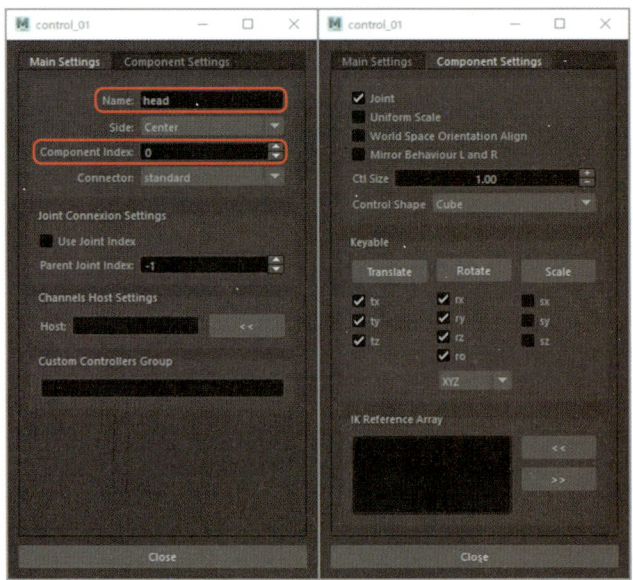

3. 트랜스폼을 조정합니다. head_C0_root의 이동과 회전을 Head에 맞춥니다.
4. 계층을 변경합니다. 「head_C0_root」→「neck_C0_root」 순서로 선택하고, 키보드에서 P키를 누른 뒤, 「head_C0_root」를 「neck_C0_root」의 자녀로 만듭니다.

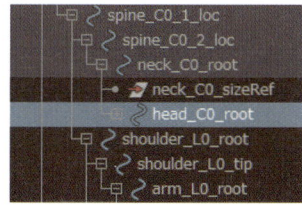
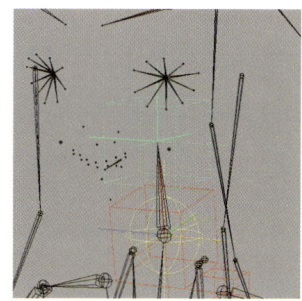

3.3.16 다리의 가이드 만들기

1. 「body_C0_root」를 선택합니다.
2. [Shifter Guide Manager]에서 [leg_2jnt_01]을 더블 클릭합니다.
3. Settings에서 가이드 설정을 변경합니다. 설정을 마쳤다면 [Close]를 클릭합니다.

「Main Settings」 탭

- Side: 드롭다운 메뉴를 클릭하고 Left로 변경합니다.

「Component Settings」 탭

- Max Stretch: 1.00으로 변경합니다.
- Division: 좌우 모두 0으로 변경합니다.
- Support Knee Joints: 체크를 해제합니다.
- IK/UpV/Pin Elbow의 각 Reference Array: 다음 노드를 선택하고 [<<]를 클릭합니다.

  local_C0_root、body_C0_root、global_C0_root

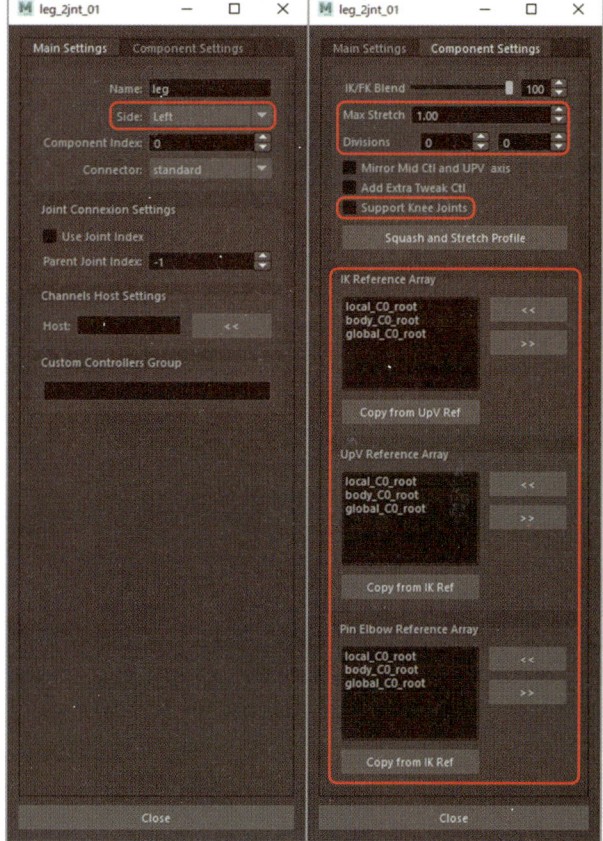

4. 트랜스폼을 조정합니다. leg_L0_root의 각 스케일을 0.4로 합니다. 조인트 위치에 맞춰 다음 가이드의 배치를 변경합니다.

- leg_L0_root → LeftUpLeg로 스냅 이동
- leg_L0_knee → LeftLeg로 스냅 이동
- leg_L0_ankle → LeftFoot으로 스냅 이동
- leg_L0_eff → Translate Z를 LeftToe의 월드 Z 위치와 맞춤

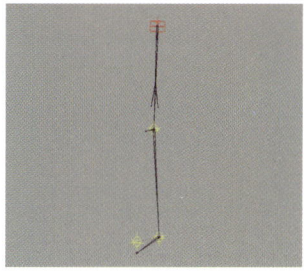

3.3.17 ▶ 다리의 Channels Host 가이드 만들기

1. 「leg_L0_ankle」을 선택합니다.

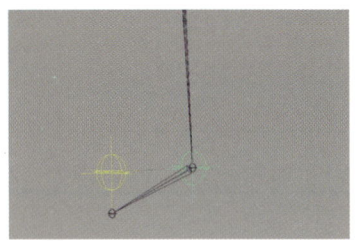

2. [Shifter Guide Manager]에서 [control_01]을 더블 클릭해 가이드를 만듭니다.
3. Settings에서 가이드 설정을 변경합니다. 설정을 마쳤다면 [Close]를 클릭합니다.

   「**Main Settings**」 탭
   - Name: 텍스트 필드에 「legUI」를 입력하고 이름을 변경합니다.

   「**Component Settings**」 탭
   - Control Shape: Cross로 변경합니다.
   - Keyable: 모든 항목의 체크를 해제합니다.

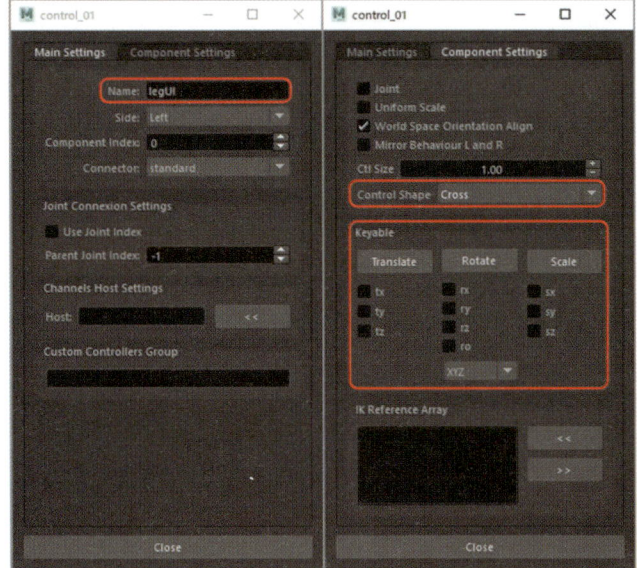

4. 트랜스폼을 조정합니다. legUI_L0_root의 각 스케일 값을 1로 변경합니다. 메시나 다른 컨트롤러를 방해하지 않는 위치로 이동합니다.

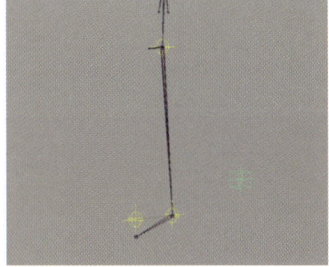

5. 다리의 컴포넌트 가이드에 설정을 추가합니다. leg_L0_root를 선택하고 [Shift Guide Manager]에서 Settings를 엽니다.
6. 앞에서 만든 「legUI_L0_root」를 선택하고 [Channels Host Settings] 아래의 [<<]를 클릭해 [Close]합니다.

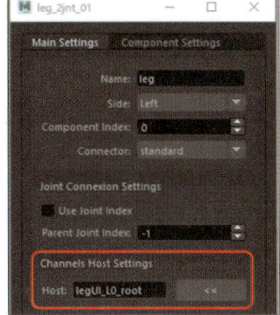

3.3.18 ▶ 발의 가이드 만들기

1. 「leg_L0_ankle」을 선택합니다.
2. [Shifter Guide Manager]에서 [foot_bk_01]을 더블 클릭합니다.
3. [Chain Initializer]가 표시됩니다. 다음과 같이 설정한 뒤 [OK]를 클릭합니다.

    - Sections Number : 2
    - Direction : Z
    - Spacing : 1.0000

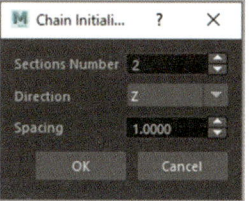

4. Settings에서의 설정은 변경하지 않고 트랜스폼을 조정합니다. foot_L0_root의 각 스케일 값을 1로 합니다. 다음 가이드의 배치를 변경합니다.

    - foot_L0_0_loc → Translate XYZ를 LeftToe에 맞춤
    - foot_L0_heel → Translate YZ를 부츠 뒷굽 끝으로 이동(Translate X는 0)
    - foot_L0_outpivot → Translate YZ를 부츠 바닥 바깥쪽 버텍스에 맞춤, Translate X는 0.25로 조정
    - foot_L0_inpivot → Translate YZ를 부측 바닥 안쪽 버텍스에 맞춤, Translate X는 -0.25로 조정
    - foot_L0_1_loc → Translate Z를 부츠와 지면이 닿은 끝 버텍스에 맞춤

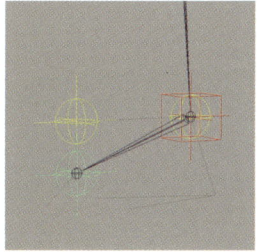 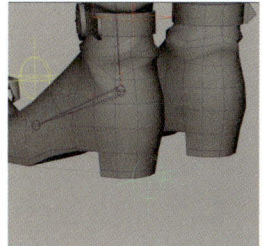 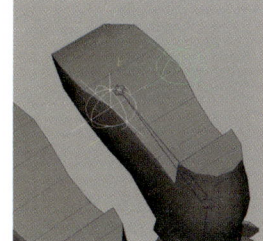 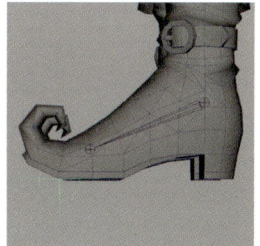

3.3.19 ▶ 가이드의 시메트리 복사하기

왼쪽에만 만든 어깨부터 다리까지의 가이드를 복제해 반전시킵니다.

1. 「shoulder_L0_root」를 선택합니다.

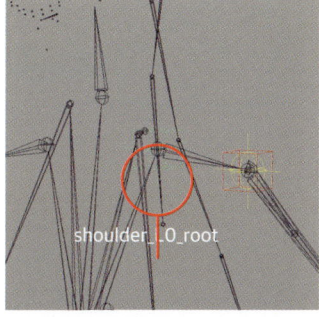

2. 다음 중 하나의 순서로 Duplicate Symmetry를 실행합니다.

    - [Shifter Guide Manager]에서 [Dupl. Sym.]을 클릭
    - [메뉴 → mGear → Shifter → Duplicate Sym]을 클릭

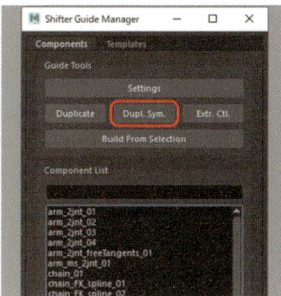 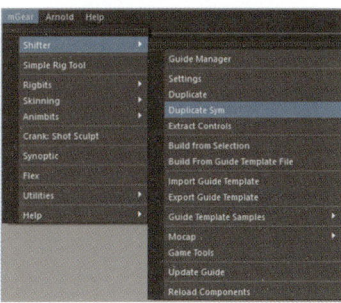

3. 「leg_L0_root」에도 같은 방법으로 시메트리를 복사합니다.

   ※ 복사가 잘 되지 않을 때는 가이드 컴포넌트 설정을 열고 Side가 Left로 설정되어 있는지 확인합니다.

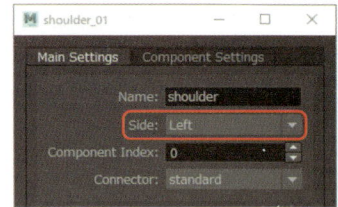

3.3.20 ▶ 빌드 확인하기

여기까지의 작업으로 흔들리는 부속품들을 제외한 가이드를 모두 만들었습니다. 마지막으로 만든 'guide'에 [Build From Selection]을 실행해, 빌드가 성공하는지 확인합니다. 오른쪽 그림과 같이 컨트롤러가 만들어지면 성공입니다.

컨트롤러가 만들어진 뒤 가이드 데이터는 리그 씬에서는 불필요하지만, 삭제하기 전에 가이드 데이터만 다른 데이터로 저장해 둡니다. 'guide'를 선택하고 [메뉴 → 파일 → 선택 항목 익스포트]를 실행합니다. 파일명은 'alice_primary_guide'로 저장했습니다.

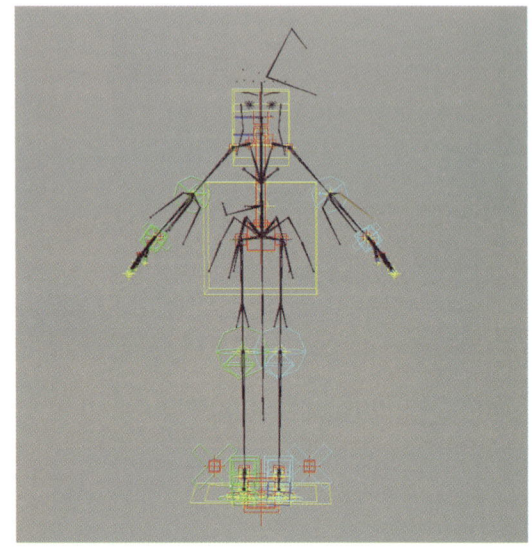

> **MEMO** | **에러가 발생한다면**
>
> 아래 그림과 같이 매우 긴 빌드 로그가 표시됩니다. 아래 그림은 spine_C0_1_loc를 Outliner에서 이름을 변경한 뒤 빌드를 실행한 예입니다.
>
> # Traceback (most recent call last): 바로 위에 Can't find reference for object라고 표시되어 있는 것을 확인할 수 있습니다. 오브젝트를 참조할 수 없다는 의미의 에러입니다.
>
> 이름 변경 조작을 잘못해 빈번하게 발생하는 에러이지만 원인은 차치하더라도 문제가 일어난 위치에서 정지하는 것이 중요합니다. 빌드 로그에서 멈춘 노드가 어떤 것인지 확인하면 그 원인을 빠르게 찾을 수 있습니다.

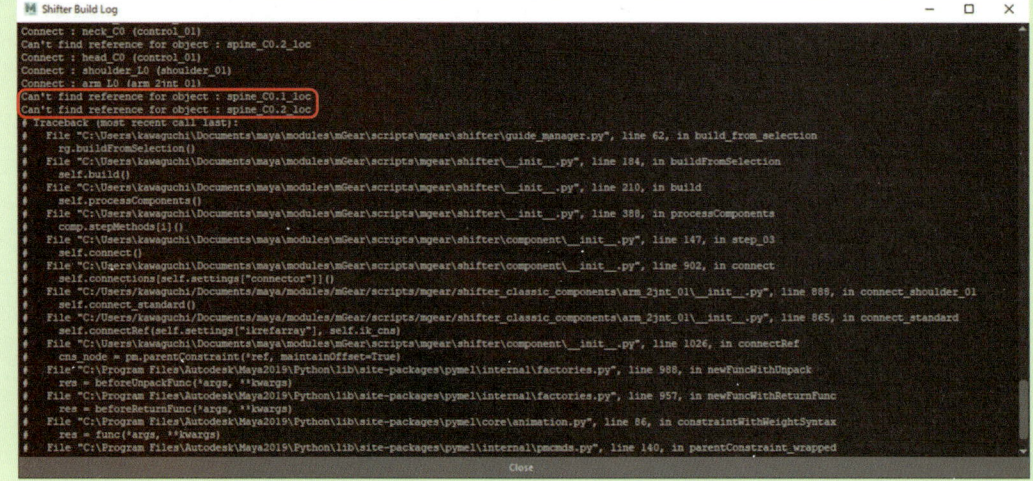

3.3.21 ▶ 컨트롤러 형태 변경과 형태 저장하기

가이드와 컨트롤러 만들기 단계를 마쳤습니다. 하지만 만들어진 컨트롤러의 크기와 형태가 작아 뷰포트에서 선택하기 어려운 상태입니다. 컨트롤러 형태를 변경하는 방법, 빌드 시 변경한 형태를 유지하는 방법에 관해 설명합니다. 여기에서는 spine 컨트롤러를 변형해 봅니다.

1. 「spine_C0_fk0_ctl」, 「spine_C0_fk1_ctl」, 「spine_C0_fk2_ctl」을 선택합니다.
2. F9키를 누르고 CV 편집 모드로 전환한 뒤 스케일 도구로 바꿉니다.
3. 이 상태에서 Ctrl키 + Shift키 + 마우스 우클릭 후 매핑 메뉴를 엽니다. 「Scale Object Center」 항목에 체크합니다.
4. 메시보다 조금 큰 정도를 크기를 조정합니다. 여기에서는 YZ 방향으로 스케일링 합니다.

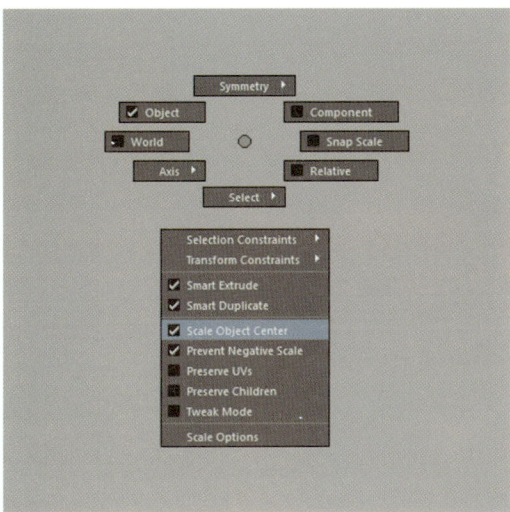
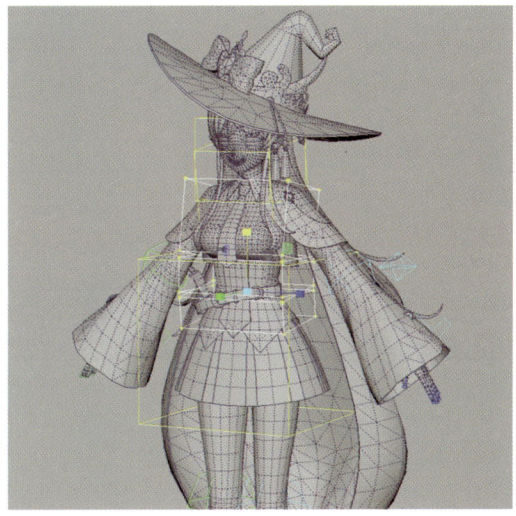

모델 변경에 따라 컨트롤러를 가이드에서 다시 빌드해야 할 경우가 있습니다. 그 때 다시 컨트롤러의 형태를 조정하는 것은 번거롭습니다. mGear가 제공하는 능 중 '조정한 형태를 유지'하는 'Extract Controls'를 사용하면 이를 해결할 수 있습니다.

1. 다시 「spine_C0_fk0_ctl」, 「spine_C0_fk1_ctl」, 「spine_C0_fk2_ctl」을 선택합니다.
2. 다음 중 한 가지 순서로 컨트롤러 형태를 저장합니다.
   - 「Shifter Guide Manager」의 [Extr. Ctrl.] 버튼을 클릭합니다.
   - [메뉴 → mGear → Shifter → Extract Controls]를 클릭합니다.

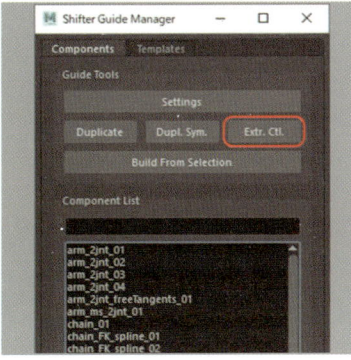
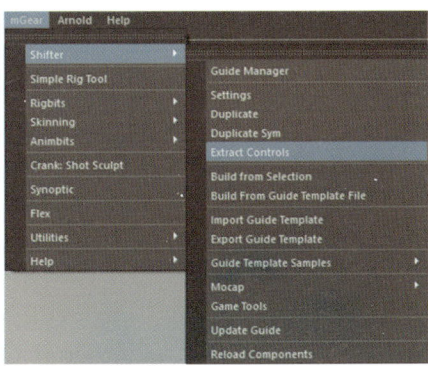

3.3.22 ▶ 다른 형태로 전환하기

빌드 시 만들어진 컨트롤러와 다른 형태(Shape)로 치환할 수도 있습니다. 시험삼아 머리 부분의 컨트롤러를 Sphere 셰이프로 치환해 봅니다.

1. 아무것도 선택하지 않은 상태에서 [메뉴 → mGear → Rigbits → CTL as Parent → Sphere]를 클릭하고 치환할 컨트롤러를 선택합니다.

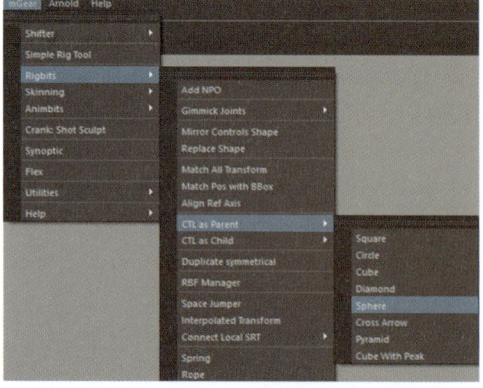

2. 「sphere_ctl」(1.에서 만든 컨트롤러)의 형태를 조정합니다.

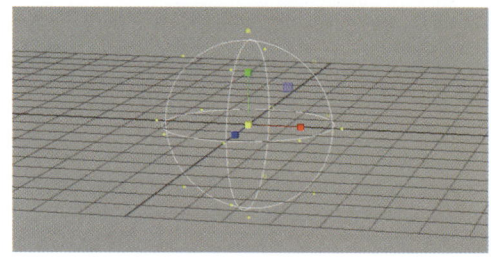

3. 「sphere_ctl」을 선택하고 「head_C0_ctl」을 추가로 선택합니다.

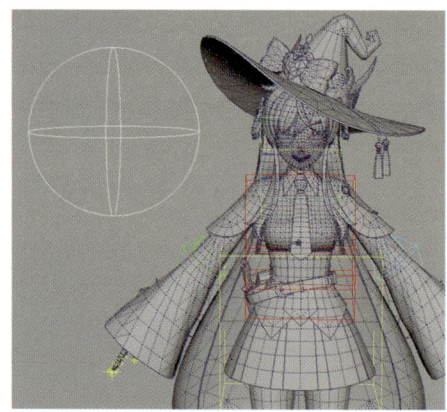

4. [메뉴 → mGear → Rigbits → Replace Shape]를 클릭합니다.

   ※오른쪽 그림에서는 컨트롤러를 치환한 뒤 각 셰이프의 [Attribute Editor→ Object Display → Drawing Overrides → Color: Index]를 사용해 색상을 변경했습니다.

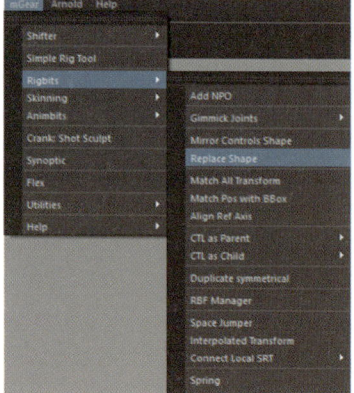
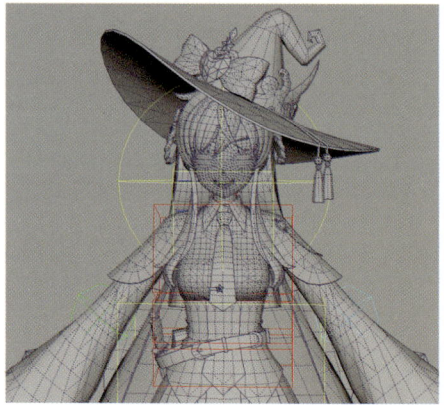

이 도구들을 사용해 컨트롤러 형태를 조정합니다. 선택하기 쉬운 것을 선호하므로, 선택하기 어려운 컨트롤러는 다른 방법을 사용하는 것이 좋을 수도 있습니다.

Synoptic도 마찬가지입니다. 해당 객체를 모아서 선택하기 위한 셋을 만들어 두면 편의성이 높아질 것입니다. 다음 단계에서는 스켈레톤을 연결하고, 컨트롤러를 움직였을 때 모델이 해당 움직임을 따라가도록 설정합니다.

3.3.23 ▶ 스켈레톤 연결하기

컨스트레인트를 기준으로 빌드 단계에서 만들어진 스켈레톤과 메시에 바인드 한 스켈레톤을 연결합니다. 겹쳐져 있는 조인트를 순서대로 선택해야 합니다. 뷰포트에서는 오조작이 발생하기 쉬우므로 여러 개의 Outliner를 활용합니다.

1. Command Line의 MEL에서 다음 명령을 실행합니다.

    outlinerPanel -tearOff;

2. 명령을 실행한 숫자만큼 Outliner가 표시됩니다. 2개를 가로로 배열하고 한 쪽은 바인드 한 스켈레톤 계층을 엽니다. 다른 한 쪽은 mGear의 스켈레톤 계층을 엽니다.

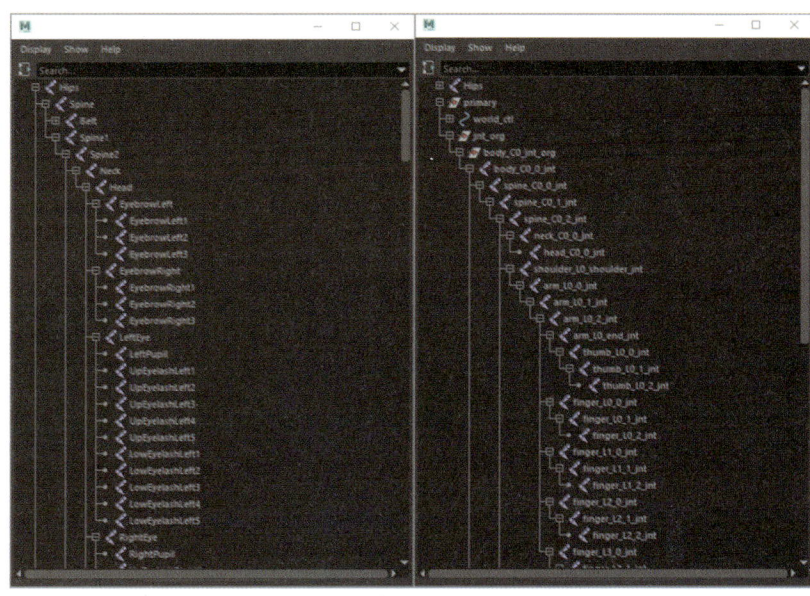

3.3.24 ▶ 허리 연결하기

1. 「body_C0_0_jnt」를 선택하고 「Hips」를 추가로 선택합니다.

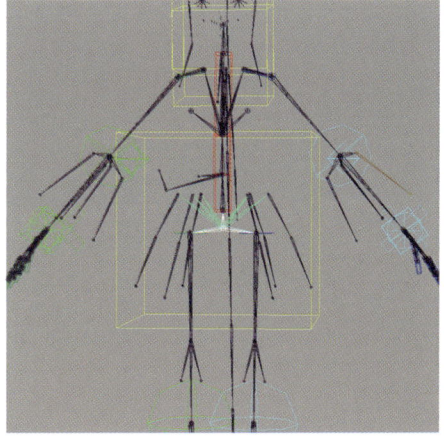

2. [Rigging 메뉴 → Constrain → Parent] 옵션을 엽니다.

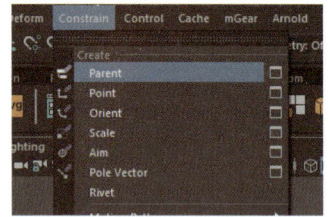

3. 오른쪽 그림을 참고로 컨스트레인트를 적용합니다. 기본 설정과 같으므로, 이 옵션 창 안의 [편집 → 설정 리셋]으로 설정을 초기화해도 괜찮습니다.

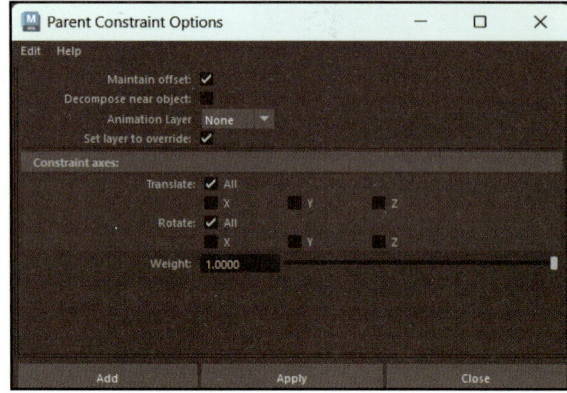

3.3.25 스크립트를 사용해 연결하기

같은 순서로 허리 이외의 조인트도 연결하면 됩니다. 하지만 단순 반복 작업이므로 스크립트를 활용해 봅니다.

1. 다운로드 특전 데이터를 다운로드 한 뒤 압축을 풉니다.

    - scripts₩hierarchyconstraint.py
    - scripts₩uielement.py

    이 Python 파일들을 다음 위치로 배치합니다.

    - %userprofile%\Documents\maya\scripts

2. 스크립트 에디터에 다음 코드를 입력한 뒤 실행합니다.

```
import hierarchyconstraint
hierarchyconstraintwindow = hierarchyconstraint.HierarchyConstraintWindow('Hierarchy Constraint')
hierarchyconstraintwindow.show()
```

3. [Hierarchy Constraint] 창이 실행됩니다. 각 설정 항목을 확인할 수 있습니다. 선택한 2개의 객체를 루트로 하는 계층에 대해, 설정한 조건에 일치하는 객체끼리 페어런트 컨스트레인트를 적용하는 스크립트입니다. 여러 조건을 지정할 수 있으며, 처음 조건에 일치하는 것으로 판단된 객체에 대해 처리를 수행합니다.

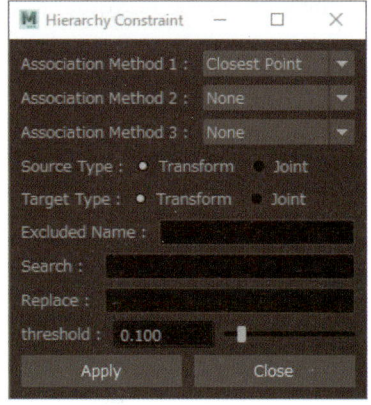

Association Method 1/2/3

- Closest Point … 위치가 가장 가까운 노드가 대상이 됩니다.
- Same Name … 이름이 같은 노드가 대상이 됩니다.
- Label … 라벨이 같은 노드가 대상이 됩니다.

Source Type

- Transform … Constraint 노드를 제외하고 Transform이 소스가 됩니다.
- Joint … Joint 노드만 소스가 됩니다.

Target Type

- Transform … Constraint 노드를 제외하고 Transform이 대상이 됩니다.
- Joint … Joint 노드만 대상이 됩니다.

Exclude Name

제외할 대상에 포함되어 있는 문자열을 지정합니다. 여러 문자열을 지정할 때는 ','(콤마)로 구분합니다. 예를 들면 보조 뼈에 'Assist'라는 이름을 붙였으므로, 'Assist'를 입력하면 모든 보조 뼈를 대상에서 제외할 수 있습니다.

Search   Replace

'Association Method'에서 'Same Name'을 선택했을 때 임의로 사용합니다(소스 조인트와 타깃 조인트의 이름이 같지 않은 경우). [Search]'에 입력한 이름을 타깃 안에서 검색하고, [Replace]에 입력한 문자열로 치환해 컨스트레인트를 실행할 수 있습니다.

threshold

소스로부터의 거리가 지정한 값보다 큰 노드만 타깃이 됩니다.

그럼 이 스크립트를 사용해 실제로 조인트끼리 연결해 봅시다.

4. 「body_C0_0_jnt」를 선택하고 「Hips」를 추가로 선택합니다.
5. 다음과 같이 설정한 뒤 [Apply]를 클릭해 스크립트를 실행합니다.

    - Association Method 1 : Label
    - Association Method 2 : Colsest Point
    - Source Type : Joint
    - Target Type : Joint
    - Exclude Name : Assist
    - threshold : 0.1

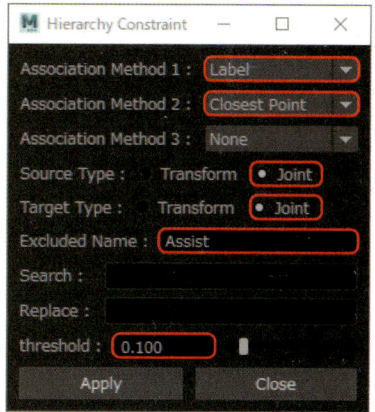

6. 컨트롤러를 움직여 문제가 없는지 확인합니다. 정상적으로 움직이지 않을 때는 무언가의 원인으로 컨스트레인트가 잘 적용되어 있지 않을 수 있습니다. 스크립트 에디터에 로그가 출력되므로 로그를 확인해 봅니다.

    타깃을 찾지 못했을 때는 다음과 같은 로그가 출력됩니다.

```
Skip:arm_L0_2_jnt is target not found
```

만약 원래 연결이 필요한 조인트였다면 주동으로 컨스트레인트를 수정합니다. 예를 들면 오른쪽 팔의 컨스트레인트가 잘 적용되지 않았을 때 [Association Method] 를 [Same Name] 으로 지정해 개별적으로 컨스트레인트를 실행합니다.

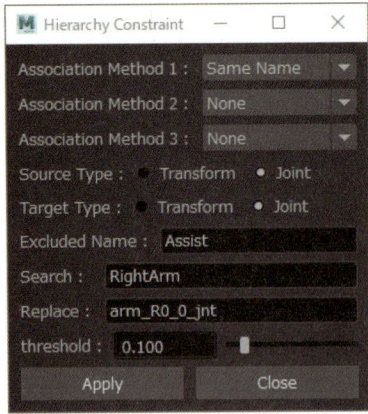

3.3.26 ▶ 재생성을 위한 설정하기

컨스트레인트가 잘 적용되었습니다. 하지만 리그를 만들 때마다 컨스트레인트를 수정하기는 다소 번거롭습니다. mGear는 빌드 전후에 스크립트를 실행시키는 기능을 제공합니다. 이를 활용해 빌드 후 자동으로 스크립트를 실행하도록 설정해 봅니다.

1. 다음 스크립트가 기술된 파일을 임의의 디렉터리에 저장합니다. 여기에서는 씬의 워크스페이스에 「scripts」라는 폴더를 만들고 「constraint.py」라는 파일로 저장했습니다.

```python
import pymel.core as pm
import hierarchyconstraint
source = pm.ls('body_C0_0_jnt') [0]
target = pm.ls('Hips') [0]

l_arm = pm.ls('arm_L0_0_jnt') [0]
l_arm.side.set(1)
l_arm.attr('type').set(10)

r_arm = pm.ls('arm_R0_0_jnt') [0]
r_arm.side.set(1)
r_arm.attr('type').set(10)

constraint = hierarchyconstraint.HierarchyConstraint(source,target,methods= [2,0] ,sourcetype=1,targettype=1,exclude='Assist')
constraint.parentConstraint()
```

> **보충**
>
> 여기에서의 2개 행은 루트가 될 노드 이름을 지정합니다.
> 다른 이름으로 만들었을 때는 필요에 따라 내용을 변경합니다.
>
> ```python
> source = pm.ls('body_C0_0_jnt') [0]
> target = pm.ls('Hips') [0]
> ```

2. Maya로 돌아옵니다. 「guide」를 선택하고 [메뉴 → mGear → Shifter → Settings]에서 설정을 열고, [Custom Steps] 탭을 클릭합니다.

3. 리그를 만든 뒤 실행할 스크립트를 지정합니다.
   - Post Custom Step: 체크합니다.
   - Add: 클릭한 뒤 저장한 스크립트를 지정합니다.
4. 앞에서 만든 리그를 삭제하고 새로운 가이드를 빌드합니다. 동작에 문제가 없는지 확인합니다. 이상이 없다면 설정 완료입니다.

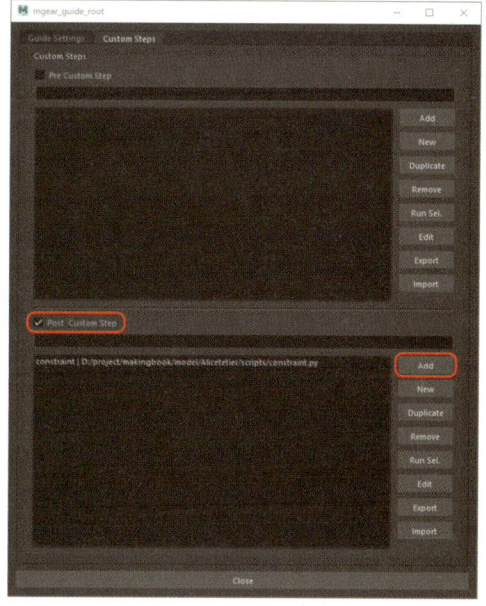

이것으로 리그를 만든 후 컨스트레인트까지 자동으로 적용할 수 있게 되었습니다. 후처리를 모두 Python 스크립트로 만들어 두면, 재작업의 수고를 최소한으로 줄일 수 있습니다. 여기까지 설정한 가이드를 다시 [메뉴 → 파일 → 선택 항목 익스포트]를 사용해 백업으로 만듭니다.

3.3.27 ▶ Synoptic 설정과 편집하기

지금까지 설명한 단계를 진행한 뒤 '3.3.3 mGear 테스트 Synoptic'(p.353)에서 다뤘던 Synoptic을 실행해 보면, 아무런 버튼도 표시되지 않는 것을 확인할 수 있습니다. Synoptic을 사용하기 위해서는 만들기 전의 가이드를 설정해야 합니다.

1. 「guide」를 선택한 뒤 「Settings」 창을 엽니다.
2. 사용하는 Synoptic Tab을 가이드로 설정합니다. [Available Tabs]에서 [Biped]를 선택한 뒤 [<<]를 클릭합니다.

Synoptic 설정을 마친 가이드를 빌드한 뒤 Synoptic을 표시하면, 이번에는 GUI가 표시될 것입니다. 하지만 머리 부분 등 일부 컨트롤러가 UI에 대응하지 않습니다. 가이드에 맞춰 UI가 만들어지는 것이 아니라, 미리 준비한 UI와 컨트롤러를 연결하는 것에 지나지 않기 때문입니다.

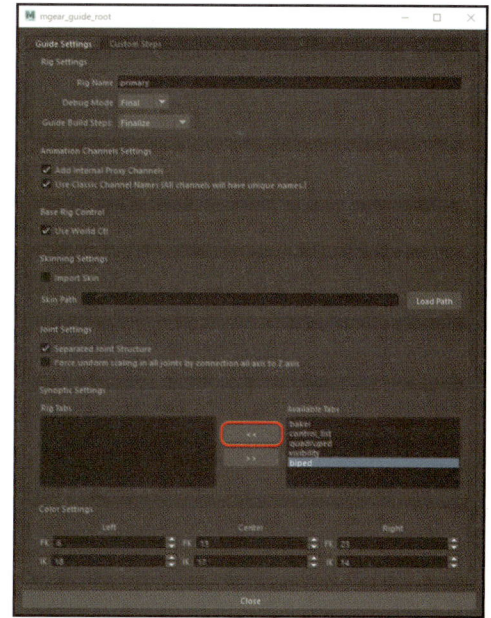

3.3.28 ▶ Synoptic Tab 만들기

Synoptic은 Tab으로 관리되며 가이드에 여러 개를 설정할 수도 있습니다. 예를 들면 페이셜용 Synoptic이나 손가락 제어에 특화한 Synoptic을 준비하고, 별도로 바디용 Synoptic을 설정해 사용할 수도 있습니다. 여기에서는 Biped와 같은 기능을 제공하는 앨리스 전용 Synoptic을 만들어 봅니다.

1. mGear 모듈 안에 있는 다음 디렉터리를 운영 체제의 파일 탐색기에서 엽니다.
   - (MODULE_PATH)\mGear\scripts\mgear\synoptic\tabs

2. 「biped」폴더를 복제해 「alice」로 이름을 바꿉니다.
3. Maya로 돌아와 「guide」를 선택한 뒤 「Settings」창을 엽니다.
4. [Synoptic Settings]의 [Available Tabs]에 「alice」라는 항목이 추가되어 있습니다. [Rig Tabs]에 설정합니다.

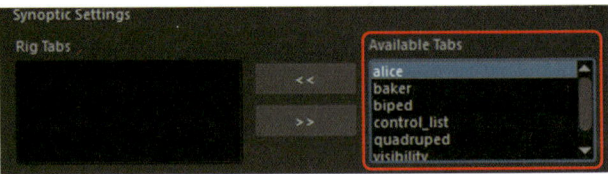

5. 다시 빌드를 실행하고 Synoptic을 엽니다. Tab명이 변경되어 있는 것을 확인할 수 있습니다.

이렇게 기존 디렉터리를 복제하는 것만으로 간단하게 탭을 만들 수 있습니다.

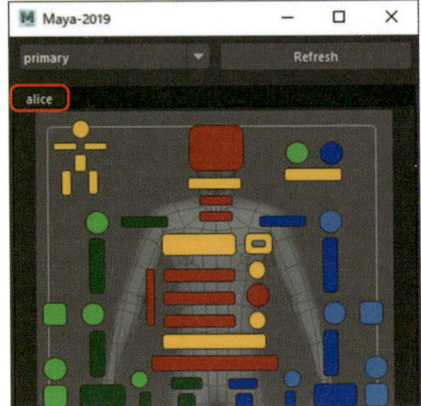

3.3.29 ▶ Synoptic GUI 편집하기

다음은 Synoptic의 GUI를 구성하는 Python 파일을 편집합니다. 앞서 'biped'에서 복제한 'alice' 디렉터리 안에 있는 'widget.py' 파일이 GUI를 구성합니다. 단, widget.ui 파일에서 자동으로 만들어진 Python 파일이기 때문에 불필요한 코드가 매우 많습니다. 무려 20,990행의 큰 코드입니다. 그대로 편집하기는 어려우므로 불필요한 코드를 삭제하고 재구성하고 편집합니다.

다운로드 특전으로 재구성 및 편집 후 스크립트를 제공합니다. 다운로드 특전 데이터의 다음 디렉터리를 복사하고, 앞서 'biped'에서 복제한 'alice' 디렉토리와 치환합니다.

- scripts\synoptic\tabs\alice

그럼 기본 GUI에서 편집한 부분을 설명합니다.

▶ Head 버튼 재구성하기

Head 버튼의 기술은 'setup_button_head'에서 모아서 정의합니다. 내용을 다음과 같이 치환했습니다.

```python
def setup_button_head(self):
    from mgear.synoptic.widgets import SelectBtn_yellowBox

    self.neck_C0_fk0_ctl = SelectBtn_yellowBox(self.__biped_body)
    self.neck_C0_fk0_ctl.setGeometry(QtCore.QRect(139, 91, 48, 9))
    self.neck_C0_fk0_ctl.setProperty("object", "neck_C0_ctl")
    self.neck_C0_fk0_ctl.setObjectName("neck_C0_ctl")

    self.neck_C0_head_ctl = SelectBtn_yellowBox(self.__biped_body)
    self.neck_C0_head_ctl.setGeometry(QtCore.QRect(139, 42, 48, 41))
    self.neck_C0_head_ctl.setProperty("object", "head_C0_ctl")
    self.neck_C0_head_ctl.setObjectName("head_C0_ctl")
```

스크립트 내용을 치환한 결과는 오른쪽 그림과 같습니다.

치환한 주요 내용은 다음과 같습니다.

- self.neck_C0_fk1_ctl과 self.neck_C0_ik_ctl에서 시작하는 일련의 코드를 삭제
  → 불필요한 목의 버튼이 삭제됩니다.
- selectBtn_LFkBox에서 SelectBtn_yellowBox로 변경
  → 버튼 색상(타입)이 변경됩니다.
- self.nect_C0_fk0_ctr.setGeometry 값 변경
  → 버튼 크기가 변경됩니다.
- SetProperty에 지정한 두 번째 인수에 선택할 컨트롤러 이름 지정
  → 버튼을 클릭했을 때 지정한 이름의 컨트롤러가 선택됩니다.

거대한 코드를 다루다 보면 집중력이 떨어지기 쉽습니다. 하나의 버튼을 구성하는 코드는 3~5행 정도입니다. neck 버튼을 예를 들어 설명합니다.

다음 코드는 버튼 종류를 결정합니다.

```
self.neck_C0_fk0_ctl = SelectBtn_yellowBox(self.__biped_body)
```

SelectBtn_yellowBox 외에도 SelectBtn_yellowCircle, SelectBtn_blueBox 등 다양한 버튼 클래스를 제공합니다. 자세한 내용은 정의된 모듈 파일을 확인하십시오.

다음 코드는 버튼 크기와 위치를 결정합니다.

```
self.neck_C0_fk0_ctl.setGeometry(QtCore.QRect(139, 91, 48, 9))
```

QtCore.QRect의 인수는 다음 매개변수를 지정합니다.

```
QtCore.QRect(x, y, width, height)
```

다음 코드는 버튼 내부에서 사용하는 문자열을 설정합니다.

```
self.neck_C0_fk0_ctl.setProperty("object", "neck_C0_ctl")
```

위 코드는 어디까지나 문자열을 설정하는 것뿐으로, 설정한 속성을 사용할 때는 잔용 처리가 필요합니다. SelectBtn으로 시작하는 클래스는 SelectButton 클래스를 상속하며, 실제 처리는 SelectButton 클래스에 정의되어 있는 mousePressEvent에서 수행합니다. object에 설정된 문자열을 얻고, 선택하는 처리를 수행하는 것은 mousePressEvent입니다. mousePressEvent는 pyside에서 제공하는 메서드이며, 같은 이름의 메서드를 정의함으로써 버튼을 눌렀을 때 수행할 처리를 기술할 수 있습니다.

다음 코드는 버튼의 이름을 설정합니다.

```
self.neck_C0_fk0_ctl.setObjectName("neck_C0_ctl")
```

pyside에서 제공하는 findchild 메서드 등을 사용해 버튼 객체를 얻을 때 등에 사용할 수 있는 이름이 됩니다. mGear에서는 사용되지 않지만 만일을 위해 설정해 둡니다.

▶ Spine 버튼 재구성하기

Spine 버튼에 관한 기술은 'setup_button_spine'에 모아서 정의합니다. 내용을 다음과 같이 치환합니다.

```python
def setup_button_spine(self):
    from mgear.synoptic.widgets import SelectBtn_yellowBox,SelectBtn_LFkBox
    self.w_body_C0_ctl = SelectBtn_yellowBox(self.__biped_body)
    self.w_body_C0_ctl.setGeometry(QtCore.QRect(105, 217, 111, 14))
    self.w_body_C0_ctl.setProperty("object", gqt.fakeTranslate("biped_body", "body_C0_ctl", None, -1))
    self.w_body_C0_ctl.setObjectName("w_body_C0_ctl")

    self.w_spine_C0_fk0_ctl = SelectBtn_LFkBox(self.__biped_body)
    self.w_spine_C0_fk0_ctl.setGeometry(QtCore.QRect(125, 180, 71, 30))
    self.w_spine_C0_fk0_ctl.setProperty("object", gqt.fakeTranslate("biped_body", "spine_C0_fk0_ctl", None, -1))
    self.w_spine_C0_fk0_ctl.setObjectName("w_spine_C0_fk0_ctl")

    self.w_spine_C0_fk1_ctl = SelectBtn_LFkBox(self.__biped_body)
    self.w_spine_C0_fk1_ctl.setGeometry(QtCore.QRect(125, 145, 71, 30))
    self.w_spine_C0_fk1_ctl.setProperty("object", gqt.fakeTranslate("biped_body", "spine_C0_fk1_ctl", None, -1))
    self.w_spine_C0_fk1_ctl.setObjectName("w_spine_C0_fk1_ctl")

    self.w_spine_C0_fk2_ctl = SelectBtn_LFkBox(self.__biped_body)
    self.w_spine_C0_fk2_ctl.setGeometry(QtCore.QRect(125, 110, 71, 30))
    self.w_spine_C0_fk2_ctl.setProperty("object", gqt.fakeTranslate("biped_body", "spine_C0_fk2_ctl", None, -1))
    self.w_spine_C0_fk2_ctl.setObjectName("w_spine_C0_fk2_ctl")

    self.w_spine_C0_fk2_ctl_2 = SelectBtn_LFkBox(self.__biped_body)
    self.w_spine_C0_fk2_ctl_2.setGeometry(QtCore.QRect(109, 110, 12, 100))
    self.w_spine_C0_fk2_ctl_2.setProperty("object", gqt.fakeTranslate("biped_body", "spine_C0_fk0_ctl,spine_C0_fk1_ctl,spine_C0_fk2_ctl", None, -1))
    self.w_spine_C0_fk2_ctl_2.setObjectName("w_spine_C0_fk2_ctl_2")
```

스크립트 내용을 치환한 결과는 오른쪽 그림과 같습니다.

치환한 주요 내용은 다음과 같습니다.

1. 다음 변수로 시작하는 일련의 코드를 삭제합니다.
   - self.w_spine_C0_ik0_ctl
   - self.w_spine_C0_ik1_ctl
   - self.spine_C0_spinePosition_ctl
   - self.spine_C0_tan_ctl
   - self.spine_C0_tan0_ctl
   - self.spine_C0_tan1_ctl

2. self.w_body_C0_ctl을 SelectBtn_LFkbox에서 SelectBtn_yellowBox 로 변경합니다.

3. setGeometry 값을 변경합니다.

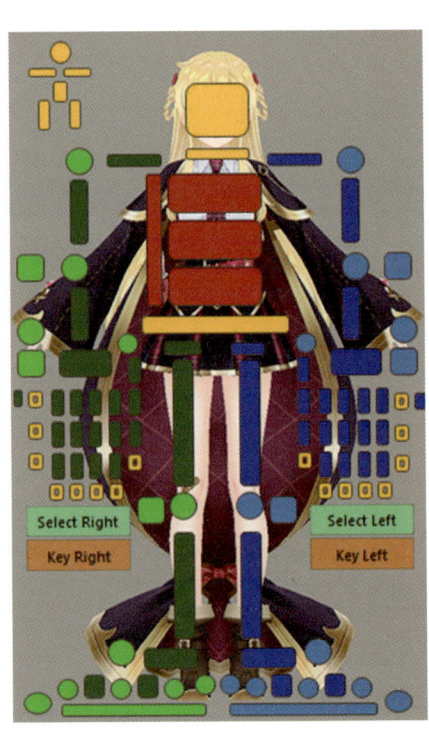

Head 때와 달리 이름이 일치해 불필요한 버튼 삭제와, 버튼 크기를 조정하는 것만으로 작업을 완료했습니다. gqt.fakeTranslate 메서드는 두 번째 인수에 지정한 매개변수를 그대로 반환하는 함수입니다. Head 때와 마찬가지로 문자열을 직접 지정해도 됩니다.

▶ 기타 버튼 재구성하기

발, 손가락 등에도 사용하지 않는 버튼이 있으므로 Head, Spine과 마찬가지 순서로 불필요한 버튼을 삭제해 재구성했습니다. 손가락, 발, 머리 부분의 콤보 박스도 삭제합니다.

최종적으로 오른쪽 그림과 같은 구성이 되었습니다. 불필요한 버튼을 삭제하지 않아도 동작하는 데 문제는 없지만, 잘못 클릭하는 스트레스 때문에 사용하기 어렵다는 인상을 줄 수도 있습니다. 왼쪽 위 UI에는 Head와 Spine의 UI를 그대로 남겨 두었습니다. 이 2개의 버튼이 없으면 무엇을 의미하는지 알 수 없기 때문입니다.

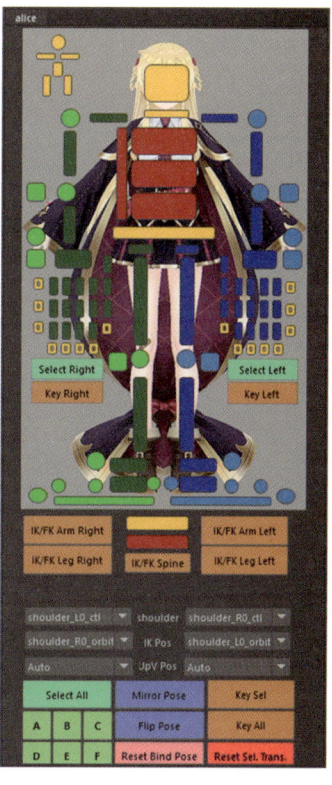

3.3.30 ▶ Mirror 설정하기

전용 Synoptic은 완성했습니다. 하지만 Mirror Pose와 Flip Pose는 현재 잘 동작하지 않습니다. 이것을 사용할 때는 만든 컨트롤러 쪽의 설정을 변경해야 합니다.

1. body_C0_ctl을 선택합니다.
2. [Channel Box/Layer Editor → Edit → Channel Control]을 클릭합니다.

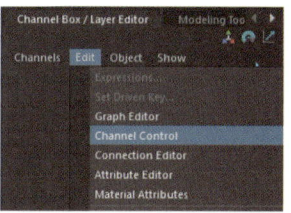

3. [Channel Control] 창이 열립니다. [Nonkeyable Hidden]에서 [Invert Mirror RY], [Invert Mirror RZ], [Invert Mirror TX] 속성을 선택하고 [<< Move]을 클릭합니다.

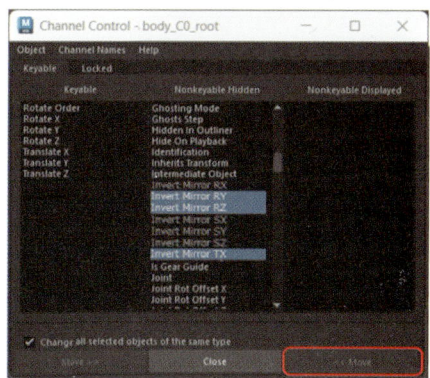

4. 키 설정으로 이동한 속성을 「on」으로 변경합니다.

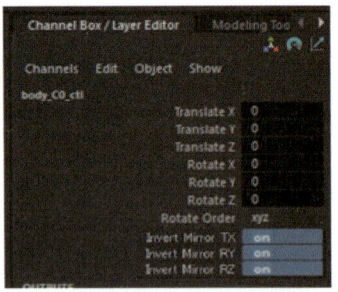

5. 다시 [Channel Control]을 열고 [키 설정 가능]에서 [Invert Mirror RY], [Invert Mirror RZ], [Invert Mirror TX]를 선택하고 [Move >>]을 클릭합니다.

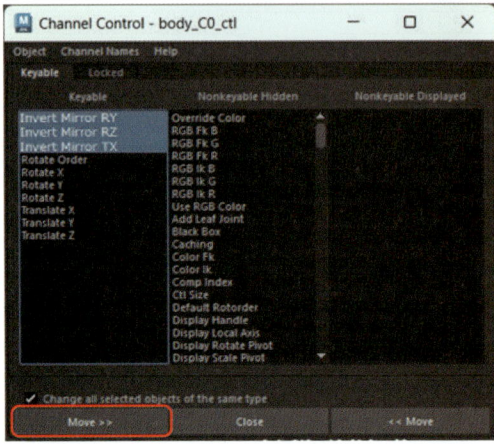

6. Spine에서 Head에 걸쳐 마찬가지로 Invert Mirror를 설정합니다. 단, 앞의 body_C0_ctl과는 축의 방향이 다르므로 [Invert Mirror RX], [Inver Mirror RY], [Invert Mirror TZ]를 선택합니다.

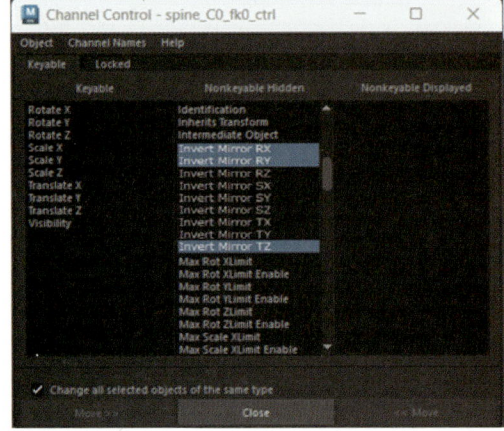

3.3.31 ▶ Mirror 스크립트 설정하기

컨스트레인트와 마찬가지로 빌드할 때마다 재설정을 수행하기는 번거롭습니다. 빌드할 때 스크립트를 실행하도록 설정을 추가합니다.

1. 다음 스크립트를 텍스트 에디터에서 기술합니다. constraint.py와 같은 위치에 「invertsetting.py」로 저장합니다.

```
import pymel.core as pm
invert_x_ctls = [
    'body_C0_ctl'
    ]

invert_z_ctls = [
    'spine_C0_fk0_ctl',
    'spine_C0_fk1_ctl',
```

```python
    'spine_C0_fk2_ctl',
    'neck_C0_ctl',
    'head_C0_ctl'
]

for ctl in pm.ls(invert_x_ctls):
    ctl.invTx.set(1)
    ctl.invRy.set(1)
    ctl.invRz.set(1)

for ctl in pm.ls(invert_z_ctls):
    ctl.invTz.set(1)
    ctl.invRy.set(1)
    ctl.invRx.set(1)
```

2. Maya로 돌아와 「guide」의 Settings를 엽니다.
3. 「Custom Setups」 탭의 [Post Custom Step]에 앞에서 저장한 스크립트를 추가합니다.

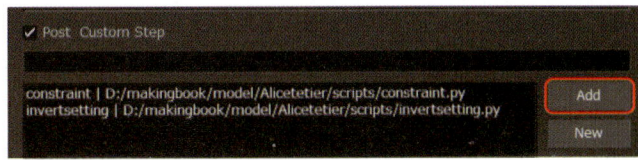

용도별로 스크립트를 나눠두면 필요에 따라 쉽게 나눠서 사용할 수 있습니다. 부분적으로 직접 만든 리깅 시스템 등을 사용할 때도 이 스크립트들이 실행되게 하는 등 다양한 활용 방법을 생각할 수 있습니다.

3.3.32 ▶ 흔들리는 부분의 컨트롤러 만들기

소매나 스커트를 위한 가이드를 별도로 만듭니다. 셋업 호칭과 겹치기 때문에 조금 번거롭지만, 이 책에서는 바디 등을 움직이는 리그를 '프라이머리', 스커트 등 흔들리는 것을 움직이는 리그를 '세컨더리 리그'라 부릅니다. 새로운 모델 씬을 열어 소매나 스커트를 위한 별도의 가이드를 만들고, 세컨더리 리그를 완성한 후 프라이머리 리그와 연결해 프라이머리의 움직임을 따라가게 할 수 있습니다.

프라이머리와 세컨더리 리그를 구분해서 나눠서 만드는 이유가 있습니다. 동일한 씬 안에 'guide'가 여럿 존재하는 경우, 빌드 후 컨트롤러에 Extract Controls로 형태를 기억하도록 적용하더라도 재빌드 시 잘 반영되지 않는 특성이 있기 때문입니다. 그 밖에도 프라이머리 리그는 다른 인형 캐릭터에 쉽게 유용할 수 있기 때문에, 템플릿으로 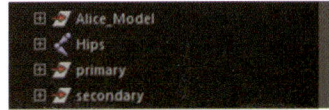 서 재사용할 수 있습니다. 또한, 모든 캐릭터의 프라이머리 리그를 변경해야 할 때, 프라이머리와 세컨더리를 나눠서 만들어 두면 비교적 쉽게 수정할 수 있습니다. 그리고 Outliner 상에서 프라이머리, 세컨더리 처리를 쉽게 적용할 수도 있습니다.

그 밖에도 각 리그 별로 표시/숨기기 전환을 쉽게 할 수 있습니다. 오른쪽 그림은 왼쪽부터 프라이머리/세컨더리 리그 모두 표시, 프라이머리 리그만 표시, 세컨더리 리그만 표시한 상태입니다.

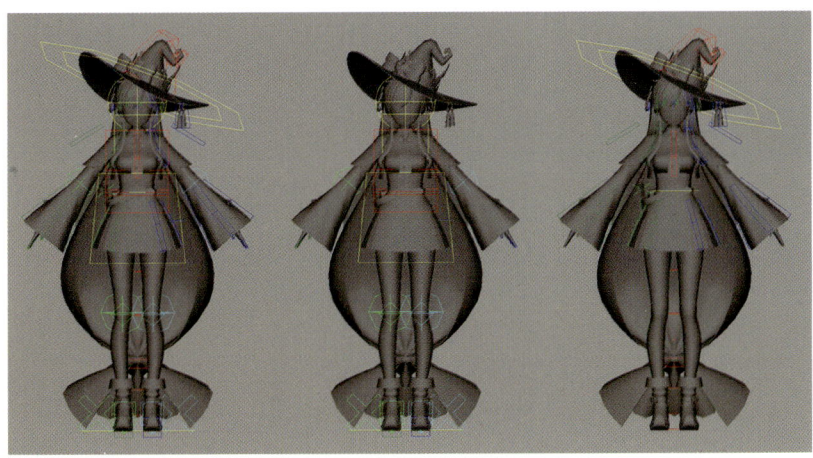

리그 표시 전환에 관해서는 만들어진 리그의 루트, [primary]의 속성에서 『Ctl Vis』를 비활성화하면 컨트롤러를 숨길 수 있습니다.

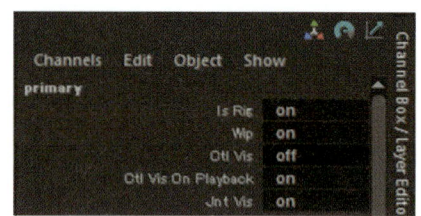

3.3.33 세컨더리 리그의 가이드 만들기

세컨더리 리그에서는 'chain_01'과 'control_01' 두 종류의 컴포넌트만 사용합니다. 조인트 위치를 따라 가이드를 배치하는 것뿐이므로 프라이머리 리그의 가이드 만들과 크게 다르지 않습니다.

책에서는 프라이머리 리그 때와 같이 자세한 순서를 설명하지 않고, 필요한 위치에 관한 부분만 설명합니다. 완성 데이터인 'Alice_secondary_guide.ma'를 확인하면서 책의 설명을 참고하십시오.

스커트의 가이드에 관해

'body_C0_ctl'를 따라가는(컨스트레인트) 스커트의 루트 'skirt_C0_root'를 'control_01' 컴포넌트에서 만듭니다.

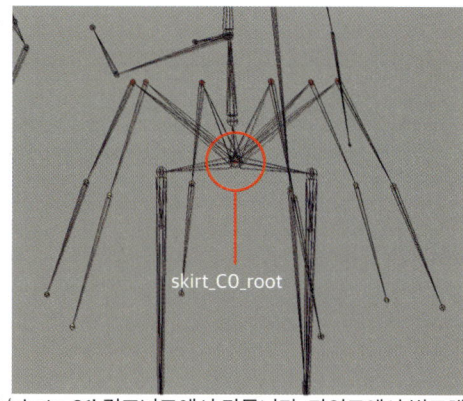

'skirt_C0_root'의 자녀로 각 스커트의 조인트를 움직이기 위한 가이드를 'chain_01' 컴포넌트에서 만듭니다. 가이드에서 빌드해서 만들어진 각 컨트롤러를 직접 'body_C0_ctl'에 따르게 해도 문제는 없습니다. 'skirt_C0_root'의 자녀로 만들었을 때 얻을 수 있는 장점은 접속 대상의 수가 적을수록 쉽게 수정할 수 있다는 점, 루트 컨트롤러의 회전에 따라 스커트의 각 밑동의 이동을 제어할 수 있다는 점입니다.

아래 그림은 'body_C0_ctl'을 회전시킨 것(왼쪽)과 그에 더해 'skirt_C0_ctl'을 회전시킨 것(오른쪽)입니다.

손의 더미 가이드에 관해

'arm_L0_eff_loc0'을 따르는 컨트롤러를 위한 가이드 'attachhand_L0_root'를 'control_01' 컴포넌트에서 만들었습니다. 손을 따르는 객체는 존재하지 않지만, 단검이나 모자를 손에 들었을 때 손을 따라 움직이게 할 수 있으면 편리합니다. 이 객체들을 고려해 붙임을 위한 트랜스폼을 준비합니다. 오른쪽 그림은 왼손의 트랜스폼입니다. 오른손에도 같은 트랜스폼을 만듭니다.

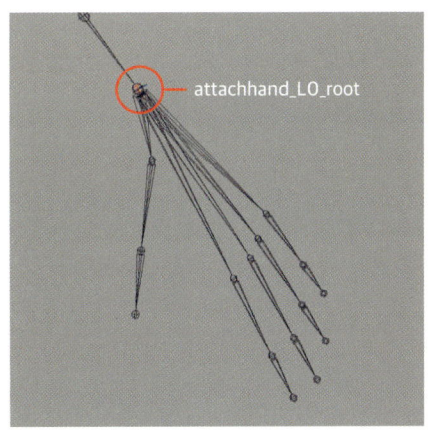

벨트와 부속 가이드에 관해

'spine_C0_fk1_ctl'을 따라가도록 'control_01' 컴포넌트에서 벨트의 가이드 'belt_C0_root'를 만듭니다. 다시 'belt_C0_root'의 자녀에 파우치와 단검의 가이드도 만듭니다.

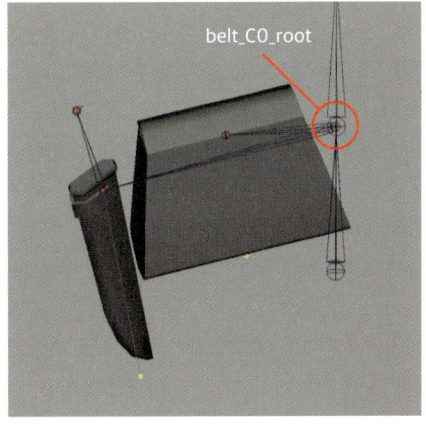

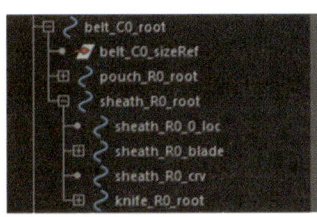

파우치와 단검의 칼집에 'chain_01' 컴포넌트를 사용했습니다. 하지만 단순한 FK 컨트롤러이므로, 모두 'control_01' 컴포넌트라도 문제는 없습니다. 만들어진 셰이프가 2개 가이드의 길이가 되어 쉽게 조정을 할 수 있기 때문에 'chain_01'을 사용했습니다.

knife의 가이드는 손에 잡는 것을 가정해 IK Reference Array에 칼집과 손의 더미를 추가했습니다. Channels Host에는 자신의 가이드를 지정합니다.

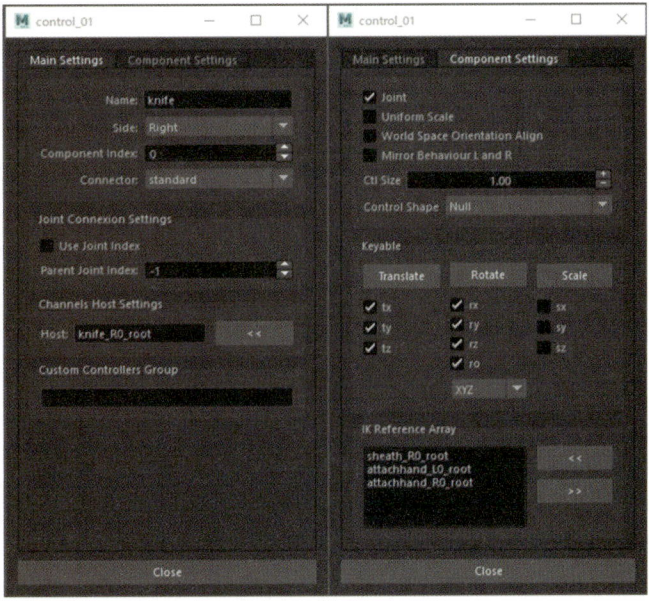

▶ Spine을 따르는 가이드에 관해

'spine_C0_fk2_ctl'을 따르는 3개 컨트롤러의 가이드 'cloak_C0_root', 'tie_C0_root', 'bust_C0_root'를 만들었습니다.

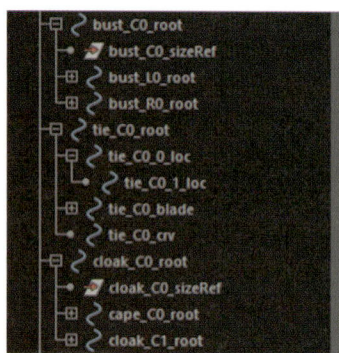
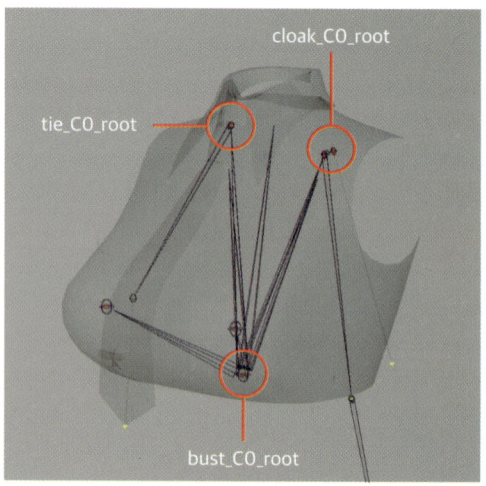

'bust_C0_root'에서는 좌우를 모아서 부모의 회전을 따라 이동을 제어할 수 있는 편이 편리하므로 'spine_C0_fk2_ctl'과 같은 위치에 가이드를 배치합니다. 다른 2개의 가이드는 조인트위 위치에 맞췄습니다. 각 가이드들의 자녀에 적절한 가이드를 추가합니다.

▶ 어깨 케이프의 가이드에 관해

'arm_L0_div0_loc'에 따르는 컨트롤러의 가이드 'cape_L0_root'를 만들었습니다.

팔의 FK 컨트롤러와 겹치면 제어하기 어려우므로 'chain_01' 컴포넌트를 사용해, 끝 부분의 가이드 'cape_L0_0_loc'를 어깨 케이프 메시 끝에 맞춥니다.

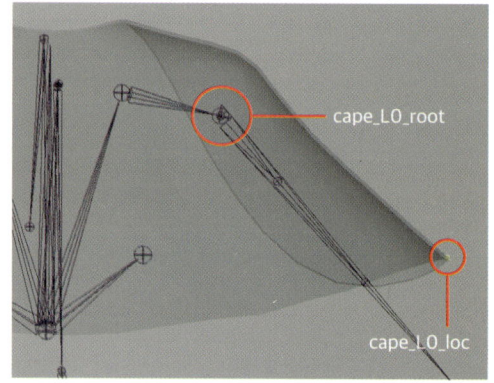

▶ 소매의 가이드에 관해

'arm_L0_div1_loc'를 따르는 소매의 루트 가이드 'sleeve_L0_root'를 만들었습니다.

'sleeve_L0_root'의 자녀로 소매의 조인트를 제어하는 가이드를 추가합니다. 사용한 컴포넌트는 'chain_01'입니다.

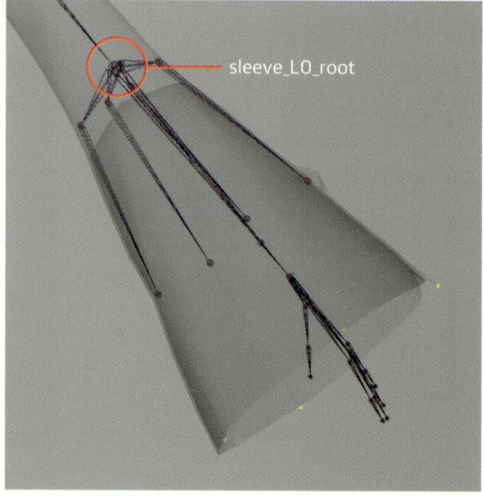
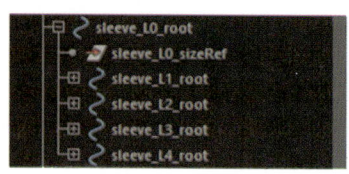

▶ Head를 따르는 가이드에 관해

'head_C0_ctl'을 따르는 머리카락과 모자의 루트 가이드 'attachhead_C0_root'를 만들었습니다.

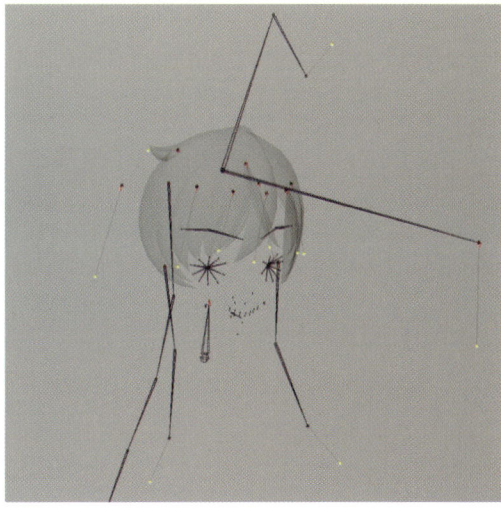

'attachhead_C0_root'의 자녀로 머리카락과 모자의 가이드를 추가합니다. 머리카락에 대해서는 모두 'chain_01' 컴포넌트를 사용했습니다. 앞머리카락은 어깨 케이프의 가이드와 같이 가이드 끝을 머리카락 끝에 맞췄습니다.

모자는 단검과 마찬가지로 손에 드는 것을 가정해 [IK Reference Array]에 'attachhand_L0_root', 'attachhand_R0_root'를 추가했습니다. Channels Host에는 자신의 가이드를 지정합니다.

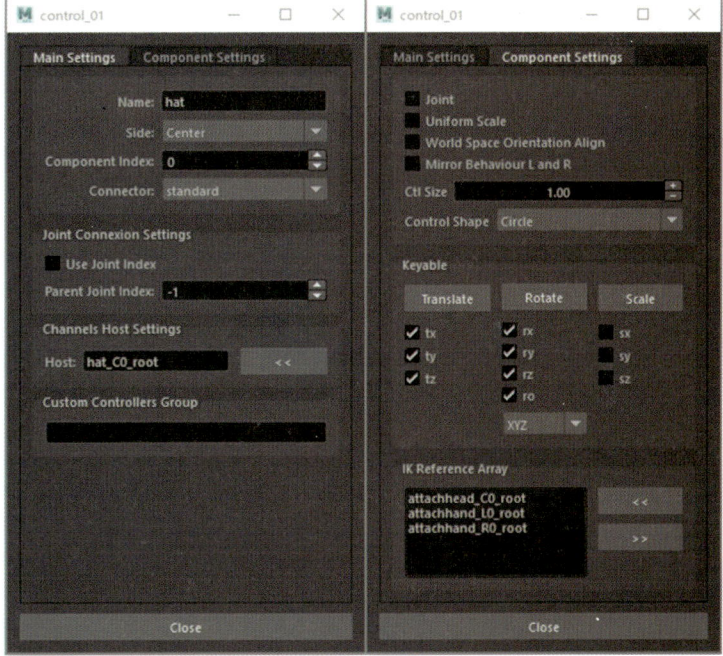

3.3.34 ▶ 리그와 모델 연결하기

세컨더리 가이드를 빌드하는 것만으로는 프라이머리와 연동하지 않습니다. 프라이머리 리그와 세컨더리 리그, 세컨더리 리그와 모델 리그(조인트)를 각각 연결해야 합니다. 연결을 위해 다음의 3개 스크립트를 만들었습니다. 스크립트에 관해 순서대로 설명합니다.

- scripts\secondary\
    - withprimary.py
    - labeling.py
    - constraint.py

▶ withprimary.py

프라이머리 리그와 세컨더리 리그를 연결하는 스크립트입니다.

※「primary」와「secondary」각각의「guide」설정에서「world_ctl」이 만들어지는지 주의해서 확인하십시오.

```python
import pymel.core as pm

connections = [
    ['primary|world_ctl','secondary|world_ctl'] ,
    ['body_C0_ctl','skirt_C0_ik_cns'] ,
    ['spine_C0_fk1_ctl','belt_C0_ik_cns'] ,
    ['spine_C0_fk2_ctl','bust_C0_ik_cns'] ,
    ['spine_C0_fk2_ctl','tie_C0_ik_cns'] ,
    ['spine_C0_fk2_ctl','cloak_C0_ik_cns'] ,
    ['head_C0_ctl','attachhead_C0_ik_cns'] ,
    ['arm_L0_div0_loc','cape_L0_ik_cns'] ,
    ['arm_L0_div1_loc','sleeve_L0_ik_cns'] ,
    ['arm_L0_eff_loc','attachhand_L0_ik_cns'] ,
    ['arm_R0_div0_loc','cape_R0_ik_cns'] ,
    ['arm_R0_div1_loc','sleeve_R0_ik_cns'] ,
    ['arm_R0_eff_loc','attachhand_R0_ik_cns'] ,
]

attrs = ['tx','ty','tz','rx','ry','rz']

for connection in connections:
    s,t = pm.ls(connection)
    for attr in attrs:
        t.attr(attr).unlock()
    
    pm.parentConstraint(s,t,mo=True)
    
    for attr in attrs:
        t.attr(attr).lock()
```

connections에는 타깃과 소스 노드명을 대응시킨 리스트가 들어 있습니다. 노드명에 관해서는 가이드 설정에 따라 다르므로 만든 가이드 이름에 맞춰 수정해 주십시오.

arm은 fk와 ik의 두 종류가 존재합니다. 최종적으로 트랜스폼은 노드명 끝이 '_loc'와 '_eff'로 끝나는 노드에 저장됩니다 여기에서는 다리에 연결된 노트가 없지만, 다리도 동일한 사용으로 되어 있습니다.

mGear의 컨트롤 리그는 최종적으로는 조인트에 연결되므로, 조인트로부터 접속을 연결함으로써 무엇을 소스로 하면 좋을지 간단하게 조사할 수 있습니다.

▶ labeling.py

다음은 constraint.py가 올바르게 동작하도록 조인트를 라벨링 하는 스크립트입니다. 여기에서는 모자의 조인트 중에서 같은 위치에 있는 조인트에 대해 판별할 수 있도록 라벨링을 했습니다.

```python
import pymel.core as pm
for crown in pm.ls('Hat','crown_C0_0_jnt'):
    crown.attr('type').set(18)
    crown.otherType.set('Crown')

for blim in pm.ls('HatCollar','brim_C0_0_jnt'):
    blim.attr('type').set(18)
    blim.otherType.set('Blim')
```

▶ constraint.py

다음은 세컨더리 리그와 모델을 연결하는 스크립트입니다. 프라이머리 때와 크게 다르지 않습니다.

```python
import pymel.core as pm
import hierarchyconstraint
source,target = pm.ls( ['secondary|jnt_org','Hips'] )

constraint = hierarchyconstraint.HierarchyConstraint(source,target,methods= [2,0] ,sourcetype=1,
targettype=1,exclude='Assist,Arm')
constraint.parentConstraint()
```

이 스크립트들을 임의의 디렉터리에 저장하고 post_customstep에 등록하면 가이드 설정 완료입니다. 다운로드 샘플에는 alice_second 탭을 Synoptic Settings에 추가해 두었습니다. 설정 순서나 UI 편집 방법은 프라이머리와 다르지 않습니다. Synoptic을 설정할 때는 다운로드 특전 데이터 사용을 참고하십시오.

스크립트 설정을 마쳤다면 'guide'를 선택하고 [메뉴 → File → Export Selections]를 실행합니다. 파일명은 'alice_secondary_guide.ma'로 합니다.

▶ 세컨더리 리그 빌드

이것으로 세컨더리 리그 가이드 설정을 마쳤습니다. 마지막으로 비드를 실행합니다.

1. 프라이머리 리그 빌드를 완료한 씬을 엽니다.
2. 앞에서 저장한 세컨더리 가이드를 씬에 로딩 합니다. 그 때, 네임 스페이스가 겹치지 않게 하거나, 로딩 한 뒤 네임 스페이스를 삭제합니다.
3. 로딩 한 가이드를 선택하고 빌드를 실행합니다.

3.3.35 ▶ 리그 셋업 완료

세컨더리 리그 작업은 완료입니다. 다운로드 특전 데이터에는 페이셜 리그를 만들었습니다. 프라이머리와 세컨더리의 순서를 반복하는 것뿐이므로 여기에서 만든 것은 다운로드 특전 데이터를 참고해 만들어 봅시다.

데이터를 참고해 리그를 조립하려고 해도 처음에는 잘 되지 않을 때가 많을 것입니다. 에러가 발생할 때마다 참고 데이터와 설정, 속성을 비교해보고 다른 부분이 있는 찾아 수정하십시오. 그렇게 하면 자연스럽게 세세한 설정에 따른 움직임의 차이를 더 잘 이해할 수 있을 것입니다.

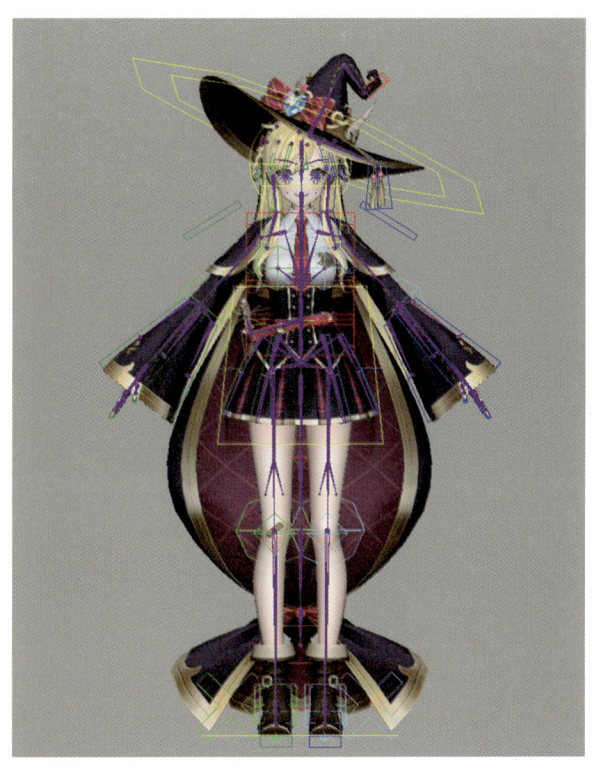

Chapter 4

셰이더

드디어 캐릭터 모델의 최종 형태를 결정하는 셰이더를 만듭니다. 셰이더는 「광원에 대해 모델을 어떤 색으로 그릴 것인가?」를 계산하는 프로그램을 가리킵니다. 머티리얼에 내장되어 있기도 하기 때문에, 종종 머티리얼과 같은 의미로 사용되기도 합니다.

머티리얼은 「모델의 표면을 어떻게 그릴 것인가?」를 정의하는 그리기 설정의 집합체를 가리킵니다. 텍스처나 셰이더와 함께 통합적으로 그리기 설정을 할 수 있는 「상자」 같은 것이라 해석할 수도 있습니다.

이 내용을 바탕으로 이 책에서는 모델의 최종 형태를 결정하는 것을 셰이더 머티리얼이라 정의하고 설명합니다.

Chapter 4.1 셰이더 사용에 앞서

먼저 캐릭터 모델을 어떻게 보이고 싶은 지 결정하고, 그에 맞춰 환경과 셰이더를 선택합니다.

4.1.1 ▶ 출력 환경과 셰이더

여기에서 표현하고자 하는 것은 다음과 같습니다.

- 실제 컨수머 게임을 위해 익스포트 할 것을 가정해 그리고 싶다.
- 일러스트 느낌을 강화하면서, 명함의 변화를 주고 싶다(툰 셰이딩).
- 음영 안에 반사광을 넣고 싶다.
- 가죽, 금속, 보석 등의 질감을 잘 표현하고 싶다.
- VRChat에서도 사용할 수 있는 데이터로 만들고 싶다.

위 조건에 따라 출력 환경과 셰이더를 다음과 같이 결정했습니다.

- 출력 환경: Unity
- 사용하는 셰이더: 유니티짱 툰 셰이더 2.0(이하, UTS2.0)

Unity는 현재 기업, 개인을 불문하고 널리 사용되고 있는 게임 엔진입니다. 그리고 UTS2는 애니메이션, 일러스트 표현에 적합한, Unity에서 사용할 수 있는 인기 셰이더입니다.

▶ **Unity 공식 웹 사이트**

https://unity.com/ja

▶ **유니티짱 라이선스 조항**

https://unity-chan.com/contents/guideline

UTS2를 사용해 최종적으로 오른쪽 그림과 같이 풍부한 형태를 만들 것입니다. 왼쪽은 Maya의 뷰 안에서 플랫 라이트로 표시한 Albedo 텍스처 모델, 오른쪽이 Unity에서 UTS2를 적용한 모델입니다. 앞서 설명한 것처럼 오른쪽 그림과 같은, Albedo 텍스처 만으로는 표현할 수 없는, 광원 변화에 따라 동적으로 명암을 표현할 수 있습니다.

4.1.2 ▶ Unity 준비

① Unity Hub 다운로드

Unity Hub는 여러 Unity 버전을 일괄적으로 관리하기 위한 애플리케이션으로, Unity 자체를 설치할 때도 사용합니다. 먼저 Unity 공식 웹사이트에서 ID를 등록하고 Unity Hub를 다운로드합니다. 플랜은 무료 개인 버전이어도 괜찮습니다.

▶ **Unity Hub 다운로드 웹 페이지**

https://unity.com/ja/download

② Unity Hub 설치

다운로드한 설치 파일(UnityHubSetup.exe 등)을 실행하고, 화면 안내에 따라 Unity Hub을 설치합니다.

③ Unity 설치

VRChat과 호환성이 있는 'Unity 2021.3.45f1'을 설치합니다. VRChat을 지원하는 최신 버전을 설치해도 좋습니다.

▶ **Unity 아카이브 다운로드 웹페이지**

https://unity3d.com/jp/get-unity/download/archive

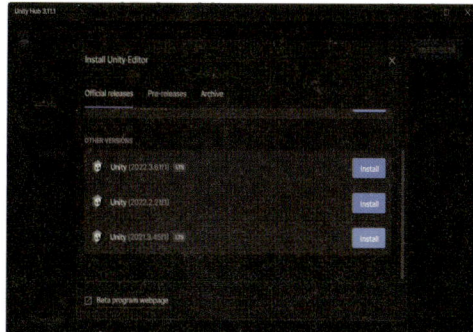 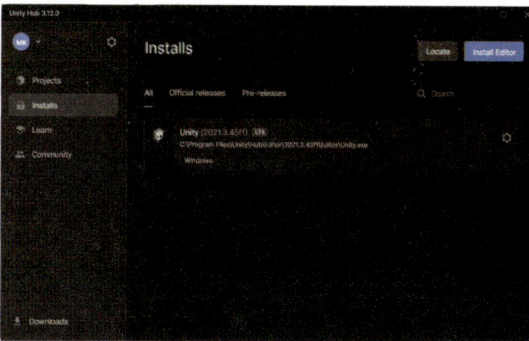

④ 프로젝트 만들기

▼ 왼쪽 메뉴의 [Projects]를 선택한 뒤 오른쪽 위 [New project]를 선택합니다.

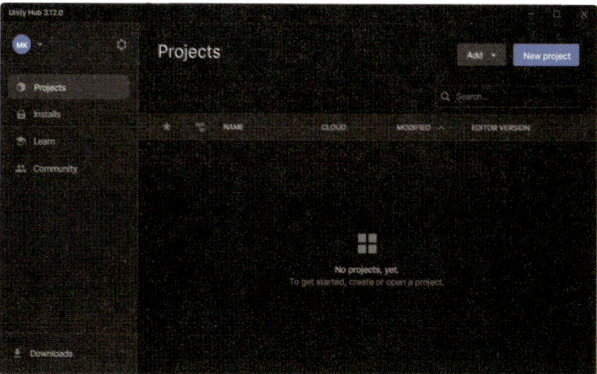

▶ [3D(Built-in Render Pipleline)]을 선택하고 [Project name]와 [Location]는 임의로 지정한 뒤 [Create project]를 클릭합니다.

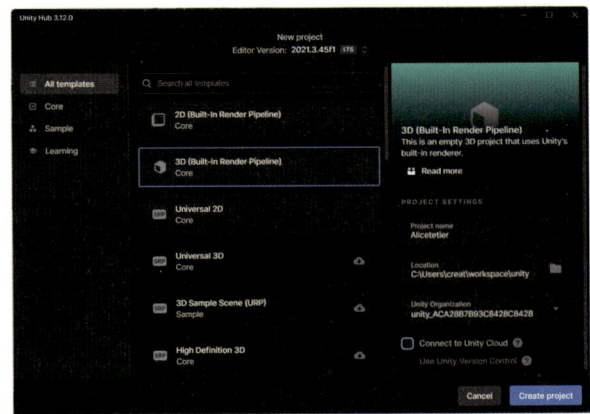

▶ Unity가 실행됩니다. 운영 체제의 파일 탐색기에서도 프로젝트가 작성된 것을 확인합니다.

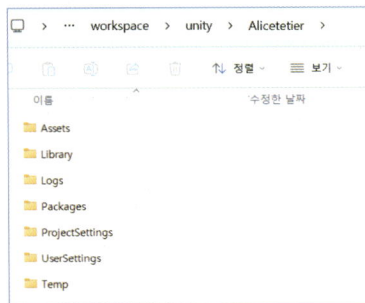

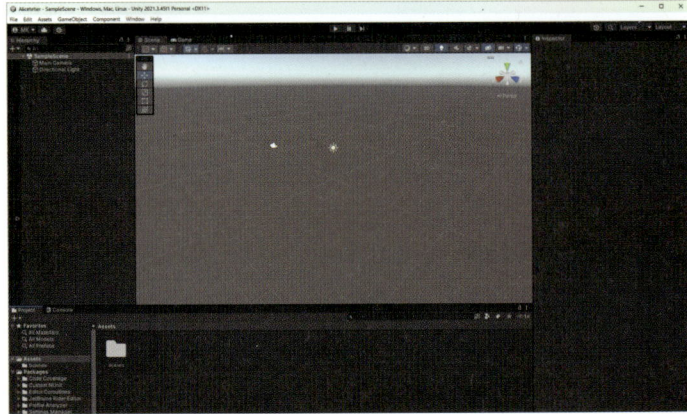

4.1.3 ▶ UTS2 준비

① UTS2 다운로드

'4.1.1 출력 환경과 셰이더'(p.392) 에서 소개한 공식 웹사이트에 접속해, 유니티짱 라이선스에 동의하고, 최신 유니티짱 툰 셰이더 9.0(집필 당시 버전은 2.0.7)을 다운로드 합니다.

▶ **유니티짱 툰 셰이더 2.0 다운로드**

https://unity-chan.com/contents/guideline/

② UTS2 설치

▼ 운영 체제의 파일 탐색기에서 UTS_ShaderOnly_(버전명).unitypackage를 다운로드 한 위치를 엽니다. UTS_ShaderOnly_(버전명).unitypackage를 더블 클릭합니다.

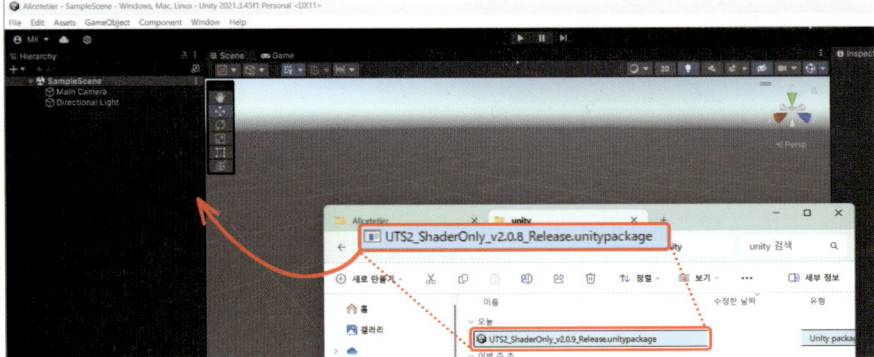

▶ [Import Unity Package] 창이 실행되고 임포트 할 데이터가 표시됩니다. 그 상태에서 [Import]를 누릅니다. 잠시 후 [Project]에 [Toon]이 추가되면 UTS2가 무사히 설치된 것입니다.

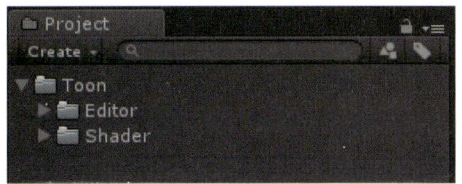

4.1.4 ▶ 얼굴 메시의 노멀에 관해

▶ 우선 이 단계를 건너 뛰고 다음 단계(「4.1.5 Unity용 데이터 준비」, p.400)를 진행해도 좋습니다. 그 경우, Unity에서 셰이더를 할당했을 때의 얼굴의 음영은 오른쪽 그림(라이트의 각도 차이의 예)과 같은 형태가 됩니다. 이 상태로 문제가 없는 듯하기도 하지만, 일러스트풍 모델의 입장에서 봤을 때 코나 입 주변에 매끄럽지 않은 음영이 들어가게 되었습니다. 가능하면 얼굴의 귀여운 인상을 유지하고 싶습니다.

이를 위해 Maya의 기능을 사용해서 '얼굴 노멀을 조정'해 얼굴에 들어가는 음영을 제어하고, 귀여운 느낌의 형태로 만들었습니다. 이 '노멀'은 폴리곤 면의 바깥쪽 판단, 빛이 닿는 방향에 대해 반사할 각도의 판단과 같이 표면적인 형태를 제어하는 페이스나 버텍스의 정보입니다. 기본 노멀 형태에 변경을 추가합니다.

▶ 먼저 Maya에서 얼굴 메시의 현재 상태를 확인합니다. 텍스처 표시를 없앤 스무스 셰이드로 보면, 얼굴 형태를 따라 음영이 들어 있는 것을 알 수 있습니다(왼쪽 그림). 다시 얼굴 메시를 선택한 상태에서 [메뉴 → 디스플레이 → 폴리곤 → 버텍스 노멀]을 클릭하면, 버텍스에서 노멀이 방출되는 형태를 확인할 수 있습니다(오른쪽 그림). 특히, 아무것도 하지 않으면 녹색 선이 각 버텍스에서 바깥쪽을 향해 수직으로 뻗어 있을 것입니다.

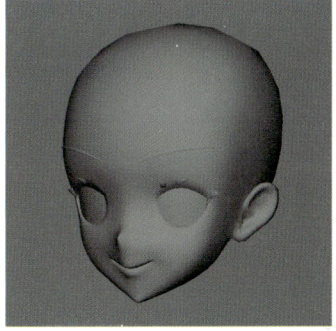 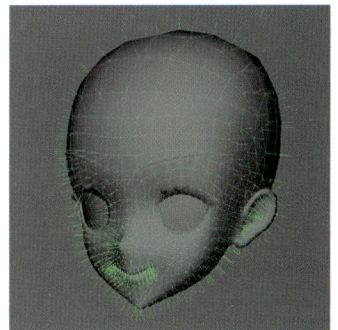

▶ 또한, 노멀을 편집하면 이력이 남으며, 그 이력을 삭제하면 스키닝 정보도 함께 삭제됩니다. 미리 머리 부분의 메시를 복제하고(Face_GRP1), 복제 소스(Face_GRP)의 웨이트를 복사할 수 있게 합니다. 노멀 전사 단계에서도 필요하므로 하나 더 복제합니다(Face_GRP2). 복제 소스의 머리 부분 메시가 표시된 상태에서는 작업이 다소 어려우므로 Face_GRP2를 제외한 무리 부분은 숨깁니다.

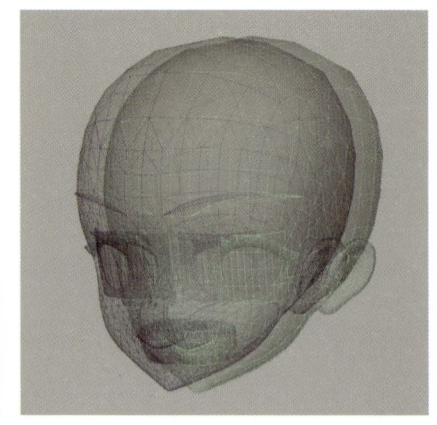

▶ Face_GRP2의 얼굴 메시를 사용합니다. 먼저 좌우 눈 안쪽에 있는 페이스를 한 바퀴 선택한 뒤 삭제합니다.

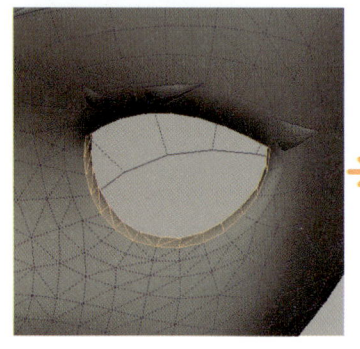
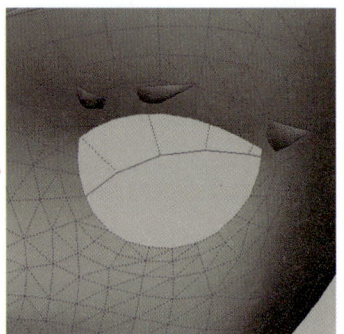

▼ 계속해서 입 경계 에지의 버텍스를 살펴봅니다. 윗입술과 아랫입술에서 위치가 가까운 버텍스를 병합합니다. 곧 다시 사용할 것이지만 우선 이 상태를 유지합니다.

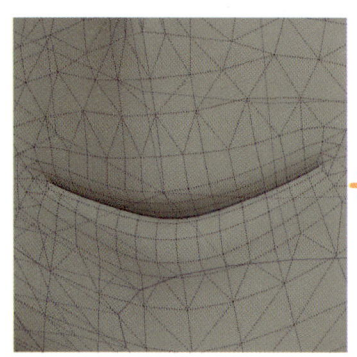
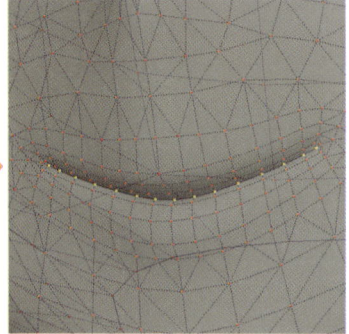
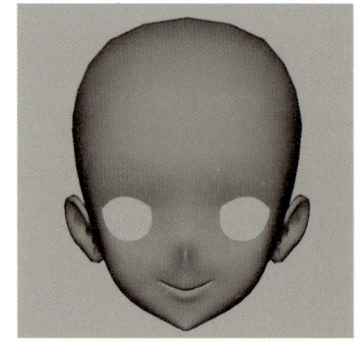

▼ 다음으로 노멀 전사 소스가 될 메시를 만듭니다. Cube 프리미티브를 준비하고, 머리를 감싸도록 스케일링한 뒤 매치합니다. 다시 Cube 프리미티브에 스무스(분할 수 2)를 적용하고, 머리의 실루엣에 가까운 형태로 버텍스 위치를 조정합니다.

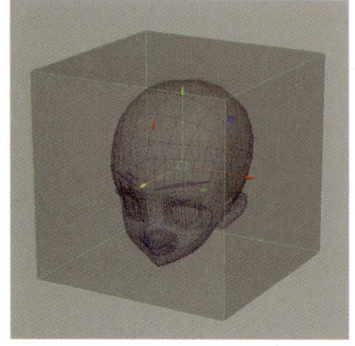
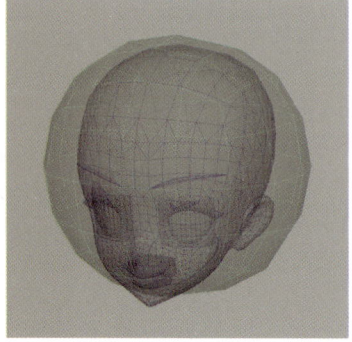
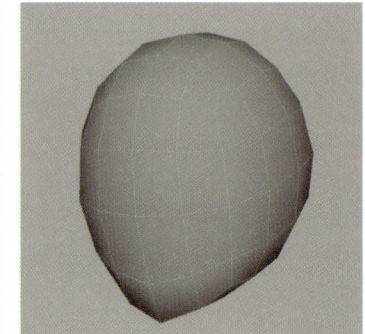

▼ 최종적으로 로우 폴리곤 상태에 스무스를 적용한 메시를 사용해 노멀 전사를 하므로, 스무스 메시 미리보기 표시(분할 수 1)로 전환해, 이상한 음영이 들어 있지 않는지 확인하면서 둥그스름하고 깔끔한 형태로 정리합니다. 정리를 마쳤다면 스무스 메시 미리보기 표시에서 표준 폴리곤 표시로 돌아와, 스무스(분할 수 1)을 적용합니다. 이력도 삭제합니다.

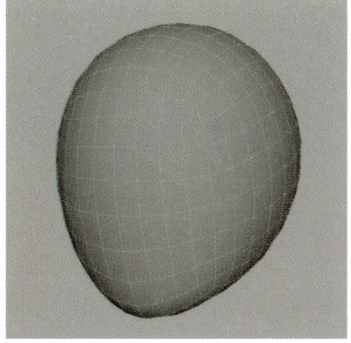
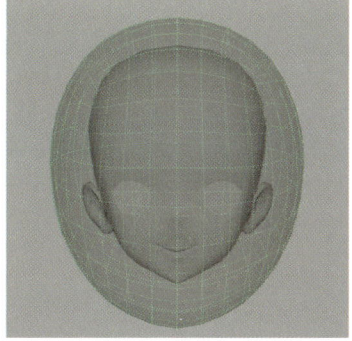
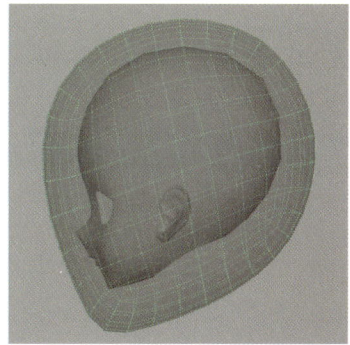

▶ 노멀 전사용 메시 → 얼굴 메시 순서로 선택하고 [Modeling 메뉴 → Mesh → Transfer Attributes]를 클릭해 Transfer Attributes Options 창을 엽니다.

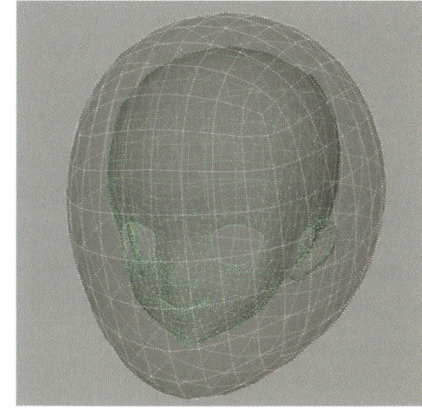

옵션은 다음과 같이 설정한 뒤 [적용]을 클릭합니다. 그러면 노멀 전사용 메시의 노멀 정보가 얼굴 메시에 전사되고, 원래 얼굴 형태를 따라 넣었던 음영이 조금 평평한 느낌으로 바뀝니다.

▶ **[Attributes To Transfer]**

- Vertex normal: 이 항목만 활성화하고, 나머지 항목은 비활성화합니다.

▶ **[Attribute Settings]**

- Sampling space: World
- Mirroring: Off
- Search methods: Closest along normal

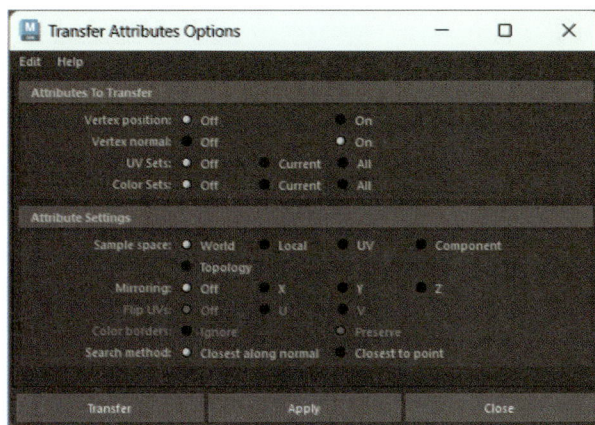
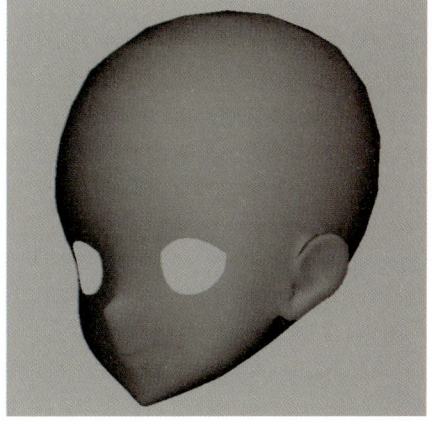

| MEMO | Transfer Attributes에 관해 |

Transfer Attributes는 소스 메시(전송 소스)가 가진 버텍스 위치, 버텍스 노멀, UV 셋, 컬러 셋 등의 정보를 타깃 메시(전송 타깃)에 복사할 수 있는 매우 편리한 기능입니다. 소스 메시와 타깃 메시의 위치 관계나 토폴로지 등의 공간적 정보에서 샘플링해서 전송하므로 일반적으로 많은 시간이 소요되는 처리도 효율적으로 처리할 수 있을 때가 많습니다.

▼ 여기에서는 앞서 전사했던 Face_GRP2의 얼굴 메시에서 Face_GRP1로 노멀을 전사합니다. 다시 [Transfer Attributes 옵션] 창을 표시하고, 검색 방법만 [Closest to point]를 설정한 뒤 적용합니다.

※ 아래 그림에서는 메시 위치를 어긋나게 하고 있어 [Sampling space]를 [Local]로 설정했습니다.

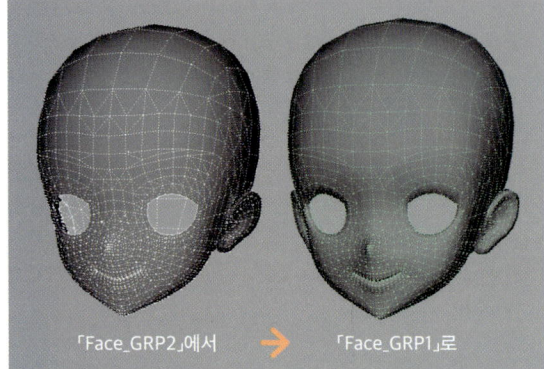
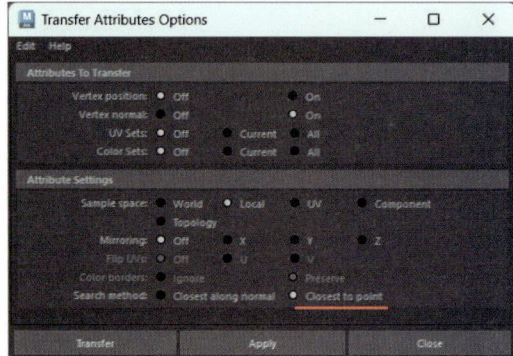

▼ 적용이 잘 되면 Face_GRP2와 같은 노멀 정보가 Face_GRP1에 전사됩니다. 음영을 넣은 방법이 조금 플랫하게 바뀌고, 셰이더를 할당했을 때도 깔끔한 음역을 넣을 수 있게 됩니다.

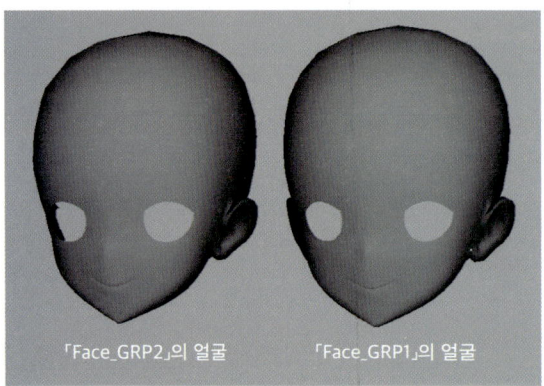

▶ 여기까지의 흐름은 얼핏 불필요한 단계를 진행하는 것처럼 생각되지만, 만약 직접 노멀 전사용 메뉴 → Face_GRP1의 얼굴에 노멀을 전사하면, 오른쪽 그림과 같은 상태가 됩니다. 눈, 입에 있는 깊은 골과 같은 구조에는 노멀 정보가 잘 전사되지 않고, 국소적으로 어두운 그림자가 들어가기 쉽습니다. 이런 현상을 피하기 위해 앞서 설명한 방법으로 처리하는 단계가 필요합니다.

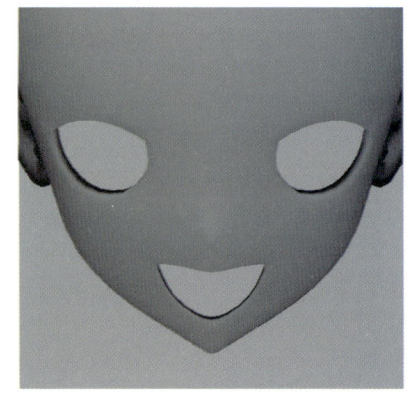

▼ 다른 메시로 만든 속눈썹에도 Face_GRP1의 얼굴 메시의 노멀 정보를 같은 순서로 전사합니다. 속눈썹 메시가 사라진 것처럼 보이지만, 확실하게 노멀 정보가 전사되어 있습니다.

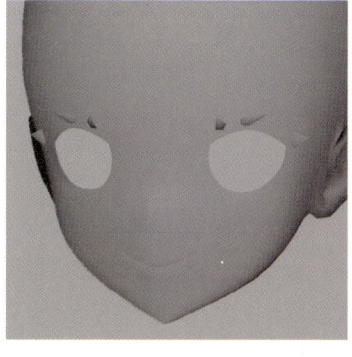 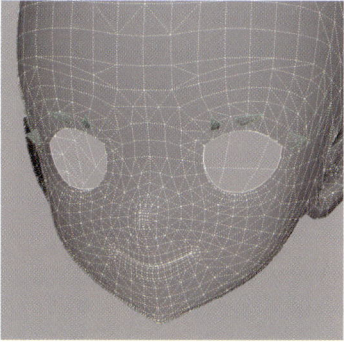 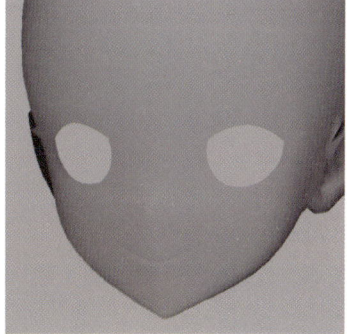

▼ 얼굴과 목의 메시도 나누어져 있으므로 노멀을 조정해 얼굴과 목이 「연결된 것처럼 보이는」 상태로 만듭니다. 먼저 얼굴과 머리의 메시를 선택합니다.

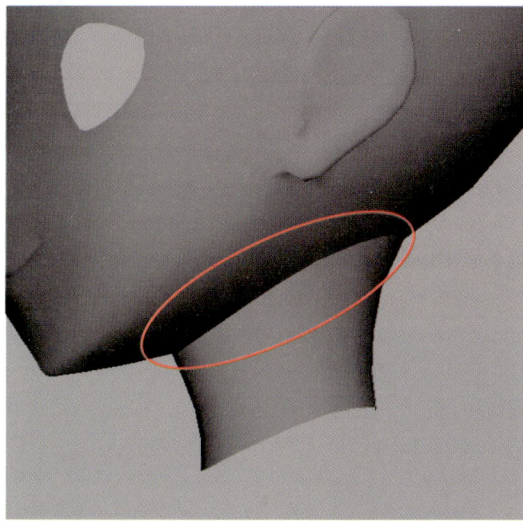 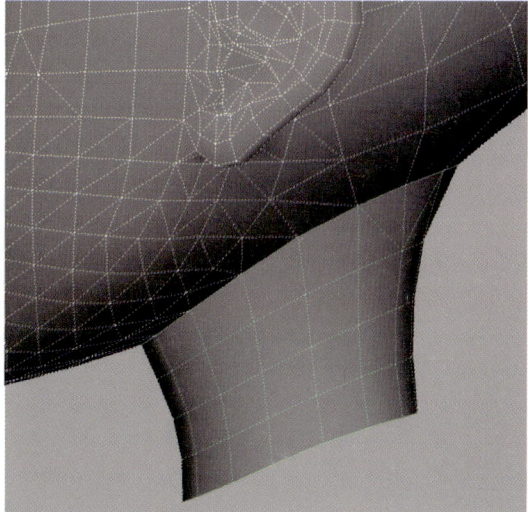

▼ 버텍스 모드로 전환해 얼굴과 목의 메시의 경계에 있는 버텍스를 한 바퀴 선택합니다. [Modeling 메뉴 → Mesh Display → Average]를 클릭합니다. 그러면 선택한 버텍스의 노멀 방향이 서로 평균화 되고, 얼굴과 목이 하나의 메시인 것처럼 매끄럽게 보이게 됩니다.

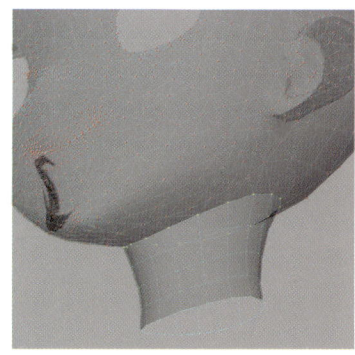 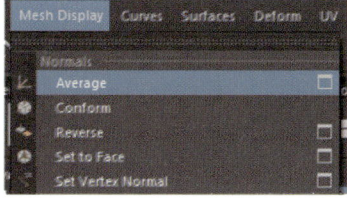 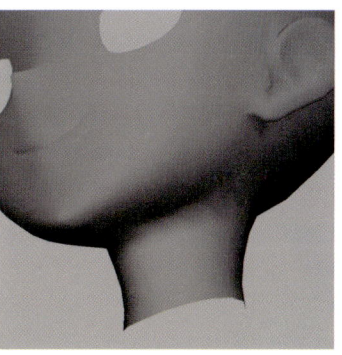

얼굴 주변의 음영이 깔끔하게 되었으므로 노멀 조정을 마칩니다. 마지막으로 Face_GRP의 스키닝 정보를 Face_GRP1로 옮기고, 노멀을 조정한 메시로 치환합니다.

4.1.5 ▶ Unity용 데이터 준비

① FBX 로 익스포트 하기

▶ Maya에서 완성한 모델과 스켈레톤을 아웃라이너에서 선택합니다. [메뉴 → File → Export Selections]를 클릭합니다.

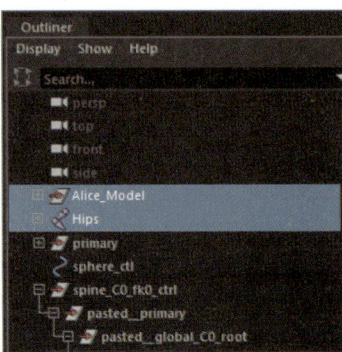

▶ 프로젝트 폴더 안에서 알기 쉬운 위치에 파일명과 파일 종류(.fbx)을 지정해 익스포트 합니다. [File Type Specific Options]은 [Geometry]의 「Smooth Mesh」, 「Triangulate」, [Animation]의 「Animation」, [Deformed Models]의 「Deformed Models」, 「Skisk」, 「Blend Shapes」 항목에 체크하면 됩니다.

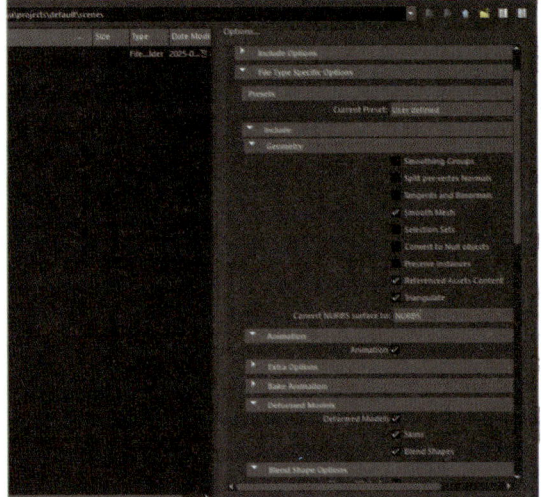

② Unity 프로젝트 폴더로 복사하기

▼ 익스포트 한 FBX 파일을 복사해 Unity쪽 Assets 폴더 안에 「FBX」 폴더를 만들고, 해당 위치로 복사합니다. 마찬가지로 텍스처 데이터도 필요하므로, Maya쪽 폴더에 있는 텍스처 데이터 한 세트를 복사해, Unity쪽의 Assets 폴더 안에 「Texture」 폴더를 만들고 복사합니다.

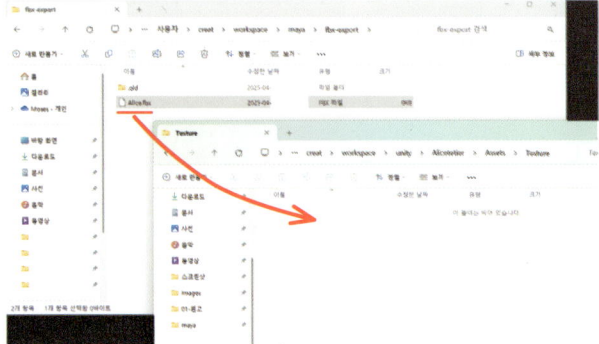

▶ Unity 상에서 [Project]에 오른쪽 그림과 같은 내용이 반영되면 OK입니다. Unity에 반영된 뒤, 복사한 데이터의 파일명 뒤에 「.meta」라는 확장자를 가진 파일들이 만들어집니다. 이 파일들은 Unity의 사양으로, Unity로 임포트하기 위해 필요한 정보가 기술된 데이터입니다. 그대로 유지합니다.

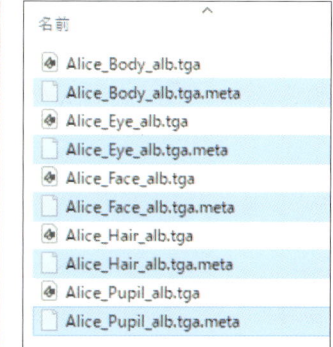

③ 모델을 뷰 안에 표시하기

▶ Unity 상에서 복사한 모델을 표시해 봅니다. [Project] 안에 저장한 모델의 FBX 데이터를 [Hierarchy] 안에 드래그 & 드롭 해서 넣습니다.

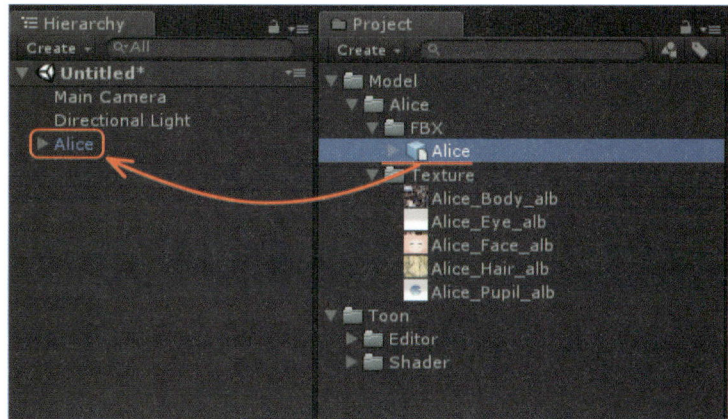

▼ 그러면 3D뷰의 한 가운데 모델이 표시됩니다. 여기까지 문제없이 진행했다면 텍스처도 자동으로 할당된 상태에서 모델을 확인할 수 있습니다. 텍스처가 표시되지 않더라도, 이후 단계에서 새로운 머티리얼을 만들어 텍스처를 할당할 것이므로 괜찮습니다.

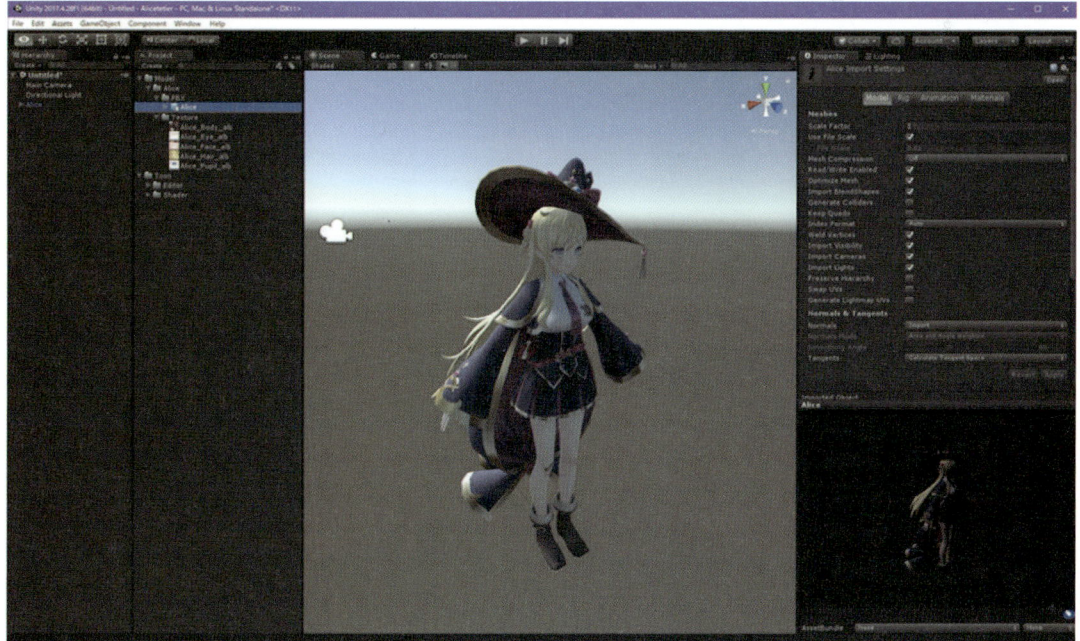

Chapter 4.2 UTS2 사용 방법

UTS2를 사용할 준비를 마쳤습니다. 하지만, 당장 UTS2를 사용한다 해도 '어떤 목적으로? 무엇을 기준으로? 이런 설정을 하는 이유가 무엇인지?' 등의 의문이 들 것입니다. 먼저 이 책에서 UTS2를 다루는 방법에 관해 정리합니다.

4.2.1 각 셰이더를 사용한 표현 의도

얼굴, 머리카락, 눈동자 등 부위에 따라 명암과 광택 등의 표현 정도, 아웃라인 유무 등 그리고자 하는 요소가 조금씩 다릅니다. 그래서 부위별로 셰이더 머티리얼을 구분해서 사용해야 하며, 각 부위에 맞춰 설정해야만 합니다. 여기에서는 일러스트 느낌의 표현에 적합한 'ShadingGradeMap 계열'의 4종류를 사용합니다.

- **Toon_ShadingGradeMap** → 얼굴, 몸
  기본적인 툰 셰이딩을 그리는 기본적인 셰이더입니다.
- **NoOutline/ToonColor_ShadingGradeMap** → 눈 흰자위
  기본적인 툰 셰이딩 + 아웃라인이 없는 셰이더입니다.
- **NoOutline/ToonColor_ShadingGradpeMap_Transparent** → 눈동자
  기본적인 툰 셰이딩 + 아웃라인이 없는 + 알파 채널을 제외한 셰이더입니다.
- **NoOutline/ToonColor_ShadingGradeMap_StencilMask** → 눈썹
  기본적인 툰 셰이딩 + 아웃라인이 없는 + 앞머리카락 보다 앞쪽에 그리기 위한 셰이더입니다.
- **Toon_ShadingGradeMap_StencilOut** → 머리카락
  기본적인 툰 셰이딩 + 눈썹의 셰이더와 조합해 사용하는 셰이더입니다.

시험 삼아 [Project] 안에서 마우스 우클릭 후 [Create → Material]로 새로운 머티리얼을 만들고, [Inspector] 위쪽에 있는 [Shader]에서 [UnityChanToonShader]를 찾습니다. 그 아래 항목을 보면 많은 셰이더가 저장되어 있는 것을 확인할 수 있습니다.

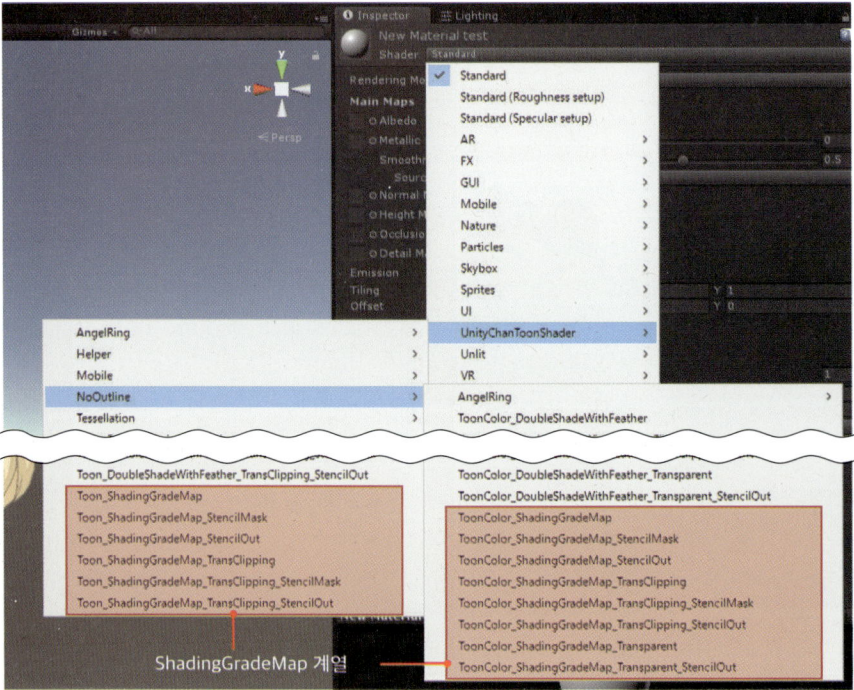

402

| MEMO | ShadingGradeMap 계열이 일러스트 느낌에 적합한 이유 |

ShadingGradeMap의 장점은 이름 그대로 [음영 계조를 텍스처 맵으로 제어할 수 있다]는 점입니다. 이 책의 캐릭터 디자인뿐만 아니라, 수많은 캐릭터 일러스트는 그러데이션이나 블러를 사용해 음영을 표현하므로, 그것을 셰이더로 표현할 때 ShadingGradeMap이 매우 적합합니다.

덧붙여, UTS2 안에 있는 DoubleShadeWithFeather 계열은 음영의 계조를 텍스처 맵으로 제어할 수 있는 기능을 갖추고 있어, 애니메이션 느낌에 적합한 셰이더입니다.

그 상태에서 머티리얼을 모델에 할당해 형태를 확인해 봅니다. ① 만든 머티리얼의 Shader를 'UnityChanToonShader/Toon_ShadingGradeMap'으로 설정하고, ② [Project]에 있는 머티리얼의 [Hierarchy] 안에 있는 얼굴 모델로 드래그 & 드롭 해서 할당합니다. 그러면, 얼굴의 머티리얼이 변경되는 것을 확인할 수 있습니다.

머티리얼의 [Inspector]로 돌아와 [Basic Three Colors and Control Maps Setups] 안의 [◎ BaseMap]의 ◎을 클릭하고, 얼굴의 Albedo 텍스처를 선택합니다. 단, 현재 상태에서는 아무것도 달라지지 않습니다.

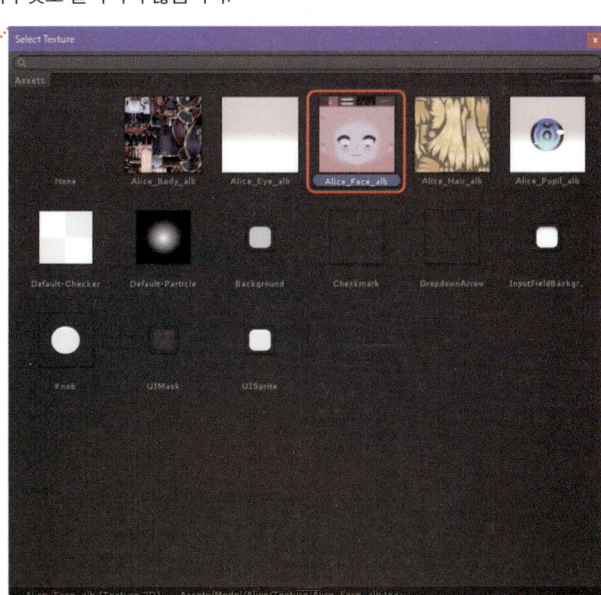
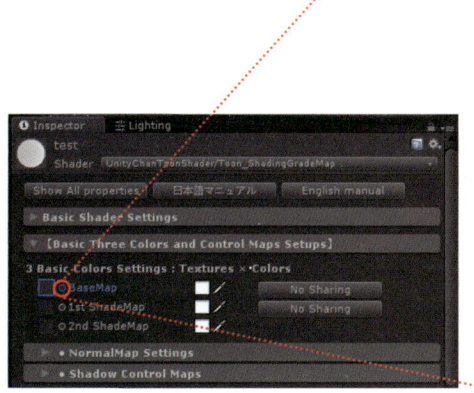

거기에서 [◎BaseMap] 오른쪽에 있는 [No Shading]을 클릭하고 [With 1st Shading]으로 전환합니다. 다음으로 [◎1st ShadeMap] 오른쪽에 있는 □를 클릭한 뒤 적당한 색상을 선택합니다. 그러면 비로소 텍스처의 형태를 확인할 수 있게 됩니다.

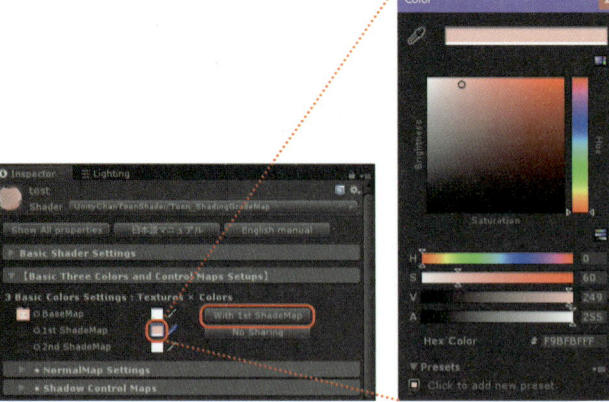

얼굴의 명암을 올바르게 확인할 수 없을 때는 [Hierarchy] 안에 있는 [Directional Light]의 [Inspector]에서 [Rotation]이나 [Color] 값을 변경하면, 머티리얼을 할당한 모델의 색감이나 음영 변화를 확인할 수 있습니다. 기본적인 머티리얼과 텍스처 할당의 흐름은 이와 같습니다. 다른 매개변수에 관해서도 이후 설명하지만, 우선 다양하게 조정하면서 확인해 보면 좋을 것입니다.

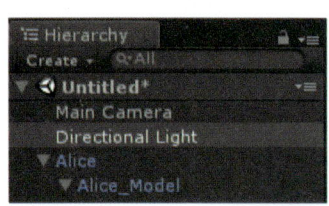
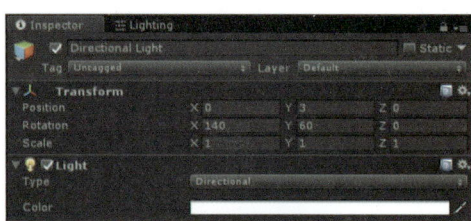

4.2.2 ▶ 셰이더 머티리얼의 기본 매개변수

셰이더 머티리얼이 가진 매개변수에 관해 살펴봅니다. 일러스트 느낌의 핵심을 쥐고 있는 것은 오른쪽 그림에 표시한 BaseMap, 1st ShadeMap, 2nd ShadeMap, RimLight, Outline을 들 수 있습니다.

부위별 셰이더 머티리얼 설정은 '4.3 UTS2를 사용한 머티리얼 만들기'(p.405) 이후 설명합니다. 여기에서는 여러 셰이더 머티리얼에 공통으로 설정하는 항목과 그 역할, 그 기준이 되는 매개변수에 관해 설명합니다.

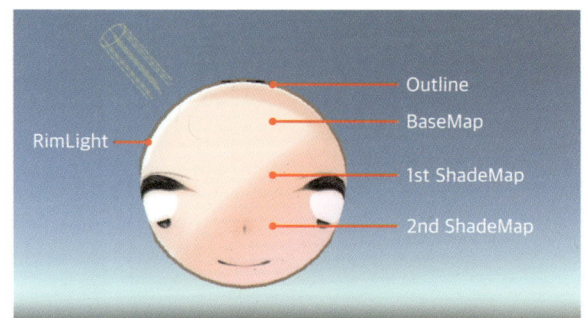

▶ **Basic Three Colors and Control Maps Setups**

역할: 음영 표현. 베이스가 되는 툰 셰이딩을 합니다.

기본적으로 빛이 닿는 위치의 색상을 'BaseMap(기본 색상)', 그림자가 되는 위치의 색상을 '1st ShadeMap(1번 그림자 색상)', 반사광이 나타나는 위치의 색상을 '2nd ShadeMap(2번 그림자 색상)'에 지정합니다. 여기에 각 텍스처를 할당하고, 추가로 2nd ShadeMap은 색상에 연한 분홍색을 지정해 색상을 곱합니다. 경우에 따라 2번 그림자 색상을 사용하지 않을 때도 있습니다. BaseMap, 1st ShadeMap은 곱하는 색상이 아니라 흰색인 상태입니다.

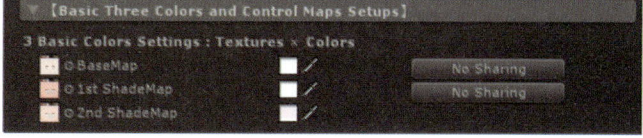

▶ **Basic Lookdevs : Shading Step and Feather Settings**

역할: 음영을 넣는 정도를 제어합니다.

각 머티리얼에 따라 매개변수가 조금씩 다릅니다. Step은 기분적으로 '기본 색상:1번 그림자 색상:1번 그림자 색상'을 '6:1.5:2.5' 정도의 비율로 표현합니다. '기본 색상:1번 그림자 색상'일 때는 '6:4' 정도의 비율을 사용합니다. Feather(경계의 흐릿한 정도)는 Unity에서 형태를 확인하면서 적절히 가감하며 조정합니다. [Receive System Shadows]는 [Off]로 설정해 떨어지는 그림자를 그리지 않게 합니다. 이것은 의도치 않은 이상한 그림자가 들어가지 않게 하기 위해서 입니다.

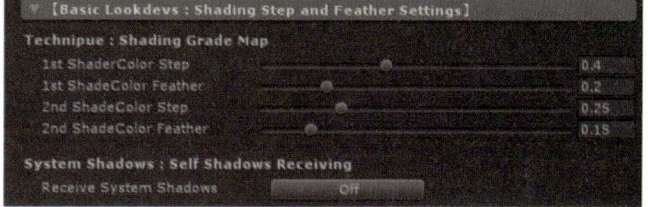

▶ **RimLight Settings**

역할: 캐릭터의 실루엣이 입체적으로 보이도록 빛 표현을 넣습니다.

[RimLight]을 [Active]로 설정한 경우 [RimLight Color]를 회색, [RimLight Power]를 0.6, [RimLight Inside Mask]를 0.2로 설정합니다. 또한, 광원 방향에 대해서만 Rim Light를 넣을 것이므로 [LightDirection Mask]를 [Active]로 설정하고, [LightDirection MaskLevel]을 0으로 설정했습니다. 특정 위치에 Rim Light를 넣고 싶지 않을 때는 [RimLight Mask]도 지정해서 제어합니다.

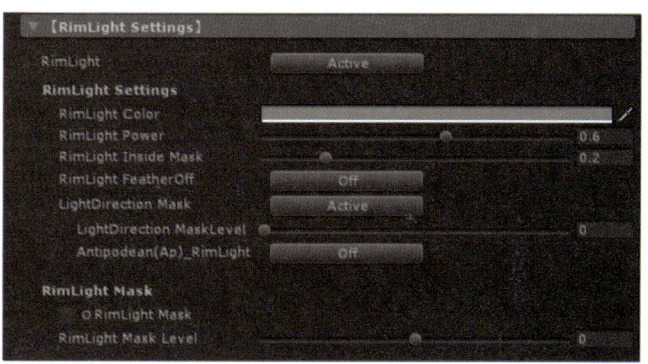

▶ **Outline Settings**(얼굴, 몸, 머리카락만)

역할: 선화 표현. 캐릭터의 윤곽선을 그립니다. [Outline Mode]를 [Normal Direction], [Outline Width]를 1.5, [Outline Color]를 연한 주홍색으로 설정합니다. 또한, [Blend BaseColor to Outline]을 [Active]로 설정하고 기본 색상에 [Outline Color]인 연한 주홍색을 더해 NOCO 씨가 자주 사용하는 갈색 선화를 표현했습니다. [Outline Sampler]는 얼굴의 텍스처에만 지정했습니다.

※ Outline Sampler에 관해서는 뒤에서 자세히 설명합니다.

- Advanced Outline Settings

  설정을 변경하지 않고 기본 설정을 사용합니다.

Chapter 4.3

UTS2를 사용한 머티리얼 만들기

UTS2 머티리얼의 각 매개변수와 역할에 관해 이해했습니다. 여기에서는 각 부위의 셰이더 머티리얼을 만듭니다. 필요한 텍스처에 관해서도 함께 설명합니다.

4.3.1 ▶ 얼굴의 머티리얼 만들기

▶ 사용하는 셰이더용 텍스처 만들기

▶ 소스 Albedo 맵 (1,024 x 1,024 px)

Albedo로 만든 레이어를 복제하고, 색상 조정이나 칠 범위를 바꿔 각 성문에 필요한 텍스처를 만듭니다. 마스크 계열 텍스처는 직접 손으로 그렸습니다.

▶ **BaseMap**
(1,024×1,024 pixel)
Albedo에서 음영 레이어를 제거한 상태입니다.
※ 입 안과 속눈썹은 변경하지 않습니다.

▶ **1st ShadeMap**
(1,024×1,024 pixel)
Albedo에서 그린 음영을 볼과 눈썹 영역에 칠한 상태입니다.
※ 입 안과 속눈썹은 변경하지 않습니다.

▶ **2nd ShadeMap**
(1,024×1,024 pixel)
'1st ShadeMap'에 대해 위부터 조정 레이어를 사용해 전체를 조금 밝게 만든 상태입니다.

▶ **Shading Grade Map**
(1,024×1,024 pixel)
음영 레이어를 추출하고 전체를 그레이 스케일로 만든 상태입니다. 검은색의 농도로 그림자 형태를 제어합니다.

▶ **RimLight Mask**
(1,024×1,024 pixel)
새롭게 만든 텍스처입니다. Rim Light를 넣지 않을 위치에 마스크를 씌운 상태입니다.

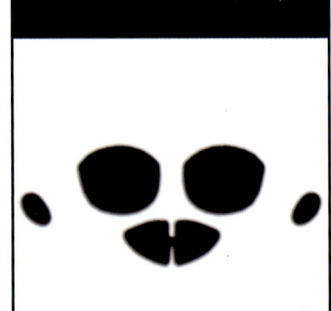

▶ **Outline Sampler**
(1,024×1,024 pixel)
'RimLight Mask'와 완전히 같은 것입니다. 아웃라인을 넣지 않을 위치에 마스크를 씌운 상태입니다.

셰이더 머티리얼에 할당하기

사용하는 셰이더: UnityChanToonShader/**Toon_ShadingGradeMap**

▶ Basic Three Colors and Control Maps Setups

· [BaseMap], [1st ShadeMap], [2nd ShadeMap]에 각 컬러 맵을 할당합니다.

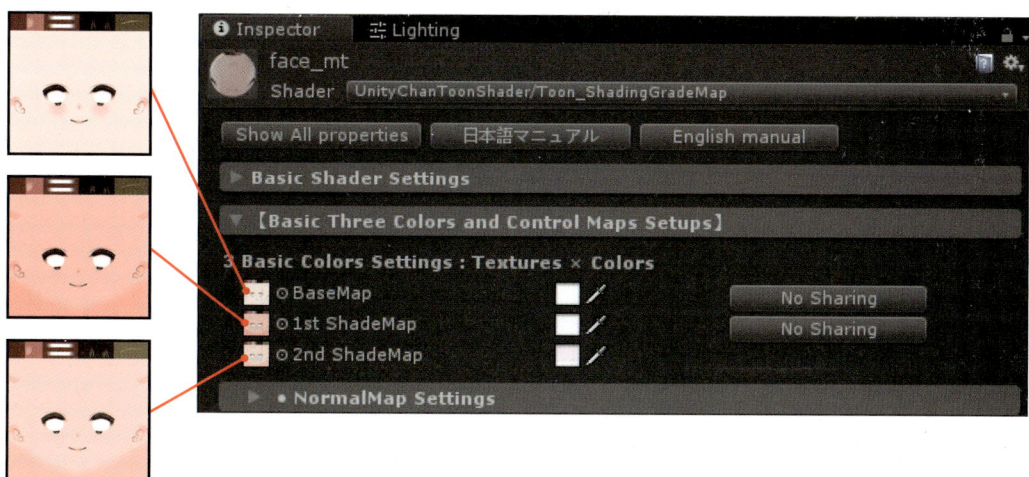

▶ Albedo 상태에 비해 광원에 의한 명암 변화가 느껴집니다. 하지만, 이 상태에서는 항상 그림자가 들어가 야 할 부분까지 밝게 표시되기 때문 에「Shading Grade Map」을 사용해 제어합니다.

· Shadow Control Maps

　·「Shading Grade Map」에 그레이스케일 맵을 할당합니다.

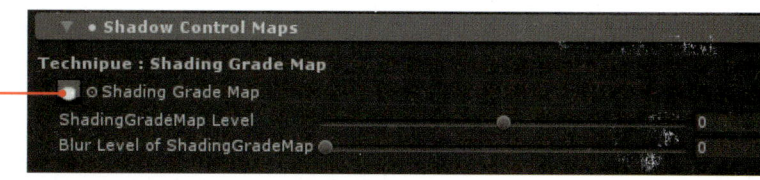

▶ 할당 전과 할당 후에 그림자를 넣 는 방법이 바뀌었습니다. 그레이스 케일 맵의 검은 색의 농도를 참조해, 어 정도 또는 항상 그림자가 들어가 야 할 턱 아래나 이마 등에 쉽게 그 림자를 넣을 수 있게 했습니다.

▶ **Basic Lookdevs : Shading Step and Feather Settings**
· [1st ShadeColor Step]을 0.4, [1st ShadeColor Feather]를 0.1로 설정합니다.
· [2nd ShadeColor Step]을 0.3, [2nd ShadeColor Feather]를 0.1로 설정합니다.

▶ 얼굴의 경우 「Feather」 값을 크게 하면 표정은 부드럽게 되지만, 그림자의 경계가 흐릿하게 되어 요철의 느낌이 사라집니다(그림 왼쪽). 여기에서는 NOCO 씨의 취향 + 3D적인 형태에 맞춰 조금 분명한 그림자가 들어가도록 값을 작게 했습니다(그림 오른쪽).

Feather: 큰 값 / Feather: 작은 값

▶ **RimLight Settings**
· [RimLight]를 [Active]로 설정합니다.
· [RimLight Color], [RimLight Power], [RimLight Inside Mask]는 앞에서 설명한 기본 매개변수와 동일하게 설정합니다.
· [LightDirection Mask]를 [Active]로 설정합니다.
· [RimLight Mask]에 마스크 맵을 할당합니다.

▶ 설정 결과 속눈썹과 귀 중간에 강한 빛에 늘어오지 않게 되었습니다.

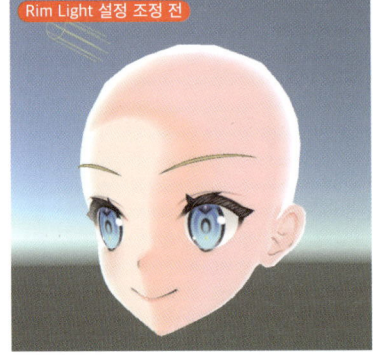 

Rim Light 설정 조정 전 / Rim Light 설정 조정 후

▶ **Outline Settings**

· [Outline Mode], [Outline Width], [Outline Color]는 앞에서 설명한 기본 매개변수를 사용합니다.
· [Blend BaseColor to Outline]을 [Active]로 설정합니다.
· [Outline Sampler]에 [RimLight Mask]와 같이 흑백의 마스크 맵을 할당합니다.

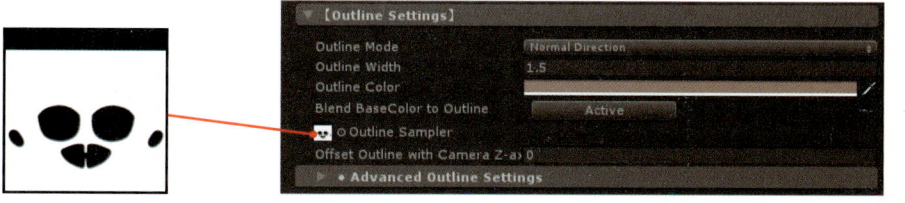

▶ 속눈썹이나 입에 불필요한 아웃라인이 나타나지 않게 되었습니다.

4.3.2 ▶ 눈썹의 머티리얼 만들기

▶ 사용하는 셰이더용 텍스처 만들기

얼굴과 같이 BaseMap과 1st ShadeMap을 사용합니다. 2nd ShadeMap은 사용하지 않습니다. 눈썹과 같이 가늘고 세세하고 좁은 범위에서는 효과적인 결과를 얻을 수 없기 때문입니다.

▶ 셰이더 머티리얼에 할당하기

사용하는 셰이더: UnityChanToonShade/NoOutline/**ToonColor_ShadingGradeMap_StencilMask**

【사용하는 셰이더에 관해】

눈썹을 앞머리카락 보다 앞에 그리는(투과시키는) 용도로 사용합니다. Toon_ShadingTradeMap_StencilOut (머리카락에 적용하는 셰이더)와 조합해 사용해야만 올바르게 그려지므로 주의합니다. 또한, 여기에서 목표로 하는 일러스트 느낌의 형태에서는 아웃라인을 그려도 효과적이지 않으므로, 아웃라인을 그리지 않는 NoOutline에 포함된 이 셰이더를 사용했습니다.

▶ Basic Three Colors and Control Maps Setups

· [BaseMap], [1st ShadeMap]에 각 컬러 맵을 할당합니다.

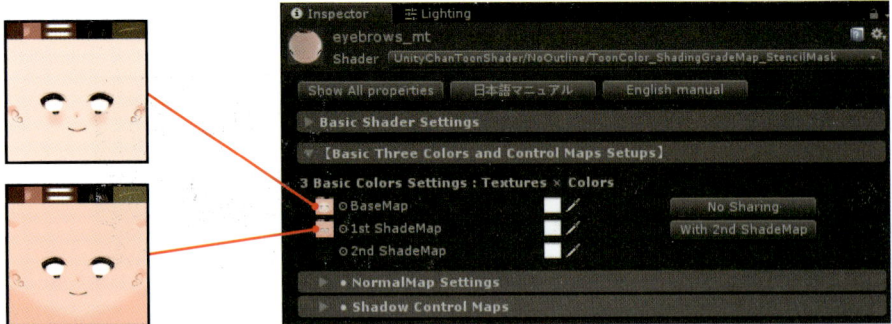

▶ 얼굴과 마찬가지로 광원에 의한 명암 변화가 느껴지게 되었습니다. [2nd ShadeMap]에 텍스처는 할당하지 않고 [None]을 그대로 유지하고, [1st ShadeMap] 옆쪽의 버튼을 [With 2nd ShadeMap]으로 설정합니다.

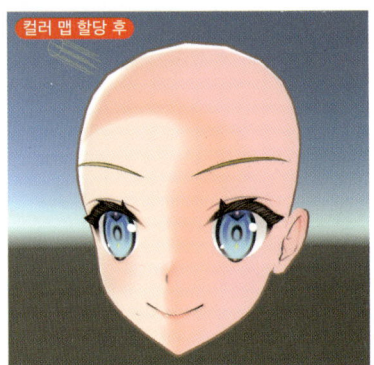

▶ Basic Lookdevs : Shading Step and Feather Settings

· [1st ShadeColor Step]을 0.4, [1st ShadeColor Feather]를 0.1로 설정합니다.
· 「2nd Shade」는 설정하지 않으므로 [2nd ShadeColor Step], [2nd ShadeColor Feather]의 값은 넣지 않습니다.

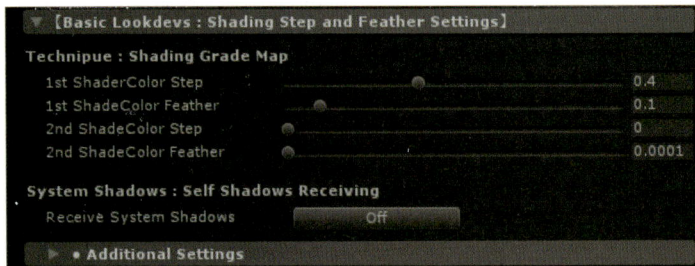

4.3.3 ▶ 눈 흰자위의 머티리얼 만들기

▶ 사용하는 셰이더용 텍스처 만들기

▶ 소스 Albedo 맵 (512 x 512 px)

눈 흰자위는 복잡한 설정을 하지 않으므로 필요한 텍스처도 적습니다.

▶ **BaseMap**　　　　　　　　　▶ **1st ShadeMap**

(512×512 pixel)　　　　　　　(512×512 pixel)

위 눈꺼풀에서 떨어지는 그림자는 항상 넣을 것이므로, Albedo와 같은 상태로 합니다.

Albedo에 그린 그림자 색상을 전체 영역에 가득 칠한 상태로 합니다.

● 셰이더 머티리얼에 할당

사용하는 셰이더: UnityChanToonShader/NoOutline/**ToonColor_ShadingGradeMap**

▶ Basic Three Colors and Control Maps Setups

- [BaseMap], [1st ShdeMap]에 각 컬러 맵을 할당합니다.
- [2nd ShadeMap]에 텍스처는 할당하지 않고 [None]을 유지합니다. [1st ShadeMap] 오른쪽 버튼을 [With 2nd ShadeMap]으로 설정합니다.

▼ 눈썹도 마찬가지로 광원에 의한 명함 변화가 느껴지게 되었습니다.

▶ **Basic Lookdevs : Shading Step and Feather Settings**

- [1st ShadeColor Step]을 0.4, [1st ShadeColor Feather]를 0.1로 설정합니다.
- 「2nd Shade」는 설정하지 않으므로 [2nd ShadeColor Step], [2nd ShadeColor Feather]의 값은 넣지 않습니다.

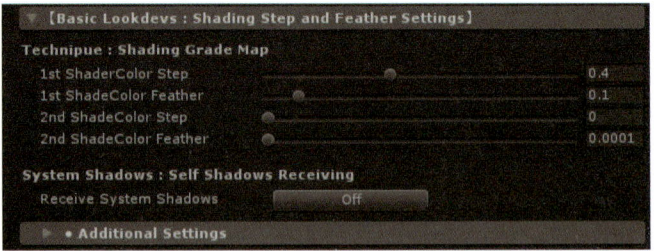

4.3.4 ▶ 눈동자의 머티리얼 만들기

◉ 사용하는 셰이더용 텍스처 만들기

▶ 소스 Albedo 맵 (512 x 512 px)

눈동자도 복잡한 설정을 하지 않습니다. 단, 알파 채널에 마스크를 넣어 저장하는 것을 잊지 않도록 합니다.

▶ **BaseMap**
(512×512 pixel)
Albedo와 같은 상태로 합니다.
※ 알파 채널 활성화

▶ **1st ShadeMap**
(512×512 pixel)
조정 레이어에서 하이라이트를 제외한 전체를 조금 어둡게 만든 상태로 합니다.
※ 알파 채널 활성화

◉ 셰이더 머티리얼에 할당하기

사용하는 셰이더: UnityChanToonShader/NoOutline/**ToonColor_ShadingGradeMap_Transparent**

【사용하는 셰이더에 관해】

눈 흰자위 셰이더와 다른 점은 **_Transparent**라는 이름 그대로, 텍스처의 투과 처리(알파 채널 제외) 가능 여부입니다. **_TransClipping**으로 설정해도 문제없지만, **_Transparent** 쪽이 깔끔하게 투과되므로 이쪽을 사용합니다. 투과 정도는 [Basic Shader Settings]에서 설정할 수 있으며 여기에서는 특별히 설정을 변경하지 않습니다.

▶ **Basic Three Colors and Control Maps Setups**

- [BaseMap], [1st ShdeMap]에 각 컬러 맵을 할당합니다.
- [2nd ShadeMap]에 텍스처는 할당하지 않고 [None]을 유지합니다. [1st ShadeMap] 오른쪽 버튼을 [With 2nd ShadeMap]으로 설정합니다.

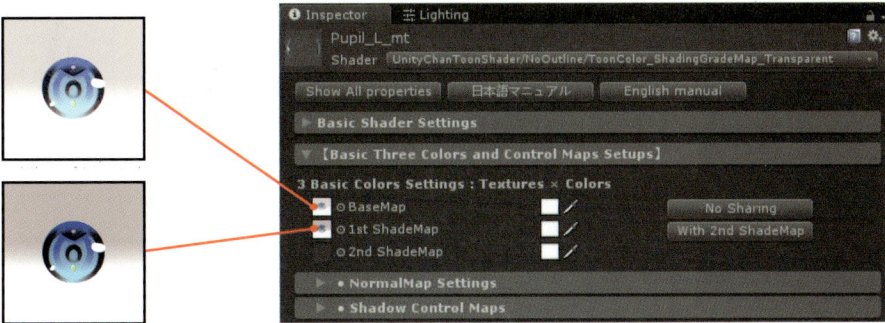

▶ 이것으로 얼굴 전체의 음영 변화를 정리했습니다.

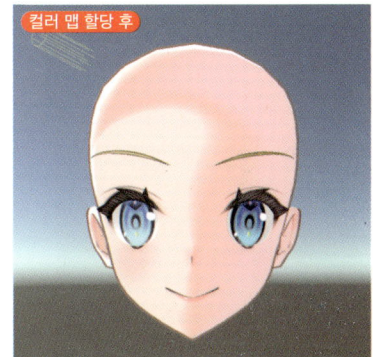

▶ **Basic Lookdevs : Shading Step and Feather Settings**

- [1st ShadeColor Step]을 0.4, [1st ShadeColor Feather]를 0.1로 설정합니다.
- 「2nd Shade」는 설정하지 않으므로 [2nd ShadeColor Step], [2nd ShadeColor Feather]의 값은 넣지 않습니다.

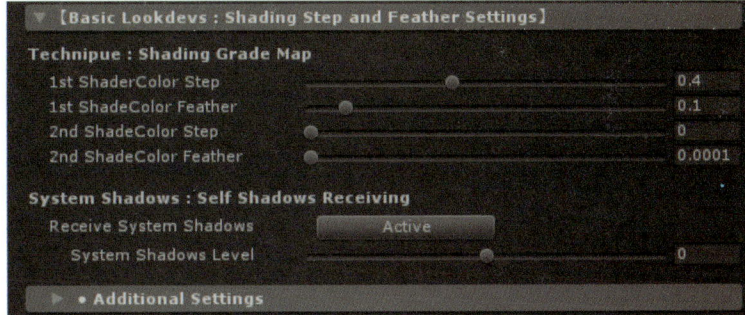

4.3.5 ▶ 머리카락의 머티리얼 만들기

◯ 사용하는 셰이더용 텍스처 만들기

▶ **소스 Albedo 맵** (1,024 x 1,024 px)

머리카락은 다른 부위와 특성이 다르므로 준비하는 맵도 다릅니다. Albedo에서 만든 레이어를 복제하고, 색상 조정이나 칠의 범위를 바꾸어 각 성분에 필요한 텍스처를 만듭니다. 마스크 계열 텍스처는 각각 손으로 그려서 만들었습니다.

▶ **BaseMap**

(1,024×1,024 pixel)

하이라이트를 옅게 해서 전체의 밝기를 다소 낮춘 상태입니다. 밝기를 낮추는 것은 HighColor, MatCap 효과로 밝게 되는 부분이 발생하기 때문에 그만큼 BaseMap을 조금 어둡게 만들기 위한 것입니다.

▶ **1st ShadeMap**

(1,024×1,024 pixel)

하이라이트나 광택 표현을 제거하고, 어두운 색상 레이어의 전체 영역을 칠한 상태입니다.

▶ **Shading Grade Map**

(1,024×1,024 pixel)

음영 레이어를 추출하고 전체를 그레이스케일로 만든 상태입니다. 검은색의 농도를 사용해 쉽게 그림자를 만들 수 있도록 제어합니다.

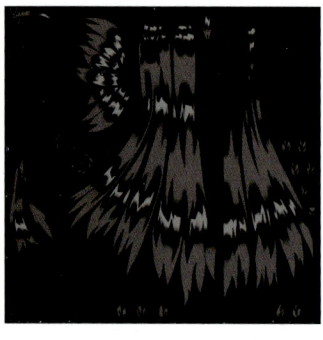

▶ **HighColor Mask**

(1,024×1,024 pixel)

머리카락의 명암만 추출해 그레이스케일로 만든 상태입니다. 그 외에는 검은색으로 합니다.

▶ **MatCap**

(512×512 pixel)

새로 만든 스피어 맵입니다. 카메라 각도 변화에 따른 머리카락의 광택을 표현하는 데 사용합니다.

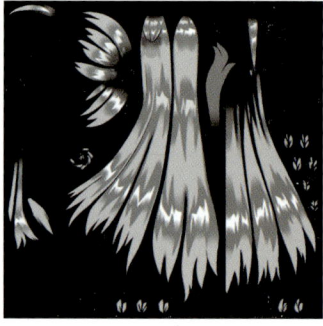

▶ **MatCap Mask**

(1,024×1,024 pixel)

머리카락의 광택감을 내고 싶은 위치만 추출해 그레이스케일로 만든 상태입니다. 그 외에는 검은색으로 합니다.

◎ 셰이더 머티리얼에 할당하기

사용하는 셰이더: UnityChanToonShader/**Toon_ShadingGradeMap_StencilOut**

【사용하는 셰이더에 관해】

앞에서 설명한 눈썹의 셰이더인 Toon_ShadingGradeMap_StencilMask와 조합해서 사용합니다. _StencilOut으로 눈썹의 '형태'를 만들고 _StencilMask로 머리카락을 눈썹의 형태로 '제거'하는 느낌입니다.

▶ **Basic Three Colors and Control Maps Setups**

· [BaseMap], [1st ShadeMap]에 각 컬러 맵을 할당합니다.

· [2nd ShadeMap]에는 아무것도 지정하지 않습니다(2nd ShadeMap을 만들어 넣어봤지만, 그다지 좋은 효과를 얻을 수 없었습니다).

▶ 얼굴과 비교해 머리카락은 보이는 넓이가 넓으므로, 음영을 넣으면 입체감이 두드러져 분위기가 달라집니다.

컬러 맵 할당 전 / 컬러 맵 할당 후

- Shadow Control Maps
- [Shading Grade Map]에 만든 그레이스케일 맵을 할당합니다.

▶ 목표로 했던 깔끔한 그림자가 들어가도록 그림자 표현 방법이 바뀌었습니다.

[Shading Grade Map] 할당 전 / [Shading Grade Map] 할당 후

▶ [ShadingGradeMap Level]의 값이 0이면 음영의 경계가 눈에 띄므로(그림 왼쪽), 0.1로 변경해 경계를 부드럽게 만들었습니다(그림 오른쪽).

▶ **Basic Lookdevs : Shading Step and Feather Settings**

· [1st ShadeColor Step]을 0.5, [1st ShadeColor Feather]를 0.1로 설정합니다.
· 「2nd Shade」는 설정하지 않으므로 [2nd ShadeColor Step], [2nd ShadeColor Feather]의 값은 넣지 않습니다.

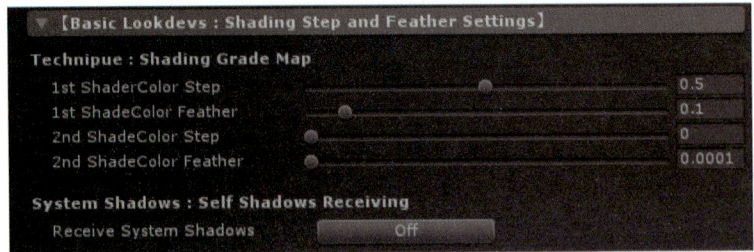

▶ [1st ShadeColor Step]이 0.4이면 머리카락이 조금 평평해 보입니다(그림 왼쪽). 0.5 정도로 설정해 적절한 입체감이 느껴지는 그림자를 넣었습니다(그림 오른쪽).

▶ **HighColor Settings**

· [HighColor]에는 텍스처를 할당하지 않고 Color를 주황색으로 설정합니다.
· [HighColor Power](범위)가 1이면 전체가 상당히 밝아지므로 0.7정도로 줄입니다.
· [Specular Mode]를 [Active]로 설정해 HighColor 영역의 경계가 흐릿하게 되어 반사되는 형태로 변경합니다. 그에 따라 [Color BlendMode]는 자동으로 [Additive]로 고정됩니다.
· [ShadowMask on HighColor]를 [Active]로 설정하고 [HighColor Power on Shadow]를 1로 설정해 음영 안에도 어느 정도 빛이 나도록 합니다.

▶ [HighColor Mask]에 그레이스케일 맵을 할당해 HighColor 적용 정도를 밝은 부분으로 제한합니다. [HighColor Mask Level]은 조정하지 않습니다. 위 설정을 적용하면 빛이 닿았을 때 밝은 부분이 적절하게 온기를 머금은 듯 보이게 할 수 있습니다.

▶ **RimLight Settings**

· [RimLight]를 [Active]로 설정합니다.
· [RimLight Color], [RimLight Power], [RimLight Inside Mask]는 앞에서 설명한 기본 매개변수와 동일하게 설정합니다.
· [LightDirection Mask]를 [Active]로 설정해 광원 방향에 대해서만 Rim Light가 들어가도록 합니다.
· [RimLight Mask]는 특별히 지정하지 않습니다.

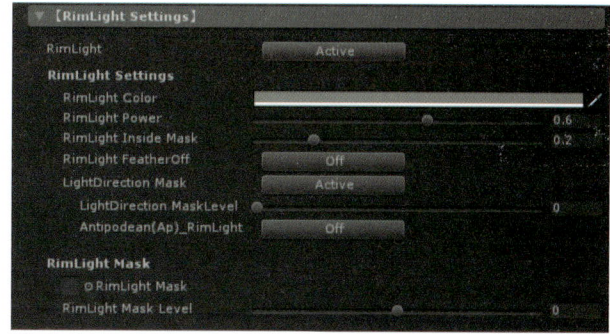

▶ 머리카락의 실루엣이 두드러지게 되었습니다.

▶ **MatCap : Texture Projection Settings**

· [MatCap]을 [Active]로 설정합니다.
· [MatCap Sampler]에 스피어 맵을 할당하고, Color를 어두운 회색으로 설정합니다.
· [MatCap on Shadow]를 [Active]로 설정하고 [MatCap Power on Shadow]를 0.7로 설정해 음영 안에서도 어느 정도 광택이 보이도록 합니다.

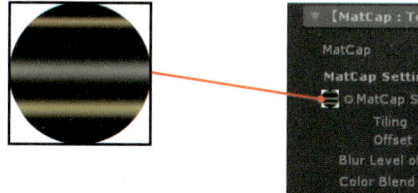
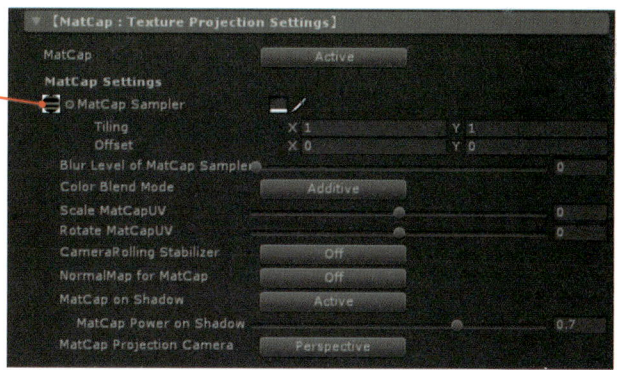

▶ 머리카락에 광택 표현이 추가되어 카메라 각도에 따라 동적으로 변화하게 되었습니다.

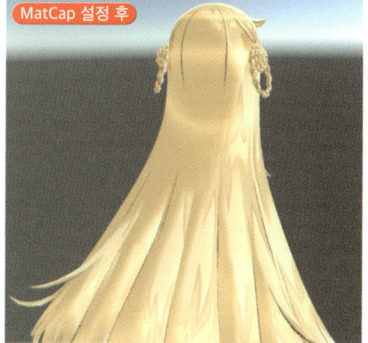

▼ 다시 [MatCap Mask]에 그레이스케일 맵을 할당합니다.

 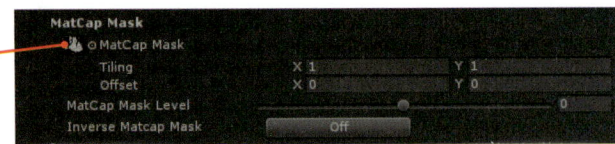

▶ 검은색으로 마스크한 위치에는 MatCap이 들어가지 않게 되고, 그 이외의 위치는 그레이의 농도에 따라 윤기의 강약을 조절할 수 있게 되었습니다.

[MatCap Mask] 할당 전 / [MatCap Mask] 할당 후

▶ **Outline Settings**
- 앞에서 설명한 기본 매개변수와 동일하게 설정합니다.
- [Outline Sampler]는 아무것도 할당하지 않습니다.

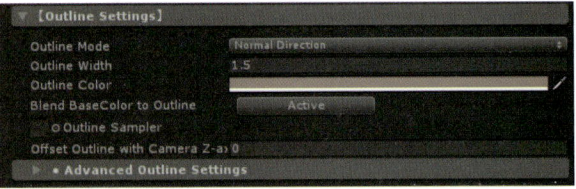

아웃라인 설정 전 / 아웃라인 설정 후

4.3.6 ▶ 몸체의 머티리얼 만들기

▶ 사용하는 셰이더용 텍스처 만들기

▶ **소스 Albedo맵** (2,048×2,048 pixel)

정보량이 많은 텍스처이며 그만큼 복잡한 표현이 요구됩니다. 그에 따라 셰이더용 텍스처도 그 종류가 늘어났습니다.

▶ **BaseMap**
(2,048×2,048 pixel)
밝은 부분, 음영, 광택 등의 레이어를 제외한 상태입니다.

▶ **1st ShadeMap**
(2,048×2,048 pixel)
Albedo에서 그린 각 부품의 어두운 색 레이어의 모든 영역을 가득 칠한 상태입니다.

▶ **2nd ShadeMap**
(2,048×2,048 pixel)
1st ShadeMap의 부품별로 위부터 조정 레이어를 사용해 조금씩 밝게 만든 상태입니다.

▶ **Shading Grade Map**
(2,048×2,048 pixel)
음영의 레이어를 추출하고 전체를 그레이스케일 상태로 만들었습니다. 검은색 농도로 그림자를 쉽게 제어합니다.

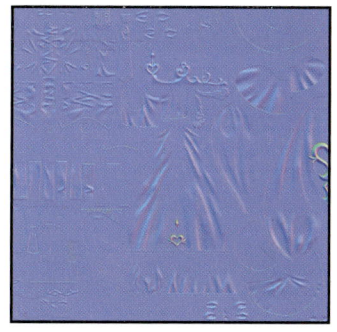

▶ **NormalMap**
(2,048×2,048 pixel)
명암 레이어를 추출한 것을 베이스로 해서 Photoshop 표준 기능인 '노멀 맵 생성'을 사용해 만들었습니다.

▶ **HighColor**
(2,048×2,048 pixel)
Albedo와 같은 상태입니다. 밝은 부분을 그릴 때 사용합니다.

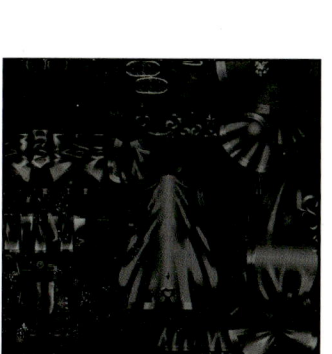

▶ **HighColor Mask**
(2,048×2,048 pixel)
밝은 부분만 추출해 각 부품을 그레이스케일로 만들어 농도를 조정한 상태입니다. 그 이외에는 검은색으로 합니다.

▶ **MatCap**
(512×512 pixel)
새롭게 만든 스피어 맵입니다. 거의 원형의 가득 칠하기와 레이어 스타일 '광채'만 적용해서 만들었습니다. 카메라 각도 변화에 따른 금속, 가죽 등의 광택을 표현할 때 사용합니다.

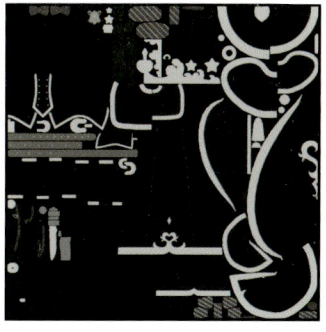

▶ **MatCap Mask**
(2,048×2,048 pixel)
광택을 내고 싶은 위치만 추출해 그레이스케일로 만든 상태입니다. 그 이외에는 검은색으로 합니다.

셰이더 머티리얼에 할당하기

사용하는 셰이더: UnityChanToonShader/**Toon_ShadingGradeMap**

▶ Basic Three Colors and Control Maps Setups

· [BaseMap], [1st ShadeMap], [2nd ShadeMap]에 각 컬러 맵을 할당합니다.

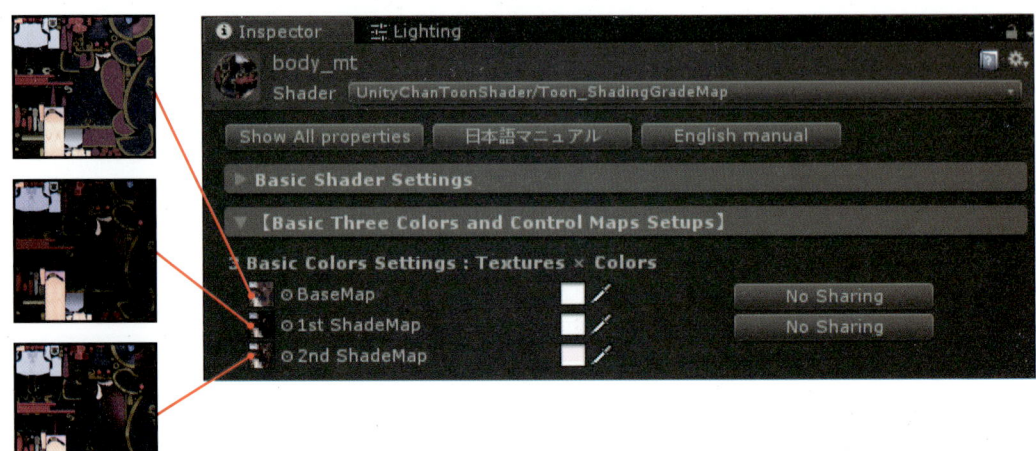

▶ Albedo 상태(그림 왼쪽)에 비해 광원에 의한 명암 변화를 느낄 수 있게 되었지만 다소 어둡게 되었습니다(그림 오른쪽). 단, 이것은 의도한 것입니다. 뒤에서 설명할 **HighColor**를 사용해 몸의 밝은 부분을 표현합니다.

· NormalMaps Settings

[NormalMap]에 노멀 맵을 할당합니다. 그리고 [NormalMap Effectiveness]는 아래의 [3 Basic Colors], [HighColor], [RimLight]에 영향을 주는지 결정하는 매개변수입니다. 3개 항목 모두 [Active]로 설정하고, [NormalMap]의 정보가 반영되도록 합니다.

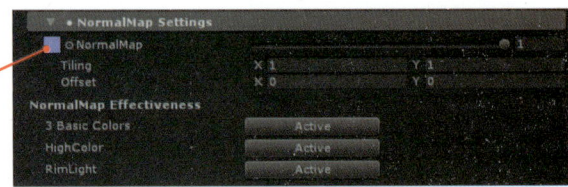

▶ 이전과 비교해 모델에 요철 정보가 포함되었습니다. 주름의 형태나 장식의 디테일을 따라 음영이 반영되었습니다.

- Shadow Control Maps

  [Shading Grade Map]에 그레이스케일 맵을 할당합니다.

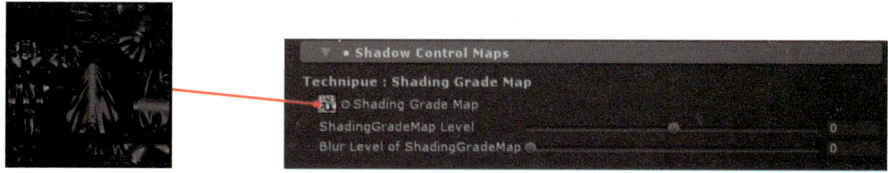

▼ Normal Map과 함께 적용되어 그림자 반영 정도가 달라졌습니다. Directional Light을 사용해 다양한 각도에서 빛을 비추면 그 변화를 확인할 수 있습니다.

▶Basic Lookdevs : Shading Step and Feather Settings

· [1st ShadeColor Step]을 0.4, [1st ShadeColor Feather]를 0.2로 설정합니다.
· [2nd ShadeColor Step]을 0.25, [2nd ShadeColor Feather]를 0.15로 설정합니다.

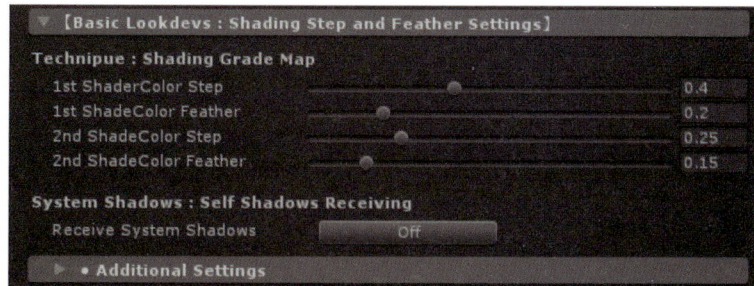

▼ 얼굴과는 주로 Feather 값이 다릅니다. Feather를 0.1로 설정하면 왼쪽 그림과 같이 옷의 넓이에 비해 딱딱하고 강한 음영이 들어가는 위치가 생깁니다. 반대로 Feather를 0.3로 설정하면 강약이 없는 밋밋한 음영이 됩니다. 따라서 Feather 값을 0.2 정도로 설정해 음영의 경계에 흐릿한 느낌을 주어 오른쪽 그림과 같이 다소 부드러운 음영이 들어가게 했습니다.

▶ **HighColor Settings**
- [HighColor]에 컬러 맵을 할당하고 Color를 흰색, [HighColor Power]를 1로 설정합니다.
- [Specular Mode]를 [Off], [Color Blend Mode]를 [Additive], [ShadowMask on HighColor]를 [Active], [HighColor Power on Shadow]를 0으로 설정합니다.

▶ 모델이 상당히 밝아졌습니다. 이 부분은 이후 [HighColor Mask]로 제어합니다.

▶ [HighColor Mask]에 그레이스케일 맵을 할당합니다. [HighColor Mask Level] 값은 변경하지 않습니다.

▶ HighColor Mask를 적용하지 않고 HighColor Power만 조정한 왼쪽 그림과 비교하면, HighColor Mask를 적용한 상태에서 HighColor Power를 조정한 오른쪽 그림의 밝기가 균형이 잡혀 있습니다. 이것은 HighColor Mask의 그레이 농도로 각 부품의 「쉽게 밝아지는 정도」를 제어하기 때문입니다. 오른쪽 그림은 흰색이 너무 밝아 날아가는 것을 방지하면서 적절한 밝기를 유지합니다.

▶ **RimLight Settings**
- [RimLight]를 [Active]로 설정합니다.
- [RimLight Color], [RimLight Power], [RimLight Inside Mast]는 앞에서 설명한 기본 매개변수와 동일하게 설정합니다.
- [LightDirection Mask]를 [Active]로 설정합니다.
- [RimLight Mask]는 특별히 값을 설정하지 않습니다.

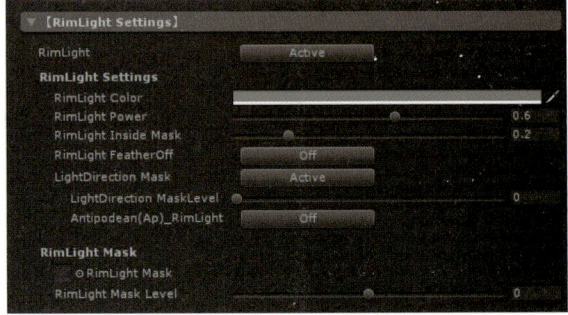

▼ 얼굴, 머리카락과 마찬가지로 실루엣이 강조되어 캐릭터의 존재감이 늘어났습니다.

▶ MatCap : Texture Projection Settings

- [MatCap]을 [Active]로 설정합니다.
- [MatCap Sampler]에 스피어 맵을 할당하고 Color를 밝은 그레이로 설정합니다.

▼ 이제 머리카락과 마찬가지로 광택 표현이 추가되었습니다. 이 상태에서는 전체가 밝아진 정도로만 보이므로 조금 수정합니다.

- [NormalMap for MatCap]을 [Active]로 설정하고, [NormalMap]에 노멀 맵을 할당한 뒤 오른쪽 슬라이더를 0.5로 설정합니다.
- [MatCap on Shadow]를 [Active]로 설정하고, [MatCap Power on Shadow]를 0.5로 설정해 음영 안에서도 어느 정도 광택이 느껴지게 합니다.

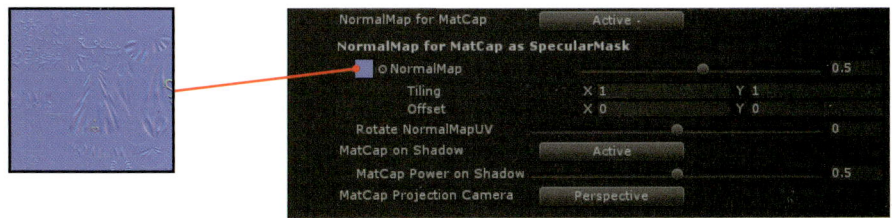

423

▶ 이제 광택이 요철을 따라 다르게 들어가게 됩니다. [NormalMap] 오른쪽 슬라이더의 값이 1이면 왼쪽 그림과 같이 요철이 다소 강조되므로, 0.5로 설정해 오른쪽 그림과 같이 광택이 부드럽게 표현되게 합니다.

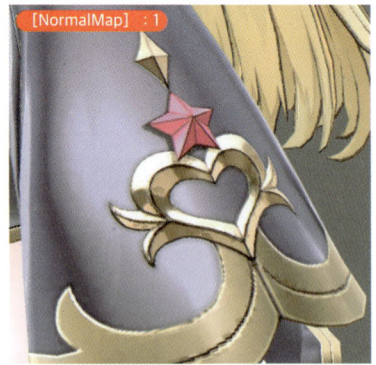
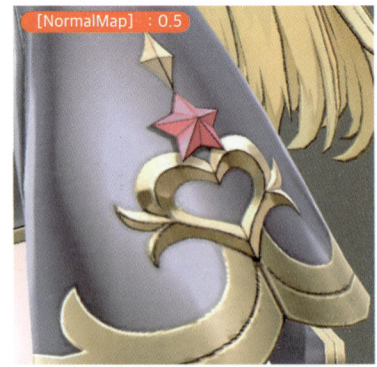

▶ [MatCap Mask]에는 그레이스케일 맵을 할당합니다.

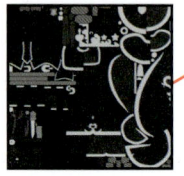
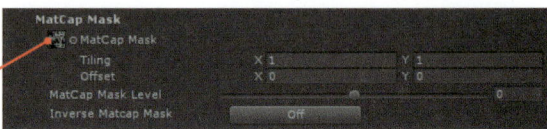

▶ 각 부품 소재별로 회색의 농도를 바꿔 마스크를 거는 정도를 제어하고 있으므로, 보석이나 금속 계열의 부품은 많이 빛나고, 가죽 계열의 부품은 덜 빛나게 됩니다.

▶ **Outline Settings**
- 앞에서 설명한 기본 매개변수와 동일하게 설정합니다.
- [Outline Sampler]는 할당하지 않습니다.

4.3.7 셰이더 완성

지금까지 만들고 설정한 셰이더 머티리얼을 통합해 Unity에서 확인한 결과, 아래 그림과 같이 되었습니다. 포즈도 취해 봅니다.

Albedo 텍스처로 표현한 일러스트의 느낌에서 크게 벗어나지 않고, 광원의 위치나 카메라 각도 변화에 따라 모델의 명암도 동적으로 변화하게 되었습니다. 이것으로 UTS2를 사용한 셰이더 머티리얼 설정을 완료합니다. 수고하셨습니다. 긴 여정을 함께 해 주셔서 감사합니다!

찾아보기

기호 및 번호
.meta 401
1st ShadeMap 404
2nd ShadeMap 404

A
Albedo 98
Animation Curve 324
Append polygon 95
Attributes To Transfer 397
Average 399
A자형 15

B
Back-face Culling 83
BaseMap 404
Bind Skin Options 274
Bind Skins 273
Biped 353

C
Channel Host 363
Collapse Edge 52
Cube 프리미티브 96
Curve Warp 150
CV 커브 도구 150
Cycle with Offset 324
Cylinder 프리미티브 163

D
Divide 19
Driven Key 323
Driver 323
Duplicate Symmetry 369

Dynamesh 20

E
Export Weights 279
Extrude 53

F
Freeze Transform 259

G
Geometry 19
Graph Editor 324
guide 353

H
Hierarchy 401
HighColor 416
HumanIK 260

I
IF/FK 354
Import Weights 280
Infinity 324
Inflat 브러시 28

J
joint 15

L
Lattice Deformer 53

M
Marvelous Designer 117
MatCap 417

Merge 52
mGear 350
Move 브러시 24, 28

N

Node Editor 272
NormalMap 420

O

OBJ 17
Orient Joint 264
Outline 405

P

Parent 264
Particle Spacing 119
Pipe 프리미티브 151
Plane 프리미티브 56
Polygon Edges to Curve 158
Post Infinity 324
Pre Infinity 324
Property Editor 119
pymel 260
Python 260

Q

Quad Draw Tool 48

R

Rigbits 372
rigging 257
RimLight 405
Rot Limit 330

S

script 351
ShadingGradeMap 402
skeleton 15
skining 257
Slash3 브러시 25
Smooth 17
Smooth 브러시 19, 28
Standard 브러시 19
Subtool 18
Synoptic 353

T

Toggle Local Axex Visibility 264
Tone Curve 100
topology 17
Torus 프리미티브 80
Transfer Attributes 397
T자형 15

U

Unbind Skin Options 279
Unfold UVs 166
Unfold UVs Options 82
Unity 392
Unity Package 395
Unparent 264
UV 82
UV 셸 58

V

VRChat 392

W

Wrap Deformer 140

Z

ZBrush 18
Z Remesher 46

ㄱ

가우시안 흐림 효과 88
경계선 108
그래프 접선 325
그러데이션 도구 188

ㄴ

노드 에디터 272
노멀 395
노멀 맵 420

ㄹ

라이브 상태 47
라이브 서피스 상태 49
러프 모델 40
러프 모델링 17
레이어 스타일 92
리그 표시 384
리깅 257
리토폴로지 47

ㅁ

마스크 레이어 100
마진 183
머티리얼 15
멀티 컷 78

메시 47
미러링 56

ㅂ

보조 뼈 311
볼륨 에지 75
브러시 모양 86
브러시 설정 85
빌드 353
뼈 263

ㅅ

섭디비전 19
세그먼트 스케일 290
세컨더리 311
셋업 257
셰이더 391
소프트 선택 상태 49
소프트 에지 78
스냅샷 98
스냅 이동 269
스컬프팅 17
스켈레톤 15
스키닝 257
스트로크 86
시뮬레이션 118

ㅇ

에지 루프 124
에지 슬라이드 149
연결 373
외부 광선 92
원기둥 매핑 166
유니티짱 392

인스턴스 146
인플루언스 261

ㅈ
조인트 15, 261
조인트 라벨 273

ㅊ
체커 텍스처 82

ㅋ
카메라 매핑 166
컨트롤러 257
컬러 오버레이 108
클러스터 315
클론 118

ㅌ
토폴로지 17
트랜스폼 58
트위스트 조인트 325

ㅍ
팔레트 나이프 88
패턴 118
페이셜 15
페이스 노멀 171
평면 매핑 179
폴리곤 15
프라이머리 258
프리미티브 모델 115
피봇 259
필압 104
필터 87

필터 갤러리 88

ㅎ
하드 에지 80
해상도 98
형지 118
후면 컬링 83
히스토리 163

버튜버 캐릭터 제작 가이드
게임 회사에서 알려주는 실전기술과 팁

초판 1쇄 인쇄 2025년 06월 10일
초판 1쇄 발행 2025년 06월 15일

저자 : MUTAN | 번역 : 김모세 | 펴낸이 : 이동섭
책임편집 : 송정환 | 본문/표지 디자인 : 강민철
기획편집 : 이민규, 박소진 | 영업·마케팅 : 조정훈, 김려홍, 곽혜연
e-BOOK : 홍인표, 최정수, 김은혜, 정희철, 김유빈
라이츠: 서찬웅, 서유림 | 관리 : 이윤미

㈜에이케이커뮤니케이션즈
등록 1996년 7월 9일(제302-1996-00026호)
주소 : 08513 서울특별시 금천구 디지털로 178, 1805호
TEL : 02-702-7963~5 FAX : 0303-3440-2024
홈페이지 : https://ak-it.tistory.com
          http://www.amusementkorea.co.kr |
원고투고 : tugo@amusementkorea.co.kr

ISBN 979-11-274-6975-7   13000

Copyright ⓒ2023 by MUTAN Inc. and Born Digital, Inc. All Rights Reserved.
Original Japanese edition published by Born Digital, Inc.
Korean translation rights ⓒ2025 by AK Communications, Inc.
Korean translation rights arranged with Born Digital, Inc, Tokyo
through AK Communications, Inc.

이 책의 한국어판 저작권은 일본 Born Digital, Inc.와의 독점 계약으로
㈜에이케이커뮤니케이션즈에 있습니다.
저작권법에 의해 한국에서 보호를 받는 저작물이므로 무단전재와 무단복제를 금합니다.
*잘못된 책은 구입한 곳에서 무료로 바꿔드립니다.